LA CEDEAO FACE AUX CHANGEMENTS ANTICONSTITUTIONNELS DE POUVOIR EN AFRIQUE DE L'OUEST

Collection Etudes Eurafricaines
Dirigée par André Julien Mbem

Le Sahara et la Méditerranée, frontières entre l'Afrique et l'Europe, sont aussi des passerelles par lesquelles, depuis des siècles, au-delà des tragédies et des drames, se rapprochent et se remodèlent ces deux ensembles géographiques et leurs civilisations. La collection « Etudes Eurafricaines » encourage la diffusion d'études historiques et prospectives sur les symbioses dont cette partie du monde est l'antique théâtre.

Déjà parus

MATABISHI NAMASHUNJU Samuel, *Education au développement durable en République démocratique du Congo. Cadre théorique et approches historique et linguistique*, 2022.
DEMOUSSA Eugénie, *Evolution de la formation des enseignants en Afrique subsaharienne. Etude comparative entre le Sénégal et la France*, 2022.
ADOUM-BAKHIT HAGGAR Hassan, *La Communauté économique et monétaire des Etats de l'Afrique Centrale (CEMAC). Les obstacles à l'intégration en zone CEMAC*, 2022.
Jérémie POGOROWA, *Retours à Ouagadougou d'étudiants burkinabè de Côte d'Ivoire. Projets migratoires et stratégies d'inscription sociale*, 2022.
Guy-Fabrice HOLO, *Les régimes de transition en Afrique subsaharienne francophone. Volume II*, 2022.
Guy-Fabrice HOLO, *Les régimes de transition en Afrique subsaharienne francophone. Volume I*, 2022.
AMBOMO Myriam Sylvie, *L'agir infirmier et la dignité humaine. De la conception à l'opérationnalisation. Cas des hôpitaux camerounais*, 2022.
NTSAME MINTSA Pauline Vanessa, *L'impact du droit français sur les droits de la défense en matière pénale au Gabon*, 2022.
MOUPEBELE MAKADJOKA Chislain, *Le Gabon, la France et la Banque des Etats de l'Afrique Centrale (1959-1992). De la décolonisation à l'internationalisation des relations monétaires et financières*, 2022.
OVOUNDAGA Marcy Delsione (dir.), *Les moyens de communication au Gabon. Mutations sociopolitiques et enjeux de gouvernance*, 2021.
ADOUM-BAKHIT HAGGAR Hassan, *Le pipeline Tchad-Cameroun : histoire d'une grande infrastructure africaine*, 2021.
DITENGOU ROCKAYA Nielle, *L'usage des technologies de l'information et de la communication en Afrique centrale. L'exemple du Gabon*, 2021.
AMABIAMINA Flora, NJOH KOME Ferdinand (dir.), *Les métamorphoses africaines et leurs langages. Analyse de discours politiques, médiatiques et littéraires contemporains*, 2021.

Oumar BERTE

LA CEDEAO FACE AUX CHANGEMENTS ANTICONSTITUTIONNELS DE POUVOIR EN AFRIQUE DE L'OUEST

Préface d'Eloi DIARRA

L'Harmattan

5-7, rue de l'École-Polytechnique, 75005 Paris

http://www.editions-harmattan.fr

ISBN : 978-2-343-22957-7
EAN : 9782343229577

À MON PÈRE ABOU BERTE

Arraché à notre affection.

REMERCIEMENTS

Les Maliens disent : « *Celui qui n'est pas reconnaissant est un ingrat* », « *Un seul doigt ne peut pas ramasser un caillou* ». « *Le vêtement est le meilleur cadeau à offrir à un ingrat ; lorsqu'il s'abîme, il oublie définitivement celui qui le lui a offert* ».

Je voudrais à travers ces quelques lignes exprimer ma reconnaissance et mes sincères remerciements à tous ceux qui m'ont aidé et soutenu durant mon parcours et ceux sans lesquels je n'aurais pas pu réaliser la thèse qui a rendu possible le présent ouvrage. Mes mots ne peuvent pas remercier à leur juste valeur, vos aides et vos soutiens.

Je remercie tout d'abord le professeur Éloi DIARRA pour avoir accepté de diriger ce travail de recherche, pour la confiance qu'il a su placer en moi durant ces années de recherche et pour ses précieux conseils qui m'ont permis de réaliser ce travail.

Je tiens à remercier aussi M. Matthieu DAMIEN pour sa lecture, ses corrections et ses conseils, mon ami M. Florent BLANC et son épouse Catherine pour leur constant soutien, leur réconfort et leurs précieux conseils. Qu'ils retrouvent en ces quelques lignes l'expression de ma sincère gratitude.

Mes remerciements s'adressent également aux professeurs, M. Alioune FALL, M. Phillipe LAGRANGE et Mme Carole NIVARD pour m'avoir fait l'honneur et le privilège de siéger dans mon jury.

À mes amis et parents pour leur sympathie, leur soutien et leur réconfort dans la réalisation de ce travail de recherche ; notamment mon ami, le procureur Mahamadou COULIBALY, mon fils Dioba-Gna Abou Junior et son frère Nafon-Souleymane BERTE.

Je tiens enfin à remercier spécialement ma mère Chita KONE, mon père Abou qui n'a pas eu la chance de voir ce jour spécial pour moi, mon frère Issa, mes sœurs, mes autres frères, mon oncle Aly pour leurs encouragements et leur accompagnement.

PRÉFACE

Lorsqu'il m'a été demandé de rédiger la préface de cet ouvrage, issu d'une thèse dirigée par nos soins, la proposition a été aisée à accepter, même si la tâche du préfacier n'est jamais facile. Ici, elle l'est d'autant moins que le sujet prête à controverse et même si le préfacier est sensé défendre le point de vue de l'auteur et l'approche de l'ouvrage. Ce sera le cas, mais les choses ne sont pas simples.

Commençons par dire quelques mots sur l'auteur. L'ouvrage n'est pas le résultat d'une expérience professionnelle ; il est la suite logique d'une carrière d'étudiant, brillant, talentueux, carrière qui n'a pas connu de rupture notable, sauf un court moment de travail dans l'administration. De par sa vivacité intellectuelle et par sa perspicacité, il a été facile à orienter car il savait tirer d'un petit conseil ou d'une courte lecture les prolongements nécessaires à l'approfondissement de la réflexion. C'est pourquoi celui qui entreprendra la lecture de cet ouvrage n'aura jamais à le regretter, qu'il soit enseignant ou étudiant, homme de la société civile ou homme politique. Il ne pourra qu'en concevoir un grand profit ou un éclairage pertinent sur l'évolution de la région ouest-africaine dans sa marche pour domestiquer les mécanismes de fonctionnement d'une société démocratique. Car il résulte des analyses, elles-mêmes issues de l'observation, une finesse d'approche et une profusion d'informations sur la vie politique de l'ensemble des États d'Afrique de l'Ouest.

Ceci dit, l'auteur traite de l'attitude de la Communauté économique de l'Afrique de l'Ouest (CEDEAO) face aux changements anticonstitutionnels de pouvoir dans cette région. Et celle-ci ne souffre d'aucune ambiguïté : la CEDEAO n'approuve pas les changements anticonstitutionnels de pouvoir ; elle les combat et, à ce titre, elle a mis en place des règles de droit ; dans sa pratique, elle a eu à engager des actions contre les régimes installés en dehors des voies constitutionnelles, comme le régime malien initié par le capitaine Amadou Haya Sanogo, après le coup d'État de mars 2012. Son attitude est sans équivoque. En théorie, tout au moins.

Et c'est précisément là que commence la controverse. On sait que le continent africain a été et est encore le théâtre d'acquisitions du pouvoir par des voies anticonstitutionnelles, à l'instar de l'Amérique latine, du 19esiècle au siècle suivant. Pour dire les choses plus brutalement, c'est le continent où les coups d'État sont « permanents »[1]. En faisant le bilan de tous les pouvoirs usurpés par les militaires par un coup d'État, l'Afrique est arrivée à la conclusion, vers les années 1988, qu'ils avaient conduit plus d'un État à la ruine. Aussi, les mouvements démocratiques initiés dans cette période ont-ils visé avant tout à faire tomber ces régimes. Ce qui fut fait dans deux pays comme le Bénin ou le Mali. D'autres ont été obligés de se plier à la loi du multipartisme comme au Burkina Faso. Bref, c'est ce qu'on a appelé le mouvement de démocratisation[2] de l'Afrique, puisque plusieurs de ses États en ont été affectés, peu ou prou.

Mais cette réprobation générale, circonstanciée, est-elle suffisante pour dire que la prise du pouvoir, par le coup d'État, qu'il soit populaire ou par un petit groupe de militaires, acte éminemment anticonstitutionnel, est forcément condamnable, hautement antidémocratique et à ce titre doit être honnie ? Rien n'est moins sûr ! En effet, le pouvoir et le pouvoir d'État excluent-ils forcément le recours à la force ? D'ailleurs, l'État n'est-il pas lui-même défini comme le titulaire de la contrainte organisée ? En somme, le recours à la force n'est-il pas le dernier mot du politique[3] ? Aussi, on peut et on doit se demander s'il faut condamner, a priori, comme un mal absolu et pervers, le coup d'État et le criminaliser comme le fait la constitution du Mali, selon laquelle « tout coup d'État ou putsch est un crime imprescriptible contre le peuple malien »[4]. Le coup d'État ne peut-il pas être un moyen salutaire pour sortir une société ou un État d'une voie sans issue, surtout lorsque

---

[1] Clin d'œil à l'ouvrage de F. MITTERRAND, le coup d'État permanent, Plon, 1964, réédit. Union générale d'éditions, 1993, 318 pages.

[2] Et qui donna naissance au « nouveau constitutionnalisme africain », selon l'expression consacrée par la doctrine francophone africaine.

[3] En référence à l'ouvrage collectif de Christophe Boutin et Frédéric Rouvillois (sous dir.) et Autres, Le coup d'État, recours à la force ou dernier mot du politique, Edit. François-Xavier de Guibert, 2007, 419 pages.

[4] Constitution du Mali, en vigueur, du 25 février 1992, article 121, alinéa 3 ; avant-dernier article avant celui des dispositions transitoires. C'est dire combien les Maliens avaient été traumatisés par le coup d'État militaire du 19 novembre 1968, qui avait renversé le régime socialiste de Modibo Kéita.

les institutions politiques ne permettent pas d'autre solution. Ou bien encore, n'a-t-on pas vu un régime installé par le coup d'État donner naissance à un régime démocratique[5] ?

Au début du 20e siècle, le coup d'État eut son principal théoricien-dénonciateur en la personne de Curzio Malaparte[6], avec un ouvrage[7] qui connut un retentissement certain à l'époque, puisque combattu par tous les régimes dictatoriaux de son temps[8]. Cet écrivain énumère et dissèque tous les régimes modernes arrivés au pouvoir à la faveur d'un coup d'État, de Napoléon 1er, en passant par le coup d'État bolchévique, le coup d'État de Pologne de 1920 jusqu'à celui de Mussolini. À la lecture de cet ouvrage, la criminalisation n'est pas acceptée par tous. Et l'observation montre que de tels régimes ne sont pas toujours pires que ceux parvenus au pouvoir par des voies démocratiques[9] ou constitutionnelles. On pourrait, à ce titre, examiner les institutions sociales, administratives et juridictionnelles françaises d'aujourd'hui : elles vivent sur les fondements imprimés par le régime d'une quinzaine d'années de Napoléon 1er ; elles portent son empreinte plus que celle de tout autre personnage politique français. À leur source, on trouve le coup d'État du 18 brumaire an VIII (9 novembre 1799). Ces institutions administratives et juridictionnelles sont largement reprises en Afrique de l'Ouest et en Afrique centrale francophones.

Devant la controverse, M. Berte Oumar a, pour sa part, pris le parti de l'accession au pouvoir par la voie constitutionnelle, supposée être nécessairement démocratique. Pour cela, il prend en charge l'analyse de l'action de la Communauté économique des États de l'Afrique de l'Ouest (CEDEAO) pour lutter contre l'acquisition du pouvoir par des voies extraconstitutionnelles. Cette action repose sur le texte adopté le

---

[5] On peut penser à l'Espagne en 1975, après le Gaudillo et au Mali de 1992.

[6] Curzio Malaparte, de son nom de naissance Curt Erich Suckert, est né le 9 juin 1898 à Prato en Toscane ; il mourut le 19 juillet 1957 à Rome. C'est Italien, écrivain, cinéaste, journaliste, correspondant de guerre et fit même de la diplomatie. Fit la guerre de 1914-1918 et fut politiquement d'abord fasciste avant de passer à l'antifascisme.

[7] Curzio Malaparte, La technique du coup d'Etat, Ed. Grasset 1931, rééd. Grasset, Paris, 2008.

[8] L'auteur est persécuté par Mussolini, l'ouvrage interdit en France, critiqué violemment par Trotski, brûlé à Leipzig sur ordre d'Hitler !

[9] On rappellera toujours qu'Hitler est parvenu au pouvoir par la voie des urnes.

21 décembre 2001 par la Conférence des Chefs d'État et de Gouvernement de cette institution, et intitulé « Protocole additionnel sur la démocratie et la bonne gouvernance »[10]. Ce texte condamne, sans appel, le coup d'État, et appelle tous les États membres à introduire dans leur système constitutionnel sa réprobation et les principes d'une acquisition du pouvoir par les voies démocratiques et son exercice selon les principes d'une bonne et transparente gouvernance.

L'ambition de l'ouvrage de M. Berté est donc de faire le bilan de l'action de la CEDEAO dans la promotion de la démocratie et la bonne gouvernance et en particulier dans sa lutte contre les acquisitions anticonstitutionnelles du pouvoir.

Pour cela, il part de l'axiome selon lequel la démocratie est la condition première de la sécurité, de la stabilité et de la paix durable dans un État.

À partir de là, l'auteur expose les grandes lignes du cadre démocratique et de bonne gouvernance tel que l'organisation ouest-africaine l'entend. Les principes qui le sous-tendent doivent être acceptés comme des principes de nature constitutionnelle, prenant en charge les droits et libertés, en particulier le droit du suffrage. Ce dispositif n'a de force contraignante que si chacun des États membres s'engage à respecter scrupuleusement le dispositif communautaire. Pour M. Berté, le respect de ces principes sera la source de la stabilité politique et par suite du développement économique et social et des États et de l'ensemble de la sous-région.

L'auteur est malheureusement obligé de constater que, malgré les promesses du texte communautaire, des coups d'État ont eu lieu, qu'il s'agisse de la Côte d'Ivoire, du Togo, du Niger, de la Guinée-Bissau ou du Mali. Comment la CEDEAO a-t-elle géré ces différentes situations ? Invoquant le principe de subsidiarité, l'auteur démontre que l'action de l'organisation a été malheureusement, souvent, peu efficace, et cela, à cause de la pluralité des intervenants, à savoir l'Union économique et monétaire ouest-africaine (UEMOA), l'Union Africaine (UA), le Conseil de sécurité des Nations-Unies (CS/ONU) ou tout simplement parce que les nouveaux tenants du pouvoir refusaient de lâcher prise.

[10] Protocole additionnel A/SP1/12/01 du 21 décembre 2001.

Au terme de son analyse, l'auteur conclut : malgré la volonté affichée de la CEDEAO et malgré l'arsenal juridique mis en place, l'action de celle-ci est peu efficace dans sa lutte contre les changements anticonstitutionnels de pouvoir en Afrique de l'Ouest, parce qu'elle dispose de peu de moyens de contrainte, en particulier, l'absence d'une force militaire adéquate. Certes, il existe un très beau et cohérent dispositif juridique communautaire, mais celui-ci est inapte, en soi, à assurer la stabilité et la sécurité politique dans les États membres.

L'essai de M. Berte, malgré son apparent pessimisme, n'en est pas moins une belle tentative pour montrer les bienfaits de la démocratie pour les États de l'Afrique de l'Ouest. En tout cas, la démarche est motivante. Et tous ceux qui se préoccupent de la stabilité et du développement de l'Afrique de l'Ouest doivent se sentir encouragés. Leurs efforts ne seront pas vains ; une prise conscience est née. Grâce aux efforts de tout un chacun, elle peut se développer. Mieux, la démarche, ouverte sur l'intégration ouest-africaine et africaine en général, donne de l'espoir à tous ceux, jeunesse africaine d'aujourd'hui, société civile et hommes politiques de demain, qu'une autre Afrique de l'Ouest est possible, que le rêve pour qu'advienne une autre Afrique, celle des Kwamé Nkrumah, des Joseph Ki-Zerbo, celles des fédéralistes africains, ce rêve peut et doit être poursuivi. C'est une question de survie collective.

Pour cet espoir que suscite cet ouvrage, rien que pour cela, il mérite d'être lu par tous, avocats, étudiants ou enseignants ou tous faiseurs ou porteurs de l'opinion publique.

Pr Eloi DIARRA

INTRODUCTION GÉNÉRALE

« Les coups d'État ne sont plus une des caractéristiques de l'Amérique latine seulement où les fréquentes interventions des militaires ont fini, à tort, par être considérées comme un élément du folklore latino-américain. Le continent africain est malheureusement en passe d'égaler de tristes records »[11].

Ce constat alarmant du politiste Mustapha BENCHENANE dans son ouvrage[12], repris par le juriste togolais Palouki MASSINA[13] est révélateur de l'ampleur du fléau sur le continent africain.

L'Égypte a été le premier pays africain où l'armée a pris le pouvoir par un coup d'État en 1952[14].

En effet, depuis le coup d'État du 13 juillet 1952 de Gamal Abdel Nasser HUSSEIN contre le roi Farouk 1er d'Égypte, le coup d'État du 17 novembre 1958 d'Abdallah KHALIL, Premier ministre du Soudan contre son propre gouvernement, le coup d'État du 13 janvier 1963 de Gnassingbé EYADEMA contre Sylvanus OLYMPIO au Togo, le coup d'État du 15 septembre 2015 du général Gilbert Diendéré au Burkina Faso, la tentative de coup d'État du 7 janvier 2019 au Gabon contre Ali BONGO en passant par le coup d'État du 11 avril 2019 au Soudan, la liste du nombre de coups d'État ou des tentatives de coups d'État en Afrique continue de s'allonger. Des chercheurs américains ont compilé une étude dans laquelle ils relèvent l'effroyable nombre de coups d'État et des tentatives de coups d'État enregistrés sur le continent africain[15].

---

[11] M. BENCHENANE, *Les coups d'État en Afrique*, Paris, Publisud, 1983, p.7.

[12] Il est docteur en science politique, et observe avec une grande attention la politique africaine. Il est auteur de plusieurs publications sur la politique africaine notamment *Les régimes militaires africains (science politique)*, *Les coups d'État en Afrique*, Publisud 1983, 196 p.

[13] P. MASSINA, « Le coup d'État entre déshonneur et bienveillance », article de septembre 2016, P.3 www.afrilex-bordeaux4.fr consulté le 18 mars 2017

[14] M. BENCHENANE, op. cit., p. 31.

[15] Données compilées par deux politologues américains, Jonathan POWEL de l'Université de Floride et Clayton THYNE, de l'Université du Kentucky aux USA.

Selon cette étude, de 1950 à 2019, on dénombre 204 coups d'État et tentatives de coups d'État sur ce continent[16].

On observa avec Mustapha BENCHENANE que l'intervention de l'armée dans le domaine politique n'est pas un évènement exceptionnel dans l'histoire des sociétés humaines[17], en particulier africaines. La conquête violente du pouvoir en Afrique est une pratique plus ancienne que la naissance des États.

Cependant, les changements anticonstitutionnels ne sont apparus dans les annales politiques et juridiques que lorsque les États se sont dotés de règles constitutionnelles fixant les modes d'accession et de maintien au pouvoir. En réalité, cette pratique n'a été proscrite dans les constitutions des États africains qu'après la restauration de la démocratie dans les années 1990.

Il convient dès lors de définir la notion de changement anticonstitutionnel, avant d'observer les différentes formes qu'il peut prendre. Ensuite, nous nous appesantirons sur le regrettable désintérêt du juriste pour l'étude de ce phénomène.

I. Objet d'étude et précisions terminologiques

Nous verrons successivement la définition de l'expression changement anticonstitutionnel de pouvoir, avant de voir que ce changement peut prendre plusieurs formes.

A. Définition de la notion de changement anticonstitutionnel

Il convient d'observer que cette expression englobe plusieurs formes ainsi que nous le verrons. Ce qui rend l'expression difficile à définir. Nous allons toutefois tenter de trouver une définition plus acceptable,

---

Voir notamment « Les coups d'État sont-ils en baisse en Afrique ? », article du 8/01/2019
www.bbc.com consulté le 09/01/2019.

[16] Ibid.

[17] M. BENCHENANE, op. cit., p.8.

en partant de celles fournies par d'autres auteurs. Le juriste français Dominique ROUSSEAU fait remarquer à cet effet que, les changements anticonstitutionnels de gouvernements se produisent suite à une opération d'accession au pouvoir en dehors du cadre constitutionnel, en violation des principes démocratiques et des normes de l'État de droit.[18] Cette définition du professeur ROUSSEAU nous a semblé la mieux admise, mais elle ne tient pas compte des engagements conventionnels des États.

Nous observons que le droit constitutionnel, ainsi que nous le verrons, n'a pas été à l'abri du phénomène nouveau de la mondialisation, c'est-à-dire l'internationalisation de certaines branches du droit.

Le changement anticonstitutionnel de pouvoir peut se définir simplement comme toute accession ou tout maintien au pouvoir en dehors des règles constitutionnelles et conventionnelles déterminant les modes de dévolution du pouvoir, en violation des principes démocratiques, de respect des droits de l'homme et des normes de l'État de droit.

Abordons maintenant la question particulièrement intéressante de Mathieu FAU-NOUGARET[19] sur ce qu'il faut entendre par changement de pouvoir anticonstitutionnel. Faut-il se référer au texte même de la constitution ou à l'esprit qui a prévalu chez le constituant lors de la rédaction du texte constitutionnel[20] ?

La difficulté réside dans le fait qu'il est difficile de trouver cet « esprit » qui a motivé le constituant originaire. En outre, un tel choix pourrait aboutir à des interprétations tendancieuses comme le fait remarquer pertinemment Palouki MASSINA dans son article « *Le coup d'État*

---

[18] D. ROUSSEAU, « Une théorie juridique des changements anticonstitutionnels de gouvernement est-elle possible ? » in R. BEN ACHOUR (dir.) *Les changements anticonstitutionnels de gouvernement, approche de droit constitutionnel et de droit international*, Les cahiers de l'Institut Louis FAVOREUX N° 3, Colloque international organisé les 4 et 5 avril 2013 à Tunis, Presses Universitaires d'Aix-Marseille, PUAM, 2014, p.63.

[19] M. FAU-NOUGARET, « Les organisations régionales africaines et les changements de pouvoir anticonstitutionnels », *in* M. FAU-NOUGARET (dir.) *La concurrence des organisations régionales en Afrique*, L'Harmattan, Paris 2012, acte de colloque Bordeaux, 28 et 29 septembre 2009, p. 402.

[20] Ibid.

entre déshonneur et bienveillance »[21], analysant le cas du Burundi de 2015. En effet, après les accords de paix d'Arusha ayant permis de mettre fin à la guerre civile au Burundi, une nouvelle constitution a été votée le 28 février 2005[22].

Cette constitution stipule dans son article 96 que le Président de la République est élu au suffrage universel direct pour un mandat de cinq ans, renouvelable une fois. Cependant, le contexte de sortie de guerre ne permettait pas l'organisation de nouvelles élections présidentielles.

Le constituant burundais a ainsi inséré une disposition dérogeant à l'article 96, prévoyant que le Président de la République post-transition était élu par l'Assemblée Nationale et le Sénat réunis en congrès[23].

L'interprétation tendancieuse de cette disposition par le président Pierre NKURUNZIZA élu le 19 août 2005 par le parlement a abouti le 13 mai 2015 à une tentative de coup d'État, suite à la volonté de celui-ci de briguer un troisième mandat.

Ainsi, il convient de se référer uniquement au texte constitutionnel pour prévenir les interprétations tendancieuses de la constitution. À cet effet, la définition fournie un peu plus haut est la mieux admise.

Comme nous l'avons remarqué, le changement anticonstitutionnel de pouvoir peut prendre plusieurs formes, qu'il convient d'observer. Il peut être violent ou non violent.

---

[21] P. MASSINA op. cit. L'auteur explique que le président burundais a fait une interprétation tendancieuse de la constitution de son pays. En effet, la Constitution burundaise prévoit que le Président de la République est élu au suffrage universel direct pour un mandat de cinq ans renouvelables une fois. Mais compte tenu des circonstances, le président Pierre NKURUZIZA avait été élu par le parlement conformément à ce que disait la Constitution. Au terme de son deuxième mandat, il a estimé avoir a été élu lors de son premier mandat par le parlement. Ainsi selon lui son premier mandat ne tombait pas dans les dispositions constitutionnelles de limitation de mandat. Il a été suivi dans son raisonnement par la Cour Constitutionnelle de son pays.

[22] La constitution a été votée par le peuple burundais le 28 février 2005. Elle a été promulguée par la loi N° 01/° 010 du 18 mars 2005.

[23] Ibid. article 302.

B. Les différentes formes de changements anticonstitutionnels de pouvoir

Le changement anticonstitutionnel de pouvoir peut prendre plusieurs formes. Il peut se produire à la suite d'un coup d'État ou d'un putsch, d'une insurrection ou d'une révolution. Il peut aussi se produire lorsque le président au pouvoir perd les élections et refuse de le transmettre au vainqueur. Ce dernier cas est aussi appelé maintien antidémocratique au pouvoir.

Cependant, la forme la plus répandue et la plus connue sur le continent africain reste le coup d'État ou le putsch[24]. Comme l'observe avec raison Muna NDULO, le mode le plus connu de changement anticonstitutionnel de gouvernement est le coup d'État militaire par lequel un gouvernement civil est déposé et remplacé par la force par un régime militaire.

Le coup d'État est considéré par certains auteurs comme une action secrète et concertée entre un certain nombre de personnes, dans le but de renverser le gouvernement en place et de s'installer au pouvoir en violation de la constitution en vigueur[25].

Toutefois, le coup d'État du 22 mars 2012 au Mali a illustré les insuffisances de cette définition.

Ce coup d'État sur lequel nous reviendrons dans la deuxième partie de cet ouvrage s'est produit de façon spontanée, sans préparation et sans une véritable concertation, à la suite d'une banale mutinerie d'une partie des militaires de la caserne de Kati, ville située à une quinzaine de kilomètres de Bamako.

Dodzi KOKOROKO, dira quant à lui que le coup d'État est la prise illégale et brusque du pouvoir par l'armée ou par une autorité politique bénéficiant de son soutien. Il peut se produire à l'initiative ou avec le

---

[24] R. BEN ACHOUR, « Rapport introductif »in R. BEN ACHOUR (dir.), *Les changements anticonstitutionnels de gouvernement, approche de droit constitutionnel et de droit international*, Les cahiers de l'Institut Louis FAVOREUX N° 3, Colloque international organisé les 4 et 5 avril 2013 à Tunis, Presses Universitaires d'Aix-Marseille, PUAM, 2014, p.13.

[25] R. BEN ACHOUR (dir.) op. cit., p. 13.

concours du peuple, ou d'une fraction de celui-ci[26]. Cette définition proposée par cet auteur a le risque de porter une confusion entre un coup d'État classique, une insurrection ou une révolution ayant abouti à un coup d'État.

La doctrine constitutionnelle le définit simplement comme une violation du droit interne et une atteinte brusque et réfléchie aux règles juridiques qui ont pour objet l'organisation et le fonctionnement des autorités constituées dans un pays, la police des libertés publiques et le maintien de l'ordre sur le territoire[27]. Dans sa thèse de doctorat en droit public, Abdoul Kader BITIE note que le coup d'État s'analyse en un changement de gouvernement opéré hors des procédures constitutionnelles en vigueur, par une action entreprise au sein même de l'État au niveau de ses dirigeants ou de ses agents[28]. Jean-Pierre PANABEL observe quant à lui que c'est une pratique volontaire et consciente de l'armée ou d'une partie de celle-ci pour s'emparer des institutions étatiques et occuper le pouvoir d'État[29]. Tous ces apports de définition laissent un vide, celui du droit international, alors qu'on assiste à une internationalisation du droit constitutionnel. En effet, le coup d'État peut se définir simplement comme une action entreprise par un groupe de personnes civiles ou militaires, visant à renverser par la force les autorités au pouvoir et s'installer en violation des règles constitutionnelles internes et internationales de l'État concerné. De ces différentes définitions du coup d'État, on peut, pour reprendre une formule de Pierre-Xavier BOYER, retenir trois éléments essentiels : l'origine, la durée et la portée[30]. Le coup d'État se distingue particulièrement par sa durée (une période relativement courte) et par

---

[26] D. KOKOROKO, « La révolution et le droit *international* », in Revue togolaise de sciences juridiques, janvier-juin 2012, N° 0002, p.7 cité par P. MASSANI, « Le coup d'État entre déshonneur et bienveillance », op. cit., p.2

[27] A. KPODAR, *Un demi-siècle du constitutionnalisme en Afrique noire francophone*, www.afrilex.u-bordeaux4.fr p.12, consulté le 06/11/2018

[28] A. K. BITIE, *L'approche contemporaine de la prévention des conflits en Afrique*, Thèse de doctorat en droit public, soutenue le 23/05/2016 à l'Université de Bordeaux, p.53

[29] J.-P. PANABEL, *Les coups d'État militaires en Afrique noire*, Paris L'Harmattan, 1985, p.5 cité par A. K. BITIE op. cit., p.57.

[30] P. X. BOYER, « Coup d'État et révolution » in Ch. BOUTIN et Fr. ROUVILLOI (dir), *Le coup d'État, recours à la force ou dernier du politique ?* Actes du colloque organisé par le centre d'Études Normand sur la théorie et la régulation de l'État 2-3 décembre 2004 (O.E.I.L.), Paris, p.15

sa portée (renversement du gouvernement). Les personnes investies d'une fonction au sein de l'appareil étatique peuvent en revanche faire recours à des personnes externes à l'appareil étatique, dans l'exécution d'un coup d'État (les mercenaires, les groupes armés rebelles)[31]. L'Amérique latine et le continent africain comme expliqué un peu plus haut enregistrent régulièrement des coups d'État[32]. La répétition de ce fléau en particulier sur le continent américain, a abouti à l'élaboration d'une doctrine américaine sur le coup d'État.

En effet, au début du XXe siècle, face à la recrudescence du phénomène des coups d'État en Amérique Latine, le gouvernement des États-Unis d'Amérique a élaboré trois doctrines diplomatiques : la doctrine de la légitimité constitutionnelle ou doctrine TOBAR (élaborée par le ministre des affaires étrangères de l'Équateur), la doctrine de la non-ingérence ou doctrine ESTRADA (du nom du ministre des affaires étrangères du Mexique) et la doctrine de la légalité internationale ou doctrine STIMSON (du nom du secrétaire d'État américain). Cette dernière se rapproche de celle élaborée par WILSON selon laquelle tout gouvernement de l'Amérique centrale, issu d'une révolution ou établi par une autre voie inconstitutionnelle, ne saurait jouir de la sympathie du gouvernement des États-Unis, ou en cas de besoin secouru par lui[33]. Le gouvernement des États-Unis d'Amérique établissait ainsi une doctrine internationale de la conditionnalité de l'aide démocratique au développement.

Le coup d'État constitue incontestablement une violation des règles du droit interne, et une atteinte brusque et réfléchie aux règles juridiques qui ont pour objet l'organisation et le fonctionnement des autorités constituées dans un pays, la police des libertés publiques et le maintien de l'ordre sur le territoire[34]. Il constitue également, une violation des règles du droit international auquel l'État concerné est partie, qui régissent l'organisation et le fonctionnement des pouvoirs, la

---

[31] On peut citer comme exemple, le coup d'État de l'hiver 1958 au Soudan d'Abdallah Khalil, premier ministre du Soudan contre son propre gouvernement.

[32] R. BEN ACHOUR, « Rapport introductif » in R. BEN ACHOUR (dir.), *Les changements anticonstitutionnels de gouvernement, approche de droit constitutionnel et de droit international*, op. cit., p.14

[33] Ibid., p.30

[34] P. MASSINA, « Le coup d'État entre déshonneur et bienveillance » op. cit., p.2

dévolution de celui-ci et la protection des droits de l'homme et des libertés.

Bien que fréquent sur le continent africain plus qu'ailleurs dans le monde, les origines du coup d'État remontent au continent européen. La Grèce Antique a connu un coup d'État lorsque le prince SMERDIS a été assassiné[35]. On note aussi l'assassinat de CÉSAR à Rome par le général BRUTUS, ou encore le coup d'État en France du 18 brumaire (9 novembre 1799) du général Napoléon BONAPARTE[36]. Ce dernier est le plus connu, parfois considéré à tort comme l'ancêtre du coup d'État.

Toutefois, ce n'est qu'en cas de réussite que l'action est considérée comme un coup d'État[37]. À l'inverse, elle reste au stade de la tentative, elle aussi rejetée et condamnée aussi bien par le droit interne que par le droit international.

L'insurrection ou la révolution peuvent aussi aboutir à un coup d'État. En revanche, comme l'observe pertinemment Pierre-Xavier BOYER, le coup d'État se distingue de la révolution[38].

Le coup d'État se distingue nettement aussi de l'insurrection. Cependant, le coup d'État et l'insurrection constituent incontestablement les modes de changements anticonstitutionnels de pouvoir les plus fréquents.

En effet, ainsi que nous l'avions dit un peu plus haut, de façon simpliste, le coup d'État est une situation par laquelle une personne ou un groupe de personnes s'emparent du pouvoir et s'y maintiennent en violation de la constitution[39] et des règles de droit international.

L'insurrection (ou rébellion) est quant à elle un soulèvement d'une certaine ampleur, visant à renverser par la force les autorités au pouvoir ou à détacher une partie du territoire d'un État, afin de créer un nouvel

---

[35] Ibid. p.3

[36] Ibid.

[37] R. BEN ACHOUR « Rapport introductif » in R. BEN ACHOUR (dir.) *Les changements anticonstitutionnels de gouvernement, approche de droit constitutionnel et de droit international op. cit.*

[38] P-X. BOYER, « Le Coup d'État et la révolution » op. cit., p.20

[39] J. SALMON, *Dictionnaire de droit international public*, Bruxelles, Bruylant, 2001, p. 279.

État ou de l'intégrer dans un autre État[40]. L'insurrection est spontanée et populaire, sans préparation et sans coordination, contre un régime en place. Elle peut aboutir à des émeutes ou à une révolution. Comme le coup d'État, elle peut aboutir à un bouleversement de l'ordre juridique et institutionnel de l'État.

À titre d'exemple, citons la Révolution française de 1789 et très récemment, la Révolution du Burkina Faso d'octobre 2014 au cours de laquelle le peuple s'est levé contre un troisième mandat de Blaise COMPAORE au pouvoir depuis le coup d'État de l'automne 1987 contre le capitaine Thomas SANKARA. Elle a abouti au renversement de ce dernier du pouvoir.

Quant au coup d'État, également appelé « putsch » (certains politistes distinguent toutefois le coup d'État du putsch), à l'inverse de la révolution et de l'insurrection, il est l'œuvre d'un petit groupe d'individus, généralement armés, agissant de manière plus ou moins coordonnée.

Aussi, à l'inverse de ceux-ci qui peuvent s'étaler sur plusieurs jours, le coup d'État est de manière générale une action rapide et, parfois violente, émanant d'individus faisant partie[41] ou non de l'appareil d'État et visant à modifier le gouvernement de ce dernier.

Stéphane CAPORAL dira que le coup d'État est la prise de pouvoir par des moyens illégaux (en général par le recours à la force armée) ou des tentatives en ce sens, agissement incriminé par la loi pénale quand il se traduit par des actes de violence sous le nom d'attentats[42]. Alors que la révolution n'a pas pour but de prendre le pouvoir par la force. Elle est d'ailleurs admise en droit sous l'appellation de « résistance à l'oppression ». Toutefois, le droit pénal moderne incrimine la prise illégale du pouvoir en dehors même de tout acte de violence. Cependant, bien qu'identifié comme une atteinte au droit, en particulier à la constitution et au droit international contemporain, les juristes ont mis du temps à s'intéresser à l'étude ce phénomène.

---

[40] A. K. BITIE, *L'approche contemporaine de la prévention des conflits en Afrique, op. cit.*, p.589.
[41] P-X. BOYER, « Le Coup d'État et la révolution » op. cit., p.20
[42] S. CAPORAL, « Coup d'État et constitution », in Ch. BOUTIN et Fr. ROUVILLOI (dir), *Le coup d'État, recours à la force ou dernier du politique ?* op. cit., p.261

II. Le désintérêt des juristes pour l'étude des changements anticonstitutionnels malgré sa résurgence sur le continent africain

Bien que cette notion ne soit pas nouvelle dans les sociétés notamment africaines, on observera une indifférence totale puis un désintérêt des juristes pour ce phénomène. Mais ces deux doctrines sont en train de changer progressivement.

A. Le désintérêt du juriste pour l'étude du changement anticonstitutionnel de pouvoir

Les juristes se sont longtemps désintéressés de l'étude du phénomène des changements anticonstitutionnels de pouvoir, non pas sans raison. Ils se sont désintéressés du fait qu'ils considéraient, qu'ils s'inséraient difficilement dans la science du droit public. Le changement anticonstitutionnel de pouvoir semble relever en réalité davantage de la science politique que du droit. André ROUX observe à cet effet que le changement anticonstitutionnel de régime paraît relever davantage du champ politique que du domaine juridique[43]. Il s'agit par définition selon cet auteur, d'un phénomène extraconstitutionnel dont l'analyse peut difficilement s'insérer dans la théorie du droit constitutionnel[44].

Palouki MASSINA dira, en reprenant des mots du célèbre juriste positiviste français Raymond CARRE DE MALBERG, qu'il n'y a point de place dans la science du droit public pour un chapitre consacré à une théorie juridique des coups d'État ou des révolutions et de leurs effets, qu'il convient de s'attacher uniquement à un second cas, qui est celui d'une réformation paisible, régulière, juridique en un mot de la constitution en vigueur[45].

Pierre-Xavier BOYER reprend également ces mêmes mots du juriste positiviste français Raymond CARRE DE MALBERG pour expliquer

---

43 A. ROUX, « Les changements anticonstitutionnels de régime dans l'histoire constitutionnelle française », in R. BEN ACHOUR (dir.) op. cit., p.77.

44 Ibid.

45 P. MASSINA op. cit., p.4

le désintérêt du juriste pour l'étude de ce phénomène[46]. Ainsi, comme le fait remarquer avec raison cet auteur, le « coup d'État » a longtemps été une notion, n'intéressant pas les juristes[47]. Les juristes se consacraient exclusivement à l'étude de l'organisation et du fonctionnement de l'État conformément aux règles constitutionnelles établies, et aux dysfonctionnements prévus et traités tant que le système constitutionnel fonctionne. L'absence de système ou son renversement par la force ont longtemps été considérés par les juristes du courant positiviste comme un non-sujet. Ce qui fait dire à Pierre-Xavier BOYER, reprenant encore des mots de Raymond CARRE DE MALBERG, l'un des plus célèbres tenants de ce courant, que du fait même du coup d'État, il n'y a plus ni principes juridiques ni règles constitutionnelles : on ne se trouve plus ici sur le terrain du droit, mais en présence de la force[48].

En effet, Raymond CARRE MALBERG observait qu'il n'y a point de place dans la science du droit public pour un chapitre consacré à une théorie juridique des coups d'État[49].

Le professeur Dominique ROUSSEAU se demandait comment la question du changement anticonstitutionnel de pouvoir pourrait-elle concerner le juriste constitutionnaliste[50] ?

L'étude du coup d'État a ainsi été largement écartée des ouvrages juridiques, et notamment du droit constitutionnel : comme si celui-ci était foncièrement étranger à tout ordre juridique, sa seule fonction étant de susciter au sein de cet ordre l'irruption du désordre et de la violence illégitime[51].

---

[46] P. X. BOYE, « Coup d'État et révolution » *in* Ch. BOUTIN et F. ROUVILLOIS (dir.) *Le coup d'État, recours à la force ou dernier du politique ?* op. cit. p.15

[47] Ibid.

[48] Ibid.

[49] Cité Ibid.

[50] D. ROUSSEAU, « Une théorie juridique des changements anticonstitutionnels de gouvernement est-elle possible ? », *in* R. BEN ACHOUR (dir.) *Les changements anticonstitutionnels de gouvernement, approches de droit constitutionnel et de droit international* op. cit. p.63.

[51] Ch. BOUTIN et F. ROUVILLOIS (dir), « préface », in Ch. BOUTIN et F. ROUVILLOIS (dir), *Le coup d'État, recours à la force ou dernier du politique* op. cit., p. 7 et 8

Le refus des juristes de s'intéresser à l'étude de ce phénomène attentatoire à la démocratie et à l'État de droit est regrettable. Ses conséquences sur le droit, en singulier le droit constitutionnel ne devraient pas le laisser indifférent.

Ainsi, le juriste, notamment le constitutionnaliste doit s'intéresser aux coups d'État. Les coups d'État sont en fait des actes politiques auxquels il n'est pas interdit au juriste, particulièrement au constitutionnaliste d'en faire un objet d'étude, simplement parce que cet objet politique est fasciné par le droit, attiré par le droit, soucieux du droit et pionner du droit[52].

Les conséquences du changement anticonstitutionnel sur le droit constitutionnel exigent que le juriste s'y intéresse.

À cet effet, à l'inverse de Raymond CARRE DE MALBERG, dans la même logique que Dominique ROUSSEAU, certains auteurs[53] ont consacré des travaux de recherches particulièrement intéressants sur ce fait, non pas pour en faire des « *chapitres* » de la science du droit public[54] comme le refusait catégoriquement Raymond CARRE DE MALBERG, mais pour tenter de cerner ses effets juridiques. Dans son ouvrage, *Précis et Eléments de l'histoire du droit français de 1789 à 1814, Révolution, Consulat et Empire*[55], Jean Hippolyte Emmanuel Esmein dit Adhémar ESMEIN observait les conséquences du coup d'État du 18 brumaire an VIII[56]. De prime abord, il s'interrogeait sur les conséquences du coup d'État dans l'ordre juridique de l'État[57].

---

[52] D. ROUSSEAU, « Une théorie juridique des changements anticonstitutionnels de gouvernement est-elle possible ? » in R. BEN ACHOUR (dir.) *Les changements anticonstitutionnels de gouvernement, approche de droit constitutionnel et de droit international* op. cit, p.63.

[53] Parmi ces auteurs, on peut citer Jean Hippolyte Emmanuel ESMEIN dit Adhémar Esmein et Maurice Hauriou. Voir également à ce propos P. X. Boyer « Coup d'État et révolution » in Ch. BOUTIN et Fr. ROUVILLOI (dir), *Le coup d'État, recours à la force ou dernier du politique* op. cit. p.15

[54] Ibid.. , p.4.

[55] A. ESMEIN, *Précis et Eléments de l'histoire du droit français de 1789 à 1814, Révolution, Consulat et Empire,* Librairie de la Société du Recueil J — B. SIREY et Du Journal du Palais, ancienne Maison L. LAROSE et FORCEL 1908, p.261 et 262.

[56] P. X. Boyer « Coup d'État et Révolution » in Ch. BOUTIN et Fr. ROUVILLOI (dir), *Le coup d'État, recours à la force ou dernier du politique* op. cit., p.15

[57] Ibid.

Abordant ce sujet dans le même sens qu'Adhémar ESMEIN, notamment ses effets dans l'ordre juridique de l'État, Maurice HAURIOU, dans son célèbre *Précis de droit constitutionnel* s'intéressait aussi à ce phénomène, notamment sur les textes juridiques émanant d'un coup d'État ou d'une révolution qui portent le nom de décrets-lois, parce qu'ils ont été rendus sous la forme de décrets réglementaires du pouvoir exécutif et que, cependant, ils ont valeur de lois parce qu'ils portent sur des matières relevant du domaine de la loi[58].

La notion mérite donc qu'on s'y attarde et pourtant, les juristes jusqu'à une période très récente comme démontré précédemment, se sont refusés à s'y intéresser, alors que la science politique y consacrait une littérature abondante[59]. À partir des années 1990, et plus récemment encore, à l'instar de Dominique ROUSSEAU, de nombreux auteurs dont le constitutionnaliste français Bernard CHANTEBOUT[60], le juriste français Matthieu FAU-NOUGARET[61], le juriste togolais Palouki MASSINA[62] et bien d'autres encore se sont intéressés à l'étude de ce fléau, en lui consacrant des travaux de recherches très intéressants. Pourtant, tous ces apports laissent un vide sur l'aspect de l'implication des organisations économiques sous-régionales africaines contre ce fait. Et c'est là que nous concentrons nos recherches. Nous analyserons les changements anticonstitutionnels de pouvoir sur l'aspect de l'implication des organisations sous-régionales africaines à vocation économique.

La Communauté Economique des États de l'Afrique de l'Ouest (CEDEAO) a été la première organisation sur le continent à s'illustrer contre ce fléau. C'est pourquoi nous portons notre réflexion sur cette organisation à vocation initialement économique, dans la lutte contre ce fait politico-militaire et juridique. L'action de cette organisation dans

---

[58] M. HAURIOU, *Précis de droit constitutionnel,* Paris, Sirey, 1929, 2e éd., p.33

[59] Voir les travaux de D. BANGOURA, *Les armées africaines de 1960-1990*, Paris CHEAM, 1992, Voir également M. BENCHENANE, op. cit.

[60] B. CHANTEBOUT, « L'armée et le pouvoir politique », *in Essays in honor of Georgios I. Kassamatis*, Athènes, Berlin, Bruxelles, Ant. N. SAKOULAS, Berliner Wissenshafts-Verlag, Bruylant, p.161 s. cité par *ibid.*

[61] M. FAU-NOUGARET, « Les organisations régionales et les changements de pouvoir anticonstitutionnels » in M. FAU-NOUGARET (dir..) *La concurrence des organisations régionales en Afrique*, op. cit. p.409-434

[62] P. MASSINA, op. cit.

ce domaine s'explique par plusieurs facteurs que nous éluciderons un peu plus tard.

En effet, c'est dans un contexte d'accroissement de ce phénomène de manière inquiétante dans cette partie du continent que la CEDEAO, principale organisation économique sous-régionale, a été la première à s'impliquer contre ce fléau.

C'est au croisement de la science juridique et politique que se situe notre sujet d'étude : « La CEDEAO[63] face aux changements anticonstitutionnels de pouvoir en Afrique de l'Ouest ».

Ici se mêlent l'analyse des régimes politiques ouest-africains et la science politique pour plusieurs raisons.

La résurgence de ce phénomène sur le continent africain après les transitions démocratiques des années 1990 et plus récemment encore, a conduit les organisations économiques sous-régionales africaines à s'impliquer contre ce fléau, simplement parce qu'il porte atteinte à la sécurité et à la stabilité des États et partant de la sous-région.

Toutefois, en dépit de la recrudescence du fléau en Afrique, singulièrement dans les États de l'espace francophone ayant en partage une même culture juridique que la France, et de l'implication des organisations internationales africaines, il ne semble pas encore susciter un intérêt particulier pour les juristes aussi bien au-delà de la Méditerranée qu'en Afrique.

Ce qui donne à la fois une originalité à notre étude et au passage, rend complexe nos recherches.

---

[63] La Communauté Economique des États de l'Afrique de l'Ouest regroupe 15 États d'Afrique de l'Ouest notamment le Bénin, le Burkina Faso, le Cap Vert, la Côte d'Ivoire, la Gambie, le Ghana, la Guinée Conakry, la Guinée-Bissau, le Liberia, le Mali, le Niger, le Nigeria, le Sénégal, la Sierra Leone et le Togo. Elle couvre une superficie de 5,1 millions de Km^2, la population de l'espace CEDEAO est estimée à environ 300 000 millions d'habitants et représente environ 40 % de la population de l'Afrique subsaharienne. Elle est la région la plus densément peuplée d'Afrique. Toutefois, ces données ne tiennent pas compte de l'adhésion du Maroc actée en 2017, sur laquelle nous reviendrons. Voir à ce propos www.ecowas.int consulté le 30/11/2108.

B. L'échec des processus de démocratisation et la résurgence des changements anticonstitutionnels de pouvoir en Afrique

Après la chute du communisme et la restauration de la démocratie et du pluralisme politique en Afrique dans les années 1990, l'on pensait que le continent africain avait tourné le dos définitivement aux coups d'État. En effet, le continent africain a connu un grand mouvement de démocratisation dans les années 1990. Ce mouvement a été enclenché grâce à plusieurs facteurs, notamment les conférences nationales et surtout la conditionnalité démocratique des États du Nord[64].

Selon Alioune FALL, l'échec des régimes politiques installés au pouvoir après les indépendances, notamment aux niveaux économiques, de l'État de droit et de la démocratie, a abouti à des contestations qui ont déclenché au début des années 1990 un processus de démocratisation des systèmes politiques[65]. Le juriste sénégalais Babacar GUEYE matérialise en trois grandes tendances les succès de ce grand mouvement [66] : la consécration d'une démocratie constitutionnelle, l'édification progressive de l'État de droit et l'organisation d'élections disputées et transparentes[67]. À partir des années 1989, la promotion de la démocratie et de l'État de droit est donc devenue un thème porteur en Afrique[68].

---

[64] M. FAU-NOUGARET, « Les organisations régionales africaines et les changements de pouvoir anticonstitutionnels, » in M. FAU-NOUGARET (dir), *La concurrence des organisations régionales en Afrique*, op. cit., p.412. Voir aussi, A. FALL, *éditorial N° 3*, septembre 2001

[65] A. FALL, « Le processus de démocratisation en Afrique francophone : le juge de l'élection dans l'espace francophone (essai de prospective) » in Jean-Pierre VETTOVAGLIA (prés), Jean Du Bois DE GAUDUSSON, C. DESOUCHES, J. MAILA, H. SADA et A. SALIFOU, *Démocratie et élections dans l'espace francophone*, vol. II BRUYLANT 2010, p.553

[66] A. K. BITIE, *L'approche contemporaine de la prévention des conflits en Afrique*, op. cit., p.53

[67] B. GUEYE, « La démocratie en Afrique : succès et résistances », *in* Revue Pouvoirs, *La démocratie en Afrique*, N° 129, avril 2009, p.7

[68] G. CONAC, « Démocratie et élections » in Jean-Pierre VETTOVAGLIA (prés), Jean Du Bois DE GAUDUSSON, Christine DESOUCHES, Joseph MAILA, Hugo SADA et André SALIFOU, *Démocratie et élections dans l'espace francophone*, vol. II BRUYLANT 2010, p.18

Cependant, force est de constater qu'il faut s'inquiéter de la volonté systématique des États africains de s'accommoder d'un système politique et institutionnel qui n'est pas toujours en adéquation avec leur niveau de développement, et parfois en contradiction totale avec les valeurs culturelles des États[69], pour bénéficier de l'aide au développement de la communauté internationale, notamment des États du Nord. Cette ruse des États africains a conduit à l'échec des processus de démocratisation, et a abouti à une résurgence du fléau des coups d'État sur le continent.

À ce propos, Gérard CORNU dira avec raison que la démocratie ne peut réussir que si les partisans prennent en compte les spécificités culturelles et politiques propres à chacun des États concernés[70].

Ainsi, contre toute attente, le continent africain a renoué curieusement avec la perversité cyclique des changements anticonstitutionnels de pouvoir particulièrement les coups d'État. La vague de démocratisation enclenchée dans les années 1989 n'a pas pu enrayer le fléau des coups d'État en Afrique[71]. La recrudescence de ce phénomène dans cette région du monde est remarquable dans cette dernière décennie comme le note pertinemment Matthieu FAU-NOUGARET[72]. Au cours de ces trois dernières décennies, l'Afrique a enregistré un nombre important de coups d'État ou de tentatives de coups d'État.

---

[69] S. MAPPA, « Avant-propos, » in S. MAPPA (dir.), *Développer par la démocratie ? Injonctions occidentales et exigences planétaires,* Paris, Karthala, 1995, p.8. Voir également à ce propos, Ph. MARCHESIN., *Démocratie et développement*, Revue Tiers Monde, 2004/3, n° 179, p.495 disponible sur https://www.cairn.info/revue-tiers-monde-2004-3-page-487.htm consulté le 20/01/2019

[70] G. CONAC, « Démocratie et élections » in Jean-Pierre VETTOVAGLIA (prés), Jean Du Bois DE GAUDUSSON, Christine DESOUCHES, Joseph MAILA, Hugo SADA et André SALIFOU op. cit., p.29.

[71] Voir à ce propos, A. K. BITIE, op. cit., p.76.

[72] M. FAU-NOUGARET ? « Les organisations régionales africaines et les changements de pouvoir anticonstitutionnels » in M. FAU-NOUGARET (dir), *La concurrence des organisations régionales en Afrique*, op. cit., p 409. On peut citer à ce propos quelques exemples : le coup d'État d'août 2008 du général Mohamed Ould Abdoul Aziz, le coup d'État de décembre 2008 en Guinée Conakry, mené par le capitaine Moussa Dadis Camara, le coup d'État au Mali du 22 mars 2012, le coup d'État au Burkina Faso du général Gilbert DIENDERE, etc.

L'histoire politique de ce continent est particulièrement abondante en coups d'État, bouleversant les constitutionnalismes qui s'intéressent à ce continent. L'Afrique de l'Ouest est la sous-région du continent qui enregistre le plus grand nombre de changements anticonstitutionnels de pouvoir. De 1990 à 2019, cette partie du continent a enregistré plus de 26 coups d'État ou tentatives de coups d'État contre 16 pour le reste du continent[73].

Malgré ces inquiétantes données, les juristes, jusqu'à une période récente refusaient de s'intéresser à ce fait qui intègre par effraction le domaine juridique, en bouleversant vulgairement l'ordre constitutionnel. Ils bouleversent tout aussi le domaine politique réglementé par le droit[74] constitutionnel. Cependant, ce n'est pas cette conséquence non négligeable qui a conduit les organisations économiques sous-régionales africaines, la CEDEAO en particulier, à s'impliquer contre ce fait. Si les organisations internationales s'impliquent contre le changement anticonstitutionnel de pouvoir, c'est pour une raison bien évidente.

III. L'implication des organisations internationales contre les changements anticonstitutionnels de pouvoir

L'ONU, l'organisation internationale à vocation universelle qui encadre toutes les autres, s'implique contre les changements

[73] S. CESSOU, « *La tentation du coup d'État, un fléau en Afrique de l'Ouest* », www.rfi.fr article du 25/09/2015, consulté le 20/12/2015. Toutefois, cette source, antérieure au changement et à la tentative de changement anticonstitutionnel de pouvoir de 2016 en Gambie, de 2019 au Soudan et de janvier 2019 au Gabon, ne tient pas compte de ces cas que nous avons pris en compte.

[74] Le changement de gouvernement est la première conséquence politique d'un coup d'État militaire. Plusieurs autres institutions peuvent connaître des changements. Il faut noter également des changements dans la politique générale du gouvernement. C'est ainsi qu'on peut noter dans les changements de politiques générales, une concentration ou une déconcentration du pouvoir, une allégeance aux droits et aux libertés fondamentales. Dans les cas extrêmes, on peut noter des changements radicaux sur les symboles de la nation : l'emblème de l'État, l'hymne national, le protocole, le nom du pays, etc., S. Coulibaly, *Coups d'État : légitimation et démocratie en Afrique* op.cit. p. 41

anticonstitutionnels de pouvoir, dans le cadre de l'interprétation extensive du chapitre VII de sa Charte. Pour le dire autrement, l'ONU principale organisation internationale, s'implique contre ce fait dans le cadre de la sécurité collective.

L'ONU considère avec raison le changement anticonstitutionnel comme une menace à la paix et à la sécurité. L'organisation établit pertinemment un lien direct entre la démocratie et la paix.

Alors qu'aucune disposition de la Charte de l'ONU ne fait expressément référence au changement anticonstitutionnel de gouvernement,[75] l'ONU a perpétué sa neutralité légendaire vis-à-vis des régimes politiques[76]. Il convient de noter que c'est d'ailleurs cette neutralité qui a permis son universalisme lors de sa création[77]. En fait, l'ONU s'est longtemps abstenue de porter un quelconque regard sur les régimes politiques des États pendant près de cinquante ans[78].

Cependant, la réaction de la SDN[79] par la résolution 1928 contre la situation dans l'État fantoche de Mandchourie, bien que n'ayant pas produit d'effet, constitue incontestablement la première réaction d'une organisation internationale contre un changement anticonstitutionnel de pouvoir[80]. Cette réaction, première de son genre, a été à la fois pacifique et forcée.

Toutefois, il convient de rappeler que bien que la charte de l'ONU ne le dise pas explicitement, en application extensive du chapitre VII, le Conseil de sécurité de l'organisation internationale a ordonné pour la première fois en septembre 1991, l'emploi de la force contre le coup d'État, lorsqu'un groupe de militaires a pris le pouvoir par la force en

---

[75] R. BEN ACHOUR, « Rapport introductif » in R. BEN ACHOUR (dir.) *Les changements anticonstitutionnels de gouvernement, approches de droit constitutionnel et de droit international*, op. cit., p.14

[76] L-A. SICILIANOS, *L'ONU et la démocratisation de l'État*, Paris, Pedone, 2000, p.12

[77] R. BEN ACHOUR, « Rapport introductif » in R. BEN ACHOUR (dir.) *Les changements anticonstitutionnels de gouvernement, approches de droit constitutionnel et de droit international*, op. cit., p.14

[78] L-A. SICILIANOS, *L'ONU et la démocratisation de l'État*, op. cit., p.12

[79] La Société Des Nations est l'ancêtre de l'ONU. Elle avait été créée par le Traité de Versailles, et a laissé place à l'ONU, le 20 avril 1946, dont le traité est entré en vigueur le 24 octobre 1946.

[80] P. TAVERNIER op. cit. p.31

Haïti[81] pour rétablir le président démocratiquement élu, Jean Bernard Aristide[82].

Il s'agissait ainsi d'un changement radical de doctrine de l'ONU. Elle est partie de l'indifférence à l'emploi de la force, en sautant le palier des moyens pacifiques.

À ce propos, on notera avec Mohamed BEDJAOUI que l'ONU confère au Conseil de Sécurité un réel pouvoir discrétionnaire dans son rôle de constatation des faits, de qualification de ceux-ci et d'actions à entreprendre[83].

L'ONU s'empare de cette question dans le cadre du maintien de la paix et de la sécurité collective en application du chapitre VII de la Charte comme dit un peu plus haut. Nous faisons remarquer avec Marie-Sophie BERGER que la paix et la démocratie étant des concepts liés dans la pratique récente de l'organisation (l'ONU), il paraît de plus en plus naturel de considérer que la violation de la légitimité démocratique constitue une menace à la paix [84].

En application du chapitre VIII de la Charte, l'ONU délègue aux organisations régionales et sous-régionales, les moyens d'agir contre ce fléau dans le cadre de la sécurité collective. L'OUA puis l'UA ont été ses courroies de distribution en Afrique, et la CEDEAO, dans la région ouest-africaine.

À cet effet, la répétition de ce phénomène sur le continent africain, menaçant la paix et la sécurité, les liens étroits entre ces changements

---

[81] R. BEN ACHOUR, « Rapport introductif » in R. BEN ACHOUR (dir.) *Les changements anticonstitutionnels de gouvernement, approche de droit constitutionnel et de droit international* op. cit., p.19.

[82] Voir la résolution S/RES/861, 873 et 874 du 16 octobre 1973 ;

[83] M. BEDJAOUI, « L'humanité en quête de paix et de développement », RCDI, 2006, vol. 325, p.139 cité par M.-S. Berger, *La contribution du conseil de sécurité à la prévention et à la gestion des changements anticonstitutionnels*, in R. BEN ACHOUR (dir.), *Les changements anticonstitutionnels de gouvernement, approche de droit constitutionnel et de droit international*, op. cit., p.41.

[84] M.-S. BERGER, « La contribution du conseil de sécurité à la prévention et à la gestion des changements anticonstitutionnels de gouvernement, approche de droit constitutionnel et de droit international » in A. BEN ACHOUR (dir.) *Les changements anticonstitutionnels de gouvernement, approches de droit constitutionnel et de droit international*, op.cit., p.42.

anticonstitutionnels de pouvoir et les conflits qu'ils engendrent ont contraint l'UA, la principale organisation régionale africaine, a fait de la lutte contre ce fléau son cheval de bataille dans le cadre de la prévention des conflits[85].

En application du Chapitre VIII de la Charte de l'ONU, les organisations économiques sous-régionales africaines se sont aussi dotées de moyens juridiques et institutionnels pour la prévention, la gestion et le règlement des changements anticonstitutionnels de pouvoir dans le cadre de la sécurité collective. Simplement parce que ces changements anticonstitutionnels ont un impact direct sur l'intégration et le développement économique, partant, sur la paix et la sécurité.

Elles s'impliquent contre ce fléau du fait qu'il porte directement atteinte à la démocratie et constitue inéluctablement une menace à la paix et à la sécurité. Pour s'impliquer contre ce fléau, les organisations internationales africaines tentent laborieusement de le définir dans des textes juridiques. En effet, le changement anticonstitutionnel de gouvernement est une notion extrêmement large à laquelle elles s'efforcent de donner une définition[86].

La CEDEAO le définit, comme toute situation de pouvoir obtenu ou maintenu par des voies ou moyens non conformes à la constitution[87]. Elle établit une distinction entre le changement anticonstitutionnel de pouvoir, et le mode antidémocratique d'accession ou de maintien au pouvoir[88].

En revanche, elle condamne et rejette les tentatives de changements et les changements anticonstitutionnels de pouvoir au même titre que les modes antidémocratiques d'accession ou de maintien au pouvoir[89]. Quant à l'UA, elle le définit comme toute situation de pouvoir obtenue ou maintenue par des voies ou moyens non conformes à la constitution,

---

[85] J. K. MPIANA, « L'Union Africaine face à la gestion des changements anticonstitutionnels de gouvernements », Revue Québécoise de Droit international (25.2) 2012, p.102.
[86] A. K. BITIE, op. cit., p.55.
[87] A. AYISSI et C. MAIA, « La gestion des crises constitutionnelles en Afrique : Mandat et défis de la médiation internationale », Annuaire français de relations internationales, vol XIII 2012, p.173.
[88] Voir l'article 1er du protocole additionnel sur la démocratie et la bonne gouvernance.
[89] Ibid.

aux principes démocratiques ou remettant en cause l'alternance politique au pouvoir[90].

Les modifications constitutionnelles remettant en cause l'alternance politique au pouvoir constituent le principal point de désaccord entre l'UA et la CEDEAO. Si pour la CEDEAO, tout changement de pouvoir doit être conforme à la constitution et aux principes démocratiques, l'UA quant à elle précise qu'une modification de la constitution qui remet en cause l'alternance politique au pouvoir constitue un changement anticonstitutionnel.

On note quand même que la CEDEAO a tenté aussi bien tardivement que mollement, de proscrire dans des termes ambigus, les modifications constitutionnelles remettant en cause l'alternance politique au pouvoir sans jamais les qualifier de changements anticonstitutionnels comme l'UA[91].

Toutefois, son champ d'application par l'organisation sous-régionale d'Afrique de l'Ouest reste extensif tout comme pour l'UA. Il faut noter aussi que tout coup d'État est un changement anticonstitutionnel de pouvoir, mais tout changement anticonstitutionnel de pouvoir n'est pas un coup d'État. Et c'est à ce point que se situe à la fois l'interprétation extensive de la notion et aussi un point de désaccord entre l'UA et la CEDEAO.

Elles considèrent toutes les deux la tentative de changement anticonstitutionnel comme une menace à la paix au même titre que celui ayant réussi. C'est parce que les organisations internationales, l'ONU dans le cadre international, l'UA et la CEDEAO, respectivement dans

---

[90] Article 23. 1 de la Charte Africaine de la Démocratie, des Élections et de la Gouvernance.

[91] L'Acte additionnel portant régime de sanctions à l'encontre des États membres qui n'honorent pas leurs obligations vis-à-vis de la communauté précise : « Les auteurs et complices de coups d'Etat, les autorités en exercice qui tentent de se maintenir au pouvoir et d'empêcher toute possibilité d'alternance en modifiant la constitution ainsi que les auteurs et bénéficiaires de tous autres changements anticonstitutionnels, ne peuvent se présenter à la magistrature suprême de leurs Etats respectifs. La communauté et ses Etats membres ne reconnaissent pas les gouvernements issus des prises de pouvoir par de tels procédés ».

le cadre régional et sous-régional ouest-africain, considèrent que ce fléau constitue une menace à la sécurité collective qu'il convient de s'en saisir.

IV. L'objet de l'implication des organisations internationales dans la promotion de la démocratie et la délimitation géographique de notre étude

1. L'objectif de l'implication des organisations internationales pour la promotion de la démocratie

La démocratie est en réalité un élément indissociable du développement et de la paix. La promotion de la démocratie s'avère indispensable pour la croissance économique soutenue, le développement durable, l'élimination de la pauvreté et de la faim et la protection de tous les droits de l'homme et de toutes les libertés fondamentales[92].

Il faut toutefois tempérer le propos selon lequel la démocratie est une condition essentielle du développement. Les exceptions des pays d'Asie, notamment la Chine, le Japon, Singapour obligent à tempérer ce propos[93]. Cependant, on peut se poser la question de savoir si la gestion d'un dictateur, même « éclairé » a prioritairement pour objectif le bien commun[94] ?

La réponse à cette question est négative dès lors que, dans le cas d'un régime dictatorial, il y a une confusion dans la gestion des affaires publiques et privées et une personnalisation du pouvoir du prince[95]. En outre, la liberté et le respect des droits constituent de manière incontestable, les leviers du développement.

---

[92] A.-T. NORODOM et Ph. LAGRANGE, « Travaux de la Commission du Droit international (soixante-huitième session et de la sixième commission) », in *Annuaire français de droit international* 2016, CNRS éd. Paris 2017, p.296

[93] Ph. MARCHESIN, « Démocratie et développement », Revue Tiers Monde, 2004/3, n° 179, p.490

[94] Ibid. p.496

[95] Ibid., p.490

Ainsi, il y'a incontestablement une interaction entre la démocratie et le développement.

L'ONU, l'UA, de même que la CEDEAO[96] et toutes les autres organisations économiques sous-régionales africaines établissent un lien direct entre la démocratie et le développement.

Elles établissent ce même lien entre les changements anticonstitutionnels et les conflits qu'ils génèrent[97]. Ce qui les a conduits à se saisir de cette question dans le cadre de la sécurité collective.

En effet, depuis la chute du Mur de Berlin et la restauration de la démocratie dans les États africains et certains États du Nord, celle-ci et le respect des droits de l'homme sont devenus des éléments de la politique internationale des États et des organisations internationales.

Comme nous l'avons dit plus haut, l'ONU, l'organisation internationale détenant l'exclusivité de la sécurité collective internationale, s'intéresse aux changements anticonstitutionnels de pouvoir en application extensive du chapitre VII de sa charte. L'UE[98] et l'UA dans le cadre régional s'y intéressent également, en application du chapitre VIII de la charte de l'ONU.

Le Chapitre VIII de l'ONU autorise à descendre encore plus bas. C'est dans ce cadre que les organisations économiques sous-régionales africaines s'impliquent dans la sécurité collective dans le cadre de leur projet de développement économique.

---

[96] Elle précise dans le préambule du protocole relatif au mécanisme de prévention, de gestion, de règlement des conflits, de maintien de la paix et de la sécurité : « Conscients du fait que la bonne gestion des affaires publiques, le respect de l'État de droit et le développement durable sont indispensables pour la paix et la prévention des conflits… »

[97] Voir à ce propos la Charte des Nations Unies ; l'Acte constitutif de l'UA, le Protocole relatif au mécanisme de prévention, de gestion, de règlement des conflits et de maintien de la paix de la CEDEAO. Voir également, AHG/Dec.142 (XXIV), aussi le préambule de la CADEG. Nous y reviendrons.

[98] X. LATOUR, « L'Union Européenne face aux coups d'État », in Ch. BOUTIN et Fr. ROUVILLOI (dir), *Le coup d'État, recours à la force ou dernier du politique ? Op. cit.*, p.305-322.

2. L'implication des organisations économiques sous-régionales africaines contre le changement anticonstitutionnel de pouvoir

La recrudescence du fléau des changements anticonstitutionnels de pouvoir dans cette partie du monde a abouti à l'implication des organisations économiques sous-régionales dans sa prévention et sa gestion, en application de l'interprétation extensive du chapitre VII de la Charte de l'ONU et conformément au chapitre VIII du même texte. À cet égard, la SADEC et la CEDEAO se sont particulièrement illustrées contre ce fléau sur le continent africain. Cependant, la CEDEAO est la première organisation économique sous-régionale du continent à s'illustrer dans ce domaine. Ainsi, nous abordons l'étude de ce fait (politico-juridique et militaire) dans le cadre de l'implication de la CEDEAO, principale organisation économique sous-régionale de l'Afrique de l'Ouest[99].

La CEDEAO offre un terrain fertile de réflexion sur l'étude des organisations économiques sous-régionales africaines contre ce fléau, à la fois pour sa récurrence dans cette partie du continent et aussi et surtout son dynamisme dans sa prévention et sa gestion.

La question de l'attitude des organisations internationales face aux changements anticonstitutionnels de pouvoir est un sujet en évolution perpétuelle, ce qui le rend à la fois intéressant, mais difficile à comprendre pour un observateur scientifique[100].

Rappelons que dans le cadre régional africain, absents de la charte de l'OUA, l'État de droit et la démocratie n'ont été intégrés qu'en 2000 lors de l'adoption de la charte de l'UA, marquant ainsi un changement de doctrine de l'organisation.

Cette absence n'avait pourtant pas empêché cette organisation à réagir énergiquement face au coup d'État en Sierra Leone. L'OUA a condamné fermement pour la première fois, le coup d'État en 1997,

[99] Il existe en fait deux organisations économiques sous-régionales en Afrique de l'Ouest : la CEDEAO et l'UEMOA (Union Économique et Monétaire Ouest-africaine regroupant 8 États à la fois membres des deux). La CEDEAO demeure la plus ancienne et la plus grande.

[100] P. TAVERNIER op.cit., p.29

lorsque le président démocratiquement élu de Sierra Leone Ahmed Tejan KABBAH est renversé par une partie de l'armée[101]. À la suite de ce coup d'État, lors de sa 35e session de la conférence des chefs d'État et de gouvernement tenue du 12 au 14 juillet 1999, l'OUA prend une décision complètement inhabituelle. La Conférence des chefs d'État et de Gouvernement de l'organisation a décidé en des termes sans ambiguïté que les États dont les gouvernements ont accédé au pouvoir par des moyens anticonstitutionnels suite au sommet d'Harare, devraient restaurer la légalité constitutionnelle avant le prochain sommet, faute de quoi, elle prendra des sanctions à l'encontre de ces gouvernements jusqu'à ce que la démocratie soit rétablie[102]. Elle intervenait ainsi dans ce domaine, subsidiairement à l'ONU.

L'ONU considère dans bien des cas qu'il est opportun politiquement de laisser la décision à l'échelon régional ou sous-régional, engageant ainsi moins la communauté internationale dans la gestion des changements anticonstitutionnels de pouvoir[103]. Et c'est là que les organisations sous-régionales deviennent très utiles, voire indispensables pour l'ONU, en la matière.

Le continent africain compte huit communautés économiques sous-régionales adoubées par la résolution de Banjul de 2006[104]. L'ONU et l'UA peuvent s'appuyer sur ces organisations dans le cadre de la sécurité collective. Ainsi, emboîtant le pas à l'ONU et à l'UA dans le cadre du maintien de la paix et de la sécurité, conformément à la subsidiarité entre ces organisations, la CEDEAO rejette et condamne fermement le changement anticonstitutionnel de pouvoir.

Elle est la première sur le continent africain à s'impliquer dans la prévention, la gestion et le règlement des changements anticonstitutionnels de pouvoir. La CEDEAO réaffirme à travers son implication contre ce fléau qu'elle constitue un laboratoire d'intégration sous-régionale en Afrique.

---

[101] R. BEN ACHOUR, « Rapport introductif » in R. BEN ACHOUR (dir) op.cit., p.16

[102] AHG/Dec.142 (XXIV)

[103] P. TAVERNIER op. cit., p. 32

[104] M. FAU-NOUGARET, *« Les organisations régionales africaines face aux changements de pouvoir anticonstitutionnels, »* in M. FAU-NOUGARET (dir.), *La concurrence des organisations régionales en Afrique*, op. cit., p 415.

Cette ingéniosité de la CEDEAO a particulièrement attiré notre attention, et constitue une justification de notre choix géographique.

Ainsi, nous analyserons l'action de l'organisation économique communautaire ouest-africaine dans la sous-régionalisation de la prévention, la gestion et le règlement des changements anticonstitutionnels de pouvoir, autrement dit la sous-régionalisation de la démocratie, de l'État de droit et de la protection des droits de l'homme en Afrique de l'Ouest. Nous relèverons les écueils et formulerons des perspectives[105] pour celle-ci.

Depuis 1993, la CEDEAO s'est en effet emparée du concept de « démocratie » en bannissant les changements anticonstitutionnels de pouvoir, car la démocratie est un élément indissociable du développement et de la paix durable[106].

Dans son agenda pour la paix, l'ancien secrétaire général des Nations-Unies BOUTROS BOUTROS-GHALI observait pertinemment : « Les institutions et pratiques démocratiques désamorcent les antagonismes par le décret et offrent des moyens de conciliation dont peuvent s'accommoder toutes les parties prenantes, réduisant ainsi le risque que les divergences ou les différends ne tournent pas à l'affrontement ou au conflit armé (...) La démocratie au sein des États favorise l'éclosion du contrat social nécessaire pour que puisse s'établir une paix durable. Une culture de la démocratie est donc fondamentalement une culture de paix. Institutions et pratiques au sein des États peuvent de même favoriser la paix entre les États (...) La démocratie contribue au maintien de la paix, à la justice et au respect des droits de l'homme, au développement économique et social »[107].

---

[105] Pour reprendre une formule de J. K. MPIANA, « L'Union Africaine face à la gestion des changements anticonstitutionnels de gouvernements, » op. cit., p.102

[106] M. FAU-NOUGARET, « Les organisations régionales africaines face aux changements de pouvoir anticonstitutionnels », in M. FAU-NOUGARET (dir.,) *La concurrence des organisations régionales en Afrique* op. cit., p.409. La CEDEAO établit ce lien dans le préambule du protocole portant mécanisme de prévention, de gestion des conflits, de maintien de la paix et de la sécurité en ces termes : « Conscients du fait que la bonne gestion des affaires publiques, le respect de l'État de droit et le développement durable sont indispensables pour la paix et la prévention des conflits».

[107] B. B. GHALI, « Agenda pour la paix », cité par *ibid.*

Par contre, la paix et la sécurité ne sont pas une préoccupation nouvelle sur le continent africain. Matthieu FAU-NOUGARET observe à juste titre à ce propos que depuis les indépendances, il est apparu évident que dans un souci de développement économique puis de développement humain, les conflits inter et infra étatiques ne pouvaient que nuire aux États et à leur population[108]. C'est donc fort justement que BOUTROS BOUTROS-GHALI a souhaité à travers son agenda pour la paix, responsabiliser les organisations régionales dans le maintien de la paix en activant le Chapitre VIII de la Charte des Nations Unies[109]. La CEDEAO a été là encore la première organisation à s'en servir, en envoyant l'ECOMOG (L'Economic Community of West African States Cease-fire Monitoring Group) dans le conflit libérien[110].

Alors que le fléau des changements anticonstitutionnels s'accroît avec une proportion inquiétante en Afrique de l'Ouest, menaçant les efforts pour la paix et la sécurité dans la sous-région pour maintenir une stabilité, l'organisation communautaire économique est la première sur le continent à se saisir de cette épineuse question en mettant en place des mécanismes de prévention et de gestion qui vont donner naissance à un droit international nouveau dont la portée et les effets juridiques, semblent dépasser largement le cadre du droit international classique.

La particularité de ce droit international nouveau nécessite que l'on s'y intéresse. Ainsi nous proposons d'étudier dans cette étude ce droit international nouveau, son processus de formation, sa portée et ses effets juridiques.

En effet, la prévention des changements anticonstitutionnels de pouvoir a conduit l'organisation à mettre en place une « constitution et un code électoral supranational aux États », reléguant ainsi au second rang les constitutions et les codes électoraux internes des États membres.

---

108 M. FAU-NOUGARET, « Introduction générale », in M. FAU-NOUGARET (dir.), L'architecture *de paix et de sécurité en Afrique : bilan et perspectives,* actes des colloques de Bordeaux et Ouagadougou des 30 novembre 2012 et 24-25 octobre 2013, L'Harmattan 2014, p. 11

109 Ibid., p. 12

110 L'Economic Community of West African States Cease-fire Monitoring Group (ECOMOG), ou (Brigade de surveillance du cessez-le-feu de la CÉDÉAO), elle était aussi appelée les « Casques Blancs » a été créée en 1990 dans un contexte juridique largement contestable lors de la guerre civile au Liberia.

Elle prend ainsi la place des États membres dans la désignation des gouvernants des États, l'organisation et le fonctionnement des institutions internes alors que ces questions relevaient jusqu'à une période récente de la compétence exclusive des États.

S'il nous était permis de reprendre une formule de Pierre Xavier BOYER, nous dirions que le coup d'État reste ce moment étrange, insaisissable à maints égards, durant lequel le droit cède la place au fait qui à son tour, va donner naissance à un nouveau[111]. La CEDEAO donne naissance à un constitutionnalisme communautaire nouveau, en réglant ces faits avec des accords politiques supplantant le droit.

En réalité, cette question ne relevait pas de ses compétences lors de sa création en 1975. De même que l'ONU et l'OUA, elle avait observé une neutralité absolue dans le choix des régimes politiques des États.

Mais depuis 1993, elle a nettement évolué dans ses objectifs. Autrement dit, elle a fait évoluer radicalement sa doctrine de non-ingérence dans les affaires intérieures des États. Elle tente ainsi de devenir un acteur international pour reprendre une formule de Xavier LATOUR, qui est capable de défendre sa vision du monde, au besoin en s'immisçant dans le fonctionnement d'États souverains[112]. Elle essaie ce qu'on pourrait appeler avec cet auteur, la capacité d'une unité politique à imposer sa volonté aux autres unités[113].

Ainsi, depuis ce changement de doctrine, elle observe avec une attention particulière la manière dont les États gèrent leurs affaires intérieures, en particulier le fonctionnement des institutions, la dévolution et le maintien au pouvoir, la protection des droits de l'homme et des libertés, et la bonne gouvernance. Cette (immixtion) légale répond à la préoccupation de l'impact direct du changement anticonstitutionnel de pouvoir sur la sécurité collective et de façon indirecte sur l'économie de la sous-région, objectif principal de l'organisation. D'une manière générale, la CEDEAO s'est progressivement dotée de moyens juridiques et institutionnels pour faire respecter son attachement aux principes et valeurs de la démocratie, de la bonne gouvernance, du respect des droits de l'homme

---

[111] P-X. BOYER, op. cit. p.16.
[112] X. LATOUR, « L'Union Européenne face aux coups d'États» op. cit, p.306
[113] Ibid.

et des libertés et de la prééminence de l'État de droit. Cependant les manipulations antidémocratiques de la Constitution pour se maintenir au pouvoir au-delà de la durée constitutionnelle initialement prévue, que Séni Mahamadou OUEDRAOGO qualifie dans sa thèse de doctorat en droit public de fraude à la constitution[114], situations pouvant conduire à des changements anticonstitutionnels ou au maintien antidémocratique au pouvoir, ne sont pas sanctionnées par la CEDEAO malgré une diplomatie préventive contre ce fléau.

Alors que l'UA a eu le courage du moins sur papier, à les considérer explicitement comme des changements anticonstitutionnels comme expliqué un peu plus haut. Cette pratique est très répandue sur cette partie du continent.

La CEDEAO tente mollement de proscrire cette pratique pour son projet de consolidation de la démocratie.

Elle explique laconiquement dans l'article 12 de l'Acte additionnel portant régime de sanctions à l'encontre des États membres qui n'honorent pas leurs obligations vis-à-vis de la communauté, qu'elle ne reconnaîtra pas les autorités en exercice qui tentent de se maintenir au pouvoir et d'empêcher toute alternance en modifiant la Constitution.

Elle pourra interdire à celles-ci de se présenter aux élections présidentielles de leur pays. Par quel moyen pourra-t-elle mettre à exécution cette interdiction ?

Il est difficile de répondre à cette interrogation. L'organisation est très complaisante contre cette pratique à l'inverse de l'UA comme nous le verrons qui la considère sur papier, comme un changement anticonstitutionnel de gouvernement, sans jamais parvenir à la bannir sur le continent.

La solidarité entre chefs d'État semble pleinement jouer un rôle important dans cette complaisance, voire cette inertie de l'organisation. Il ressort de nos constats que les chefs d'État et de gouvernement de la CEDEAO ont franchi le cap de ce que nous qualifions avec Abdoul

---

[114] S. M. OUEDRAOGO, *La lutte contre la fraude à la constitution en Afrique noire francophone*, thèse de doctorat en droit public, soutenue le 16 mai 2011 à l'Université Montesquieu Bordeaux IV, p. 39.

Kader BITIE de solidarité entre chefs d'État[115] dans la prévention de ce fléau.

Notre étude sera focalisée principalement sur la sous-régionalisation de la démocratie en Afrique de l'Ouest avec quelques références sur la bonne gouvernance et le respect des droits de l'homme et des libertés.

3. D'une intégration économique communautaire, à une intégration de la démocratie, de la bonne gouvernance et de la protection des droits de l'homme et des libertés en Afrique de l'Ouest

Nous verrons qu'il y a eu une nette évolution dans les objectifs de l'organisation.

Le traité fondateur de 1975 de la CEDEAO

La Communauté Economique des États de l'Afrique de l'Ouest (CEDEAO)[116] est une organisation communautaire ouest-africaine créée en 1975 par un traité. Le traité fondateur de la CEDEAO est entré en vigueur en 1977, deux années après son adoption. Elle regroupait jusqu'en 2000[117] 16 États dont le Bénin, le Burkina Faso, le Cap Vert, la Côte d'Ivoire, la Gambie, le Ghana, la Guinée Conakry, la Guinée-Bissau, le Mali, le Niger, le Nigeria, la Mauritanie, le Sénégal, la Sierra Leone, le Liberia, le Togo.

Faut-il le rappeler au risque de se répéter, la CEDEAO a été créée dans un but purement économique comme le précisaient les dispositions de l'article 2 paragraphe 1 du traité fondateur de 1975 : « Le but de la communauté est de promouvoir la coopération et le développement

---

[115] A. K. BITIE, op. cit. p.53

[116] La CEDEAO occupe une superficie de 5,1 millions de km^2 soit 17 % du continent africain. Le Niger et le Mali avec respectivement 24,8 % et 24,4 % de superficie constituent les États les plus vastes de l'organisation. Voir à ce propos, Mamadou Diang BARRY, *Développement financier et croissance économique, études théoriques et applications sur l'UEMOA et la CEDEAO*, thèse de doctorat ès sciences économiques, soutenue le 3 avril 2012 Université de Franche-Comté, p.19.

[117] La Mauritanie s'est retirée en 2000 pour rejoindre l'Union du Maghreb Arabe. Toutefois, récemment, elle a montré son intérêt pour un retour au sein de la communauté.

dans tous les domaines de l'activité économique... », objectif que le traité révisé de 1993 n'a pas trahi. La CEDEAO est aujourd'hui considérée comme un modèle de réussite d'intégration[118] en Afrique.

Amadou Bachirou ADAMOU considère à juste titre à cet effet que le processus d'intégration de la CEDEAO obéit à la définition proposée par Nicolas MOUSSIS, selon laquelle « l'intégration multinationale implique la création graduelle, par des instruments volontairement adoptés par tous, des liens imperceptibles, mais innombrables entre les nations qui prennent part à l'expérience.

Ces liens consistent en des politiques et lois communes qui régissent les activités économiques des États membres et influencent la vie quotidienne et professionnelle de leurs citoyens »[119].

Si elle n'est pas la première organisation économique sous-régionale africaine, elle est sans nul doute la plus réussie. Bien que l'Afrique de l'Ouest ait l'organisation d'intégration la plus réussie du continent, en particulier dans le domaine de la démocratie et de l'État de droit, elle est également la sous-région la plus instable sur le plan politique et sécuritaire. Dans son rapport de mai 2015, le bureau sous-régional pour l'Afrique de l'Ouest de la Commission Economique pour l'Afrique des Nations Unies, soulignait pertinemment que cette sous-région demeure l'une des zones les plus instables du continent, car plusieurs États ont connu des coups d'État depuis 1977[120]. Face à une instabilité chronique,

---

[118] Bureau sous-régional pour l'Afrique de l'Ouest de la commission économique pour l'Afrique des Nations Unies, Communauté Economique des États de l'Afrique de l'Ouest, *Une évaluation des progrès réalisés vers l'intégration régionale dans la région de la Communauté Economique des États de l'Afrique de l'Ouest depuis sa création*, ECA-WA/NREC/2015/03, texte original : français, mai 2015, p.111 disponible https://www.uneca.org/sites/default/files/PublicationFiles/int_progr_ri_inception_ecowas_fre.pdf

[119] N. MOUSSIS, *Théorie de l'intégration : les politiques communes comme fondement de l'intégration multinationale*, RMCUE, 2001, p.536 cité par B. A. Adamou, *Le constitutionnalisme à l'épreuve de l'intégration dans l'espace CEDEAO : contribution à l'étude de la protection des droits fondamentaux depuis « l'ouverture démocratique » en Afrique de l'Ouest*. Thèse de doctorat en sciences juridiques, soutenue le 21 septembre 2018, Université de Toulon p. 27.

[120] Bureau sous-régional pour l'Afrique de l'Ouest de la commission économique pour l'Afrique des Nations Unies, Communauté Economique des États de l'Afrique de l'Ouest, *Une évaluation des progrès réalisés vers l'intégration régionale dans la*

caractérisée principalement par de nombreux coups d'État et des crises politiques et sécuritaires, les dirigeants des États membres furent obligés de se préoccuper de la paix et de la sécurité sous-régionale en tant que facteur indispensable à leur projet de développement socio-économique[121]. Depuis 1997, cette organisation n'est plus indifférente à l'égard des régimes politiques de ses États membres. Elle a fait un « passage d'une attitude passive et indifférente à une attitude positive et militante »[122] en faveur de la démocratie dans ses États membres.

Le traité révisé de Cotonou du 24 juillet 1993

Les questions de démocratie, de bonne gouvernance, de respect des droits de l'homme et des libertés, de l'État de droit, de paix et de sécurité ont été les grandes absentes dans les objectifs du traité fondateur de 1975 de la CEDEAO ainsi que nous l'avons observé précédemment. Elle s'est rattrapée en consacrant ces nouveaux objectifs dans le traité révisé de 1993, sans remettre en cause l'objectif initial, l'intégration économique._Lors de la session ordinaire de la conférence des chefs d'États et de gouvernement tenue le 24 juillet 1993 à Cotonou au Bénin, la CEDEAO a procédé à une réforme substantielle du droit communautaire, en révisant en profondeur le traité fondateur de 1975. Les questions politiques et de sécurité[123] ont occupé une place importante dans les objectifs de l'organisation au point de rendre secondaire l'intégration économique, son objectif initial.

Elle a intégré dans ses objectifs, en y mettant un accent particulier, le respect de l'État de droit, de la démocratie, des droits de l'homme et des libertés. Elle a constaté que l'intégration économique, son but principal, est difficilement réalisable dans un contexte d'instabilité

---

région de la Communauté Economique des États de l'Afrique de l'Ouest depuis sa création, ECA-WA/NREC/2015/03, texte original : français, mai 2015, p.110 disponible https://www.uneca.org/sites/default/files/PublicationFiles/int_progr_ri_inception_ecowas_fre.pdf

[121] B. A. ADAMOU, *Le constitutionnalisme à l'épreuve de l'intégration dans l'espace CEDEAO : contribution à l'étude de la protection des droits fondamentaux depuis « l'ouverture démocratique » en Afrique de l'Ouest,* op. cit., p. 170.

[122] R. BEN ACHOUR, « Le droit international de la démocratie », in *Cour Euro-Méditeeranéens Bancaja de droit international*, volume IV, 2000, éd. Tirant Lo Blanch, p.537.

[123] Article 58 du traité révisé de la CEDEAO

politique et sécuritaire. Ainsi, elle établit un lien étroit entre démocratie et développement, entre démocratie, paix et sécurité[124]. Est-ce qu'en réalité, il existe une interaction entre ces concepts ?

V. Les rapports entre le concept de démocratie, paix et sécurité, et le développement

Il convient de faire un focus sur la démocratie sur laquelle reposent fondamentalement les autres concepts.

A. Focus sur le concept de démocratie

Définir le concept de démocratie peut paraître aussi évident et simple, mais en réalité, il semble plus complexe que l'on peut le croire. À cet effet, Catherine CASTOR observe qu'au-delà même du sens littéral du concept, la difficulté à définir le mot provient de son double sens prescriptif et descriptif.

Certains auteurs ont toutefois tenté de lui donner une définition. Cependant, à en croire Catherine CASTOR, la démocratie a perdu son sens précis[125].

Selon le professeur Gérard CONAC, ce sont les Athéniens qui ont inventé la démocratie[126]. Il observe que l'expression démocratie signifie étymologiquement le gouvernement du peuple[127]. La démocratie peut se définir comme non seulement une manière de

[124] Elle établit ce lien dans le préambule de son protocole relatif au mécanisme de prévention, de gestion, de règlement des conflits, de maintien de la paix et de la sécurité : « … la bonne gestion des affaires publiques, le respect de l'État de droit et le développement durable, sont indispensables pour la paix et la prévention des conflits »

[125] Ibid.

[126] G. CONAC, « Démocratie et élections » in Jean-Pierre VETTOVAGLIA (prés), Jean Du Bois DE GAUDUSSON, Christine DESOUCHES, Joseph MAILA, Hugo SADA et André SALIFOU, *Démocratie et élections dans l'espace francophone*, op. cit. p.11

[127] Ibid.

gouverner dans le respect des droits de l'homme, mais aussi un mode de désignation des gouvernants par les gouvernés[128].

Les auteurs conviennent que la démocratie a vu le jour dans la Grèce antique. Étymologiquement, la notion de « *démocratie* » est née de la combinaison de deux mots grecs : *Démos,* qui veut dire le peuple et *Kratos* ou *Kratein,* signifiant le pouvoir. La démocratie est de ce fait un régime dans lequel tous les citoyens possèdent à l'égard du pouvoir, un droit de participation (vote) et un droit de contestation (liberté d'opposition)[129]. Certains auteurs contemporains de la politique et du droit constitutionnel[130] définissent la démocratie en prenant comme point commun, celle du célèbre homme politique américain, Abraham LINCOLN, qu'il a énoncé lors de son discours de Gettysburg, le 19 novembre 1863 : « La démocratie, c'est le gouvernement du peuple, par le peuple et pour le peuple »[131]. Nous convenons avec Jean GICQUEL et Jean-Éric GICQUEL qu'en France, la définition de la démocratie de ce célèbre homme politique américain Abraham LINCOLN a valeur officielle : « La démocratie, c'est le gouvernement du peuple et pour le peuple », article 2 de la Constitution française[132].

Dans le cadre international, parmi toutes les organisations internationales créées après la Seconde Guerre mondiale, l'UA et la CEDEAO sont les seules à s'être dotées de textes contraignants[133], du moins sur papier, pour la consolidation de la démocratie.

Le concept de démocratie est particulièrement intégré dans le droit communautaire de la CEDEAO, comme mode de gouvernance et moyen de prévention des crises. Cependant, le concept de démocratie n'est apparu pour la première fois dans le droit de la CEDEAO que lors

[128] Ibid., p.26

[129] S. GUINCHARD (dir.) R. GUILLIEN et J. VINCENT, *Lexique des Termes juridiques*, Dalloz 17e éd. 2010, p.244

[130] J. GICQUEL et J. É. GICQUEL, *Droit constitutionnel et institutions politiques*, 31e éd. LGDJ Lextenso 2017, p. 258

[131] Ibid.,

[132] J. GICQUEL et J. — E. GICQUEL, *Droit constitutionnel et institutions politiques*, 23e éd. MONSCHRESTIEN 2009, p.206.

[133] H. TIGROUDJA, « La Charte africaine de la démocratie, des élections et de la gouvernance » in YUSUF Abdulqawi A. (dir.), *L'Union Africaine, cadre institutionnel,* éd. Pedone 2013, p.243.

de la révision de 1993 de son traité fondateur, que nous avons déjà fort observé. En effet, dans l'article 4 du traité révisé de 1993, l'organisation rappelle avec insistance la nécessité de la promotion et de la consolidation d'un système démocratique de gouvernance dans chaque État membre. Le droit communautaire ne définit toutefois pas explicitement le concept de la démocratie. En revanche, il décrit ce que doit être un État démocratique, c'est-à-dire les principes à partir desquels l'organisation communautaire porte son jugement sur le régime politique des États.

Catherine CASTOR établit une distinction entre le principe démocratique et le concept de démocratie[134]. Le droit de la CEDEAO n'établit pas cette distinction. La CEDEAO analyse la démocratie, notamment les régimes politiques des États membres à partir de principes juridiques supranationaux énoncés par le droit communautaire. Alors que, comme le remarque Catherine CASTOR citant Mario TELO, « le développement de la démocratie supranational pose des problèmes conceptuels… »[135].

La démocratie peut être directe ou indirecte, c'est-à-dire s'exerçant ou non à travers des représentants. La démocratie directe est la forme de démocratie dans laquelle les citoyens exercent eux-mêmes le pouvoir sans intermédiaire[136]. Le référendum symbolise principalement l'exercice de cette forme de démocratie.

La démocratie indirecte, ou représentative est la forme de démocratie dans laquelle les citoyens donnent mandat à certains d'entre eux d'exercer le pouvoir en leur nom et place[137]. L'élection du Président de la République, des députés au suffrage universel, symbolise la démocratie représentative.

Adama KOPDAR dira avec raison que la démocratie est simplement une politique et un concept juridique qui privilégient la

---

[134] C. CASTOR, op. cit., p. 3

[135] M. TELO, *Démocratie internationale et démocratie supranationale en Europe, in* M. TELO, *Démocratie et construction européenne,* Bruxelles éd., de l'Université de Bruxelles, coll. Études européennes, 1995, p.4, cité par C. CASTOR, op. cit., p. 3

[136] Ibid., p184

[137] Ibid., p.185

diversité des oppositions, des intérêts et leur groupement dans la société[138]. En fait, la démocratie postule l'abandon de tout recours à la force au profit d'une régulation juridique des rapports entre les acteurs politiques[139]. Elle implique que le pouvoir s'acquiert, non pas par les armes, mais par le jeu pacifié des rapports politiques conflictuels au travers d'élections disputées[140].

Pour être précis et complet sur ce concept polysémique, la démocratie tire ses sources des pensées philosophiques et politiques.

1. Les pensées philosophiques de la démocratie

Le concept de démocratie est largement philosophique. Que dit donc la philosophie de la démocratie ? La démocratie est définie par la philosophie comme un gouvernement auquel le peuple prend une part plus ou moins grande.[141] Le sens de la démocratie est intimement lié à l'idée de liberté politique. Elle est en fait la combinaison de la liberté et de l'égalité[142]. Ces deux notions sont cumulatives et non alternatives.

Le philosophe français Alexis de TOCQUEVILLE dénonçait et s'opposait vigoureusement au despotisme[143], l'inverse de la démocratie. Périclès notera à juste titre que la démocratie a deux principes fondamentaux : l'égalité et la légalité[144]. Périclès et Tocqueville ont été de grands penseurs de la démocratie qui ont laissé une trace profonde dans l'histoire de la philosophie politique. À l'inverse de ceux-ci, Platon s'est acharné vigoureusement contre la

---

138 A. KPODAR, « Un demi-siècle du constitutionnalisme en Afrique noire francophone, » op. cit. p.11.

139 A. E. OVONO, « Armée et démocratie en Afrique, une relation ambivalente à normaliser » in Afrique Contemporaine 2012/2 (n° 242), p.120-121, https://www.cairn.info/revue-afrique-contemporaine-2012-2-page-120.htm consulté le 10/03/2019.

140 Ibid.

141 G. LESCUYER, *Histoire des idées politiques* 14e Dalloz 2001 p. 381. N° 304

142 Ibid.

143 Cité Ibid., p. 382, N° 305

144 Ibid., p. 41, N° 24.

démocratie[145], en déniant la capacité du peuple à exercer la souveraineté.

Alors que Thomas HOBBES dans le *Léviathan* soulignait que les hommes s'unissent entre eux par une convention. Dans cette convention, les hommes choisissent leurs représentants par le vote. Dans la conception de Hobbes, le vote est l'acte par lequel la convention se forme. Dans la conception moderne de la démocratie, le vote est fondamental dans la désignation des gouvernants. À ce propos, Yaya NIANG dira en citant Jean-Claude MASCLET, l'élection « constitue le procédé privilégié de légitimation du pouvoir. Il n'y a, en démocratie, d'autorité politique qu'issue de l'élection. Celle-ci fournit aux gouvernants un titre pour agir et commander. Elle fonde et justifie leur pouvoir. Elle assure leur autorité. En même temps, l'élection explique et justifie l'obéissance. Elle résout ce que Saint-Thomas d'Aquin appelait le mystère de l'obéissance civile »[146].

L'élection est le seul moyen de légitimation d'un pouvoir politique dans une démocratie, et symbolise la souveraineté du peuple. Les représentants choisis à l'issue de ce vote peuvent prendre des actes qui doivent être considérés comme les leurs, non seulement par ceux qui ont voté pour les représentants, mais aussi par ceux qui ont voté contre eux, dans le but de vivre en paix et d'être protégés contre les autres[147].

Le consentement du peuple est le fondement du pouvoir du souverain pour HOBBES. Dans la convention que ce dernier propose, les hommes n'ont pas le droit de se rétracter de la convention ou même de faire une dissidence. Ils n'ont pas non plus le droit de faire une autre convention étant déjà liés par une première. Le philosophe anglais parle implicitement ici du changement anticonstitutionnel, c'est-à-dire qu'il établit clairement qu'il sort du champ de la démocratie puisqu'il est une violation du vote des citoyens. HOBBES établit clairement le lien entre la démocratie et la paix. Dans sa description de la démocratie, le

---

145 Ibid., p.40, N° 23.

146 Y. NIANG, *Le contrôle juridictionnel du processus électoral en Afrique noire francophone : les exemples du Sénégal et du Bénin*, Thèse de doctorat en droit, cotutelle entre l'Université de Bordeaux et l'Université Gaston Berger, soutenue à Bordeaux le 6 avril 2018, p.22

147 T. HOBBES, *Le Léviathan*, éd. Folio 2000, p. 290

souverain ne peut pas lui aussi se défaire de cette convention. Thomas HOBBES a posé ainsi de très loin les bases de la démocratie et de la légitimité à travers cette description du souverain et des pouvoirs de celui-ci dans le *Léviathan*. Le but de cette convention pour HOBBES est fondamentalement la paix. Thomas HOBBES semble affirmer de façon implicite que la légitimité démocratique des pouvoirs politiques est gage de la paix et de la sécurité. Dans sa démarche, HOBBES distingue trois types d'États : la monarchie, la démocratie et l'aristocratie. Nous focaliserons notre réflexion sur sa conception de la démocratie.

Ainsi HOBBES définit un État démocratique comme un État dans lequel l'assemblée est celle de tous ceux qui veulent se réunir[148]. Mais en affirmant que la question de la succession n'a absolument pas de place dans une démocratie, HOBBES semble dénier l'essence même de la démocratie moderne, l'alternance politique au pouvoir. En effet, la démocratie ayant son fondement sur le consentement des hommes et la volonté de la majorité, la volonté de la majorité peut changer dans le temps. Ils doivent avoir le droit de changer de souverain dans le respect de la volonté de la majorité.

Cependant, on ne doit pas pour autant discréditer totalement la conception de la démocratie de HOBBES lorsqu'il s'insurge contre l'alternance politique au pouvoir. Ses écrits datent de plusieurs siècles, alors que la notion de démocratie est un concept très évolutif.

Elle est évolutive dans le temps et dans l'espace. L'universalisme de la démocratie est soumis à des adaptations. C'est pourquoi il existe des régimes démocratiques à plusieurs variantes : le régime présidentialiste, la monarchie démocratique, le régime semi-présidentialiste, le régime parlementaire, etc.

La question de l'alternance politique au pouvoir ne semble pas une question importante dans une monarchie démocratique et dans un régime parlementaire. Alors que l'alternance politique c'est-à-dire la limitation du nombre de mandats présidentiels s'impose fondamentalement dans un régime présidentiel ou présidentialiste selon

[148] Ibid., p. 305.

le juriste burkinabé Augustin LOADA[149]. Le concept de démocratie est largement évolutif comme observé précédemment.

2. L'évolution du concept de démocratie et la tenue d'élections transparentes

Nous observons avec le professeur Gérard CONAC que les démocraties sont toujours évolutives[150]. La démocratie est un régime dans lequel le peuple exerce indirectement le pouvoir à travers ses représentants. Cette définition de la démocratie a beaucoup évolué.

La démocratie du monde contemporain repose principalement sur le respect des principes et des valeurs. Toutefois, de nombreux tyrans ont détourné la démocratie de sa conception originale. La tenue d'élections à intervalles réguliers n'est pas le seul principe de la démocratie.

Les élections constituent, comme l'observe d'ailleurs, et cela de manière pertinente le professeur Alioune FALL, la première condition pour asseoir cette démocratie[151]. Abdoul Kader BITIE reprend cette même formule du professeur Alioune FALL pour élucider son propos[152]. De façon générale, l'accession au pouvoir par les urnes est la principale caractéristique d'un régime démocratique[153].

---

[149] A. LOADA, « La limitation du nombre de mandats présidentiels en Afrique francophone », Afrilex N° 03/2003, p.1 www.afrilex-bordeaux4.fr consulté le 12/01/205.

[150] G. CONAC, « Démocratie et élections » in Jean-Pierre VETTOVAGLIA (prés), Jean Du Bois DE GAUDUSSON, Christine DESOUCHES, Joseph MAILA, Hugo SADA et André SALIFOU, *Démocratie et élections dans l'espace francophone*, op. cit., p.26

[151] A. FALL, « Le processus de démocratisation en Afrique francophone : le juge de l'élection dans l'impasse ? Essai de prospective, » in VETTOVAGLIA J.— P. (Prés.), *Prévention des crises et promotion de la paix, Démocratie et élections dans l'espace francophone*, vol. 2, Bruxelles, Bruylant, 2010, p. 561.

[152] A. K. BITIE op. cit. p.61.

[153] N. AKACHA, « Crise électorale et changement anticonstitutionnel de gouvernement, » in *R. BEN ACHOUR (dir,) Les changements anticonstitutionnels de gouvernement, approche de droit constitutionnel et de droit international*, op. cit., p.93

En revanche, il faut préciser qu'elles ne sauraient à elles seules constituer un gage de démocratie[154]. La démocratie ne peut se limiter ni se résumer à l'exercice électoral[155].

À cet effet, la transparence et la crédibilité des processus électoraux constituent l'ultime rempart contre la résurgence de la dictature et des changements anticonstitutionnels de pouvoir pour les États africains, en particulier d'Afrique de l'Ouest où le phénomène est très rependu.

Or la majorité des gouvernements africains se disent démocratiques parce qu'ils se réclament d'élections périodiques, qui ne sont en fait que des parodies de consultation populaire[156]. Il est nécessaire que les populations comprennent la signification et le fonctionnement des mécanismes électoraux et que les acteurs politiques eux-mêmes aient la conscience qu'ils ont l'obligation de respecter les règles du jeu[157].

Le peuple doit pouvoir désigner ses représentants en toute liberté et sans crainte dans un pluralisme politique au cours d'une compétition électorale crédible, transparente et ouverte à tous.

Dans certains États de l'Afrique de l'Ouest qui se disent démocratiques, il est fréquent de constater une confusion dans la gestion des affaires publiques et le parti au pouvoir, voire des affaires privées du Président de la République.

L'interférence du parti au pouvoir dans la gestion des affaires publiques est fréquente. Et aussi la manipulation du cadre normatif électoral est devenue un classique dans la politique des États africains.

De plus, la démocratie s'arrête dans certains États au seul jour du vote. Les votes ne sont pas libres et les élections ne sont pas transparentes. Les organisations de promotion de la démocratie et de protection des

---

[154] A. K. BITIE, op. cit. p.107.

[155] H. BEN SALEM, « Rapport de synthèse » in *R. BEN ACHOUR (dir.,) Les changements anticonstitutionnels de gouvernement, approche de droit constitutionnel et de droit international*, op. cit. p.167.

[156] Selon certains observateurs notamment du nord, les élections en Afrique ne sont que rituels, trucages et bouffonneries. Voir à ce propos, F. SOUDAN, « *Pourquoi les Africains ne votent plus ?* », www.jeuneafrique.com , article du 30 juillet 2007, consulté le 04/02/2019.

[157] G. CONAC, « Démocratie et élections » op. cit. p.29.

droits de l'homme et de l'État de droit n'arrêtent pas de tirer la sonnette d'alarme pendant et après les processus électoraux[158].

Les résultats des élections doivent être légitimes, c'est-à-dire conformes à la volonté de la majorité du peuple et au droit qui encadre ces élections. L'Union Africaine s'inquiète que les violences électorales et les conflits politiques caractérisent les processus de démocratisation en Afrique[159]. Et l'ONU s'alarme que depuis 1990, les périodes électorales en Afrique de l'Ouest ont été souvent l'occasion d'expression de fortes violences.

Le respect des principes démocratiques de bonne gouvernance, de respect des droits de l'homme et des libertés est consacré par la CEDEAO dans le droit communautaire primaire[160], comme moyen de prévention des crises[161]. Rappelons que les organisations internationales et le droit international jouent un rôle important dans l'instauration et la promotion de l'État de droit au niveau interne des États[162].

Les principes de la démocratie ont été érigés en valeurs constitutionnelles dans le protocole additionnel A/SP1/12/01 sur la

---

[158] À titre illustratif, les résultats des élections présidentielles de décembre 2018 en République Démocratique du Congo, proclamés par la Commission Electorale Indépendante (CEI), ne reflétaient pas la réalité des urnes selon plusieurs organisations de défense des droits de l'homme qui ont pu participer à l'observation électorale, notamment la Conférence épiscopale nationale du Congo (CENCO). Voir *les résultats de la présidentielle congolaise contestée*, www.france24.fr article du 10/01/2019, Voir également Patricia HUON, Anouk Helft et Jean-Yves DANA, *En RDC, l'élection de Félix Tshisekedi déjà contestée*, www.la-croix.com article du 19/01/2019.

[159] Voir, *Les conflits et la violence politique résultant des élections en Afrique. Consolider le rôle de l'Union Africaine dans la prévention, la gestion et le règlement des conflits*, Rapport du groupe des Sages de l'UA, International peace institute, décembre 2012, pp. 21 ss. www.peaceau.org consulté le 14/01/2019.

[160] *Cf.* Traité révisé de 1993, le protocole A/P1/12/99 relatif au mécanisme de prévention, de gestion, de règlement des conflits, de maintien de la paix et de la sécurité, notamment en son article 2, le protocole additionnel sur la démocratie et la bonne gouvernance, le protocole sur la lutte contre la corruption.

[161] Le protocole A/P1/12/99 relatif aux mécanismes de prévention, de gestion, de règlement des conflits, de maintien de la paix et de la sécurité, notamment en son article 2, le protocole additionnel sur la démocratie et la bonne gouvernance.

[162] A.-T. NORODOM et P. LAGRANGE, op. cit., p.296

démocratie et la bonne gouvernance de la CEDEAO[163]. Ainsi, conformément au droit communautaire, la légitimité de tout pouvoir réside fondamentalement dans la constitution qui fixe son exercice par les élections. Les élections constituent incontestablement le fondement même de la démocratie.

Il convient de préciser également que les élections transparentes et crédibles ne constituent pas le seul fondement de la démocratie.

Le modèle démocratique des États d'Afrique de l'Ouest repose fondamentalement sur l'élection du Président de la République et du Parlement par le peuple et l'inscription de la séparation des pouvoirs dans la Constitution comme l'exige le droit communautaire, notamment le protocole additionnel sur la démocratie et la bonne gouvernance[164]. Le modèle de démocratie des États de l'Afrique en général et de l'espace CEDEAO en particulier, repose sur la création de juridictions constitutionnelles chargées de la protection des droits de l'homme et des libertés (Cour Constitutionnelle ou Conseil Constitutionnel, Cour suprême). Paradoxalement, dans ces mêmes États, les régimes ont construit un exécutif ultra fort, exerçant des pressions considérables sur les médias et les partis politiques qui s'opposent au régime[165]. Le Parlement se trouve totalement éclipsé au profit du pouvoir exécutif ou en constitue une simple chambre d'enregistrement des textes législatifs. La liberté de presse et la liberté d'expression sont totalement muselées.

En réalité, ce ne sont pas vraiment des régimes démocratiques comme ils se réclament, mais des régimes hybrides[166]. Cela se traduit par l'ineffectivité de l'indépendance de la justice et la recrudescence de la corruption et des abus dans ces États[167], remettant ainsi en cause l'alternance politique et démocratique au pouvoir nécessaire dans un

---

[163] Article 1er du protocole additionnel A/SP1/12/01 sur la démocratie et la bonne gouvernance. *cf.* annexe.

[164] L. FOURNIER « La démocratie, histoire, théories, pratiques», in Jean-Vincent HOLEINDRE et Benoit RICHARD (coord.), *La démocratie*, éd. Sciences Humaines 2010, p 174.

[165] Ibid., Voir également à ce propos, A. K. BITIE, op. cit., p.63.

[166] Ibid.

[167] Selon l'indice de perception de la corruption 2015 de Transparency International, seuls le Ghana et le Sénégal ont un bon niveau de transparence en Afrique de l'Ouest, *Voir*,
www.transparancy-france.org consulté le 04 avril 2016.

régime présidentiel et semi-présidentialiste sur lequel sont fondés les régimes politiques de l'ensemble des États membres de la CEDEAO.

Abordons à présent le concept de légitimité qui constitue un élément fondamental de la démocratie.

3. La légitimité démocratique

La démocratie est avant tout un principe de légitimité[168]. La légitimité démocratique moderne postule que les hommes sont par nature égaux en droit et que les inégalités sociales ne peuvent justifier des restrictions à l'égalité politique, aux droits politiques que tous les hommes possèdent en raison de leur appartenance même à l'humanité[169].

La légitimité démocratique moderne s'oppose à la légitimité traditionnelle sur laquelle étaient fondées les démocraties antiques[170]. Les droits étaient accordés aux citoyens sur la base de critères sociaux, notamment de fortune, de sexe, etc. La seule appartenance à la nature humaine ne permettait pas aux citoyens d'acquérir des droits et des libertés. Philippe LAUVAUX établit une classification de la légitimité. Son classement de la légitimité en deux catégories s'oppose à celui opéré par Max WEBER[171]. Philippe BRAUD quant à lui souligne que dans les sociétés laïcisées, il n'est pas d'autre moyen de fonder la légitimité du pouvoir politique que faire partager à l'ensemble des citoyens la conviction que leur volonté s'exprime à travers les représentants qu'ils se sont librement donnés[172].

La démocratie s'apprécie par un ensemble de rites et de pratiques cérémoniales : la tenue d'élections libres et transparentes à intervalles réguliers, le respect des droits de l'homme et des libertés[173]. Tout pouvoir qui ne jouit pas d'une réelle légitimité politique, et qui

---

[168] P. LAUVAUX, *Les grandes démocraties contemporaines*, Dalloz 2004, p.15.
[169] Ibid. p.16
[170] Ibid.
[171] Max WEBER avait établi une classification tripartite de la légitimité politique. Nous verrons plus loin en détail ces trois aspects.
[172] P. BRAUD, *Science Politique 1. La démocratie*, éd. Seuil 2003, p. 218
[173] Ibid., p. 230

n'incarne pas la volonté populaire exprimée librement par les moyens démocratiques, est contraint de réduire son action politique à sa propre survie[174]. La recherche de la survie du pouvoir illégitime conduit à des violences et des violations des droits de l'homme.

Il faut entendre par légitimité démocratique la caractéristique d'un pouvoir dont l'acception se fonde non pas sur la coercition comme ressource première, mais sur le consentement réputé libre de la population qui s'y soumet[175]. Dans une démocratie, le consentement du peuple doit s'exprimer par la voix des urnes.

La légitimité s'oppose à la coercition. Le fondement d'un pouvoir légitime réside dans sa désignation et son acceptabilité par le peuple.

Dans la pratique, l'on se fonde parfois à croire exclusivement que toute décision prise selon la procédure édictée par la loi est légitime. Cette conception n'est pas fausse, mais elle est très réductible de la légitimité. Cette conception de la légitimité très répandue dans les États[176] africains se réclamant « États de droits ».

Les politistes étendent la conception de la légitimité au-delà même du domaine du droit, c'est-à-dire la conformité de la décision politique à la norme juridique.

Il apparaît parfois qu'une décision conforme à la procédure prévue à cet effet peut être illégitime, car non conforme aux attentes des citoyens. On constatera que la légitimité et la légalité peuvent entrer parfois frontalement en conflit.

Dans cette même logique, la légalité peut être utilisée par un tyran pour se maintenir au pouvoir en violation des règles démocratiques ou pour prendre des décisions non conformes aux attentes des citoyens. Les manipulations constitutionnelles pour se maintenir au pouvoir au-delà de la période initiale en sont une illustration parfaite.

En effet, la tentation de se maintenir longtemps au pouvoir parfois par des modes pas véritablement démocratiques est fréquente dans la sous-

---

174 A. FOGUETEDOM, *Enjeux géostratégiques et conflits politiques en Afrique noire*, L'Harmattan 2008. P. 222

175 D. ALCAUD, L. BOUVET, J. G. CONTAMIN, X. CRETTIEZ, S. MOREL et M. ROUYER, *Dictionnaire de sciences politiques,* 2e édition Sirey 2010 p. 224

176 Ibid., p.224

région ouest-africaine. La CEDEAO interdit l'accession et le maintien au pouvoir en violation des règles démocratiques.

Pour résoudre le conflit entre la légalité et la légitimité, WEBER propose de distinguer trois types d'idéaux de domination légitime[177] : la légitimité traditionnelle (fondée sur des croyances anciennes, coutumes, traditions, etc.), la légitimité charismatique (modèle le plus personnel, qui se fonde sur l'obéissance à une personne que l'on prétend être dotée de qualités hors du commun), et la légitimité bureaucratique (modèle le plus personnel, lorsqu'elle émane d'une norme écrite et impersonnelle c'est-à-dire une loi)[178]. Dans sa démonstration, WEBER distingue le pouvoir de l'autorité. Il est le seul auteur de son époque à opérer cette distinction[179]. En revanche, selon WEBER, c'est l'autorité qui légitime le pouvoir. Les constitutions des États francophones de l'Afrique de l'Ouest précisent que la souveraineté appartient au peuple. Il peut l'exercer à travers ses représentants ou par voie référendaire. Alors que la démocratie dans les États membres de l'espace CEDEAO est à l'épreuve d'une personnalisation du pouvoir du Président de la République.

La notion de « pouvoir » selon Xavier CRETTIEZ est une notion qui peut avoir trois conceptions[180] : d'une part une approche institutionnelle (pouvoir politique), d'autre part, une approche idéologique (lutte des classes) et une approche interactive (domination d'un corps A sur un corps B). Le pouvoir apparaît ainsi comme la capacité à faire triompher une volonté légitimée par la domination et imposée par les moyens violents ou pacifiés[181]. La légitimité constitue le fondement de tous les pouvoirs. Tous les pouvoirs cherchent à se légitimer en usant de procédés violents ou pacifiques. C'est la légitimité qui permet à un pouvoir de résister dans le temps et d'être efficace dans son action. Elle est le socle et la clé de voûte de la démocratie. La légitimité dans les États d'Afrique de l'Ouest pose regrettablement une certaine problématique.

---

[177] Ibid., p. 225
[178] Ibid., p. 226 et p. 336
[179] L. M. DE BELLAING, *Le pouvoir, légitimation IV*, L'Harmattan 2009, P. 105
[180] D. ALCAUD, L. BOUVET, J. G. CONTAMIN, X. CRETTIEZ, S. MOREL et M. ROUYER, *Dictionnaire de sciences politiques*, 2e éd. Sirey 2010 p. 336
[181] Ibid.

Malgré le nombre pléthorique des partis politiques dans les États africains, le taux d'abstention aux différentes élections reste important[182]. Il semble même croître d'élection en élection. Les citoyens se désintéressent de la politique et désertent les urnes d'élection en élection. Les rares citoyens qui se rendent aux urnes pour accomplir leur devoir civique le font pour des mobiles autres que patriotiques ou pour accomplir un devoir civique. Ils se rendent pour soutenir un parent ou un proche, dans l'espoir que celui-ci « ne les oublie pas » en cas de victoire[183].

Dans le cadre de l'intégration, Franck PETITVILLE observe à juste titre que les États bénéficiant d'une légitimité démocratique paraissent a priori mieux disposés à la concertation collective que les États autoritaires[184]. Toutefois, on observe un contraste dans la perception de la légitimité et de la légalité entre l'Europe et l'Afrique[185].

La démocratie africaine est malmenée par la sacralisation des fonctions du Président de la République. Cette sacralisation pose un problème à

---

[182] On peut en compter des centaines dans certains États comme l'observait au Mali en 2010 par exemple, Madou NIMAGA. Selon le juriste malien Madou NIMAGA, au Mali, on comptait plus de 100 partis politiques en 2007 alors que 10 seulement avaient des députés élus à l'Assemblée Nationale. Malgré ce nombre important de partis politiques, la participation à l'élection présidentielle du 22 juillet 2007 à Bamako, la capitale du pays, était seulement de 10 %. Voir à ce propos, M. NIMAGA, *L'abstentionnisme électoral depuis l'avènement du multipartisme en 1992*, Mémoire de DEA en Science politique, Université Cheick Anta Diop de Dakar au Sénégal. www.memoireonline.com consulté le 04/02/2019, Voir aussi sur l'abstentionnisme électoral, F. SOUDAN, « *Pourquoi les africains ne votent plus ?* » article du 30 juillet 2007, www.jeuneafrique.com consulté le 04/02/2019. Selon lui, le taux d'abstention aux élections en Afrique est spectaculaire. Au Cameroun, on compte 300 partis politiques pour 25 millions d'habitants, 477 en République Démocratique du Congo (RDC) pour 67 millions d'habitants, environ 180 partis politiques au Mali pour 15 millions d'habitants. Voir à ce propos, *« La pléthore de partis politiques en Afrique, est-ce un problème ?* » www.dc.com consulté le 04/02/2019.

[183] M. SAUQUET et M. VIELAJUS, *La gouvernance démocratique, un nouveau paradigme pour le développement* ? S. BELLINA, H. MAGRO et V. DE VILLEMEUR (dir.), Karthala 2008, p.105.

[184] F. PETITVILLE, « Les processus d'intégration régionale, vecteurs de structuration du système international », Revue d'études internationales, Volume xxviii, n° 3 septembre 1997, p. 520.

[185] S. MAPPA, « Légitimité et légalité : les mots et les choses » in S. BELLINA, H. MAGRO et V. DE VILLEMEUR (dir.), *La gouvernance démocratique. Un nouveau paradigme pour le développement* ? op. cit., pp.118-132.

la démocratie et à l'alternance politique au pouvoir. Elle pose également un problème de respect des droits de l'homme.

Alors que les questions constitutionnelles et de légalité ou légitimité constitutionnelles ont été introduites dans les préoccupations des organisations internationales en l'occurrence l'ONU, l'UA et la CEDEAO, grâce à la prise en compte du respect des droits de l'homme, de l'État de droit, de la démocratie et de la bonne gouvernance, la question de l'alternance politique au pouvoir reste l'autre serpent de mer pour l'UA et la CEDEAO. À l'inverse de l'UA, la CEDEAO ne consacre pas l'alternance politique au pouvoir dans son droit.

4. La démocratie et l'alternance au pouvoir

La démocratie des modernes consiste en ceci : les citoyens choisissent lors d'élections compétitives et répétées des représentants qui font des lois auxquelles ces mêmes citoyens doivent se soumettre[186]. En contrepartie de cette soumission aux lois édictées par les représentants, les citoyens (les électeurs) peuvent renvoyer ces représentants aux prochaines élections[187] lorsque ceux-ci édictent des lois qui ne tiennent pas compte de leurs attentes. L'alternance au pouvoir est le nerf de la démocratie[188] dans les régimes présidentiels. L'exclusion de toute possibilité d'alternance politique au pouvoir constitue une des causes des coups d'État en Afrique[189]. Voilà posées les vertus de l'alternance politique au pouvoir dans une démocratie.

Cette question est très délicate en Afrique de l'Ouest où la tentation de s'éterniser au pouvoir, parfois au mépris des règles démocratiques, est

---

[186] R. DWORKIN *in* J. Elster, A. Le PILLOUER, *A quoi servent les élections*, PUF 2013, p. 17

[187] Ibid., p. 18

[188] A. FALL, « Le processus de démocratisation en Afrique francophone : le juge de l'élection dans l'espace ? (essai de prospective) » in J.-P VETTOVAGLIA (prés), J D. B. DE GAUDUSSON, C. DESOUCHES, J. MAILA, H. SADA et A. SALIFOU, op. cit., p.557

[189] Voir à ce propos Ibid., p.557, Voir également F. DOUMBIA, *L'alternance démocratique au sommet de l'État au Mali et au Sénégal,* Thèse de doctorat en droit soutenue en 2015 sous la direction d'Éloi DIARRA, Université de Rouen Normandie.

très élevée. Elle aboutit parfois à des crises politiques et institutionnelles et à des changements anticonstitutionnels. D'où la nécessité d'une limitation du nombre de mandats dans les États africains. À l'inverse de la CEDEAO, l'UA interdit et sanctionne au même titre que les changements anticonstitutionnels, toutes modifications de la constitution pour se maintenir au pouvoir. Toutefois, elle ne donne pas une limitation du nombre de mandats présidentiels. L'alternance politique au pouvoir en Afrique de l'Ouest est une question particulièrement épineuse pour la CEDEAO. Les changements anticonstitutionnels interviennent généralement lors d'une alternance politique au pouvoir.

D'une part, le président en fonction ayant atteint la limite constitutionnelle du nombre de mandats présidentiels, ne veut pas céder le pouvoir, met tout en œuvre pour modifier la constitution, afin de s'éterniser au pouvoir au-delà de la limite initiale[190].

D'autre part, le président au pouvoir, ayant atteint la limite constitutionnelle du nombre de mandats présidentiels autorisés par la constitution, choisit de mettre au pouvoir une proche personnalité comme successeur. Le dernier cas se produit lorsque le Président de la République décède, l'armée choisit de mettre au pouvoir un proche du Président pour lui succéder[191]. Ces pratiques engendrent des violences politiques et des crises électorales ou post-électorales. L'armée est parfois tentée dans ce contexte de troubles, de prendre le pouvoir et de justifier son immixtion dans le domaine politique par les actes antidémocratiques de la classe politique.

La CEDEAO réfléchit à une sous-régionalisation de la limitation du nombre de mandats présidentiels dans ses États membres, comme moyen de prévention du changement anticonstitutionnel de pouvoir. Le fait d'imposer cette mesure nécessaire dans les États de l'Afrique de

[190] Le cas du Niger de 2009 où le président Mamadou Tandja en fin de mandat a voulu modifier par tous les moyens la constitution pour pouvoir briguer un nouveau mandat. Il avait dissout l'Assemblée Nationale, la Cour Constitutionnelle. En 2014, le président du Burkina Faso, Blaise Compaoré, en fin de mandat, a tenté de modifier la constitution pour briguer un nouveau mandat. Cette tentative a abouti à un coup d'État militaire.

[191] À titre illustratif, en 2005 après la mort du président togolais Gnassingbé Eyadema, l'armée avait tenté d'imposer le fils du président défunt au mépris de toutes les règles démocratiques et constitutionnelles de ce pays.

l'Ouest au niveau sous-régional est à l'état actuel, au stade embryonnaire.

Tout comme la mise en place d'une monnaie commune au sein de la CEDEAO, un objectif de l'organisation depuis 1983, la limitation du nombre de mandats présidentiels au niveau sous-régional risque d'être un autre serpent de mer pour l'organisation.

Cependant, Matthieu FAU-NOUGARET pose la question pertinente suivante : est-on sûr que la limitation du nombre de mandats présidentiels est en soi une condition de la démocratie et de l'alternance politique ? [192] Nous convenons avec lui que la réponse doit être nuancée[193].

L'alternance politique au pouvoir n'est apparue dans les États traditionnellement démocratiques que très récemment. En France par exemple, elle a été instruite par la loi constitutionnelle N 2000-64 du 2 octobre 2000 publiée au JO N° 229 du 3 octobre, p.14582[194].

Il convient donc de tempérer le propos selon lequel la sous-régionalisation de l'alternance politique et démocratique au pouvoir serait un moyen efficace contre les changements anticonstitutionnels.

Le coup d'État du 22 mars 2012 au Mali contre le président démocratiquement élu Amadou Toumani Touré à un (1) mois de l'élection présidentielle, à laquelle il n'était pas candidat, est venu conforter les présidents ouest-africains que la volonté claire et expresse de l'alternance politique et démocratique au pouvoir ne constitue pas « une assurance tous risques contre les coups d'État »[195].

En revanche, la limitation du nombre de mandats présidentiels constitue un moyen contre les dérives autoritaires et d'apaisement du climat politique.

---

[192]M. FAU-NOUGARET, « Les organisations régionales africaines et les changements de pouvoir anticonstitutionnels » in M. FAU-NOUGARET (dir.), *La concurrence des organisations régionales en Afrique,* op. cit., p 433.

[193] Nous expliquerons ce propos au cours de nos développements.

[194]M. FAU-NOUGARET, « Les organisations régionales africaines et les changements de pouvoir anticonstitutionnels », in M. FAU-NOUGARET (dir.), *La concurrence des organisations régionales en Afrique* op. cit., p 433.

[195] A. K. BITIE, op. cit., p.68.

Les manipulations constitutionnelles pour se maintenir au pouvoir au-delà de la durée initiale ont abouti dans beaucoup de cas en Afrique de l'Ouest à des crises politiques et institutionnelles et à des coups d'État[196], confortant l'idée qu'elles constituent un facteur d'instabilité politique et sécuritaire.

B. Les causes de l'instabilité politique et sécuritaire en Afrique de l'Ouest

L'instabilité politique et sécuritaire en Afrique en général et en Afrique de l'Ouest en particulier est due en grande partie à un déficit démocratique[197]. Toutefois, on ne peut pas prendre le déficit démocratique comme le seul déterminant des conflits en Afrique[198]. La démocratie, la bonne gouvernance et le respect des droits de l'homme et des libertés constituent incontestablement les gages de la paix et de la stabilité durable[199]. L'instabilité politique est l'une des causes principales des coups d'État en Afrique[200] ainsi que nous l'observons avec Mustapha BENCHENANE. Elle peut conduire à un coup d'État[201] et inversement. D'après Marie-Claude SMOUTS, depuis la fin de la Seconde Guerre mondiale la plupart des conflits ont été de nature

---

[196] À titre illustratif le cas du Niger en 2009 réglé en février 2010 par un coup d'État, le cas du Burkina Faso en octobre 2014.

[197] Voir à ce propos M. GAZIBO, *L'instabilité politique en Afrique et ses déterminants » in Introduction à la politique africaine*, pp.117-137, Presses de l'Université de Montréal, 2010, www.books.openedition.org , consulté le 14/01/2019. Selon cette étude, le néo-patrim onialisme est un déterminant des conflits en Afrique. Elle observe avec raison que le mode de succession au pouvoir sur le continent africain est essentiellement violent et intervient généralement lors de coups d'Etats. Elle observe qu'entre 1960 et 1990, sur 180 successions au pouvoir, 110 ont été à la suite d'un changement anticonstitutionnel de pouvoir dont 6 assassinats, 13 seulement ont été à la suite d'élections.

[198] Ibid.

[199] Voir à ce propos B. B. GHALI, *Agenda pour la paix*, cité par M. FAU-NOUGARET, « Les organisations régionales africaines et les changements de pouvoir anticonstitutionnels », in M. FAU-NOUGARET (dir.) La concurrence des organisations régionales en Afrique op. cit., pp. 409 et s.

[200] M. BENCHENANE, *Les coups d'État en Afrique*, op. cit., p.108.

[201] Ibid., p.111.

interétatique[202]. Dans le cas du continent africain, ils ont paradoxalement été plus marqués par leur nature interne[203]. Ainsi, pour la période 1960-1990 qui marque la vague des indépendances et de la démocratisation, c'est un nombre non négligeable de conflits internes (guerres civiles ou répression de révoltes) qui sont à déplorer. L'économiste Phillipe HUGON fait noter à ce propos avec raison qu'entre 1970 et 2002, l'Afrique a été le théâtre de 35 guerres dont une grande majorité était des conflits internes[204]. En 2003, il ressort que 20 % de la population africaine et 15 pays étaient concernés par la guerre[205]. Dans le cadre de l'espace CEDEAO, depuis la révision en 1993 de son traité, un nombre important des États qui la composent ont eu à répondre à des crises sécuritaires dont des conflits armés notamment le Liberia, la Sierra Leone, le Mali, le Niger, la Côte d'Ivoire, le Nigeria.

Ils se sont produits parfois dans des États non démocratiques ou dont la démocratie est défaillante : la guerre civile au Liberia, la guerre civile en Sierra Leone, la guerre au Mali, le conflit armé du Niger, la guerre en Côte d'Ivoire, etc. Tous ces conflits armés ont abouti à des coups d'État ou ont été causés par des coups d'État. Ainsi, la démocratie, la bonne gouvernance et le respect des droits de l'homme constituent des conditions primordiales pour une paix et une stabilité durables. Nous développerons ces points en nous appuyant sur les philosophes, théoriciens du contrat social.

1. *La démocratie, condition fondamentale de la sécurité, de la stabilité et d'une paix durable*

Ce lien a été établi par l'ancien secrétaire général des Nations-Unies Boutros-Boutros GHALI dans son agenda pour la paix. Anne-Thida

---

[202] M. C. SMOUTS, D. BATISTE-DARIO, P. VENNESSON, *Dictionnaire des relations internationales,* Dalloz 2012, pp. 383 et ss.
[203] Ibid.
[204] Ph. HUGON, « Les conflits armés en Afrique : apports, mythes et limites de l'analyse *économique* », *Revue Tiers Monde*, 2003/4, n° 176, p. 829 document disponible sur www.cairn.info/revue-tiers-monde-2003-4.htm consulté le 20/02/2019.
[205] Ibid.

NORODOM et Philippe LAGRANGE soulignent pertinemment que l'État de droit et les principes de la justice constituent des éléments essentiels de la coexistence pacifique, de la coopération entre les États et le ciment de l'unité des États[206]. Le maintien de la paix et de la sécurité est le but principal de l'ONU, comme le précise sa Charte[207].

L'extension progressive de la notion de menace contre la paix consacrée par la charte de l'ONU en son article 39 a permis à l'organisation de s'emparer des changements anticonstitutionnels de pouvoir[208], ainsi que nous l'avons fort observé.

Cependant, ce n'est pas la méconnaissance de la démocratie en elle-même qui est qualifiée de menace à la paix, mais ce sont les conséquences nocives que celle-ci peut avoir dans l'ensemble de la région qui sont ainsi qualifiées[209]. C'est dans cette même logique que l'UA tente d'imposer la démocratie aux États africains dans le cadre d'une diplomatie préventive pour la paix et la sécurité. L'UA délègue cette mission à des organisations sous-régionales.

La CEDEAO s'est fixé comme objectif depuis la réforme de 1993 de son traité, notamment à l'article 58, de maintenir la paix, la sécurité et la stabilité dans l'espace communautaire pour permettre la réalisation de l'intégration économique sous-régionale. Ce qui l'a conduit à sous-régionaliser la démocratie, la bonne gouvernance, le respect des droits de l'homme comme un moyen fondamental de sa diplomatie préventive.

Tout comme l'UA dans le cadre régional, la CEDEAO tente dans le cadre sous-régional d'imposer la démocratie aux États, dans le but de maintenir la paix et la stabilité dans son espace économique.

Pour imposer la démocratie aux États membres, elle rejette et condamne fermement toutes les formes d'accession ou de maintien au pouvoir en

---

206 A.-T. NORODOM et P. LAGRANGE, op. cit., p.296

207 Article 1er paragraphe 1 de la Charte.

208 M.-S. BERGER, « La contribution du conseil de sécurité à la prévention et la gestion des changements anticonstitutionnels », *in* R. BEN ACHOUR (dir.), *Les changements anticonstitutionnels de gouvernement, approches de droit constitutionnel et de droit international* op. cit., p.37.

209 Ibid., p.42.

dehors des règles démocratiques et constitutionnelles. Elle se heurte tout de même à une résistance des États qui, en fait, s'appuient abusivement sur leur souveraineté en refusant d'exécuter correctement leurs engagements.

On relève un bras de fer entre souverainetés étatiques et la légitimité démocratique telle que prônée par les organisations internationales[210]. Nous verrons dans la deuxième partie de nos travaux que la souveraineté étatique constitue le principal obstacle à la sous-régionalisation de la démocratie en Afrique de l'Ouest.

Cela dit, nous verrons ce que disent les théoriciens de la démocratie sur les enjeux de paix et de stabilité. La CEDEAO veut protéger la stabilité de l'espace communautaire ouest-africain à travers la consolidation de la démocratie dans les États membres, mais comment ?

Avant de nous pencher sur ce point, observons un peu comment les grands penseurs de la démocratie ont réfléchi à cette notion de paix et de stabilité en ce qui concerne la démocratie et les phases d'alternance politique et démocratique au pouvoir. Nous verrons ce qu'en disent les penseurs grecs, des hommes politiques américains et les penseurs français du contrat social, mais aussi, ce que dit la doctrine juridique.

a. Aperçus sur la notion de sécurité

La sécurité peut se définir comme l'absence de menace ou de violence proprement dite. Une crise politique mal gérée peut aboutir à une crise sécuritaire. Une crise sécuritaire qui n'a pas reçu les bonnes réponses peut avoir de lourdes conséquences à la fois pour l'État concerné, mais aussi pour d'autres États. À cet effet, la survie des démocraties dépend de leur capacité à prévenir les crises ou les résoudre, car les risques de contagion sont importants[211] en particulier dans la mondialisation.

S'agissant de la sécurité collective, puisque c'est ce qui nous intéresse, le président américain Woodrow Wilson (1856-1924) en a été le

---

[210] D. KOKOROKO, « Souveraineté étatique et principe de légitimité démocratique ». Revue québécoise de droit international (2003) 16.1, p.38.
[211] G. CONAC, « Démocratie et élections », op. cit., pp.23 et s.

promoteur. Son idée avait abouti à la création de la Société des Nations (SDN) ancêtre de l'ONU. Le concept a été repris plusieurs années après par l'ONU sous l'impulsion d'un autre président américain Franklin ROOSEVELT[212].

La sécurité collective est en fait fondée sur une critique de l'équilibre des puissances (*balance of power*) et des alliances[213]. Le concept a pris de nos jours une grande importance dans les discours des organisations internationales. La sécurité collective est conditionnée par l'effectivité de certains principes. L'effectivité d'une légitimité politique et démocratique, en particulier dans les États défaillants, peut garantir une sécurité collective.

b. La sortie de l'état de nature des théoriciens du contrat social

Emmanuel Kant[214], Jean Jacques ROUSSEAU, John LOCKE ou encore Thomas HOBBES ont été principalement les précurseurs de la théorie de l'état de nature. L'état de nature s'oppose à l'état civil. Il se caractérise par l'absence de règles de droit pour régir les rapports entre les humains. Emmanuel Kant observait à cet effet que dans l'état de nature les hommes sont en guerre permanente. Dans cet État, c'est l'anarchie qui règne. Ce qui le rend invivable. Donc les humains doivent sortir de cet état où la violence règne pour pouvoir survivre. Nous vous épargnons une longue étude de l'ensemble de ces théoriciens du contrat social, en ne prenant qu'un seul auteur parmi eux pour les besoins de notre analyse. La théorie proposée et défendue par Thomas HOBBES a beaucoup retenu notre attention. Elle est à la fois très pertinente pour

---

[212] Il a été président des États-Unis du 4 mars 1933 au 12 avril 1945. Il a été réélu trois fois Président des USA. Il meurt en fonction le 12 avril 1945.

[213] M. C. SMOUTS, D. BATTISTE, P. VENNESSON, *Dictionnaire des relations internationales*, Dalloz 2012, 3e éd. P. 455.

[214] Il faut toutefois observer une distinction entre l'état naturel de KANT et celui de J. J. ROUSSEAU. En effet, l'état de nature chez KANT est une sorte de préfiguration du droit. Selon lui, le droit tire son origine de l'état de nature. Voir à ce propos, A. LEJBOWICZ, *VI. État de nature et primitivité dans la philosophie politique moderne. Dialogue que Rousseau, Kant et Hegel ont ouvert avec Hobbes*. Dans philosophie du droit international (1999), p.173 à 229. www.cairn.info consulté le 21/01/2019.

notre démonstration, mais aussi et surtout semble considérablement influencée par ROUSSEAU, le mieux connu des théoriciens du contrat social de la philosophie politique moderne.

c. La sortie de l'état de nature chez HOBBES

Marcel PRELOT et GEORGES LESCUYER reprenant l'idée du célèbre philosophe anglais Thomas HOBBES expliquent que c'est seulement lorsque les hommes auront abandonné l'état de nature que le droit apparaîtra[215]. Cette condition pourrait garantir aux hommes la paix. Le penseur anglais souligne que l'État a été constitué dans le but d'aboutir à une paix, car les hommes abandonnent le droit illimité à l'état de nature. Il observe également que la création de l'État résulte d'un contrat passé entre les hommes. Ce contrat est fondé sur deux principes fondamentaux : le consensus et l'union[216]. Cependant dans le contrat que HOBBES propose pour créer l'état civil et sortir de l'état de nature, le souverain est étranger à ce pacte. Il en résulte qu'il n'est pas lié par ce pacte, cependant, il ne doit pas l'ignorer. La formation d'un contrat entre les hommes pour sortir de l'état de nature apparaît fondamentalement pertinente pour la réalisation d'une paix dans un État. Mais l'absence du souverain dans ce contrat semble problématique. Dans sa vision, Hobbes met le souverain au-dessus de toutes les lois naturelles et ecclésiastiques. Alors que le souverain doit être soumis au contrat dans les mêmes conditions et assurer la bonne exécution de celui-ci. L'état civil proposé par HOBBES a le risque de retourner dans l'état naturel lorsqu'il est gouverné par un souverain despote. Pour se prémunir d'une telle situation, il faut que le souverain soit également partie dans le contrat, et, par conséquent, être soumis aux mêmes obligations que les autres hommes.

Cependant, sa vision pour le maintien de la paix nous paraît très intéressante dans la recherche de solutions à la sécurité collective. La formation d'un contrat dans son œuvre entre dans la même logique de notre réflexion.

---

[215] M. PRELOT et G. LESCUYER, *Histoire des idées politiques*, op. cit., p. 282

[216] Ibid., p. 283

En effet, la paix doit être un contrat formé entre les citoyens eux-mêmes et ensuite entre les citoyens et le souverain. Les hommes acceptent de vivre ensemble dans une société tout en renonçant chacun de façon individuelle à des droits et des libertés au profit du droit général. Ensuite, les hommes désignent dans le respect de la volonté de la majorité, un souverain parmi eux. Ce souverain est déjà lié par le premier contrat passé entre les hommes. Par sa désignation se forme un nouveau contrat entre les hommes et le souverain. Les hommes acceptent de se soumettre aux décisions du souverain à condition que celles-ci soient prises conformément à la volonté de la majorité des citoyens et correspondent à leurs attentes. Le souverain veille alors au respect du contrat passé entre les hommes. Il doit être le gardien du respect du contrat passé entre les citoyens. Ce qui est le cas dans la plupart des États démocratiques. Dans les constitutions des États démocratiques, le Président de la République est le gardien de la constitution qui garantit les droits et les libertés. Ce principe est repris dans toutes les constitutions des États démocratiques. C'est au peuple de veiller au respect du contrat passé avec le souverain, au besoin, contester son défaut d'exécution voire le sanctionner.

Soucieuses d'une paix et d'une stabilité des États, les organisations internationales vont s'approprier le concept de la sécurité collective, en tentant d'imposer à ceux-ci des régimes politiques qui s'articulent autour d'un contrat social : la démocratie.

2. *L'imposition supranationale de la démocratie en Afrique de l'Ouest comme moyen de prévention des crises*

Depuis 1993, grâce à la révision de son traité fondateur de 1975, la CEDEAO tente de s'imposer comme une entité supranationale, capable d'imposer des principes et des valeurs démocratiques, de respect des droits de l'homme et de bonne gouvernance aux États membres. Ce qui aboutit inéluctablement, d'une part, à une immixtion directe dans la désignation des gouvernants des États et d'autre part, dans le fonctionnement des institutions internes d'États souverains. Cette « interférence » de l'organisation dans les affaires intérieures des États s'est accentuée depuis l'entrée en vigueur en 2008 du protocole additionnel sur la démocratie et la bonne gouvernance. Primo, en raison de l'impact direct des crises sécuritaires sur le développement économique de la sous-région, but initial de l'organisation communautaire et secundo, avec l'adoption de plusieurs textes.

La CEDEAO s'empare des changements anticonstitutionnels de pouvoir, simplement du fait qu'ils ont un impact direct sur la sécurité collective et sur l'économie sous-régionale. D'une part, la CEDEAO est une organisation majeure dont l'un des buts est le fonctionnement démocratique des États qui la composent librement, depuis la révision de 1993 de son traité. D'autre part, parce que les États membres ont par le passé et même dans le présent, connu des changements de régime autrement que la tenue d'élections libres, et qui ont eu de lourdes conséquences sur la stabilité et la sécurité des États de la sous-région.

Le droit doit s'intéresser à ce phénomène, du fait que les organisations internationales, nouvelles actrices dans le domaine, s'intéressent aux changements anticonstitutionnels de pouvoir et la réponse qu'elles lui apportent en particulier sur le continent africain, où on note une recrudescence de ce fléau et une implication très remarquable des organisations régionales et sous-régionales contre ce phénomène.

Le cas de la CEDEAO est parfaitement choisi pour alimenter la recherche sur cette question restée trop longtemps à la traîne chez les juristes.

La CEDEAO œuvre inlassablement, en particulier contre le coup d'État, la forme la plus rependue et la plus fréquente de ce phénomène sur le continent, en imposant aux États, la démocratie et l'État de droit comme régime politique.

Toutefois, l'honnêteté intellectuelle oblige à relever que, contrairement aux idées reçues, le coup d'État peut exceptionnellement conduire au renforcement de la démocratie et de l'État de droit.

Plusieurs auteurs africains soutiennent cette doctrine notamment le professeur sénégalais Ismaël Madior FALL, Adama KOPDAR et Palouki MASSINA. Adama KOPDAR observe à ce propos, ainsi que nous convenons avec lui, qu'il faut distinguer dans les grandes tendances de cette participation, celles qui sont bénéfiques et celles qui sont maléfiques[217]. Il y a ce qu'on pourrait appeler avec Christophe de La MARDIERE, « des coups d'État attendus »[218]. En vrai, l'armée se porte au secours de la démocratie lorsqu'elle est menacée[219].

Le coup d'État peut aussi aboutir à l'instauration ou à la restauration de l'alternance politique et démocratique au pouvoir[220]. À titre illustratif, le coup d'État de l'hiver 2010 au Niger sur lequel nous reviendrons très largement conforte bien notre propos. Gregory CHAUZAL qualifiera même ce coup d'État de « démocratie au bout du fusil » [221]. La gestion de ce coup d'État avait d'ailleurs provoqué un malaise au sein de la CEDEAO.

Il peut aussi exceptionnellement être un facteur de stabilité du pays. Le coup d'État du 11 août 2003 au Liberia, par lequel la CEDEAO a contraint Charles Taylor à la tête du pays, à quitter le pouvoir afin de mettre fin à une longue guerre civile constitue un exemple illustratif. Cependant, on note avec Abdoul Kader BITIE que tenter de trouver de bonnes raisons au coup d'État, ce serait rendre de facto légitimes les coups d'État dans certaines circonstances. À vrai dire, légitimer en droit le coup d'État ne devrait pas être concevable[222]. Comment fonder juridiquement un fait qui non seulement relève du non-droit, mais

---

[217] A. KOPDAR, « Un demi-siècle du constitutionnalisme en Afrique noire francophone », p.12 www.afrilex-ubordeaux4.fr consulté le 5/06/2018.

[218] Ch. DE La MARDIERE, « La légitimation du coup d'État », *in* Ch. BOUTIN et Fr. ROUVILLOIS (dir.), *Le coup d'État, recours à la force ou dernier mot du politique* ? Op. cit., p.299.

[219] A. E. OVONO, « Armée et démocratie en Afrique, une relation ambivalente à normaliser » in Afrique Contemporaine 2012/2, (n° 242), p.120-121, https://www.cairn.info/revue-afrique-contemporaine-2012-2-page-120.htm consulté le 10/03/2019.

[220] À titre d'exemple, grâce au coup d'État du 26 mars 1991 contre le régime du général Moussa Traoré au pouvoir depuis le coup d'État du 28 novembre 1968 contre le premier président Modibo Keita, le Mali renoue avec la démocratie en organisant les premières élections véritablement démocratiques en 1992 après une courte période de transition au pouvoir. Cet exemple sort toutefois de la délimitation temporelle de notre étude.

[221] Voir notamment à cet effet, G. CHAUZAL, *Les règles de l'exception : La régulation (du) politique au Mali et au Niger*, Thèse de doctorat en science politique, Université de Bordeaux, juin 2011, p.4.

[222] Ch. DE La MARDIERE, « La légitimation du coup d'État », *in* Ch. BOUTIN et Fr. ROUVILLOIS (dir.), *Le coup d'État, recours à la force ou dernier mot du politique* ? Op. cit., p.297.

surtout est contraire au droit ? À supposer que l'on puisse vraiment légitimer le coup d'État, c'est bien sûr après l'usage de la force et sa réussite[223]. Chaque régime parvenu au pouvoir par des moyens illégaux trouve toujours des arguments notamment juridiques pour fonder son accession une fois celle-ci advenue[224].

Il est donc possible de légitimer juridiquement et a posteriori le coup d'État, ce qu'usent généralement les auteurs des coups d'État. Par contre, cette légitimation ne doit pas se faire dans l'absolu[225].

En réalité, tenter de légitimer en droit le coup d'État, même a posteriori, est dangereux et prétentieux pour le juriste. Une telle posture conduirait même à une banalisation du phénomène qui semble le devenir déjà sur ce continent.

Il est donc risqué, ainsi que nous le verrons dans la deuxième partie de nos travaux, que la CEDEAO règle de façon sélective les coups d'État. Alors que c'est pour une bonne raison qu'elle œuvre activement pour la démocratisation de ses États, on note tout même un paradoxe entre ce militantisme pour la démocratie et l'État de droit, et la répétition des changements anticonstitutionnels dans cette partie du continent.

La répétition de ce fléau dans cette sous-région du continent en dépit de l'implication de la CEDEAO, soulève de grandes interrogations quant à l'effectivité, l'efficacité et la crédibilité de ses moyens contre ce phénomène. C'est là que se situe l'intérêt de notre étude.

VI. L'intérêt, la méthodologie de recherche et la problématique de cette étude

Il est nécessaire d'expliquer l'intérêt de notre étude avant d'aborder la méthodologie que nous entendons utiliser pour répondre à la problématique de celle-ci.

---

[223] Ibid., p. 297.
[224] Ibid.
[225] Ibid., p.298.

1. L'intérêt du sujet

Il convient d'expliquer les raisons qui justifient notre choix sur ce fait aussi sensible et complexe à cerner pour le juriste, le choix géographique, la temporalité de notre étude avant d'expliquer la méthodologie que nous attendons utiliser pour répondre à la problématique que pose le sujet. Il ne s'agira toutefois pas pour nous de nous inscrire dans l'évènementiel ou de rester dans de simples descriptions des faits politiques[226] notamment du phénomène des changements anticonstitutionnels de pouvoir. Il ne s'agira pas non plus pour nous de dresser un catalogue des coups d'État[227]. L'évènementiel n'est important que s'il sert de support de réflexion[228]. Nous nous servirons bien évidemment de certains évènements comme supports de notre réflexion.

Le sujet d'étude : « La CEDEAO face aux changements anticonstitutionnels de pouvoir en Afrique de l'Ouest » n'est pas anodin. Elle répond à un double intérêt, un intérêt d'actualité d'une part et d'autre part, un intérêt scientifique.

Le changement anticonstitutionnel de pouvoir en Afrique est au cœur de l'actualité la plus brûlante et revêt une haute importance pour les États et les organisations internationales notamment africaines.

Au risque de verser dans la redondance, il convient de rappeler une fois de plus que la CEDEAO a été créée dans le but de mettre en place une coopération et une intégration économique entre les États membres. Mais la multiplication des conflits armés internes aux origines politiques et la multiplication des changements anticonstitutionnels de pouvoir dont les liens sont particulièrement étroits l'ont conduit à s'emparer de cette épineuse question relevant de la souveraineté exclusive des États. Les règles juridiques de désignation des gouvernants et de fonctionnement des institutions et des pouvoirs publics ont longtemps été des affaires relevant de la compétence

---

[226] A. KPODAR, « Un demi-siècle de constitutionnalisme en Afrique noire francophone », p.6 www.afrilex-ubordeaux4.fr consulté le 5/06/2018.
[227] M. BENCHENANE, op. cit., 1983, p.11.
[228] Ibid.

exclusive du droit interne des États[229]. La sous-régionalisation de ces questions a été rendue possible grâce à des facteurs internes et externes aux États, notamment le bouleversement de l'ordre international des années 1990 caractérisé par la chute du communisme et du Mur de Berlin, le discours de La Baule du président français lors de la 16e session de la conférence des chefs d'État d'Afrique et de France[230] conditionnant l'aide économique au développement du gouvernement français, celle du gouvernement américain d'une part et d'autre part sur le plan régional, la multiplication des conflits armés internes sur fond de crises de la démocratie et de gouvernance.

Malgré ces actions de la CEDEAO en appui aux processus de restauration et de consolidation de la démocratie enclenchés en Afrique de l'Ouest depuis les années 1990 et de manière plus forte après le renversement en 1997 du Président sierra-léonais Ahmed Tejan KABBAH, l'Afrique de l'Ouest reste encore la sous-région enregistrant le plus grand nombre de coups d'État et de tentatives de coup d'État.

La tentation du coup d'État en Afrique de l'Ouest

Malgré l'implication de la CEDEAO contre les changements anticonstitutionnels de pouvoir, les coups d'État et les tentatives de coup d'État sont fréquents en Afrique de l'Ouest[231]. Depuis la première action coercitive de 1997 de l'organisation en Sierra Leone contre le coup d'État, dont la légalité est contestable, constituant du coup la temporalité de départ de notre étude, l'espace CEDEAO a enregistré une quinzaine de coups d'État ou de tentatives de coups d'État[232]. De

[229] M. FAU-NOUGARET, « Les organisations régionales africaines et les changements de pouvoir anticonstitutionnels », in M. FAU-NOUGARET (dir.), op. cit., p.409

[230] Lors de la 16e conférence des Chefs d'État d'Afrique et France qui s'est tenue à La Baule en Loire-Atlantique en France au cours de laquelle 37 chefs d'États africains étaient présents, le président français François Mitterrand à rappeler que les États africains qui iront vers la démocratie pourront bénéficier des aides de la France. En revanche, la France ne volera plus au secours d'un régime en détresse d'un chef d'État africain. Le Sénégal avait été cité comme exemple par le président français.

[231] S. CESSOU « La tentation du coup d'État, un fléau en Afrique de l'Ouest » www.rfi.fr article du 25 septembre 2015, consulté le 20 avril 2016.

[232] S. CESSOU « CEDEAO, la tentation du coup d'État, un fléau en Afrique de l'Ouest

1990 à 2018, l'Afrique de l'Ouest a enregistré plus de vingt-cinq (25) coups d'États et de tentatives de coups d'État dont une quinzaine après l'intervention de 1997 de l'ECOMOG en Sierra Leone contre 14 pour le reste du continent[233]. Le dernier, enfin on l'espère, enregistré dans l'espace CEDEAO remonte en 2016 en Gambie, lorsque l'ancien président Yahya Jammeh perdait les élections et refusait de céder le pouvoir conformément à la constitution du pays et au droit communautaire, notamment le protocole additionnel sur la démocratie et la bonne gouvernance. La répétition des changements anticonstitutionnels de pouvoir, en dépit de l'implication de l'organisation contre ce fait illustre-t-elle une faiblesse de ses mécanismes de prévention et de gestion de ce fléau ou une perte de crédibilité ? Le désaveu de la CEDEAO par l'ONU lors de la gestion du coup d'État de 2012 en Guinée-Bissau illustre-t-il une faiblesse de ses moyens[234] ? S'il existe une chose sur laquelle les observateurs de la politique et du droit constitutionnel sous-régional sont d'accord, c'est la répétition des changements anticonstitutionnels de pouvoir à intervalles parfois très restreints. Cette sous-région offre ainsi un terrain fertile d'une recherche sur les changements anticonstitutionnels, à la fois pour sa répétition dans cette partie du continent africain et le dynamisme de l'organisation sous-régionale dans sa prévention et sa gestion.

2. *Méthodologie de recherche*

Dans la présente étude, nous analyserons les moyens (juridiques et institutionnels) de l'organisation sous-régionale de l'Afrique de l'Ouest contre les changements anticonstitutionnels de pouvoir, en nous référant régulièrement à des exemples précis, notamment les plus récents.

» Radio France Internationale (RFI), article du 25 septembre 2015. www.rfi.fr consulté le 03 janvier 2016

233 Ibid.

234 Lors de la gestion du coup d'État de 2012 en Guinée-Bissau, l'approche de gestion adoptée par l'organisation consistant à reconnaître les autorités issues du coup d'État a été rejetée par le Conseil de sécurité. C'est la première fois que l'organisation sous-régionale reçoit un désaveu de l'ONU dans la gestion de ce fléau. Nous y reviendrons dans la deuxième partie.

Pour illustrer le droit et la pratique de l'organisation, nous avons fait le choix d'appuyer nos propos sur des changements anticonstitutionnels de pouvoir qui se sont produits dans cette sous-région. Ainsi, nous analyserons ses moyens à travers d'exemples concrets. Nous analyserons ses moyens et ses actions contre ce fléau particulièrement depuis l'adoption en 2001 du protocole additionnel sur la démocratie et la bonne gouvernance.

L'analyse de ces exemples nous permettra d'évaluer ses résultats. Le choix des exemples s'appuie principalement sur les récents changements anticonstitutionnels à partir de 2005 notamment au Togo en 2005, en Guinée Conakry en 2008, de l'hiver 2010 au Niger, en Côte d'Ivoire de 2010, au Mali en 2012, au Burkina Faso en 2015, de 2016 en Gambie.

Toutefois, nous ferons référence à un exemple plus ancien, le coup d'État de mai 1997 en Sierra Leone, simplement parce qu'il a poussé l'UA et la CEDEAO à agir activement contre ce fléau. Nous précisons que ces exemples ne sont pas exhaustifs.

La recherche sur cette thématique nécessite la combinaison de la science politique et de la science juridique. Le recours aux textes juridiques est important pour connaître les régimes politiques africains[235]. Cependant, il doit se faire de façon complémentaire et indissociable avec une analyse de la science politique[236]. À ce propos, nous convenons avec Jean-Marc SOREL paraphrasant le juriste serbe Milan SAHOVIC, qu'il est difficile au juriste de traiter les questions dont les réponses ne dépendent pas exclusivement de l'analyse de leurs aspects juridiques[237].

Qu'il nous soit permis ainsi de paraphraser le juriste togolais Adama KPODAR, que la science du droit constitutionnel ne peut être ni étudiée

---

[235] F. DOUMBIA, *L'alternance démocratique au sommet de l'État au Mali et au Sénégal depuis l'indépendance*, Thèse de doctorat en droit public, Rouen 2015, p.40.
[236] Ibid.
[237] J. M. SOREL, « L'élargissement de la notion de menace contre la paix » *in,* Société française pour le droit international, *Le chapitre VII de la charte, des Nations Unies*, Colloque de Rennes, éd. Pedone 1995, p.7

ni pensée en vase clos par les constitutionnalistes, au risque de rester dans le formalisme béat[238]. Elle doit être éclairée par le concours d'autres sciences sociales notamment la science politique[239]. On ne peut pas faire une étude des changements anticonstitutionnels uniquement à partir du droit. Pour le dire autrement, la science juridique ne permet pas, à elle seule, de comprendre ce phénomène. Elle doit être combinée avec la science politique. Cette combinaison de sciences conduit parfois le juriste à émettre des réserves sur des questions.

Toutefois, comme l'observe à juste titre Monique CHEMILLIER-GRENDREAU, le juriste ne peut plus exprimer ses réticences sans apparaître comme un monstre froid...[240]. On attend du juriste qu'il donne une réponse claire en termes de légalité face à des faits, alors que le droit est constamment en évolution. Dans une perspective de contribution au renforcement du sous-régionalisme de la démocratie, de la bonne gouvernance et de la protection des droits de l'homme et des libertés en Afrique de l'Ouest, nous ferons des propositions d'amélioration du droit de la CEDEAO.

Notons que l'action de la CEDEAO contre les changements anticonstitutionnels de pouvoir a suivi une trajectoire horizontale. De la non-ingérence dans les affaires internes des États, autrement dit son indifférence totale face aux régimes politiques des États membres, elle est partie du droit déclaratoire au droit conventionnel.

Elle s'appuie largement maintenant sur le droit communautaire originaire et dérivé contre le changement anticonstitutionnel de pouvoir. De façon simple, elle est partie de la non-intervention dans les affaires intérieures des États[241], à celui de la non-indifférence. Elle

---

[238] A. KPODAR, « Un demi-siècle du constitutionnalisme en Afrique noire francophone » op. cit., p.5

[239] Ibid.

[240] M. CHEMILLIER-GENDREAU, « Ingérence, charité et droit international», Le Monde diplomatique, janvier 1993, p.4-5, disponible sur https://www.monde-diplomatique.fr/1993/01/CHEMILLIER_GENDREAU/44984 consulté le 20/12/2018.

[241] La non-ingérence dans la gestion des affaires intérieures des États est un principe consacré par le droit international, notamment la Charte des Nations-Unies. Il a été repris et consacré par le droit de l'UA et de la CEDEAO. Il est également consacré par des décisions des organisations internationales, le Conseil de Sécurité de l'ONU,

s'immisce même activement dans les affaires intérieures des États membres conformément à son droit.

3. Problématique de l'étude

La CEDEAO s'est dotée au fil de son existence de moyens juridiques et institutionnels lui permettant d'agir contre les dévolutions de pouvoir qui ne seront pas conformes aux règles constitutionnelles. Alors que son objectif principal reste toujours purement économique.

La genèse de l'évolution des objectifs de la CEDEAO découle principalement de la conjonction de plusieurs facteurs. Ces nouveaux objectifs ont renforcé son processus d'intégration sous-régionale.

Si la CEDEAO se préoccupe de la stabilité politique et institutionnelle de ses États membres, elle le fait pour des raisons évidentes que nous avons déjà expliquées. Pourtant, alors que les renversements se succèdent, sa réponse diffère tant dans la rapidité de sa prise de décision que dans la forme de son action. Dès lors, il convient de se poser la question suivante : de quelle manière se structure et évolue la doctrine d'intervention de l'organisation face aux changements de pouvoir à l'occasion d'une crise ?

À cet effet, dans nos prochains développements, nous répondrons à la question suivante : quels sont les méthodes, les moyens d'action et les justifications de l'intervention de la CEDEAO contre les changements de pouvoir s'opérant en dehors des règles constitutionnelles ? Telle est en substance la problématique à laquelle nous apporterons des éléments de réponse.

La réponse à cette interrogation nous renvoie d'une part, aux moyens d'action de prévention du changement anticonstitutionnel de pouvoir en Afrique de l'Ouest, notamment la sous-régionalisation de la démocratie (première partie), et d'autre part, aux moyens de gestion du changement

---

et par la jurisprudence internationale. Cependant, il convient de noter que ce principe universellement reconnu et consacré par la jurisprudence et le droit international a été progressivement assoupli par le droit international, la doctrine et la pratique des États et par la jurisprudence internationale. Nous y reviendrons largement dans la deuxième partie de notre travail.

anticonstitutionnel de pouvoir (deuxième partie) que l'organisation a mis en place en réponse à cette menace pour maintenir une paix et une stabilité dans les États.

PREMIÈRE PARTIE

LA PRÉVENTION DES CHANGEMENTS ANTICONSTITUTIONNELS DE POUVOIR EN AFRIQUE DE L'OUEST

La répétition des crises politiques et sécuritaires a contraint la CEDEAO à franchir le pas du principe universel de la non-ingérence dans les affaires intérieures des États, en s'impliquant activement dans la désignation des gouvernants, le fonctionnement des institutions internes des États membres et la protection des droits de l'homme et des libertés[242].

Le traité révisé de 1993 lui a permis d'intégrer dans ses objectifs, la sous-régionalisation de la démocratie, de la bonne gouvernance et de la protection des droits de l'homme dans le cadre de la prévention des crises[243]. Elle a ainsi mis en place une véritable architecture juridique des institutions et des organes permettant de prévenir les crises,

---

[242] Le traité révisé de 1993 consacre l'indépendance politique des États dans son article 4 paragraphe (a). Elle est réaffirmée et consacrée dans le protocole relatif aux mécanismes de prévention, de gestion, de règlement des conflits, de maintien de la paix et de la sécurité. En réalité, la CEDEAO reprend la non-ingérence dans les affaires intérieures des États, principe consacré par la Charte de l'UA notamment en ses articles. 3 (b) « défendre la souveraineté, l'intégrité territoriale et l'indépendance de ses États membres », art. 4 (g) « Non-ingérence d'un État membre dans les affaires intérieures d'un autre État membre », art 4 (f) « Interdiction de recourir ou de menacer de recourir à l'usage de la force entre les États membres de l'Union ». Toutefois, ce principe a été progressivement assoupli par l'UA notamment à son art. 4 (h) « Le droit de l'Union d'intervenir dans un État membre sur décision de la Conférence, dans certaines circonstances graves, à savoir : les crimes de guerre, le génocide et les crimes contre l'humanité ».

[243] Vo*ir* à ce propos, l'article 58 du traité révisé de 1993 de la CEDEAO. En application de cet article, la conférence des chefs d'État et de gouvernement a adopté le 10 décembre 1999 à Lomé au Togo, le protocole relatif aux mécanismes de prévention, de gestion, de règlement des conflits, de maintien de la paix et de sécurité, complété en 2001 par le protocole additionnel sur la démocratie et la bonne gouvernance. C'est dans ce même cadre que le Conseil de Médiation et de sécurité a adopté le 16 janvier 2008, le cadre de prévention des conflits de la CEDEAO.

notamment les interruptions de l'ordre démocratique et constitutionnel et le respect des droits de l'homme dans les États membres.

Elle peut sanctionner les États membres qui n'honorent pas leurs obligations de respect des principes démocratiques, la dévolution du pouvoir, la bonne gouvernance et la protection des droits de l'homme et des libertés, dans le but de cette prévention. La sous-régionalisation de ses principes vise principalement à éviter le plus que possible, une interruption de l'ordre constitutionnel dans la dévolution du pouvoir. Elle résulte de la révision de 1993 de son traité qui lui a permis d'intégrer la sécurité collective dans ses objectifs afin d'atteindre son objectif initial.

À cet effet, pour prévenir les dévolutions du pouvoir en dehors des règles constitutionnelles, elle a mis en place un cadre juridique ambitieux de démocratisation des États. Ces nouveaux objectifs se situent dans la droite ligne des dispositions de l'article 58 du traité révisé. Elle s'illustre à travers cette démocratisation des États, comme un acteur supranational pouvant s'imposer à ceux-ci, au besoin par la force. Pour permettre l'applicabilité de ses mécanismes juridiques de démocratisation des États, elle a mis en place un système institutionnel qui s'appuie sur des organes politiques. Elle a ainsi développé une politique de prévention des changements anticonstitutionnels de pouvoir en mettant en place des normes juridiques (Titre 1) et des institutions (Titre 2).

TITRE I

LE CADRE JURIDIQUE DE LA DÉMOCRATIE ET DE LA BONNE GOUVERNANCE SELON LA CEDEAO

La notion de bonne gouvernance reste à élucider surtout qu'elle est à certains égards bien mystérieuse, rappelant même une équation à deux inconnues[244]. À vrai dire, il est difficile d'établir la frontière entre ce que l'on pourrait appeler la bonne et la mauvaise gouvernance[245].

Le dictionnaire français *Larousse* définit la gouvernance d'une part, comme l'action de gouverner, la façon de le faire[246]. Et d'autre part, comme l'art de gouverner indépendamment de l'autorité étatique[247]. On n'est pas encore sortie de l'ornière puisqu'il ne définit pas la bonne gouvernance.

Les politistes définissent la bonne gouvernance de façon générale comme les formes contemporaines de régulations collectives se développant sur la base de relations entre acteurs publics et privés, et dans des cadres institutionnels et territoriaux pluriels, plus ouverts et plus instables[248]. Les juristes définissent ce concept comme la gestion, aussi bien des institutions publiques que des personnes privées, sous l'angle d'une efficacité économique, de la transparence et des procédures participatives, dans un contexte économique libéralisé[249].

De façon générale et plus simple à dire, la bonne gouvernance peut être définie comme l'ensemble des mesures, des règles, des organes de décision, d'information et de surveillance permettant d'assurer le bon fonctionnement et le contrôle d'un État, d'une institution ou d'une

---

[244] H. GHERARI, « Le respect de l'État de droit comme élément de la "bonne gouvernance" en droit international économique» in Société française pour le droit international, Colloque de Bruxelles, *L'État de droit en droit international*, Paris Pedone 2009, p.153.
[245] Ibid.
[246] Le Petit Larousse illustré de 2015, p.552
[247] Ibid.
[248] Lexique de science politique 4e éd., Dalloz 2017, p.267.
[249] Lexique des termes juridiques 21e éd., Dalloz 2014, P463.

organisation qu'elle soit publique ou privée, régionale, sous-régionale, nationale ou même internationale . De cette définition, on peut retenir deux notions fondamentales : la participation et la transparence. La participation et la transparence constituent les clés de voûte de la bonne gouvernance.

C'est un concept qui tire principalement son origine des politiques de développement des organisations internationales, en particulier économiques et financières. La bonne gouvernance est actuellement au centre des politiques de développement des organisations internationales. Le Programme des Nations-Unies pour le Développement (PNUD) a joué un grand rôle dans l'affirmation du consensus international selon lequel la gouvernance et le développement humain sont inséparables.

La transparence, la bonne gouvernance, la décentralisation, la démocratie et le respect des droits de l'homme sont devenus depuis 1990 le vocabulaire récurrent dans le discours des hommes politiques africains, dans les études des juristes et des politistes qui s'intéressent aux problèmes de développement politique et économique du continent africain.

Dans le cadre d'une sorte d'imposition au niveau sous-régional, de la démocratie, de la bonne gouvernance et de la protection des droits de l'homme et des libertés, la CEDEAO a mis en place des mécanismes juridiques ambitieux. Ceux-ci encadrent d'une part, les processus de démocratisation des États, la bonne gouvernance, la protection des droits de l'homme et des libertés sur les États.

D'autre part, ils encadrent son implication dans l'accession, le maintien et la dévolution du pouvoir dans ses États. Ce dynamisme au niveau sous-régional vise de façon générale, à concrétiser les engagements de l'article 58 du traité révisé de 1993. Le traité révisé de 1993 a subi plusieurs amendements[250] renforçant davantage le rôle des institutions et des organes dans la démocratisation des États, la bonne gouvernance

[250] En 2006, ce traité a été révisé par le protocole additionnel A/SP1/06/06 portant amendement du traité révisé de 1993, puis en 2007 par le protocole A/SA.9/01/07 portant amendement des articles 1, 3, 6 et 21 du traité révisé et en 2010, par le protocole A/SA.3/01/10 portant amendement de l'article 9 nouveau du traité de la CEDEAO tel qu'amendé en 2006 par le protocole A/SP1/06/06.

et plus encore dans la protection des droits de l'homme et des libertés, par le renforcement du rôle de la Cour de Justice de la Communauté.

Ces différents textes juridiques sont particulièrement axés sur la démocratisation des États. Ils ont permis à l'organisation de bâtir un cadre juridique plus ou moins complet contre les changements anticonstitutionnels de pouvoir, les modes non démocratiques d'accession ou de maintien au pouvoir **(Chapitre 1er)**. Ce cadre normatif est tellement ambitieux, qu'il tend à construire un droit électoral supranational aux États **(Chapitre 2).**

CHAPITRE 1

L'ARCHITECTURE JURIDIQUE DE LA DEMOCRATIE, BATIE PAR LA CEDEAO CONTRE LES CHANGEMENTS ANTICONSTITUTIONNELS DE POUVOIR

La CEDEAO tire principalement la légitimité de son implication contre les changements anticonstitutionnels et les modes non démocratiques d'accession ou de maintien au pouvoir de divers textes normatifs sous-régionaux[251], régionaux,[252] voire internationaux[253]. Faut-il le rappeler, au risque de se répéter, le cadre de l'implication de la CEDEAO dans la consolidation de la démocratie, de la bonne gouvernance et du respect des droits de l'homme et des libertés, se justifie par le maintien de la paix et de la sécurité collective dans cette sous-région en proie à des crises sécuritaires de façon générale et singulièrement à des crises politiques et des ruptures de l'ordre constitutionnel. La charte des Nations Unies[254] est le premier cadre juridique international qui autorise la CEDEAO à s'impliquer dans le domaine de la sécurité collective, relevant de la compétence exclusive de l'ONU[255].

---

[251] Ces normes sous-régionales concernent particulièrement, le traité révisé de 1993, le protocole relatif aux mécanismes de prévention, de gestion, de règlement des conflits, de maintien de la paix et de la sécurité, le protocole additionnel A/SP1/12/01 sur la démocratie et la bonne gouvernance, le cadre de prévention des conflits de la CEDEAO adopté en 2008 et surtout l'acte additionnel portant régime de sanctions à l'encontre des Etats membres qui n'honorent pas leurs obligations vis-à-vis de la communauté.

[252] Ces normes régionales concernent particulièrement, l'Acte constitutif de l'UA notamment son art. 4 (m) « *Respect des principes démocratiques, des droits de l'homme, de l'état de droit et de la bonne gouvernance* » et l'art. 4 (p) *« Condamnation et rejet des changements anticonstitutionnels de gouvernement »* et le CADEG.

[253] Nous faisons référence ici au chapitre VIII de la Charte des Nations Unies dans le cadre des organisations régionales en matière de sécurité collective.

[254] Le chapitre VIII de la charte des Nations Unies

[255] En effet, le maintien de la paix et de la sécurité relève de la compétence exclusive de l'ONU. Le maintien de la paix et de la sécurité est le premier but de l'ONU tel qu'il ressort des dispositions de l'article 1er paragraphe 1 de la Charte. Conformément au chapitre VIII de cette Charte, elle peut déléguer cette mission aux organisations régionales.

L'implication de la CEDEAO dans la désignation des gouvernants et le fonctionnement des institutions s'apparentant à une immixtion dans les affaires intérieures des États, trouve sa justification juridique dans les normes de coopération et d'intégration sous-régionale d'une part, et d'autre part, les normes juridiques de prévention, de gestion, de règlement des conflits, de maintien de la paix et de la sécurité. Conformément à la charte des Nations Unies notamment son chapitre VIII, la CEDEAO a élaboré et mis en place plusieurs textes juridiques sur la sécurité collective.

C'est dans ce but qu'elle a intégré dans les dispositions de l'article 58 du traité révisé[256], la dimension de la sécurité collective, conformément aux dispositions du chapitre VIII de la charte des Nations-Unies. Les dispositions de cet article ont permis de mettre en place un cadre juridique pertinent de sécurité collective pour cette sous-région.

En application de ses dispositions de l'article de 58 de ce texte, la CEDEAO a adopté d'autres normes juridiques spécifiques. Ainsi fut adopté à Lomé au Togo, le 10 décembre 1999 lors de sa 23ème session, le protocole A/P1/12/99 relatif aux mécanismes de prévention, de gestion, de règlement des conflits, de maintien de la paix et de la sécurité. Ce texte régionalise incontestablement la sécurité collective en Afrique de l'Ouest.

Il fut complété le 21 décembre 2001 à Dakar au Sénégal lors de la 25ème session de la conférence des chefs d'Etats et de gouvernements, par le protocole additionnel A/SP1/12/01 sur la démocratie et la bonne gouvernance. Le protocole relatif aux mécanismes de prévention, de gestion, de règlement des conflits et de maintien de la paix et de sécurité[257] et son protocole additionnel sur la démocratie et la bonne gouvernance constituent le cadre juridique le plus complet qui permet

---

[256] L'article 58 du traité révisé de la CEDAO est la disposition phare qui donne mandat et légitime l'implication de la CEDEAO contre les changements anticonstitutionnels de pouvoir dans le cadre de la sécurité collective régionale. L'article 4 consacre les objectifs fondamentaux de l'organisation régionale et constitue la disposition du traité qui régionalise la démocratie.

[257] Rappelons également que selon le rapport annuel 2015, ce texte n'était entré que provisoirement en vigueur faute d'avoir obtenu le nombre de signatures requis pour son entrée définitive en vigueur. Voir annexe rapport annuel 2015 de la CEDEAO, p.18 et 29 www.ecowas.int consulté le 19/02/2019.

à la CEDEAO de faire face à toutes les menaces contre la démocratie, et la prééminence de l'État de droit.

Toutefois, jusqu'à une période récente, notamment à la date du 23 novembre 2015, ces textes n'étaient entrés en vigueur que provisoirement comme l'explique l'organisation dans son rapport annuel 2015[258]. Autrement dit, ces textes n'avaient pas obtenu le nombre de ratifications nécessaires pour entrer en vigueur.

En 2008, le Conseil de Médiation et de Sécurité adopte un cadre de prévention des conflits de la CEDEAO qui s'articule principalement sur la démocratisation des États.

Plus en avant encore, lors de la quarantième session ordinaire de la conférence des chefs d'États et de gouvernements, tenue les 16 et 17 février 2012 à Abuja au Nigeria, l'organisation a mis en place un régime juridique général très contraignant sur le papier, en adoptant l'Acte additionnel A/SA/13/02/12 portant régime de sanctions à l'encontre des États membres qui n'honorent pas leurs obligations vis-à-vis de la communauté. Ce texte précise les sanctions encourues en cas rupture de l'ordre constitutionnel et de la démocratie.

Ces instruments juridiques constituent-ils le cadre juridique de référence qui donne explicitement mandat à la CEDEAO pour s'impliquer contre les changements anticonstitutionnels de pouvoir, les modes antidémocratiques d'accession ou de maintien au pouvoir et les cas de violation des droits de l'homme ?

Sur le plan continental, les normes juridiques de la CEDEAO, de prévention, de gestion, de règlement des conflits, de maintien de la paix et de la sécurité découlent principalement de l'Acte constitutif de

---

[258] Voir annexe rapport annuel 2015 de la CEDEAO, p.18 et 29 www.ecowas.int consulté le 19/02/2019. L'application à titre provisoire d'un traité est prévue par les dispositions de l'article 25 paragraphe 1er de la Convention de Vienne sur le droit des traités du 23 mai 1969, entrée en vigueur le 27 janvier 1980. En application de cette disposition, l'article 57 du protocole A/P1/12/99 précise: « 1. Le présent Protocole entre en vigueur à titre provisoire dès sa signature par les Chefs d'Etat et de Gouvernement. En conséquence, les Etats membres signataires et la CEDEAO s'engagent à commencer la mise en œuvre des dispositions du présent Mécanisme dès sa signature. 2. Le présent Protocole entrera définitivement en vigueur dès sa ratification par au moins neuf (9) Etats signataires, conformément aux règles constitutionnelles de chaque Etat membre. »

l'Union Africaine (UA) et des divers textes régionaux de l'organisation africaine.

En effet, dans le cadre de la prévention des crises, de la résolution des conflits, du maintien de la paix et de la sécurité, l'UA (l'Union Africaine) a mis en place des instruments juridiques pour la consolidation de la démocratie, de la bonne gouvernance et la protection des droits de l'homme[259].

Elle a mis en place plusieurs textes juridiques, afin de prévenir les changements anticonstitutionnels de pouvoir sur l'ensemble des États du continent. L'UA a adopté à cet effet, le 30 janvier 2007 à Addis-Abeba en Éthiopie lors de sa 8e session ordinaire de la conférence des chefs d'État et de gouvernements, la Charte Africaine de la Démocratie, des Élections et de la Gouvernance (CADEG)[260].

Ce texte complète et précise la Charte de l'UA et la Convention africaine des droits de l'homme et des peuples dans la consolidation de la démocratie, de la bonne gouvernance, de la prééminence de l'État de droit et des droits de l'homme.

---

[259] On peut citer parmi ses textes normatifs régionaux, l'acte constitutif de l'UA, la Charte Africaine des Droits de l'Homme et des peuples de 1981. Elle a également adopté des textes spécialement contre les changements anticonstitutionnels de pouvoir. Il s'agit principalement de la CADEG, de la Déclaration sur la création au sein de l'OUA d'un Mécanisme pour la prévention, la gestion et le règlement des conflits, AHG/Decl. (XXIX), adoptée lors de la 29e Session ordinaire de la Conférence des Chefs d'État et de gouvernement, tenue du 28 au 30 juin 1993 au Caire en Égypte, de la Déclaration solennelle relative à la Conférence sur la sécurité, la stabilité, le développement et la coopération en Afrique (CSSDCA), AHG/Decl. 4 (XXXVI) adoptée lors du Sommet de Lomé (Togo) du 11 juillet 2000, Le Protocole relatif à la création du CPS, Le Règlement intérieur de la Conférence, notamment en son art. 37.6 (d) : « *Le Président de la Commission, en consultation avec le Président, s'assure de la coopération des CER dont le pays concerné est membre.* » prévoyant une coopération entre l'UA et les organisations sous-régionales dans le cadre de la gestion des changements anticonstitutionnels de pouvoir, Le Cadre pour le renforcement de la mise en œuvre des dispositions de l'Union Africaine dans les situations de changements anticonstitutionnels de gouvernement en Afrique adopté par le CPS lors d'une retraite à EZULWINI au Royaume du Swaziland du 17 au 19 décembre 2009.

[260] La Charte Africaine sur la Démocratie, les Élections et la Gouvernance peine à entrer en vigueur. Elle a eu du mal à obtenir les 15 instruments de ratifications requis par l'article 48. Elle est finalement entrée en vigueur le 15 février 2012.

En fait, ces textes réaffirment les principes de la coopération entre la CEDEAO et ces deux organisations internationales dans la sécurité collective, en particulier la démocratisation des États.

L'UA et la CEDEAO ne sont pas des organisations concurrentes en matière de sécurité collective, ainsi que nous l'expliquerons, notamment contre les changements anticonstitutionnels de pouvoir. Elles constituent en fait des organisations complémentaires.

Ces différents textes que nous venons d'énumérer déterminent l'action de la CEDEAO contre les changements anticonstitutionnels de pouvoir, les modes d'accession et de maintien antidémocratique au pouvoir (section 1). Elle communautarise ainsi en Afrique de l'Ouest, à travers cet important dispositif juridique, la démocratie et le respect des droits de l'homme (section 2).

SECTION 1 : LE DISPOSITIF JURIDIQUE DE COMMUNAUTARISATION DE LA DEMOCRATIE EN AFRIQUE DE L'OUEST

La communautarisation peut se définir simplement comme le transfert d'une matière relevant du droit d'une zone de simple coopération politique entre États membres à une zone d'intégration communautaire constituée par un traité[261].

Ce processus en Afrique de l'Ouest est particulièrement remarquable en matière de démocratie, de bonne gouvernance et de protection des droits de l'homme. La bonne gouvernance, la sécurité humaine, la démocratie et le respect de l'état de droit et les droits de l'homme sont les principes fondamentaux d'une paix durable[262].

En effet, le protocole additionnel sur la démocratie et la bonne gouvernance est un texte très ambitieux qui revêt d'ailleurs un caractère

---

[261] R. CABRILLAC (dir.), *Dictionnaire du vocabulaire juridique 2012*, LexisNexis 2012, p.104.

[262] Voir à ce propos, OCDE-CAD, *Les lignes directrices du CAD. Prévenir les conflits violents : quels moyens d'action ?* 2001, notamment à la page 19 disponible surhttps://www.oecdilibrary.org/fr/development/prevenir-les-conflits-violents-quels-moyens-d-action_9789264294783-fr consulté le 04/02/2019.

constitutionnel[263]. Il se rattache directement, comme on peut évidemment le remarquer à son titre, au protocole relatif aux mécanismes de prévention, de gestion, de règlement des conflits, de maintien de la paix et de la sécurité[264]. De façon indirecte, il se rattache au traité révisé de la CEDEAO, en particulier son article 58 relatif au maintien de la paix, de la stabilité et de la sécurité régionale[265]. Mais pas que celui-ci.

Il se rattache de façon indirecte à d'autres instruments juridiques extracommunautaires[266]. On note également le rattachement de ce texte, à la déclaration de l'UA sur la sécurité, la stabilité, le développement et la coopération en Afrique, adopté à Abuja au Nigeria les 8 et 9 mai 2000[267]. Il a également un rattachement à la décision prise en juillet 1999 par l'OUA, relative aux changements anticonstitutionnels de gouvernement[268]. Et à la Charte africaine des droits de l'homme et des peuples de 1981, à la Déclaration d'Harare adoptée le 20 octobre 1991 par les États du Commonwealth et à la Déclaration de Cotonou adoptée le 6 décembre 2000 à l'issue de la IVe Conférence internationale sur les démocraties nouvelles ou rétablies[269] auxquelles il fait référence.

Ces textes juridiques demeurent liés par leur cohérence et leur rationalité[270]. Plus explicitement, ce protocole se réfère directement à ces textes dans son préambule.

Les rédacteurs de ce texte semblent fortement s'inspirer de ces textes, au regard des principes et des valeurs qu'ils énoncent. Au regard des principes qu'ils consacrent, on ne peut pas nier que ces textes n'ont pas

---

263 I. M. FALL et A. SALL, *Une constitution régionale pour l'espace : le protocole additionnel sur la démocratie et la bonne gouvernance de la CEDEAO*, 7 p., document accessible sur S. BOLLE, *La Constitution CEDEAO*, www.la-constitution-en-afrique.org consulté le 10/12/16.
264 Ibid., p.1
265 Ibid.
266 Ibid., pp.1 et S.
267 Ibid., pp.1 et s
268 Ibid.
269 S. BOLLE. *Le code électoral saisi par la Cour Constitutionnelle*, www.la-constitution-en-afrique.org article du 15 juillet 2009, consulté le 1er décembre 2016.
270 I. M. FALL et A. SALL, *Une constitution régionale pour l'espace : le protocole additionnel sur la démocratie et la bonne gouvernance de la CEDEAO*, op. cit., p7.

eu une influence sur les rédacteurs du protocole additionnel sur la démocratie et la bonne gouvernance. Pourtant, ce n'est pas cet aspect qui nous intéresse en réalité.

Ce qui nous a particulièrement interpellé dans ce texte, ce sont ses caractéristiques et les principes qu'il énonce.

Ce protocole a toutes les caractéristiques d'un texte constitutionnel[271] supranational aux États (paragraphe 1). Il faut cependant tempérer ce propos, la supra-constitutionnalité de texte est très parcellaire et est confrontée à des obstacles qu'il convient également d'expliquer (paragraphe 2).

Paragraphe 1 : Une constitution supranationale aux États de l'Afrique de l'Ouest

De façon générale, la constitution se définit comme la norme suprême de l'État, adoptée et révisée selon une procédure spéciale, et destinée à organiser les pouvoirs publics et à garantir les droits des citoyens et les libertés fondamentales[272]. Dans une constitution moderne, on y trouve des dispositions relatives au statut des gouvernants et des dispositions relatives à la Déclaration des droits de l'homme et des libertés[273]. Pour reprendre une formule du professeur Éloi DIARRA, c'est la constitution qui détermine le régime des droits et libertés des personnes et des groupes[274].

L'action de la CEDEAO contre les changements anticonstitutionnels de pouvoir s'est traduite lors de la 25ème session ordinaire de la conférence des chefs d'Etat et de gouvernement, tenue à Dakar le 21 décembre 2001, par l'adoption de deux textes particulièrement intéressants pour cette étude : d'une part, le protocole additionnel A/SP1/12/01 sur la démocratie et la bonne gouvernance, et d'autre part, le protocole

[271] Ibid.
[272] R. CABRILLAC (dir.), *dictionnaire du vocabulaire juridique* 5e éd., LexisNexis Paris 2014, p.128.
[273] B. CHANTEBOUT, *Droit constitutionnel*, 26e édition, Dalloz 2009, p.36.
[274] E. DIARRA, *Histoire constitutionnelle du Mali* (2010), 2 Revue juridique et politique des États francophones p.229

A/P3/12/01 relatif à la lutte contre la corruption. Au regard des principes qu'ils énoncent, ces textes tendent à communautariser le droit constitutionnel en droit en Afrique de l'Ouest. Cependant, ils ne sont pas des dispositifs juridiques isolés dans ce sens.

En effet, la conférence des chefs d'Etat et de gouvernement de l'organisation a adopté le 19 mai 2015 à Accra au Ghana, l'acte additionnel A/SA.02/05/15 relatif à l'égalité entre les hommes et les femmes, pour le développement durable dans l'espace CEDEAO. Ce texte énumère dans son article 4 des mesures constitutionnelles et politiques pour l'ensemble des États membres de l'organisation en ces termes : « Les États membres veillent à assurer la mise en œuvre effective des dispositions constitutionnelles relatives à l'égalité et l'équité de genre et s'assurent par la suite qu'aucune loi, disposition ou pratique ne porte atteinte à ces principes d'égalité et d'équité de genre »[275].

Ce même article précise dans son paragraphe 2 : « Les États membres veillent à assurer aux femmes, une grande part dans les processus publics délibératifs. À cette fin, ils feront prévaloir le principe de la parité hommes-femmes dans la composition des pouvoirs publics et du secteur privé, notamment dans le cadre du positionnement des femmes à des postes électifs tels que le parlement, les assemblées des collectivités locales et territoriales, ainsi que les chambres consulaires »[276].

Ces textes visent à consolider la démocratie, la bonne gouvernance et la protection des droits de l'homme, gages de la paix, de la stabilité et d'un développement durable.

Le protocole relatif à la lutte contre la corruption n'est pas encore entré en vigueur depuis son adoption le 21 décembre 2001. Il n'a pas encore obtenu le nombre de ratifications requises pour son entrée en vigueur[277].

---

[275] Article 4 paragraphe 1

[276] Article 4 paragraphe 2.

[277] L'article 22 du protocole relatif à lutte contre la corruption : *« Le présent Protocole entrera en vigueur dès sa ratification par au moins neuf (9) des États Signataires, conformément aux règles constitutionnelles de chaque État signataire. »*. Jusqu'à une date récente, ce protocole n'était ratifié que par 8 des 16 États membres : le 1er/12/2005 par le Bénin, le 10/08/2006 par le Burkina Faso, le 18/10/2002 par le Ghana, le

La non-entrée en vigueur de ce protocole est un grand regret. Elle constitue un obstacle non négligeable pour la consolidation de la démocratie, de la bonne gouvernance et de la protection des droits de l'homme. Alors qu'il ressort de l'analyse d'un observateur et ancien haut cadre de l'administration malienne, que la mauvaise gouvernance constitue la principale cause de la répétition des coups d'État militaires dans la sous-région[278]. La corruption est l'élément clé de la mauvaise gouvernance.

Parmi l'ensemble des textes de démocratisation des États, le protocole additionnel sur la démocratie et la bonne gouvernance a particulièrement retenu notre attention.

Ce protocole a l'ambition de sous-régionaliser des principes et des valeurs constitutionnels sur l'ensemble de la sous-région. Ce qui semble indiscutablement lui conférer le caractère d'un texte constitutionnel supranational.

Ce caractère semble avoir rendu frileux les États dans sa ratification. En fait, les États ont été particulièrement frileux à ratifier ce texte. Adopté en 2001, ce protocole n'est entré en vigueur qu'en 2008 après sa ratification le 20 février 2008 par l'État du Togo[279].

Ce protocole énumère deux types de principes en conférant à certains une valeur constitutionnelle supranationale aux États en ces termes : principes communs de « *convergence constitutionnelle* ». La CEDEAO semble mettre en place à travers ce texte, un texte constitutionnel commun supranational avec lequel les constitutions de l'ensemble des États doivent être en harmonie. La conférence des chefs d'État et de

---

16/05/2003 par le Mali, le 23/08/2002 par le Nigeria, le 10/08/2004 par la Sierra Leone et le 14/09/2009 par le Togo. Le texte a été aussi ratifié par la Gambie.

[278] L'ancien premier ministre et ancien secrétaire général de la présidence du Mali Django CISSOKO analyse la répétition des coups d'État en Afrique de l'Ouest comme une mauvaise gouvernance des acteurs politiques lors d'un entretien qu'il nous a accordé le 26 novembre 2016 à Bamako.

[279] L'article 49 de ce protocole exige sa ratification par neuf États membres selon la procédure constitutionnelle de chaque État pour son entrée en vigueur. Il a été ratifié par le Ghana le 18 octobre 2002, le Mali le 30 avril 2003, la Guinée Conakry le 30 juin 2003, le Sénégal le 10 septembre 2004, la Sierra Leone le 10 août 2004, le Burkina Faso le 9 septembre 2004, le Bénin le 4 février 2005, le Niger le 8 décembre 2005 et le Togo le 20 février 2008 portant ainsi à neuf la liste du nombre de ratifications exigé pour son entrée en vigueur.

Gouvernements, principale institution législative de l'organisation joue un véritable rôle de pouvoir constituant supranational.

A. La mise en place d'un texte constitutionnel supranational aux États membres

Qu'il nous soit permis d'emprunter cette formule du professeur Paul Tavernier, si l'on ne s'oriente pas, vers une constitutionnalisation du droit international[280].

On note déjà « une constitutionnalisation du droit européen »[281] pour faire un comparatif. Nous verrons que le droit communautaire sous-régional de la CEDEAO en matière de démocratie a pris un grand pas vers sa constitutionnalisation.
À la lecture du protocole additionnel sur la démocratie et la bonne gouvernance, on peut légitimement se poser cette question : ce texte n'est-il pas une constitution supranationale aux États ? L'on pourrait répondre de façon positive à cette question.

En effet, dans la dynamique du renforcement des instruments juridiques sous-régionaux de prévention des crises, la CEDEAO a adopté ce texte qui encadre les modes de désignation des gouvernants des États, le fonctionnement des institutions internes des États proclame et garantit des droits et des libertés. Tout comme les constitutions internes des États, il interdit le changement anticonstitutionnel de gouvernement.

Cet instrument juridique de 50 articles énumère des valeurs et des principes démocratiques que chaque État membre doit respecter en harmonisant sa législation interne aux grands principes fondamentaux qu'il consacre notamment, la séparation des pouvoirs exécutif, législatif et judiciaire, la garantie de l'immunité parlementaire, l'indépendance de la justice, l'égalité, la laïcité, la liberté, etc.[282] À travers ces principes

---

[280] P. TAVERNIER, *Les organisations internationales et les changements anticonstitutionnels*, in R. BEN ACHOUR (dir.,), *les changements anticonstitutionnels de gouvernement, approche de droit constitutionnel et de droit international* op. Cit, p.35

[281] Ibid.,

[282] Article 1er du protocole A/SP1/12/01 sur la démocratie et la bonne gouvernance additionnel au protocole relatif au mécanisme de prévention, de gestion, de règlement des conflits, de maintien de la paix et de la sécurité.

et les droits et libertés qu'il proclame, ce protocole est très ambitieux. Il possède incontestablement les caractéristiques d'un texte constitutionnel supranational. Il est tellement ambitieux par les valeurs et les principes démocratiques qu'il consacre, qu'il a été analysé avec raison par certains observateurs comme une véritable constitution pour l'Afrique de l'Ouest[283]. Le doute du caractère constitutionnel de ce texte n'est plus permis selon Ismaël Madior FALL et Alioune SALL après la décision du 9 juillet 2009 de la Cour Constitutionnelle togolaise[284].

Ainsi, ces deux observateurs du droit constitutionnel et de la politique africaine rejoignent Stéphane BOLLE sur cette idée. Ce dernier fait remarquer le caractère constitutionnel de ce texte en se référant à la même décision du 9 juillet 2009 de la Cour Constitutionnelle togolaise[285]. Il souligne que dans cette affaire, le juge constitutionnel togolais a visé seulement le protocole sur la démocratie et la bonne gouvernance, et la Charte africaine des droits de l'homme et des peuples[286] à laquelle ce même texte renvoie, et non d'autres instruments juridiques internationaux auxquels l'État togolais a adhéré.

Dans cette même dynamique de communautarisation de la constitution en Afrique de l'Ouest à travers le protocole sur la démocratie et la bonne gouvernance, le juge constitutionnel malien a intégré explicitement l'ensemble des instruments juridiques de la CEDEAO, notamment ce protocole dans le bloc de constitutionnalité du Mali, dans son arrêt du 13 octobre 2016[287]. Le constituant de 2015 du Burkina Faso fait directement référence à ce texte dans le préambule de la constitution de 1992 modifiée[288], ce faisant, ce texte fait corps dans le bloc de

---

283 Voir à ce propos, I. M. FALL et A. SALL, *Une constitution régionale pour l'espace CEDEAO : le protocole sur la démocratie et la bonne gouvernance,* op. cit., p.7.

284 Ibid., p. 1 consulté le 2 décembre 2016.

285 S. BOLLE, *Le code électoral saisi par le juge constitutionnel*, www.la-constitution-en-afrique.org commentaire du 15 juillet 2009, consulté le 1er décembre 2016.

286 Ibid.

287 Voir arrêt N° 16/12/CC du 13 octobre 2016 de la Cour Constitutionnelle du Mali. www.courconstitutionnelle.ml consulté le 20 octobre 2016.

288 La révision opérée sur la constitution du Burkina Faso de 1992 par la loi constitutionnelle N°072-2015/CNT après les évènements d'octobre 2014 et de septembre 2015 a permis d'intégrer le protocole A/SP1/12/01 dans le bloc de constitutionnalité du Burkina Faso.

constitutionnalité de ce pays. Les États d'Afrique de l'Ouest ont des singularités dans leurs constitutions et partant, dans leur droit constitutionnel. Cependant, on note un rapprochement plus ou moins important entre les constitutions des États francophones.

En dépit de leur singularité, les constitutions et les droits constitutionnels des États africains sont, à des degrés différents, « sous l'influence des règles du droit international »[289] de façon générale et du droit communautaire de façon singulière.

Les textes de droit constitutionnel des États d'Afrique de l'Ouest sont singulièrement sous l'emprise des règles du droit communautaire de la CEDEAO.

Le droit communautaire de la CEDEAO organise une protection des droits de l'homme, consacre des principes démocratiques et de l'État de droit, et a institué une Cour de Justice de la Communauté contribuant ainsi à communautariser le droit constitutionnel.

Le protocole sur la démocratie et la bonne gouvernance semble sans équivoque, un texte constitutionnel supranational. L'ensemble des règles du droit communautaire sur la démocratie et la protection des droits de l'homme forment ce qu'on pourrait véritablement appeler « le droit constitutionnel communautaire ».

En revanche, le droit communautaire accorde la liberté législative et constitutionnelle aux États sur les conditions de réception des actes du droit communautaire originaire dans l'ordre interne[290]. Le juge communautaire a plusieurs fois rappelé ce principe dans sa jurisprudence.

Toutefois, les États n'ont pas de liberté de choix sur la réception des actes du droit communautaire dérivé. Les actes du droit communautaire dérivé sont intégrés directement dans l'ordre juridique interne des États sans aucune formalité interne de réception.

La communautarisation de la constitution se manifeste par l'obligation des États, de promouvoir le respect des valeurs constitutionnelles communes (la séparation des pouvoirs, le fonctionnement des

---

[289] S. PIERRE — CAPS, *Droits constitutionnels étrangers*, PUF 2010, p.221.
[290] Voi*r* l'article 15 paragraphe 2 du traité révisé de 1993 de la CEDEAO.

institutions, la proclamation et la garantie des droits de l'homme et des libertés, et de l'État de droit, etc.) et l'exercice en commun de certaines compétences.

1. Le caractère constitutionnel du texte proposé aux États

Le caractère constitutionnel de ce texte est très remarquable au regard des valeurs et des principes qu'il consacre. C'est-à-dire que ce texte consacre des principes que l'on retrouve dans les constitutions internes des États. Il consacre la séparation des pouvoirs, proclame et garantit des droits de l'homme et des libertés. Dans une constitution moderne, on retrouve ces mêmes principes.

Mais ce qui est plus remarquable dans ce protocole, c'est la structuration du texte et la proclamation des principes démocratiques et de protection des droits de l'homme et des libertés dont certains sont érigés explicitement en principes communs de « convergences constitutionnelles » ou « principes constitutionnels communs »[291].

En effet, ce texte identifie dans sa section 1, dans ses dispositions de l'article 1er, des principes qu'il consacre explicitement de « convergence constitutionnelle ». Cette section, composée d'un seul article au contenu riche et très dense, énonce une longue série de principes constitutionnels communs à tous les États membres. En ce sens que ces principes sont déclarés constitutionnels et communs à l'ensemble des États membres de l'organisation. Conformément aux engagements et aux obligations de ceux-ci, l'harmonisation de leurs législations internes au droit communautaire, les constitutions internes des États doivent être en conformité avec ces grands principes démocratiques communautaires.

En revanche, les États n'ont pas l'obligation de les intégrer directement dans leurs constitutions à des termes identiques. Le droit communautaire exige que ces principes soient consacrés dans le droit interne des États comme des principes constitutionnels. De façon générale, les États ont l'obligation de les proclamer dans leur

---

291 Voir section 1, article 1er *cf.* annexe.

constitution interne. Ce texte autorise aussi explicitement la CEDEAO à s'impliquer dans l'organisation et le fonctionnement des pouvoirs publics des États membres. Il autorise également l'organisation à observer la manière dont les droits de l'homme sont protégés dans les États.

Il s'intéresse même aux droits des anciens chefs d'État, étonnant non, pour un texte international. Les droits des anciens présidents relèvent incontestablement du domaine constitutionnel dans l'ordre interne des États. Ce texte exige aux États que les anciens chefs d'État bénéficient d'un statut spécial.

Ce statut doit inclure la liberté de circulation, l'octroi d'une pension et d'avantages matériels qui soient en adéquation avec une « retraite » de chef d'État[292]. N'est-elle pas en fait une expression de la solidarité entre chefs d'État ?

Ce qui pouvait être considéré comme une ingérence dans les affaires intérieures des États a été consacré par ceux-ci dans un texte supranational. Les États ont ainsi pris l'engagement dans l'article 5 du traité révisé de 1993 de respecter le droit communautaire. Ils ont aussi pris l'engagement dans ce même texte d'harmoniser leur législation interne.

L'Acte additionnel A/SA/13/02/12 portant régime des sanctions à l'encontre des États membres qui n'honorent pas leurs obligations vis-à-vis de l'organisation, sanctionne sévèrement les manquements des États à leurs obligations. Elles peuvent être politiques, judiciaires, voire militaires.

Sous la menace de sanctions, elle dicte aux États la manière dont les pouvoirs constitutionnels doivent être organisés, leur mode de désignation et leur mode de fonctionnement.

Comme on l'a déjà évoqué, Stéphane BOLLE a souligné avec raison le caractère constitutionnel du protocole additionnel sur la démocratie et la bonne gouvernance en s'appuyant principalement sur la décision du 9 juillet 2009 de la Cour Constitutionnel du Togo, saisi par l'UFC (Union des Forces pour le Changement) en contestation de certaines

---

[292] Article 1er paragraphe (i) du protocole additionnel sur la démocratie et la bonne gouvernance.

dispositions de la loi électorale adoptée le 29 juin 2009 par l'Assemblée Nationale du Togo[293].

Cependant, ce qui nous interpelle très singulièrement dans ce texte, c'est le mode d'accession et de maintien au pouvoir, qu'il consacre avec autant de force et de précision. Le mode d'accession et de maintien au pouvoir est déclaré un principe commun de convergence constitutionnelle à tous les États membres de l'organisation communautaire.

Ainsi, selon ce texte, les élections libres, honnêtes et transparentes constituent le seul mode d'accession et de maintien au pouvoir[294]. Comme si cela ne suffisait pas, il rajoute dans l'alinéa subséquent que

---

[293] En effet, le 29 juin 2009, l'Assemblée Nationale togolaise adoptait une nouvelle loi électorale. Cette nouvelle loi électorale modifiait en profondeur l'ancienne loi électorale. Les députés de l'UFC, principal parti politique de l'opposition togolaise contesta cette profonde réforme du code électoral. Elle saisit la Cour Constitutionnelle. Dans sa décision du 9 juillet 2009, la Cour Constitutionnelle togolaise a rappelé les principes consacrés par le protocole additionnel sur la démocratie et la bonne gouvernance, en jugeant que la nouvelle loi électorale togolaise était contraire à ce texte communautaire. Le juge constitutionnel a rappelé « qu'il est de principe constitutionnel et pour la consolidation de l'État de droit, qu'une disposition nouvelle ne peut minorer les droits établis ». Voir Décision du 9 juillet 2009 de la Cour Constitutionnel du Togo, www.legitogo.gouv.tg consulté le 01/01/2017. Voir aussi S. BOLLE www.la-constitution-en-afrique.org/ , La constitution en Afrique, soulignant, que la Cour Constitutionnelle togolaise a consacré en quelque sorte le « caractère intangible des droits démocratiques acquis » en visant des principes constitutionnels consacrés par le protocole de la CEDEAO sur la démocratie et la bonne gouvernance. La Cour a fondé ses motivations en se référant uniquement sur le protocole sur la démocratie et la bonne gouvernance et notamment son article 3 qui précise l'indépendance des organes chargés des élections. En motivant sa décision et en rappelant à plusieurs reprises ce texte régional, le protocole sur la démocratie et la bonne gouvernance semble intégrer le bloc de constitutionnalité togolaise à travers cette jurisprudence constitutionnelle. Ainsi, nous convenons avec S. BOLLE, que cette décision de la Cour Constitutionnelle togolaise est « une avancée décisive dans la perspective d'un droit constitutionnel commun en Afrique ». Voir S. BOLLE, Le code électoral saisit par la Cour Constitutionnelle, article du 15 juillet 2009
www.la-constitution-en-afrique.org consulté le 20 octobre 2016.

[294] Article 1er b.) du protocole A/SP1/12/01 sur la démocratie et la bonne gouvernance additionnel au protocole relatif au mécanisme de prévention, de gestion, de règlement des conflits, de maintien de la paix et de la sécurité. *cf.* Annexe.

tout autre mode d'accession non constitutionnel ou non démocratique de maintien au pouvoir est interdit[295].

Comme on peut le remarquer, le caractère constitutionnel de ce texte est incontestable, en consacrant comme principe constitutionnel commun à tous les États membres l'interdiction des changements anticonstitutionnels, l'accession et le maintien au pouvoir par des modes antidémocratiques dans une sous-région où ces phénomènes s'accroissent avec une proportion inquiétante. Ce texte constitue un modèle en Afrique et même au-delà des frontières africaines. On n'avait jamais vu un texte conventionnel prétendre à une dimension constitutionnelle dans un contexte où les États sont très exigeants sur leur souveraineté. On se souvient du rejet du traité établissant une constitution européenne par les Français, lors du référendum du 29 mai 2005. Les professeurs sénégalais Ismaël Madior FALL et Alioune SALL n'ont pas hésité à faire le lien entre ces deux textes dans un article[296].

Il est toutefois regrettable que ce protocole énonce les principes qu'il déclare constitutionnels et communs à tous les États membres de façon vague et imprécise,[297] notamment la légalité des droits contenus dans la charte africaine des droits de l'homme et des peuples et dans les instruments internationaux ratifiés par les États et qui leur sont garantis par les juridictions internes et internationales, le droit des activités politiques. Toutes les libertés[298] sans être définies ou encadrées sont proclamées et déclarées comme principes communs de convergence constitutionnelle. Il rejette les changements inconstitutionnels de pouvoir sans expliquer, comme l'a fait d'ailleurs l'UA dans la Charte Africaine de la Démocratie des Élections et de la Gouvernance (CADEG), les situations que l'organisation considère comme telles. Ce texte dit aussi que les droits des anciens chefs d'État doivent être

---

[295] Article 1er c.) du protocole A/SP1/12/01 sur la démocratie et la bonne gouvernance additionnel au protocole relatif au mécanisme de prévention, de gestion, de règlement des conflits, de maintien de la paix et de la sécurité

[296] I. M. FALL et A. SALL, *Une constitution régionale pour l'espace CEDEAO : le protocole sur la démocratie et la bonne gouvernance de la CEDEAO,* op. cit., p.5

[297] Ibid., pp. 5 et s.

[298] Les libertés d'association, de réunion, de manifestation pacifique doivent être garanties par chaque État membre comme un principe constitutionnel.

garantis par tous les États membres, comme des principes constitutionnels, sans d'autres précisions.

Pour éviter toute équivoque sur notre propos selon lequel, ce texte est une constitution supranationale aux États, il convient de rappeler que notre analyse se fonde sur la conception matérielle de la constitution. Celle-ci insiste sur la spécificité de certaines dispositions d'un texte pour acquérir les caractères d'un texte constitutionnel[299]. Au regard des dispositions du protocole additionnel sur la démocratie et la bonne gouvernance et des principes qu'il énonce dans son article 1er, on est légitimement fondé à affirmer que ce texte constitue une véritable constitution supranationale aux États de l'Afrique de l'Ouest. Rien qu'à voir le titre attribué à la section 1 ère de ce texte *« des principes de convergence constitutionnelle »*[300], pour comprendre la réelle intention des rédacteurs de ce texte. Il faut cependant tempérer le propos selon lequel ce texte est une constitution supranationale aux États. Ce texte est largement politique et ne semble conférer aucun élément d'une constitution même s'il énonce des principes que l'on retrouve dans toutes les constitutions des États démocratiques. Les éléments matériels de la constitution contenus dans ce texte ne suffisent pas en réalité pour conférer un caractère constitutionnel à ce texte. Ainsi, pour paraphraser Maurice HAURIOU, cette constitution supranationale est exclusivement politique et ne contient aucun élément de constitution sociale[301] même s'il existe des déclarations des droits de l'homme comme la plupart des constitutions contemporaines des États démocratiques. Selon cette conception de la constitution, les dispositions constitutionnelles ne sont pas uniquement celles qui sont inscrites dans la constitution. Certains éléments de droit sont de nature constitutionnelle[302]. Et leur insertion dans un texte peuvent conférer le caractère constitutionnel à ce texte. Cette conception ne prend pas uniquement la forme d'un texte pour déterminer sa nature constitutionnelle. Cette conception est par contre confrontée à une

---

299 Th. DEFLINNE, *L'utilisation des décisions de la Cour Européenne des droits de l'homme par le conseil Constitutionnel français*, thèse de doctorat en droit public, soutenue le 29 mai 2008, Université de Rouen, p.99

300 *cf.* annexe

301 M. HAURIOU, *Précis de droit constitutionnel*, Paris, Sirey, 1929, 2e éd., p. 339.

302 Th. DEFLINNE, *L'utilisation des décisions de la Cour Européenne des droits de l'homme par le conseil Constitutionnel français*, thèse de doctorat en droit public, soutenue le 29 mai 2008, Université de Rouen p. 100

résistance de la conception formelle de la Constitution. Selon la conception formelle, la constitution est un texte qui a de très grandes particularités par rapport aux autres textes juridiques. La production et la modification de ce texte sont soumises à un régime juridique particulier. La production et la révision d'un texte constitutionnel sont soumises à un régime juridique particulier qui se distingue nettement de celui des autres normes juridiques ordinaires. Celles de ce texte à l'instar de toutes les autres normes de la CEDEAO n'ont aucune particularité sur les autres textes internationaux. Elles sont soumises aux exigences de la convention de Vienne sur le traité de 1969.

On pourrait ainsi être contredit dans notre propos par la définition formelle de la constitution. Mais si l'on admet avec Thomas DEFLINNE que la Constitution au sens formel est un document qualifié comme tel[303], la contradiction ne tiendra pas longtemps la route.

En plus d'énoncer des principes que l'on retrouve dans toutes les constitutions modernes, il affirme clairement que certains principes sont déclarés constitutionnels.

La volonté des rédacteurs de ce texte ne semble donc souffrir d'aucune ambiguïté. La reconnaissance du caractère constitutionnel de ce texte serait une consécration de la volonté commune des parties, n'est pas la moindre des choses d'un acte conventionnel ?

2. *Les principes communs de convergence constitutionnelle à tous les États*

On notera avec Dominique ROUSSEAU que la séparation des pouvoirs, l'égalité des hommes et des femmes, la liberté de pensée et de conscience, l'indépendance de la justice, le pluralisme de la presse sont quelques-uns de ces principes qui n'appartiennent à aucune histoire particulière, mais relèvent du seul temps du droit[304]. C'est la

---

[303] Ibid., p.102.

[304] D. ROUSSEAU, *Une théorie juridique des changements anticonstitutionnels de gouvernement est-elle possible ?* in R. BEN ACHOUR (dir.), *Les changements anticonstitutionnels de gouvernement, approche de droit constitutionnel et de droit international*, op. cit., p.65.

raison pour laquelle ils doivent être inscrits dans toute constitution qui, ici ou ailleurs, hier comme demain, prétend établir, après la chute des dictatures, un ordre constitutionnel démocratique[305]. On retrouve tous ces principes dans toutes les constitutions des États démocratiques. La CEDEAO énonce ces principes dans le protocole additionnel sur la démocratie et la bonne gouvernance avec une certaine particularité. Pour conférer le caractère constitutionnel à ceux-ci, elle les érige en ces termes : « principes communs de convergence constitutionnelle » ainsi que le précisent les dispositions de l'article 1er du texte. Ce texte le dit expressément en des termes précis et sans ambiguïté : « *Les principes ci-après sont déclarés principes constitutionnels communs à tous les États membres de la CEDEAO* »[306]. Ce qui laisse entendre que l'ensemble des États conviennent que ces principes doivent avoir une valeur constitutionnelle dans leur droit interne. Ils ne pourront acquérir cette valeur et cette force constitutionnelles dans leur droit interne que si les États auront harmonisé leurs normes constitutionnelles à ces principes conformément à leur engagement, dès lors que le droit communautaire s'impose aux États en vertu de leurs obligations conventionnelles.

Mieux, le protocole additionnel A/SP1/06/06 portant amendement du traité révisé de 1993 consacre le primat du droit communautaire sur le droit interne des Etats, en affirmant que les Etats membres adopteront les dispositions constitutionnelles, législatives et réglementaires nécessaires à l'application de ce droit. Pour faire de nouveau un comparatif, le droit de l'UE s'impose au droit interne des États membres[307]. Dans le cadre de l'UE, en cas de conflit entre une norme interne postérieure d'un État membre et une norme antérieure de l'UE, la norme nationale postérieure de l'État est réputée abrogée ou privée d'effet[308] en vertu des engagements des États et de leurs obligations. Dans sa jurisprudence, le juge constitutionnel français a tranché en

---

[305] Ibid.

[306] Article 1er paragraphe 1er du protocole A/SP1/12/01 sur la démocratie et la bonne gouvernance additionnel au protocole relatif au mécanisme de prévention, de gestion, de règlement des conflits, de maintien de la paix et de la sécurité.

[307] J.-L. CLERGEREI, A. GRUBER et P. RAMBAUD, *L'union européenne,* 10e éd. Dalloz, Paris 2014, p. 279, N° 334.

[308] Ibid.,

faveur du primat de la norme communautaire de l'UE, contraignant le gouvernement français à rendre conforme son droit interne notamment sa constitution à celui-ci.

Revenons aux États membres de la CEDEAO qui nous intéressent dans cette étude, dans la hiérarchie des normes internes, les constituants ont placé les traités au-dessus des lois[309], sans jamais trancher de façon claire et précise, la hiérarchie entre la Constitution et les traités. C'est de là que sont nées une querelle doctrinale, et des interprétations parfois très divergentes de la place des normes internationales dans le droit interne des États.

Les États membres de la CEDEAO s'étant engagés dans le traité révisé de 1993, à harmoniser les normes et mesures[310], à s'abstenir d'entreprendre toute action pouvant compromettre la réalisation de la communauté[311], n'est pas une façon de reconnaître le primat du droit communautaire sur leur droit interne. L'harmonisation des normes constitutionnelles de chaque État membre avec le droit communautaire de la CEDEAO permettrait que le constituant et le législateur soient tenus au respect strict de ces principes.

Elle permettrait aussi dans une certaine mesure de poser une limitation absolue à la liberté des constituants, lorsqu'ils sont posés avec un caractère intangible. Et aussi, elle permettrait que le juge constitutionnel puisse exercer un contrôle de constitutionnalité des lois et des règlements intérieurs des Assemblées à ces principes.

Du fait que ces principes restent au stade de traité, autrement dit, au stade conventionnel, ils pourraient échapper au contrôle du juge

---

[309] Voir par exemple, l'article 116 de la Constitution du Mali : « *Les traités ou accords régulièrement ratifiés ou approuvés ont, dès leur publication, une autorité supérieure à celle des lois, sous réserve pour chaque traité ou accord de son application par l'autre partie.* », L'article 140 de la Constitution du Togo de 1992 modifiée : « *Les traités ou accords régulièrement ratifiés ou approuvés ont, dès leur publication, une autorité supérieure à celle des lois, sous réserve, pour chaque accord ou traité, de son application par l'autre partie.* », l'article 147 de la Constitution de 1990 modifiée du Bénin « *Les traités ou accords régulièrement ratifiés ont, dès leur publication, une autorité supérieure à celle des lois, sous réserve pour chaque accord ou traité, de son application par l'autre partie.* » etc.…

[310] Article 3 paragraphe 2 (i).

[311] Article 5 paragraphe 1.

constitutionnel. Une norme interne qui contredit ces principes du droit communautaire pourrait entrer en vigueur dans le droit positif interne de l'État.

Alors que la volonté du législateur communautaire semble sans ambiguïté en conférant une valeur constitutionnelle à ceux-ci. En limitant la liberté constitutionnelle des États, ce texte restreint considérablement la souveraineté des États.

Cela nécessite l'institution d'un organe juridictionnel chargé de veiller à cette conformité. À cet effet, les États ont institué des juges constitutionnels dont l'une des attributions consiste à veiller au respect des règles constitutionnelles. On notera une difficulté dans ce contrôle de conformité, du fait que ce texte reste au stade conventionnel dans un nombre important d'États. Le contrôle de conformité des lois au traité relève de la compétence du juge administratif et du juge judiciaire comme l'a observé pertinemment une jurisprudence du juge constitutionnel malien à l'occasion d'un contrôle de constitutionnalité d'une loi électorale[312].

Dans cette affaire, les saisissants invoquaient plusieurs griefs relatifs à la violation de la procédure d'adoption de la loi conformément au règlement intérieur de l'Assemblée Nationale et la violation du protocole additionnel A/SP1/12/01 sur la démocratie et la bonne gouvernance de la CEDEAO. Ce dernier grief retient particulièrement notre attention pour les besoins de notre analyse. Les requérants expliquaient que l'adoption de cette nouvelle loi électorale méprisait l'article 2 de ce protocole qui dit : « *aucune réforme substantielle de la loi électorale ne doit intervenir dans les six (6) mois précédant les*

---

[312] C'est d'ailleurs l'argumentaire principal du gouvernement malien dans son mémoire en défense dans l'affaire tendant à l'annulation de la loi électorale N° 16/49/AN-RM du 9 septembre 2016. Voir l'arrêt N° 2016-12/CC du 13 octobre 2016, p.4 au journal officiel N° 24 du 14 octobre 2016 312. En effet, le gouvernement malien a fait adopter par l'Assemblée Nationale, le 9 septembre 2016, une nouvelle loi électorale, reformant dans le fond, le code électoral. Cette nouvelle loi électorale, adopté le 9 septembre 2016 alors que les élections communales étaient annoncées pour le 20 novembre 2016. C'est ainsi qu'elle fut contestée par les députés de l'opposition politique. Dans sa requête du 23 septembre 2016, une quinzaine de députés ont saisi la Cour Constitutionnelle aux fins de contrôler la constitutionnalité de cette nouvelle loi.

élections, sans le consentement d'une large partie des acteurs politiques ».

Le caractère substantiel de la réforme n'était pas contestable puisque la réforme visait à établir une nouvelle loi électorale. Cet aspect a été constaté également par le juge constitutionnel. Par le décret N° 2016 — 0620/P-RM du 16 août 2016, le gouvernement malien avait convoqué pour le 20 novembre 2016, le collège électoral en vue des élections locales alors que le collège électoral avait été convoqué sur la base de la loi N° 044 du 4 septembre 2006 modifiée portant loi électorale, abrogée par les dispositions de la nouvelle.

Pour les requérants, même si le collège électoral a été convoqué sous l'égide de l'ancienne loi, le gouvernement entendait appliquer la nouvelle loi aux élections locales du 20 novembre 2016. Alors que deux lois ne peuvent pas régir une seule et même situation au risque de provoquer un conflit de lois. L'application de la nouvelle loi électorale aux élections locales du 20 novembre 2016 tombait sous le coup de la violation de l'article 2 dudit protocole, puisque cette loi a été adoptée à moins de six mois des élections alors que la procédure avait été contestée comme nous le verrons.

Dans son mémoire de défense, le gouvernement avait expliqué que la requête des députés de l'opposition visait à demander au juge constitutionnel de vérifier la conformité de la nouvelle loi électorale au protocole additionnel A/SP1/12/01 sur la démocratie et la bonne gouvernance. Sur la base de cet argumentaire, il soutenait l'incompétence de la Cour Constitutionnelle pour exercer un contrôle de conformité d'une loi à un traité[313].

À ce propos, nous observons avec Marie-Anne COHENDET qu'il ne faut pas confondre le contrôle de constitutionnalité et le contrôle de conventionalité[314]. Le contrôle de constitutionnalité vise à vérifier la conformité d'une convention à la constitution alors que le contrôle de conventionalité vise à vérifier la conformité d'une loi à la convention. Ces deux notions doivent être distinguées clairement.

---

[313] Voir l'arrêt N° 2016-12/CC du 13 octobre 2016.

[314] M. A. COHENDET, *Droit constitutionnel* 4e éd. Montchrestien Lextenso éd. 2008, p.44.

L'objet du contrôle est le principal fondement de cette distinction. Le juge constitutionnel a ainsi procédé à une analyse juridique qui l'a conduit, à écarter cet argument du débat.

Le rejet de l'argument du gouvernement : L'argument du gouvernement qui consistait à demander à la Cour Constitutionnelle de se déclarer incompétente a été rejeté par celle-ci. Le juge constitutionnel s'est fondé sur l'article 85 de la Constitution de février 1992 qui stipule : « *La Cour Constitutionnelle est juge de la constitutionnalité des lois et elle garantit les droits fondamentaux de la personne humaine et les libertés publiques. Elle est l'organe régulateur du fonctionnement des institutions et de l'activité des pouvoirs publics* ». Il a aussi fait mention de l'article 86 al. 1er : « *La Cour Constitutionnelle statue obligatoirement sur : la constitutionnalité des lois organiques et les lois avant leur promulgation* ».

L'article 88 al.2 a enfin été convoqué pour les besoins de l'argumentation : « *Les autres catégories de lois, avant leur promulgation, peuvent être déférées à la Cour Constitutionnelle soit par le Président de la République, soit par le Premier ministre, soit par le Président de l'Assemblée Nationale ou un dixième des députés, soit le président du haut conseil des collectivités ou un dixième des conseillers nationaux, soit le président de la Cour Suprême* ».

L'article 88 al.2 est repris de façon textuelle par l'article 45 al.2 de la loi N° 97-010 du 11 février 1997 modifiée portant organisation et fonctionnement de la Cour Constitutionnelle du Mali.

Sur la base de ces dispositions combinées, le juge Constitutionnel malien s'est déclaré compétent pour exercer ce contrôle. Le juge constitutionnel malien a poursuivi son raisonnement pour expliquer sa compétence en établissant une distinction entre les traités. Selon lui, il faut distinguer les traités classiques, des traités communautaires.

Il est arrivé à la conclusion qu'il faut distinguer les traités classiques dépourvus de caractère contraignant et assortis de clauses expresses ou présumées de réciprocité, des normes du droit communautaire, qui ont un caractère contraignant sur les États.

Cet argument du juge constitutionnel malien est largement critiquable puisque les traités lient les parties et doivent être appliqués de bonne foi[315] sous peine pour la partie concernée, d'engager sa responsabilité pour manquement à une obligation internationale. En revanche poursuit le juge constitutionnel, les traités communautaires sont revêtus d'une force obligatoire sur l'ensemble des États membres de la communauté dès leur approbation conformément à la procédure interne des États. Nous y reviendrons au cours de nos développements.

Le protocole additionnel instaure également des règles supranationales aux États de fonctionnement des institutions étatiques internes que l'on retrouve dans toutes les constitutions des États démocratiques, que l'on n'avait jamais vu dans un texte international imposé aux États.

B. Les règles supranationales de fonctionnement des pouvoirs publics étatiques

Dans l'ordre interne des États, les constitutions des États démocratiques déterminent les rôles et les missions des institutions. Autrement dit, les règles de fonctionnement des pouvoirs publics dans les États démocratiques relèvent des règles constitutionnelles. Les droits et les libertés fondamentales dans un État se réclamant démocratique sont également consacrés dans la constitution comme indiqué plus haut. La communautarisation de la constitution en Afrique de l'Ouest découle principalement de la mise en place d'un dispositif juridique déterminant le fonctionnement des pouvoirs publics étatiques et la proclamation des droits de l'homme et des libertés fondamentales.

1. Le fonctionnement des pouvoirs publics étatiques

Toutes les constitutions des États d'Afrique de l'Ouest affirment que leurs États sont démocratiques. C'est d'ailleurs même la vocation à mettre en œuvre la constitution ainsi que nous observons avec Guy

---

[315] Article 26 « *PACTA SUNT SERVANDA* », ce principe précise que tout traité en vigueur lie les parties et doit être exécuté par elles de bonne foi.

CARCASSONNE et Marc GUILLAUME[316]. Dans les constitutions des États démocratiques, le constituant repartit les rôles et les missions des institutions et des organes principaux de l'État, de même qu'elles fixent les règles d'organisation et de fonctionnement de ceux-ci.

La mise en place d'une constitution communautaire pour les États de l'Afrique de l'Ouest découle principalement de la mise en place de règles supranationales aux États, déterminant l'organisation, le fonctionnement, les rôles et les missions des institutions et des organes principaux internes des États. Ce qui est assez particulier pour un texte international, qui va jusqu'à encadrer le rôle et les missions des forces armées et de sécurité, c'est-à-dire la défense nationale et internationale des États.

Le rôle et les missions des forces armées des États selon la CEDEAO.

À vrai dire, l'éducation des forces armées et de sécurité est un enjeu de stabilité constitutionnelle des États. L'encadrement du rôle et des missions des forces armées des États constituent à cet effet un enjeu majeur de la démocratie et du respect des droits de l'homme en Afrique de l'Ouest.

En effet, les forces armées et de sécurité des États constituent un véritable problème pour la consolidation de la démocratie, de la prééminence de l'État de droit et la protection des droits de l'homme. Les changements anticonstitutionnels de pouvoirs auxquels la sous-région est régulièrement confrontée sont l'œuvre des forces armées et de sécurité ou opérés avec leur soutien. Elles font l'objet d'une instrumentalisation et d'une manipulation des pouvoirs politiques. En outre, elles ont été des acteurs majeurs de la restauration de la démocratie dans plusieurs États. À l'exception du Sénégal et du Cap-Vert, [317] les forces armées et de sécurité ont joué des rôles importants dans la restauration de la démocratie et du pluralisme politique dans tous les autres États membres de l'organisation.

---

[316] C. CARCASSONE et M. GUILLAUME, *La constitution*, 12e éd. Seuil 2014, p. 46

[317] Le Cap Vert accède à l'indépendance le 5 juillet 1975 dans des conditions singulières sous l'égide du PAIGC (Parti Africain pour l'Indépendance de la Guinée-Bissau et des Iles du Cap-Vert). Voir à ce propos, Cheick Yérim SECK « *Proclamation de l'indépendance du Cap Vert* », article du 2 juillet 2007, www.jeuneafrique.com consulté le 05/02/2019.

Après la restauration de la démocratie et du pluralisme politique en Afrique, les forces armées et de sécurité ne sont pas véritablement rentrées dans les casernes. Elles continuent à exercer une influence sur les pouvoirs politiques civils. Les pouvoirs politiques civils craignent régulièrement les intrusions des forces armées et de sécurité dans le domaine politique. Cette crainte a abouti à un laxisme au sein des forces armées et de sécurité. Elles exercent des abus et des violations des droits de l'homme sur les civils dans une impunité totale.

Les pouvoirs politiques ont parfois peur de les fâcher. À titre illustratif en 2011 au Burkina Faso, l'inculpation de certains militaires du RSP (Régiment de Sécurité Présidentielle) par la justice pour des faits d'agression sexuelle, a abouti à une mutinerie militaire. Ceci paraît surprenant, mais cette situation démontre l'impunité qui est instituée au sein des forces armées et de sécurité des États africains.

C'est la conséquence de la mauvaise élection et du manque de légitimité des pouvoirs politiques qui utilisent les forces armées et de sécurité pour imposer une légitimité par la force. La CEDEAO a eu raison de consacrer dans des règles supranationales aux États, le rôle et les missions des forces armées.

La section IV du protocole additionnel sur la démocratie et la bonne gouvernance est ainsi consacrée aux rôles des forces armées et des forces de sécurité.

Ce texte précise dans la section IV, le rôle que les forces armées et de sécurité doivent jouer dans la démocratie. Ainsi, de l'article 19 au 24, il explique de façon claire et précise le rôle et les fonctions des forces armées et de sécurité des États. À cet effet, il exige que la neutralité et le caractère républicain soient les caractères fondamentaux des forces armées et de sécurité des États.

En fait, il répartit en deux ordres les missions des forces armées et de sécurité : d'une part les missions internes qui consistent pour elles à défendre l'indépendance, l'intégrité territoriale et les institutions démocratiques[318], ce qui est inhabituel pour un texte international.

Elles ont également pour mission dans l'ordre interne des États, la protection des personnes et de leurs biens en veillant au respect des lois

[318] Article 19 paragraphe 1.

et en assurant le maintien de l'ordre[319]. Elles peuvent aussi être employées à des tâches de développement national[320]. Au niveau international, elles participent aux missions de la FAC (Force en Attente de la CEDEAO) et à celles de l'UA (les casques blancs de l'Union Africaine) ou de l'ONU (les Casques bleus de l'Organisation des Nations Unies) sur ordre des autorités constitutionnelles internes des États[321].

Ce protocole ne se limite pas seulement aux caractères et aux missions des forces armées et de sécurité des États. Il va plus loin, en exigeant aux forces armées et de sécurité, leur soumission aux autorités civiles régulièrement constituées[322].

Il détermine également la conduite des forces armées et de sécurité chargée de surveiller et de maintenir l'ordre. Il interdit à cet effet, l'usage de la violence pour disperser des manifestations pacifiques[323]. En cas de nécessité de l'usage de la violence pour disperser des manifestations, il exige une proportionnalité de la violence que les forces armées et de sécurité pourraient être amenées à employer pour rétablir ou maintenir l'ordre[324].

Plus exactement, la CEDEAO rappelle aux États que les forces armées et de sécurité ont pour fonction, la défense de la souveraineté des États et la protection des personnes et de leurs biens en veillant au respect des lois. Ainsi, elles doivent être apolitiques. Afin de préserver leur neutralité, les pouvoirs civils constitués doivent s'abstenir de tout acte de propagande politique dans les casernes[325]. Le syndicalisme au sein des forces armées et de sécurité n'a pas été omis par les rédacteurs de ce protocole. La CEDEAO proscrit les activités syndicales dans les casernes militaires[326].

Ce protocole semble élaborer un véritable statut et un code de déontologie militaire à l'échelle sous-régionale. La mise en place de ces

---

[319] Article 19 paragraphe 2
[320] Ibid., paragraphe 5
[321] Ibid., paragraphe 3 et 4
[322] Article 20 paragraphe 1
[323] Article 22 paragraphe 1
[324] Ibid.
[325] Article 20 paragraphe 2
[326] Ibid.

normes était plus qu'une nécessité pour la consolidation de la démocratie, de la bonne gouvernance et du respect des droits de l'homme en Afrique de l'Ouest. Les forces armées et de sécurités constituent un obstacle fondamental pour la consolidation de la démocratie, pour le maintien de la paix et la stabilisation dans les États comme nous l'avons déjà fort bien observé. Elles sont un instrument de l'instabilité politique et sécuritaire dans les États. À partir de ces constats, on peut donc comprendre aisément pourquoi la CEDEAO s'intéresse au rôle et aux missions des forces armées et de sécurité des États dans un État supranational. Il exige même aux forces armées et de sécurité de respecter les droits de l'homme, en leur interdisant toutes formes de traitements inhumains cruels et dégradants sur les citoyens[327]. Il ressort de nos constats que l'organisation met un accent particulier sur le respect des droits de l'homme, qui doit être leur principal objectif dans l'exercice de leur mission. Le protocole additionnel sur la démocratie et la bonne gouvernance va jusqu'à déterminer la conduite des forces de sécurité dans leur mission de police judiciaire. Dans leur enquête de police judiciaire, elles ne doivent pas inquiéter ni arrêter les parents ou les alliés de la personne qui est mise en cause[328]. Pour tout couronner, afin de s'assurer de l'effectivité de ses principes, la CEDEAO exige une formation et une éducation des forces armées et de sécurité, à la constitution de leur pays, qui, conformément aux obligations et aux engagements des États, ne doit pas être en contradiction avec le droit communautaire, ainsi qu'aux principes et règles de l'organisation, aux droits de la personne, au droit humanitaire et aux principes de la démocratie. L'exigence de former les forces armées et de sécurité à la constitution de leur pays se justifie. Nous avons observé un peu plus haut que la constitution fixe les règles d'organisation et de fonctionnement des institutions de l'État et proclame les droits et les libertés.

La proclamation des droits de l'homme et des libertés dans le protocole additionnel sur la démocratie et la bonne gouvernance

Le respect des droits de l'homme et des libertés constitue la clé de voûte de la démocratie, de l'État de droit et de la bonne gouvernance. Les droits de l'homme n'ont pas échappé aux rédacteurs du protocole

[327] Article 22 paragraphe 2

[328] Ibid., paragraphe 3

additionnel sur la démocratie et la bonne gouvernance. Cette question a occupé une large partie de ce texte communautaire. La CEDEAO proclame et garantit de manière forte les droits et les libertés fondamentales et exige aux États l'indépendance de la justice. Son modèle de protection des droits de l'homme, bien que largement critiquable, suscite de l'admiration sur le continent et au-delà même des frontières africaines.

En effet, les principes démocratiques énoncés dans ce texte déterminent les modes d'expression de la souveraineté par le peuple et les modes de participation du peuple à la prise de décision directement ou indirectement à travers ses représentants[329].

Le protocole additionnel sur la démocratie et la bonne gouvernance exige une participation populaire aux prises de décisions. Les parlementaires qui constituent les représentants des populations et les États ont l'obligation de valoriser et de renforcer les parlements nationaux. Ils doivent également garantir l'immunité des parlementaires nationaux[330].

L'organisation communautaire de l'Afrique de l'Ouest exige aussi aux États la libre formation et l'exercice des formations politiques, mettant ainsi en place, un cadre juridique communautaire de reconnaissance des partis politiques.

En revanche, elle laisse une liberté totale des États, quant au financement des partis politiques.

En ce qui concerne les libertés, les États ont l'obligation de protéger et de garantir les libertés d'association, de manifestation, de réunion et de presse.

Il ressort de nos constats que la CEDEAO a érigé les droits civils et politiques comme principes constitutionnels communs à tous les États.

Cependant, au-delà des principes que ce texte communautaire proclame explicitement, textes constitutionnels communs à tous les États, il proclame également d'autres principes que nous pouvons appeler, principes classiques.

---

329 Voir article 1er du protocole additionnel sur la démocratie et la bonne gouvernance.
330 Ibid.

2. Les principes classiques proclamés par le texte constitutionnel communautaire

Les principes classiques consacrés par ce texte sont relatifs, de façon générale, à la proclamation des droits voire des libertés.

On retrouve là encore, droits civils et politiques. Ils sont relatifs à l'organisation d'élections libres, transparentes et crédibles. Ils concernent aussi la lutte contre la pauvreté et la promotion du dialogue social. La CEDEAO proclame et garantit dans ce texte, le droit à la culture, à l'éducation et la liberté religieuse, les droits des femmes, des enfants et des jeunes.

En effet, les États membres de la CEDEAO ont pris l'engagement[331] et ont l'obligation de faire une priorité de la lutte contre la pauvreté et la promotion du dialogue social[332], l'éducation, la culture, la liberté religieuse[333], le respect de l'État de droit, les droits de la personne et la bonne gouvernance[334], ainsi que la promotion et la protection des droits des femmes, des enfants et des jeunes[335]. Comme on peut le remarquer, les droits de l'homme occupent une importante partie des dispositions du protocole additionnel sur la démocratie et la bonne gouvernance.

Les principes énoncés pour le respect de la démocratie et les mesures d'encadrement des forces armées et de sécurité dans leurs missions ont pour but, principalement, de protéger les droits de l'homme et les libertés, et la prééminence de l'État de droit. Toutes les questions relatives aux droits de l'homme ont été saisies par ce protocole, notamment les droits civils et politiques, les droits sociaux, les droits culturels et surtout les droits économiques. Mais la protection des couches de personnes les plus « vulnérables » a occupé une place importante.

---

[331] Voir article 5 du traité révisé de 1993 sur les engagements des États membres.

[332] Section IV du protocole sur la démocratie et la bonne gouvernance

[333] Section VI ibid.

[334] Section VII ibid.

[335] Section VIII ibid.

C'est ainsi que la lutte contre la pauvreté, les droits des enfants, des femmes et des jeunes ont été consacrés avec force. La CEDEAO reconnaît dans ce texte que la lutte contre la pauvreté et la promotion du dialogue social constituent un gage de paix. En faisant le lien entre la pauvreté et la jeunesse, on comprend immédiatement les raisons de l'insistance de la CEDEAO sur ces questions.

Nous observons avec Jean Jacques KONADJE que la jeunesse africaine est vulnérable du fait de la précarité dans laquelle elle vit[336]. Cette vulnérabilité fait d'elle le premier symbole de l'insécurité[337]. Être jeune en Afrique est souvent synonyme de précarité[338]. Ainsi, le chômage, le désespoir, la violence, la précarité, l'analphabétisme, l'illettrisme sont autant de caractères communs dans lesquels vit toute la jeunesse du continent africain[339].

Ce qui rend facile la manipulation de cette jeunesse. Elle est généralement manipulée pour des actes de violence par les acteurs politiques, en particulier en période électorale, avec l'espoir que ceux-ci se souviennent d'eux en cas de victoire.

Cette précarité dans laquelle vit la jeunesse africaine fait également d'elle un réservoir de recrutement pour les groupes armés qui se forment dans la sous-région principalement les groupes terroristes. Une partie de cette jeunesse constitue une source d'insécurité et d'instabilité pour l'Afrique.

L'organisation exige aux États membres dans le protocole additionnel sur la démocratie et la bonne gouvernance de lutter efficacement contre la pauvreté. Ce texte consacre les droits des couches vulnérables avec une précision particulière.

Cependant, il est important de remarquer que, dans la protection des droits de l'homme, ce texte fait référence à un dispositif juridique international multiple et varié.

---

[336] J.J.KONADJI, *Être jeune en Afrique, géopolitique d'un tsunami,* www.diploweb.com article du 3 mai 2015, consulté le 28 octobre 2016.
[337] Ibid.
[338] Ibid.
[339] Ibid.

La référence de ce protocole à un dispositif juridique international multiple et varié

Le protocole additionnel sur la démocratie et la bonne gouvernance garantit l'ensemble des droits contenus dans la Charte Africaine des droits de l'homme et des peuples, et des instruments juridiques internationaux auxquels chaque État membre a adhéré[340]. Il se réfère dans son préambule à divers textes de l'U.A de protection des droits de l'homme et de la prévention des changements anticonstitutionnels de pouvoir. Il se réfère également à des textes internationaux de droits de l'homme en général et des droits de la femme, en particulier adoptés dans le cadre de l'ONU. Nous citons la Déclaration Universelle des Droits de l'homme du 10 décembre 1948 et la Convention sur l'élimination de toutes les formes de discrimination à l'égard des femmes adoptée le 18 décembre 1979 par l'Assemblée Générale de l'ONU. Se rattachant directement au mécanisme sous-régional de prévention, de gestion, de règlement des conflits, de maintien de la paix et de la sécurité, il fait référence aux instruments juridiques de la sécurité collective adoptés dans le cadre de l'UA, la déclaration de l'OUA sur la sécurité, la stabilité, le développement et la coopération en Afrique, adoptée les 8 et 9 mai 2000 à Abuja au Nigeria par la conférence des chefs d'État et de gouvernement.

Ce texte vise à la fois à protéger les droits de l'homme et les libertés et à déterminer les actions de la CEDEAO contre les ruptures de l'ordre démocratique et constitutionnel. Ce double enjeu de ce texte semble conduire les rédacteurs à se référer à un dispositif juridique multiple et varié. Toutefois, à la lecture de ce texte, la CEDEAO réaffirme sa subsidiarité avec l'UA et de l'ONU non seulement dans le cadre de la prévention des crises sécuritaires, mais aussi dans la protection des droits de l'homme et des libertés. La lutte contre les changements anticonstitutionnels de pouvoir constitue également une protection des droits de l'homme dans la mesure où elle consacre la souveraineté du peuple.

S'agissant des changements anticonstitutionnels de pouvoir, ce texte fait directement référence dans son préambule, à la déclaration

---

[340] Préambule du protocole additionnel sur la démocratie et la bonne gouvernance

AHG DEC.142 (XXV) sur le cadre pour une réaction de l'OUA face aux changements anticonstitutionnels de gouvernements adoptée par l'OUA en juillet 1999 à Alger et de la déclaration d'Harare adoptée le 20 octobre 1991 par les États du Commonwealth. Il fait également référence directement à la déclaration de Bamako adoptée le 3 novembre 2000 par les États de la francophonie alors que tous les États de la CEDEAO ne sont pas membres de l'Organisation Internationale de la Francophonie (OIF), et la déclaration de Cotonou adoptée le 6 décembre 2000 à l'issue de la IVe conférence internationale des démocraties nouvelles ou rétablies.

Il faut également noter que depuis l'adoption de l'Acte additionnel portant régime de sanctions à l'encontre des États membres qui n'honorent pas leurs obligations vis-à-vis de l'organisation, les États ont l'obligation de ratifier les protocoles et les conventions de la CEDEAO[341]. Bien qu'ils soient frileux à ratifier ce texte, ce texte les oblige à le faire. Il ressort que ce texte consacre avec force les droits de la femme et de l'enfant.

La proclamation et la garantie des droits de la femme et de l'enfant, le droit à l'éducation et à la culture

L'accès à l'éducation est l'une des grandes difficultés pour résoudre la question de la vulnérabilité des jeunes en Afrique. Le protocole additionnel sur la démocratie et la bonne gouvernance reconnaît la nécessité de l'éducation et de la culture sur la paix et la stabilisation des États. La culture est l'une des plus grandes richesses de l'Afrique. L'Afrique est constituée de plusieurs peuples. Chaque peuple africain a sa culture. Les peuples africains disposent de plusieurs modes culturels d'entraide pour lutter contre la pauvreté et la précarité. Ils disposent aussi de plusieurs modes culturels et traditionnels de prévention, de gestion et de règlement des conflits. Il n'est pas rare que dans certains

[341] Article 2 paragraphe 2 (i) de l'acte additionnel. Rappelons également que l'acte additionnel n'était soumis à aucune formalité de ratification pour entrer en vigueur. Voir à ce propos l'article 24 : « *Le présent acte entre en vigueur dès sa publication. En conséquence, les États membres s'engagent à commencer la mise en œuvre de ses dispositions dès son entrée en vigueur* ». *cf.* annexe de cette thèse. Cette disposition bouleverse fondamentalement le cadre juridique traditionnel d'entrée en vigueur des actes du droit communautaire originaire. Elle assouplit de manière forte la souveraineté notamment politique des États.

cas, l'État fasse recours au peuple pour résoudre des conflits avec des modes traditionnels ou culturels. La diversité de la notion de peuple est remarquable dans la Charte Africaine des droits de l'homme et des peuples à laquelle ce texte renvoie.

Dans le cadre de la protection des droits de l'homme et des libertés, la référence de ce texte à d'autres instruments juridiques internationaux constitue une grande lacune. Il est particulièrement évasif sur les droits des femmes.

En effet, il fait référence dans son préambule à la convention des Nations Unies sur l'élimination de toutes formes de discrimination à l'égard des femmes, à la charte africaine des droits de l'homme et des peuples et aux textes internationaux auxquels chaque État membre a adhéré en matière des droits de femme, notamment la convention sur l'élimination de toutes les formes de discrimination à l'égard des femmes. Il est tout de même évident qu'il consacre à demi-mot et dans des termes aussi vagues qu'imprécis : « *Les États membres conviennent de ce que l'épanouissement et la promotion de la femme sont des gages de développement, de progrès et de paix dans la société. Ils s'engagent en conséquence à éliminer toutes formes de pratiques préjudiciables, dégradantes et discriminatoires à l'égard de la femme* »[342]. Cette disposition nous semble véritablement vague et évasive. Les pratiques que la CEDEAO considère comme préjudiciables, dégradantes et discriminatoires n'ont pas été explicitées dans le texte. Le législateur communautaire n'est pas allé au bout de sa logique. À titre d'exemple, la sous-région d'Afrique de l'Ouest est l'une des parties du continent africain où la pratique de l'excision est très répandue. Si certains États tels que la Côte d'Ivoire ont réussi à constitutionnaliser l'interdiction de cette pratique à l'égard des femmes[343], d'autres États tels que le Mali[344], le Sénégal, le Niger sont en revanche des États où les pouvoirs

---

[342] Article 40 du protocole A/SP1/12/01 sur la démocratie et la bonne gouvernance additionnel au protocole relatif aux mécanismes de prévention, de gestion, de règlement des conflits de maintien de la paix et de la sécurité.

[343] L'article 5 de la constitution ivoirienne de 2016 promulguée par la loi N° 2016-886 du 8 novembre 2016 « … Les mutilations génitales féminines ainsi que toutes les autres formes d'avilissement de l'être humain sont interdites… ».

[344] Selon le professeur Éloi DIARRA, les pouvoirs publics de la première République au Mali observaient une méfiance à l'égard des autorités religieuses. Toutefois, il observe qu'à partir de la deuxième République, on note l'implication voire une

politiques semblent soigneusement éviter d'aborder le sujet sous le poids de l'influence des organisations islamiques. La pratique de l'excision n'est donc pas interdite dans ces États. Alors qu'il est incontestable que l'excision est une pratique préjudiciable et dégradante à l'égard de la femme, sur sa santé. Le droit interne de ces États n'est visiblement pas en harmonie avec le droit communautaire. Cependant, les États pourraient se prévaloir de l'absence de clarté et de l'imprécision du droit communautaire sur la question.

La CEDEAO consacre et garantit également la liberté de religion, et la laïcité de l'État dans ce même texte. La laïcité est un concept polysémique qui part du postulat que l'État garantit sa neutralité dans la sphère religieuse. Le droit de la CEDEAO reste extrêmement vague et imprécis également sur ce point. Il ne définit pas cette liberté religieuse et cette laïcité tant controversée en droit.

L'allégeance aux droits des enfants est aussi affirmée avec force dans ce protocole, en l'occurrence le droit de l'enfant à l'éducation, la lutte contre le trafic et la prostitution des enfants. La mise en œuvre de ces droits et libertés a pour corollaires l'État de droit et la bonne gouvernance.

La bonne gouvernance et les droits de l'homme sont essentiels pour la préservation de la justice sociale, la prévention des crises politiques et sécuritaires, la stabilité politique et sécuritaire, la paix et la consolidation de la démocratie. Qu'en est-il alors de la constitutionnalisation interne du discours des droits de l'homme et des libertés consacrés par les États au niveau dans des textes supranationaux ?

La constitutionnalisation interne des droits de l'homme et des libertés consacrés dans les textes supranationaux

Dès leur indépendance, tous les États africains se sont dotés de constitutions dans lesquelles ils ont affirmé leur allégeance et leur adhésion aux principes démocratiques[345] au respect des droits de

influence remarquable de ceux-ci dans la gestion des affaires publiques. Voir à ce propos E. DIARRA, *La liberté religieuse au Mali,* in *Du Droit interne au droit international, le facteur religieux et l'exigence des droits de l'homme,* Mélanges en l'honneur de Raymond GOY, Presses Universitaires de Rouen 1998, p. 16

345 O. DUHAMEL, *Les démocraties*, éd. Seuil 1995. P. 20

l'homme et des libertés héritées de la Révolution française de 1789 et de la déclaration universelle des droits de l'homme du 10 décembre 1948. Les constitutions des États africains d'expression francophone semblent s'inspirer du modèle français de 1958. Du moins, elles ont été considérablement influencées par le constituant français de la Vème République.

Les droits de l'homme et les libertés sont expressément affirmés avec force dans ces constitutions. La séparation des pouvoirs et l'indépendance de la justice sont également affirmées et garanties. Quant aux États anglophones d'Afrique de l'Ouest, les constituants de ces États ont adopté un système mixte[346], dans lesquels le droit écrit et le droit coutumier font un ensemble. Ces États ont nettement été influencés par le modèle anglais. À ce propos, on note avec Gérard CORNU que le Royaume-Uni s'est affirmé en se démocratisant, sans renier son modèle de royauté devenu largement symbolique.

Ainsi, à l'inverse du modèle démocratique français, l'Angleterre est une monarchie démocratique. Dans les constitutions des États ouest-africains d'expression anglophone, le droit écrit cohabite avec le droit coutumier. Le droit coutumier a été constitutionnalisé dans la constitution ghanéenne de 1992 modifiée lors de la restauration de la démocratie et du pluralisme politique. Dans les constitutions de ces États, on y trouve, un peu du modèle français (la proclamation des droits de l'homme et des libertés, la souveraineté du peuple, l'élection du Président de la République au suffrage universel direct), du modèle anglais (le système judiciaire) et du modèle américain (le modèle institutionnel : président et vice-président, absence d'un poste de Premier ministre). Cependant, l'adoption d'une constitution dans laquelle sont proclamés les droits de l'homme n'est pas forcément synonyme d'une démocratie. La constitution permet de proclamer et de garantir les principes démocratiques, les droits de l'homme et les libertés. Toutefois, elle n'est pas une condition essentielle du respect des valeurs démocratiques, des droits de l'homme et des libertés. Tous les États qui se sont dotés de constitutions ne sont pas forcément démocratiques. Les régimes monolithiques et autoritaires qui s'étaient établis en Afrique après les premières expériences démocratiques

[346] Cette remarque est également valable pour le constitutionnalisme anglophone d'Afrique de l'Ouest.

s'étaient tous dotés de constitutions ou de lois fondamentales faisant office de constitutions. La république ne garantit pas les libertés, les droits de l'homme et les principes démocratiques. Ils sont proclamés avec force dans les constitutions des États africains. Mais cette affirmation et cette garantie sur papier contraste avec la pratique. Les organisations non gouvernementales et internationales de protection et de défense des droits de l'homme lancent constamment des signaux d'alertes et d'inquiétudes dans leurs rapports et dans des communiqués[347].

Cependant, il est encourageant que les États se dotent de constitutions dans lesquelles ils proclament et garantissent les droits de l'homme et les libertés, pour que les citoyens puissent s'en approprier. Il en est de même des principes démocratiques et de bonne gouvernance. Le mode de gouvernance, la dévolution du pouvoir doivent être inscrits de façon claire et précise dans la constitution. La dévolution du pouvoir (constitutionnelle et anticonstitutionnelle) s'apprécie au regard de ce que prévoit la constitution. Au regard de tout ce qui précède, nous pouvons affirmer sans risque de se faire contredire que le protocole additionnel sur la démocratie et la bonne gouvernance est un texte constitutionnel supranational aux États de l'Afrique de l'Ouest.

Il faut quand même regretter que malgré la proclamation et la garantie constitutionnelle de tous ces grands principes, de ces droits et libertés nécessaires dans un État démocratique, dans le droit communautaire et dans les constitutions internes des États, la communautarisation de la constitution en Afrique de l'Ouest est limitée par les lacunes des textes, mais aussi des difficultés et des obstacles qu'il convient de souligner.

Paragraphe 2 : Les limites de la communautarisation de la constitution en Afrique de l'Ouest

La dynamique de la CEDEAO dans la mise en place de normes juridiques supranationales aux États permettant de communautariser les principes démocratiques, l'harmonisation des droits internes des États

[347] La Fédération internationale des Droits de l'homme (FIDH) par exemple, etc. Voir à ce propos www.fidh.org

relative à l'organisation et le fonctionnement des pouvoirs publics internes, la dévolution du pouvoir, la protection des droits et des libertés, est confrontée à des obstacles. Autrement dit, la mise en place d'une constitution supranationale aux États reste parcellaire et plus prescriptive que performative.

En effet, le protocole additionnel sur la démocratie et la bonne gouvernance consacrant au niveau supranational, les principes nécessaires dans un État démocratique est un texte très insuffisant et lacunaire. Ses insuffisances sont surtout relatives au manque de clarté du texte sur certains principes qu'il énonce tel que la laïcité[348] par

[348] Le protocole additionnel sur la démocratie et la bonne gouvernance, énonce la laïcité dans son article 1er paragraphe (f). L'État est laïc et demeure entièrement neutre dans le domaine de la religion. Il n'explique pas cependant, ce que revêt la laïcité. En effet, le principe de la laïcité de l'État est né en France avec la loi du 9 décembre 1905. Il a été constitutionnalisé en France depuis l'entrée en vigueur de la constitution du 4 octobre 1958. L'article 1er de la constitution française du 4 octobre 1958 affirme avec force que la France est une république indivisible, laïque, démocratique et sociale. Le constituant français de 1958 a en réalité repris, un principe consacré par la constitution de 1946. Cependant, aucune de ces dispositions du droit français n'a pu donner une définition claire et précise à ce principe fondamental de la démocratie. L'absence de définition par le législateur et par le constituant a permis d'élargir le champ d'application du principe. En revanche, elle a aussi conduit à des interprétations tendancieuses et une certaine méfiance à l'égard de ce principe. Les États membres de la CEDEAO conviennent que la laïcité est un principe constitutionnel commun à tous les États. Conformément à leurs engagements et à leurs obligations communautaires, les États doivent le consacrer dans leur droit interne. Plusieurs États de la CEDEAO ont constitutionnalisé le principe de la laïcité. S'agissant du Sénégal, ce pays consacre la liberté religieuse et l'indépendance des organisations religieuses à l'égard de l'État. Quant à la constitution du Togo de 1992 modifiée, elle ne comporte aucune référence au principe de la laïcité. Mais dans la pratique, des difficultés d'application de ce principe persistent. En effet, le constituant malien de 1992 consacre le principe de la laïcité avec force. Voir articles 118 al 3 de la Constitution du Mali de février 1992, celle du Niger de 2011. Voir Articles 3 et 175 de la Constitution du Niger de 2011, celle de la Guinée Conakry de 2010. Voir Articles 7 et 154 de la Constitution guinéenne de 2010, celle du Bénin de 1990 modifiée. Voir Articles 2 et 156 de la constitution béninoise de 1990 modifiée et celle de la Côte d'Ivoire de 2016. Voir le préambule, les articles 49 al.1 et 178 de la constitution ivoirienne de 2016. Le principe de la laïcité constitue une limitation matérielle de révision constitutionnelle dans tous ces États. En d'autres termes, la laïcité est un principe intangible de révision constitutionnelle dans ces États. Quant à la constitution du Burkina Faso du 2 juin 1991 modifiée, elle est la seule qui a intégré de façon explicite le protocole additionnel A/SP1/12/01 sur la démocratie et la bonne

exemple, et à l'absence de mécanisme de contrôle juridictionnel spécifique comme les juges constitutionnels dans l'ordre interne des États.

Ce texte constitue le mécanisme juridique principal de protection des droits de l'homme, des libertés fondamentales, de consolidation de la démocratie et de la bonne gouvernance en Afrique de l'Ouest. L'irruption notoire de ce texte dans la souveraineté des États devrait conduire le législateur communautaire à plus de clarté dans sa logique. Il nécessitait également l'institution d'un mécanisme de contrôle juridictionnel spécifique pour garantir son application. Dans l'ordre interne des États, les juges constitutionnels constituent les mécanismes juridictionnels spécifiques qui assurent le contrôle et le respect des règles constitutionnelles internes. Au niveau communautaire, cet organe aura pour rôle principal le contrôle de conformité des normes internes des États avec le texte constitutionnel supranational proposé aux États. Et aussi, le contrôle du fonctionnement régulier des institutions démocratiques des États conformément au droit communautaire.

Un mécanisme de contrôle constitutionnel consiste à faire constater par un organe juridictionnel approprié qu'un acte édicté par une autorité publique est contraire à la constitution[349]. En conséquence, l'acte doit être dépourvu de force juridique[350]. Autrement dit, un organe juridictionnel supranational, qui sera capable de censurer, dans sa plénitude, une norme interne d'un État qui pourrait avoir des contrariétés avec le droit communautaire.

À l'état actuel de la législation communautaire, ce rôle est assuré par le juge de la Cour Commune de Justice non sans résistance des États qui rejettent la supra-constitutionnalité de celle-ci. À cet effet, nous verrons que le texte constitutionnel supranational proposé aux États est largement insuffisant (A), et de noter que son mécanisme de contrôle est très lacunaire (B).

---

gouvernance dans le bloc de constitutionnalité lors de la révision de 2015, en faisant référence directement à ce texte. Voir le préambule de la constitution du Burkina Faso de 1992 modifiée. Nous y reviendrons largement sur ce point.

349 B. CHANTEBOUT, *Droit constitutionnel*, op. cit., p. 44

350 Ibid.

A. Les insuffisances du texte constitutionnel communautaire proposé aux États

Nous avons expliqué un peu plus haut que le protocole additionnel sur la démocratie et la bonne gouvernance est un texte communautaire très ambitieux. Il constitue une référence pour les organisations communautaires africaines en matière de consolidation de la démocratie, de la bonne gouvernance et de la protection des droits de l'homme et des libertés. À travers ce texte, la CEDEAO réaffirme qu'elle constitue un laboratoire pour les organisations sous-régionales africaines en matière d'intégration communautaire. Les autres organisations communautaires africaines peuvent s'inspirer de ce modèle d'intégration. Ce qui semble d'ailleurs le cas. Emboîtant le pas à la CEDEAO, les organisations communautaires africaines s'impliquent remarquablement maintenant contre les changements anticonstitutionnels de gouvernement. Ce texte communautaire qui propose aux États une constitution supranationale en Afrique de l'Ouest demeure un dispositif juridique très lacunaire.

1. Les caractères lacunaires[351] du texte constitutionnel proposé aux États

Ce texte constitutionnel proposé aux États est très évasif[352] et imprécis dans la formulation de certains grands principes qu'ils énoncent. Cette imprécision peut donner lieu à de multiples interprétations par les États dans le cadre de leurs obligations d'harmonisation des législations internes. À titre illustratif, l'article 2 paragraphe 1er de ce texte dit : *« aucune réforme substantielle de la loi électorale ne doit intervenir dans les six mois précédant les élections, sans le consentement d'une large majorité des acteurs politiques »*. Cette disposition est une illustration du caractère évasif et imprécis du texte. Dans quelle

[351] I. M. FALL et A. SALL, *Une constitution régionale pour l'espace CEDEAO : le protocole sur la démocratie et la bonne gouvernance de la CEDEAO*, op. cit., p.6.
[352] Ibid.

condition, peut-on parler d'absence de consentement d'une large partie des acteurs politiques ? Nous verrons un peu plus loin dans nos développements que cette disposition peut être interprétée de multiples manières. Nous illustrerons notre raisonnement à partir d'exemples de jurisprudences constitutionnelles internes notamment la décision du 13 octobre 2016 du juge constitutionnel malien.

À l'inverse de la Charte Africaine de la Démocratie des Élections et de la Gouvernance (CADEG) de l'U.A contre les changements anticonstitutionnels de gouvernements dont le législateur de la CEDEAO semble largement s'inspirer et dont il fait référence directement dans le préambule, ce protocole n'énumère pas des cas qui peuvent être considérés comme un changement anticonstitutionnel de pouvoir. Le protocole se limite à expliquer que toute accession au pouvoir doit se faire de façon démocratique notamment par des élections libres, honnêtes et transparentes[353]. Et d'ajouter que tout mode anticonstitutionnel ou antidémocratique d'accession ou de maintien au pouvoir est interdit.

Cette formulation laconique du texte permet de donner une énorme marge d'appréciation pour l'organisation, qui pourrait déterminer les cas constitutifs selon elle d'un changement anticonstitutionnel ou un mode antidémocratique d'accession ou de maintien au pouvoir.

Aussi, nous noterons avec Ismaël Madior FALL et Alioune SALL : « Il existe en effet une spécificité de la norme constitutionnelle, qu'elle soit nationale ou "internationale". Cette spécificité consiste dans son caractère essentiellement, substantiellement laconique, évasif. Une règle constitutionnelle est souvent formulée de manière plutôt "vague". Cette "texture ouverte" n'est pas une lacune ou un accident, elle est au principe même d'une norme dont la vocation est précisément de supporter une interprétation évolutive, c'est-à-dire en fait, changeante »[354].

En revanche, elle peut aussi être une source de difficulté d'application ou d'interprétation du texte constitutionnel. Le caractère laconique, évasif et imprécis de ce texte communautaire a abouti à une gestion

---

[353] Article 1 b) du protocole sur la démocratie et la bonne gouvernance.

[354] I. M. FALL et A. SALL, *Une constitution régionale pour l'espace CEDEAO : le protocole sur la démocratie et la bonne gouvernance de la CEDEAO*, op. cit., p.6.

sélective des changements anticonstitutionnels[355] ainsi que nous le verrons dans la deuxième partie de cette étude. En prenant pour référence le cadre régional de l'U.A contre les changements anticonstitutionnels de gouvernement, la CADEG définit clairement cinq (5) situations qu'elle considère comme des changements anticonstitutionnels de gouvernement. L'U.A. peut déclencher ses mesures de sanctions contre un État, lorsqu'une situation de changement de gouvernement tombe dans une des cinq conditions définies dans l'article 23 de la CADEG[356].

Parmi ces cinq conditions définies dans la CADEG, la cinquième a particulièrement retenu notre attention : *« tout amendement ou toute révision des constitutions ou des instruments juridiques qui porte atteinte aux principes de l'alternance démocratique »*. Cette pratique est très rependue en Afrique de façon générale et en particulier en Afrique de l'Ouest. Elle conduit très généralement à des changements anticonstitutionnels ou à des modes antidémocratiques de maintien au pouvoir. Le coup d'État du Niger du 18 février 2010 et le changement anticonstitutionnel d'octobre 2014 du Burkina Faso constituent des exemples illustratifs de ce propos.

L'inefficacité du texte communautaire et des moyens de la CEDEAO pour prévenir les changements anticonstitutionnels malgré son dynamisme, semblent dus à la faiblesse de ces instruments juridiques et de ces mécanismes institutionnels de prévention et de gestion de ce fléau. Le caractère laconique de ce protocole sur les cas qui peuvent être considérés comme des changements anticonstitutionnels de pouvoir en est beaucoup pour quelque chose. Pour être plus efficace contre les changements anticonstitutionnels, la révision de ce protocole, cadre

---

[355] À ce propos, *cf.*, 2e partie, titre 1, chapitre 1, section 2, paragraphe 2, (A).

[356] Article 23 de la Charte Africaine de la Démocratie, les Élections et la Gouvernance du 30 janvier 2007 considère comme un changement anticonstitutionnel de gouvernement : 1) Tout putsch ou coup d'État contre un gouvernement démocratique élu ; 2) toute intervention de mercenaires pour renverser un gouvernement démocratiquement élu ; 3) toute intervention de groupes dissidents armés ou mouvement rebelle pour renverser un gouvernement démocratiquement élu ; 4) Tout refus par un gouvernement en place de remettre le pouvoir au parti ou au candidat vainqueur à l'issue d'élections libres, justes et régulières ; 5) tout amendement ou toute révision des constitutions ou des instruments juridiques qui portent atteinte aux principes de l'alternance démocratique. http://www.ipu.org/ consulté le 29 octobre 2016.

juridique le plus pertinent de la CEDEAO contre ce fléau est plus qu'une nécessité.

À l'inverse, pour ce qui concerne la protection des droits de l'homme et des libertés dans la sous-région, l'inefficacité ne relève pas seulement des lacunes de ce texte. Elle relève particulièrement d'un manque de volontarisme des États.

En 2005, consciente des lacunes de ses textes, l'organisation a révisé substantiellement son protocole de 1991 instituant la Cour de Justice Communautaire (CJC), en élargissant sa compétence au respect des droits de l'homme et des libertés. Cette réforme du protocole de 1991 a permis de renforcer considérablement les moyens d'action du juge communautaire en matière de protection des droits de l'homme et des libertés.

La CEDEAO peut s'inspirer de cet amendement du protocole de 1991 instituant la Cour de Justice de la Communauté pour adopter des amendements sur le protocole additionnel sur la démocratie et la bonne gouvernance afin de corriger les lacunes et les insuffisances de ce texte. Toutefois, la plus grande difficulté d'application de ce texte réside particulièrement surtout dans sa nature juridique.

Malgré les grands principes démocratiques qu'il consacre, le protocole additionnel sur la démocratie et la bonne gouvernance instituant une constitution supranationale aux États reste un texte conventionnel, c'est-à-dire régi par la Convention de Vienne de mai 1969 sur le droit des traités. Une convention en droit international est un traité. En d'autres termes, un accord de volonté entre deux ou plusieurs parties. Une constitution est imposable sur l'ensemble des composants (institutions, organes et citoyens) d'un État dès son entrée en vigueur. Elle s'impose aux gouvernants et aux gouvernés. Les citoyens qui ont voté contre le texte lors de son adoption par le peuple, lorsqu'il s'agit d'une procédure référendaire ou les parlementaires ayant voté contre le texte, en ce qui concerne une voie parlementaire, ne peuvent pas se soustraire de son respect. C'est cela même la force d'une constitution. Dans la hiérarchie des normes, elle est la norme suprême en vertu de la souveraineté des États.

Le respect de la constitution est assorti d'un mécanisme de contrôle juridictionnel spécifique dans l'ordre interne des États.

La Cour Constitutionnelle, le Conseil Constitutionnel ou la Cour suprême selon les États sont les mécanismes juridictionnels de contrôle du respect de la constitution. Ce qui n'est pas le cas du protocole. Un protocole ne lie que les États y ayant adhéré, c'est-à-dire ceux l'ayant signé et ratifié. La signature et la ratification d'un protocole relèvent de la seule volonté des États et constituent les conditions sine qua non de l'opposabilité du texte aux parties. Jusqu'à une date récente, en tout cas jusqu'au moment où nous rédigeons cette étude, le protocole sur la démocratie et la bonne gouvernance n'avait été, ni signé ni ratifié par le Cap Vert[357] par exemple. D'autres États membres l'ont signé, mais tardent encore à le ratifier. Ce texte ne peut donc pas, en application de la Convention de Vienne sur le droit des traités, s'appliquer aux États qui ne l'ont pas ratifié[358]. D'autre part, la volonté des États est la condition fondamentale des obligations contenues dans un protocole. En d'autres termes, ce protocole de la CEDEAO est lié à un autre instrument juridique international qui détermine son régime juridique. Conformément à l'article 50 du protocole additionnel sur la démocratie et la bonne gouvernance, ce texte est enregistré auprès de l'ONU, confortant ainsi notre raisonnement quant à sa nature juridique, et sa soumission au régime juridique de la Convention de Vienne de mai 1969 sur le droit des traités.

Dans l'ordre interne des États, la Constitution n'est liée à aucun texte juridique. Tous les textes doivent être conformes à la Constitution. La nature juridique du protocole additionnel sur la démocratie et la bonne gouvernance n'est donc pas sans conséquence sur son applicabilité. Les professeurs Ismaël Madior FALL et Alioune SALL, font remarquer

---

[357] Toutefois, depuis l'adoption les 16 et 17 février 2012 à Abuja au Nigeria, de l'Acte additionnel portant régimes de sanctions à l'encontre des États membres qui n'honorent pas leurs obligations vis-à-vis de la CEDEAO, la ratification des Protocoles et des Conventions de la CEDEAO, constituent une obligation pour les États membres. *Voir* l'article 2 paragraphe 2 (i). Nous ne rentrerons pas dans cette thèse sur les conséquences de cette disposition notamment sur le consentement des États et les conséquences du refus de signer un protocole ou une convention ainsi que les conséquences d'un texte non ratifié par un État membre.

[358] La Convention de Vienne sur le droit des traités est l'instrument juridique qui détermine le régime juridique des accords qui ont été signés et ratifiés par les États. Elle a été rédigée par la Commission de Droit International (CDI) et adoptée le 23 mai 1969 par l'Assemblée générale des Nations Unies. Mais faute d'obtention des trente-cinq instruments de ratification ou d'adhésion requis par l'article 84 de la Convention, elle n'est entrée en vigueur que le 27 janvier 1980.

avec raison que des distorsions ou des déphasages selon les États et selon les circonstances peuvent même naître de l'application de ce texte[359].

À travers ce protocole, la CEDEAO s'ingère profondément, et cela de façon explicite dans la gestion des affaires intérieures des États. Ce qui n'est évidemment pas sans conséquence pour ce texte. Il y a le risque que les États aient recours à la « *ruse* » pour reprendre une formule des professeurs Ismaël Madior FALL et Alioune SALL[360]. La nature juridique du texte et les principes qu'il énonce peuvent aussi être une difficulté pour son application par l'ensemble des États membres. Ce protocole est en réalité une véritable atteinte à la souveraineté des États. Cette atteinte à la souveraineté des États est remarquable sur les principes communs de convergence constitutionnelle énoncés dans son article 1er. Il s'intéresse à des matières très sensibles relevant de la souveraineté exclusive des États. L'organisation et le fonctionnement des pouvoirs publics, et surtout la question de la désignation des personnes qui doivent gouverner dans les États, relèvent incontestablement de la souveraineté exclusive des États. Il s'intéresse même aux droits des anciens présidents ou encore à la défense des États. Ce qui paraît très osé pour une organisation communautaire, ayant un but initialement et d'ailleurs même purement économique. Ainsi donc, ce qui constitue une innovation et paraît la force même de ce texte, peut-être aussi, une source de son affaiblissement.

D'un autre côté, ce protocole identifie des principes communs à tous les États. Les États membres conviennent que ceux-ci sont de « convergences constitutionnelles ». Or ces principes et ces questions sont déjà régis par les constitutions internes des États. Ce qui peut indubitablement aboutir à un conflit de normes[361].

Et aussi on aura noté un autre problème qui peut compromettre l'application de ce texte par les États, l'absence de mesures dérogatoires.

359

I. M. FALL et A. SALL, *Une constitution régionale pour l'espace CEDEAO : le protocole sur la démocratie et la bonne gouvernance de la CEDEAO*, op. cit., p.5 .

360 Ibid.

361 Ibid., p.6.

L'absence de mesures dérogatoires dans ce protocole

L'absence de mesures dérogatoires dans le texte est l'autre problème qui peut contrarier son applicabilité. Les constitutions internes des États démocratiques énoncent des principes d'État de droit et de démocratie que les gouvernants sont tenus de respecter. Cependant, pour la survie de l'État, les constituants prennent le soin d'insérer et d'encadrer des circonstances qui autorisent ceux-ci à violer de façon légale la constitution. Les : *« circonstances exceptionnelles », « mesures exceptionnelles », « État d'urgence »*[362], permettent d'assurer la continuité de l'État dans des circonstances rendant difficile voire impossible le respect des principes de l'État de droit et de la démocratie. Elles accordent les pleins pouvoirs au « prince ».

L'objectif de cette dérogation constitutionnelle, vise en réalité à assurer la survie de l'État lorsque son fonctionnent normal est rendu impossible par des circonstances imprévisibles et irrésistibles, et non pas de protéger les pouvoirs du prince.

Le protocole additionnel sur la démocratie et la bonne gouvernance, ne donne aucune marge de circonstances dans lesquelles les États peuvent déroger au respect des principes qu'il énonce notamment ceux déclarés communs de convergence constitutionnelle[363].

Cette omission volontaire ou involontaire des rédacteurs du protocole permet tout de même d'éviter des interprétations abusives ou tendancieuses du texte par les États. En revanche, elle a aussi le risque de compromettre son application.

Et aussi, on observe un silence coupable de ce texte constitutionnel supranational aux États sur la durée et la limitation du nombre de mandats présidentiels. La limitation de la durée et du nombre de mandats présidentiels constitue un principe essentiel de la démocratie particulièrement dans un régime présidentiel, favorisant une alternance politique au pouvoir.

Le protocole additionnel sur la démocratie et la bonne gouvernance ne fait aucune référence à la durée et au nombre de mandats présidentiels.

---

[362] Ibid.
[363] Ibid.

2. Les insuffisances relatives à la durée et à la limitation du nombre de mandats présidentiels

La constitution définit le statut des titulaires des pouvoirs publics, leur mode de désignation, la garantie de leur indépendance, la durée de leur pouvoir[364]. Un texte constitutionnel doit prendre en compte cette question importante dans un État démocratique. Nous avons pu observer également dans nos propos introductifs que l'alternance politique au pouvoir pouvait être un rempart contre la résurgence des coups d'État. Bien que ce propos soit critiquable, ainsi qu'on l'observera, on notera également que l'alternance politique au pouvoir est fondamentale dans un régime présidentiel sur lequel sont bâtis tous les régimes politiques des États membres de la CEDEAO ; alors qu'elles sont fréquentes, les modifications constitutionnelles, opérées par les présidents pour rester au pouvoir, au-delà de la durée initiale. Cette pratique est un facteur déterminant de l'instabilité politique et sécuritaire. Elle aboutit dans bien des cas à des coups d'État ou des tentatives de coups d'État. C'est donc avec regret que ce texte est totalement silencieux sur cette question.

En fait, ce texte ne sanctionne dans son article 45 que les changements anticonstitutionnels de pouvoir. Il ne sanctionne étonnamment pas les violations des principes énoncés notamment ceux de convergence constitutionnelle.

C'est dire donc que des principes énoncés avec force dans ce texte n'avaient aucun régime juridique de sanctions. Ce texte n'était ni moins ni plus qu'une profession de foi de la conférence des chefs d'État et de gouvernement, principale institution législatrice de l'organisation.

Il a fallu attendre onze années après, pour voir adopter un régime juridique très contraignant sur papier, de la violation du droit communautaire. Adopté en 2001 et entré en vigueur en 2008, il a fallu attendre 2012, avec l'adoption de l'Acte additionnel A/SA/13/02/12 pour voir l'organisation mettre en place un régime juridique général complètement lacunaire du droit communautaire. L'obligation du

---

[364] B. CHANTEBOUT, *Droit constitutionnel*, op. cit., p.39

respect de ces principes renvoyait au traité révisé de 1993 en ses articles 5 et 77.

L'Acte additionnel A/SA/13/02/12 sanctionne l'inapplication et le non-respect de l'ensemble des normes du droit communautaire originaire et dérivé.

Bien qu'il soit critiquable du fait de ses lacunes et de ses insuffisances, le mérite de ce texte réside dans le fait qu'il intègre directement l'ordre juridique interne des États sans aucun mécanisme interne de réception, ainsi que le veut ce texte dans son article 24[365]. Ce texte ayant intégré immédiatement l'ordre juridique interne des États, contraint ceux-ci, conformément à son article 2[366], à ratifier tous les autres textes. Ce texte sanctionne les violations des obligations des États, notamment celles énoncées dans son article 2. Pour être clair, il est très précis sur les violations de certaines obligations, singulièrement le changement anticonstitutionnel, la violation des droits de l'homme, des principes démocratiques, l'application et le respect des actes du droit communautaire primaire et dérivé. Et là encore, il reste évasif, voire totalement silencieux sur les violations des principes constitutionnels communs à tous les États. Alors qu'en proclamant ces principes de convergence constitutionnelle, c'est nettement conférer une force particulière à ceux-ci. N'est-ce pas un manque de logique, on peut même dire une cohérence normative ? En réalité, le législateur communautaire n'est pas allé au bout de sa logique.

La CEDEAO ne devait pas attendre qu'un changement anticonstitutionnel de pouvoir intervienne pour établir des sanctions. Les rédacteurs du protocole additionnel sur la démocratie et la bonne gouvernance ont manqué de courage pour sanctionner spécifiquement le non-respect des principes consacrés de convergence constitutionnelle.

Elle doit renforcer ses mécanismes préventifs des ruptures de l'ordre démocratique et constitutionnel. C'est-à-dire adopter une attitude de

---

[365] Cette disposition précise : « *Le présent acte entre en vigueur dès sa publication. En conséquence, les États membres s'engagent à commencer la mise en œuvre de ses dispositions dès son entrée en vigueur* ».

[366] Selon l'article 2 (i) de ce texte, constituent les obligations pour les États, la ratifications des protocoles et conventions de l'organisation.

fermeté à l'égard des États sur la violation des principes démocratiques, le respect des droits de l'homme, en particulier ceux énoncés de convergence constitutionnelle. Cela est d'autant plus nécessaire que lorsque le changement anticonstitutionnel de pouvoir a lieu, il devient plus complexe et délicat pour la CEDEAO de rétablir ou de restaurer l'ordre constitutionnel. La CEDEAO a été confrontée à plusieurs reprises à des difficultés pour rétablir ou restaurer l'ordre constitutionnel lorsque celui-ci a été interrompu. Ces difficultés aboutissent parfois au rejet des plans de sorties de crise, permettant le retour à l'ordre constitutionnel[367].

Elle s'est même vue désavouée par le Conseil de sécurité de l'ONU lors de la gestion du coup d'État de 2012 en Guinée-Bissau, lorsqu'elle avait toujours bénéficié jusqu'à la gestion de celui-ci, d'une confiance absolue de l'ONU, ainsi qu'on le verra plus loin.

La limite de la durée et du nombre de mandats présidentiels paraît une bonne piste de stabilisation politique et constitutionnelle. En Afrique de façon générale et en Afrique de l'Ouest de façon singulière, la tentation de garder le pouvoir au-delà de la durée définie dans la constitution est très grande, conduisant parfois à une instabilité politique et sécuritaire voire à des coups d'État.

À titre illustratif, on peut citer le coup d'État de l'hiver 2010 au Niger, la révolution populaire de 2014 du Burkina Faso ayant conduit au changement anticonstitutionnel de pouvoir d'automne 2014.

En effet, en 2009, le président nigérien Mamadou Tandja a initié une procédure de modification de la constitution, contestée par une large partie de la population, de la société civile et des partis politiques. Elle visait à modifier le nombre de mandats présidentiels et à permettre à ce dernier de se maintenir au pouvoir au-delà du nombre des deux mandats prévus par la constitution.

Elle a abouti à une crise politique et institutionnelle réglée par un coup d'État en hiver 2010. Après ces évènements, le constituant nigérien a

---

[367] Lors du coup d'État militaire de septembre 2015 contre les institutions de transition au Burkina Faso, de violentes manifestations contre la feuille de route pour une sortie de crise proposée par la CEDEAO ont eu lieu dans les rues dans les grandes villes du pays.

introduit la limitation du nombre de mandats présidentiels dans les clauses limitatives de révision constitutionnelle[368].

D'où la nécessité d'une communautarisation de la durée et du nombre de mandats présidentiels dans un texte supranational. Toutefois, il faut tempérer ce propos. Si le principe de la limitation du nombre de mandats électifs peut s'accommoder avec tout type régime constitutionnel, il n'en demeure pas moins que c'est dans les présidentiels et présidentialistes qu'il trouve le plus à s'appliquer[369]. Ainsi, convient-il de relativiser le propos selon lequel la limitation du nombre de mandats présidentiels serait un moyen efficace contre le coup d'État.

En effet, le coup d'État perpétré par le groupe de militaires maliens dirigés par le capitaine Amadou Aya Sanogo contre le président malien Amadou Toumani Touré, alors que ce dernier, dans le strict respect des limites constitutionnelles avait évènement rare en Afrique, prévu de ne pas se représenter à l'issue de ses deux mandats (10 ans), est venu sonner le glas[370] que le principe de la limitation du nombre de mandats présidentiels était un moyen efficace de prévention du coup d'État.

La durée du mandat présidentiel est constitutionnalisée dans tous les États ouest-africains. En revanche, la question de la limitation du nombre de mandats présidentiels donne lieu à des débats politiques et doctrinaux. Dans l'ordre interne des États, la durée et le nombre de mandats présidentiels relèvent des règles constitutionnelles. La durée et le nombre de mandats présidentiels ne peuvent être modifiés que par une réforme de la constitution, obéissant à des exigences. La question de la durée et le nombre de mandats présidentiels relèvent à la fois de la science politique et de la science juridique. Cette double appartenance a donné lieu à un débat contradictoire parfois très vif.

La querelle entre les politistes et les juristes sur la légalité et la légitimité dans le cadre des réformes constitutionnelles est particulièrement

---

368 Article 175 de la constitution nigérienne de la VIIe République (Constitution du 25 novembre 2011).

369 A. LOADA, *La limitation du nombre de mandats présidentiels en Afrique noire francophone,* Revue électronique Afrilex N° 03/2003. p.139, www.afrilex-bordeaux4.fr consulté le 06/02/2019.

370 A. K. BITIE, *L'approche contemporaine de la prévention des conflits en Afrique,* op. cit., p.62.

accentuée sur la durée et la limitation du nombre de mandats présidentiels. Car, elles sont fréquentes en Afrique, les modifications constitutionnelles visant à faire sauter le verrou de la limitation du nombre de mandats présidentiels. Pour les politistes, dans une démocratie, seul le peuple est plus légitime à approuver une constitution par référendum[371]. La voie référendaire est incontournable pour l'adoption ou la révision de la constitution selon cette conception des politistes. L'exercice direct de la souveraineté du peuple est mis en avant dans la conception des politistes.

Pour les juristes, la constitution peut être révisée par toute autorité à qui la constitution confère cette prérogative. La conformité de la procédure à la constitution confère pour le juriste, la légalité et la légitimité. L'attachement des pouvoirs politiques africains à la conception des juristes est aussi très répandu dans les révisions constitutionnelles. Les modifications constitutionnelles opérées par la voie parlementaire pour se maintenir au pouvoir au-delà du nombre de mandats présidentiels initial sont très répandues dans les États africains. La majorité mécanique au sein des parlements permet de faciliter les réformes constitutionnelles pour se maintenir au pouvoir au-delà du nombre de mandats initiaux. Cette pratique des révisions constitutionnelles pour se maintenir au pouvoir a abouti à un contournement de la voix du peuple (le référendum) au profit de la voie parlementaire. Il ressort de nos constats qu'une large partie des réformes constitutionnelles en Afrique de l'Ouest singulièrement, porte sur la limitation du nombre de mandats présidentiels. Ils sont nombreux, les présidents qui sont tentés de changer les règles du jeu à la fin de leur dernier mandat, pour rester au pouvoir. Ce que le professeur Ismaël Madior FALL qualifie de fièvre révisionniste s'est répandu sur toute l'Afrique dans la deuxième décennie de la restauration de la démocratie[372]. Les parlements procèdent souvent à de telles modifications malgré les manifestations populaires dans les rues[373]. De telles pratiques rendent impossible une

---

[371] O. DUHAMEL, *Les démocraties*, op. cit., p. 20

[372] I. M. FALL, *Quelques réserves sur l'élection du président au suffrage universel direct*,
www.cairn.fr
consulté le 10/octobre 2017.

[373] À titre illustratif, en 2014, malgré une contestation dans les rues contre la réforme constitutionnelle permettant à Blaise Compaoré de briguer un nouveau mandat au-

alternance politique au pouvoir et provoquent souvent des instabilités politiques et sécuritaires.

Cependant, il faut relativiser les éventuelles visées malveillantes dans toutes les réformes constitutionnelles opérées en Afrique de l'Ouest. À cet égard, le Sénégal s'est distingué en procédant fréquemment à des modifications constitutionnelles. Paradoxalement à certains États, les multiples modifications de la constitution opérées dans ce pays ont permis d'enraciner l'alternance politique au pouvoir. Aucune réforme constitutionnelle au Sénégal ne visait à supprimer la limitation du nombre de mandats présidentiels, à l'exception de celle de 2001, qui avait une allure révisionniste[374].

À l'inverse, dans certains États où les modifications constitutionnelles sont très rares, celles-ci ont visé à supprimer la limitation du nombre de mandats présidentiels. Ce faisant, elles ont rendu impossible l'alternance politique au pouvoir. Le Togo s'illustre dans cette dynamique. Toutes les modifications constitutionnelles qui ont eu lieu dans ce petit d'État (en termes de superficie) de l'Afrique de l'Ouest ont visé à supprimer la limitation du nombre de mandats présidentiels, ou à remettre à zéro le compteur du nombre de mandats présidentiels de Gnassingbé, le père, à Faure EYADEMA, le fils.

Ainsi, remarquons que l'alternance politique au pouvoir a des vertus considérables dans une démocratie particulièrement dans un régime présidentialiste.

Elle offre aux électeurs le choix de changer de majorité ou de gouvernants. L'alternance au pouvoir permet à un parti ou à un groupe de partis de l'opposition d'arriver au pouvoir et de devenir la majorité. Elle permet aux électeurs d'apprécier les politiques de gouvernance de tous les camps.

Il est alors regrettable que le protocole additionnel sur la démocratie et la bonne gouvernance et l'ensemble des normes du droit

delà de la limite initiale, le parlement composé majoritairement des députés du CDP, partis au pouvoir a poursuivi la procédure.

[374] Il faut tempérer ce propos, en rappelant que la réforme constitutionnelle de 2001 d'Abdoulaye Wade était plutôt tendancieuse.

communautaire de la démocratie ne comportent aucune clause de limitation de la durée et du nombre de mandats présidentiels, si tant est que l'organisation s'implique contre les changements anticonstitutionnels, dans le cadre de la sécurité collective. Cette absence a abouti à l'impossibilité d'une alternance politique au pouvoir dans certains États de l'Afrique de l'Ouest[375] et partant, à des instabilités politiques et constitutionnelles.

Bien qu'absente dans le droit communautaire, certains États ont fait le choix de limiter dans leur constitution le nombre de mandats présidentiels, de façon tangible ou intangible. La constitution malienne du 25 février 1992 limite la durée du mandat présidentiel à cinq ans renouvelables une fois[376]. Les dispositions constitutionnelles limitant la durée et le nombre de mandats présidentiels au Mali ne sont pas intangibles. La constitution sénégalaise de 2001 modifiée[377], celle du Niger de novembre 2011[378], de la Côte d'Ivoire de 2016[379], du Bénin 1990 modifiée[380], de la Guinée Conakry de 2010[381], du Burkina Faso de 1992 modifiée[382] limitent également le nombre de mandats présidentiels à deux renouvelables une fois.

Les États anglophones de la CEDEAO à l'exception du Ghana ont choisi le modèle américain en limitant la durée et le nombre de mandats présidentiels à quatre années renouvelables une fois. La limitation de la durée et du nombre de mandats présidentiels n'était intangible dans aucun État de l'Afrique de l'Ouest jusqu'à une période récente.

Les circonstances ont toutefois conduit certains États à introduire la limitation de la durée et du nombre de mandats présidentiels dans les clauses limitatives matérielles de révision constitutionnelle.

---

[375] La Gambie n'a pas inscrit de limitation du nombre de mandats présidentiels dans sa constitution (voir à ce sujet la constitution de ce pays modifiée en 1997). Quant au Togo, il a supprimé la limitation du nombre de mandats dans sa constitution.
[376] Article 30 de la constitution du Mali de 1992.
[377] Article 27 de la constitution sénégalaise de 2001 modifiée.
[378] Article 47 de la constitution nigérienne de 2011.
[379] Article 55 de la constitution ivoirienne de 2016.
[380] Article 42 de la constitution béninoise de 1990 modifiée.
[381] Article 27 de la Constitution guinéenne de 2010.
[382] Article 37 de la constitution du Burkina Faso de 1991 modifiée.

Le Niger et le Burkina Faso constituent de bons élèves dans ce sens. La limitation de la durée et du nombre de mandats présidentiels est une clause intangible de révision constitutionnelle au Niger depuis l'instauration de la constitution de 2011, adoptée après les évènements de 2009 et de l'hiver 2010[383], comme celle du Burkina Faso de 1990 modifiée adoptée après les évènements de l'automne 2014[384]. Ces clauses intangibles de révision constitutionnelle ont un point commun. Elles ont été inscrites dans les constitutions après des tentatives de réformes constitutionnelles visant à supprimer le nombre de mandats présidentiels et ayant abouti à des changements anticonstitutionnels.

La limitation du nombre de mandats présidentiels dans la constitution n'est pas une garantie suffisante pour l'alternance politique au pouvoir. Son inscription dans les clauses limitatives matérielles de révision constitutionnelle offre une meilleure garantie à l'alternance politique au pouvoir. Au Niger, elle est inscrite dans l'article 175 de la Constitution de 2011. En effet, l'article 175 de la Constitution nigérienne du 25 novembre 2011 interdit de modifier l'article 47 qui stipule : « *Le président de la République est élu au suffrage universel, libre, direct, égal et secret pour un mandat de cinq ans, renouvelable une fois. En aucun cas, nul ne peut exercer plus de deux mandats présidentiels ou proroger le mandat pour quelque motif que ce soit…* ». Au Burkina Faso, la réforme constitutionnelle de 2015 a introduit dans l'article 165 de la constitution : « *Aucun projet ou proposition de la constitution n'est recevable lorsqu'il remet en cause la clause limitative du nombre de mandats présidentiels, la durée du mandat présidentiel…* ».

Deux constats se dégagent de l'intangibilité des dispositions constitutionnelles limitant le nombre de mandats présidentiels dans ces pays. D'une part, elles ont été introduites dans la constitution après des tentatives de réforme constitutionnelle visant à empêcher l'alternance politique au pouvoir. D'autre part, ces tentatives de réforme constitutionnelle ont abouti à des changements anticonstitutionnels de pouvoir, comme fort observé précédemment. La CEDEAO doit tirer

[383] Article 175 de la constitution du Niger de novembre 2011. Cette réforme a eu lieu après le coup d'État de l'hiver 2010.

[384] Article 165 de la constitution du Burkina Faso juin 1991 modifiée. Cette clause fut introduite lors de la réforme de 2015 après les évènements de 2014.

des leçons de ces cas pour inscrire dans le droit communautaire originaire des clauses supranationales portant limitation de la durée et du nombre de mandats présidentiels afin de renforcer ces mécanismes de prévention des changements anticonstitutionnels.

Le respect de leurs engagements et de leurs obligations communautaires imposerait aux États membres d'inscrire dans leurs constitutions, la durée et le nombre de mandats présidentiels, sous peine des sanctions prévues par l'Acte additionnel portant régime de sanctions à l'encontre des États membres qui n'honorent pas leurs obligations vis-à-vis de la communauté.

Aussi, notons que la communautarisation de la démocratie, de la bonne gouvernance et le respect des droits de l'homme en Afrique de l'Ouest sont aussi confrontés à d'autres obstacles relatifs à la mise en œuvre du droit communautaire, plus exactement, l'établissement et l'exécution des sanctions en cas de violation des obligations. L'adoption des sanctions en cas de changement anticonstitutionnel de pouvoir relève exclusivement de la compétence des chefs d'État et de gouvernement.

La souveraineté est aussi l'autre obstacle majeur auquel les États opposent abusivement une résistance pour se soustraire au respect de leurs engagements et de leurs obligations. Les décisions des juges de la Cour de Justice de la Communauté de la CEDEAO souffrent particulièrement de ce régime juridique lacunaire[385].

B. Le régime juridique lacunaire du texte constitutionnel communautaire proposé aux États

Le droit communautaire prévoit de façon générale dans l'article 77 paragraphe 2 du traité révisé de 1993 de la CEDEAO, une série de sanctions que l'organisation communautaire peut adopter contre un État membre qui n'honore pas ses obligations vis-à-vis de l'organisation. Les sanctions prévues dans l'article 77 du traité révisé de 1993 concernent l'ensemble des règles du droit communautaire. Elles sont de

[385] À ce propos, *cf.* Titre 2 de la 1ère partie, chapitre 2 section 2.

deux ordres : économiques[386] et politiques[387]. Le protocole additionnel sur la démocratie et la bonne gouvernance énumère dans son article 45, une série de sanctions qu'elle pourra prendre contre un État membre, en cas de rupture ou de tentative de rupture de l'ordre constitutionnel par quelque procédé que ce soit et en cas de violation massive des droits de l'homme. Cependant, nonobstant ces sanctions générales de non-respect des obligations des États, elle a instauré un texte spécifique déterminant le régime juridique de sanctions à l'encontre des États qui n'honorent pas leurs obligations vis-à-vis de l'organisation. En effet, l'acte additionnel A/SA.13/02/12 portant régime des sanctions à l'encontre des Etats membres qui n'honorent pas leurs obligations vis-à-vis de la CEDEAO, consacre les obligations des Etats[388] et prévoit des sanctions à l'encontre de ceux qui ne respecteraient pas leurs engagements et leurs obligations vis-à-vis de la communauté[389].

Ce texte met un accent particulier sur le respect des principes démocratiques, de bonne gouvernance et de protection des droits de l'homme[390].

Il prévoit des sanctions coercitives n'impliquant pas l'emploi de la force et les sanctions coercitives impliquant l'emploi de la force contre un État qui n'honore pas ses obligations vis-à-vis de la communauté en cas de rupture de l'ordre démocratique et constitutionnel.

Les sanctions coercitives n'impliquant pas l'emploi de la force sont les premières mesures de la CEDEAO contre les États qui n'honorent pas leurs engagements vis-à-vis de l'organisation en matière de démocratie et de protection des droits de l'homme. Elles constituent les mesures alternatives à l'usage de la force. Elles sont énumérées dans le protocole

---

[386] La suspension de l'octroi de tout nouveau prêt ou de toute nouvelle assistance par la communauté art 77 paragraphe (i), la suspension des décaissements pour tous les prêts, pour tous les projets ou tous les programmes assistance communautaire encours (paragraphe (ii),

[387] Le rejet de la présentation des candidatures aux postes statutaires et professionnels art 77 paragraphe (iii), la suspension du droit de vote paragraphe (iv), la suspension de la participation aux activités de la communauté.

[388] Article 2 de l'acte additionnel portant régime des sanctions à l'encontre des États membres qui n'honorent pas leurs obligations vis-à-vis de l'organisation.

[389] Voir chapitre 2 articles 3 à 13.

[390] Voir l'article 2 paragraphe 1 et 2 paragraphes 1 (iv) et (v).

additionnel sur la démocratie et la bonne gouvernance[391] et dans l'acte additionnel A/SA.13/02/12.

Cependant, elle n'exclut pas de prendre des sanctions coercitives ou militaires contre un État qui n'honore pas ses obligations vis-à-vis de l'organisation en matière de démocratie, en particulier en cas changement anticonstitutionnel. Ces mesures coercitives forcées peuvent être établies concomitamment avec les mesures coercitives non forcées ou alternativement lorsque les premières se révèlent inefficaces ou infructueuses.

Le recours aux mesures coercitives forcées contre les changements anticonstitutionnels est prévu par le protocole relatif aux mécanismes de prévention, de gestion, de règlement des conflits, de maintien de la paix et de la sécurité et dans l'Acte additionnel portant régime de sanctions à l'encontre des États membres qui n'honorent pas leurs obligations vis-à-vis de la CEDEAO[392].

Ainsi, en application de l'article 6 paragraphe (xii) et (xv) de cet acte additionnel, l'organisation peut imposer un embargo sur les armes à destination de l'État membre concerné.

Elle peut aussi ordonner la restauration de l'ordre constitutionnel par l'utilisation de la force légitime. À cet effet, pour déterminer les sanctions applicables du non-respect du texte du droit communautaire, l'Acte additionnel précise des obligations pour les États.

1. Les obligations des États

L'acte additionnel A/SA.13/02/12 fixe les obligations des Etats et détermine le régime juridique du non-respect de ces obligations. Les États ont principalement deux obligations conformément au droit communautaire. Ils ont l'obligation de ratifier les conventions, les

---

[391] Article 45 dudit protocole.

[392] Article 6 paragraphe xii et xv de l'acte additionnel A/SA.13/02/12 portant régime des sanctions à l'encontre des Etats membres qui n'honorent pas leurs obligations vis-à-vis de la CEDEAO

protocoles de l'organisation d'une part et d'autre part, l'obligation de respecter le droit communautaire[393].

Depuis l'adoption de l'acte additionnel A/SA.13/02/2012, la ratification des traités et des protocoles constitue l'obligation « principale » des Etats conformément aux dispositions de l'article 2 paragraphe (i) de ce texte. Cette obligation n'est-elle pas une atteinte à la souveraineté et à la libre expression du consentement des États dans la formation des traités et des conventions ?

Dans l'affirmation, cette atteinte sur le consentement des États peut avoir de lourdes conséquences sur la validité des conventions et des protocoles.

Cependant, cette obligation semble réduite, pour emprunter une expression du professeur tunisien Rafâa BEN ACHOUR à « un vœu pieux »[394] en l'absence de mécanismes de contrôle et de sanctions rigoureux. Le nombre de traités non encore entrés en vigueur faute d'obtenir le quota de ratifications requis est important[395].

Au-delà de cette obligation principale, les États membres de la CEDEAO ont deux obligations « secondaires ». D'une part, ils ont l'obligation d'harmoniser leur législation interne au droit communautaire originaire, et d'autre part, l'obligation de respecter et d'appliquer le droit communautaire dérivé.

Ainsi, en matière de démocratie, de gouvernance et de protection des droits de l'homme, les États ont l'obligation de respecter les actes communautaires en particulier ceux qui visent la création au sein des États membres et à l'échelle sous-régionale, d'une atmosphère de paix véritable et durable, dénuée de toute menace ou atteinte à l'ordre constitutionnel et ceux visant le renforcement et l'accélération du

---

393 Article 1er et 2 de l'Acte additionnel portant régime de sanctions à l'encontre des États membres qui n'honorent pas leurs obligations vis-à-vis de l'organisation ; *cf.* annexe.

394 R. BEN ACHOUR, *Rapport introductif* in R. BEN ACHOUR (dir.), *Les changements anticonstitutionnels de gouvernement, approches de droit constitutionnel et de droit international*, op. cit., p.18.

395 Voir à ce propos, l'annexe du rapport annuel 2017 de la CEDEAO, qui détaille la situation des ratifications des conventions et des traités jusqu'en début d'année 2016, www.ecowas.int consulté le 19/02/2019

processus d'intégration[396]. Les Etats ont l'obligation de ratifier les conventions et les protocoles de la CEDEAO, d'appliquer les obligations contenues dans le paragraphe 1er de l'article 2 de l'acte additionnel A/SA.13/02/12[397].

Les États ont également l'obligation d'une application diligente des textes qui adoptent les politiques, les projets et les programmes d'intégration de la communauté[398]. Ils ont aussi l'obligation de protéger et de respecter les droits de l'homme, l'État de droit, la démocratie et l'ordre constitutionnel[399].

À cet effet, les États ont l'interdiction formelle d'adopter des mesures et des attitudes contraires à la gouvernance démocratique, au respect de l'État de droit ou des attitudes susceptibles de constituer soit une menace grave à la paix et la sécurité sous-régionales, soit des violations graves et massives des droits de l'homme ou encore de déclencher un désastre humanitaire[400].

Enfin, ils ont l'obligation de respecter les décisions de la Cour de Justice de la Communauté. Les décisions de la Cour de Justice de la Communauté ont force obligatoire à l'égard des États membres[401]. Elles sont immédiatement imposables aux États. Les sanctions coercitives non forcées du non-respect des obligations communautaires sont donc de trois ordres : les sanctions politiques, les sanctions juridiques et les sanctions économiques.

Elles peuvent être prononcées de façon graduée. Ces sanctions peuvent être établies à l'encontre des dirigeants des États membres, les membres de leurs familles et leurs partisans[402].

Il convient de noter cependant que ce régime juridique du droit communautaire, en particulier en matière de démocratie proposée aux

---

396 Article 2 paragraphe 1 de l'acte additionnel portant régime de sanctions à l'encontre des États membres qui n'honorent pas leur obligation vis-à-vis de la communauté.
397 Ibid., paragraphe 2 (2). *cf.* annexe p.477.
398 Ibid., paragraphe 2 (3).
399 Ibid., paragraphe 2 (4).
400 Ibid., paragraphe 2 (5).
401 Ibid., article 2 paragraphe 3
402 Ibid., article 3 paragraphe 2

États, en apparence complet, est largement lacunaire, nécessitant ainsi une amélioration.

2. *Un régime juridique lacunaire à améliorer*

Le régime juridique du droit communautaire, singulièrement du protocole additionnel sur la démocratie et la bonne gouvernance et du protocole relatif aux mécanismes de prévention, de gestion, de règlement des conflits et de maintien de la paix et de la sécurité, est particulièrement lacunaire et nécessite une amélioration.

En effet, lorsqu'un État membre n'honore pas ses obligations vis-à-vis de la CEDEAO en matière de démocratie, de gouvernance et de respect des droits de l'homme, notamment en cas changement anticonstitutionnel, l'organisation peut par exemple refuser que ses États membres soutiennent un candidat de l'État concerné aux postes électifs des organisations internationales. Cette sanction concerne tous les postes électifs des organisations internationales, c'est-à-dire régionales et extra-régionales.

Il est fréquent que l'ensemble des États membres de la CEDEAO, en application du traité révisé de 1993 en matière de coopération, présentent et soutiennent un seul et même candidat lors d'une élection à un poste d'une organisation internationale.

Par contre, elle manque de cadre juridique réel dans le droit communautaire. Toutefois, elle peut trouver implicitement son fondement dans les dispositions de l'article 3 paragraphe (e) relatif à la coopération entre les États.

C'est dans ce cadre par exemple que lors de sa 50e session tenue le 17 décembre 2016 à Abuja au Nigeria, la conférence des chefs d'État et de gouvernement de la CEDEAO avait décidé que tous les États membres de l'organisation soutiennent la candidature d'Alpha Condé, président de la Guinée Conakry, au poste de président de l'Union

Africaine[403]. C'est aussi dans le même cadre que lors de l'élection du directeur régional pour l'Afrique de l'Organisation Mondiale de la Santé (OMS), que tous les États membres de la CEDEAO avaient soutenu la candidature de Fatoumata NAFO, ancienne ministre de la santé du Mali[404] conformément à une demande de l'organisation. La candidate soutenue par la CEDEAO a perdu l'élection face à Matshidibo REBECCA MOETI, candidate du Botswana.

Ce soutien de l'ensemble des États membres de la CEDEAO à une candidature unique présentée par un État membre lors d'une élection à un poste d'une organisation internationale ne marche pas dans tous les cas. Il existe parfois des dissidences et des divisions.

Lors de sa session extraordinaire de la conférence des chefs d'État et de gouvernement, tenue le 27 août 2017 à Nairobi au Kenya en marge du sommet de l'UA, les chefs d'État et de gouvernement de la CEDEAO avaient décidé de soutenir une candidature unique pour l'élection du président de la Commission de l'UA.

C'est ainsi que la conférence a demandé à tous les États membres de soutenir la candidature du sénégalais Abdoulaye Bathily[405] aux élections du 30 et 31 janvier 2017 à Addis-Abeba en Éthiopie. Le Togo a fait dissidence de cette candidature commune des États membres de la CEDEAO au profit du candidat présenté par le Kenya.En effet, à la mi-décembre 2016, le président togolais a annoncé, lors d'une visite officielle au Kenya, que le Togo soutenait Amina MOHAMED, la candidate du Kenya à l'élection du président de la commission de l'UA[406]. Il avait affirmé sans ambiguïté qu'il ferait le maximum pour

---

[403] Voir le paragraphe (64.) du communiqué final de la 50e session de la conférence des chefs d'État et de gouvernement de la CEDEAO. www.ecowas.int consulté le 10 janvier 2017.

[404] M. KEITA, « *Directeur régional de l'OMS pour l'Afrique : soutien à la candidature de notre compatriote Fatoumata Nafo* », article du 6 février 2014 www.maliactu.net consulté le 03 janvier 2017.

[405] Abdoulaye BATHILY est ancien ministre de l'environnement et de la protection civile, ancien ministre de l'énergie et de l'hydraulique, ancien ministre d'État auprès du président de la République et ancien vice-président de l'Assemblée Nationale du Sénégal.

[406] Voir I. DIALLO, « *Faure Gnassingbé défie la CEDEAO et soutient la candidate kenyane* ». www.seneplus.com article du 23 décembre 2016, consulté le 03 janvier 2017.

soutenir la candidate du Kenya pour la présidence de la commission de l'UA[407]. La décision du 27 août 2017 de la Conférence des chefs d'État et de gouvernement n'a pas permis de changer la position du gouvernement togolais.

Au regard de ces constats, cette sanction contre un État membre qui n'honore pas ses obligations vis-à-vis de l'organisation, particulièrement en matière de démocratie ne semble pas efficace. Elle semble même en déphasage totale avec la réalité. En revanche, il existe d'autres mesures de sanctions qui peuvent être plus ou moins efficaces pour « contraindre » un État à respecter ses obligations et ses engagements communautaires.

Une autre sanction de la CEDEAO, elle peut refuser de tenir toute réunion de l'organisation dans l'État membre concerné, suspendre l'État concerné de toutes les instances de l'organisation.

L'organisation se donne également le droit de rejeter les candidatures présentées par cet État aux postes statutaires et professionnels de l'organisation, et de suspendre le droit de vote de l'État membre concerné. Elle peut aussi suspendre l'État membre concerné aux activités de la communauté ou refuser de tenir toute réunion de l'organisation dans l'État membre concerné.

Elle peut également demander à l'ensemble des États membres de rappeler leur ambassadeur auprès de l'État membre concerné. Elle peut également imposer une interdiction de voyage aux dirigeants de l'État membre concerné, à leurs familles et à leurs partisans.

La CEDEAO peut même demander aux autres États membres d'expulser de leurs territoires, les membres des familles des dirigeants contre lesquels une interdiction de voyage a été imposée[408]. Quelle belle incongruité pour une organisation communautaire qui prêche la libre circulation des personnes et de leurs biens dans son espace, et aussi, qui fait de la promotion des droits de l'homme et des libertés un objectif majeur de sa politique de stabilisation de la sous-région. On s'interroge d'ailleurs sur l'efficacité de cette mesure.

---

407 Ibid.

408 Article 9, paragraphe 1. c) de l'Acte additionnel A/SA.13/02/12

De plus, l'interdiction générale de voyage et l'expulsion des membres des familles des dirigeants paraissent complètement disproportionnées. Cette mesure ne précise pas le degré des parents qui peuvent être concernés par cette mesure alors même que la famille des dirigeants peut être opposée aux initiatives de ceux-ci.

Les auteurs et les complices de coups d'État, les autorités au pouvoir qui tentent de se maintenir au pouvoir et d'empêcher toute possibilité d'alternance en modifiant la constitution ainsi que les acteurs et ceux qui bénéficieront de tous autres changements anticonstitutionnels, peuvent être interdits par la CEDEAO de se présenter à la magistrature suprême de leurs États respectifs[409]. La CEDEAO et ses États membres ne reconnaissent pas les gouvernements issus des prises de pouvoir par de tels procédés[410]. Il existe une contradiction entre cette disposition de ce texte et une jurisprudence de la Cour de Justice de la Communauté (*Aff.* CDP et autres contre État du Burkina)[411].

La CEDEAO condamne et rejette les gouvernements issus d'un changement anticonstitutionnel de pouvoir. L'organisation peut aller jusqu'à imposer la démocratie par la force. Pour ce faire, elle peut procéder à la restauration de l'ordre constitutionnel par l'utilisation de la force légitime, si tant est qu'elle en ait obtenu l'autorisation du Conseil de sécurité des Nations unies.

Mais curieusement, l'Acte additionnel portant régime de sanctions à l'encontre des États membres qui n'honorent pas leurs obligations vis-à-vis de l'organisation, prévoit cette sanction sans référence au Conseil de Sécurité de l'ONU, alors qu'elle ne peut pas intervenir militairement dans un État membre sans l'autorisation de celui-ci.

S'agissant des sanctions économiques, la CEDEAO peut suspendre les décaissements pour tous les prêts, pour tous les projets ou programmes d'assistance de l'État membre concerné. Lorsqu'elle suspend un État membre, l'organisation peut maintenir l'État dans ses obligations de

---

409 Article 12 ibid.

410 Ibid.

411 *cf.* 1ère partie, Titre 2, chapitre 2, section 2, paragraphe 1, B). (p.193)

cotisation pendant la période de suspension. La CEDEAO précise aussi de façon laconique qu'elle peut établir un gel des avoirs financiers sans d'autres précisions[412].

Quant aux sanctions judiciaires, l'acte additionnel A/SA.13/02/12 précise dans son article 5, que la Cour de Justice de la Communauté peut prononcer des décisions sanctionnant les Etats membres pour les manquements à leurs obligations qui découlent du traité, des conventions, des protocoles, des règlements, des décisions et des directives de l'organisation. On note ainsi que les sanctions pour le non-respect des obligations communautaires sont multiples et variées. Cependant, certaines sanctions sont complètement en décalage avec la réalité et paraissent totalement inefficaces, voire inopérantes. D'autres paraissent même disproportionnées au but. Ce décalage ne concerne pas que les sanctions politiques. Les sanctions coercitives militaires notamment l'utilisation de la force « légitime » contre le changement anticonstitutionnel de pouvoir exigent l'autorisation du Conseil de sécurité de l'ONU. Du fait de la complexité du fonctionnement du Conseil de sécurité de l'ONU, cette autorisation échappe totalement au contrôle de la CEDEAO. Et aussi, l'utilisation de la force contre le changement anticonstitutionnel de pouvoir n'est pas un moyen efficace. Ainsi, on l'aurait observé avec Hatem BEN SALEM[413]. À vrai dire aucune force, quelle que soit l'étendue de sa sphère d'action, quels que soient les moyens qu'elle mettra en œuvre ne pourra ni rétablir de façon définitive, ni imposer la démocrati*e* [414] par la force.

Enfin, le recours à la force pour restaurer ou rétablir la démocratie semble disproportionné par rapport au but. Dans le cadre de l'UE pour faire un comparatif, le droit européen prévoit qu'en vertu du principe de proportionnalité, le contenu et la forme de l'action de l'Union n'excèdent pas ce qui est nécessaire pour atteindre l'objectif des traités[415]. L'UE dispose de moyens financier, politique et juridique de

---

[412] Article 6 (x) de l'Acte additionnel A/SA.13/02/12.

[413] H. BEN SALEM, *Rapport de synthèse* in R. BEN ACHOUR (dir.), *Les changements anticonstitutionnels de gouvernement, approches de droit constitutionnel et de droit international*, op. cit., p.167.

[414] Ibid.

[415] Art. 5 §4 al.1 traité de l'UE cité par J.-L. CLERGEREI, A. GRUBER et P. RAMBAUD, *L'union européenne*, 10e éd. Dalloz, Paris 2014, p.288. N° 346.

contraintes sur les États, pour faire respecter le droit communautaire européen[416].

En effet, l'imposition de l'ordre constitutionnel en utilisant la force militaire est sans nul doute disproportionnée et est en inadéquation avec le but. Rappelons que la sous-régionalisation de la démocratie et de la protection des droits de l'homme vise à prévenir et à maintenir la paix et la stabilité dans les États. L'utilisation de la force militaire pourrait conduire à l'enlisement de la crise et à un désastre humanitaire.

En réalité, l'organisation est complètement laxiste à l'égard des États qui ne respectent pas leurs obligations et leurs engagements communautaires. Elle n'a jamais sanctionné un État pour manquement à ses obligations en dehors d'un changement anticonstitutionnel.

Et aussi, convient-il si nécessaire pour l'organisation communautaire, d'améliorer son régime juridique de sanctions non forcées contre les États membres qui n'honorent pas leurs obligations vis-à-vis de l'organisation de façon générale et singulièrement, d'instaurer un régime de sanctions plus rigoureux et respectueux des droits de l'homme, en ce qui concerne la dévolution du pouvoir. Bien qu'elle soit critiquable dans son action pour atteindre ses objectifs, la CEDEAO tente laborieusement tant bien que mal de sous-régionaliser la démocratie en Afrique de l'Ouest.

Section 2 : La sous-regionalisation de la democratie en Afrique de l'Ouest

Les mutations de 1993 ont permis à l'organisation communautaire de s'emparer de nouvelles questions qui échappaient totalement à ses compétences.

Le choix du régime politique et celui de la désignation des gouvernants échappaient totalement à la CEDEAO lors de sa création. De même que

[416] J.-L. CLERGEREI, A. GRUBER et P. RAMBAUD, *L'union européenne*, 10e éd. Dalloz, Paris 2014, p. 294. N° 356.

l'ONU et l'UA, la démocratie a été la plus grande absente dans les objectifs de la CEDEAO lors de création.

Toutefois, comme l'UA, elle s'est rattrapée lors de la révision de son traité en 1993[417]. Depuis la révision 1993 du traité, le discours de la démocratie, de la bonne gouvernance[418] et de la protection des droits de l'homme[419] occupe une place importante dans les objectifs et principes fondamentaux de l'organisation, au point de rendre parfois secondaire son objectif initial. La CEDEAO constitue un véritable laboratoire d'expérimentation des formes d'intégration communautaire en Afrique. La réussite de son intégration a conduit plusieurs États hors de la sous-région à demander leur adhésion au sein de l'organisation[420].

---

[417] Article 4 (j) du traité révisé de 1993, la promotion et la consolidation d'un système démocratique dans chaque État membre, sont apparues des principes fondamentaux de l'organisation.

[418] Article 4 (h).

[419] Article 4 (g).

[420] Lors de la 51e session de la conférence des chefs d'États et de gouvernement de la CEDEAO tenue le 4 juin 2017 à Monrovia au Liberia, à la demande de l'État marocain, les chefs d'État ont donné leur accord de principe pour l'adhésion du Maroc au sein de l'organisation. Ils ont aussi accordé à la Tunisie lors de cette session ordinaire, le statut d'observateur. Quant à la Mauritanie, ancien membre qui s'était retiré en 2000, ils lui ont demandé de formuler explicitement une demande de réadmission. *cf., Le président togolais Faure Gnassingbé porté à la tête de la conférence des chefs d'État et de gouvernement de la CEDEAO,* article du 5/06/2017 www.ecowas.int , Consulté le 06/06/2017. Toutefois, l'adhésion du Maroc et de la Tunisie ainsi que le retour de la Mauritanie soulèveraient très certainement des questions juridiques très complexes à résoudre. Si la Mauritanie se situe géographiquement en Afrique de l'Ouest et était membre de la CEDEAO lors de sa création jusqu'en 2000, en revanche, la Tunisie et le Maroc se situent en Afrique du Nord. Cette banale question géographique nécessiterait une réforme importante du droit communautaire originaire. Et aussi, la question de certains principes démocratiques imposés par le droit communautaire sur les Etats membres pourrait poser également une équation juridique difficile à résoudre. A titre illustratif, ces trois pays sont des Etats islamiques. L'islam est la religion d'Etat de ces trois pays. Or l'organisation communautaire consacre le principe de la laïcité comme un principe commun de convergence constitutionnelle à tous les Etats membres. On peut se poser la question de savoir si ces Etats sont-ils prêts à renoncer à leur modèle d'organisation et de fonctionnement au profit à l'intégration communautaire, en harmonisant leur législation interne au droit communautaire comme l'exige la CEDEAO ? Dans la négative, cette intégration affaiblirait davantage l'intégration de la démocratie et le respect des droits de l'homme dans l'espace communautaire.

Après son expérience concluante dans le domaine de l'intégration économique, elle a opéré ce grand changement dans ses objectifs et ses principes, tout en restant fidèle à l'objectif initial de sa création[421]. La CEDEAO fait figure de bon exemple en matière d'intégration communautaire en Afrique. Le sous-régionalisme de la démocratie, de la bonne gouvernance, le renforcement de l'État de droit et la protection des droits de l'homme à travers des normes juridiques, assorties de mécanismes de contrôle sont nettement illustratifs.

Le traité révisé de 1993 constitue la norme juridique générale de l'intégration communautaire de la démocratie en Afrique de l'Ouest. Cet instrument juridique général traite plusieurs questions de la coopération communautaire en matière de démocratie. Ce texte se réfère dans plusieurs dispositions aux questions de la démocratie, de la bonne gouvernance et de la protection des droits de l'homme. En se référant à ces questions, l'organisation rejette d'une part les changements anticonstitutionnels de pouvoir et d'autre part les modes antidémocratiques d'accession ou de maintien au pouvoir.

Elle exige des États le respect des droits de l'homme et la prééminence de l'État de droit. On note ainsi que l'organisation communautaire a observé une évolution de ses objectifs et de ses principes qui visaient l'intégration économique vers des objectifs qui souhaitent mettre en avant la démocratie, la bonne gouvernance et la protection des droits de l'homme (paragraphe 1). L'objectif de cette intégration de la démocratie vise à assurer une sécurité et une stabilité dans la sous-région (paragraphe 2).

---

[421] En effet, lors de la révision de 1993 du traité, les États membres se sont fixé comme objectifs fondamentaux à atteindre, « *le maintien de la paix, de la sécurité et de la stabilité régionales...* », le « *respect, promotion et protection des droits de l'homme et des peuples conformément aux dispositions de la Charte Africaine des Droits de l'homme et des Peuples* » et surtout la « *promotion et la consolidation d'un système démocratique de gouvernement dans chaque État membre tel que prévu par la déclaration de principes politiques adoptée le 6 juillet 1991 à Abuja*» au Nigeria voir article 4 du traité révisé de 1993. L'intérêt de ce texte dans le régionalisme de la démocratie, de la gouvernance et de la protection des droits de l'homme réside principalement dans les dispositions de l'article 4, l'article 5 et de celles de l'article 58. Les États ont affirmé de façon solennelle, leur attachement aux principes de la démocratie, de la gouvernance, du respect des droits de l'homme et des libertés.

Paragraphe 1 : L'intégration sous-régionale de la démocratie en Afrique de l'Ouest

La CEDEAO est une organisation internationale d'intégration sous-régionale, ainsi qu'il ressort des dispositions de l'article 2 paragraphe 1er de son traité révisé de 1993 qui précise : « *Par le présent traité, les hautes parties contractantes réaffirment la création de la Communauté Economique des États de l'Afrique de l'Ouest (CEDEAO) et décident qu'elle sera à terme la seule Communauté Economique de la région aux fins de l'intégration économique et de la réalisation des objectifs de la Communauté Economique Africaine* ». Les États de l'Afrique de l'Ouest ont créé cette organisation communautaire dans le but de *« promouvoir la coopération et l'intégration dans la perspective d'une Union économique de l'Afrique de l'Ouest en vue d'élever le niveau de vie de ses peuples, de maintenir et d'accroître la stabilité économique, de renforcer les relations entre les États membres et de contribuer au progrès et au développement du continent africain »*[422]. On constatera qu'il existe une distinction nette entre une « organisation de coopération » et celle « plus intégratrice »[423]. Cela dit, on observera que pour atteindre son objectif d'intégration de la démocratie, l'organisation impose des exigences aux États (A), comme nous verrons, ses efforts de sous-régionalisation de la démocratie sont toutefois limités (B).

A. L'exigence d'une intégration des principes démocratiques

L'intégration vise à rapprocher les composantes d'entités distinctes pour les rapprocher en supprimant les contrariétés et les obstacles. Le *Dictionnaire de droit international public*, définit l'intégration comme correspondant à la fonction d'une organisation internationale qui vise à unifier progressivement par des mécanismes appropriés, l'économie

[422] Article 3 paragraphe 1er du traité révisé de 1993.

[423] A. H. DIOMPY, *Le paradoxe de l'internationalisation du droit constitutionnel en Afrique : réflexions sur les interactions normatives, institutionnelles et politiques dans l'espace CEDEAO*, op. cit. p.44.

voire le système des États membres[424]. Abraham Hervé DIOMPY observe en citant Naceur BOURENANE : « La notion d'intégration devrait davantage être couplée avec celle de construction communautaire. Cette dernière rend compte de la nature collective d'un processus de construction d'un espace collectif entrepris de façon consciente, négociée et irréversible par des partenaires ayant choisi de partager un même destin, dans un cadre politico-institutionnel préalablement établi et choisi par eux sur une base négociée en se fondant sur une vision stratégique de leur avenir en commun »[425].

On parle d'intégration ou d'organisation supranationale pour désigner les organisations internationales dotées des pouvoirs nécessaires qui leur permettent de remplir de telles fonctions[426].

Cela se caractérise principalement par un transfert de compétences, de pouvoirs, de facultés et de fonctions étatiques à des organes communs supranationaux qui se distinguent des États membres[427].

Ce processus limite significativement la compétence des États membres de l'organisation au profit de l'organisation supranationale d'intégration.

La CEDEAO est à la fois une organisation de coopération et d'intégration communautaire[428]. Cette intégration s'étend sur plusieurs domaines à savoir l'économie, la démocratie, la bonne gouvernance et la protection des droits de l'homme et des libertés. Le traité révisé précise qu'elle demeure à terme, la seule organisation économique communautaire de la sous-région de l'Afrique de l'Ouest[429].

En théorie, le droit communautaire semble plus favorable à l'intégration qu'à la coopération. En revanche dans la pratique, les États semblent

---

[424] J. SALMON (dir.), *Dictionnaire de Droit international public*, Bruxelles, Bruylant/AUF, coll., Universités francophones, 2001, p. 591.
[425] A. H. DIOMPY, *Le paradoxe de l'internationalisation du droit constitutionnel en Afrique : réflexions sur les interactions normatives, institutionnelles et politiques dans l'espace CEDEAO*, Thèse de doctorat en droit public Université de Bordeaux, p. 46.
[426] J. SALMON (dir.), *Dictionnaire de Droit international public*, Bruxelles, Bruylant/AUF, coll., Universités francophones, 2001, p. 591.
[427] Ibid.
[428] Article 3 paragraphe 1er du traité révisé de 1993 de la CEDEAO
[429] Ibid.

faire le choix de la coopération, quitte à enfreindre parfois le droit communautaire.

En effet, une organisation internationale de coopération se distingue nettement d'une organisation d'intégration. Dans une organisation de coopération, les États membres décident de mettre en commun leurs intérêts, tout en gardant leur souveraineté et leur indépendance d'action et de décision[430]. À l'inverse, l'intégration vise de façon générale à permettre à deux ou plusieurs États de créer un ensemble d'États au sein d'une organisation internationale d'État intégrée.

À ce propos Seydou NOUROU TALL dira en citant le professeur Pierre-François GONIDEC, « l'intégration est à la fois un processus et une situation qui à partir d'une société internationale morcelée en unités indépendantes les unes des autres, tendent à leur substituer de nouvelles unités plus ou moins vastes, dotées au minimum du pouvoir de décision dans un ou plusieurs domaines déterminés, soit dans l'ensemble des domaines relevant de la compétence des unités intégrées, à susciter, au niveau des consciences individuelles, une adhésion ou une allégeance, et à réaliser, au niveau des structures, une participation de tous au maintien et au développement de la nouvelle unité »[431].

Ces mots de Pierre-François CONIDEC, bien illustratifs de la notion d'intégration, ont été repris par plusieurs auteurs pour illustrer leur propos notamment, Abraham Hervé DIOMPY dans sa thèse de doctorat[432].

C'est donc à raison que nous les reprenons pour définir cette notion, particulièrement intéressante pour cette étude.

À cet effet, on constate que les organisations internationales d'intégration visent comme objectifs la fusion ou l'harmonisation des législations entre États membres sur des domaines sectoriels tels que l'union douanière, la zone de libre-échange, le marché commun,[433] etc.

---

[430] S. N. TALL, *Les organisations internationales africaines*, L'Harmattan 2015. p. 39
[431] Ibid., p. 42.
[432] A. H. DIOMPY, *Le paradoxe de l'internationalisation du droit constitutionnel en Afrique : réflexions sur les interactions normatives, institutionnelles et politiques dans l'espace CEDEAO*, op. cit. p.44.

[433] S. N. TALL, *Les organisations internationales africaines* op. cit. p.42

En clair, l'intégration signifie purement et simplement un abandon de la souveraineté[434]. Selon la doctrine, une organisation de coopération est une « organisation ayant pour but la coordination des activités des États membres dans un domaine spécifique afin d'atteindre des objectifs d'intérêts communs sans transfert de souveraineté »[435]. On la qualifie également d'organisation de coordination. Mais une organisation d'intégration se caractérise principalement par un transfert de compétences, de pouvoirs, de facultés et de fonctions étatiques à des organes communs supranationaux distincts des gouvernements des États membres[436].

Dans une organisation de coopération, chaque État membre reste souverain et garde son indépendance politique. Alors que dans une organisation internationale d'intégration, les États membres conviennent de fusionner ou d'harmoniser leurs législations internes sur des domaines précis. Les États de la CEDEAO ont choisi l'harmonisation des politiques et des législations internes conformément au droit communautaire originaire, ainsi que nous le verrons. Conformément à leurs engagements, les États membres de la CEDEAO ont l'obligation d'harmoniser leurs législations internes au droit communautaire.

1. L'obligation d'une harmonisation des normes internes au droit communautaire primaire

Les États ont l'obligation d'harmoniser leurs législations internes à toutes les normes du droit communautaire. Cela concerne le traité révisé de 1993 et tous les protocoles et conventions de l'organisation.

En effet, le traité révisé de 1993, les conventions et les protocoles constituent la source principale du droit communautaire de la

[434] O. O. SIDIBE, *L'intégration en Afrique de l'Ouest : évolution des questions institutionnelles et politiques*, in B. SANANKOUA, *Les États-nations face à l'intégration régionale en Afrique de l'Ouest, le cas du Mali*, Karthala 2007.p. 25.
[435] Voir A. H. DIOMPY, *Le paradoxe de l'internationalisation du droit constitutionnel en Afrique : réflexions sur les interactions normatives, institutionnelles et politiques dans l'espace CEDEAO*, op. cit. p.44.
[436] Ibid.

CEDEAO. Ces textes constituent « *l'épicentre* » de toutes les normes du droit communautaire et des droits internes de l'ensemble des États membres. Ils constituent également le texte de référence de toutes les obligations qui découlent du droit communautaire. Dans le cadre de la consolidation de la démocratie, de la bonne gouvernance et de la protection des droits de l'homme en Afrique de l'Ouest, le traité révisé de 1993, le protocole relatif aux mécanismes de prévention, de gestion, de règlement des conflits, de maintien de la paix et de la sécurité et son protocole additionnel sur la démocratie et la bonne gouvernance ainsi que le protocole instituant la Cour de Justice de la Communauté constituent les sources du droit communautaire primaire de sous-régionalisation de la démocratie et le respect des droits de l'homme et des libertés.

L'ensemble des normes juridiques du droit interne des États, singulièrement dans le domaine de la démocratie, de la bonne gouvernance et de la protection des droits de l'homme, doit être en harmonie avec le droit communautaire. Pour le dire autrement, les normes du droit interne des États ne doivent pas être en opposition avec le droit communautaire. En revanche, l'intégration du droit communautaire originaire dans le droit interne des États est soumise à des procédures constitutionnelles internes propres à chaque État conformément au droit communautaire originaire. Les États conservent leur indépendance dans l'intégration des normes du droit communautaire dans leur droit interne. Ainsi, conformément à l'article 5 paragraphe 2 du traité révisé de 1993 chaque État membre s'est engagé à prendre toutes mesures appropriées conformément à ses procédures constitutionnelles, pour assurer la promulgation et la diffusion des textes législatifs et réglementaires nécessaires à l'application des dispositions du présent traité. Les États se sont également engagés à honorer leurs obligations et à respecter les décisions et les règlements de l'organisation[437]. À cet effet, les États membres se sont tenus d'harmoniser leurs législations internes au droit communautaire en matière pénale, notamment l'entraide judiciaire et l'extradition[438]. Les coups d'État sont considérés par les droits internes des États comme des infractions

[437] Article 5 paragraphe 3 du traité révisé de 1993.

[438] Article 46 paragraphe 5 du protocole relatif au mécanisme de prévention de gestion, de règlement des conflits, de maintien de la paix et de sécurité.

relevant des crimes[439]. L'harmonisation des législations internes des États avec le droit communautaire devait permettre d'éviter que des auteurs de coups d'État ou leurs complices échappent à la justice de leur pays, en se réfugiant dans un autre État membre de l'organisation.

Dans le but de faciliter l'harmonisation des législations internes des États, la CEDEAO a institué en 1995 une réunion des experts juristes. Le but de ce cadre de « réunion des experts juristes »[440] visait à définir les stratégies et l'élaboration de projets de textes régissant l'harmonisation des législations internes des États[441]. C'est dans le même but qu'elle a mis en place le 27 juin 2003, un règlement portant création d'un comité ministériel ad hoc sur l'harmonisation des législations nationales des États membres de la communauté[442]. Ce qui prouve à suffisance que la CEDEAO mesure d'une part, la nécessité de l'exigence d'une harmonisation des législations internes des États et d'autre part, les difficultés auxquelles cette harmonisation peut être confrontée.

Les décisions de la Cour Commune de Justice de la CEDEAO souffrent particulièrement du manque d'harmonisation des législations internes des États. Elles sont en principe exemptées de la procédure classique d'exequatur des décisions des juridictions internationales. Le protocole instituant la Cour de Justice de la Communauté exige aux États d'exécuter les décisions rendues par celle-ci sans d'autres formalités internes[443]. Les États sont ainsi tenus conformément à leurs engagements et à leurs obligations communautaires, d'harmoniser leur législation interne pour permettre l'exécution directe des décisions de la Cour de Justice de la Communauté, et cela sans le recours à la

---

[439] Voir par exemple article 121 de la Constitution de 1992 du Mali, article 150 de la Constitution togolaise de 1992 modifiés etc.

[440] Décision C/DEC.6/7/1995, J.O CEDEAO, juillet 1995, vol.29, p.24. Voir également à ce propos, A. SALL, *Les mutations de l'intégration des États en Afrique de l'Ouest,* L'Harmattan 2006 p.171

[441] A. SALL, *Les mutations de l'intégration des États en Afrique de l'Ouest,* L'Harmattan 2006 p.171

[442] Règlement C/REG.5/6/03 du 27 juin 2003 modifiant le règlement C/REG.15/01/03 du 23 janvier 2003. Voir également à ce propos, A. SALL, *Les mutations de l'intégration des États en Afrique de l'Ouest,* L'Harmattan 2006 p.171

[443] Voir également l'article 1er et l'article 2 paragraphe 3 de l'Acte additionnel portant régime de sanctions à l'encontre des États membres qui n'honorent pas leurs obligations vis-à-vis de l'organisation.

procédure classique de l'exequatur, c'est-à-dire un mécanisme spécial de réception.

L'harmonisation des législations internes des États au droit communautaire en supprimant les contrariétés constitue l'élément principal de la sous-régionalisation de la démocratie en Afrique de l'Ouest.

En effet, l'harmonisation exige que l'ensemble des États membres adopte des législations internes qui ne puissent pas être en contradiction avec les normes du droit communautaire. La portée de cette disposition est très grande. À travers l'harmonisation des normes, l'ensemble des États ont accepté de limiter leur souveraineté législative et constitutionnelle au profit de l'intégration communautaire[444].

Cependant, il ne faut pas confondre l'unification, l'uniformisation et l'harmonisation, des concepts qui se rapprochent et très répandus dans les processus d'intégration, pouvant prêter parfois à confusion. Alors qu'ils sont en réalité très différents dans leur mise en œuvre et dans leurs objectifs. Il ne sera donc pas inutile de les expliquer, et dire lequel paraît le mieux adapté dans un processus d'intégration.

Comme son nom l'indique, l'unification consiste à adopter des normes juridiques uniques et communes à tous les États membres de l'organisation d'intégration. En règle générale, dans le cadre de l'unification, le droit unifié n'exige pas un moyen de réception interne pour être applicable. Dans le système de l'unification, les États ont l'obligation de respecter immédiatement les règles du droit unifié.

S'agissant de l'uniformisation des normes, elle nous a semblé, sans risquer de se faire contredire, la méthode la plus radicale dans un processus d'intégration. Cette méthode d'intégration des normes consiste à supprimer toutes les incompatibilités qui peuvent apparaître entre les normes du droit interne des États membres de l'organisation, en les remplaçant par un texte juridique unique supranational à ceux-ci. Ce texte juridique unique doit être rédigé en des termes identiques, à la

---

[444] L'article 5 du traité révisé de 1993 de la CEDEAO constitue la disposition fondamentale du sous-régionalisme de la démocratie en Afrique de l'Ouest. Les États se sont engagés à travers cet article, à respecter les normes et les décisions de la CEDEAO. Et surtout à harmoniser leurs politiques internes et leurs législations internes. La portée juridique de cet article est énorme pour la CEDEAO.

virgule près, pour l'ensemble des États qui forment cette organisation d'intégration. Cette méthode limite sévèrement la liberté du législateur des États concernés, autrement dit, elle restreint significativement la souveraineté législative, voire constitutionnelle, des États concernés. Le parlement apparaît dans cette forme d'intégration comme une chambre d'enregistrement des normes édictées par l'organisation supranationale. Le texte juridique est préparé en amont par une instance internationale avant d'être soumis aux législateurs des États concernés pour son adoption. La méthode de l'uniformisation des droits tend à laisser croire aux États qu'ils restent souverains, puisque le texte proposé par l'instance internationale doit être adopté en dernier lieu par les parlements des États concernés pour être applicable, alors qu'en réalité le rôle du législateur interne est clairement formaliste. Elle consacre en apparence, la souveraineté du législateur. Elle met incontestablement le législateur des États concernés sous curatelle du législateur supranational. Force est donc de constater que cette méthode d'intégration consacre la supranationalité du droit uniformisé sur les droits nationaux des États. Au regard de ces constats, la supranationalité du droit uniformisé n'est plus discutable dans une organisation ayant choisi l'unification des droits.

Il appert ainsi qu'il ressort de ces constats que l'harmonisation des normes est la méthode, la moins efficace dans un processus d'intégration juridique.

À cet effet, pour atteindre une vraie intégration en Afrique de l'Ouest, tel qu'il ressort des vœux exprimés au niveau sous-régional, l'unification des normes peut être une bonne piste à explorer pour la CEDEAO, dans le cadre de la réalisation effective de ses objectifs, notamment, la sous-régionalisation de la démocratie, de la bonne gouvernance et de la protection des droits de l'homme et des libertés.

L'harmonisation des normes : L'harmonisation est l'option d'intégration choisie par la CEDEAO. Le professeur Joseph ISSA-SAYEGH la définit ainsi : « L'harmonisation est une opération consistant à mettre en accord des dispositions d'origines différentes, plus spécialement à modifier des dispositions existantes afin de mettre en cohérence entre elles ou avec elles une réforme nouvelle. Tout en respectant plus ou moins le particularisme des législations nationales, l'harmonisation consiste à réduire les différences et les divergences entre elles en comblant les lacunes des unes et en gommant les aspérités des autres. L'harmonisation vise à instituer une coordination entre les législations nationales et une coopération entre les organismes chargés de les appliquer. Un tel résultat s'obtient au moyen de techniques juridiques douces telles que les directives ou les recommandations qu'une organisation internationale adopte et adresse aux États membres. Ces directives et recommandations se contentent d'indiquer les résultats à atteindre sans imposer les formes et moyens pour y parvenir, si ce n'est que la norme internationale doit être revêtue d'un imperium suffisant pour s'imposer dans l'ordre juridique interne »[445]. Cette méthode d'intégration du droit consiste uniquement à supprimer les incohérences entre les règles de droit d'origines diverses. C'est-à-dire à mettre en cohérence non seulement les nouvelles dispositions juridiques, mais aussi celles qui existaient antérieurement au droit harmonisé.

De façon plus simple, l'harmonisation du droit a pour but de réduire les différences et les contradictions qui peuvent exister entre les dispositions juridiques des États membres de l'organisation d'intégration, tout en respectant la particularité entre les législations nationales des États concernés. À l'inverse de l'unification et de l'uniformisation, l'harmonisation est la méthode d'intégration du droit qui respecte le mieux la souveraineté législative et constitutionnelle des États.

À ce propos, Mireille DELMAS-MARTY observe à juste titre que l'harmonisation est l'une des modalités d'intégration qui consiste en l'adoption d'une norme laissant des marges d'appréciation aux destinataires de la norme[446]. L'harmonisation des normes est donc la technique d'intégration du droit qui laisse une certaine liberté d'appréciation des législateurs des États membres de l'organisation concernée. Cette méthode d'intégration permet d'assurer une équivalence fonctionnelle entre les législations d'États différents sans exiger une unification ou une modification des principes ou des

---

[445] J. ISSA-SAYEGH, *quelques aspects techniques de l'intégration juridique : l'exemple des actes uniformes OHADA*, revue de droit uniforme, Institut International de droit privé, janvier 1999, p.5-32 cité par Mireille Delmas-Marty, *Critique de l'intégration normative*, PUF 2004, p.186.
[446] Ibid., p.27.

systèmes juridiques d'une partie[447]. La CEDEAO a choisi l'harmonisation du droit[448] et des politiques[449] internes des États. Son approche consiste à élaborer des règles de droit au niveau communautaire, il est ensuite attendu des normes juridiques internes des États membres, qu'elles jouent un rôle subsidiaire et d'interprétation.

Les législateurs des États membres de la CEDEAO ont une liberté totale de choix dans l'élaboration et l'adoption des règles juridiques internes. Le droit communautaire primaire consacre d'ailleurs cette indépendance politique et législative des États.

En revanche, ils ont l'obligation d'adopter des règles de droit qui ne soient pas en incohérence ou en contrariété avec les règles du droit communautaire.

Dans le cadre de la sous-régionalisation de la démocratie, de la bonne gouvernance et de la protection des droits de l'homme et des libertés, la CEDEAO fixe un noyau central de règles de droit, c'est-à-dire de concepts et de méthodes juridiques communs, à partir desquels la pensée juridique des règles de droit de chaque État membre doit être en harmonie, autrement dit en cohérence.

Par contre, la CEDEAO n'élabore pas de règle de droit pour les États membres comme on peut le constater dans la méthode de l'unification ou de l'uniformisation du droit.

L'obligation d'harmonisation du droit communautaire en matière de démocratie, de bonne gouvernance, de protection des droits de l'homme et des libertés repose essentiellement sur l'accord commun de l'ensemble des États membres sur un certain nombre de principes applicables à ces questions.

L'objectif est de rapprocher principalement les fondements du droit sur ces questions. Les États membres se sont engagés « … *à se concerter à travers les institutions communautaires compétentes, afin d'assurer l'harmonisation et la coordination de leurs politiques respectives dans les autres domaines qui ne sont pas spécifiquement couverts en vue du*

---

[447] Ibid.

[448] Voir article 3 paragraphe (i) du traité révisé de 1993 de la CEDEAO ;

[449] Ibid., paragraphe 2 (a) et article 67 ibid.

bon fonctionnement et du développement effectif de la communauté ainsi que la mise en œuvre des dispositions du présent traité »[450].

L'obligation d'une harmonisation des normes juridiques oblige la CEDEAO à utiliser indispensablement l'anglais[451], le français[452] et le portugais[453], les langues officielles des États membres comme langues de rédaction des normes du droit communautaire. Cela relève d'une exigence des processus d'harmonisation, afin de préserver l'esprit du législateur communautaire. En d'autres termes, le droit communautaire doit être rédigé identiquement dans toutes les langues officielles utilisées dans les États membres. C'est donc surprenant qu'il ne ressorte aucune référence de cette exigence dans le droit communautaire. Il déclare laconiquement que les langues officielles de la communauté sont toutes les langues ouest-africaines déclarées officielles par la conférence, ainsi que le français, l'anglais et le portugais.[454]

La rédaction des règles du droit communautaire en toutes les langues officielles des États membres permet de limiter les interprétations contradictoires liées à la traduction littérale du texte.

Nous notons avec Mireille DELMAS-MARTY qu'il s'agit d'une harmonisation de la forme[455], cette exigence de rédiger le droit communautaire dans toutes les langues officielles. Elle doit aussi porter sur le contenu des normes harmonisées c'est-à-dire le fond, en rapprochant les normes internes des États malgré leurs origines diverses.

Dans le but d'atteindre son objectif initial, l'intégration économique, la CEDEAO insiste particulièrement dans son traité révisé de 1993 sur l'obligation d'harmoniser les politiques et les législations internes des États membres au droit communautaire dans plusieurs domaines notamment dans les domaines de la démocratie, de la bonne gouvernance, de la protection des droits de l'homme, de l'économie, de

---

[450] Article 67 du traité révisé de 1993 de la CEDEAO

[451] L'anglais est la langue officielle du Nigeria, du Ghana, le Liberia, de la Gambie et la Sierra Leone.

[452] Le français est la langue officielle du Bénin, du Burkina Faso, de la Côte d'Ivoire, le Mali, le Niger, le Togo, la Guinée Conakry, le Sénégal.

[453] Le portugais est utilisé comme langue officielle au Cap Vert et en Guinée-Bissau.

[454] Article 87 du traité révisé de 1993.

[455] M. DELMAS-MARTY, *Critique de l'intégration normative*, op. cit., p.61.

l'environnement et le domaine judiciaire. Cette insistance est très remarquable dans les dispositions de l'article 2 du traité révisé de 1993, consacré aux buts et aux objectifs de l'organisation. Conformément à leurs engagements et leurs obligations conventionnelles communautaires, les États membres s'engagent à créer les conditions favorables à la réalisation des objectifs de la communauté, en particulier à prendre toutes mesures requises pour harmoniser leurs stratégies et politiques et à s'abstenir d'entreprendre toute action susceptible d'en compromettre la réalisation[456]. De façon plus ferme, chaque État membre s'engage à honorer ses obligations aux termes du traité révisé de 1993 et à respecter les décisions et les règlements de la communauté[457]. Ces dispositions du traité révisé de 1993 nous ont semblé les plus pertinentes dans le cadre de la sous-régionalisation de la démocratie, de la bonne gouvernance, de l'État de droit et de la protection des droits de l'homme. Au regard des dispositions de l'article 5 de ce texte, chaque État membre a, non seulement l'obligation d'harmoniser sa législation interne avec les normes juridiques du droit communautaire, mais aussi, les États ont l'obligation de respecter les décisions et les règlements de la CEDEAO, en évitant de mettre en place des mesures législatives ou réglementaires qui compromettent juridiquement leur application.

Une incompatibilité entre une norme du droit interne d'un État membre et une norme du droit communautaire ne peut en aucun cas justifier l'inexécution d'une obligation communautaire. Il s'agit d'un principe universellement reconnu par le droit international général, mais qui revêt en droit communautaire de la CEDEAO, une force plus contraignante sur les États membres. L'obligation pour les États membres d'harmoniser leur législation interne au droit communautaire consacre ainsi implicitement le primat du droit communautaire sur le droit interne des États. Toutes les normes du droit interne des États membres y compris la constitution doivent être en harmonie avec l'ensemble des normes du droit communautaire particulièrement le protocole additionnel sur la démocratie et la bonne gouvernance, instaurant une constitution supranationale aux États. C'est à partir de ce texte de façon générale et des dispositions de l'article 5 du traité révisé de manière singulière que la CEDEAO sous-régionalise la démocratie,

---

[456] Article 5 paragraphe 1er traité révisé de 1993.

[457] Ibid. paragraphe 3

la bonne gouvernance et la protection des droits de l'homme en Afrique de l'Ouest. Sur la base des obligations statutaires de l'article 5 du traité révisé et de l'article 1er de l'acte additionnel A/SA.13/02/2012, les Etats ont l'obligation de respecter et d'exécuter les décisions de la Cour de Justice de la Communauté et de toutes les autres institutions et organes communautaires. Ce qui est loin d'être le cas dans la pratique.

En réalité l'exécution des décisions de la CEDEAO et des juges communautaires notamment dans les décisions relatives à la protection des droits de l'homme sur laquelle la plus grande partie de sa jurisprudence est bâtie, est largement tributaire d'un volontarisme des États[458]. L'organisation manque véritablement de fermeté à l'égard des États membres quant à l'application et au respect du droit communautaire. Il en est de même pour toutes les décisions de toutes les autres institutions et organes de l'organisation.

Les Etats doivent non seulement harmoniser leur législation interne au droit communautaire originaire, mais aussi respecter le droit communautaire dérivé comme l'exige les dispositions de l'article 5 du traité révisé de 1993 et de l'article 1er de l'acte additionnel A/SA.13/02/2012. L'Etat membre qui ne respecte pas ses obligations conventionnelles communautaires encourt les sanctions prévues dans le Chapitre 2 (articles 3-12) de l'Acte additionnel A/SA.13/02/12 portant régime de sanctions à l'encontre des Etats membres qui n'honorent pas leurs obligations vis-à-vis de la CEDEAO.

2. *L'obligation d'harmoniser les normes internes au droit communautaire dérivé*

Dans le cadre de la sous-régionalisation de la démocratie, de la bonne gouvernance et de la protection des droits de l'homme en Afrique de l'Ouest, la CEDEAO a mis en place des institutions et des organes politiques complémentaires qui peuvent adopter des mesures

---

[458] Le droit communautaire a mis en place des mécanismes permettant d'assurer le respect des décisions des institutions de façon générale et de la Cour de Justice de la communauté de façon particulière. Mais ces mesures semblent relevées du « droit du mou ».

notamment des sanctions contre les ruptures de l'ordre démocratique et constitutionnel et aussi les violations massives des droits de l'homme ou en cas de remise en cause de l'État de droit. Ces mesures ne constituent pas des normes du droit communautaire au sens strict du mot, mais elles créent des droits et des obligations aux États. Ces normes relèvent du droit communautaire dérivé.

Les actes de la communauté sont dénommés les actes additionnels, les règlements, les directives, les décisions, les recommandations et les avis[459]. Les actes additionnels sont adoptés par la conférence des chefs d'État et de gouvernement pour compléter le traité[460]. Ce sont des actes qui s'apparentent au droit dérivé, mais qui en réalité relèvent du droit communautaire originaire.

Quant aux règlements, directives, décisions, recommandations et avis, ils sont formulés par le Conseil[461]. La commission peut adopter les règlements d'exécution des actes du Conseil. Ils constituent purement et simplement les actes du droit communautaire dérivé.

Les actes d'exécution adoptés par la Commission ont la même force juridique que ceux adoptés par le Conseil. L'ensemble de ces mesures constituent ce qu'on appelle, les actes du droit communautaire dérivé.

Il convient cependant de préciser que ces différents actes du droit communautaire dérivé n'ont pas la même force et la même portée juridique.

Les règlements ont une portée générale et sont immédiatement applicables dans les États[462]. À l'inverse des actes additionnels, ils sont exclus du mécanisme juridique interne de réception pour être applicables[463]. C'est-à-dire qu'ils sont immédiatement applicables dans l'ordre interne des États.

Les directives et les décisions ont une portée limitée, c'est-à-dire relative. Elles lient les États membres quant aux objectifs à atteindre.

---

459 Article 9 paragraphe 1er du protocole additionnel A/SP1/06/06 portant amendement du traité révisé de 1993 de la CEDEAO.
460 Ibid., paragraphe 2 (a).
461 Ibid., paragraphe 2 (b).
462 Ibid., paragraphe 4
463 Ibid.

Les décisions ont, elles aussi, une portée relative. Elles n'ont de force qu'à l'égard de leurs destinataires, autrement dit, elles sont obligatoires pour les destinataires qu'elles désignent[464].

Pour faire encore un parallèle, le droit dérivé de l'UE intègre l'ordre juridique national des États membres par des actes juridiques nationaux[465]. Dans le cadre de la CEDEAO, lorsque la conférence des chefs d'Etat et de gouvernement adopte conformément à l'article 77 du traité révisé de 1993 et en application de l'acte additionnel A/SA.13/02/2012, contre un Etat qui n'honore pas ces obligations ou de l'article 45 du protocole additionnel sur la démocratie et la bonne gouvernance, des mesures de sanctions lorsque l'ordre constitutionnel a été interrompu, ou contre une accession et ou un maintien antidémocratique au pouvoir, l'ensemble des Etats membres de l'organisation doit se conformer aux obligations de cette décision[466]. Bien que ces sanctions ne visent que l'État membre concerné, et les personnes que la mesure vise, conformément à leurs obligations communautaires, chaque État membre est tenu de s'abstenir

---

[464] Ibid., paragraphe 6

[465] J.-L. CLERGEREI, A. GRUBER et P. RAMBAUD, *L'union européenne,* op. cit., p. 275, N° 330.

[466] La conférence des chefs d'État et de gouvernement est la seule institution selon l'article 45 du protocole additionnel sur la démocratie et la bonne gouvernance, qui puisse adopter des mesures de sanctions contre un État dans lequel l'ordre constitutionnel a été interrompu. En revanche, l'article 9 du traité d'Abuja précise : « *Le secrétaire général est tenu de procéder à la publication des décisions trente (30) jours après la date de leur signature par le président de la conférence. Ces décisions sont exécutoires de plein droit soixante (60) jours après la date de leur publication dans le journal officiel de la Communauté.* ». Au regard de cette disposition, le caractère obligatoire des décisions de la conférence des chefs d'État et de gouvernement semble différer. Celles-ci ne sont donc pas imposables aux États avant le terme échu. Cette disposition soulève également un autre problème de droit. En effet, selon le paragraphe 1er de cette même disposition du traité d'Abuja, « *les actes de la conférence sont dénommés décisions* ». Nous convenons avec le professeur A. SALL qu'il n'y a pas une définition rigoureuse des différents actes évoqués par le traité. Voir à ce propos, A. SALL, *Les mutations de l'intégration des États en Afrique de l'Ouest*, L'Harmattan 2006. p.77. En l'absence de définition rigoureuse des rédacteurs du texte sur la nature des actes, tous les actes de la conférence des chefs d'État et de gouvernement doivent être considérés comme des décisions conformément aux dispositions du droit communautaire. Quel que soit le titre de l'acte : déclaration, communiqué, etc., ce dernier doit être considéré comme une décision et produire les effets tel que définis dans le texte.

d'entreprendre une action pouvant compromettre la mise en œuvre de ces sanctions.

Les États membres doivent prendre des mesures législatives ou réglementaires nécessaires, permettant l'exécution correcte des décisions des organes et des institutions de l'organisation. Il en est ainsi des décisions de la Cour de Justice de la CEDEAO.

Lorsque la Cour de justice de la Communauté prononce une décision contre un État pour violation d'une obligation du droit communautaire, telle que la violation des droits de l'homme, l'État membre concerné doit, conformément à ses engagements et à ses obligations communautaires, respecter et appliquer correctement cette décision, ainsi que nous le verrons dans nos développements.

Les décisions de ces institutions et ces organes politiques ne sont pas soumises à des mécanismes juridiques internes de réception à l'inverse du droit communautaire originaire qui doit être ratifié selon la procédure constitutionnelle interne de chaque État membre pour être imposable à l'État.

Elles s'imposent immédiatement dès leur adoption sous réserve de l'observation des délais de publication de ces actes par le président de la commission et par chaque État membre.

Ce droit s'impose immédiatement à tous les États dès son adoption et sa publication. Cependant, malgré ces efforts de la CEDEAO dans la sous-régionalisation de la démocratie, de la bonne gouvernance et de la protection des droits de l'homme, les textes de l'organisation dans ces domaines sont très lacunaires, ce qui limite les efforts de l'organisation.

B. Les obstacles de la sous-régionalisation de la démocratie

Malgré les efforts remarquables de la CEDEAO dans la sous-régionalisation de la démocratie, de la bonne gouvernance et de la protection des droits de l'homme en Afrique de l'Ouest, l'application de ses textes est confrontée à des obstacles limitant ce projet.

1. Les obstacles à l'application du droit communautaire

La réalisation effective d'une intégration communautaire exige que les États renoncent à une grande partie de leur souveraineté, en acceptant la supranationalité de l'organisation communautaire. Plusieurs États affirment de façon explicite et solennelle dans leur constitution, la volonté de renoncer partiellement ou totalement à leur souveraineté au profit d'une association d'États africains[467]. Dans la pratique, les États ne semblent pas disposés à renoncer à tout ou à une partie de leur souveraineté nécessaire à la réalisation de l'intégration sous-régionale.

À vrai dire, contrairement aux États africains, les États d'Europe ont une longue tradition de constitutionnalisme qui permet à ces derniers d'accepter facilement les limites du pouvoir et de partager la souveraineté avec des organisations supranationales[468]. La réalisation d'une intégration d'États européens n'est pas une difficulté fondamentale. Ce qui semble faciliter la réalisation d'une vraie intégration des États membres de l'UE. L'UE a les caractéristiques d'une entité supranationale aux États membres, capable d'imposer sa vision à ceux-ci, au besoin, avec le recours à des moyens de contrainte non violente.

---

[467] Voir par exemple, l'article 117 de la Constitution de 1992 du Mali : « La République du Mali peut conclure avec tout État africain des accords d'association ou de communauté comprenant abandon partiel de souveraineté en vue de réaliser l'unité africaine. » ; l'Article 172 de la Constitution de 2010 du Niger « La République du Niger peut conclure avec tout État africain des accords d'association ou de communauté emportant abandon partiel ou total de souveraineté en vue de réaliser l'unité africaine.... elle accepte de créer avec ces États des organismes intergouvernementaux de gestion commune, de coordination et de libre coopération.... Ces organismes peuvent avoir notamment pour objet :[SEP]- l'harmonisation de la politique économique, financière et monétaire...» ; Article 148 de la Constitution de 1990 modifiée du Bénin « La République du Bénin peut conclure avec d'autres États des accords de coopération ou d'association sur la base des principes d'égalité, de respect mutuel de la souveraineté, des avantages réciproques et de la dignité nationale. »

[468] O. ADEWOYE, « Constitutionnalisme et intégration économique », *in* R. LAVERGNE (dir.), *Intégration et coopération régionale en Afrique de l'Ouest*, Karthala et CRDI 1996, 371 p. document disponible https://prd-idrc.azureedge.net/sites/default/files/openebooks/818-x/#page_371 consulté le 30/02/2017.

La concentration et la personnalisation du pouvoir des présidents de la République constituent des obstacles à une réelle intégration[469] pour les États d'Afrique de l'Ouest. Les observateurs de la politique d'intégration du droit communautaire ouest-africain sont presque unanimes pour reconnaître que la souveraineté constitue un obstacle majeur pour l'effectivité de la réalisation de l'intégration de celle-ci.

Toutefois, sans renier cette observation, c'est beaucoup plus la volonté politique des gouvernants d'appliquer réellement les politiques sous-régionales qui constituent à notre avis, le fond du problème.

Ce constat se traduit d'une part, par le poids des États au sein des organes de décision, et d'autre part, dans la procédure d'élaboration et d'adoption des actes du droit communautaire[470]. En effet, la conférence des chefs d'État et de gouvernement est la première et la principale institution législatrice de la communauté. En d'autres termes, elle est la principale institution de décision de l'organisation. Elle édicte l'essentiel des actes du droit communautaire dérivé de manière générale et singulièrement en matière de démocratie notamment contre les changements anticonstitutionnels de pouvoir. Autrement dit, elle est à la fois la seule institution qui édicte les actes principaux du droit communautaire originaire, en même temps, elle édicte l'essentiel des actes du droit communautaire dérivé. Elle semble le faire en tenant compte de la souveraineté des États, si l'on s'en tient aux modes d'adoption des mesures : *« sauf dispositions contraires du présent traité ou d'un protocole, les décisions de la conférence sont prises selon les matières à l'unanimité, par consensus, à la majorité des deux tiers des États membres »*[471].

Les décisions sont prises de manière à réaffirmer la souveraineté des États sur l'organisation. C'est-à-dire, de manière à ne pas vexer un État. D'une manière générale, toutes les décisions importantes de la CEDEAO sont adoptées ou doivent être approuvées par la conférence des chefs d'États et de gouvernements.

---

[469] O. O. SIDIBE, *L'intégration en Afrique de l'Ouest, évolution des questions institutionnelles et politiques in* Bintou SANANKOUA, *Les États-nations face à l'intégration régionale en Afrique de l'Ouest, le cas du Mali,* Karthala 2007.p 25

[470] Ibid., p.32

[471] Article 9 paragraphe 2 du traité révisé de 1993.

La prépondérance du rôle des chefs d'États et de gouvernements dans l'appareil institutionnel et décisionnel[472] de la CEDEAO a contribué à son affaiblissement. En fait, aucune décision d'une institution ou d'un organe politiques de l'organisation n'échappe au contrôle de la conférence des chefs d'États et de gouvernements. On peut ainsi comprendre les incohérences dans sa logique normative en matière de démocratie, et aussi, son incapacité à être ferme contre les manipulations constitutionnelles, empêchant une alternance politique et démocratique au pouvoir, alors que la réalité en est que cette pratique est potentiellement explosive pour les États. Pour cette même raison, on constatera également un laxisme de l'organisation à l'égard des États. L'absence de contre-pouvoir à la conférence des chefs d'État et de gouvernement est une vraie obstruction pour l'effectivité du droit de la CEDEAO.

Le parlement de la CEDEAO qui aurait pu jouer de ce rôle, pour équilibrer les pouvoirs comme dans toute démocratie représentative, n'est qu'une coquille vide.

En effet, l'organisation a créé par le protocole A/P2/8/94, amendé par le protocole additionnel A/SP.3/06/06, en application des dispositions de l'article 6 paragraphe (c) et l'article 13 du traité révisé, un parlement de la CEDEAO. Les prérogatives de ce parlement ont été renforcées par l'acte additionnel A/SA.1/12/16, adopté le 17 décembre 2016 à Abuja au Nigeria, lors de la cinquantième session ordinaire de la conférence des chefs d'Etat et de gouvernement. Conformément à son article 45, ce texte est entré en vigueur dès sa signature par les États.

Aux termes des dispositions de l'article 18 paragraphe 1er de ce texte, le parlement est élu au suffrage universel direct par les citoyens de la Communauté. Toutefois, l'article 18 paragraphe 2 (g) de ce texte précise que jusqu'à l'élection des parlementaires au suffrage universel direct, ceux-ci sont désignés par les parlements nationaux.

Le parlement de la communauté qui aurait pu être un contre-pouvoir à la conférence des chefs d'État et de gouvernement, au regard de son mode d'élection a été complémentent dépouillé des vrais pouvoirs

---

472 Ousmane Oumarou SIDIBE, *L'intégration en Afrique de l'Ouest, Évolution des questions institutionnelles et politiques* in *Les États-nations face à l'intégration régionale en Afrique de l'Ouest, le cas du Mali*. Karthala 2010, p.33

d'une institution parlementaire dans une démocratie représentative. Il n'a qu'un pouvoir consultatif. A cet effet, conformément à l'article 8 de l'acte additionnel A/SA.1/12/16, il ne peut adopter que des avis comme actes juridiques communautaires, qui ne sont en réalité que de simples résolutions sans force obligatoire (article 1er. 1) et des avis conformes qui ne constituent que des résolutions avec force obligatoire (article 1er.2).

En réalité, en application des dispositions de l'article 7 paragraphe (d), le parlement ne peut que faire des recommandations aux institutions et aux organes de la communauté. Autrement dit, il ne peut exercer aucun contrôle sur les mesures de la conférence des chefs d'État et de gouvernement. Il se trouve même soumis au contrôle de celle-ci, dès lors qu'avant d'entrer en fonction, les parlementaires doivent prêter serment devant le président de la Conférence des chefs d'Etats et de gouvernements en application des dispositions de l'article 29 de l'Acte additionnel A/SA.1/12/16. En vrai, ce parlement n'a aucun pouvoir décisionnel. Aux termes de l'article 22 de ce texte, même les indemnités de sessions de ses membres sont déterminées par la conférence des chefs d'État et de gouvernement.

Le seul pouvoir apparent qu'il a en matière de démocratisation des États, il peut, dans les circonstances exceptionnelles, demander au président de la Commission d'activer le mécanisme de prévention, de gestion, de règlement des conflits, de maintien de la paix et de la sécurité, en application de l'article 41 de l'Acte additionnel de 2016.

La concentration des pouvoirs des institutions communautaires n'est que la conséquence de l'omniprésence et de l'omnipotence des chefs d'État et de gouvernement, dans le fonctionnement institutionnel interne des États.

En effet, les constitutions des États africains consacrent l'omnipotence et l'omniprésence des chefs d'État dans l'organisation et le fonctionnement des institutions internes. Ce rôle prépondérant des chefs d'État et de gouvernement dans le fonctionnement des institutions a été consacré par le traité d'Abuja. Ce présidentialisme consacré par le traité d'Abuja a eu comme conséquence le renforcement de leur contrôle sur le fonctionnement des institutions et des organes décisionnels de la communauté.

Les autres institutions et les organes de la communauté notamment, le président de la Commission, premier fonctionnaire statutaire de l'organisation est réduit à un simple rôle subalterne et d'exécution des tâches administratives quotidiennes de l'organisation. Ces constats ont pour conséquence d'obstruer fortement l'intégration de la démocratie, de la bonne gouvernance et de la protection des droits de l'homme en Afrique de l'Ouest.

Ces obstacles sont nettement plus remarquables dans l'application du droit communautaire dérivé.

2. *Les obstacles au droit communautaire dérivé*

Le droit communautaire dérivé est formé par l'ensemble des actes juridiques de la CEDEAO qui sont édictés par les institutions et les organes de l'organisation communautaire, dans les domaines relevant de leurs compétences respectives conformément au traité révisé de 1993, et amendé et aux protocoles de l'organisation.

Lorsque la conférence des chefs d'État et de gouvernement adopte une décision contre un État membre, elle s'impose à tous les États membres conformément à leurs obligations et leurs engagements communautaires, ainsi que nous l'avons dit un peu plus haut. Ces décisions ne sont pas soumises à la procédure classique de ratification prévue pour les traités et les protocoles. Cette solution trouve son fondement juridique dans le droit communautaire originaire.

Les mesures décisionnelles de la CEDEAO prennent immédiatement effet dès leur notification aux destinataires ou leur publication. En fait, comme le fait remarquer Marie-Anne COHENDET[473], ces décisions ne sont pas considérées comme des traités ou des protocoles. Les communiqués de la conférence des chefs d'États et de gouvernement s'imposent à tous les États membres dès leur adoption par les chefs d'États et de gouvernement, leur notification aux destinataires et leur publication, à l'exception de la Cour de Justice de la Communauté.

---

[473] M. A. COHENDET, *Droit constitutionnel* op. cit., p. 44

Cependant, l'exécution des décisions de la CEDEAO semble relever d'une manière générale du volontarisme des États[474]. Le droit communautaire de la CEDEAO repose fondamentalement sur le volontarisme des États. La Cour de Justice de la Communauté constitue, par l'étendue de ses compétences, l'appareil institutionnel du contrôle du respect des obligations des États. En revanche, cette Cour à « *compétence étendue* »[475] est également freinée dans ces actions.

Les juges communautaires n'ont aucune garantie que leur décision sera appliquée par l'État contre lequel elle est rendue. La pratique montre qu'elles sont nombreuses, les décisions de la Cour de Justice de la Communauté qui ne sont jamais exécutées. Le constat est très alarmant dans le domaine de l'intégration de la démocratie et de la protection des droits de l'homme.

Les États n'honorent pas leurs obligations d'harmonisation des droits pour permettre une application directe du droit communautaire dérivé. Pis, lorsque la Cour de Justice de la Communauté rend des décisions en matière de démocratie et de protection des droits de l'homme, les États restent totalement indifférents. La décision de la Cour de Justice de la Communauté, la plus remarquable dans ce sens est le jugement N° ECW/CCJ/16/15 du 13 juillet 2015, dans laquelle, la Cour de Justice de la Communauté a ordonné à l'État du Burkina Faso, de lever tous les obstacles liés à une participation aux élections, consécutive à la modification du code électoral par la loi n° 005-2015/CNT du 7 avril 2015. L'État du Burkina Faso ne s'est jamais conformé à cette décision des juges communautaires. En d'autres termes, l'État burkinabé n'a pas harmonisé son code électoral au droit communautaire comme l'exigeait cette décision.

---

474 La CEDEAO privilégie dans l'article 76 de son traité révisé de 1993, un règlement amiable de différends au sujet de l'interprétation ou de l'application des règles du droit communautaire.

475 Nous utilisons cette expression, car la Cour de justice de la CEDEAO, de par le protocole qui la crée, a une compétence très large et dispose de dispositifs juridiques multiples et variés de référence notamment en matière de protection des droits de l'homme. En matière de protection des droits de l'homme, le protocole instituant la Cour de Justice autorise les juges communautaires à se référer à tous les instruments juridiques régionaux et internationaux en matière de droit de l'homme auxquels l'État membre concerné a adhéré.

Pour faire de nouveau un parallèle avec l'UE, la Commission veille à l'application des traités et des décisions des institutions, surveille sous le contrôle de la Cour de Justice de l'UE, l'application du droit de l'Union[476]. La Commission de l'UE peut, à cet effet, prendre des sanctions contre un État qui n'exécute pas les arrêts de la Cour. Pour se faire, elle peut mettre en demeure l'État concerné de présenter ses observations. Elle peut fixer un délai à l'État concerné pour exécuter l'arrêt[477]. S'il ne s'exécute pas, elle peut saisir la Cour en indiquant le montant de l'astreinte ou la somme forfaitaire qu'elle estime adaptée et que l'État concerné devrait payer[478]. C'est donc avec un grand regret que nous observons que la CEDEAO, l'organisation modèle d'intégration en Afrique, qui suscite autant d'admiration, n'a pas de moyens sérieux pour contraindre les États à respecter leurs engagements. Autrement dit, elle n'a pas un véritable moyen institutionnel de contrôle des États sur le respect et l'exécution de leurs obligations et de leurs engagements. Quel gâchis pour la CEDEAO !

Il convient de rappeler, au risque de se répéter que la CEDEAO a été créée dans un but purement économique[479], et que ce sont les évènements qui l'ont contraint à observer un changement de doctrine. Le processus de réforme qu'elle a enclenché en 1993 a permis d'élargir ses objectifs dans le domaine de la sécurité, sans renier son objectif initial. Le contexte sécuritaire est le mobile principal de ce profond bouleversement des objectifs. C'est donc avec raison qu'elle établit une interaction directe entre la démocratie et la sécurité.

Paragraphe 2 : L'interaction entre la démocratie et la sécurité collective

Selon un rapport de l'OCDE : « Toute paix durable repose sur les principes fondamentaux que sont la bonne gouvernance, la sécurité humaine, la démocratie, le respect de l'État de droit et des droits de la

[476] J.-L. CLERGEREI, A. GRUBER, P. RAMBAUD, *L'Union européenne*, op. cit.173, N°209.

[477] Ibid. p.191, 228.

[478] Ibid.

[479] Article 2 paragraphe 1er du traité fondateur de 1975 de la CEDEAO.

personne et un système ouvert et équitable d'économie de marché. Elle requiert une bonne gouvernance à l'échelon national, régional et international »[480].

Alors qu'on est désormais certain que les coups d'État sont souvent à l'origine de conflits violents, malgré leur encadrement juridique par des mécanismes[481] conventionnels et communautaires, de l'Union Africaine et de la CEDEAO. Le lien direct entre la démocratie et la sécurité est donc clairement établi.

C'est donc pour une bonne raison que l'organisation a mis en place un mécanisme juridique de sécurité collective dans le cadre de la sous-régionalisation de son projet de démocratisation des États (A). Son mécanisme de sécurité collective rappelle et précise avec insistance, sa subsidiarité avec l'ONU et l'UA (B).

A. La mise en place d'un cadre juridique de sécurité collective s'articulant autour de la démocratisation

La démocratie, la bonne gouvernance et le respect des droits de l'homme, fondements de l'architecture de la sécurité collective sous-régionale, paraissent comme les seules alternatives à la prévention des crises. Ils constituent la voie principale contre les conflits notamment ceux liés à la prise illégale de pouvoir. Le dynamisme sous-régional contre les conflits s'est accompagné de la mise en place de nombreux textes normatifs. La volonté des États membres de la CEDEAO de promouvoir l'accession au pouvoir par des moyens démocratiques et constitutionnels constitue le prolongement des obligations des États membres de l'organisation née des instruments normatifs communautaires de protections des droits de l'homme et des libertés, en particulier les droits proclamés et consacrés dans le protocole

---

480 Voir OCDE-CAD, *Les lignes directrices du CAD. Prévenir les conflits violents : quels moyens d'action*? 2001, p. 19. Document disponible sur : http://www.oecd-ilibrary.org/development/prevenir-les-conflits-violentsquels-moyens-d-action_9789264294783-fr

481 A. K. BITIE, *L'approche contemporaine de la prévention des conflits en Afrique*, op. cit., p.117., p.53

additionnel sur la démocratie et la bonne gouvernance, la Charte africaine des droits de l'homme et des peuples, la Déclaration universelle des droits de l'homme et d'autres instruments juridiques de protection des droits de l'homme auxquels les textes de la CEDEAO font directement référence.

On observe avec Hélène TIGROUDJA que la CEDEAO est la seule organisation internationale avec l'UA, à se doter de mécanismes juridiques assez contraignants en matière de promotion et de consolidation de la démocratie et de la bonne gouvernance[482], en particulier, contre le changement anticonstitutionnel de pouvoir dans le cadre de la prévention, la gestion et le règlement des crises sécuritaires.

Ces mécanismes ne semblent toutefois pas efficaces dans la prévention des changements anticonstitutionnels. Il est certain que la démocratie peut être source de paix et l'autoritarisme, source de violence ; en revanche, il faut admettre que l'inverse est possible également[483].

En effet, la question de la sécurité collective est apparue pour la première fois dans le discours de la CEDEAO lors de son 3e sommet ordinaire de la conférence des chefs d'États et de gouvernement, tenue les 27 et 28 mai 1980 à Lomé au Togo[484].

---

[482] H. TIGROUDJA, *La Charte africaine de la démocratie, des élections et de la gouvernance*,
(dir), *L'Union Africaine : Cadre juridique et institutionnel*, Paris, Pedone 2013, p. 243

[483] A. K. BITIE, *L'approche contemporaine de la prévention des conflits en Afrique*, op. cit p.63.

[484] Voir à ce propos, Le Communiqué final de la 3e session de la conférence des chefs d'États et gouvernement tenue les 27 et 28 mai 1980 à Lomé au Togo, p. 3 1 www.ecowas.int consulté le 20 janvier 2016. Ce sommet se tenait dans un contexte de guerre froide et de bipolarisation du monde. L'idée de cet appel visait à inviter les Etats d'Afrique de l'Ouest à coopérer pleinement, en entretenant des rapports de bon voisinage pour limiter les risques d'affrontements armés entre eux et des conflits internes. Il s'est tenu dans un contexte diplomatique très tendu entre certains Etats de l'Afrique de l'Ouest, notamment entre le Mali et le Burkina Faso étaient autour de la bande d'Agacher. Les tensions entre ces deux Etats ont abouti en 1985 à un conflit armé frontalier. La Côte d'Ivoire et le Liberia avaient aussi des rapports très compliqués. Le Liberia soupçonnait le gouvernement ivoirien de soutenir les groupes armés rebelles de Charles Taylor. Se référant au conflit au Liberia, la même conférence des chefs d'Etat et de gouvernement s'est prononcée sur la nécessité de la mise en place d'une défense commune. *Voir* Communiqué *ibid.* p.6

Il s'agit ici de se préoccuper de l'implication de la CEDEAO dans la consolidation de la démocratie, de la bonne gouvernance et de la protection des droits de l'homme à travers son mécanisme de sécurité collective.

Le protocole relatif aux mécanismes de prévention, de gestion, de règlement des conflits, de maintien de la paix et de sécurité constitue la norme communautaire principale qui autorise la CEDEAO à s'impliquer contre le fléau des changements anticonstitutionnels de pouvoir. L'organisation précise dans ce texte le but de son implication contre ce fléau et elle explique les moyens à mettre en œuvre pour atteindre cet objectif. En s'impliquant dans les questions de sécurité collective, la CEDEAO s'empare des questions relevant de façon exclusive de la compétence des Nations-Unies.

Elle partage sur cette partie du continent, cette responsabilité avec l'UA. Son choix de s'emparer de cette question se justifie par l'interdépendance entre la sécurité et le développement économique qu'elle a établie dans le protocole relatif au mécanisme de prévention, de gestion, de règlement des conflits, de maintien de la paix et de la sécurité[485].

La stabilité politique et sécuritaire est incontestablement le vecteur du développement économique. Dans son rapport annuel de 2012, la CEDEAO constatait l'impact de l'instabilité politique sur les performances économiques des États[486].

Les effets négatifs que l'instabilité politique et sécuritaire a produits dans la sous-région, principalement la crise au Liberia de 1990 a permis à la CEDEAO de soutenir l'idée selon laquelle la sécurité est un préalable pour l'épanouissement de l'économie[487].

Dans le cadre de l'intégration économique, l'instabilité politique et sécuritaire d'un État membre peut affecter les autres États partenaires

---

485 Article 2 paragraphe (a).

486 Rapport annuel 2012 de la CEDEAO, *Intégration et stabilité politique en Afrique de l'Ouest*, Abuja décembre 2012 ppp.100 sss, www.afdb.org consulté le 20 juin 2016.

487 A. SALL, *Les mutations de l'intégration en Afrique de l'Ouest*, L'Harmattan 2006. P. 139

de la sous-région. Elle freine les efforts d'intégration économique communautaire. La CEDEAO reconnaît dans le droit communautaire originaire que le développement économique et social, et la sécurité des peuples et des États sont intimement liés[488].

Ainsi, pour l'intégration économique des États d'Afrique de l'Ouest, les crises politiques et sécuritaires affectent indubitablement la libre circulation des personnes et de leurs biens dans les États qui sont confrontés à ces crises. La libre circulation des personnes et de leurs biens est l'un des buts essentiels de la CEDEAO dans la réalisation de son projet d'intégration économique[489]. Sous l'impulsion de l'ancien président malien Alpha Oumar Konaré[490], la mise en place de ce cadre a abouti à l'instauration d'un passeport commun à tous les États membres de l'organisation[491]. C'est dans cette même dynamique de l'effectivité de la libre circulation des personnes et de leurs biens au sein de l'espace que la conférence des chefs d'État et de gouvernement a adopté lors de sa 32e session ordinaire tenue en juin 2007, la vision 2020 qui ambitionne de transformer tout l'espace ouest-africain en une sous-région sans frontières où les citoyens peuvent créer et profiter d'opportunités d'affaires pour une production durable en y exploitant les énormes ressources disponibles [492].

La CEDEAO rappelle dans l'article 2 paragraphe (b) du protocole relatif au mécanisme de prévention, de gestion, de règlement des conflits, de maintien de la paix et de la sécurité, son attachement à la promotion et au renforcement de la libre circulation des personnes, le droit de résidence et d'établissement qui contribuent au renforcement des liens de bon voisinage. Le constat de l'impact de l'instabilité politique sur le développement économique est plus alarmant lorsqu'elle aboutit à un conflit armé. Le conflit provoque la destruction des infrastructures de production, affecte la consommation et provoque

---

[488] Article 2 (a) du protocole A/SP1/12/99 relatif aux mécanismes de prévention, de gestion, de règlement des conflits, de maintien de la paix et de la sécurité.

[489] Article 3 paragraphe 2 (i) et (ii) du traité révisé.

[490] Alpha Oumar Konaré fut Président de la République du Mali de 1992 à 2002.

[491] Alpha Oumar Konaré avait réclamé en 2000 alors qu'il était président en exercice de la CEDEAO, la mise en place d'un passeport de la CEDEAO. Mais ce n'est qu'en 2012, que ce projet de passeport communautaire a été concrétisé.

[492] Rapport annuel 2012 de la CEDEAO, *Intégration et stabilité politique en Afrique de l'Ouest*, Abuja décembre 2012 p. 98

un exode massif des populations vers d'autres pays. Les arrivées massives des migrants sur les côtes méditerranéennes proviennent majoritairement des pays qui sont confrontés à des crises politiques et sécuritaires[493]. Les interactions directes entre la stabilité politique et le développement économique ne sont plus contestables.

La Banque mondiale établissait déjà cette interaction en 2011[494]. C'est ainsi qu'en 2011, grâce à sa stabilité politique et sécuritaire, le Ghana[495], l'un des États stables de l'espace CEDEAO, a enregistré la plus forte croissance économique d'Afrique et classé première économie dans le continent africain selon les prévisions de la BAD (Banque Africaine de Développement) et de l'OCDE (Organisation de Coopération et de Développement Économique)[496]. Il est donc admis qu'une stabilité politique et sécuritaire stimule le développement.

1. Lien entre la stabilité et le développement

L'UA précise dans l'Article 4 paragraphe (d) du protocole portant création du Conseil de paix : « *l'interdépendance entre le développement socio-économique et la sécurité des peuples et des États* ».

La CEDEAO rappelle quant à elle dans l'article 2 paragraphe (a) du protocole relatif aux mécanismes de prévention, de gestion, de règlement des conflits, de maintien et de la sécurité, que le développement économique et social et la sécurité des peuples et des États sont intimement liés. C'est donc à juste titre que Philippe MARCHESIN observe que la démocratie et le développement vont de

---

493 Voir à ce propos H. TAMBOURA, A. SY, H. DIARRA, *Les causes de l'émigration en Afrique*, www.info241.com consulté le 23/02/2019.
494 Rapport annuel 2012 de la CEDEAO, *Intégration et stabilité politique en Afrique de l'Ouest*, op. cit., p.97, Dans son rapport de 2011, la Banque Mondiale avait attiré l'attention des acteurs politiques et économiques sur l'importance de la stabilité politique pour la croissance économique des États.
495 Le Ghana est situé dans le golfe de Guinée, il est entouré par la Côte d'Ivoire, le Togo et le Burkina Faso.
496 A. HART « *Ghana et Éthiopie, nouveaux "lions" de la croissance* », www.slateafrique.com article du 17/06/2011, consulté le 20 juin 2016.

pair[497]. En effet, nous avons expliqué plus haut que les changements anticonstitutionnels, est un facteur déterminant des conflits en Afrique alors qu'ils sont fréquents en Afrique de l'Ouest. Ce fléau s'accroît avec une proportion inquiétante dans cette partie du continent africain. Ils aboutissent à des instabilités politiques et sécuritaires *mutatis mutandis*. L'instabilité politique et sécuritaire rend difficile le maintien d'une stabilité économique et la croissance de l'économie. L'exemple du Ghana conforte notre propos s'agissant du lien direct entre la stabilité politique et sécuritaire, et le développement économique. L'exemple du Ghana est très révélateur.

Le Ghana est un exemple de stabilité politique et sécuritaire, et de développement économique dans la sous-région d'Afrique de l'Ouest. Il paraît selon nos constats, l'un des exemples de l'exception démocratique en Afrique de l'Ouest. Ce pays enregistre un développement économique extraordinaire. Depuis l'entrée en vigueur de la constitution ghanéenne de la IVe République, consacrant la restauration de la démocratie, ce pays enregistre des alternances politiques spectaculaires au pouvoir[498]. Cette constitution est très ferme

---

[497] Ph. MARCHESIN, *Démocratie et développement,* op. cit., p.497.

[498] L'alternance politique et démocratique au pouvoir la plus remarquable au Ghana a été enregistrée en 2012. En effet, le 24 juillet 2012, le président John Atta Mills au pouvoir et candidat à sa propre succession meurt brutalement à la veille des élections présidentielles. Ce pays réussit l'alternance en respectant la constitution de 1992 modifiée. En Afrique de l'Ouest, la période de vacance de pouvoir, notamment en cas de décès du président en fonction, est une période propice aux changements anticonstitutionnels de pouvoir et aux troubles politiques. En 1993, la Côte d'Ivoire considérée jusqu'à cette date comme un exemple de pays stable de la sous-région, avec une croissance économique très remarquable, a connu de troubles graves après le décès du président Félix Houphouët-Boigny. La Côte d'Ivoire a été plongée dans une longue crise politique et sécuritaire qui s'est réglée par un coup d'Etat aboutissant à une guerre civile. La Côte d'Ivoire n'est pas un cas isolé dans la sous-région. L'histoire politique de la Guinée Conakry est aussi marquée par des coups d'Etats à répétition après la mort du président en fonction. En effet, en 1984, une semaine après le décès du président en fonction Ahmed Sékou Touré, un groupe de militaires conduit par le colonel Lassana Conté a pris le pouvoir, en reversant les institutions de transition mises en place conformément à la constitution. Le 22 décembre 2008, le président guinéen Lassana Conté décède lui aussi en fonction. Le 24 décembre 2008, un groupe de militaires conduit par le capitaine Moussa Dadis Camara s'empare du pouvoir par la force. Les exemples sont assez nombreux dans la sous-région. Le Togo peine aussi à réussir une alternance politique au pouvoir. Togo n'a pas fait exception lors de la mort, le 5 février 2005, du président Gnassingbé Eyadema qui dirigeait le

à l'égard des tentatives ou de coups d'État. La constitution du Ghana de 1992 modifiée punit de peine de mort, tout renversement ou toute tentative de renversement partiel ou total des institutions constitutionnelles[499]. En 2010, *Freedom house* accordait sa meilleure note à ce pays[500]. Il appert que la géopolitique très stable de ce pays, notamment sa stabilité politique et sécuritaire a pu stimuler son développement économique. Ce pays ne se fait pas remarquer seulement pour sa croissance économique. C'est aussi un exemple dans le cadre de la gouvernance.

2. *Le lien entre la stabilité et la gouvernance*

L'OCDE établit une interaction directe entre la stabilité et la gouvernance, en soulignant que toute paix durable repose sur des principes fondamentaux notamment la bonne gouvernance[501].

---

pays depuis plus de trois décennies. En effet, le 5 février 2005, le président Gnassingbé Eyadema décède en fonction dans son avion alors qu'il était transporté vers un hôpital israélien. Dès l'annonce de son décès, l'armée a pris le pouvoir et a désigné Faure Gnassingbé le fils du président défunt pour assurer l'intérim. L'implication de la CEDEAO appuyée par l'UA et la communauté internationale a contraint Faure Gnassingbé à renoncer à assurer l'intérim du pouvoir. La liste des exemples dans la région est longue. Mais le Ghana a réussi cette alternance en respectant la constitution de 1992 modifiée. Ces alternances politiques témoignent de l'enracinement de la démocratie dans ce pays.

[499] The constitution of republic of Ghana, chapiter one (3).

[500] *Freedom house* est une organisation internationale indépendante basée à Washington aux USA. Elle a été créée le 31 octobre 1941 dans le but d'étudier l'étendue de la démocratie dans le monde. La stabilité politique et sécuritaire, et les alternances politiques spectaculaires au pouvoir au Ghana ont sans nul doute motivé le choix du jury de cette organisation. Ces facteurs ont vraisemblablement motivé le choix de ce pays par la Maison Blanche pour la seule et unique visite de juillet 2009 du président américain Barack Obama en Afrique de l'Ouest. Selon le classement 2015 de l'indice de développement du PNUD, le Cap Vert et le Ghana sont les pays les plus développés de la région d'Afrique de l'Ouest. Le Cap Vert et le Ghana occupent respectivement la 10e et la 16e place sur un classement de 54 États. Ces deux États doivent leurs performances économiques et leur développement à leur stabilité politique et sécuritaire.

[501] OCDE-CAD, *Les lignes directrices du CAD. Prévenir les conflits violents : quels moyens d'action* ? », 2001, p. 19. Document disponible sur : *http://www.oecd-*

Il existe incontestablement une interaction directe entre la gouvernance, la stabilité politique et sécuritaire, et le développement des États, dans la droite ligne de l'UA et de la CEDEAO.

La CEDEAO fait de la gouvernance démocratique, un moyen de prévention des crises, et plus exactement de protection des droits de l'homme, afin d'élever le niveau de vie des peuples tel que prôné par le traité révise en son article 3 paragraphe 1.

À cet effet, les États membres et la CEDEAO elle-même se sont engagés à éradiquer la corruption dans la sous-région de façon générale, et à l'intérieur des territoires des États, à promouvoir la transparence, la responsabilité et la bonne gouvernance[502].

Plusieurs États réaffirment dans les préambules de leurs constitutions, leur attachement à la lutte contre la corruption et à promouvoir la bonne gouvernance. Il est donc clair qu'elle établit à juste titre une interaction directe entre la stabilité et la gouvernance démocratique.

Cependant, il manque un cadre de contrôle et d'observation de la gouvernance démocratique au niveau sous-régional. En fait, la CEDEAO n'a pas de mécanisme d'observation ou d'évaluation de la gouvernance de ses États membres à la lumière du Mécanisme Africain d'Évaluation par les Pairs (MAEP) à l'échelle régionale[503]. En effet, le MAEP est un dispositif de l'UA, crée en 2002 par l'Assemblée Générale à Durban en Afrique du Sud. Vingt-neuf (29) États y ont volontairement adhéré MAEP[504]. C'est l'un des programmes phares de

---

ilibrary.org/development/prevenir-les-conflits-violentsquels-moyens-d-action_9789264294783-fr

502 Article 48 du protocole relatif aux mécanismes de prévention, de gestion, de règlement des conflits, de maintien de la paix et de la sécurité.

503 Il permet aux États africains d'exercer un contrôle de façon réciproque entre eux afin de favoriser la bonne gouvernance. Ce mécanisme s'appuie sur les instruments juridiques de l'U.A sur la démocratie, la gouvernance politique et économique et dans le domaine de la gestion des entreprises. Il n'est pas assorti de sanctions, mais permet un échange d'expériences entre les États adhérant au mécanisme. En 2015, 35 États africains avaient volontairement adhéré à ce mécanisme. http://www.un.org/fr/africa/osaa/peace/aprm.shtml consulté le 13/03/2017.

504 M. A SAYNE, « Le mécanisme africain d'évaluation des pairs, la promotion de la gouvernance en Afrique », in S. BELLINA, H. MAGRO, V. DE VILLEMEUR (dir.), *La gouvernance démocratique. Un nouveau paradigme pour le développement ?* Op. cit., p 529.

l'UA en matière de gouvernance sur le continent. Les quatre domaines indicateurs de la gouvernance du MAEP sont : la politique, l'économie, le domaine de l'entreprise et le domaine socio-économique[505]. Son processus comporte cinq phases définies dans son document de base[506]. À l'issue de leur évaluation, le MAEP n'attribue pas de note ou de prix aux États membres. Son objectif principal porte sur l'échange d'expériences entre les États qui y ont volontairement adhéré. La CEDEAO s'implique conformément au droit communautaire, dans la gouvernance de ses États membres pour prévenir les crises et les troubles politiques et sécuritaires. Ce qui s'est traduit par l'insertion des dispositions des articles 48[507] et 49[508] dans le protocole relatif aux mécanismes de prévention, de gestion, de règlement des conflits, de maintien de la paix et de la sécurité.

La CEDEAO a mis en place un cadre juridique de lutte contre la corruption, qui tarde à entrer en vigueur faute d'obtenir le nombre de ratifications requises. Sa volonté dans ce sens a connu une impulsion qui a conduit à l'adoption en décembre 2001 du protocole A/P3/12/01 sur la lutte contre la corruption. Ce texte est particulièrement bien structuré et très contraignant contre la corruption, s'ingère significativement dans la souveraineté des États. Ce protocole constitue également une référence dans la lutte contre la corruption sur le continent africain.

Du fait qu'il constitue une atteinte significative à la souveraineté des États, il semble susciter une incroyable frilosité des États dans sa ratification. Mais en fait, depuis l'adoption en 2012 de l'Acte additionnel portant régime de sanctions à l'encontre des États membres qui n'honorent pas leurs obligations vis-à-vis de la CEDEAO, aux

---

505 Ibid. p 532.

506 Ibid. p 536

507 « *Pour éradiquer la corruption à l'intérieur de leurs territoires et dans la sous-région, la CEDEAO et les États membres s'engagent à promouvoir la transparence, la responsabilité et la bonne gouvernance.* »

508 « *Le Secrétariat Exécutif de la CEDEAO et les États membres adoptent des stratégies pour combattre le blanchiment d'argent en élargissant la définition de ce crime. Ils aident á confisquer les produits du blanchiment et les fonds illicites, et á atténuer la rigueur des lois sur le secret bancaire, au sein et à l'extérieur de la sous-région.* »

termes de l'article 2 paragraphe 2 (i) de ce texte, les États ont l'obligation de ratifier les protocoles et les conventions de l'organisation.

Il est ainsi clairement établi que la bonne gouvernance constitue pour la CEDEAO un moyen de prévention des crises, de maintien de la paix et de la stabilité au sein de la Communauté. Alors qu'elle établit un lien direct entre ces concepts, c'est donc à regret qu'on note une absence de mécanisme de contrôle ou d'évaluation de la gouvernance des États, ainsi que nous l'avons remarqué précédemment. L'Indice Mo Ibrahim pour la Gouvernance en Afrique (IIGA) de la fondation éponyme pourrait en revanche combler ce vide institutionnel de la CEDEAO en matière de contrôle de la gouvernance[509].

---

[509] Il attribue des notes et effectue un classement des États à partir d'un indice à l'échelle continentale. Le mérite de l'IIGA est qu'il attribue des prix à des anciens présidents ayant réussi une bonne gouvernance dans leur État. Cet institut a classé le Ghana en 2015 parmi les sept (7) États en Afrique en matière de gouvernance sur un total de 54 États évalués. Dans son rapport de 2016, il a classé le Sénégal au 10e rang des États africains ayant une bonne gouvernance démocratique. V*oir* http://mo.ibrahim.foundation/fr/iiag/ consulté le 08/10/2016. Le rapport IIGA : gouvernance global 2019, a classé le Cap-Vert au 3ème et le Ghana au 6ème rang du classement sur 54 Etats évalués. Document disponible sur http://mo.ibrahim.foundation/fr/iiag
consulté le 23/02/2°19. En effet, la Fondation Mo Ibrahim est une organisation non gouvernementale créée en 2006 par l'homme d'affaire soudano-britannique du même nom. Cette initiative vise à inciter et à encourager une meilleure gouvernance en Afrique. C'est dans ce cadre que cette fondation a lancé en 2007, le prix Mo Ibrahim pour le leadership d'excellence en Afrique. Ce prix récompense les présidents et les anciens présidents africains qui ont réussi à améliorer la gouvernance démocratique dans leur pays et qui ont transmis de façon démocratique le pouvoir à leur successeur. Cette fondation encourage implicitement l'alternance politique au pouvoir et lutte contre les changements anticonstitutionnels et les modes antidémocratiques de maintien au pouvoir. Les anciens présidents lauréats du prix reçoivent une prime initiale non négligeable de 5 millions de dollars et une prime annuelle à vie de 200 000 dollars. Ainsi, pour bénéficier de ce prix, la fondation a établi un Indice Ibrahim de la Gouvernance Africaine (IIGA). L'IIGA établit un classement sur les performances démocratiques des 54 Etats africains. L'IIGA est élaboré par une équipe d'experts politologues autour de 86 indices comprenant : les droits de l'homme, la vie politique, la corruption etc. Sur la base de ces indices, les Etats reçoivent sans complaisance une note de 1 à 100. Les Etats sont ainsi classés selon les notes qu'ils obtiennent. L'ancien président du Cap Vert Pedro Pires et du Liberia Ellene Johnson SIRLEAF sont les seuls anciens présidents des Etats membres de la CEDEAO à avoir bénéficié de ce prix respectivement en 2011 et en 2018. Ce qui conforte notre analyse

En Afrique de l'Ouest, le Ghana, le Cap Vert, voire le Sénégal et le Bénin, constituent des exemples de bonne gouvernance[510]. Le classement de la bonne gouvernance en Afrique de la fondation Mo Ibrahim pour la gouvernance, établi depuis 2007, reposant sur 93 critères répartis en 4 catégories, à savoir la sécurité et l'État de droit, la participation et les droits de l'homme, le développement économique durable et le développement humain, érige en 2015 en modèle de démocratie en Afrique de l'ouest, le Cap Vert, un État de la sous-région n'ayant jamais connu un changement anticonstitutionnel de pouvoir. Cet État enregistre fréquemment des alternances politique et démocratique au pouvoir, à intervalles constitutionnels réguliers et sans heurts ni violences. Les exemples du Cap-Vert et du Ghana devraient être un cadre référentiel pour la CEDEAO, dans l'évolution des États de la communauté dans le sens d'une véritable consolidation de la démocratie et la bonne gouvernance, comme moyens de prévention des changements anticonstitutionnels de pouvoir. Cela peut ne pas forcément passer par des sanctions contre les États, mais une véritable pédagogie, et des échanges d'expériences entre les États.
Une autre question sous-jacente aux deux autres précédemment étudiées peut tarauder l'esprit. La stabilité politique peut-elle garantir la sécurité dans un État ?

3. L'interdépendance entre la stabilité politique et la sécurité

Il semble que la CEDEAO établit à juste titre une interaction entre la stabilité politique et la sécurité, en rappelant d'une part, dans son protocole relatif aux mécanismes de prévention, de gestion, de règlement des conflits, de maintien de la paix et de la sécurité, son attachement au maintien et à la consolidation de la paix, de la sécurité et de la stabilité au sein de la communauté[511] et d'autre part, la

sur l'Etat de la démocratie et la bonne gouvernance au Cap vert. Sur son décryptable de la démocratie et de la bonne gouvernance en Afrique, pour ce qui concerne l'Afrique de l'Ouest, le Cap Vert, le Ghana et le Sénégal apparaissent comme les bons élèves de la région ouest-africaine en matière de démocratie et de bonne gouvernance.

[510] Voir A. K. BITIE, op.cit., p.104.

[511] Article 2 paragraphe (e).

promotion d'une coopération étroite entre les États membres dans les domaines de la diplomatie préventive et le maintien de la paix[512].

Il convient ainsi de relever l'interdépendance qui existe entre la stabilité politique et la sécurité. Pour cela, nous procédons comme nous l'avons fait pour les deux précédentes interactions étudiées. C'est-à-dire en illustrant nos propos avec des exemples concrets. À cet effet, le Sénégal a beaucoup retenu notre attention. La stabilité politique et sécuritaire dans la durée de ce pays, mérite une réflexion.

Le Sénégal est l'un des États d'Afrique de l'Ouest, où la géopolitique interne est très stable. Ce pays n'a jamais connu un coup d'État militaire, ni un régime militaire encore moins une domination de la vie politique par les militaires[513]. Il est l'un des États de l'Afrique de l'Ouest où l'alternance politique est bien enracinée[514]. La stabilité politique de ce pays a nettement permis de circonscrire à temps les crises qui auraient pu déclencher des conflits.

C'est donc à juste titre que la CEDEAO s'empare de la question de la sécurité collective, en mettant en place un cadre juridique de sécurité collective qui s'articule autour des concepts, de démocratie, de bonne gouvernance et de respect des droits de l'homme.

Le processus de mise en place d'un cadre juridique sous-régional de sécurité collective

Il a été très long et laborieux. En effet, après la réforme de 1993 de son traité ayant permis à l'organisation de s'emparer des questions de sécurité collective, en insérant les dispositions de l'article 58, la CEDEAO a mis plus de six ans pour adopter un cadre juridique qui encadre son action en faveur de la sécurité collective. Elle a effectué des opérations de sécurité collective au Liberia en 1990 et en Sierra

---

[512] Article 2 paragraphe (g).

[513] P. GAUHON, S. DELANNOY et J. M. HUISSAUD (coord.), *Dictionnaire de géopolitique et de géoéconomie* PUF 2011 p.576

[514] Les alternances politiques au pouvoir les plus remarquables dans ce pays ont été celles de 2000 et de 2008. Le Sénégal est le seul État membre de la CEDEAO qui n'a jamais enregistré un coup d'État depuis la proclamation de son indépendance le 20 juin 1960.

Leone en 1997 dans un cadre juridique totalement flou qu'il faut souligner avec insistance. La mise en place d'un cadre juridique sous-régional de sécurité collective a permis à l'organisation de combler ce vide.

Lors de la 23ème session ordinaire de la conférence des chefs d'Etat et de gouvernement tenue le 9 décembre 1999 à Lomé au Togo, les chefs d'Etat et de gouvernement ont adopté le protocole A/P1/12/99 relatif aux mécanismes de prévention, de gestion, de règlement des conflits, de maintien de la paix et de la sécurité. L'adoption de ce protocole visait à concrétiser les engagements pris dans l'article 58 du traité révisé de 1993. La mise en place de cet instrument juridique a simplement pour but fondamental de prévenir les crises sécuritaires et au besoin, de maintenir ou de rétablir la paix et la sécurité par des moyens appropriés. À travers ce texte, la CEDEAO entend faire face aux multiples crises politiques et sécuritaires auxquelles ses États membres peuvent être confrontés. Il ressort de nos constats de l'analyse des crises sécuritaires auxquelles les États de la CEDEAO sont régulièrement confrontés qu'elles sont majoritairement nées des crises politiques, en particulier la conquête du pouvoir avec des méthodes et des moyens violents. Ces crises découlent principalement des changements anticonstitutionnels de pouvoir *mutatis mutandis*, comme nous l'avons déjà remarqué.

Les exemples sont assez nombreux dans la sous-région : la crise libérienne de 1990 a abouti à un coup d'État, la crise sierra-léonaise de 1997 a aussi abouti à un coup d'État, la longue crise ivoirienne née en 2002 lors d'une tentative de coup d'État manqué ou encore la crise de 2012 du nord du pays, qui a conduit au coup d'État du 22 mars de la même année. Le développement économique, l'objectif initial de la CEDEAO ne peut être atteint lorsqu'il n'y a pas de stabilité politique et sécuritaire.

On peut donc comprendre pourquoi la CEDEAO a énoncé des principes dans ce mécanisme qui méritent une attention particulière dans cette étude.

Ce texte visait à la fois à combler un vide juridique et à harmoniser les normes du droit communautaire à la pratique de l'organisation en matière de sécurité collective.

Un texte communautaire comblant un vide juridique et harmonisant le droit à la pratique

La CEDEAO a comme objectif essentiel la mise en place d'une « *communauté économique* » avec comme base « *un marché commun* » et quelques références à l'union monétaire[515].

Les crises politiques et sécuritaires, singulièrement celle du Liberia de 1990, l'ont poussé à intervenir dans les questions sécuritaires. Elle a agi pour la première fois, et cela avec des moyens militaires, en 1990 lors de cette crise. Cette action militaire dans ce pays s'est toutefois opérée dans des conditions juridiquement contestables[516].

En effet, aux termes de l'article 2 paragraphe 1 du traité fondateur de 1975 de la CEDEAO, « *Le but de la communauté est de promouvoir la coopération et le développement dans tous les domaines de l'activité économique...* ». Dès lors, on se pose la question de savoir sur quelle base juridique l'organisation a fondé la vingtaine de décisions adoptées dans le cadre de cette crise libérienne[517] ?

La CEDEAO a tenté vainement de trouver une légitimité juridique à son action en se référant à l'article 5 de son traité de 1975 qui précisait : « *... la conférence est chargée d'assurer la direction générale et le contrôle des fonctions exécutives de la communauté en vue du développement progressif de celle-ci et de la réalisation de ses objectifs. Les décisions et les directives de la conférence engagent toutes les institutions de la communauté...* »[518]. Comme on peut le constater, l'incohérence est incontestable. Il n'existait aucune attribution d'ordre militaire dans cette disposition du traité[519]. Elle a tenté de légitimer son action en se fondant sur cette disposition qui renvoie au traité de non-agression du 22 avril 1978 et au protocole d'assistance mutuelle du 28 mai 1981. Malgré ces tentatives de recherche de légitimité qui sont restées infructueuses, l'intervention

---

515 A. SALL, *Les relations extérieures de la CEDEAO*, L'Harmattan 2016 p.164

516 A. SALL, *Les mutations de l'intégration des États en Afrique de l'Ouest*, op. cit., p.136

517 Ibid.

518 Ibid., Voir également, CEDEAO, supplément relatif à la crise libérienne, nov. 1992, vol.21, p.5

519 Ibid. p.136 et 137.

militaire de la CEDEAO au Liberia reste juridiquement contestable[520]. Elle n'avait aucune base juridique. Toutefois, elle a reçu l'accord du Conseil de sécurité, qu'il faut préciser[521], lui a permis de trouver une base juridique à son action. En d'autres termes, cette aventure militaire relevait purement de l'opportunisme.

Cependant, cette aventure militaire au Liberia dont la légalité reste douteuse a contraint l'organisation à opérer de grandes réformes sur le droit communautaire originaire. Ce vaste mouvement de réformes a commencé en 1993 par la révision de son traité. L'article 58 aux contenus très denses et innovants élargit le domaine d'intervention de la CEDEAO particulièrement en matière de sécuritaire collective. Cette dynamique de réforme du droit communautaire originaire a abouti à l'adoption de la décision A/DEC.11/10/98, le 31 octobre 1998 à Abuja, permettant à la fois d'agir militairement en Sierra Leone et de concrétiser l'adoption du protocole A/SP1/12/99 relatif au mécanisme de prévention, de gestion, de règlement des conflits, de maintien de la paix et de la sécurité. Ce texte tire principalement des leçons des précédentes actions que nous qualifions d'aventures militaires que l'organisation a effectuées au Liberia en 1990 et en Sierra Leone en 1997.

L'intervention militaire de 1997 de l'ECOMOG[522] en Sierra Leone semble avoir abouti à l'élargissement de la notion de maintien de la paix et de la sécurité aux changements anticonstitutionnels de gouvernement. Sur la base de ce protocole, la CEDEAO est légitimement fondée à adopter des mesures coercitives impliquant l'emploi de la force contre les changements ou les tentatives de changements anticonstitutionnels de pouvoir, les violations graves et massives des droits de l'homme.

Cependant, la CEDEAO reste une organisation internationale subsidiaire de l'ONU et de l'UA en matière de sécurité collective conformément au chapitre VIII la Charte des Nations-Unies. Le protocole relatif aux mécanismes de prévention, de gestion, de règlement des conflits, de maintien de la paix et de la sécurité précise

---

[520] Ibid. p.137

[521] Voir Décision du 19 novembre 1992 (3138e séance) : résolution 788 (1992) du Conseil de Sécurité

[522] Economic Communauty of West African States Cease-fire Monitoting Group

explicitement cette subsidiarité. Ce protocole énonce des principes qu'il convient de voir maintenant.

Les dispositifs juridiques de référence du mécanisme de sécurité collective de la CEDEAO

Le protocole relatif aux mécanismes de prévention, de gestion, de règlement des conflits, de maintien de la paix et de la sécurité, instrument de sous-régionalisation de la sécurité collective a été adopté en application de l'article 58 du traité révisé de 1993, ainsi que nous l'avons observé. Il se situe dans la droite ligne de la Déclaration de Principe Politique adoptée le 6 juillet 1991 à Abuja au Nigeria, texte qui traite la question de la sécurité collective dans la sous-région. Il se réfère directement au mécanisme de prévention, de gestion, de règlement des conflits en Afrique adopté au Caire en Égypte par la conférence des chefs d'États et de gouvernements de l'OUA[523] lors de sa 29e session ordinaire.

Ce texte fait également référence à la Charte de l'OUA. Plus exactement, ce texte fait référence directement à la Charte de l'ONU. Le Conseil de Sécurité des Nations Unies, responsable en matière de sécurité collective, en application du chapitre VIII de la Charte, délègue cette mission à la CEDEAO.

Ce protocole met également en avant deux autres protocoles de la CEDEAO. Le premier est relatif à la non-agression entre les États membres, la libre circulation, d'établissement et de résidence des personnes au sein des États de la communauté.

Le second est relatif à l'assistance mutuelle en matière de défense. L'organisation vise à travers ce texte, à empêcher des conflits armés entre ses États membres. Elle tente par la même occasion de créer une alliance militaire mutuelle en cas d'agression d'un État membre par un autre État qui n'est pas membre de l'organisation, et d'instituer un observatoire de la paix.

Il a permis à la CEDEAO de mettre en œuvre la décision A/DEC.11/10/98 de la conférence des chefs d'Etats et de gouvernements, adoptée le 31 octobre 1998 à Abuja au Nigeria, relative au mécanisme de prévention, de gestion, de règlement des conflits, de

[523] Organisation pour l'Unité Africaine

maintien de la paix et de la sécurité. Aux termes de l'article 1er de ce protocole, il est mis en place dans le but d'assurer la sécurité et la paix collectives en Afrique de l'Ouest. La paix et la sécurité collective constituent les deux axes fondamentaux des principes énumérés dans ce texte.

C'est pourquoi tous les objectifs et les moyens qu'il institue sont axés essentiellement sur ces deux questions. Le reste des dispositions du texte expliquent les moyens à mettre en œuvre pour les atteindre. Pour parvenir à ses fins, il explique un certain nombre de principes.

Les principes énoncés dans ce texte

Le développement économique et social, la libre circulation des personnes et de leurs biens, la promotion et la consolidation d'un gouvernement et des institutions démocratiques, le respect des droits de l'homme, des libertés et du droit international humanitaire sont les principes essentiels que ce texte énonce. Le texte précise également que ces actions doivent être menées dans le respect de l'égalité des États souverains et du respect de l'indépendance politique et l'intégrité territoriale des États membres. La CEDEAO réaffirme à travers ce protocole, son attachement aux principes de la Charte de l'ONU et de l'OUA. Elle réaffirme également son attachement à la déclaration universelle des droits de l'homme du 10 décembre 1948 et à la Charte africaine des droits de l'homme et des peuples de 1981. Il reprend également, des principes énoncés dans la Charte de l'ONU notamment, dans ses chapitres VII et VIII.

L'ONU reste responsable du maintien de la paix et de la sécurité dans le monde entier. En application de sa charte, elle délègue aux organisations régionales et sous-régionales tout ou partie de son travail dès qu'il le peut. Il passe par d'autres moyens lorsque les organisations régionales ou sous-régionales ne peuvent ou ne veulent pas faire leur travail.

À cet effet, ces organisations régionales et sous-régionales restent subsidiaires à l'ONU en matière de sécurité collective, tant il est vrai qu'elles ne peuvent agir avec des moyens coercitifs militaires que si elles obtiennent un mandat de cette dernière, et dans la limite de celui-ci.

B. La subsidiarité entre la CEDEAO, l'ONU et l'UA en matière de sécurité collective

La sécurité collective constitue l'objet principal de l'ONU tel qu'il ressort des dispositions de l'article 1er paragraphe 1 de sa Charte. Pour atteindre ce but, elle peut s'appuyer sur des organisations régionales comme le prévoit le chapitre VIII de la Charte.

En effet, l'article 52 de la Charte des Nations Unies constitue le cadre juridique de référence de l'implication de la CEDEAO en matière de sécurité collective sous-régionale. À travers ce texte, elle constitue l'interlocutrice principale de l'ONU dans le domaine de la sécurité collective en Afrique de l'Ouest. Elle surclasse ainsi l'UA dans cette sous-région. L'ONU peut s'appuyer sur la CEDEAO sur ces questions sans l'intermédiaire de l'UA. Cependant, elle ne constitue pas une organisation concurrente de l'UA. Elle constitue une organisation sous-régionale complémentaire de l'ONU et de l'UA en matière de sécurité collective. Cette subsidiarité est affirmée explicitement et avec force dans le protocole relatif au mécanisme de prévention, de gestion, de règlement des conflits, de maintien de la paix et de la sécurité[524].

Conformément à ce texte et au traité révisé de 1993, la CEDEAO coopère avec l'ONU et l'UA afin de permettre la réalisation de ses objectifs. En revanche, le droit de la CEDEAO semble reléguer l'organisation au bas de la pyramide en matière de sécurité collective. La mise en œuvre du droit communautaire de la CEDEAO en matière de sécurité collective peut être déclenchée à l'initiative de l'ONU et de l'UA[525]. Alioune SALL souligne à cet effet, la logique de la subordination des organisations régionales à l'ONU en matière de

[524] Article 52 « *Dans le cadre de la poursuite de ses objectifs, la CEDEAO coopèrera avec l'organisation de l'Unité Africaine (OUA), l'Organisation des Nations Unies (ONU), et toute autre organisation internationale pertinente. Dans la mise en œuvre du présent mécanisme, la CEDEAO coopérera pleinement avec le mécanisme de l'OUA pour la prévention, la gestion, et le règlement des conflits. Conformément aux dispositions des chapitres VII et VIII de la Charte des Nations-Unies, la CEDEAO informera les Nations-Unies de toute intervention militaire effectuée dans le cadre des objectifs du présent mécanisme.* »

[525] Article 26 paragraphe (e) du protocole A/SP1/12/99 relatif au mécanisme de prévention, de gestion, de règlement des conflits, de maintien de la paix et de la sécurité

sécurité collective comme l'exige l'article 53 de la Charte de l'ONU[526]. Toutefois, cette subordination développe la possibilité d'une instrumentalisation des organisations régionales par l'ONU[527].

Lorsque la mise en œuvre du mécanisme sous-régional de sécurité collective intervient à la demande de l'UA ou de l'ONU, comme le prévoit d'ailleurs le droit de la CEDEAO, ou sur initiative propre de la CEDEAO, le conseil de sécurité de l'ONU doit être tenu pleinement informé de toute action coercitive militaire que l'organisation pourra entreprendre dans le cadre du maintien de la paix et de la sécurité collective. Il s'agit là plus d'une action humanitaire que d'une intervention classique, puisque, s'agissant de cette dernière, elle ne pourra entreprendre une action militaire sans un mandat du Conseil de sécurité.

Lorsque l'initiative de la mise en œuvre de ce mécanisme émane d'elle-même ou à la demande de l'UA, l'autorisation du conseil de sécurité de l'ONU est une condition impérative. Autrement dit, l'autorisation du Conseil de sécurité est obligatoire pour les interventions militaires classiques.

Cet engagement de la CEDEAO en matière de sécurité collective a permis à l'ONU de lui accorder le statut d'observateur. À sa demande, l'Assemblée générale de l'ONU a adopté le 2 décembre 2004, la résolution 59/51 par laquelle elle a octroyé le statut d'observateur à la CEDEAO[528]. La demande de ce statut fut initiée par la conférence des chefs d'État et de gouvernement par la décision du 24 juillet 1993[529].

Grâce à ce statut, la CEDEAO obtient le droit de participer à tous les travaux des plénières de l'ONU en matière de sécurité collective. On peut donc remarquer qu'au regard de la subsidiarité entre la CEDEAO et l'ONU en matière de sécurité collective, un vrai partenariat et de coopération s'est établi entre ces organisations. L'institutionnalisation de ce partenariat et de cette coopération est possible par la subordination de la CEDEAO à l'ONU.

---

[526] A. SALL, *Les relations extérieures de la CEDEAO*, op. cit., P.160.
[527] Ibid.
[528] Ibid., p.172.
[529] Ibid.

Cependant, il convient de faire une précision importante sur l'autorisation du conseil de sécurité de l'ONU dans les opérations de sécurité collective régionale.

En effet, le chapitre VIII de la charte des Nations-Unies exige des organisations régionales, l'obtention d'une autorisation du Conseil de Sécurité pour l'emploi de la force visant à maintenir ou à rétablir la paix et la sécurité. L'exigence de cette autorisation ne vaut que pour l'emploi de la force. Les organisations régionales telles que la CEDEAO sont légitimement fondées à prendre toutes mesures non coercitives ou coercitives n'impliquant pas l'emploi de la force dans un État sans l'autorisation du Conseil de Sécurité de l'ONU. La CEDEAO est donc fondée au regard du droit communautaire et du droit international général, à adopter des mesures coercitives n'impliquant pas l'emploi de la force contre un État membre, sans une autorisation du Conseil de Sécurité de l'ONU.

Le chapitre VIII de la charte des Nations Unies vise à encadrer sous le contrôle de l'ONU, l'emploi de la force dans les relations internationales.

En revanche, aucune disposition, ni du droit communautaire originaire ou du droit international n'exige l'autorisation de l'ONU pour agir avec des mesures coercitives non militaires contre un État en cas de changement ou de tentative de changement anticonstitutionnel de pouvoir.

La subsidiarité entre la CEDEAO, l'ONU et l'UA en matière de sécurité collective, est affirmée dès l'initiative de la mise en œuvre du mécanisme sous-régional.

L'initiative de la mise en œuvre du protocole de sécurité collective de la CEDEAO

Elle est repartie entre plusieurs organes et institutions communautaires et extracommunautaires. Sur le plan communautaire, l'initiative de la mise en œuvre de ce mécanisme appartient à la fois à la conférence des chefs d'États et de gouvernements[530], au Conseil de Médiation et de

[530] Article 26 paragraphe (a) du protocole A/SP1/12/99 relatif au mécanisme de prévention, de gestion, de règlement des conflits, de maintien de la paix et de la sécurité.

Sécurité[531], à la demande d'un État membre[532] ou du secrétaire exécutif, actuel président de la Commission[533]. Depuis l'adoption le 17 décembre 2016 de l'acte additionnel A/SA.1/12/16, renforçant les prérogatives du parlement communautaire, en application de son article 41 paragraphe 2, dans certaines circonstances exceptionnelles, il peut demander par une résolution adressée au président de la commission, d'activer le mécanisme de sécurité collective.

Sur le plan extracommunautaire, l'ONU au niveau international ou l'UA, au niveau régional africain, peuvent également demander à l'organisation sous-régionale, de mettre en œuvre son mécanisme de sécurité collective[534]. Cette disposition du droit communautaire lève toute ambiguïté sur la subsidiarité entre ces trois organisations internationales dans le cadre de la sécurité collective.

La procédure de mise en œuvre du protocole est elle aussi diversifiée et varie d'une institution à une autre. Lorsque l'initiative émane du président de la commission, celui-ci doit agir en se conformant aux dispositions de l'article 27 dudit protocole[535].

Il peut s'appuyer sur le Conseil des Sages à qui, il peut donner mandat dans la recherche d'une solution appropriée et pacifique en mettant en

---

[531] Ibid. (b)

[532] Ibid. (c)

[533] Ibid. (d)

[534] Ibid. (f)

[535] *« Le Mécanisme est mis en œuvre suivant l'une ou l'autre des procédures ci-après:*
(a) Le Secrétaire Exécutif informe les États membres du Conseil de Médiation et de Sécurité et en concertation avec le Président en exercice, prend toutes mesures d'urgence.
(b) Le Conseil de Médiation et de Sécurité envisage plusieurs options, et décide de celle la plus appropriée en matière d'intervention. Ces options peuvent porter sur le recours au Conseil des Sages, sur l'envoi de mission d'enquête, de missions politiques et de médiation ou sur l'intervention de l'ECOMOG.
(c) Le Conseil de Médiation et de Sécurité délivre un mandat autorisant le Secrétaire Exécutif à mettre sur pied la mission, et définit les termes de référence de celle-ci.
(d) Le Conseil de Médiation et de Sécurité nomme en cas de besoin les principaux responsables, à savoir le Représentant Spécial du Secrétaire Exécutif et le Commandant de la Force de l'ECOMOG.
(e) Le Président du Conseil de Médiation et de Sécurité adresse á l'OUA et aux Nations unies, un rapport sur la situation.
(f) Le Secrétariat Exécutif mobilise les ressources nécessaires aux opérations.

place des missions d'enquêtes, de politique et de médiation ou éventuellement le recours à des mesures coercitives par l'envoi de l'ECOMOG actuelle FAC (Force en Attente de la CEDEAO). Dans tous les cas, le président du Conseil de Médiation et de Sécurité adresse à l'UA et à l'ONU un rapport de situation. Ce mécanisme élargit la compétence de la CEDEAO dans le domaine de la restauration de l'autorité politique de l'État, en l'intégrant dans le champ du maintien de la paix et de la sécurité collective.

Ce principe veut que, lorsque l'autorité gouvernementale d'un État membre est érodée d'une manière grave, l'organisation puisse apporter son assistance pour aider cet État à restaurer son autorité. C'est nettement un nouveau domaine que la CEDEAO intègre dans le périmètre de la sécurité collective.

Cette assistance peut consister à préparer, à organiser, à suivre, à gérer les processus électoraux en collaboration avec des organisations régionales et internationales compétentes.

On observe là encore qu'elle réaffirme avec force, sa subsidiarité avec l'UA et l'ONU dans ce nouveau domaine de la sécurité collective. On constatera qu'elle intègre l'assistance et l'observation électorale, en particulier dans les États post conflictuels, dans le périmètre de la sécurité collective.

Nous ne manquerons pas de revenir sur cet aspect très particulier dans nos développements consacrés à l'assistance et à l'observation électorale. Elle précise que la restauration de l'autorité de l'État doit se faire de façon concomitante avec le respect des droits de l'homme et le renforcement de l'État de droit et des institutions judiciaires dudit État[536]. Il s'agit en réalité, d'une sorte d'ingérence démocratique, ainsi que nous le verrons dans la deuxième partie de cette étude.

Et aussi, elle entend éradiquer la corruption à l'intérieur de l'ensemble des États membres par la promotion de la transparence, de la responsabilité et la bonne gouvernance[537] ainsi que la lutte contre le blanchiment d'argent. C'est aussi l'autre nouveau domaine que la CEDEAO a intégré dans l'immense champ de la sécurité collective.

---

[536] Article 45 ibid.

[537] Article 48 ibid.

L'initiative de la mise en œuvre de ce mécanisme expliquée, ainsi que son champ d'application, voyons maintenant les conditions de mise en œuvre proprement dite.

Les conditions de mise en œuvre du mécanisme sous-régional de sécurité collective

Ce protocole exige des conditions dans lesquelles, l'ONU, l'UA ainsi que les organes et les institutions de la CEDEAO, ayant l'initiative de sa mise en œuvre, peuvent déclencher cette procédure. Ces conditions sont énumérées dans son article 25. Ainsi, il peut être décidé de mettre en œuvre ce protocole en cas d'agression ou de conflit armé interne dans un État membre, en cas de menace d'une agression ou d'un conflit armé interne dans un État membre. Les conflits armés internationaux entre un État membre de la CEDEAO et un État tiers sont exclus du champ d'application de ce mécanisme. Ces derniers types de conflits, d'agressions ou encore de menaces à la paix sont régis par le protocole de non-agression et le protocole d'entraide militaire ou d'assistance mutuelle en matière de défense.

Les organes et les institutions compétents peuvent également prendre l'initiative de la mise en œuvre de ce protocole en cas de conflit entre deux ou plusieurs États membres de la CEDEAO. Il peut être mis en œuvre également en cas de conflit interne dans un État, et qui menace de déclencher un désastre humanitaire ou qui présente une menace grave à la paix pour la sous-région.

Cependant, les conditions de mise en œuvre qui nous intéressent singulièrement dans notre travail sont relatives aux violations graves et massives des droits de l'homme ou de remise en cause de l'État de droit, et plus singulièrement, en cas de renversement ou de tentative de renversement d'un gouvernement démocratiquement élu. Ces deux conditions nous ont semblé très ambitieuses pour une organisation internationale, plus encore à vocation purement économique.

C'est une nouveauté en droit international, c'est-à-dire une innovation de cette branche du droit, qui a un adversaire et pas le moindre, la souveraineté des États. Pour être plus précis, c'est nettement une révolution du droit des organisations internationales d'intégration économique sur le continent africain. Ces deux conditions ont permis d'étendre la dimension du maintien de paix et de la sécurité à des questions qui relèvent de la souveraineté et de l'indépendance politique des États.

On constate même que la CEDEAO ne cloisonne pas son champ d'intervention pour des raisons de sécurité collective. Elle s'autorise d'étendre la mise en œuvre de ce protocole à toute autre situation que le Conseil de Médiation et de Sécurité pourra déterminer et juger utile pour sa mise en œuvre. L'élargissement du champ d'application de ce mécanisme de sécurité collective sur les changements anticonstitutionnels de pouvoir est la suite logique de l'intervention de l'ECOMOG au Liberia en 1990, conflit qui s'est réglé par un coup d'État, mais aussi son autre intervention sept ans plus tard en Sierra Leone en réponse à un coup d'État.

Il ressort de nos constats que la CEDEAO s'est particulièrement révélée dans le domaine de la sécurité collective, en agissant contre les changements anticonstitutionnels de pouvoir. Son intervention dans ce domaine est très courageuse et suscite en réalité l'admiration de l'ONU qui l'a toujours soutenue, à travers le Conseil de sécurité.

Le recours aux mesures coercitives, notamment forcées contre les changements anticonstitutionnels de pouvoir trouve son fondement juridique dans ce texte et l'Acte additionnel portant régime de sanctions contre les États membres qui n'honorent pas leur obligation vis-à-vis de l'organisation.

Ces textes autorisent explicitement la CEDEAO à prendre des mesures coercitives militaires contre les changements et les tentatives de changements anticonstitutionnels. Ils autorisent clairement la CEDEAO à employer la force militaire dans un État membre pour imposer la démocratie.

À cet effet, les États membres s'engagent à mettre à la disposition de la FAC, des unités dotées de moyens adéquats, des forces armées de terre et de l'air, de la marine, de la gendarmerie, de la police ou de toutes autres formations militaires, paramilitaires ou civiles pour l'accomplissement des missions assignées[538].

[538] Article 28 du protocole relatif au mécanisme de prévention, de gestion, de règlement des conflits, de maintien de la paix et de la sécurité.

Ainsi, elle peut confier aux unités de la FAC[539], des tâches de rétablissement de l'ordre constitutionnel ou de restauration de l'autorité de l'État. En fonction des réalités sur le terrain, les missions des unités de ces forces militaires ou paramilitaires peuvent évoluer en fonction des facteurs sur le terrain[540]. On est donc d'accord que ce texte constitue une révolution pour le droit international et surtout du droit africain. On peut certes applaudir la CEDEAO pour cette ingéniosité dans cette branche du droit international, mais pas trop vite. Comme tout texte juridique, ce mécanisme regorge beaucoup des lacunes.

Les lacunes du mécanisme de sécurité collective sous-régional

On a pu constater un peu plus haut qu'en réalité, la CEDEAO ne peut pas utiliser les moyens coercitifs militaires contre le changement anticonstitutionnel sans l'autorisation du Conseil de sécurité de l'ONU. Ce qui lie l'action de la CEDEAO aux intérêts, voire aux humeurs des États membres du Conseil de sécurité, en particulier les États membres permanents de ce conseil, qui peuvent bloquer tout vote favorable dans ce sens. Ce serait donc illusoire de croire que la CEDEAO pourra imposer la démocratie par la force à un État membre, en l'absence d'une autorisation du Conseil de sécurité. Mais ceci n'est pas le vrai problème de ce texte. La réalité en est que le vrai problème de ce mécanisme, réside dans la rédaction de ce texte, et dans le fonctionnement de l'organisation.

La CEDEAO est une organisation intergouvernementale de coopération et d'intégration, dans laquelle chaque État membre conserve sa souveraineté. Autrement dit, les États membres de l'organisation conservent leur indépendance politique. Elle réaffirme d'ailleurs la souveraineté des États membres dans l'article 4 de son traité révisé de 1993 et de manière plus forte dans l'article 2 du protocole relatif aux

---

[539] Forces Armées en Attente de la CEDEAO. En effet, depuis le 19 juin 2004, dans le cadre de la nouvelle architecture africaine de paix et de sécurité de l'Union africaine (UA), prévoyant la création de la Force Africaine en Attente (FAA), l'ECOMOG a été remplacée par la création d'une Force en Attente de la CEDEAO (FAC). Voir à ce propos J. J. KONADJI, *Quel rôle la Force en Attente de la CEDEAO peut-elle jouer* ? Article du 23 juin 2013, http://www.operationspaix.net/83-dossier-du-rop-quel-role-la-force-en-attente-de-la-cedeao-peut-elle-jouer-au-mali-.htm consulté le 23/02/209

[540] Article 29 du protocole relatif au mécanisme de prévention, de gestion, de règlement des conflits, de maintien de la paix et de la sécurité.

mécanismes de prévention, de gestion, de règlement des conflits, de maintien de la paix et de la sécurité[541]. L'égalité et l'indépendance politique constituent la clé de voûte de la souveraineté d'un État. Pour faire de nouveau un parallèle avec l'UE, la CEDEAO ressemble dans la pratique et dans ses caractéristiques à une organisation de coopération et non d'intégration à l'inverse de l'Union Européenne (UE) qui constitue une véritable organisation d'intégration et dans une certaine mesure, dans le cadre sous-régional ouest-africain à l'Union Economique et Monétaire Ouest-Africaine (UEMOA). Dans certains domaines, à l'inverse de la CEDEAO, l'UE peut imposer sa volonté à l'ensemble des États membres de l'organisation[542]. Si un État membre de l'UE ne respecte pas les mesures imposées par l'organisation, ses organes et institutions compétentes peuvent prendre des sanctions coercitives non forcées contre cet État. Les organes de l'UE, à l'inverse de ceux de la CEDEAO, sont indépendants des pouvoirs politiques des États.

Dans le cadre sous-régional de l'Afrique de l'Ouest, l'UEMOA constitue une organisation économique et monétaire supranationale aux États membres. Elle est une organisation économique réelle d'intégration communautaire. En ce qui concerne la CEDEAO, objet de notre propos, la conférence des chefs d'États et de gouvernement est en même temps l'organe suprême qui adopte les textes, décide des mesures et des sanctions en cas de manquements d'un État à ces obligations. Ce constat a pour conséquence que la CEDEAO repose substantiellement sur le volontarisme des États en tentant de ménager leur souveraineté[543]. L'intervention de la CEDEAO dans un État membre pour rétablir ou restaurer l'ordre constitutionnel peut évidemment se heurter à la souveraineté de l'État membre concerné. La CEDEAO est une organisation de coopération sous-régionale comme il ressort dans le préambule du traité révisé de 1993[544] et de l'article 3 paragraphe 1er du même texte. Nous suivons volontiers Saidou Nourou TALL lorsqu'il

[541] Article 2 paragraphe (e) et (f) *ibid.*, « *l'égalité des États souverains, l'intégrité territoriale et l'indépendance politique des États membres* »

[542] P. S. NDIAYE, *Les organisations internationales africaines et le maintien de la paix : l'exemple de la CEDEAO*, L'Harmattan 2014, p.134.

[543] Ibid.

[544] Paragraphe 7 du préambule du traité révisé « *notant que les formes actuelles de coopération économique bilatérale et multilatérale dans la région permettent d'espérer une coopération plus étendue* ».

observe que les organisations internationales « visent à résoudre des problèmes d'intérêts communs, chaque État restant souverain, gardant son indépendance d'action et de décision »[545]. Le but est surtout la coordination de programmes et de politiques communes générales et sectorielles[546].

À cet effet, Seydou Nourou TALL définit la coopération en reprenant les mots du professeur Pierre François GONIDEC : « Un mode des relations internationales qui implique la mise en œuvre d'une politique (donc d'une stratégie et d'une tactique) poursuivie pendant une certaine durée de temps et destinée à rendre plus intime, grâce à des mécanismes le permettant, les relations internationales dans un ou plusieurs domaines déterminés, sans mettre en cause l'indépendance des unités concernées »[547]. On est ainsi convaincu qu'il n'est plus permis de douter que la souveraineté des États ne puisse pas constituer une restriction fondamentale pour la CEDEAO dans le cadre de la sous-régionalisation de la paix et de la sécurité collective en Afrique de l'Ouest, plus exactement l'imposition de la démocratie par la force. Comment une organisation internationale peut-elle affirmer avec force que les États qui la composent ont une indépendance et une souveraineté politique, et dire qu'elle peut imposer à ces mêmes États un modèle de gouvernance et de régime politique. N'est-ce pas qu'il y a une incohérence juridique ?

Elle tente toutefois de rectifier le tir, en mettant en place des mesures pertinentes d'accompagnement des États dans la consolidation de la démocratie, plutôt que de prendre un bâton contre eux, dont elle manque réellement les moyens.

La dynamique de la sous-régionalisation de la démocratie, de la bonne gouvernance et de la protection des droits de l'homme, l'a conduit à adopter des normes juridiques pertinentes afin de consolider et d'encadrer avec des moyens pacifiques les processus de démocratisation des États. Ce processus a permis de mettre en place un cadre juridique supranational encadrant les compétitions électorales au sein des États membres. C'est-à-dire en mettant en place une diplomatie

---

545 S. N. TALL, *Des organisations internationales africaines*, op. cit., p.39

546 *Ibid.*

547 Ibid.

préventive plus douce, pour la démocratisation des États, qui s'articule autour d'un cadre juridique supranational des élections.

Chapitre II

La construction d'un droit electoral commun pour l'Afrique de l'Ouest

Le droit électoral peut se définir comme l'ensemble des règles juridiques qui régissent la compétition électorale, c'est-à-dire les élections.

En Afrique de l'Ouest, comme partout d'ailleurs sur le continent en effet, après la vague de démocratisation des années 1989, la désignation des gouvernants s'est considérablement renforcée par la reconnaissance constitutionnelle des partis politiques et l'encadrement juridique des processus électoraux en particulier les juges constitutionnels. Cette évolution interne du droit électoral a connu aussi une dynamique en droit international.

On assiste ainsi à une internationalisation du droit électoral, du fait de l'implication des organisations internationales dans l'organisation et le contrôle des processus électoraux internes des États.

En effet, le droit électoral n'a pas échappé au phénomène nouveau de la mondialisation[548] ainsi que nous l'avons relevé un peu plus haut. Il connaît depuis plusieurs décennies une internationalisation.

Toutefois, le droit électoral, comme toutes les branches du droit, n'a pas échappé au phénomène nouveau de la mondialisation[549]. Il connaît depuis plusieurs décennies une internationalisation qui se traduit par l'extension de la démocratie, l'universalisme des droits de l'homme, des standards démocratiques internationaux portés par des organisations internationales de portée générale telle que l'ONU ou spécialisées telle que l'Organisation Internationale de la Francophonie (OIF)[550]. Sur le plan africain, ces principes portés par des organisations

---

548 R. RAMBAUD, *Droit des élections et des référendums politiques*, LGDJ Lextenso 2019, p.135

549Ibid.

550 Ibid.

économiques sous-régionales ont fortement contribué à une sous-régionalisation de cette branche du droit.

En effet, la Déclaration universelle des droits de l'homme du 10 décembre 1948 et son pacte international relatif aux droits civils et politiques de 1966 constituent les normes juridiques qui internationalisent le droit électoral. Sur le plan régional africain, on retrouve plusieurs normes qui internationalisent le droit électoral. Parmi celles-ci, on peut citer l'Acte constitutif de l'UA, la Charte africaine des droits de l'homme et des peuples et de nombreux protocoles dont l'emblématique CADEG[551]. Ces textes fixent un noyau central des normes juridiques qui encadrent les consultations électorales dans les États, auxquelles la pensée juridique du droit électoral de chaque État doit être conforme.

Dans le cadre de la sous-région de l'Afrique de l'Ouest, la CEDEAO a adopté des normes juridiques qui tendent à sous-régionaliser le droit électoral. La particularité du cas ouest-africain réside dans le fait des obligations et des engagements des États, notamment l'harmonisation des législations. Autrement dit, la CEDEAO fixe un noyau central du droit électoral auquel toutes les normes juridiques internes dans la matière, de l'ensemble des États doit être en conformité. Parmi ces textes, nous citons le traité révisé de 1993, le protocole A/P1/12/99 relatif au mécanisme de prévention, de gestion, de règlement des conflits et de maintien de la paix et de la sécurité et son emblématique protocole additionnel A/SP1/12/01 sur la démocratie et la bonne gouvernance.

Ces textes imposent aux États des principes électoraux supranationaux. L'objectif vise principalement à prévenir les crises politiques et sécuritaires. Pour le dire autrement, la CEDEAO a mis en place des normes juridiques qui tendent à sous-régionaliser le droit électoral en Afrique de l'Ouest. Elle a d'ailleurs mis en place un texte communautaire, qui a toutes les caractéristiques d'un code électoral supranational (section1). Comme tout processus d'internationalisation du droit, celui de la sous-régionalisation du droit électoral rencontre des difficultés, et aussi, le code électoral supranational aux États est largement lacunaire (section 2).

---

551 Charte Africaine de la Démocratie, des Élections et de la Gouvernance.

SECTION 1 : LA MISE EN PLACE D'UN CODE ELECTORAL COMMUN POUR L'AFRIQUE DE L'OUEST

Le droit électoral relève à la fois de la branche de plusieurs domaines du droit : le droit constitutionnel[552], le droit civil[553], le droit pénal[554] et le droit administratif[555]. La tentative d'autonomisation de ce droit n'a pas encore été actée dans les études de droit. En l'état actuel des choses, il est étudié comme une branche du droit administratif et du droit constitutionnel.

Une partie de la doctrine s'oppose à l'autonomisation de cette branche du droit. À cet effet, Jean-Claude MASCLET souligne que le droit électoral ne présente pas un degré de spécificité suffisant, similaire à celui du droit public vis-à-vis du droit privé permettant de le considérer comme une discipline autonome[556].

Le professeur Romain RAMBAUD plaide quant à lui pour une autonomie de la discipline du droit électoral[557]. Il s'appuie sur la stabilité dans le temps et la spécificité juridique de cette discipline, qui se traduisent principalement par une dérogation aux règles du droit commun[558]. Il souligne pertinemment que le contentieux du droit électoral notamment le délai de recours est à la fois court pour le requérant et le juge[559] contrairement au droit commun.

Le professeur RAMBAUD a ainsi souligné à juste titre que l'autonomie est en effet, le support d'un objectif politique, et doit être défendue, car elle est favorable au renforcement du droit électoral et donc *in fine* de

---

552 La constitution fixe les modes et les conditions d'élection des membres des institutions de l'État.

553 Les conditions pour être électeur et éligible sont fixées par le droit civil. À cet effet, dans plusieurs systèmes, le contentieux d'inscription sur les listes électorales relève des tribunaux civils ou judiciaires.

554 Les infractions au droit électoral relèvent des tribunaux correctionnels.

555 Les recours ou contestations contre certaines opérations électorales relèvent des tribunaux administratifs.

556 Cité par R. RAMBAUD, *Droit des élections et des référendums politiques*, op. cit., p.44

557 Ibid., p.43-47.

558 Ibid.

559 Ibid., p.44

la démocratie[560]. À cet effet, plaider pour l'autonomie du droit électoral, c'est plaider pour qu'il soit reconnu comme une matière fondamentale du droit et un objet de la doctrine, c'est la moindre des choses en démocratie[561].

Il y a cependant un début d'autonomisation de ce droit notamment en France : cours de droit électoral enseigné dans des facultés de droit, manuel de droit électoral, etc.

Bien qu'il ne soit pas encore autonome, l'implication de la CEDEAO dans les processus électoraux de ses États membres s'est traduite d'une part, par l'adoption de normes juridiques communautaires, une sorte de code électoral supranational aux États, visant à encadrer les élections (paragraphe 1). Dans la même dynamique de sa diplomatie préventive plus douce contre les crises politiques et sécuritaires, elle apporte l'aide et l'assistance aux États dans leur processus électoral, et aussi, elle envoie des missions d'observation électorale dans ceux-ci afin de vérifier la conformité du processus à ses standards sous-régionaux (paragraphe 2). Les missions d'observation électorale permettent ainsi à la CEDEAO de vérifier la régularité et la sincérité des élections. Les missions d'assistance et d'observation électorale contribuent à construire un droit électoral commun pour l'Afrique de l'Ouest.

Paragraphe 1 : Le code électoral supranational aux États, du protocole additionnel sur la démocratie et la bonne gouvernance

De nos jours, il est universellement admis que lorsqu'il n'y a pas d'élections, la démocratie ne peut exister[562]. À ce propos, Gérard CONAC dira à juste titre qu'il ne serait pas possible de nos jours de reconnaître comme démocratique un régime politique qui refuserait de recourir à l'élection populaire pour choisir soit directement ou indirectement les parlementaires qui sont appelés à légiférer et à

[560] Ibid., p.47

[561] Ibid.

[562] A. FALL, *Le processus de démocratisation en Afrique francophone : le juge de l'élection dans l'espace ? (essai de prospective)* in J.-P VETTOVAGLIA (prés), J D. B. DE GAUDUSSON, C. DESOUCHES, J. MAILA, H. SADA et A. SALIFOU, *Démocratie et élections dans l'espace francophone*, vol. II BRUYLANT 2010, p.556

contrôler l'action des gouvernants[563]. De ce fait, il ne peut pas y avoir de nos jours, une démocratie sans les élections[564]. L'élection reste ainsi incontournable dans la démocratie représentative comme l'observe fort le professeur Romain RAMBAUD dans son ouvrage, *Droit des élections et des référendums politiques* de 2019[565]. De ce fait, il appert que le droit électoral est fondamental [566] dans une démocratie représentative, puisqu'il fixe les règles du jeu. À cet effet, nous observons avec le professeur Alioune FALL que les États africains ne furent pas toujours des exemples de démocratie quant au mode de désignation des gouvernants durant les premières années qui ont suivi leur accession à l'indépendance[567] .

En effet, il est regrettable de constater que les États africains ne furent pas toujours des exemples de démocratie quant au mode de désignation des gouvernants durant les premières années qui ont suivi leur accession à l'indépendance[568]. Les règles de désignation des gouvernants relevaient à cette époque de la souveraineté exclusive des États. Il était inconcevable pour ces nouveaux États indépendants de limiter leur souveraineté au profit d'une quelconque organisation internationale ou sous-régionale. Alors que l'élection est le critère par excellence de la démocratie pluraliste constitutionnelle, ce mode de désignation des gouvernants apparaissait pour ces États comme un facteur de désunion. Ce constat aboutit dans plusieurs États, à l'instauration des partis uniques. Les rares élections qui avaient lieu n'étaient qu'une parodie. Elles étaient principalement symboliques et destinées à renforcer le pouvoir des régimes autoritaires[569]. La vague de démocratisation enclenchée dans les années 1989[570] n'a véritablement pas fait évoluer

---

[563] Gérard CONAC, *Démocratie et élections* in *ibid.*, p.11 et 12
[564] Ibid., p.26.
[565] R. RAMBAUD, op. cit., p.20
[566] Ibid., p.22
[567] A. FALL, « Le processus de démocratisation en Afrique francophone : le juge de l'élection dans l'espace ? (essai de prospective) » op. cit., p.553
[568] Ibid.
[569] J. Du Bois De GAUDUSSON, « Les élections à l'épreuve de l'Afrique » *in* Les cahiers du Conseil Constitutionnel N° 13, « *Dossier : La sincérité du scrutin* », janvier 2003https://www.conseil-constitutionnel.fr/nouveaux-cahiers-du-conseil-constitutionnel/les-elections-a-l-epreuve-de-l-afrique
consulté le 17/10/2019.
[570] Le bouleversement du monde après l'effondrement du bloc soviétique et du Mur de Berlin, et surtout la conditionnalité démocratique de l'aide au développement des

les choses. On a ainsi pu voir dans les consultations électorales en Afrique, de véritables « impostures » se réduisant à de « simples formalités administratives » dominées par des acteurs politiques se livrant à un banditisme électoral plutôt qu'à une compétition loyale[571]. Dans la pratique, l'élection libre et honnête semble démentie dans nombre d'États d'Afrique noire notamment francophone et justifie qu'on se pose la question de savoir si les élections qui se déroulent dans ces États sont des « élections comme les autres », c'est-à-dire des moyens crédibles de promotion des alternances démocratique et politique[572].

L'élection est ainsi universellement reconnue comme critère par excellence de la démocratie pluraliste constitutionnelle, et constitue l'un des enjeux majeurs aujourd'hui en Afrique[573] notamment pour la stabilité et la sécurité des États. C'est la raison pour laquelle la CEDEAO a pris à bras le corps cette question pour l'Afrique de l'Ouest.

En effet, la CEDEAO s'est saisie ou du moins s'est emparée de l'épineuse question électorale dans le cadre de ses mécanismes de prévention des crises.

Cet engagement s'est traduit par la mise en place de mécanismes juridiques supranationaux encadrant les compétitions électorales dans l'ensemble des États membres.

Le protocole additionnel A/SP1/12/01 sur la démocratie et la bonne gouvernance mis en place à cet effet, énumère une série de principes standards que les droits électoraux de l'ensemble des Etats doivent respecter. Autrement dit, les États doivent harmoniser leurs codes électoraux aux grands principes électoraux standards consacrés par ce protocole.

États du nord notamment de la France après le discours de La Baule, ont poussé plusieurs États africains à ouvrir le champ politique en consacrant des droits et des libertés aux citoyens. À la suite des conférences nationales, ils se sont dotés de constitution dans lesquelles, ils se convertissent à la démocratie.

571 Ibid.

572 D. KOKOROKO, « Les élections disputées : réussites et échecs », *in* Revue Pouvoirs N° 129, *La démocratie en Afrique*, p.115

573 Ibid., p.555

A. Les principes de droit électoral commun à l'ensemble des États

Le protocole additionnel A/SP1/12/01 sur la démocratie et la bonne gouvernance a en réalité toutes les caractéristiques d'un code électoral supranational aux Etats.

La section II de ce texte énonce une série de principes électoraux standards qui s'imposent aux États conformément à leurs engagements et à leurs obligations communautaires[574]. Ces principes électoraux supranationaux s'imposent à la fois aux législateurs et aux constituants des États membres, en matière de droit électoral. La CEDEAO pose ainsi à travers ce texte une limite à la liberté législative et constitutionnelle des États en matière électorale[575].

L'organisation énonce dans ce texte, une série de principes standards en matière électorale auxquels le droit électoral de chaque État membre doit être en conformité. Autrement dit, les États doivent harmoniser leur droit électoral interne à ces grands principes standards consacrés par ledit texte comme nous le verrons[576]. L'objectif est de permettre une crédibilité et une transparence des processus électoraux. Cette question de notre point de vue, a une importance particulière, simplement que les élections en Afrique font régulièrement l'objet de contestations parfois violentes. Les crises de confiance d'une part entre les acteurs politiques et les citoyens, et d'autre part entre ceux-ci et les organes électoraux aboutissent à des déchaînements de violence entre les

---

[574] À titre d'exemple ce texte précise que toute accession au pouvoir doit se faire à travers des élections libres, honnêtes, et transparentes ; La liberté d'association, de réunion et de manifestation pacifique est également garantie, article 1er ; Elle proscrit toute réforme substantielle de la loi électorale dans les six (6) mois précédant les élections, sans le consentement d'une large majorité des acteurs politiques, article 2 § 1 ; La fixation des dates des élections dans la constitution ou dans les lois électorales, etc.…

[575] L'Acte additionnel portant régime des sanctions à l'égard des États membres qui n'honorent pas leurs obligations vis-à-vis de l'organisation précise dans son article 1er que, constituent des obligations pour les États, l'application et le respect des Actes de la Conférence et du Conseil des ministres que sont le Traité de la CEDEAO, les Conventions, les protocoles et les Actes additionnels, les Règlements, les Décisions et les Directives de la communauté, ainsi que les décisions de la Cour de de justice de la Communauté.

[576] Article 5 du Traité révisé de 1993

partisans des camps opposés ou entre les partisans du camp du perdant (en général le ou les partis politiques de l'opposition), et les forces armées et de sécurité. On peut donc comprendre pourquoi ce protocole a consacré dans la section III composée de 8 articles, cette épineuse question, sous-régionalisant ainsi le droit électoral dans cette partie du continent. Cette section[577] et la suivante consacrées exclusivement à l'État de droit, aux droits de la personne et de la bonne gouvernance, comportent le plus grand nombre de dispositions de ce texte[578]. Ce qui met en évidence l'importance et le caractère épineux de cette question. Ainsi, la panoplie de principes standards qu'il énonce permet de garantir la sincérité des élections et de prévenir les contestations qui, rappelons-le, s'effectuent généralement dans les rues au cours de violentes manifestations.

Ils correspondent aux trois périodes de la tenue des élections : la période préélectorale, la période électorale et la période post-électorale. Ces trois moments sont en réalité pour les États africains, de véritables bombes à retardement, du fait qu'ils constituent des périodes de fragilités politiques, institutionnelles et sécuritaires.

On peut donc comprendre aisément pourquoi ce protocole tente d'encadrer ces périodes avec de grands principes supranationaux, pour s'assurer de la continuité démocratique et constitutionnelle dans les États, dans le but de maintenir une stabilité dans les États. S'agissant des principes qui concernent la période préélectorale, le protocole interdit toute réforme « *substantielle* »[579] de la loi électorale dans les six mois précédant une élection, sauf si le consentement d'une grande majorité des acteurs politiques a été obtenu[580]. Il exige la garantie de la fiabilité et de la tenue à jour du fichier électoral.

En période électorale, l'indépendance des organes chargés du contrôle des élections doit être garantie. Cette indépendance permet de protéger les membres de ces organes contre les pressions, les intimidations et les

---

577 De l'article 2 à l'article 18, soit un total de 17 articles sur 50 que comporte le texte.

578 Elles sont consacrées à l'observation des élections et à l'assistance de la CEDEAO ; le rôle de l'armée et des forces de sécurité dans la démocratie ; L'État de droit, des droits de la personne et de la bonne gouvernance.

579 L'expression est utilisée par ce texte dans son article 2

580 Art 2.

interférences des pouvoirs publics dans leurs missions. En outre, les élections doivent se tenir aux périodes fixées dans la constitution ou les lois électorales internes des États.

Ces principes précités pour les deux précédentes périodes permettent d'aboutir à des élections transparentes, honnêtes dont le protocole exige aux parties un «*fair play*», en acceptant le verdict des urnes. Les règlements de compte après les élections sont proscrits. Toutes les contestations des élections doivent être soumises à l'arbitrage du juge. Elle exige des États à cet effet, la mise en place d'un contentieux électoral crédible[581]. Celui-ci doit concerner l'organisation, le déroulement des élections et la proclamation des résultats. Ce contentieux a pour objet principalement de vérifier la régularité des actes et la validité des résultats des élections, en d'autres termes, c'est l'opération qui vise à régler les litiges en cause, la régularité des processus électoraux[582]. Les États ont toutefois une liberté de choix du contentieux électoral selon leur organisation judiciaire et juridictionnelle interne.

Ce texte énonce également d'autres grands principes qui ne se situent pas dans un temps des élections. C'est-à-dire qu'ils valent pour toute l'adoption ou modification des règles du droit électoral.
À cet égard, il exige la participation des femmes aux élections en tant qu'électrices avec le droit d'éligibilité.

Les États doivent mettre en place un état civil fiable permanent sur la base duquel les listes électorales seront établies. Les listes électorales doivent être établies avec la participation des partis politiques et des électeurs. Les partis politiques et les électeurs doivent avoir le droit de consulter les listes électorales en cas de besoin.

Les organisations de la société doivent être impliquées dans le processus électoral afin de permettre des élections apaisées et non violentes. L'implication des organisations de la société civile dans les

---

[581] Article 7 ibid.

[582] D. F. MELEDJE, « Le contentieux électoral en Afrique *», in La démocratie en Afrique,* Revue Pouvoir 2009/2, N° 129, p.139. Voir aussi à ce propos, N. AKACHA, « Crise électorale et changement anticonstitutionnel de gouvernement *», in* Rafâa BEN ACHOUR (dir.), *Les changements anticonstitutionnels de gouvernement, approche de droit constitutionnel et de droit international,*) op. cit., pp.95 et S.

processus électoraux doit se traduire par la formation et la sensibilisation des électeurs. Comme on peut le constater, la CEDEAO impose des principes généraux standards de droit électoral dans un texte supranational que les législateurs internes de chaque État membre doivent respecter en matière électorale lorsqu'ils adoptent ou procèdent à une réforme du droit électoral. L'objectif de la limitation de la liberté législative et constitutionnelle des États en matière électorale vise à permettre des élections libres, honnêtes, apaisées et transparentes.

En conséquence de tout ce qui suit, le candidat ou le parti politique ayant perdu les élections ont l'obligation de céder la place au candidat ou au parti politique les ayant gagnées. Cela doit se faire dans les conditions fixées par la loi. Le recours à des menaces ou des violences de quelque forme que ce soit contre le parti politique ou le candidat ayant gagné les élections est formellement interdit.

Le législateur et le constituant ont l'obligation d'établir clairement dans des dispositions juridiques internes, les conditions dans lesquelles le pouvoir doit être transmis. Cette exigence du code électoral communautaire a une portée considérable.

Cependant, ce qui nous a semblé le plus remarquable réside dans le fait que le droit communautaire garantit à travers ce texte, l'ensemble des droits contenus dans la charte africaine des droits de l'homme et des peuples, dans les instruments juridiques internationaux c'est-à-dire la charte des droits de l'homme des Nations Unies, notamment son emblématique Pacte international relatif aux droits civiques et politiques. Ce pacte énumère toute une série de principes de droits politiques et civils qui entrent dans le cadre électoral. L'ensemble des dispositions de ces textes en matière électorale sont garanties par le droit communautaire.

Au regard des grands principes électoraux que ce texte pose et les interdictions qu'il énonce en matière électorale, on peut sans hésiter affirmer que ce texte constitue une avancée dans la mise en place d'un droit électoral commun pour l'Afrique de l'Ouest. Notre analyse est confortée par les constituants de plusieurs États qui ont posé le primat des normes internationales sur les normes du droit interne dans leurs constitutions. Par ailleurs, s'agissant des normes du droit communautaire, les constituants des États membres ont mis un accent particulier sur l'abandon partiel ou total de leur souveraineté au profit d'une association d'un État africain ou d'une intégration des États d'Afrique[583] ainsi que nous l'avons observé plus haut dans nos propos. C'est également dans ce cadre que les États membres ont réaffirmé dans le préambule du traité révisé de 1993, que l'intégration au sein de la CEDEAO en communauté requiert la mise partielle et progressive de leur souveraineté nationale au profit de cette organisation politique sous-régionale. Cette mise en commun de la souveraineté doit s'effectuer dans le cadre d'une volonté politique collective. L'harmonisation des normes et des mesures est le moyen nécessaire à la réalisation de cette intégration du droit électoral. C'est pourquoi la CEDEAO l'a fixé comme objectif à atteindre dans le traité révisé de 1993[584]. Conformément à leur engagement communautaire, les États ont l'obligation d'harmoniser leurs droits électoraux internes à ces grands principes communautaires.

B. Les sources du droit électoral interne : L'exigence d'une harmonisation des droits

Les États se sont engagés à prendre toutes les mesures appropriées, conformément à leurs procédures constitutionnelles internes, pour assurer la promulgation et la diffusion des textes législatifs et réglementaires nécessaires à l'application des dispositions du droit communautaire ainsi que le recommande le traité révisé de 1993[585].

À cet effet, chaque État organise dans sa constitution la manière dont les normes du droit de la CEDEAO intègrent son ordre juridique

---

[583] Voir par exemple l'article 172 de la constitution du Niger du 25 novembre 2011 : « *La République du Niger peut conclure avec tout État africain des accords d'association ou communautaires emportant abandon partiel ou totale de la souveraineté en vue de réaliser l'unité africaine* ». Voir l'article 117 de la constitution du Mali de février 1992 : « *La République du Mali peut conclure avec tout État africain des accords d'association ou de communauté comprenant abandon partiel de souveraineté en vue de réaliser l'unité africaine* ».

[584] Article 13 paragraphe (j) du traité révisé de 1993.

[585] Voir à ce propos, article 5 paragraphe 2 ibid.

interne, ainsi que la place de celui-ci dans l'ordonnancement juridique. Cependant, certaines normes du droit communautaire n'accordent aucun choix aux États, il en est ainsi de celles du droit communautaire dérivé. Notons également la volonté du législateur communautaire, de conférer la valeur constitutionnelle à certains principes[586]. En effet, les règlements[587], les directives[588] et les décisions[589] du droit communautaire intègrent directement l'ordre juridique interne des États. Autrement dit, les principes électoraux posés par les actes du droit communautaire dérivé intègrent immédiatement l'ordre juridique interne des États. Pour refaire un comparatif, le droit communautaire dérivé de la CEDEAO imite ainsi la même démarche que celui de l'Union Européenne. Celui de l'UE intègre directement l'ordre juridique interne des États membres au moyen de deux normes : le règlement et la directive[590]. Quant à la CEDEAO, il intègre l'ordre juridique interne des États aux moyens de trois normes : le règlement, la directive et les décisions.

Les principes que les normes du code électoral communautaire posent visent principalement à protéger les droits des personnes privées. Dès lors, les personnes physiques peuvent demander directement au pouvoir public ou au juge interne, le respect de ces droits consacrés par le droit électoral communautaire.

Cependant, le recours au juge interne pour réclamer le respect des normes du droit électoral communautaire consacré dans le protocole additionnel sur la démocratie et la bonne gouvernance, instaurant un code électoral communautaire, peut se heurter à une divergence de

---

586 Le législateur communautaire précise clairement dans le protocole additionnel sur la démocratie et la bonne gouvernance que les dispositions de l'article 1er de ce texte sont déclarées de valeur constitutionnelle.

587 Article 9 nouveau paragraphe 4 du protocole additionnel A/SP/06/06 portant amendement du traité révisé de 1993 de la CEDEAO « *Les règlements ont une portée générale. Ils sont obligatoires en toutes leurs dispositions et sont directement applicables dans les États membres…* »

588 Ibid., paragraphe 5 « *Les directives lient tous les États membres quant aux objectifs à atteindre…* »

589 Ibid., paragraphe 6 « *Les décisions sont obligatoires pour les destinateurs qu'elles désignent.* »

590 J. GICQUEL et J. É. GICQUEL, *Droit Constitutionnel et institutions politiques*, 31e éd. LGDJ Lextenso, 2017. P. 585.

théories. En effet, deux théories s'affrontent sur la place du droit international de façon générale dans le droit interne des États. D'une part, la théorie dualiste selon laquelle l'ordre juridique interne et l'ordre juridique international ont une dualité absolue[591]. Chaque ordre conserve son autonomie et sans lien possible avec l'autre[592]. Cette théorie semble en déphasage avec l'évolution contemporaine du droit international qui se caractérise par une primauté de la protection des droits de l'homme et l'effondrement progressif du droit interne au profit du droit communautaire, notamment la jurisprudence constitutionnelle interne des États[593].

Et d'autre part, la théorie moniste qui méconnaît totalement une frontière entre les deux ordres juridiques[594]. Cette théorie unifie le droit interne et le droit international au sein d'un seul et même ordre juridique[595]. Au sein de la théorie moniste, deux sous-théories s'opposent également. D'une part, les théoriciens qui soulignent le primat du droit interne sur le droit international. Le juriste autrichien Hans Kelsen est le précurseur de cette théorie.

Les juges internes semblent user fidèlement de cette théorie dans l'application du droit international dans l'ordre juridique interne. Et d'autre part, la théorie selon laquelle le droit international prime sur le droit interne des États. Les juges communautaires de la CEDEAO quant à eux, usent fidèlement de la théorie du primat du droit communautaire sur le droit interne des États. On notera également que certains juges internes sont à cheval entre ces deux sous-théories. Ils consacrent dans leur jurisprudence le primat du droit communautaire sur la loi, mais restent silencieux sur la hiérarchie entre celui-ci et la Constitution qui

---

591 P.M. DUPUY et Y. KERBAT, *Droit international public*, 11e éd. Dalloz 2012, p.451.

592 Ibid.

593 Il est regrettable de noter qu'à plusieurs reprises, des États ont refusé d'exécuter des décisions de la Cour de Justice de la CEDEAO, au motif qu'elle s'est prononcée sur un litige qui était tranché par le juge constitutionnel dont les décisions sont sans recours, ou d'autres considérations de souveraineté. On cite ici *aff.* Hissène Habré contre l'État du Sénégal, *aff.* CDP et autres contre État du Burkina, *aff.* Khalifa Sall contre État du Sénégal.

594 P.M. DUPUY et Y. KERBAT, *Droit international public*, 11e éd. Dalloz 2012, p.451.

595 Ibid.

est au sommet de la hiérarchie des normes internes[596]. Dans l'ordre interne des États, le juge a vocation à interpréter et à appliquer le droit positif, c'est-à-dire l'ensemble des règles de droit d'origine interne et internationale en vigueur dans l'État. Le juge international comme le rappelle d'ailleurs la jurisprudence de la Cour Commune de Justice de la CEDEAO, n'a pas vocation à interpréter et à appliquer le droit national des États[597]. L'interprétation et l'application du droit national échappent complètement à la compétence des juges internationaux. Au regard de ces constats, la question du primat entre le droit interne et le droit international semble loin d'être résolue de façon définitive, alors que cette question ne doit pas se poser du fait que l'État a l'obligation d'appliquer de bonne foi son engagement international conformément à l'article 26 de la Convention de Vienne sur le droit des Traités.

Les constituants des États membres de la CEDEAO ont adopté des solutions internes diverses et variables en ce qui concerne les rapports entre le droit international et le droit interne, réaffirmant ainsi que *« l'Afrique est loin d'être un continent homogène »*[598].
En effet, les huit États francophones de la CEDEAO ont adopté la solution posée par le constituant français de la Vème République. À savoir le primat des traités et accords internationaux sur la loi tout en posant la conditionnalité de la réciprocité[599].

---

[596] On citera les juges Constitutionnels malien, togolais et béninois.

[597] Voir à ce propos, l'arrêt N° ECW/CCJ/JUD/06/08 du 27 octobre 2008, paragraphe 60 : « *La Cour sur le 1er moyen de la requérante affirme qu'elle n'a pas pour rôle d'examiner les législations des États membres de la Communauté in abstracto, mais plutôt d'assurer la protection des droits des individus lorsque ceux-ci sont victimes de violations de ces droits qui leur sont reconnus, et ce, par l'examen de cas concrets présentés devant elle...* ». La Cour rappelle dans la même décision qu'elle ne saurait outrepasser sa compétence principale, qui est de connaître les cas concrets de violations des droits de l'homme et de les sanctionner s'il y a lieu. Voir Ibid, paragraphe 61. La Cour a rappelé ce principe, dans son arrêt N° ECW/CCJ/JUD/06/10 du 06/10/2010, paragraphe 51.

[598] D. BIGO, *«* Justice et pouvoir en Afrique au sud du Sahara *»* in, J. Du GAUDUSSON et G. CONAC (dir.) *Afrique contemporaine numéro spécial* 156, op ; cit., p. 166

[599] Voir l'article 55 de la Constitution française de 1958 : *« Les traités ou accords régulièrement ratifiés ou approuvés ont, dès leur publication, une autorité supérieure à celle des lois, sous réserve, pour chaque accord ou traité, de son application par l'autre partie* ». Les constituants des États francophones de l'Afrique de l'Ouest ont consacré ce principe dans les mêmes termes. *son application par l'autre partie.»,*

En revanche, les constitutions de ces États sont silencieuses sur la hiérarchie entre la norme internationale et la norme constitutionnelle interne[600]. Dans le cadre du Mali par exemple, le primat du traité sur la loi dans le droit interne est sans équivoque au regard des dispositions constitutionnelles de 1992[601]. Cependant, la question de la hiérarchie entre la norme du droit international et la constitution n'est pas tranchée de façon évidente comme le fait remarquer le professeur Éloi DIARRA[602]. Toutefois, la constitution malienne interdit constamment la ratification des normes du droit international qui sont en

---

article 147 de la Constitution de 1992 modifiée du Bénin : « *Les traités ou accords régulièrement ratifiés ou approuvés ont, dès leur publication, une autorité supérieure à celle des lois, sous réserve, pour chaque accord ou traité, de son application par l'autre partie* ».

[600] Face au silence du constituant, les juges constitutionnels tranchent en optant pour deux solutions. La première consiste à séparer les normes du droit communautaire et les normes du droit international classique, en posant le primat de la première sur la norme constitutionnelle. Dans la seconde, ils distinguent les normes du droit communautaire des normes du droit international classique et procèdent à l'intégration de la première dans le bloc de constitutionnalité, en lui accordant explicitement la même force que la seconde dans l'ordre juridique interne. Cette solution a été consacrée par la jurisprudence constitutionnelle française. Voir à ce propos, Baptiste BONNET. « *Les rapports entre droit constitutionnel et droit de l'Union européenne, de l'art de l'accommodement raisonnable* », Titre VII, avril 2019, n° 2 : https://www.conseil-constitutionnel.fr/publications/titre-vii/les-rapports-entre-droit-constitutionnel-et-droit-de-l-union-europeenne-de-l-art-de-l-accommodement
Consulté le 28/02/2020. Elle a été reprise récemment par le juge constitutionnel malien. Voir arrêt 2016-12/CC du 13 octobre 2016 « *...Qu'en effet, à la différence des accords et engagements internationaux classiques, bien souvent dépourvus de caractère contraignant et comportant généralement une clause, textuelle ou présumée, de réciprocité, les actes procédant du droit communautaire sont, par principe, revêtus d'une obligation d'application sur le territoire de la Communauté concernée dès leur approbation et publication faite conformément au droit interne des Etats membres. Qu'ainsi, ces derniers ont-ils vocation à faire bloc de constitutionnalité avec les textes de l'ordonnancement juridique interne...* », Recueil des arrêts, avis et autres décisions de la Cour Constitutionnelle du Mali, Vol.6

[601] Voir l'article 116 de la Constitution du 25 février 1992. C'est la solution que les constitutions des États francophone de la CEDEAO ont héritée de la constitution française de 1958. Celle du Burkina Faso de 1992 modifiée consacre ce principe en son article151, de la Guinée Conakry en son article 151, du Bénin de 1992 modifiée etc.

[602] E. DIARRA, « Le Mali » *in* P. TAVERNIER (dir.), *Recueil juridique des droits de l'homme en Afrique*, Tome II 2000-2004 éd. Bruylant 2005, p.1436.

contradiction avec la constitution. De façon plus simple, il ne doit pas y avoir une contradiction entre une norme du droit international et la constitution malienne. En cas de contradiction entre la constitution malienne et une norme internationale, deux choix s'imposent au gouvernement malien : la renégociation du traité pour supprimer cette contradiction[603] ou la révision de la constitution pour la rendre conforme à la norme internationale[604].

En permettant la révision de la constitution pour la rendre conforme à la norme internationale, nous convenons avec le professeur Éloi DIARRA que c'est dire implicitement que la norme internationale est supérieure à la Constitution[605]. Mais, ce primat n'est pas explicitement inscrit dans la constitution malienne de 1992. On est donc en présence d'un silence total du constituant à l'image de toutes les constitutions des États francophones de la CEDEAO.

En définitive, en l'absence de dispositions constitutionnelles qui tranchent la question, l'obligation pour les États membres de la CEDEAO de ratifier les Traités et les Conventions de l'organisation conformément aux dispositions de l'article 2 de l'Acte additionnel portant régime de sanctions à l'encontre des États membres qui n'honorent pas leurs obligations vis-à-vis de la communauté, combinée avec les dispositions de l'article 26 de la Convention de Vienne sur le droit des Traités, nous conduit à affirmer sans hésiter, le primat du droit communautaire sur le droit interne en particulier la Constitution. S'agissant du cas du Mali à titre d'exemple, le professeur Éloi DIARRA est arrivé à la conclusion que le droit interne du Mali est inférieur au droit international, et qu'il est possible de réviser la constitution pour la rendre conforme à un engagement international[606].

---

603 Le droit communautaire de la CEDEAO n'offre pas une telle possibilité aux États membres. Toutefois, la Convention de Vienne de 1969 à laquelle le droit de la CEDEAO est lié autorise cette pratique, sous conditions.

604 C'est l'option qui s'impose aux États dans le cadre du droit de la CEDEAO. La CEDEAO oblige les États dans l'article 2 de l'Acte additionnel portant régime de sanctions à l'encontre des États membres qui n'honorent pas leurs obligations vis-à-vis de l'organisation, à ratifier les traités et les conventions de l'organisation.

605 E. DIARRA, « Le Mali » op. cit.

606 Ibid.

Le juge constitutionnel malien a trouvé une parade qui reste largement critiquable, pour trancher la question de la hiérarchie entre le droit interne et le droit communautaire de la CEDEAO.

En effet, dans son arrêt du 13 octobre 2016, lors d'un contrôle de constitutionnalité d'une loi électorale par rapport à la constitution et au protocole additionnel sur la démocratie et la bonne gouvernance, le juge constitutionnel malien est arrivé à la conclusion que le droit communautaire de la CEDEAO, à l'inverse du droit international classique, était dépourvu de clauses de réciprocités expresses ou présumées sans jamais trancher la hiérarchie entre le droit communautaire et la constitution. Il a ainsi saisi l'occasion pour intégrer explicitement le droit communautaire de la CEDEAO dans le bloc de constitutionnalité, bien que cette démarche soit critiquable.

Mais lorsque le constituant malien affirme dans l'article 117 de la constitution de février 1992 que l'État malien peut conclure avec tout autre État africain des accords d'association ou de communauté comprenant abandon partiel de sa souveraineté en vue de réaliser l'unité africaine[607], n'est-ce pas reconnaître implicitement le primat des règles du droit communautaire sur la constitution ? À cette question, nous pouvons répondre par l'affirmative. En tout cas, c'est une solution analogue qui a été posée par le Conseil constitutionnel français dans sa jurisprudence du 19 novembre 2004 (constitution européenne, chr. N° 113, p.228)[608].

---

[607] La constitution du Mali de 1992 n'est pas un cas isolé dans la région. En effet, la Constitution de 1992 modifiée du Burkina Faso précise dans son article 146 : « *Le Burkina Faso peut conclure avec tout État africain des accords d'association ou de communauté impliquant un abandon total ou partiel de souveraineté* ». Celle de 1990 du Bénin précise dans son article 148 : « *La République du Bénin peut conclure avec d'autres États des accords de coopération ou d'association sur la base des principes d'égalité, de respect mutuel de la souveraineté, des avantages réciproques et de la dignité nationale.* ». Elle est très formelle dans son article 149 lorsqu'elle précise: « *La République du Bénin, soucieuse de réaliser l'Unité Africaine, peut conclure tout accord d'intégration sous- régionale ou régionale conformément à l'article 145.* » Celle du Niger de 2011 précise dans son article 172 : « *La République du Niger peut conclure avec tout État africain des accords d'association ou de communauté emportant abandon partiel ou total de souveraineté en vue de réaliser l'unité africaine.* » Ces exemples ne sont pas exhaustifs.

[608] J. GICQUEL et J. E. GICQUEL, *Droit constitutionnel et institutions politiques*, 31e éd. LGDJ Lextenso 2017 p.285.

Au-delà de ces divergences théoriques et doctrinales de la place du droit communautaire dans l'ordre juridique interne des États qui freinent considérablement la mise en place d'un droit électoral commun, on note un important apport des missions d'observation et d'assistance électorale dans ce processus.

Paragraphe 2 Le dynamisme des missions d'observation et d'assistance électorale de la CEDEAO dans la construction d'un droit électoral commun

Les normes juridiques conventionnelles, notamment celles des organisations internationales, du fait qu'elles limitent parfois de façon significative la souveraineté des États, nécessitent la mise en place d'organes ou d'institutions chargés de l'accompagnement des États ou de veiller à leur application correcte par l'ensemble des parties. Ils peuvent être politiques ou juridictionnels. En ce qui concerne la CEDEAO, elle a choisi de combiner les deux approches, mais en mettant un accent particulier sur une diplomatie douce en la matière.

L'action de la CEDEAO en matière électorale, se déroule principalement à travers, d'une part, l'assistance électorale et d'autre part, l'observation des élections.

Dans le cadre de la sécurité collective sous-régionale que l'organisation a développée subsidiairement à l'ONU, en application du chapitre VIII de la Charte de cette dernière, elle intègre l'organisation et la mise en place des procédures électorales dans le cadre de ses missions de sécurité collective. La CEDEAO met en place des programmes électoraux dans ses missions de sécurité collective. À cet effet, la CEDEAO participe à l'organisation et surveille les élections dans ses États membres. Ainsi, les élections dans tous les États membres doivent se tenir en la présence des observateurs électoraux de la CEDEAO.

La dynamique de la sous-régionalisation de la démocratie en Afrique de l'Ouest, la proclamation de principes électoraux supranationaux aux États dans le droit communautaire, a été suivie par la mise en place de mécanismes de soutien électoral aux États et de contrôle des élections. Il convient ainsi d'examiner l'apport des missions d'assistance (A) et d'observation des élections (B) dans la construction d'un droit électoral ouest-africain.

L'observation électorale est définie par le code de conduite électorale de l'Institut International pour la Démocratie et l'Assistance Electorale, comme *« la collecte volontaire d'informations relatives aux processus électoraux et l'expression de jugements sur ces processus à partir d'informations recueillies par des personnes étant autorisées à intervenir dans le processus et dont l'engagement dans la médiation ne devrait pas influencer leur responsabilité en tant qu'observateur »*[609]. Certains observateurs notent que l'observation internationale des élections est devenue le cheval de Troie du nouveau constitutionnalisme.

L'ONU consacre dans sa résolution 50/172 de l'Assemblée Générale du 22 décembre 1995, l'exigence du respect des principes de la souveraineté nationale et la non-ingérence dans les affaires intérieures des États en ce qui concerne les processus électoraux ». Dans cette résolution de l'Assemblée Générale, l'organisation rappelle que l'intervention dans un processus électoral a lieu à la demande de l'État concerné.

En effet, le protocole relatif aux mécanismes de prévention, de gestion, de règlement des conflits, de maintien de la paix et de la sécurité précise dans son article 42 paragraphe 1 que pour prévenir à temps les troubles sociaux et politiques, la CEDEAO doit s'impliquer dans la préparation, l'organisation et la supervision des élections programmées dans les États membres. La CEDEAO doit également suivre et s'impliquer activement dans le soutien à la mise en place d'institutions démocratiques dans les États membres. Ce même texte précise en son article 45 que dans le cas où l'autorité du gouvernement est inexistante ou est gravement érodée, la CEDEAO apporte son assistance pour restaurer cette autorité.

Dans le cadre de cette assistance, elle peut procéder à la préparation, l'organisation, le suivi, la gestion des processus électoraux avec la collaboration des organisations régionales et internationales compétentes. La restauration de l'autorité politique est entreprise en

[609] International Institute for democracy and electoral assistance, Code of conduct, ethical,professional electoral observation, IDEA, Stockholm 1998, p.10

même temps que la promotion du respect des droits de l'homme et le renforcement de l'État de droit et des institutions judiciaires. En effet, l'observation et l'assistance électorales constituent les efforts de solidarité communautaire que la CEDEAO exprime à l'égard de ses États membres. Cette solidarité vise à permettre la mise en place de pouvoirs et d'institutions démocratiques issus d'élections libres, transparentes, crédibles et acceptées de tous[610]. Elles visent à garantir la sincérité et la crédibilité des élections. Cependant, l'assistance électorale (A) se distingue nettement de l'observation électorale (B). Toutefois, à l'évidence, ces deux missions de la CEDEAO contribuent à la mise en place d'un droit électoral commun pour l'ensemble des États de la sous-région.

A. L'apport des missions d'assistance électorale

L'assistance électorale peut se définir comme l'aide technique ou matérielle que les organisations intergouvernementales ou non gouvernementales apportent aux processus électoraux des États en transition démocratique ou en situation post-conflictuelle. Elle peut aussi venir des États tiers dans le cadre d'accords politiques. Elle vise principalement à permettre à ces États de se doter d'organes et d'institutions politiques et juridiques capables d'organiser des élections crédibles, honnêtes et transparentes. En d'autres termes, des organes et des institutions politiques et juridiques qui instaurent un climat de confiance dans les processus électoraux.

De même que l'observation électorale ainsi que nous le verrons, dans le cadre international, l'ONU apporte une assistance électorale aux États en transition démocratique ou post-conflictuelle, dans le cadre de la paix et de la sécurité internationale. En application du chapitre VIII de sa Charte, l'ONU délègue implicitement ce rôle aux organisations régionales ou même sous-régionales. Ce qui ne l'empêche pas dans bien des cas, lorsque la situation l'exige, qu'elle s'y implique personnellement.

---

[610] J. C. MASCLET, « De l'observation électorale à l'assistance juridique électorale » in B. OWEN (dir.), *Le Processus électoral, permanence et évolution*, Actes du colloque réuni le 22 novembre 2005 Studyrama 2006, p.177.

À cet effet, dans le cadre sous-régional de l'Afrique de l'Ouest, la CEDEAO fait beaucoup d'efforts pour la démocratisation de ses États membres. Ce qui la conduit à s'impliquer de manière significative dans les processus électoraux de ses États. Elle s'implique dans les processus électoraux des États en application de son protocole sur la démocratie et la bonne gouvernance, protocole additionnel à celui relatif aux mécanismes de prévention, de gestion, de règlement des conflits, de maintien de la paix et de la sécurité collective[611], plus en avant, de l'article 58 du traité révisé[612].

En effet, l'organisation économique communautaire sous-régionale de l'Afrique de l'Ouest précise dans l'article 42 paragraphe 1 du protocole relatif aux mécanismes de prévention, de gestion, de règlement des conflits, de maintien de la paix et de la sécurité que pour prévenir à temps les troubles sociaux et politiques, elle doit s'impliquer dans la préparation, l'organisation et la supervision des élections programmées dans les États membres. Elle doit également suivre et s'impliquer activement dans le soutien à la mise en place d'institutions démocratiques dans les États membres. Elle précise également dans l'article 45 du même texte, que dans le cas où l'autorité du gouvernement est inexistante ou est gravement érodée, elle apporte son assistance pour restaurer cette autorité.

Concrètement, son implication s'effectue dans la droite ligne des engagements de l'article 2 paragraphe (c) et (d) du protocole A/P1/12/99 relatif aux mécanisme sde prévention, de gestion, de règlement des conflits, de maintien de la paix et de la sécurité aux

---

611 À titre d'exemple, dans le cadre de son appui au processus électoral de 2015 en Guinée Conakry, la Commission de la CEDEAO a mis en place les moyens suivants : le déploiement d'une mission d'information et de solidarité de haut niveau en juillet 2015, le déploiement d'une mission d'expertise du fichier électoral du 21 septembre au 20 octobre 2015. Voir à ce propos, https://www.ecowas.int/ecowas-declaration-on-the-guinean-presidential-election/?lang=fr
consulté le 20février 2019.

612 L'article 58 du traité révisé de 1993 est la disposition fondamentale qui sous-régionalise la sécurité collective en Afrique de l'Ouest. L'organisation adoptera plusieurs instruments juridiques dans la droite ligne de l'esprit des dispositions de cet article.

termes duquel elle précise : « … la promotion et la consolidation d'un gouvernement et d'institutions démocratiques dans chaque État membre…, la protection des droits humains fondamentaux, des libertés et des règles du droit international humanitaire ».

En effet, l'uniformisation des processus électoraux en Afrique de l'Ouest a été accélérée avec l'adoption du protocole additionnel sur la démocratie et la bonne gouvernance, qui a posé les principales bases de l'engagement de la CEDEAO dans la consolidation de la démocratie. Il achève le processus enclenché dans le protocole relatif aux mécanismes de sécurité collective. Ce texte complétant le protocole relatif aux mécanismes de prévention, de gestion, de règlement des conflits, de maintien de la paix et de la sécurité, adopté dans le cadre de l'article 58 du traité révisé de 1993 est le texte fondamental de référence de l'assistance de la CEDEAO aux processus électoraux des États membres. Ce texte consacre une section entière (III) à l'assistance électorale aux États.

Plus exactement, l'ensemble de ces textes se situent dans la droite ligne de l'article 58 paragraphe (f) du traité révisé de 1993 qui précise qu'elle fournit si nécessaire et à la demande, une assistance aux États membres en vue d'observer le processus des élections démocratiques.

Dans le cadre de cette assistance, elle peut procéder à la préparation, l'organisation, le suivi, la gestion des processus électoraux avec la collaboration des organisations régionales et internationales compétentes. Elle peut procéder à cet effet à la restauration de l'autorité politique en même temps que la promotion et le renforcement de l'État de droit et des institutions judiciaires. Toutefois, on constatera avec Rafâa BEN ACHOUR que l'ONU a consacré la règle selon laquelle, l'assistance au processus électoral et le soutien en faveur de la démocratisation ne sont fournis aux États intéressés que sur leur demande expresse[613]. Dans sa résolution du 27 février 1996, l'ONU réaffirme que l'assistance électorale apportée aux États membres ne doit l'être qu'à la demande et avec le consentement des

[613] R. BEN ACHOUR, « Le droit international de la démocratie », *in « Cour Euro-Méditeeranéens Bancaja de droit international »*, volume IV, 2000, éd. Tirant Lo Blanch. p.353.

États souverains concernés, sur la base de résolutions adoptées par le Conseil de sécurité ou l'Assemblée générale dans chaque cas et dans le strict respect des principes de la souveraineté et de la non-ingérence dans les affaires intérieures des États, ou dans des circonstances spéciales, par exemple en cas de décolonisation ou dans le cadre de processus de paix de portée régionale ou internationale[614]. Cette règle rappelle et consacre la souveraineté électorale des États. La CEDEAO ne déroge pas à cette règle, elle la réaffirme d'ailleurs avec force.

Cependant, les États en transition démocratique, ceux en situation de crise ou post-conflictuelle nécessitent une assistance technique de la communauté internationale dans l'organisation des élections afin de garantir la transparence, la crédibilité et la sincérité des processus électoraux.

Ces États voient leur souveraineté électorale considérablement réduite. On verra que la CEDEAO apporte particulièrement une assistance électorale à tout État qui se retrouve dans une de ces situations.

De manière générale, cette assistance technique peut être la fourniture de divers services techniques, notamment le service d'experts juridiques ou techniques ainsi que la fourniture de matériel de traitement des données, de matériel électoral ou toute autre assistance concernant l'administration, la logistique et le contentieux électoral[615].

À ce propos, on observera avec Nguyen Huu Dong que l'assistance technique électorale ne doit pas faire penser à une opération purement technologique. Il s'agit souvent d'une combinaison de soutien logistique et de conseils en gestion de l'appareil électoral[616].

L'objectif vise à autonomiser les organes et les institutions électoraux dans l'organisation d'élections crédibles et transparentes. L'assistance électorale de l'ONU aux États s'effectue à travers le Programme des Nations-Unies pour le Développement (PNUD).

---

614 Paragraphe 13 de la res/50/172 du 27 février 1996 adoptée lors de la 99e séance plénière du 22 décembre 1995

615 Évariste SONON, « Assistance électorale » op. cit.

616 N.Huu DONG, D. RECONDO, « L'ONU, artisan du processus électoral » in Presses de Sciences Po « Critique internationale » 2004/3 n° 24, p.160

Cependant, dans certains cas, lorsque la situation l'exige, en particulier les États en situation de crise complexe, elle peut intervenir directement à travers sa mission de maintien de la paix. On cite ici les cas de la Mission Multidimensionnelle et Intégrée des Nations-Unies pour la stabilisation du Mali (MINUSMA)[617] et de la Mission des Nations-Unies au Soudan (MINUS)[618].

L'ONU s'est particulièrement illustrée dans l'assistance électorale lors du référendum sur l'indépendance du Soudan du Sud, en janvier 2011[619]. Cette assistance technique à travers la MINUS et le PNUD dans la formation des agents électoraux, l'impression et la distribution des bulletins et des cartes de vote a été remarquable et a permis la réussite de ce processus, premier du genre pour cet État. On cite également le rôle de l'Opération des Nations-Unies en Côte d'Ivoire (ONUCI)[620] dans l'organisation des élections présidentielles et législatives de 2010 et 2011 en Côte d'Ivoire.

La MINUSMA a une division électorale chargée de la coordination et de la mise en œuvre de son mandat électoral. Cette division mène des activités d'appui logistique, d'appui technique, de renforcement des capacités, et d'appui aux opérations de vote à l'État malien.

Son apport pour ce pays a été capital dans l'organisation des élections présidentielles et législatives de 2013, que ce pays organisait dans un contexte politique et sécuritaire exacerbé par des violences. Cette élection visait à normaliser les institutions politiques, après le coup d'État militaire du 22 mars 2012, et les accords de paix signés avec les groupes armés rebelles du nord du pays, à Ouagadougou en été 2013.

---

[617] La MINUSMA a été créée par la Résolution 2100 du 25 avril 2013 lors de la 6952e session du Conseil de sécurité, cs/10987. Cf à ce propos, https://minusma.unmissions.org/assistance-%C3%A9lectorale-0 consulté le 14/10/2019.

[618] Elle a été créée par la Résolution 1590 du 24 mars 2005 du Conseil de Sécurité de l'ONU.

[619] Voir à ce propos, Évariste SONON, « *Assistance électorale* », Réseau de recherche sur les opérations de paix, op. cit.

[620] Elle avait été créée par la Résolution 1528 du 27 février 2004 du Conseil de sécurité. Ces élections intervenaient dans un contexte politique et sécuritaire marqué par la longue guerre civile déclenchée en 2002, suite au coup d'État manqué de septembre de la même année.

Dans le cadre sous-régional de l'Afrique de l'Ouest, la CEDEAO s'implique dans la préparation, l'organisation des élections dans ses États membres[621]. Elle met un accent particulier sur les États en situation post-conflictuelle. Elle doit également suivre et s'impliquer activement dans le soutien à la mise en place d'institutions démocratiques dans les États membres même s'ils ne sont pas en situation post-conflictuelle[622]. Il semble donc sans exagération qu'elle a un devoir et une obligation de solidarité avec les États en situation post conflictuelle[623].

L'assistance électorale constitue un effort de solidarité communautaire que la CEDEAO exprime à l'égard de ses États membres. Cette solidarité vise à permettre la mise en place de pouvoirs et d'institutions démocratiques issus d'élections libres, transparentes, crédibles et acceptées de tous[624]. Elle vise également à garantir la sincérité et la crédibilité des élections.

À l'inverse de l'observation électorale ainsi que nous le verrons également, l'assistance électorale de la CEDEAO s'effectue dans un espace de temps assez long et très étendu dans la durée[625].

Elle s'étend sur une période relativement longue et s'effectue par des modes multiples et variés. Elle revêt deux formes principales que sont l'aide logistique et l'assistance juridique. La forme logistique consiste à apporter l'aide à un État membre dans l'établissement des listes électorales, un soutien matériel ou une assistance technique. Quant à l'assistance juridique, elle consiste à apporter une aide à un État dans l'élaboration des textes juridiques qui régissent la compétition électorale, c'est-à-dire le droit électoral. Elle peut s'effectuer également par un soutien aux juridictions internes, compétentes dans le contentieux électoral[626]. Cependant, l'organisation ne cadenasse pas

---

[621] Article 42 du protocole A/P1/12/99 relatif au mécanisme de prévention, de gestion, de règlement des conflits, de maintien de la paix et de la sécurité.

[622] Ibid.

[623] Ibid.

[624] J. C. MASCLET, De l'observation électorale à l'assistance juridique électorale *in* B. OWEN, « *Le Processus électoral permanence et évolution* », Actes du colloque réuni au Sénat le 22 novembre 2005 Studyrama 2006, p.177.

[625] R. BEN ACHOUR, « *Le droit international de la démocratie* », in op. cit., p.353.

[626] Ibid.

son assistance électorale aux États que sur ces deux formes. Le protocole additionnel sur la démocratie et la bonne gouvernance affirme dans son article 12 paragraphe 2, que l'aide ou l'assistance que la CEDEAO peut apporter à un État membre peut s'effectuer sous n'importe quelle forme qui serait utile pour l'État membre concerné. La CEDEAO entend ainsi élargir les domaines de son assistance électorale aux États. Elle ouvre même la possibilité d'une assistance au-delà du cadre traditionnel de l'aide électorale notamment la logistique et le droit. Une innovation de l'organisation dans ce domaine du droit international. Si traditionnellement l'assistance électorale des États, des organisations non gouvernementales, et internationales s'effectue par ces deux formes, la CEDEAO dit pouvoir aller au-delà de celles-ci, si l'État concerné venait à faire une demande particulière qui sortait de ce cadre. À l'évidence, elle met l'assistance électorale aux États au cœur de sa diplomatie préventive plus douce contre les crises électorales et postélectorales, plus concrètement les conflits armés qu'elles peuvent générer.

Ainsi, il appartient à chaque État d'exprimer à l'organisation ses besoins en matière électorale. Pour ainsi reprendre une formule de Nadia AKACHA, à chaque État, son tableau de difficultés électorales dessinées en tenant compte de sa situation politique, économique et sociale[627]. Elle constitue un moyen pour l'organisation de limiter les risques liés à des crises électorales et postélectorales pouvant aboutir à des changements anticonstitutionnels du pouvoir ou à des crises politiques et sécuritaires.

L'autre innovation de la CEDEAO dans ce domaine, a consister à demander aux États de coopérer entre eux, en dehors d'elle-même et d'accords politiques particuliers en ce sens, semble-t-il, en s'apportant de l'assistance électorale. À cet effet, pour permettre la mise en place d'un fichier électoral fiable, la base principale d'une élection crédible, honnête et transparente, elle demande aux États membres de coopérer, en échangeant entre eux leurs expériences électorales[628]. Aussi, au

---

[627] N. AKACHA, « Crise électorale et changement anticonstitutionnel de gouvernement », *in* R. BEN ACHOUR (dir.), *Les changements anticonstitutionnels de gouvernement, approches de droit constitutionnel et de droit international* op. cit., p.93

[628] Le protocole additionnel sur la démocratie et la bonne gouvernance précise dans

besoin, au-delà du cadre de la CEDEAO, les États doivent apporter leur assistance technique à tout État qui en fait la demande, afin d'apporter leur soutien et leur solidarité à celui-ci dans la production d'un fichier électoral fiable[629]. Autrement dit, les États peuvent demander entre eux une assistance électorale, en clair, elle plaide pour une solidarité entre États dans l'organisation, la préparation et le déroulement des élections. Il n'est pas inutile de rappeler que la crédibilité, la transparence et la sincérité d'une élection reposent fondamentalement sur la fiabilité des listes électorales, c'est-à-dire du fichier électoral. La CEDEAO s'auto-impose le devoir d'apporter son aide aux États membres dans le cadre de la mise en place d'institutions démocratiques. Cette assistance vise à aider les États à résoudre les difficultés auxquelles ils peuvent être confrontés dans leurs processus électoraux. Elle peut ainsi apporter son aide et son assistance dans l'organisation et même le déroulement de toutes les élections dans un État membre, lorsque l'État en fait la demande.

Cependant, qu'il s'agisse de la CEDEAO elle-même ou des États entre eux dans le cadre de la solidarité électorale interétatique, cette aide et cette assistance ne pourront être accordées qu'à la seule condition que l'État membre concerné fasse expressément la demande, tout en précisant la forme de l'aide qu'il sollicite. La solidarité électorale interétatique à travers la coopération entre les États par l'échange d'expériences et d'expertises peut ainsi aboutir à la construction d'un droit électoral commun pour l'ensemble de la communauté. En effet, les États ayant reçu un enracinement et une consolidation de la démocratie en organisant des élections libres, crédibles, transparentes à intervalles réguliers et acceptées par tous, et ayant connu des alternances politiques et démocratiques au pouvoir, peuvent partager leurs expériences démocratiques, en particulier l'organisation des élections avec les autres États membres. Toutefois, ni la CEDEAO ni les États membres qui apportent leur aide et leur assistance ne doivent se comporter en donneurs de leçons, afin de préserver l'intérêt de celle-ci. L'aide et l'assistance électorale de la CEDEAO peuvent aussi

---

les dispositions de son article 4 § 2 : « *Les États membres coopéreront dans ce domaine aux fins d'échange d'expériences et au besoin d'assistance technique, pour la production de listes électorales fiables* ».

[629] Ibid.

permettre à l'organisation de connaître les besoins des États en la matière et les insuffisances de leur système électoral. L'assistance électorale et la coopération entre les États en matière électorale précipitent ainsi la construction d'un droit électoral commun pour l'Afrique de l'Ouest, tel est le sens de notre propos. Il convient de préciser également que l'assistance électorale se distingue nettement de l'observation électorale. Et il ressort de nos constats que les missions d'observation électorale sont celles qui précipitent le plus la formation d'un droit électoral commun pour l'Afrique de l'Ouest.

B. Le dynamisme des missions d'observation électorale dans la construction d'un droit électoral commun

L'observation électorale est définie par le code de conduite électorale de l'Institut International pour la Démocratie et l'Assistance Electorale comme « la collecte volontaire d'informations relatives aux processus électoraux et l'expression de jugements sur ces processus à partir d'informations recueillies par des personnes étant autorisées à intervenir dans le processus et dont l'engagement dans la médiation ne devrait pas influencer leur responsabilité en tant qu'observateur »[630].

Certains observateurs notent avec raison que l'observation internationale des élections est devenue le cheval de Troie du nouveau constitutionnalisme.

Selon les analystes, le premier cas rapporté dans l'histoire moderne de l'observation internationale des élections remonte à 1857 (avant le Traité de Versailles de 1919 actant la création de la Société des Nations (SDN) ancêtre de l'ONU), lorsqu'une Commission européenne formée par les représentants de l'Autriche, l'Angleterre, la France, la Prusse, la Russie et la Turquie ont observé les élections générales tenues dans les territoires controversés de la Moldavie et de la Wallachie[631].

---

[630] International Institute for democracy and electoral assistance, Code of conduct, ethical professional electoral observation, IDEA, Stockholm 1998, p.10

[631] OSCE, Bureau des Institutions Démocratiques et des Droits l'Homme (BIDDH), *L'observation des élections, Une décennie d'observations électorale : acteurs et pratiques,* OSCE/BIDDH 2006, p.1.

L'observation électorale peut-être conduite par les organisations internationales, les organisations non gouvernementales ou par les États[632] bien entendu, dans le cadre d'accords politiques. Cependant, l'ONU, créée après la Seconde Guerre mondiale dans le but d'une paix internationale, dans le cadre du maintien de celle-ci, consacre le principe de la souveraineté des États, en particulier la non-ingérence dans les affaires intérieures des États. Elle consacre notamment dans sa résolution 50/172 de l'Assemblée Générale du 22 décembre 1995[633], l'exigence du respect des principes de la souveraineté nationale et la non-ingérence dans les affaires intérieures des États en ce qui concerne les processus électoraux. Dans cette résolution, l'Organisation internationale à vocation universelle, rappelle que les principes de la souveraineté nationale et de la non-ingérence dans les affaires intérieures de tout État doivent être respectés lors du déroulement des élections[634]. En application de ce principe, l'intervention dans un processus électoral n'a lieu qu'à la demande de l'État concerné.

Dans cette résolution, l'ONU reconnaît la diversité des processus électoraux des États et rappelle la souveraineté politique de ceux-ci en ces termes : « Considérant également qu'il n'existe pas de système politique ou de modèle universel unique de processus électoral convenant également à toutes les nations et à tous les peuples et que les systèmes politiques et les processus électoraux sont conditionnés par des facteurs historiques, politiques, culturels et religieux »[635]. À cet effet, elle a observé une neutralité totale face aux régimes politiques des États, en s'abstenant strictement d'intervenir dans les processus électoraux de ceux-ci. Cette neutralité qu'elle s'était imposée ne l'a pas empêché dans bien des cas à observer des processus électoraux d'États

---

632 J. STONESTREET, « Finalités de l'observation des élections dans le vote *électronique* », in *Le Genre humain,* Le Seuil 2011/2 N° 51, p.76

633 Res/50/172 du 27 février 1996 adoptée lors de la 99e séance plénière du 22 décembre 1995 en son paragraphe 4 : « Rappelant en outre le principe consacré au paragraphe 7 de l'Article 2 de la Charte des Nations Unies, qui stipule qu'aucune disposition de la Charte n'autorise les Nations Unies à intervenir dans des affaires qui relèvent essentiellement de la compétence nationale d'un État ni n'oblige les Membres à soumettre des affaires de ce genre à une procédure de règlement aux termes de la Charte. »

634 Ibid., paragraphe 7

635 Ibid., paragraphe 8

en situation post-conflictuelle, et encore qu'à la demande de ces derniers.

Toutefois, en 2005, on note un changement radical de doctrine de l'ONU en ce qui concerne les processus électoraux des États. En effet, en 2005, lors d'un rassemblement d'organisations internationales à New York au cours duquel la Déclaration de principes pour l'observation internationale des élections a été adoptée, le Secrétaire général des Nations Unies à l'époque, le diplomate ghanéen Kofi Annan a pris la parole, en soulignant pertinemment : « La présence d'observateurs internationaux des élections, à l'invitation d'États souverains, peut faire toute la différence en ce sens qu'elle permet d'assurer que les élections fassent réellement avancer le processus démocratique… Et leur seule présence peut dissuader de mauvaises conduites, assurer la transparence et inspirer la confiance dans ce processus »[636].

Il s'agissait ainsi du premier effort mondial, pour élaborer un code de pratiques visant à sauvegarder l'intégrité de l'observation électorale objective et impartiale[637]. Et aussi, un appel visant à encourager les États à inviter les observateurs internationaux pour surveiller les élections.

Il ressort que depuis le 3 mars 1989 lors des élections au Nicaragua, auxquelles le gouvernement de ce pays a demandé expressément à l'ONU d'envoyer une mission d'observation électorale, elle a eu à intervenir dans l'observation électorale de plusieurs États notamment d'Afrique de l'Ouest en situation post-conflictuelle : en 1997 au Liberia, au Ghana et au Mali[638]. Nous citons aussi l'exemple de la très controversée élection présidentielle ivoirienne de 2010. Cette dernière a fait émerger un nouveau concept dans cette pratique de contrôle international des élections par l'ONU : « la certification », rappelons-le, grâce à un accord entre les deux parties.

---

636 OSCE, Bureau des Institutions Démocratiques et des Droits l'Homme (BIDDH), *L'observation des élections, Une décennie d'observations électorale : acteurs et pratiques*, OSCE/BIDDH 2006, p.1.

637 Ibid.

638 Ibid. Elle a envoyé des observateurs électoraux pour la première fois en Afrique de l'Ouest dans ces États.

Toutefois, tout comme le maintien de la paix, on note un retrait progressif de l'ONU de l'observation électorale au profit d'organisations régionales et sous-régionales. Les organisations non gouvernementales s'intéressent également de manière particulière à l'observation électorale à côté des organisations internationales. La CEDEAO, principale organisation sous-régionale de l'Afrique de l'Ouest, fait des efforts remarquables pour l'observation électorale.

Elle fait de l'observation électorale un moyen de prévention des crises politiques et sécuritaires[639] c'est-à-dire, un outil de sa diplomatie préventive. L'observation des élections fait référence à des personnes ou groupes de personnes ayant reçu le mandat, par un État, un groupe d'États ou une organisation internationale, de contrôler une situation ou de surveiller l'exécution d'un accord international dans le cadre d'une élection[640]. À cet effet, l'observation électorale d'une organisation internationale suit un mandat défini[641]. En règle générale, elle vise à évaluer le processus électoral dans son ensemble par rapport aux standards et aux engagements internationaux de l'État concerné, tant sur le plan de la législation que sur celui de la pratique[642]. Ces missions d'observations internationales identifient la bonne pratique électorale aussi bien que les défauts de celle-ci et effectuent des recommandations concernant les éléments du processus électoral qui pourraient bénéficier

---

[639] Lors des élections présidentielles de 2019 en Guinée-Bissau, la CEDEAO a déployé 70 observateurs électoraux dont 10 à long terme, et 60 à court terme. Ces élections se tenaient dans un contexte de crise politique et institutionnelle dans ce pays. Voir https://www.ecowas.int/la-cedeao-deploie-des-observateurs-en-vue-de-lelection-presidentielle-en-guinee-bissau/?lang=fr consulté le 20/02/2020

[640] D. KOKOROKO, « Éléments communs des codes nationaux de l'observation électorale et mise en perspective avec les codes de l'UA et la déclaration de l'UNEDAD du 7 juillet 2005 » *in,* J.-P VETTOVAGLIA (prés), J D. B. DE GAUDUSSON, C. DESOUCHES, J. MAILA, H. SADA et A. SALIFOU, *Démocratie et élections dans l'espace francophone*, vol. II BRUYLANT 2010, p. 774

[641] J. STONESTREET, « Finalités de l'observation des élections dans le vote électronique », in, *Le Genre humain,* Le Seuil 2011/2 N° 51, p.76 disponible sur https://www.cairn.info/revue-le-genre-humain-2011-2-page-75.htm consulté le 20/02/2019

[642] Ibid.

d'une amélioration[643]. Pour le dire autrement, elle vise à évaluer la qualité d'un processus électoral et à établir dans quelle mesure ce processus s'est déroulé conformément aux normes internationales en matière d'élections démocratiques, aux bonnes pratiques auxquelles l'État concerné est partie et à sa législation nationale[644]. À l'origine, elle se déroulait sur une seule journée, le jour du scrutin. Très vite, les acteurs se sont rendu compte que le processus électoral doit être considéré comme un film plutôt qu'un instantané[645]. « Ce qui se passe le jour des élections n'est que la pointe de l'iceberg »[646], ainsi notait à juste titre l'Ambassadeur Strohal du BIDDH (Bureau des Institutions Démocratiques et des Droits l'Homme).

Les observateurs électoraux sont des personnes compétentes en matière électorale, envoyées par la CEDEAO dans un État membre où se tient une élection, pour attester de sa transparence et de sa crédibilité. Ils ont pour fonction de suivre le déroulement des élections, de surveiller le processus électoral pour vérifier qu'il se tient dans les conditions de liberté, conforme aux droits de l'homme[647] en particulier aux exigences normatives de la CEDEAO. Rafâa BEN ACHOUR notera à ce propos que l'observation des élections consiste à envoyer dans le pays, un certain nombre d'experts indépendants chargés de suivre le déroulement des opérations électorales et d'établir un rapport destiné à témoigner de l'honnêteté et de la régularité des élections[648]. Elle doit cependant se faire dans le strict respect de la souveraineté de l'État membre concerné, ainsi que nous l'avons fait remarquer. Tout État a le droit inaliénable de choisir son système politique, économique, social

---

643 Ibid.

644 *Manuel pratique d'observation électorale,* Gobierno De Espana, Madrid 2016, p.33.

645 OSCE, Bureau des Institutions Démocratiques et des Droits l'Homme (BIDDH), *L'observation des élections, Une décennie d'observations électorales : acteurs et pratiques*, op. cit. p.6.

646 Cité in Ibid.

647 D. KOKOROKO, « Eléments communs des codes nationaux de l'observation électorale et mise en perspective avec les codes de l'UA et la déclaration de l'UNEDAD du 7 juillet 2005 », in, J.-P VETTOVAGLIA (prés), J D. B. DE GAUDUSSON, C. DESOUCHES, J. MAILA, H. SADA et A. SALIFOU, *Démocratie et élections dans l'espace francophone*, vol. II BRUYLANT 2010, p. 774.

648 R. BEN ACHOUR, « Le droit international de la démocratie », cit. op. pp.353 et 354.

et culturel, sans aucune forme d'ingérence de la part d'un autre État[649] ou d'une organisation internationale. Ce principe a été rappelé et consacré par la Cour Internationale de Justice, dans l'affaire Nicaragua contre USA, arrêt du 27 juin 1986[650]. Autrement dit, l'observation électorale doit se faire dans le respect de la souveraineté de l'État concerné. À cet effet, aucune mission d'observation électorale ne peut être dépêchée dans un État qu'à la suite d'une demande expresse de l'État intéressé[651].

L'État doit formuler expressément une demande dans ce sens ou adhérer à une norme conventionnelle internationale qui autorise l'observation électorale[652]. Ainsi, il n'y a pas d'atteinte à la souveraineté étatique de l'État concerné lorsque les limitations à sa souveraineté résultent de son libre consentement[653]. Lorsque l'observation électorale a lieu dans le cadre d'un accord ou de tout acte conventionnel de l'État concerné, on ne peut pas parler d'atteinte à la souveraineté[654]. C'est ainsi que le constitutionnaliste togolais Dodzi KOKOROKO établissait de manière pertinente, une compatibilité entre l'observation électorale internationale et la souveraineté étatique[655].

En exigeant une demande expresse de l'État ou son adhésion à un acte conventionnel international qui autorise celle-ci, c'est réaffirmer et consacrer clairement la souveraineté et la non-ingérence dans les affaires intérieures des États. La souveraineté n'étant pas absolue dans son exercice, l'État peut volontairement décider de la limiter en intégrant des organisations internationales. En intégrant une organisation internationale et en décidant volontairement d'accepter

---

649 M. — S. BERGER, « La contribution du Conseil de sécurité à la prévention et à la gestion des changements anticonstitutionnels », *in* R.BEN ACHOUR (dir.), *Les changements anticonstitutionnels de gouvernement, approche de droit constitutionnel et de droit international*, op. cit., p.41. Voir aussi à ce propos, ONU, doc,/RES/2625 (XXV) 24, OCTOBRE 1970 de l'Assemblée générale.
650 Voir CIJ Rec.1986 p.14, §258
651 R. BEN ACHOUR, « Le droit international de la démocratie », cit. op. p. 354
652 Dans le cadre de la CEDEAO, la ratification du traité révisé de 1993 l'autorise à envoyer des observateurs électoraux dans chaque État lorsqu'a lieu une élection.
653 D. KOKOROKO, « Souveraineté étatique et principe de légitimité démocratique ». Revue québécoise de droit international (2003) 16.1, p.45.
654 Ibid.
655 Ibid.

une mission d'observation électorale de celle-ci, l'État réaffirme sa liberté dans la désignation de ses gouvernants et partant, sa souveraineté.

Ainsi : « non seulement les États concernés acceptent de telles missions d'observation, mais encore ils jugent souvent nécessaire de les inviter, nommément ou de manière générale. La présence d'une mission d'observation devient, sinon la preuve, du moins la présomption du caractère démocratique des élections »[656]. L'observation électorale est donc apparue pour les États comme une manière de réaffirmer sur le plan international, la légitimité de ses gouvernants élus à l'issue des élections observées par des organisations internationales indépendantes d'eux.

Les États membres de la CEDEAO ayant exprimé expressément leur volonté dans les textes juridiques communautaires mentionnés un peu plus haut, la CEDEAO n'a plus besoin d'une demande expresse de l'État membre concerné pour envoyer une mission d'observation électorale.

En agissant ainsi, l'organisation ne porte pas atteinte à la souveraineté de celui-ci. Conformément à leur engagement conventionnel communautaire, à l'inverse de la mission d'assistance électorale comme nous l'avons vu, l'État membre concerné, ne peut pas refuser de recevoir une mission d'observation électorale de l'organisation communautaire.

Au risque pour lui de violer son obligation et son engagement communautaire pouvant aboutir à l'établissement de sanctions prévues dans l'Acte additionnel portant régime de sanctions à l'encontre des États membres qui n'honorent pas leurs obligations vis-à-vis de la communauté ou du moins sur le papier[657]. De mémoire, la CEDEAO ne s'est pas formellement retrouvée face au refus d'un État membre de recevoir une mission d'observation électorale.

---

[656] R. BEN ACHOUR, « Le droit international de la démocratie », cit. op. pp.354

[657] Voir à ce propos, l'acte additionnel A/SA.13/02/12 du 17 février 2012 portant régimes des sanctions à l'encontre des Etats membres qui n'honorent pas leurs obligations vis-à-vis de la CEDEAO. Ce texte prévoit des sanctions politiques, judiciaires.

Les missions d'observations électorales de la CEDEAO sont généralement dirigées par d'anciens chefs d'État ou des personnalités de haute renommée[658] afin de préserver son intégrité.

En effet, dans le souci de prévenir les troubles sociaux et politiques, en particulier les troubles électoraux ou postélectoraux à temps réel, la CEDEAO s'implique dans la supervision des élections programmées dans les États membres[659]. En application des dispositions de l'article 42 du protocole relatif aux mécanismes de prévention, de règlement des conflits, de maintien de la paix et de la sécurité, et de l'article 13 du protocole additionnel sur la démocratie et la bonne gouvernance, à l'approche d'une élection dans un État membre, l'organisation communautaire économique de l'Afrique de l'Ouest envoie des missions d'observation électorale dans ce pays. À titre illustratif, en 2015, plusieurs États de la sous-région notamment la Guinée Conakry, le Bénin, la Côte d'Ivoire, le Nigeria, le Togo ont organisé des élections présidentielles.

Lors de ces élections, elle a déployé des missions d'observations électorales dans tous ces États. Celle de la Guinée Conakry était conduite par Amos SAWEYER, ancien président par intérim du gouvernement d'Unité Nationale du Liberia[660]. Cependant, le droit communautaire n'exige pas une taille des missions d'observations électorales.

Il appartient au président de la commission de déterminer celle-ci en fonction des réalités sur le terrain. Ces réalités sont relatives à la

---

658 Bureau sous-régional pour l'Afrique de l'Ouest de la commission économique pour l'Afrique des Nations Unies, Communauté Economique des États de l'Afrique de l'Ouest, *Une évaluation des progrès réalisés vers l'intégration régionale dans la région de la Communauté Economique des États de l'Afrique de l'Ouest depuis sa création*, ECA-WA/NREC/2015/03, texte original : français, mai 2015, pp.110 et 111, disponible
https://www.uneca.org/sites/default/files/PublicationFiles/int_progr_ri_inception_ecowas_fre.pdf

659 Article 42 du protocole A/P1/12/99 relatif au mécanisme de prévention, de gestion, de règlement des conflits, de maintien de la paix et de la sécurité.

660 Voir à ce propos, *Déclaration préliminaire* 13/10/2015 www.ecowas.int consulté le 26 décembre 2017.

superficie du pays, les circonstances dans lesquelles se tiennent les élections en particulier, les facteurs sociaux et politiques, etc. Lors de l'élection présidentielle du Togo du 4 mars 2010 à titre d'exemple, l'organisation a déployé la plus importante en termes de taille, de ses missions d'observations électorales[661]. Rappelons que cette élection présidentielle togolaise se tenait dans un contexte de crise politique et institutionnelle exacerbée par des violences. La CEDEAO a joué un rôle important pour son règlement. Les missions d'observations électorales de la CEDEAO sont dans la pratique de deux formes : la mission à court terme et celle à long terme.

La mission à long terme doit être envoyée plusieurs semaines avant le scrutin. Elle doit préparer l'arrivée de la mission à court terme, en collectant les textes juridiques internes et internationaux auxquels l'État concerné est partie, régissant les compétitions électorales, et toutes les informations utiles, permettant à la CEDEAO, d'apprécier la sincérité et la crédibilité du processus du début à la fin[662]. En ce qui concerne la mission à court terme, elle doit arriver dans l'État concerné quarante-huit heures (48 h) avant le scrutin[663].

Tous les membres des deux missions d'observation électorale doivent être désignés par le président de la commission[664]. Ces deux missions ont le même rôle, le suivi de tout le processus de déroulement des élections jusqu'à la proclamation des résultats définitifs. Ainsi, à l'inverse de l'assistance électorale comme nous l'avons fort révélé un peu plus haut, l'observation électorale vise des objectifs très précis et clairs.

Elle s'effectue pour s'assurer de la régularité des opérations électorales. Autrement dit, la conformité des opérations électorales aux normes du droit interne de l'État concerné et du droit international auxquelles l'État a adhéré en particulier, ainsi que sa conformité aux standards communautaires de la CEDEAO. Elle s'étend sur une période bien limitée, à l'inverse des missions d'assistance électorale.

---

[661] *Missions d'observations électorales de la CEDEAO de l'élection présidentielle du Togo du 4 mars 2010, déclaration préliminaire*, paragraphe 3.
[662] Article 13 du protocole additionnel sur la démocratie et la bonne gouvernance.
[663] Article 15 ibid.
[664] Article 14 paragraphe 1 ibid.

La période préélectorale qui englobe la période de la propagande électorale, au jour du scrutin, de la compilation des résultats, à la proclamation des résultats définitifs des élections[665]. En règle générale, la mission d'observation électorale prend fin le jour de la proclamation des résultats définitifs des élections. La CEDEAO et toutes les organisations internationales, les organisations non gouvernementales et les États tiers qui envoient des observateurs électoraux s'abstiennent de contrôler la phase du contentieux électoral.

La phase du contentieux électoral échappe ainsi au contrôle des observateurs électoraux. Alors que la pratique électorale en Afrique montre que cette phase représente un enjeu majeur d'une élection. Simplement que les pouvoirs publics sont parfois à la fois partie prenante dans la fraude électorale[666] et arbitre de celle-ci. Le contentieux électoral est de ce fait tout simplement dévoyé en raison du détournement pur et simple du suffrage au profit du candidat du parti au pouvoir[667].

Par ailleurs, le droit de la CEDEAO de façon générale, le droit électoral communautaire en particulier, est un droit largement lacunaire. Les principes sont parfois vaguement énoncés. À cet effet, nous relevons une imprécision du droit communautaire de la CEDEAO sur la formulation du devoir ou de l'obligation du déploiement des missions d'observation électorale dans un État membre dans lequel a lieu une élection. Face à une telle imprécision, nous en déduisons une obligation pour l'organisation, dès lors qu'elle ne pourra s'appuyer que sur le rapport de ses observateurs pour apprécier la sincérité et la crédibilité des élections, et partant, déterminer un mode antidémocratique d'accession ou de maintien au pouvoir.

Rappelons que la CEDEAO interdit tous les modes antidémocratiques d'accession ou de maintien au pouvoir[668]. Ils sont interdits et

[665] Article 16 paragraphe 1 du protocole additionnel sur la démocratie et la bonne gouvernance
[666] D. F. MELEDJE, op. cit. p.142.
[667] Voir à ce propos, ibid. p. 144.
[668] Article 1er paragraphe b et c du protocole additionnel sur la démocratie et la bonne gouvernance.

sanctionnés par l'organisation, au même titre que les changements anticonstitutionnels du pouvoir[669]. Pour le dire autrement, les modes antidémocratiques d'accession ou de maintien au pouvoir encourent les mêmes sanctions que celles prévues pour les changements anticonstitutionnels, notamment le recours à la force pour rétablir la démocratie[670].

Et aussi, les autres organisations internationales qui envoient des observateurs électoraux dans les États membres de la CEDEAO ont obligatoirement besoin de visa : une acceptation de la mission par l'État concerné s'impose dans ce cas comme une nécessité absolue. Il n'est donc pas à exclure que l'État accepte la mission d'observation électorale d'un autre État ou d'une organisation, en opérant un tri dans le choix des membres.

S'agissant de la CEDEAO, les membres des missions d'observation électorale étant constitués exclusivement de ressortissants d'Etats membres de l'organisation, comme l'exige le droit communautaire, les dispositions des protocoles A/P1/5/79, A/SP2/7/85, A/SP1/7/86, A/SP1/6/88 et A/SP2/5/90 relatives à la libre circulation des personnes, le droit de résidence et d'établissement permettent à ceux-ci de se rendre dans l'Etat concerné sans exigence de visa. Les membres des missions d'observation électorale de la CEDEAO échappent ainsi à un tri de l'État qui les reçoit.

Cependant, un ressortissant de l'État membre dans lequel a lieu l'élection ne peut pas être membre de la mission d'observations électorale de son pays[671]. Les missions d'observations électorales de la CEDEAO sont constituées exclusivement des ressortissants des pays autres que celui dans lequel a lieu l'élection. Pour le bon déroulement de la mission, les observateurs électoraux ont toutefois besoin de la collaboration des autorités internes de l'État concerné.

---

669 Ibid.

670 Cette mesure est prévue par le protocole relatif aux mécanismes de prévention, de gestion, de règlement des crises, de maintien de la paix et de la sécurité, mais surtout par l'article 6 de l'acte additionnel portant régimes de sanctions à l'encontre des États membres qui n'honorent pas leurs obligations vis-à-vis de la communauté.

671 Article 14 paragraphe 1 du protocole additionnel sur la démocratie et la bonne gouvernance.

Cette collaboration ne doit cependant pas porter atteinte à l'autonomie et à l'indépendance de la mission à l'égard de l'État concerné. Le protocole additionnel sur la démocratie et la bonne gouvernance prévoit que les missions d'observation électorale tiennent des réunions avec les autorités de l'État concerné dès leur arrivée, pour déterminer ensemble les modes de leur déploiement[672]. Cette collaboration ne doit en revanche en aucun cas restreindre leur indépendance. Pour exercer leur mission de contrôle, les observateurs électoraux de la CEDEAO se réfèrent à des normes juridiques multiples et variées.

Elles se réfèrent à l'ensemble des instruments juridiques du droit communautaire, et à toutes les normes juridiques internationales auxquels le droit communautaire renvoie. Elles se réfèrent à tous les instruments juridiques internationaux auxquels l'État membre concerné a adhéré indépendamment de la CEDEAO.

À l'issue de la mission, un rapport daté et signé par tous les membres doit être adressé au président de la Commission par le chef de celles-ci, dans les 15 jours qui suivent la fin de la mission[673]. Le président de la Commission doit, à son tour, transmettre pour suite ledit rapport au Conseil de Médiation et de Sécurité[674].

Toutefois, celui-ci peut émettre des observations personnelles sur le rapport, avant de le transmettre au Conseil de Médiation et de Sécurité[675]. Cette dernière est à cet effet, la seule institution qui peut décider de la suite à donner au rapport de la mission d'observation électorale.

Il peut décider des recommandations à faire à l'État membre concerné dans le sens de l'amélioration des futurs scrutins, ou décider des recommandations à tous les États membres dans ce sens[676].

Il peut également, dans le pire des cas, prendre des mesures coercitives qui s'imposent notamment en cas de graves irrégularités qui remettent

[672] Article 15 paragraphe 3 ibid.
[673] Article 17 paragraphe 1 ibid.
[674] Article 18 ibid.
[675] Ibid.
[676] Ibid.

en cause la crédibilité, la sincérité et la transparence du scrutin[677]. C'est le rapport de la mission d'observation électorale qui permet à la CEDEAO de décider si elle reconnaît les autorités élues à l'issue de l'élection ou de conclure à un cas constitutif d'un mode non démocratique d'accession ou de maintien au pouvoir. Elle interdit formellement ces pratiques.

Par contre, il convient de préciser que les recommandations que les missions d'observation électorale de la CEDEAO émettent n'ont aucune force obligatoire à l'égard des Etats conformément aux dispositions de l'article 9 nouveau du protocole additionnel A/SP1/06/06 portant amendement du traité révisé de 1993 de la CEDEAO et de l'article 1er de l'acte additionnel A/SA.13/02/12 portant régime des sanctions à l'encontre des Etats membres qui n'honorent pas leurs engagements vis-à-vis de l'organisation. Les recommandations ont en fait une force non contraignante à l'égard des États.

Rappelons également que les missions d'observation électorale ne sont pas compétentes pour se prononcer sur la conformité des normes du droit électoral interne des États aux grands principes standards proclamés par le droit de la CEDEAO ou se prononcer sur la validité de l'élection. La Cour de Justice de la Communauté est la seule institution communautaire qui peut se prononcer sur la conformité d'une norme interne au droit communautaire de la CEDEAO[678]. Cependant, elle ne

---

[677] Article 18 et 45 paragraphe 5 combinés du protocole additionnel sur la démocratie et la bonne gouvernance.

[678] À cet effet, dans le cadre de ses compétences de protection des droits de l'homme, dans son arrêt N° ECW/CCJ/JUG/16/15 du 13 juillet 2015 dans l'affaire Congrès pour la Démocratie et le Progrès (CDP) et autres contre l'État du Burkina Faso, le juge communautaire de la CEDEAO a conclu que les critères d'attribution du droit de vote et du droit d'éligibilité ne doivent pas être discriminatoires ou arbitraires. La Cour a ainsi jugé non conforme au droit communautaire, la réforme de la loi N° 005-2015/CNT du 07 avril 2015 modifiant la loi N° 014-2001/AN du 03 juillet 2001 portant code électoral de ce pays, et qui précisait au titre des inéligibilités, toutes les personnes ayant soutenu un changement anticonstitutionnel qui porte atteinte au principe de l'alternance démocratique, notamment au principe de la limitation du nombre de mandats présidentiels ayant conduit à une insurrection ou à toute forme de soulèvement de se porter candidat à une élection. Autrement dit, elle a jugé que cette réforme était contraire au droit de libre participation aux élections qu'exige le droit de la CEDEAO, c'est-à — dire le caractère général de cette interdiction. En conséquence, elle a ordonné à l'État du Burkina Faso de lever cette

peut pas se prononcer sur la validité d'une élection d'un État membre. Le contentieux électoral des États ne relève pas de sa compétence.

Le Conseil de Médiation et de Sécurité est la seule institution compétente statutairement pour se prononcer sur la validité d'une élection et/ou de décider des mesures qui s'imposent[679]. Sur la base du rapport des missions d'observateurs, le Conseil de Médiation et de Sécurité peut formuler une ou des recommandations adressées à l'État membre concerné[680] ou à l'ensemble des États membres de l'organisation comme nous l'avons observé un peu plus haut. Lors de l'élection présidentielle togolaise de 2010 par exemple, à l'issue de la mission d'observation électorale, la CEDEAO avait recommandé à l'État togolais de conférer un caractère permanent à la Commission Electorale Nationale Indépendante (CENI) et de renforcer son indépendance[681].

Ainsi, les recommandations que le Conseil de Médiation et de Sécurité formule aux États contribuent fortement à construire un droit électoral commun pour l'ensemble des États de la CEDEAO. Conformément à leurs engagements et leurs obligations communautaires, les États doivent prendre en compte ces recommandations dans leurs futures réformes du droit électoral interne[682].

Dans tous les cas, les États se sont engagés explicitement dans l'article 5 du traité révisé de 1993, à honorer leurs obligations et à respecter les décisions et les règlements de la communauté.

Sur la base de ce même rapport des observateurs électoraux, le Conseil de Médiation et de Sécurité peut proposer à la Conférence des chefs d'États et de gouvernements d'établir des sanctions contenues dans l'article 45 du protocole additionnel sur la démocratie et la bonne gouvernance et conformément à cette même disposition, lorsqu'il

---

restriction, posant ainsi, un jalon important dans la mise en place d'un droit électoral communautaire.

679 Article 18 du protocole additionnel sur la démocratie et la bonne gouvernance

680 Ibid.

681 Voir, *Missions d'observations électorales de la CEDEAO de l'élection présidentielle au Togo du 4 mars 2010, déclaration préliminaire,* page 6.

682 Article 5 du traité révisé de 1993

estime que l'élection concernée constitue un maintien ou une accession non démocratique au pouvoir. Autrement dit, lorsque le Conseil de Médiation de Sécurité juge que le processus électoral n'est pas conforme aux exigences communautaires, remettant en cause sa crédibilité, sa sincérité et sa transparence, l'organisation peut établir des sanctions contre cet État pour maintien ou accession antidémocratique au pouvoir comme évoqué un peu plus haut.

L'observation électorale constitue à cet effet pour la CEDEAO un moyen de prévention des crises politiques et sécuritaires comme nous l'avons également fort remarqué plus haut. Elle permet également de rassurer les électeurs, les partis politiques en particulier de l'opposition et la CEDEAO elle-même, dans le sens de la crédibilité et de la transparence des opérations électorales et de la légitimité des gouvernants. Pour le dire autrement, c'est l'outil communautaire de dissuasion électorale.

Par ailleurs, les États membres de la CEDEAO se sont engagés également à promouvoir la coopération judiciaire en vue de permettre une harmonisation de leurs systèmes judiciaires et juridiques[683]. Cette harmonisation des systèmes juridiques et judiciaires peut aboutir à celle du droit et du contentieux électoral pour l'ensemble des États. Ainsi, l'harmonisation des systèmes juridiques et judiciaires peut permettre de sous-régionaliser les règles et les organes judiciaires du contentieux des élections. Cette coopération doit permettre d'une façon générale d'aligner les systèmes judiciaires et juridiques de l'ensemble de la sous-région.

Bien qu'on note un discours volontariste des États au niveau sous-régional et un manque de volonté interne de ceux-ci, les juges communautaires de l'organisation et les juges constitutionnels internes des États, avec un certain courage, précipitent la formation du droit électoral commun à travers leurs jurisprudences.
En effet, la Cour de Justice de la Communauté est l'institution juridictionnelle du contrôle du respect des obligations et des engagements des États.

---

683 Voir l'article 57 paragraphe 1 du traité révisé de 1993.

Le protocole A/SP1/01/05 portant amendement du préambule des articles 1, 2, 9, 22 et 30 du protocole A/P1/7/91 instituant cette Cour ainsi que l'article 4 paragraphe 1 de la version anglaise dudit protocole, confèrent une compétence très étendue au juge communautaire. Il est compétent pour connaître du contentieux relatif à l'interprétation et l'application du traité, des conventions et protocoles de la communauté[684].

Il est également compétent pour connaître des litiges relatifs à l'interprétation des règlements, des directives, des décisions et de tous autres documents juridiques subsidiaires adoptés dans le cadre de la CEDEAO[685]. Le juge communautaire est aussi compétent pour connaître de l'examen des manquements des États membres aux obligations qui leur incombent en vertu du traité, des conventions et protocoles, des règlements, des décisions et des directives[686]. Il peut également connaître des litiges relatifs à l'application des dispositions du traité, des conventions, et des protocoles, des règlements, des directives ou des décisions de l'organisation[687]. Le juge communautaire de la CEDEAO s'est surtout révélé et illustré dans la protection des droits de l'homme ainsi que nous le verrons. Il s'est forgé une notoriété dans la protection des droits de l'homme sur laquelle porte principalement sa jurisprudence, au point de rendre secondaires ses autres attributions.

À cet effet, le protocole instituant celle-ci et l'Acte additionnel portant régime de sanctions à l'encontre des États membres qui n'honorent pas leurs obligations vis-à-vis de la communauté, exige aux États d'exécuter ses décisions sans aucune formalité interne de réception. Ainsi dans le cadre de leurs attributions, en particulier la protection des droits de l'homme, les juges communautaires contribuent à travers leur jurisprudence à la formation d'un droit électoral commun[688].

Les juges constitutionnels internes des États membres apportent également leur contribution dans ce processus de construction d'un

---

684 Article 9 paragraphe 1.a) du protocole additionnel de 2005 portant amendement du protocole de la Cour de Justice de la CEDEAO.

685 Article 9 paragraphe 1.b) ibid.

686 Article 9. Paragraphe 1.d) ibid.

687 Article 9 paragraphe 1.e)

688 *cf. supra* note 160.

droit électoral communautaire pour l'Afrique de l'Ouest. En effet, ils ont à plusieurs reprises, soit intégré explicitement le droit communautaire de la CEDEAO dans leur bloc de constitutionnalité, soit censuré des lois électorales internes, simplement parce qu'elles n'étaient pas conformes aux exigences de l'organisation communautaire.

Pour le premier cas, nous citons la jurisprudence constitutionnelle malienne. Dans son arrêt N° 2016-12/CC du 13 octobre 2016, lors du contrôle de constitutionnalité de la loi N° 16-49/AN-RM du 9 septembre 2016 portant loi électorale, il a intégré explicitement l'ensemble des normes du droit communautaire dans le bloc de constitutionnalité[689] avec une logique discutable. En ce qui concerne le deuxième cas, nous citons la jurisprudence togolaise. Dans sa décision du 9 juillet 2009, sur une saisine des partis politiques de l'opposition, lors d'un contrôle de constitutionnalité, la Cour a jugé non conforme aux exigences de la CEDEAO, la loi électorale votée par l'Assemblée Nationale le 29 juin 2009 pour censurer partiellement celle-ci[690].

Ces deux décisions du juge constitutionnel malien et togolais ne constituent pas des jurisprudences constitutionnelles isolées. En effet, dans sa décision DCC 10-049 du 5 avril 2010, relative au contrôle de

---

[689] « Qu'en effet, à la différence des accords et engagements internationaux classiques, bien souvent dépourvus de caractère contraignant et comportant généralement une clause, textuelle ou présumée, de réciprocité, les actes procédant du droit communautaire sont, par principe, revêtus d'une obligation d'application sur le territoire de la Communauté concernée dès leur approbation et publication faite conformément au droit interne des États membre… », voir Recueil des arrêts et autres décisions de la Cour Constitutionnelle du Mali, vol.2 (2014-2017).

[690] Dans sa décision N ° C — 003/09 du 09 juillet 2009, la Cour Constitutionnelle du Togo, a visé directement ce protocole en ces termes « Vu le Protocole A/SP1/12/0l signé à Dakar le 21 décembre 2001 sur la Démocratie et la Bonne Gouvernance additionnel au Protocole relatif aux mécanismes de prévention, de gestion, de règlement des conflits, de maintien de paix et de la sécurité… ». Elle poursuit un peu plus loin en expliquant « Considérant que les requérants font grief à cet article d'enlever à la CENI, la prérogative de proposer la date des élections contrairement à l'article 3 du protocole A/SP 1/12/0 1 sur la Démocratie et la Bonne Gouvernance qui exige une CENI indépendante dans toutes ses attributions d'organisatrice des élections ». Voir également à ce propos, S. BOLLE, « La loi électorale saisie par la Cour constitutionnelle », commentaire du 15 juillet 2009, disponible sur http://la-constitution-en-afrique.over-blog.com/article-33848093.html consulté le 22/février:2020.

constitutionnalité de la loi d'abrogation de la Liste Electorale Permanente Informatisée (LEPI) et le Recensement Electoral National Approfondi (RENA), le juge constitutionnel béninois a fait également référence au protocole additionnel sur la démocratie et la bonne gouvernance de la CEDEAO, en jugeant que le vote de cette loi était contraire aux exigences de fiabilité et de transparence des listes électorales[691] consacrées aux dispositions des articles 4 et 5 dudit protocole[692].

Dans cette jurisprudence, le juge constitutionnel béninois est arrivé à la conclusion selon laquelle ne pas censurer cette loi soumise à son contrôle autorise le législateur à violer le protocole additionnel sur la démocratie et la bonne gouvernance de la CEDEAO[693] et implicitement, l'article 147 de la Constitution du 11 décembre 1990 modifiée[694] alors que, conclut-il, car cette disposition consacre le primat de la norme internationale sur la norme nationale du Bénin.

En ce qui concerne le juge communautaire, nous citons l'arrêt N° ECW/CCJ/JUG/16/15 du 13 juillet 2015 dans l'affaire Congrès pour la Démocratie et le Progrès (CDP) et autres contre l'État du Burkina Faso, dans lequel il est arrivé à la conclusion que les critères d'attribution du droit de vote et du droit d'éligibilité ne doivent pas être discriminatoire ou arbitraires, en jugeant que la réforme de la loi N° 005-2015/CNT du 7 avril 2015 modifiant la loi N° 014-2001/AN du 3 juillet 2001 portant

---

691 H. AKEREKORO, *La Cour Constitutionnel et le bloc de constitutionnalité au Bénin*, p.17 www.afrilex-bordeaux4.fr consulté le 28/11/2018.

692 La Cour Constitutionnelle du Bénin avait été saisie par le Président de la République, des membres du parlement béninois, des partis politiques pour qu'elle exerce un contrôle de constitutionnalité sur la loi électorale du 18 mars 2010 portant abrogation de la loi électorale 2010-12. Elle est ainsi arrivée à la conclusion suivante: « Ne pas censurer la loi abrogative, c'est autoriser alors les députés à violer le Protocole A/SPI/12/01 de la CEDEAO et par conséquent l'article 147 de la Constitution qui consacre la suprématie de la norme supranationale sur la norme juridique nationale… », voir à ce propos, F. Z. OKOYA, *Décision DDC 10-040 du 5 avril 2010 deuxième partie*, commentaire du 7 avril 2010, disponible sur http://visages-du-benin.over-blog.com/article-decision-dcc-10-049-du-05-avril-2010-2eme-partie-48161884.html consulté le 20 mars 2020.

693 Voir paragraphe (C) de la décision DDC 10-040 du 5 avril 2010.

694 Cette disposition précise : « *Les traités ou accords régulièrement ratifiés ont, dès leur publication, une autorité supérieure à celle des lois sous réserve pour chaque accord ou traité, de son application par l'autre partie.* »

code électoral qui disposait au titre des inéligibilités : « *Toutes les personnes ayant soutenu un changement anticonstitutionnel qui porte atteinte au principe de l'alternance démocratique, notamment au principe de la limitation du nombre de mandats présidentiels ayant conduit à une insurrection ou à toute forme de soulèvement* » était contraire aux principes standards de l'organisation. Bien que l'État du Burkina Faso soit resté totalement indifférent face à cette décision, il ne l'a jamais exécutée, il est important de constater que les juges ont été courageux, et ont pris un pas important dans la construction d'un droit électoral communautaire jurisprudentiel.

Nous pouvons le remarquer, au-delà de la mise en place d'un code électoral embryonnaire, de la dynamique des organes de contrôle électoraux, le juge communautaire et les juges constitutionnels internes des États précipitent la formation d'un droit électoral commun pour l'Afrique de l'Ouest, en arrivant à la conclusion que tout droit électoral interne, « est justiciable de la question suivante : êtes-vous CEDEAO compatible ? », pour paraphraser le professeur Stéphane BOLLE[695]. Ils contribuent fortement à la formation d'un droit électoral commun pour l'Afrique de l'Ouest.

Ces jurisprudences donnent à espérer que dans l'avenir, toutes les modifications du droit électoral, notamment les modifications tendancieuses pour se maintenir au pouvoir pourraient être jugées incompatibles avec les standards électoraux de la CEDEAO, précipitant ainsi au passage la formation d'un droit électoral commun pour l'ensemble de la sous-région.

Cependant, malgré ces avancées vers la mise en place d'un droit électoral commun en Afrique de l'Ouest, les efforts de l'organisation dans ce processus sont limités.

Ils sont limités par le texte instituant le code électoral commun pour l'Afrique de l'Ouest, qui est particulièrement lacunaire, mais surtout le manque de volonté des États.

---

[695] S. BOLLE, *êtes-vous CEDEAO compatible ?* Commentaire du 11 décembre 2010, http://la-constitution-en-afrique.over-blog.com/ consulté le 10/02/2020.

SECTION 2 : LES LACUNES DU TEXTE DU CODE ELECTORAL COMMUNAUTAIRE

Alors que les élections font généralement l'objet de contestations dans les rues, parfois émaillées de violences, aboutissant à des crises politiques, institutionnelles, voire sécuritaires, la CEDEAO multiplie les efforts pour mettre en place des règles juridiques supranationales régissant les consultations électorales pour l'ensemble de ses États membres.

Ces efforts ont abouti à l'adoption de plusieurs normes juridiques communautaires encadrant les processus électoraux sur l'ensemble de la sous-région. Cependant, il est regrettable que ses efforts visant à sous-régionaliser le droit électoral, notamment la mise en place d'un code électoral supranational aux États, soient confrontés à des obstacles.

Ils sont d'une part, liés aux lacunes des dispositions juridiques du droit communautaire, fixant des règles électorales supranationales aux États (paragraphe 1) et d'autre part, à l'absence de vrais mécanismes de contrôle des normes du droit communautaire en matière électorale (paragraphe 2).

En effet, comme nous l'avons expliqué un peu haut, l'apport des missions d'observations et d'assistance électorales dans la mise en place d'un droit électoral commun à l'ensemble des États est considérable.

Toutefois, le rôle de ces missions qui constituent les mécanismes de contrôle de ces règles particulières dans la mise en place d'un droit électoral commun est particulièrement limité.

Ces missions émettent des recommandations qui conformément au droit communautaire, ne sont assorties d'aucune force obligatoire et contraignante pour les États[696], ainsi qu'il a été observé dans notre précédent propos.

---

[696] Article 9 paragraphe 7 du protocole additionnel A/SP1/06/06 portant amendement du traité révisé de la CEDEAO *« Les recommandations et les avis n'ont pas force exécutoire »*

Paragraphe 1 : Les insuffisances du texte du droit électoral supranational aux États

Il ressort de nos constats que le volontarisme de la CEDEAO dans la communautarisation des règles encadrant les processus électoraux pour l'ensemble des États membres contraste avec les caractères largement lacunaires des textes. L'intégration des normes du droit communautaire dans le droit positif interne des États, son applicabilité et son effectivité ne sont pas exemptes de difficultés. Ces difficultés sont relatives aux caractères des règles du droit communautaire d'une part (A), et d'autre part, le dispositif juridique du droit communautaire instaurant un code électoral supranational aux États est curieusement silencieux sur le rôle de la presse et des médias, alors que celui-ci est fondamental dans un processus électoral (B).

A. Les limites liées aux insuffisances du dispositif du code électoral supranational

Les dispositions du protocole additionnel A/SP1/12/01 sur la démocratie et la bonne gouvernance instaurant des principes électoraux supranationaux aux Etats ont un caractère lacunaire, évasif et imprécis.

Dans sa structuration, ce texte consacre énormément de dispositions à l'observation et l'assistance électorale de l'organisation. La CEDEAO met trop d'efforts dans l'observation et l'assistance électorale, comme on l'a déjà souligné. À l'inverse, elle est moins précise s'agissant de la compétition électorale proprement dite. Les principes de droit électoral consacrés régissant le fond de la compétition électorale sont rares. Ce protocole énonce quelques grands principes standards dans des termes parfois très vagues et très imprécis.

À titre illustratif, les dispositions de l'article 2 du protocole additionnel sur la démocratie et la bonne gouvernance interdisent toute modification de la loi électorale dans les 6 mois précédant des élections sans le consentement d'une large majorité des acteurs politiques. L'interdiction des modifications substantielles des textes régissant les compétitions électorales sans le consentement de la majorité des acteurs politiques dans les six mois précédant les élections, semble difficile à définir d'autant plus que la disposition elle-même est très laconique dans sa formulation. Alors que les lois électorales sont adoptées dans chaque État membre selon des procédures diverses et variables. Lorsque la réforme obtient le nombre de voix et de votes parlementaires requis, on peut légitimement s'interroger, afin d'apprécier l'absence de consentement d'une large partie des acteurs politiques comme l'exige le dispositif juridique du code électoral du droit communautaire ? Que faut-il entendre par majorité des acteurs politiques ? S'agit-il de la majorité des parlementaires lors de l'adoption de la réforme ? De la majorité des partis politiques ? Comment s'apprécie cette majorité ? Il est difficile de répondre à ces interrogations simplement, l'esprit du législateur communautaire n'est pas assez clair et précis.

Les rédacteurs du protocole additionnel sur la démocratie et la bonne gouvernance et le code électoral communautaire semblent avoir fait de façon volontaire le choix d'un texte aussi évasif qu'imprécis, en l'occurrence ils ont plus été dans une écriture « directive » que « règlementaire ».

Cette formulation de ce texte a donné lieu à une interprétation plutôt étonnante du juge constitutionnel malien, comme observé un peu plus haut. Ce dernier, dans son arrêt 2012-12/CC du 13 octobre 2013, statuant sur un recours d'inconstitutionnalité, sur saisine de l'ensemble des partis politiques de l'opposition parlementaire qui contestait la conformité de la loi n° 16-49/AN-RM du 23 septembre 2016 portant loi électorale à la constitution et au protocole additionnel de la CEDEAO sur la démocratie et de la bonne gouvernance, a émis un argument qui démontre suffisamment le caractère laconique et évasif de ce texte. Les députés à l'Assemblée Nationale de l'opposition politique dénonçaient l'adoption de cette réforme du code électoral à moins de deux mois des élections locales, sans le consentement d'une large partie des acteurs politiques. La loi électorale N° 49/AN-RM avait été adoptée le 23 septembre 2016, alors que le décret N° 2016 — 0620/P-RM du 16 août 2016, convoquait le collège électoral, le 20 novembre 2016 pour les élections locales. Dans son arrêt du 13 octobre 2016, notamment sur le grief de violation de l'article 2 du protocole additionnel sur la démocratie et la bonne gouvernance de la CEDEAO, la Cour Constitutionnelle malienne a jugé le consentement d'une large partie des acteurs politiques en se référant, d'une part, à la procédure d'élaboration du texte, et d'autre part, à son adoption par l'Assemblée Nationale. Ainsi se fondant sur la procédure d'élaboration du projet de loi à son adoption par le vote d'une large partie des députés à l'Assemblée Nationale, d'ailleurs dans une atmosphère électrique, 78 députés ont voté pour le texte et 29 ont voté contre, le juge constitutionnel malien a jugé : *« le grief de l'absence de large majorité ne saurait être raisonnablement soutenu en la cause »*[697]. Le retrait le 12 avril 2016 des partis politiques de l'opposition du cadre de concertation entre le ministre de l'administration territoriale et les présidents des partis politiques sur la relecture de la loi électorale en marge des travaux de l'avant-projet de loi électorale, n'a pas été retenu comme argument permettant de retenir l'absence de consentement d'une large partie des acteurs politiques. Rappelons que l'Assemblée Nationale du Mali comprend 147 députés. La loi a été adoptée par 107 députés sur 147. La constitution du Mali du 25 février 1992 dispose en son article 70 alinéa 1er que la loi est votée par l'Assemblée Nationale à la majorité simple des députés.

Toutefois, les lois auxquelles la constitution malienne de 1992 confère le caractère de lois organiques ne peuvent être adoptées qu'à la majorité absolue des membres de l'Assemblée Nationale[698].

Cette interprétation critiquable du juge constitutionnel malien démontre suffisamment le caractère évasif des dispositions du droit électoral de ce protocole.

Cette insuffisance est également remarquable sur le droit des femmes alors que l'organisation adoptait le 02 mai 2015, l'Acte additionnel A/SA.02/02/05/2015 relatif à l'égalité de droits entre les femmes et les hommes pour le développement durable dans l'espace CEDEAO. Ce texte constitutionnalise l'égalité et l'équité de représentation entre les hommes et les femmes dans tous les États, notamment l'exigence de la parité « homme-femme » dans la composition des pouvoirs publics et privés en particulier les compositions des assemblées des collectivités locales et territoriales, ainsi que les chambres consulaires[699].

---

697 Voir Arrêt n° 2016-12/12 CC du 13 octobre 2016 de la Cour Constitutionnelle du Mali ; p 5.

698 Article 70 al. 3 de la Constitution du Mali du 25 février 1992.

699 Article 4 de l'acte additionnel A/SA.02/05/2015.

Les États sont engagés vaguement dans le protocole additionnel sur la démocratie et la bonne gouvernance, à élaborer, harmoniser, coordonner et à définir des politiques et des mécanismes appropriés permettant d'améliorer les conditions économiques, sociales et culturelles des femmes[700].

En ce qui concerne la question électorale, le droit communautaire est particulièrement lacunaire sur les droits de la femme. Le protocole additionnel sur la démocratie et la bonne gouvernance se limite en un seul passage, à demander aux États d'éliminer toutes formes de pratiques préjudiciables, dégradantes et discriminatoires à l'égard de la femme[701]. Ce texte a le mérite quand même de renvoyer à d'autres instruments juridiques africains et onusiens sur les droits de la femme, sans limitation, ni de nombre, ni de temps. Autrement dit, le seul fait pour un État, de ratifier un texte international de protection des droits de l'homme, en particulier les femmes en dehors de tout cadre avec la CEDEAO, lui est opposable, conformément à ses obligations communautaires. Ces textes bénéficient d'un double niveau de garantie. Cependant, ce qui est particulièrement surprenant, c'est l'absence totale de principes relatifs au rôle de la presse et des médias en matière électorale alors que le rôle et l'importance de ceux-ci dans ce domaine nécessitaient un encadrement communautaire, du fait de leur place dans les processus électoraux.

B. Le silence du dispositif du code électoral sous-régional sur le rôle de la presse et des médias

Il est incontestable que la communication occupe une place considérable dans une démocratie. Elle symbolise la liberté d'expression, la liberté de pensée et la liberté d'opinion. Il n'est donc pas admissible de nos jours de nous représenter un État démocratique qui limiterait l'accès aux moyens de communication ou qui exercerait un monopole sur ce secteur.

---

[700] Article 63 paragraphe 1er du traité révisé de 1993 de la CEDEAO.

[701] Article 40 du protocole sur la démocratie et la bonne gouvernance.

Pourtant, la communication a été pendant longtemps un monopole des États, créant parfois un désordre, de telle sorte qu'ils ont été contraints d'abandonner progressivement ce monopole de police qu'ils pratiquaient sur ce secteur[702]. Il faut distinguer la presse écrite, formée de journaux imprimés sur support papier, des médias, formés de la télévision et de la radio.

L'internet semble se situer à cheval entre les deux. La liberté d'expression et d'opinion s'exprime dans une démocratie à travers ces moyens d'information et de communication. Ils sont indispensables dans la protection des droits de l'homme et des libertés. À cet effet, Gérard CONAC note avec raison l'importance du rôle de la presse et des médias dans l'expression d'opinion multiples[703] dans une démocratie.

En effet, dans le cadre de la sous-régionalisation de la démocratie, de la bonne gouvernance et de la protection des droits de l'homme, les États membres de la CEDEAO s'engagent d'une manière générale, entre eux et au sein de la communauté, à garantir la liberté de la presse singulièrement la liberté d'accès des professionnels aux sources d'information[704], à faciliter une coopération régionale entre les organes de presse, à encourager la diffusion efficace de l'information au sein de la communauté[705] et à respecter les droits des journalistes[706]. Et aussi, se sont-ils engagés à investir des capitaux dans les entreprises de communication[707], à moderniser les organes de presse à travers la mise en place des structures de formation sur les nouvelles technologies de l'information[708], et à encourager la diffusion de l'information dans les langues nationales[709]. Un beau discours bien élaboré, qui témoigne de l'importance de la presse et des médias dans la réalisation du projet d'intégration sous-régional. Ce constat ne part pas du néant.

---

[702] M. O. SALECK, *Les médias et le droit de la concurrence en Mauritanie,* Thèse de doctorat en droit privé et droit des affaires, sous la direction, Alain DEGAGE, soutenu le 24 mai 2017, à l'Université de Perpignan Via Domitia, p.11.

[703] Gérard CONAC, *Démocratie et élections* op. cit., p.28.

[704] Article 66 paragraphe 2 (a) du traité révisé de 1993 de la CEDEOA.

[705] Ibid. (b)

[706] Ibid. (c)

[707] Ibid. (d)

[708] Ibid. (e)

[709] Ibid. (f)

Le rôle joué par la presse et les médias dans la restauration de la démocratie en Afrique

Les médias ont fortement contribué à l'avènement de la restauration de la démocratie et du pluralisme politique dans les États africains. Ce constat est identique pour tous les États. Au Mali par exemple, le journal *« Les échos »,* créé par Alpha Oumar KONARE, ancien et premier président démocratiquement élu du Mali, a fortement contribué à la chute du régime militaire du général Moussa TRAORE. Sous le régime militaire du général Moussa TRAORE, la liberté d'expression et la liberté d'opinion étaient totalement muselées. Malgré ce contexte particulièrement difficile pour les libertés d'expression et de la presse, le bimensuel « *Les échos* » a réussi à jouer un rôle prépondérant dans la mobilisation et la résistance des citoyens face aux répressions des militaires. Depuis ces évènements, la presse, longtemps méconnue des Maliens, a réussi à s'institutionnaliser dans la démocratie. La liberté de presse et la liberté d'expression sont consacrées et garanties dans la constitution malienne du 25 février 1992[710]. Ce constat est quasiment identique pour tous les États membres de la CEDEAO. La presse et les médias se sont rendus incontournables dans la consolidation de la démocratie, de la bonne gouvernance et de la protection des droits de l'homme. Ils permettent d'informer ou d'exprimer les opinions et les pensées sans aucune crainte.

Cependant, ce rôle accru de la presse et des médias dans la consolidation de la démocratie n'est pas sans conséquence dans les États africains. Il y a risque d'instrumentalisation et de manipulation à des fins parfois de violences.

En effet, les partis politiques sont conscients qu'ils ne peuvent se faire une bonne place dans l'opinion sans le concours de la presse et des médias. Ce constat a conduit les régimes et les partis politiques à instrumentaliser la presse et les médias. Elles sont nombreuses, les industries de communication qui ont été créées par des partis politiques à des fins de propagande électoraliste. La presse et les médias publics restent quant à eux des instruments de propagande des régimes au pouvoir. À partir de ces constats, la neutralité de la presse et des médias paraît illusoire. Ce qui avait nourri beaucoup d'espoir pour la

---

[710] Article 7 de la Constitution malienne du 25 février 1992.

consolidation de la démocratie, de la bonne gouvernance et de la protection des droits de l'homme et des libertés est devenu une crainte, voire un grand danger.

Aux États-Unis par exemple, bien que cet exemple sort du périmètre géographique de notre étude, il permet d'illustrer parfaitement notre propos, la presse et les médias de ce pays sont considérés comme un « *quatrième pouvoir* » par les Américains[711]. Dans ce pays, ils jouent trois rôles fondamentaux pour la consolidation de la démocratie ; à savoir, ils expliquent aux citoyens les grands problèmes contemporains, informent les dirigeants sur l'état de l'opinion publique, soumettent les élus et présidents à une surveillance vigilante des électeurs[712]. Cette ingéniosité de la presse et des médias d'outre-Atlantique, malgré tout ce qu'on peut leur reprocher, semble manquer crucialement à leurs confrères d'Afrique de l'Ouest. D'où la nécessité et l'urgence pour la CEDEAO, dans le cadre de la sous-régionalisation de la démocratie et de la bonne gouvernance, et de la protection des droits de l'homme et des libertés, d'instituer un cadre juridique supranational aux États, déterminant le rôle de la presse et des médias d'une manière générale et particulièrement en matière électorale, pendant laquelle ils jouent à la fois un rôle d'éducateurs et de moyens de propagande électorale. Cette sous-régionalisation dans des grands principes supranationaux aux États permettra de limiter les risques de crises électorales et postélectorales. Reprenant de nouveau le parallèle avec les USA, la presse et les médias américains tirent principalement leurs sources de financement des ventes et des contrats de publicités des grandes entreprises.

De telles ressources favorisent leur indépendance vis-à-vis de la classe politique et des pouvoirs publics à quelques exceptions près[713]. Ceux de l'Afrique de l'Ouest manquent de telles sources de financement. En exigeant aux États d'investir des capitaux dans les organes de communication, ne risque-t-on pas de favoriser leur dépendance ou leur inféodation aux pouvoirs publics ?

---

[711] C. BERTO LAVENIR, *La démocratie et les médias au 20e siècle*, p. 231

[712] Ibid.

[713] Les grands lobbies qui soutiennent les pouvoirs politiques et les partis politiques peuvent en effet exercer des pressions sur la presse et les médias pour l'obtention des contrats de publicitaires

On observe que la précarité dont ils souffrent les rend vulnérables à une instrumentalisation des acteurs politiques. Ce contexte a permis aux médias pro-gouvernementaux d'acquérir une place dominante sur la scène politique ouest-africaine à travers les informations qu'elles diffusent et les émissions politiques qu'elles animent.

Les États tentent individuellement dans leur droit interne notamment dans le code électoral de réglementer le rôle et l'accès à la presse et aux médias en période électorale. Cependant, cette question importante du rôle et de l'accès à ceux-ci en matière électorale n'est pas régie par le texte communautaire, qui fixe les grands principes électoraux supranationaux aux États. En effet, les États membres de la CEDEAO se sont engagés uniquement dans le protocole additionnel sur la démocratie et la bonne gouvernance, à œuvrer pour le pluralisme de l'information et le développement des médias[714].

L'absence de principes supranationaux de ce texte sur le rôle et l'accès aux médias en matière électorale laisse une liberté totale aux législateurs des États membres, en ce qui concerne l'adoption des règles juridiques encadrant leur rôle, leur accès et la propagande électorale. De façon plus simple à comprendre, cette absence sur ces questions importantes illustre les insuffisances de la construction d'un droit électoral commun pour l'ensemble des États de la sous-région.

Chaque État conserve sa liberté de légiférer sur la question et de mettre en place un mécanisme de contrôle et de régulation de la presse et des médias notamment en période électorale selon son modèle. Dans l'ordre interne des États, le contrôle et la régulation de la presse et des médias, en période de propagande électorale, sont régis dans le code électoral.

Certains États se sont fait une spécialité de couper l'accès à internet[715] ou les réseaux sociaux lors des élections, l'autre moyen d'information et de communication.

---

[714] Article 37 du protocole A/SP1/12/01 sur la démocratie et la bonne gouvernance additionnel au protocole relatif aux mécanismes de prévention, de gestion, de règlement des conflits, de maintien de la paix et de sécurité.

[715] Voir à ce propos B. AHMED, « *Mali : Qui a suspendu les réseaux sociaux* ? » article du 18/09/2016 www.jeuneafrique.com consulté le 23/02/2019. Voir aussi, Mali : les réseaux sociaux coupés dans le pays, article du 18/02/2018, www.france24.fr consulté le 23/02/2019. Voir aussi B. BRUEL, Togo, « *Le*

Cette absence est en réalité très regrettable, et nécessite que l'organisation se ressaisisse sur la question. Cependant, le plus grand problème de ce texte qui instaure des principes électoraux supranationaux aux États réside dans le fait de l'absence de mécanismes de contrôle spécifique de ses grands principes, proclamés parfois avec autant de force.

Paragraphe 2 : L'absence de mécanismes de contrôle spécifique des grands principes électoraux supranationaux aux États

D'une manière générale, le mécanisme de contrôle en droit international fait référence à l'ensemble des moyens juridictionnels ou politiques mis en place par des parties à un instrument juridique international, pour vérifier la conformité d'un fait à cet effet, l'opportunité de la décision à prendre, ou de s'assurer que les actes accomplis sont conformes à cette norme juridique internationale. C'est le moyen qui permet de s'assurer de l'effectivité et de l'application d'une règle de droit international, par l'ensemble des parties.

De ce fait, nous avons rappelé un peu plus haut le régime juridique général applicable en cas de non-respect des obligations du droit communautaire[716]. Cependant, au-delà de ses sanctions générales applicables en cas de non-respect d'une obligation communautaire d'une manière générale, le droit de la CEDEAO organise dans des protocoles spéciaux le régime juridique applicable en cas de non-respect des obligations d'un protocole.

À cet effet, la violation d'une règle de droit expose naturellement le contrevenant à une sanction. Nous avons expliqué un peu plus haut que le droit électoral est l'une des branches du droit la plus complexe dans sa mise en œuvre. Elle se rattache à la fois au droit public et au droit

---

gouvernement du Togo coupe l'accès à internet pour enrayer les manifestations », article du 7/09/2017 www.france24.fr consulté le 23/02/2019.

[716] Voir l'article 77 du traité révisé de 1993 de la CEDEAO sur le régime de sanctions en cas de non-respect des obligations du droit communautaire. Cf également acte additionnel A/AS.13/02/12 portant régime des sanctions à l'encontre des Etats membres qui n'honorent pas leurs obligations vis-à-vis de la CEDEAO notamment en ses articles 2 sur les obligations des Etats et l'article 3 sur les sanctions.

privé d'une part, et d'autre part à la fois au droit interne et au droit international. Dans l'ordre interne des États, le contentieux électoral est très complexe et très diversifié, parfois difficile à cerner par les acteurs politiques. C'est l'un des contentieux les plus complexes dans sa mise en œuvre.

Le droit interne des États repartit le contentieux électoral entre les juridictions judiciaires, les juridictions administratives et les juridictions constitutionnelles. La compétence des juridictions en matière de contentieux électoral s'apprécie d'une part, selon la période électorale, et d'autre part selon le type d'élection. Le juge pénal est le seul compétent pour connaître des infractions pénales commises lors d'une élection.

Le code électoral renvoie systématiquement au Code pénal, les infractions pénales commises à l'occasion d'une élection. Le juge électoral peut sanctionner ces infractions, mais pas pénalement. D'une manière générale le législateur reprend dans le Code pénal les manquements du droit électoral qui tombent sous le coup d'une infraction pénale.

Le protocole additionnel sur la démocratie et la bonne gouvernance qui fixe les règles électorales communautaires exige aux États d'instituer un contentieux électoral crédible qui doit être relatif à l'organisation, au déroulement des élections et à la proclamation des résultats[717].

La plus grande lacune de ce texte réside dans l'absence de mécanisme conventionnel régional de contrôle des dispositions embryonnaires du droit électoral communautaire. Le protocole additionnel sur la démocratie et la bonne gouvernance, malgré la particularité des questions qu'il traite, notamment celles qui sont relatives à la souveraineté des États, n'est pas assorti de mécanisme de contrôle spécifique. La particularité de ce texte sur les questions qu'il traite, constitue une atteinte considérable à la souveraineté des États, et exige dès lors l'institution d'un mécanisme spécial de contrôle. Le régime juridique de ce texte relève de celui du droit communautaire général notamment le protocole additionnel A/SA.13/02/12 portant régime de

[717] Article 7 du protocole A/SP1/12/01 sur la démocratie et la bonne gouvernance additionnel au protocole relatif aux mécanismes de prévention, de gestion, de règlement des conflits, de maintien de la paix et de la sécurité.

sanctions à l'encontre des Etats qui n'honorent pas leurs obligations vis-à-vis de la CEDEAO.

En ce qui concerne les organes et institutions de contrôle des grands principes électoraux du droit de la CEDEAO, à première vue on est tenté de dire que les missions d'observations électorales sont des mécanismes de contrôle de ces principes. On ne serait pas arrivé à cette conclusion. Mais en réalité, ainsi qu'on l'a expliqué dans le paragraphe précédent, elles n'ont pas un véritable rôle de contrôle puisqu'elles ne peuvent pas prendre de décision sanctionnant un État.

Le droit communautaire renvoie au Conseil de Médiation et de sécurité sur la base du rapport des missions d'observations électorales, l'opportunité de proposer à la conférence des chefs d'États et de gouvernements de sanctionner un État, en cas d'accession ou de maintien antidémocratique au pouvoir. Alors qu'il ressort de nos constats que curieusement, le protocole additionnel sur la démocratie et la bonne gouvernance ne sanctionne pas en réalité les violations des grands principes électoraux communautaires qu'il énonce. Il explique vaguement qu'en cas de rupture de la démocratie par quelques procédés que ce soit, en cas de violation massive des droits de la personne, la conférence des chefs d'États et de gouvernements pourra établir des sanctions contre cet État[718]. Il est vrai que ces grands principes électoraux visent à protéger les droits de la personne, mais la conférence des chefs d'État et de gouvernement ne peut établir des sanctions contre un État que dans deux conditions.

Il faut soit une rupture de la démocratie d'une part ou une violation massive des droits de la personne d'autre part. Le problème se situe au niveau deux concepts, « rupture de la démocratie » et « violations massives ». À quel moment, peut-on parler d'une rupture de la démocratie, en particulier en matière électorale ?

Il en est de même pour les « violations massives » des droits de l'homme. À quel moment elles peuvent être considérées comme massives, notamment en matière électorale, et conduire à l'établissement de sanctions contre l'État concerné ? Il est difficile de

[718] Article 45 du protocole A/SP1/12/01 sur la démocratie et la bonne gouvernance additionnel au protocole relatif aux mécanismes de prévention, de gestion, de règlement des conflits, de maintien de la paix et de la sécurité

répondre à ces interrogations, au risque de se lancer dans des suppositions du fait d'un manque de clarté de l'esprit du législateur sous-régional.

Au final, on se rend compte en réalité que le mécanisme de contrôle politique et institutionnel des grands principes électoraux énoncés par la CEDEAO est un contrôle biaisé.

De ce fait, il faut espérer que le juge de la Cour de Justice de la Communauté exerce ce contrôle si nécessaire et important, par d'autres formes, en saisissant l'immense pouvoir que lui confère le protocole qui la crée[719].

Il est regrettable de constater que le juge de la Cour de Justice de la Communauté a des compétences très réduites en matière électorale, et que ce dernier ne saisisse pas en réalité tous les pouvoirs que lui confère la CEDEAO, en préférant s'autolimiter (A). On constatera qu'il existe tout même des modes extra-juridictionnels auxquels les États ont recours (B).

A. Les compétences parcellaires du juge de la CJC en matière électorale

Les élections font l'objet encore aujourd'hui en Afrique de contestations qui sont assez vives et presque systématiques, engendrant parfois des violences démesurées[720]. Ce phénomène n'ayant pas laissé indifférent le juge interne[721], devrait l'être également pour le juge communautaire de la CEDEAO. Il deviendrait ainsi pour reprendre une formule du professeur Alioune FALL, le contre-pouvoir[722] si nécessaire aujourd'hui à la conférence des chefs d'État et de gouvernement de la CEDEAO qui n'a pas un parlement digne de ce nom.

---

[719] Nous reviendrons largement sur les pouvoirs et les attributs de la CJC.

[720] A. FALL, *Le processus de démocratisation en Afrique francophone : le juge de l'élection dans l'espace ? (essai de prospective)* in J.-P VETTOVAGLIA (prés), J D. B. DE GAUDUSSON, C. DESOUCHES, J. MAILA, H. SADA et A. SALIFOU, *Démocratie et élections dans l'espace francophone*, vol. II BRUYLANT 2010, p.557

[721] Ibid., p.557

[722] Ibid.

Le professeur Alioune FALL note également que parmi les questions en matière de contentieux qui intéressent particulièrement les juristes et les politologues africains, figure celle du juge des élections[723].

En effet, le contrôle juridictionnel renvoie à cette activité du juge par laquelle il veille à ce que les agissements des personnes physiques ou morales, publiques ou privées, soient subordonnés à la règle préétablie[724]. Appliquée en matière électorale, la fonction juridictionnelle du juge correspond à l'opération par laquelle celui en charge du contrôle du processus électoral veille au triomphe et à l'effectivité de la loi électorale[725].

À ce propos le juge de la CJC que nous avons appelé sans exagérer appelé « juge communautaire à compétence étendue » en raison de l'étendue de ses compétences et de l'élargissement de ses règles juridiques de références, peut être saisi en cas de violation d'une disposition d'un grand principe électoral communautaire. On noterait qu'il a réussi à se faire un rôle dans le contentieux préélectoral, alors qu'il ne ressort pas explicitement de ses attributs conventionnels.

D'une manière générale, le droit international souffre de la faiblesse des mécanismes de contrôle. Du fait que les États sont à la fois les législateurs et les sujets de ce droit. Dans ce même temps, ils en assurent eux-mêmes l'application des normes du droit international[726]. L'absence de l'intervention d'une tierce partie dans le contrôle de la mise en œuvre des normes du droit international renforce les faiblesses de ces mécanismes de contrôle. Pour le contrôle de l'application des normes du droit international, les États optent très généralement pour deux solutions : un contrôle non contentieux le plus utilisé par les États et un contrôle contentieux. La CEDEAO a opté également pour ces deux mécanismes de contrôle. L'application des décisions des organes de contrôle non contentieux est aussi assurée par une procédure non contentieuse. Les États de la CEDEAO semblent privilégier le contrôle

---

[723] Ibid., p.553

[724] Y. NIANG, *Le contrôle juridictionnel du processus électoral en Afrique noire francophone : les exemples du Sénégal et du Bénin*, Thèse de doctorat en droit, co-tutelle entre l'Université de Bordeaux et l'Université Gaston Berger, soutenue à Bordeaux le 6 avril 2018, p.22.

[725] Ibid.

[726] P. M. DUPUY, et Y. KERBAT, *Droit international public*, 11e éd. Dalloz 2012.

contentieux en instituant un organe juridictionnel communautaire doté de compétences très étendues et de faibles pouvoirs.

Il convient cependant de lever toute équivoque, en précisant d'emblée que le juge de la CJC n'est pas compétent pour se prononcer sur la régularité des élections d'un État. Le contrôle juridictionnel des élections ressort de la compétence exclusive des juridictions internes des États membres. En revanche, indépendamment des contrôles exercés par les organes internes de contrôle des élections dans les États, la CEDEAO exerce un contrôle extrajuridictionnel sur la régularité des élections dans chaque État. La CEDEAO a inscrit dans le droit communautaire l'égalité et l'indépendance des États membres[727], l'égalité des États souverains[728] et l'indépendance politique de chaque État membre[729]. Ce qui l'empêche d'aller loin dans les processus électoraux internes des États. En application de ces principes, elle n'est pas légitimement fondée à exercer un contrôle juridictionnel sur la régularité des élections dans les États membres. La compétence du juge de la CJC dans ce domaine réside en particulier dans la protection des droits de l'homme et des libertés fondamentales ainsi que la bonne gouvernance. Il peut, en application du droit additionnel sur la bonne gouvernance, se référer à une norme du droit international extra sous-régional notamment les instruments juridiques internationaux de protection des droits de l'homme auxquels l'État membre concerné a adhéré ou auxquels le droit communautaire renvoie, pour exercer un contrôle de conformité d'une norme interne d'un État. Les textes du droit communautaire n'affirment pas expressément que le juge de la CJC est compétent pour connaître des manquements des grands principes électoraux proclamés par le droit communautaire.

En effet, le protocole A/SP1/01/05 portant amendement du préambule, des articles 1, 2, 9, 22 et 30 du protocole A/P1/7/91 instituant la CJC, ainsi que l'article 4 paragraphe 1 de la version anglaise dudit protocole confère une compétence très étendue aux juges communautaires. Il est ainsi compétent pour connaître du contentieux relatif à l'interprétation et à l'application du traité, des conventions et protocoles de la

[727] Voir l'article 4 paragraphe (a) du traité révisé.

[728] Voir l'article paragraphe (e) du protocole relatif aux mécanismes de prévention, de gestion, de règlement des conflits, de maintien de la paix et de la sécurité.

[729] Voir l'article 2 paragraphe (f) *ibid.*

communauté[730]. Il est également compétent pour connaître des litiges relatifs à l'interprétation des règlements, des directives, des décisions et de tous autres documents juridiques subsidiaires adoptés dans le cadre de la CEDEAO[731]. Le juge de la CJC est compétent pour connaître de l'examen des manquements des États membres aux obligations qui leur incombent en vertu du traité, des conventions et protocoles, des règlements, des décisions et des directives[732]. Il peut aussi connaître des litiges relatifs à l'application des dispositions du traité, des conventions, et des protocoles, des règlements, des directives ou des décisions de la CEDEAO[733]. L'adoption de cet amendement a permis d'élargir la compétence de la CJC sur les cas de violations des droits de l'homme dans tous les États membres[734]. Ainsi qu'il ressort de l'étendue de ses compétences, le juge de la CJC peut connaître des litiges relatifs à la violation des grands principes électoraux proclamés dans le droit communautaire, dans le cadre de ses attributs de protection des droits de l'homme. Si la compétence du juge de la CJC est très large d'une manière générale, elle est paradoxalement très limitée en matière électorale. La mise en œuvre de la responsabilité d'un État pour violation d'un grand principe électoral du droit communautaire semble très complexe.

À titre illustratif, dans sa saisine du 21 mai 2015 par des partis politiques du Burkina Faso sur un litige portant sur des violations des droits de l'homme de façon générale et des grands principes électoraux communautaires singulièrement, aux termes de l'article 1er paragraphe (i) du protocole additionnel sur la démocratie et la bonne gouvernance « *les partis politiques se créent et exercent librement leurs activités dans le cadre des lois en vigueur…* », le juge de la CJC est arrivé à une conclusion qui donne à espérer sur l'avenir du droit électoral en Afrique de l'Ouest.

La loi électorale N° 005-2015/CNT du 7 avril 2015 modifiant la loi électorale dans ce pays, le juge de la CJC a jugé dans sa décision N° ECW/CCJ/JUG/16/15 du 13 juillet 2015 qu'elle était contraire au droit

---

730 Article 9 paragraphe 1.a) du protocole additionnel de 2005 portant amendement du protocole de la Cour de Justice de la CEDEAO.

731 Article 9 paragraphe 1.b) ibid.

732 Article 9. Paragraphe 1.d) ibid.

733 Article 9 paragraphe 1.e)

734 Article 9 paragraphe 4

de libre participation aux élections, proclamé et consacré dans le protocole additionnel sur la démocratie et la bonne gouvernance. Dans cette décision, le juge de la CJC a visé directement les grands principes électoraux proclamés dans le droit communautaire. Il a visé l'article 1er paragraphe (i) du protocole additionnel sur la démocratie et la bonne gouvernance aux termes duquel : « *Les partis politiques (...) participent librement et sans entrave ni discrimination à tout processus électoral. La liberté d'opposition est garantie.* », le paragraphe (g) du même texte précise : « *L'État et toutes ses institutions sont nationaux. En conséquence, aucune de leurs décisions et actions ne doit avoir pour fondement ou pour but une discrimination...* » et l'article 2 paragraphe 3 du même protocole stipule : « *Les États membres prendront les mesures appropriées pour que les femmes aient comme les hommes, le droit de voter et d'être élues lors des élections, de participer à la formation et à la mise en œuvre des politiques gouvernementales et d'occuper et de remplir des fonctions publiques à tous les niveaux de l'État* ». Ces articles ont tous été appelés pour les besoins de son analyse. À cet effet, il a rappelé dans cette jurisprudence, l'autonomie constitutionnelle et politique des États qui implique leur liberté dans la détermination du choix de leur régime et des institutions politiques. Elle implique aussi la liberté du législateur dans l'adoption des lois. En revanche, elle a rappelé de façon ferme aux États que cette liberté doit être conforme aux engagements internationaux notamment ceux de la CEDEAO. En décidant ainsi, le juge de la CJC rappelle strictement la limite de la liberté législative des États dans la détermination des régimes et des institutions politiques et plus en avant, la liberté de choix du législateur dans l'adoption des textes juridiques encadrant les élections.

Cependant, on remarque dans cette jurisprudence que le juge de la CJC s'est référé très largement aux instruments juridiques internationaux de l'ONU et de l'UA sur la protection des droits de l'homme, auxquels le protocole additionnel sur la démocratie et la bonne gouvernance renvoie, plutôt qu'à une règle du droit communautaire même. La référence légitime du juge de la CJC à ces normes du droit international pour trancher un litige relatif à la violation d'une règle du droit communautaire en matière électorale confirme l'impression de l'insuffisance et du caractère lacunaire du droit de la CEDEAO, en particulier les grands principes électoraux qui sont proclamés et consacrés.

Toutefois, le vrai problème, comme nous l'avons indiqué fort justement, c'est le caractère exécutoire des éventuelles sanctions prises contre le non-respect des règles électorales dans le droit communautaire, mais aussi la possibilité d'ester devant la CJC.
Si le droit communautaire était assez précis et clair sur les grands principes électoraux qu'ils énoncent, le juge de la CJC ne devrait pas avoir besoin d'aller chercher ses motivations et ses références dans des normes du droit international général auxquelles ce texte renvoie.

L'autre problème concerne, le respect et l'exécution des décisions de la CJC. Comme nous l'avons soulevé plus haut, l'État du Burkina s'est montré complètement indifférent face à cette décision si courageuse des juges de la CJC. Ces restrictions n'ont jamais été levées par ce pays. À vrai dire, l'État du Burkina n'est pas le seul à adopter une attitude d'indifférence face à des décisions de la CJC. Elles sont nombreuses qui n'ont jamais été exécutées. Alors que les États se sont non seulement engagés à respecter les décisions de la CEDEAO, mais aussi surtout à harmoniser leurs politiques et leurs législations internes au droit communautaire en vue de la réalisation effective de l'intégration régionale. De toute évidence, cette décision du juge communautaire a posé une jurisprudence très importante dans la construction d'un droit électoral sous-régional. En application de leurs engagements communautaires en ce qui concerne le respect des décisions de la CEDEAO, les États, singulièrement l'État du Burkina Faso avait l'obligation de respecter et de rendre conforme son code électoral aux standards imposés par le droit communautaire.

Par la force obligatoire des décisions des juges de la CJC, ce principe intégrait immédiatement l'ordre juridique interne de l'État du Burkina Faso, et l'ensemble des États membres de l'organisation de façon générale, du fait que ce principe s'impose désormais à tous les États. En réalité, les États n'honorent pas leurs engagements communautaires en appliquant les décisions des juges de la CJC conformément à l'article 2 paragraphe 3 de l'Acte additionnel portant régimes de sanctions à l'encontre des États membres qui n'honorent pas les obligations vis-à-vis de la communauté et à l'égard desquels les décisions de la CJC ont force obligatoire.

Les restrictions du code électoral du Burkina Faso jugées non conformes au droit communautaire et aux engagements internationaux auxquels l'État du Burkina Faso a adhéré n'ont pas été levées malgré cette décision du juge communautaire, et les termes des dispositions de cet article.

La large compétence du juge de la CJC est prestigieuse : la faiblesse du caractère exécutoire de ses décisions diminue grandement son pouvoir réel.

Le juge de la CJC rend des décisions courageuses comme l'atteste d'ailleurs sa jurisprudence. En revanche, à l'inverse de l'ordre interne, il n'a aucun moyen pour exiger une exécution forcée de ses décisions. Le protocole de 2005 portant amendement du protocole instituant la CJC renvoie aux États l'exécution forcée des décisions de la Cour.

Le juge de la CJC n'a aucun moyen de contrainte sur un État membre pour obtenir le respect de son engagement communautaire en exécutant de bonne foi ses décisions et singulièrement en matière électorale.

Alors que cette Cour avait suscité beaucoup d'espoir lors de l'amendement du protocole élargissant sa compétence sur la protection des droits de l'homme ainsi que l'élargissement de ces textes juridiques de référence dans le cadre de la protection des droits de l'homme.

En réalité, il y a une volonté politique des États qui s'exprime clairement au niveau sous- régional, en adoptant des textes juridiques supranationaux, biaisés toutefois, par leur volonté interne. Pour le dire autrement, dans l'ordre interne, cette volonté est paradoxalement diversement manifestée dans l'application du droit communautaire.

L'inexécution des décisions du juge de la CJC limite considérablement les efforts de la CEDEAO dans la mise en place d'un droit électoral commun pour l'Afrique de l'Ouest.

On observe que l'organisation privilégie le recours aux contentieux extrajuridiques pour le règlement de tous différents pouvant se produire dans l'interprétation ou l'application du droit communautaire.

B. Le recours au contentieux extrajuridique

La notion de contentieux renvoie à un litige, une querelle ou un différend. Il est juridique lorsqu'il doit être porté à l'arbitrage d'une institution juridictionnelle.

Le droit communautaire de la CEDEAO privilégie le recours au contentieux extrajuridique pour le règlement des différends relatifs à l'interprétation et à l'application des règles du droit[735] communautaire. À défaut, le différend est soumis par l'une des parties, par tout État membre ou par la conférence des chefs d'État et de gouvernement à la Cour Commune de justice qui rend une décision exécutoire et sans appel[736].

En effet, à l'inverse des règles du droit international général qui sont assorties de clauses tacites ou expresses de réciprocité, les normes du droit communautaire de la CEDEAO ne contiennent pas de clause de réciprocité. Cependant, il faut relativiser ce propos. Le traité révisé de 1993 renvoie dans sa mise en œuvre, à la Convention de Vienne du 23 mai 1969 sur le droit des traités[737].

Les constitutions des États africains ont été très exigeantes sur le principe de la réciprocité dans les relations internationales, notamment dans l'application et l'exécution des engagements conventionnels. Ce principe est constitutionnalisé par l'ensemble des États francophones. Les clauses de réciprocité visent surtout à protéger la souveraineté des États. En revanche, les constitutions des États d'Afrique de l'Ouest affirment de façon claire et précise qu'ils peuvent renoncer partiellement ou totalement à leur souveraineté dans le cadre d'accords d'associations entre États africains en vue de la réalisation de l'unité africaine[738], comme nous l'avons fort bien observé dans nos développements. Cette volonté constitutionnelle de renonciation partielle ou totale de la souveraineté au profit de l'unité africaine semble

[735] Article 76 paragraphe 1er du traité révisé de 1993 de la CEDEAO.
[736] Ibid.,
[737] Article 92 paragraphe 1er du traité révisé de 1993.
[738] Les constitutions de plusieurs États africains, comportent des clauses de renonciations partielle ou totale de la souveraineté dans le cadre de la réalisation d'une intégration africaine. Nous y reviendrons largement dans la deuxième partie de cet ouvrage.

soustraire les normes du droit communautaire des clauses de réciprocité. Cependant, le protocole de 2005 portant amendement du protocole instituant la CJC prévoit dans son article 10 nouveau, que tout État membre peut saisir le président de la Commission pour un recours en manquement aux obligations des États membres[739]. Les deux modes de contrôle sont possibles pour les manquements aux obligations des normes du droit communautaire. En revanche, le rôle du contentieux extrajuridictionnel semble très privilégié au détriment du contentieux juridictionnel. Lorsque le président de la commission est saisi d'un manquement à une obligation communautaire, le juge de la CJC n'intervient pas. Alors que la saisine du juge de la CJC dans le cadre d'un contentieux juridictionnel n'exclut pas totalement le recours au contentieux extrajuridictionnel. À vrai dire, l'exécution des décisions des juges de la CJC relève du contentieux extrajuridictionnel. Il n'est pas évident et garanti que les États aient le recours au mode extrajuridique pour appliquer une décision de ces juges ou faire cesser un manquement à une obligation conventionnelle sous-régionale, notamment en matière électorale. Ces difficultés ralentissent la mise en place d'un droit électoral commun pour l'Afrique de l'Ouest.

---

[739] Article 4 du protocole portant amendement du protocole instituant la Cour de Justice de la CEDEAO et introduisant l'article 10 nouveau dans le protocole.

TITRE II

LE CADRE INSTITUTIONNEL DE LA SOUS-REGIONALISATION DE LA DÉMOCRATIE EN AFRIQUE DE L'OUEST

Le système institutionnel de la sous-régionalisation de la démocratisation, de la bonne gouvernance et de la protection des droits de l'homme en Afrique de l'Ouest se situe à deux niveaux : d'une part, l'organisation a mis en place des institutions et des organes politiques qui, du fait de leurs décisions, contribuent à la promotion et la consolidation de la démocratie (chapitre 1). D'autre part, elle a mis en place une institution juridictionnelle, la CJC, qui suscite de l'admiration au-delà des frontières africaines. Cette Cour s'est particulièrement illustrée dans la protection des droits de l'homme, et plus en avant, dans la consolidation de la démocratie dans cette partie du continent. On remarquera aussi que les juges constitutionnels internes des États apportent une contribution à la réalisation de ce projet sous-régional, à travers leurs décisions. Ainsi, convient-il d'observer l'apport des juges de la CJC et des juges constitutionnels internes des États dans la construction d'un droit constitutionnel commun pour l'Afrique de l'Ouest (chapitre 2).

CHAPITRE I

LES INSTITUTIONS COMMUNAUTAIRES DE SOUS-REGIONALISATION DE LA DEMOCRATIE

L'organisation sous-régionale ouest-africaine a mis en place un système institutionnel non juridictionnel permettant de structurer son action dans la démocratisation des États, la bonne gouvernance et de la protection des droits de l'homme, dans le but de prévenir les crises politiques et sécuritaires. Ces institutions interviennent à la fois dans la prévention et la gestion des ruptures de l'ordre démocratique et constitutionnel. À travers ce système institutionnel politique, elle a réussi à encadrer son intervention dans les processus de la désignation des gouvernants des États membres, en prohibant les changements anticonstitutionnels de pouvoir, les modes anticonstitutionnels d'accession ou de maintien au pouvoir et en renforçant la protection des droits de l'homme et la bonne gouvernance. Ce système institutionnel se situe à deux niveaux. D'une part, les institutions politiques qui peuvent adopter des décisions dans la sous régionalisation de la démocratie, de la bonne gouvernance et de la protection des droits de l'homme (section 1) et d'autre part les organes complémentaires chargés d'exécuter les mesures décidées par les institutions de l'organisation (section 2).

SECTION 1 : LES INSTITUTIONS POLITIQUES

La CEDEAO identifie les institutions à travers lesquelles elle peut agir pour mettre en œuvre sa politique d'intégration et de coopération sous-régionale en matière de la démocratie, de bonne gouvernance et de protection des droits de l'homme. Le rôle et les attributions des institutions sont fixés par les traités et les protocoles ; en l'occurrence le traité révisé de 1993 amendé, le protocole relatif aux mécanismes de prévention, de gestion, de règlement des conflits et de maintien de la paix et de la sécurité ainsi que d'autres protocoles annexés. Chaque institution ne peut agir que dans la limite des attributions du protocole qui l'a créé. Dans le cadre de la sous-régionalisation de la démocratie, de la bonne gouvernance, de la protection des droits de l'homme et des libertés, conformément au droit communautaire et dans la limite de leurs attributions, la CEDEAO peut agir d'une part à travers la conférence des chefs d'États et de gouvernement, l'instance suprême de l'organisation. Cette institution peut agir à la fois dans la prévention et la gestion du changement anticonstitutionnel de pouvoir (paragraphe 1) et d'autre part, le Conseil de Médiation et de Sécurité et le président de la Commission. Ces institutions peuvent aussi agir aussi bien dans la prévention que la gestion (paragraphe 2).

Paragraphe 1 : La conférence des chefs d'États et de gouvernement

La conférence des chefs d'État et de gouvernement est l'instance suprême de la CEDEAO[740], ainsi que nous l'avons fort bien souligné. Pour faire un parallèle, c'est l'institution équivalente du Conseil Européen dans le cadre de l'UE. Elle est présidée par le président de l'un des États membres élu par la conférence et renouvelable annuellement[741]. Cependant, le protocole additionnel A/SP.1/06/06 portant amendement du Traité Révisé apporte une modification substantielle à cette disposition. En effet, selon l'article 8 nouveau, sa présidence est exercée selon un système de rotation annuel qui tient compte de l'ordre alphabétique des États membres. Le but semble d'éviter à tout prix une compétition entre les États qui pourrait conduire à des frustrations.

Cette nouvelle disposition rappelle aux États en son paragraphe 5 que l'État membre qui aspire à la présidence de la Conférence de la Communauté perd automatiquement cette qualité lorsqu'un coup d'État y survient ou que le pouvoir y est pris par tout autre moyen

[740] Article 7 paragraphe 1 du traité révisé de la CEDEAO, www.ecowas.int consulté le 10 janvier 2016. Voir aussi l'article 7 §1 et l'article 6 §1 traité du protocole A/P1/12/99 relatif aux mécanismes de prévention, de gestion, de règlement des conflits, de maintien de la paix et de la sécurité ; la conférence des chefs d'Etat et ou de gouvernement est l'instance suprême de toutes les institutions de la CEDEAO. www.ecowas.int consulté le 10 janvier 2016

[741] Selon l'article 7 paragraphe 1er.

anticonstitutionnel. Nous examinerons dans ce paragraphe le rôle de la conférence des chefs d'État et de gouvernement dans la sous-régionalisation de la démocratie (A). Nous verrons son rôle dans la gestion des changements anticonstitutionnels de pouvoir (B).

A. Le rôle de la conférence des chefs d'États et de gouvernement dans la sous-régionalisation de la démocratie.

Dans le cadre de l'exécution de ses missions, elle réunit deux fois par an en session ordinaire, les chefs d'États et de gouvernements de l'ensemble des États membres[742]. Elle peut se réunir en session extraordinaire à l'initiative de son président. Elle peut également se réunir en session extraordinaire à la demande d'un État membre. Celle-ci doit toutefois obtenir l'approbation de la majorité simple des États membres.

D'une manière générale, conformément aux dispositions de l'article 7 du traité révisé de 1993, la Conférence est :

- ✓ Chargée d'assurer la direction et le contrôle général de la Communauté et de prendre toutes mesures nécessaires en vue du développement progressif de celle-ci et de la réalisation de ses objectifs.
- ✓ Conformément aux dispositions du paragraphe 2 de ce même article 7, elle est chargée de :
- Déterminer la politique générale et les principales orientations de la Communauté, donner des directives, harmoniser et coordonner les politiques économiques, scientifiques, techniques, culturelles et sociales de la communauté ;
- D'assurer le contrôle du fonctionnement des institutions de la Communauté, ainsi que le suivi de la réalisation des objectifs de celles-ci ;
- De nommer le Secrétaire Exécutif conformément aux dispositions de l'article 17 du présent Traité révisé ;

[742] Article 7 paragraphe 1 du traité révisé et article 5 paragraphe 1er du protocole A/P1/12/99.

- De nommer sur recommandation du Conseil les Commissaires aux Comptes ;
- De déléguer, le cas échéant, au Conseil le pouvoir de prendre les décisions visées à l'article 9 du présent Traité ;
- De saisir, en cas de besoin, la Cour de Justice de la Communauté lorsqu'elle constate qu'un État membre n'a pas honoré l'une de ses obligations ou qu'une institution de la Communauté a agi en dehors des limites de sa compétence ou a excédé les pouvoirs qui lui sont conférés par les dispositions du Traité révisé, par une décision de la Conférence ou par un règlement du Conseil ;
- De demander au besoin à la Cour de Justice de la Communauté des avis consultatifs sur toute question juridique ;
- D'exercer tout autre pouvoir que lui confère le Traité révisé.

Elle est l'institution suprême du mécanisme institutionnel sous-régional de sécurité collective comme dispose l'article 5 du protocole relatif aux mécanismes de prévention, de gestion, de règlement des conflits, de maintien de la paix et de la sécurité.

C'est la principale institution législatrice de l'organisation sous-régionale de l'Afrique de l'Ouest comme nous l'avons dit, en particulier en matière de la démocratie, de la bonne gouvernance et de la protection des droits de l'homme et des libertés ; la conférence des chefs d'États et de gouvernements.

Elle est compétente pour adopter toutes mesures qui visent à exiger des États le respect de ceux-ci. L'ensemble des normes du droit communautaire primaire ou originaire, singulièrement dans ces matières, est adopté par la conférence des chefs d'État et de gouvernement[743]. Celle-ci adopte également un nombre important des normes du droit communautaire dérivé.

En outre, elle assure la direction et le contrôle de la communauté. Les normes du droit communautaire originaire et dérivé qu'elle adopte en matière de sous-régionalisation de la démocratie, de la bonne gouvernance et de la protection des droits de l'homme en Afrique de l'Ouest entrent dans le cadre de la prévention, de la gestion, du règlement des conflits, du maintien de la paix et de la sécurité. Elle est

---

743 Article 7 du traité révisé de la CEDEAO.

aussi habilitée à adopter toutes mesures entrant dans l'assistance humanitaire et la criminalité transfrontalière, etc.[744]. En cas de rupture de l'ordre constitutionnel, elle est aussi l'organe compétent pour établir des sanctions contre l'État membre concerné[745] ainsi que nous le verrons. Toutefois, elle peut déléguer ses compétences au conseil de Médiation et de Sécurité dans le domaine de la sécurité collective[746] et au Conseil des ministres dans le cadre de la coopération et de l'intégration sous- régionale[747].

En revanche, lorsqu'un État membre enregistre une rupture de l'ordre constitutionnel, le Conseil de Médiation et de sécurité ne peut que proposer à la conférence des chefs d'États et de gouvernement d'établir des sanctions contre l'État membre concerné[748].

Concrètement, tous les protocoles, les traités et les conventions, et les actes de la communauté ne sont adoptés que par cette institution, notamment ceux que nous avons relevés plus haut, comme normes juridiques de sous-régionalisation de la démocratie.

Elle est aussi la seule institution qui peut établir des sanctions contre un État membre qui n'a pas respecté ses engagements et ses obligations communautaires en matière de démocratie[749]. À cet effet, les décisions qu'elle adopte sont obligatoires à l'égard de tous les États membres et de toutes les institutions de la CEDEAO[750] à l'exception de la Cour

---

[744] Ces fonctions de la conférence des chefs d'Etats et de gouvernement sont énumérées par l'article 6 du protocole A/P1/12/99 relatif aux mécanismes de prévention, de gestion, de règlement des conflits et de maintien de la paix et de sécurité.

[745] Article 45 paragraphe 2 du protocole A/SP1/12/01 sur la démocratie et la bonne gouvernance additionnel au protocole relatif aux mécanismes de prévention, de gestion, de règlement des conflits, de maintien de la paix et la sécurité.

[746] Article 7 du protocole A/P1/12/99 relatif aux mécanismes de prévention, de gestion, de règlement des conflits et de maintien de la paix et de sécurité.

[747] Article 7 paragraphe 3 (f) du traité révisé.

[748] Article 45 du protocole A/SP1/12/01 sur la démocratie et la bonne gouvernance additionnel au protocole relatif aux mécanismes de prévention, de gestion, de règlement des conflits et de maintien de la paix et de la sécurité.

[749] Ibid.

[750] Article 9 paragraphe 4 du traité révisé de 1993 de la CEDEAO. Cependant, le protocole additionnel A/SP1/06/06 portant amendement du traité révisé de 1993 de la CEDEAO est très ambigu sur le régime juridique des décisions. Ce protocole additionnel stipule dans son article 9 nouveau paragraphe 6 : *« Les décisions sont*

Justice de la Communauté[751]. Il se dégage de ce constat que la Conférence des chefs d'État et de Gouvernement a un pouvoir et un rôle exorbitant dans la mise en place des normes du droit communautaire originaire, mais aussi du droit dérivé, en matière de démocratie.

Ses décisions doivent toutefois remplir des conditions pour être imposables aux États. Pour être imposables aux États, les décisions de la conférence des chefs d'États et de gouvernements doivent être publiées au journal officiel de la communauté[752] et par chaque État membre dans son journal officiel[753].

En effet, conformément aux dispositions de l'article 12 nouveau du protocole additionnel A/SP.1/06/06 portant amendement du traité révisé, les actes additionnels, les règlements, les directives et les décisions sont publiés par la Commission dans le Journal officiel de la Communauté dans les trente (30) jours de leur signature. Ils sont également publiés par chaque État membre dans son Journal officiel dans le même délai.

Toutefois, les actes additionnels, les règlements, et les directives entrent en vigueur après leur publication par la Commission, à la date qu'ils auront fixée à cet effet. Quant aux décisions, elles sont notifiées à leurs destinataires et prennent effet à compter de leur date de notification.
Si un État membre ne procède pas à la publication de la décision dans son journal officiel pour quelque raison que ce soit, celle-ci sera exécutoire de plein droit à l'égard de l'État membre concerné soixante jours après sa publication par le président de la commission au journal officiel de la communauté.

Les délais statutaires obligatoires fixés par l'article 9 du traité révisé de 1993 pour l'exécution des décisions de la conférence des chefs d'État et de gouvernement posaient un problème juridique sur la légitimité de

---

obligatoires pour les destinateurs qu'elles désignent ». Cette nouvelle disposition abroge celle du traité révisé de 1993.

[751] Article 15 paragraphe 3 idem : « Les juges de la Cour de justice de la CEDEO sont indépendants dans l'exercice de leurs fonctions à l'égard de tous les États membres et de toutes les institutions de la CDEAO ».

[752] Ibid. paragraphe 5 : Le secrétariat exécutif a l'obligation de publier la décision au journal officiel de la communauté 30 jours après la date de leur signature par la conférence des chefs d'État et de gouvernement.

[753] Ibid. paragraphe 7.

l'application des sanctions de la CEDEAO contre un État membre dans lequel l'ordre constitutionnel et démocratique a été interrompu. Le délai de soixante jours fixé à l'article 9 ancien du traité révisé pour l'exécution des décisions de la conférence des chefs ne pouvait pas être respecté dans la gestion du coup d'État. Cette erreur a été corrigée par l'organisation qui a modifié cette disposition, lors de l'amendement de 2006 du traité révisé de 1993. L'article 12 nouveau du protocole additionnel de 2006 portant amendement du traité révisé de 1993, précise en son paragraphe 3 que les décisions prennent effet à compter de leurs dates de notifications aux destinataires. En effet, lorsqu'un changement anticonstitutionnel de pouvoir intervient dans un État membre, la conférence des chefs d'États et de gouvernement peut convoquer une session extraordinaire, alors qu'elle se réunit deux fois par an en session ordinaire[754]. Ainsi, la conférence des chefs d'État et de gouvernement peut décider de se réunir en session extraordinaire à l'initiative de son président ou d'un État membre[755]. La session extraordinaire est convoquée par le chef d'État assurant la présidence de la conférence. Toutefois, la convocation de la session extraordinaire par le président de la conférence des chefs d'État et de gouvernement, ou à la demande d'un État membre doit obtenir l'approbation de la majorité simple des États membres de la communauté[756].

Lorsqu'un État enregistre un changement anticonstitutionnel de pouvoir, la convocation de la session extraordinaire s'effectue donc, soit par le président de la conférence soit à la demande d'un État membre ayant recueilli la majorité des États.

Il ressort de ce constat que la convocation d'une session extraordinaire, en de pareilles circonstances, peut se heurter parfois à des divergences politiques ou des lectures divergentes du changement anticonstitutionnel de pouvoir. Les deux cas où cela a été le plus manifeste c'est lorsqu'un chef d'État décide de modifier la constitution

---

[754] Ibid. Article 8 paragraphe 1 du protocole additionnel A/SP1/06/06 portant amendement du traité révisé de 1993 de la CEDEAO : « *La conférence se réunit en session ordinaire au moins deux (2) fois par an. Elle peut être convoquée en session extraordinaire à l'initiative de son Président ou à la demande d'un État membre, sous réserve de l'approbation de cette demande par la majorité simple des États membres.* »

[755] Ibid.

[756] Ibid.

de son pays pour se maintenir au pouvoir au-delà de la durée initiale, malgré des protestations dans les rues ou lorsque la même personne refuse de céder le pouvoir au candidat ou au parti politique ayant remporté les élections[757]. Elles peuvent aussi apparaître lorsqu'un chef d'État perd les élections et refuse de céder le pouvoir au candidat ou au parti politique ayant gagné les élections. L'UA a pris soin de bien préciser dans la Charte Africaine de la Démocratie, des Élections et de la Gouvernance (CADEG), les situations que l'organisation qualifie de changements anticonstitutionnels de gouvernement[758]. La CEDEAO ne définit pas de façon précise et claire dans son protocole additionnel sur la démocratie et la bonne gouvernance les situations qu'elle peut qualifier de changements anticonstitutionnels de pouvoir[759]. En se référant à la définition donnée par la conférence des chefs d'État et de gouvernement de l'UA dans la CADEG, du fait de la coopération et de la subsidiarité entre les deux organisations, le refus de transmettre le pouvoir au parti politique vainqueur des élections devrait constituer un changement anticonstitutionnel de pouvoir. La CEDEAO qualifie ceci de mode antidémocratique de maintien ou d'accession au pouvoir

---

[757] Une divergence était apparu entre la Guinée Conakry et le Sénégal sur l'attitude qu'il fallait adopter lorsqu'en Gambie Yahya JAMMEH a refusé de transmettre le 19 janvier 2017 le pouvoir à Adama Barrow, candidat vainqueur des élections présidentielles conformément aux résultats proclamés par la Commission Electorale.

[758] La conférence des chefs d'État et de gouvernement de l'U.A a défini un changement anticonstitutionnel de pouvoir de la manière suivante : « *Les situations pouvant être considérées comme un changement anticonstitutionnel de gouvernement : i) un coup d'État militaire contre un gouvernement issu d'élections démocratiques ; ii) une intervention de mercenaires pour renverser un gouvernement issu d'élections démocratiques ; iii) une intervention de groupes dissidents armés et de mouvements rebelles pour renverser un gouvernement issu d'élections démocratiques ; iv) le refus par un gouvernement en place de remettre le pouvoir au parti politique vainqueur à l'issue d'élections libres justes et régulières* », voir à ce propos M. FAU-NOUGARET, *Les organisations régionales africaines et les changements de pouvoir anticonstitutionnel* op. cit. p.414.

[759] Le protocole sur la démocratie et la bonne gouvernance additionnel au protocole relatif aux mécanismes de prévention, de gestion, de règlement des conflits, de maintien de la paix et de la stabilité qui a été adopté le 21 décembre 2001 explique dans son article 1 (b) sans définir que toute accession au pouvoir doit se faire à travers des élections libres, honnêtes et transparentes, et d'ajouter (c) que tout changement anticonstitutionnel de pouvoir est interdit, de même que tout mode non démocratique d'accession ou de maintien au pouvoir. L'appréciation d'un changement, d'un mode d'accession ou de maintien antidémocratique au pouvoir semble laissée à la volonté des chefs d'État et de gouvernement qui peuvent en juger.

qu'elle rejette, mais condamne du bout des lèvres[760]. En effet, la CEDEAO établit une distinction entre les modes antidémocratiques d'accession ou de maintien au pouvoir et les changements anticonstitutionnels de pouvoir alors que l'UA les qualifie explicitement de changements anticonstitutionnels de gouvernement.

Cette qualification de l'UA soulève deux problématiques du droit international qui sont loin de trouver une solution unanime chez les observateurs et les analystes. Il s'agit de la légalité et de la légitimité. Cette problématique non résolue soulève elle aussi deux questions fondamentales du droit international contemporain : la souveraineté et le droit d'ingérence dans les affaires intérieures des États. Nous reviendrons largement sur ces aspects dans la deuxième partie de nos travaux. C'est à partir de ces problématiques non résolues que les États peuvent avoir des analyses divergentes sur certaines situations qui tombent dans la définition donnée par la conférence des chefs d'État et de gouvernement aux changements de pouvoir anticonstitutionnels. La crise post-électorale de 2010 de la Côte d'Ivoire illustre parfaitement nos propos. Nous y reviendrons également dans la deuxième partie de nos travaux.

En ce qui concerne les mesures du droit dérivé qu'elle établit, les décisions de la conférence des chefs d'États et de gouvernements sont adoptées de trois manières : l'unanimité, le consensus ou la majorité des deux tiers des 15 États membres[761]. L'adoption de ces mesures est fixée par les protocoles afférents en la matière. Au regard de l'étendue de ses attributions et de ses compétences dans l'élaboration des normes du droit communautaire général, son rôle est considérable dans la sous-régionalisation de la démocratie, de la bonne gouvernance et de la protection des droits de l'homme. Ainsi, convient-il d'examiner le rôle de la conférence des chefs d'États et de gouvernement face aux changements anticonstitutionnels de pouvoir, puisque c'est l'objet de notre propos, avant de préciser qu'elle pouvait décider d'utiliser la force

[760] En janvier 2017, lorsque le président gambien Yahya Jammeh au pouvoir depuis 1994 a perdu les élections présidentielles du 1er décembre 2016, il a accepté sa défaite et a félicité son opposant Adama Barrow. Quelques jours plus tard, il se dédit en rejetant les résultats et a refusé de céder le pouvoir à son opposant vainqueur des élections. La CEDEAO s'est impliquée de façon remarquable pour obtenir son départ du pouvoir.

[761] Article 9 paragraphe 8 Ibid.

légitime dans la gestion du coup d'État. Par souci d'organisation de notre travail, nous avons fait le choix de parler dans ce paragraphe, du rôle de cette institution dans la gestion de ce phénomène.

La conférence des chefs d'États et de gouvernements est la seule institution, conformément au droit communautaire, habilitée à établir des sanctions contre un État pour rupture de l'ordre démocratique et constitutionnel. En règle générale, lorsqu'un changement anticonstitutionnel a lieu dans un État membre, le président de la conférence convoque les chefs d'État et de gouvernement en session extraordinaire. Cette session a lieu généralement dans l'État dont le président assure la présidence de la conférence. La tenue de la session de la conférence des chefs d'État dans l'État dont le président assure la présidence de la conférence est une pratique coutumière de l'organisation. Elle n'est pas issue du droit communautaire[762].

Conformément à l'article 45 du protocole additionnel A/SP2/12/01 sur la démocratie et la bonne gouvernance, la conférence des chefs d'Etat et de gouvernement est la seule institution compétente pour établir des sanctions contre un Etat dans lequel une discontinuité démocratique et constitutionnelle a eu lieu.

Conformément à ce texte, les sanctions qu'elle peut établir sont : le refus de soutenir les candidatures présentées par l'État membre concerné à des postes électifs dans les organisations internationales, le refus de tenir toute réunion de la CEDEAO dans l'État membre concerné et enfin, la suspension de l'État membre concerné de toutes les instances de l'organisation.

Pendant la période de la suspension, l'État membre concerné continue d'être tenu au paiement des cotisations, c'est-à-dire qu'il doit s'acquitter de ses obligations financières, au risque de se voir sanctionné de nouveau pour défaut de contribution financière lorsque la normalité démocratique et constitutionnelle serait rétablie.

Cependant, pendant la période de suspension, elle (la CEDEAO) continue à suivre, à encourager et à soutenir tous les efforts menés par

[762] L'article 8 paragraphe 2 *« l'une des sessions a lieu au siège de la CEDEAO tandis que la seconde se teint dans l'un des États membres »*, ibid.

l'État membre concerné visant à rétablir rapidement l'ordre démocratique et constitutionnel. La suspension de l'État ne vaut donc pas abandon de celui-ci pendant cette période.

Lorsque l'État concerné aspire à la présidence de la communauté, il perd automatiquement ce droit en cas de changement anticonstitutionnel de pouvoir[763]. En application des dispositions de l'Acte additionnel A/SA.13/02/12 du 17 février 2012 portant régime de sanctions à l'encontre des Etats qui n'honorent pas leurs obligations vis-à-vis de la CEDEAO et sur décision de la conférence des chefs d'Etats et de gouvernements, ou à la demande d'un Etat membre ou sur recommandation du président de la commission, l'organisation peut établir des sanctions prévues aux articles 5 à 12 de ce texte, lorsqu'un Etat ne respecte pas ses obligations conventionnelles régionales en matière de démocratie. Ces sanctions peuvent aussi être adoptées sur dénonciation par une personne physique ou morale d'un État, par toute institution de la Communauté, par tout État membre. Elles peuvent être adoptées sur constatations du Conseil des ministres ou la Conférence des chefs d'État et de Gouvernement[764], du moins si l'on s'en tient aux dispositions de ce texte. Si les sanctions coercitives n'impliquant pas l'emploi de la force militaire sont infructueuses, ou lorsque le changement anticonstitutionnel de pouvoir aboutit ou menace d'aboutir à une crise sécuritaire ou à un désastre humanitaire, la conférence des chefs d'État et de gouvernement peut adopter des sanctions coercitives impliquant l'emploi de la force militaire contre l'État membre concerné.

B. L'établissement de sanctions coercitives forcées par la conférence des chefs d'État et de gouvernement pour restaurer ou rétablir la démocratie

Nous l'avons dit avec insistance que le but de l'implication de la CEDEAO contre les changements anticonstitutionnels de pouvoir vise

[763] Article 8 paragraphe 5 ibid.

[764] Article 15 paragraphe 1 de l'acte additionnel A/SA.13/02/12 du 17 février 2012 portant régime de sanctions à l'encontre des Etats qui n'honorent pas leurs obligations vis-à-vis de la CEDEAO

principalement à prévenir et à résoudre les crises sécuritaires et les conflits internes. De ce fait, le protocole additionnel sur la démocratie et la bonne gouvernance se rattache directement au mécanisme sous-régional de sécurité collective. La décision de mise en œuvre de ce mécanisme de sécurité collective sous-régional appartient à fois à la conférence des chefs d'État et de gouvernement et au Conseil de Médiation et de Sécurité[765]. Ces deux institutions sont statutairement compétentes pour décider du déploiement de la FAC par l'emploi de la force armée dans le cadre de l'accomplissement des missions énumérées dans ledit protocole. Elles concernent toutes les sanctions que la CEDEAO peut prononcer contre un État membre qui n'a pas respecté ses obligations communautaires en matière de respect des principes démocratiques. Elles s'étendent du point de vue du droit communautaire aux sanctions prévues à l'article 45 du protocole additionnel sur la démocratie et la bonne gouvernance en cas de changement anticonstitutionnel de pouvoir ou lorsqu'un État contrevient aux principes cités dans l'article 2 du protocole relatif aux mécanismes de prévention, de gestion, de règlement des conflits, de maintien de la paix et de la sécurité. En application de l'article 26 du protocole relatif aux mécanismes de prévention, de gestion, de règlement des conflits, de maintien de la paix et de sécurité, la conférence des chefs d'État et de gouvernement peut décider de mettre en œuvre ce mécanisme.

En cas de renversement ou de tentative de renversement d'un gouvernement démocratiquement élu, la Conférence des chefs d'États et de gouvernements peut légitimement décider de mettre en œuvre ce protocole en ordonnant le déploiement de la FAC[766] dans l'État membre concerné. La conférence des chefs d'États et de gouvernements peut décider de recourir à l'ECOMOG actuelle FAC comme prévu dans le chapitre III du protocole relatif aux mécanismes de prévention, de gestion, de gestion, de règlement des conflits, de maintien de la paix et de la sécurité[767]. Cette légitimité est exprimée surtout dans l'article 22 paragraphe (d) dudit protocole qui autorise la Conférence des chefs d'État et de Gouvernement à déployer la FAC dans le cadre de

[765] Voi*r* l'article 26 du protocole relatif aux mécanismes de prévention, de gestion, de règlement des conflits, de maintien de la paix et de la sécurité.

[766] Article 25 paragraphe (e) du protocole cité

[767] Voi*r* les articles 17, 21 et 22 du protocole cité

l'application des sanctions, y compris l'embargo militaire. Elle est aussi dans les dispositions des articles 4 et 6 paragraphe XV de l'Acte additionnel portant régimes de sanctions à l'encontre des États membres qui n'honorent pas leurs obligations vis-à-vis de la communauté.

La conférence des chefs d'État et de gouvernement peut également se fonder sur les dispositions du paragraphe (e) de l'article 22 du protocole relatif aux mécanismes de prévention, de gestion, de règlement des conflits, de maintien de la paix et de la sécurité, autorisant le recours à la FAC dans le cadre d'un déploiement préventif. Toutefois, ce dispositif semble purement juridique. Sa mise en œuvre peut être juridiquement très compliquée. L'organisation n'a jamais utilisé cette disposition. Ainsi, les changements anticonstitutionnels de gouvernement ou la tentative de renversement d'un gouvernement démocratiquement élu, étant considérés par le droit communautaire comme une menace contre la paix, la sécurité et la stabilité de la sous-région, la Conférence des chefs d'État et de gouvernement peut décider de déployer la FAC dans l'État membre concerné, pour prévenir une éventuelle crise ou des troubles politiques ou sécuritaires. Le protocole additionnel sur la démocratie et la bonne gouvernance est, nous l'avons vu, très lacunaire sur l'exécution des décisions de la conférence des chefs d'État et de gouvernement. Ce protocole se limite seulement à énumérer les sanctions que la Conférence des chefs d'État et de gouvernement peut établir en cas de changement anticonstitutionnel de pouvoir.

En revanche, ce texte n'autorise pas la conférence des chefs d'État et de gouvernement à établir des sanctions contre un État en cas de tentative de renversement d'un gouvernement démocratiquement élu. Aux termes des dispositions de l'article 45 de ce texte, la conférence des chefs d'État et de gouvernement peut établir des sanctions contre un État, en cas de rupture de la démocratie. Il ressort de nos constats que le protocole additionnel sur la démocratie et la bonne gouvernance est très ambitieux en matière de principes constitutionnels et démocratiques, électoraux et de respect des droits de l'homme en particulier. Il reste par contre très lacunaire sur l'exécution des sanctions. Le protocole relatif aux mécanismes de prévention, de gestion, de règlement des conflits, de maintien de la paix et de la sécurité et l'acte additionnel A/SA.13/02/2012 sont les normes du droit communautaire qui plaident pour le recours et l'emploi de la force militaire par la conférence des chefs d'Etats et de gouvernements de l'organisation en cas de renversement ou de tentative de renversement d'un gouvernement démocratiquement élu. Et aussi elle peut établir le recours à la force en cas d'accession ou de maintien antidémocratique au pouvoir, conformément à ce mécanisme. Rappelons toutefois que ce déploiement n'est possible qu'avec une autorisation du Conseil de sécurité de l'ONU, même si le droit de la CEDEAO ne le précise pas explicitement en la matière. En revanche, la CEDEAO dit que sa conférence des chefs d'État et de gouvernement peut décider de recours à la force pour rétablir la démocratie, lorsque le changement anticonstitutionnel menace d'aboutir à une crise sécuritaire ou de conduire à un désastre humanitaire.

Dans ces hypothèses, on parlerait de déploiement préventif, pour le premier cas et d'intervention humanitaire pour le second. Dans ces cas précis, une autorisation du Conseil de sécurité n'est pas obligatoire, en particulier pour le second.

Dans la pratique, la Conférence des chefs d'État et de gouvernement ne décide de déployer la FAC que lorsqu'un gouvernement démocratiquement élu a été renversé par la force, ou lorsqu'un gouvernement refuse de transmettre le pouvoir au candidat vainqueur des élections[768] tant qu'elle aurait obtenu l'autorisation du Conseil de sécurité de l'ONU. Mais comme nous verrons un peu plus tard, elle a déjà pris une liberté par rapport à cette exigence du droit international, en intervenant militairement contre un coup d'État, en l'absence d'une autorisation de l'ONU.

Elle n'a pas encore décidé de recourir à la force contre une tentative de renversement d'un gouvernement démocratiquement élu bien que cela pourrait constituer un déploiement préventif. Pourtant on aurait observé que le droit communautaire l'autorise clairement. De façon plus générale, en application de l'acte additionnel A/SA.13/02/12 portant régimes des sanctions à l'encontre des Etats membres qui n'honorent pas leurs obligations vis-à-vis de la CEDEAO, sur décision de la Conférence des chefs d'Etats et de gouvernements, (et aussi à la

[768] En 2017, la CEDEAO a décidé de recourir à la force légitime pour faire respecter les résultats électoraux en Gambie. Pour se faire, elle a demandé une autorisation du Conseil de sécurité de l'ONU.

demande d'un État membre ou sur recommandation du président de la Commission)[769], l'organisation peut prendre des mesures visant à imposer la paix ou à restaurer l'ordre constitutionnel par l'utilisation de la force[770]. La conférence des chefs d'Etats et de gouvernements peut mettre en œuvre les sanctions prévues aux articles 5 à 12 de l'acte additionnel A/SA.13/02/2012 contre un changement anticonstitutionnel. Conformément à ce texte, elle peut imposer un embargo militaire sur les armes à destination de cet État membre. Elle peut aussi décider une interdiction de voyage à l'encontre des dirigeants, de leurs familles ou de leurs partisans.

Lorsqu'elle décide de recourir à la force pour rétablir la démocratie, les États ont l'obligation de fournir les unités militaires, paramilitaires et civiles nécessaires à la réalisation de cette mission. Dans un tel cas, chaque État membre a l'obligation[771] de fournir à la CEDEAO des unités dotées de moyens adéquats, des armées de terre et de l'air, de la marine, de la gendarmerie, de la police ou de toutes autres formations militaires, paramilitaires, ou civiles pour accomplir des missions assignées par l'organisation[772]. Autrement dit, les États ont l'obligation de fournir les ressources humaines et les moyens logistiques nécessaires à la réalisation de cette mission. À cet effet, lorsque la Conférence des chefs d'État et de Gouvernement décide de recourir à la force et demande aux États membres de mettre à la disposition de l'organisation, les unités civiles, militaires et paramilitaires, chaque État membre a l'obligation de libérer immédiatement les modules de la FAC avec les équipements et le matériel nécessaires[773]. La taille des unités que chaque État membre devra fournir pour le rétablissement de la démocratie par la force est déterminée en concertation avec les

[769] Article 14 de l'acte additionnel A/SA.13/02/12 portant régimes des sanctions à l'encontre des Etats qui n'honorent pas leurs obligations vis-à-vis de la CEDEAO.
[770] Article 6 paragraphe XV Ibid.
[771] Conformément à leurs engagements et leurs obligations communautaires, prévus dans l'article 28 du protocole relatif aux mécanismes de prévention, de gestion, de règlement des conflits, de maintien de la paix et de sécurité, et de l'acte additionnel portant régimes des sanctions à l'encontre des États membres qui n'honorent pas leurs obligations vis-à-vis de la CEDEAO. Voir, article 2 de l'acte additionnel A/SA.13/02/12 portant régime des sanctions à l'encontre des Etats qui n'honorent pas leurs obligations vis-à-vis de la CEDEAO
[772] Article 28 paragraphe 1er ibid.
[773] Article 35 ibid.

autorités de la communauté. La CEDEAO se réserve le droit de modifier la taille de l'effectif des unités de la FAC, ses missions, son mandat en fonction des facteurs nouveaux qui peuvent naître au cours de la mission. Ce qui laisse entendre qu'une utilisation de la force décidée pour rétablir la démocratie par la force peut voir ses missions et son mandat évoluer.

Par ailleurs, les États membres s'engagent à coopérer pleinement avec la CEDEAO dans le cadre de la mise en œuvre des mandats du protocole relatif aux mécanismes de prévention de gestion, de règlement des conflits, de maintien de la paix et de la sécurité. À cet effet, ils s'engagent à fournir une assistance et un soutien à l'organisation dans la mise en œuvre de ce texte notamment la libre circulation des unités civiles, militaires et paramilitaires de la FAC dans leur territoire. La mission d'imposition de la démocratie bénéficie à cet effet d'une libre circulation sur l'ensemble des États, qu'elle doit traverser.

De son côté, la CEDEAO s'engage à coopérer pleinement avec l'ONU et l'UA. Elle doit coopérer pleinement avec le mécanisme de l'UA pour la prévention, la gestion et le règlement des conflits. En outre, elle a l'obligation d'informer l'ONU de toutes les interventions militaires effectuées dans le cadre du mécanisme de sécurité collective sous-régional[774]. Concrètement, cela ne concerne que les cas de déploiement préventif, ou humanitaire qui n'exigent pas forcément une autorisation de l'ONU. En réalité, conformément à l'article 53 du chapitre VIII de la Charte des Nations Unies, la CEDEAO ne peut pas théoriquement déployer des unités militaires dans un État membre sans l'autorisation du Conseil de Sécurité de l'ONU. À vrai dire, la CEDEAO est une organisation subalterne de l'ONU dans la gestion des changements anticonstitutionnels de pouvoir.

Cependant, en cas de blocage du Conseil de sécurité, et si aucun des membres de ce quintet ne s'y oppose, la CEDEAO peut avancer au titre, quelque part, de l'utilisation de l'esprit du chapitre VIII de la Charte sans l'aval de la « maison mère ». Elle pourrait alors se prévaloir de la légitimité de son intervention, en l'absence d'une éventuelle légalité permise par le Conseil de Sécurité de l'ONU. Elle pourrait ainsi se

[774] Article 52

prévaloir d'une intervention humanitaire[775]. Et dans ce cas, elle ne pourra qu'informer l'ONU de son action. La Conférence des chefs d'États et de gouvernements est assistée dans la mise en œuvre de ses actions pour la démocratisation des États par la commission et le Conseil de Médiation et de Sécurité.

Paragraphe 2 : La Commission, et le Conseil de Médiation et de Sécurité

La commission[776] forme avec la conférence des chefs d'État et de gouvernement, et le Conseil de Médiation et de Sécurité, le pouvoir exécutif de la CEDEAO. Elle est dirigée par un président nommé par la conférence des chefs d'État et de gouvernement pour un mandat de quatre années non renouvelable[777]. Il ne peut être révoqué que par la Conférence des chefs d'État et de gouvernement.

L'article 18 nouveau du protocole additionnel de 2006 portant amendement du traité précise que le Président de la Commission doit

---

775 Voir à ce propos l'Article 40 du protocole relatif aux mécanismes de prévention, de gestion, de règlement des conflits, de maintien de la paix et de la sécurité : « *La CEDEAO intervient pour soulager les populations et restaurer le cours normal de la vie dans des situations de crise, de conflit et de catastrophe.*
À cet égard, la CEDEAO développe ses propres capacités en vue d'entreprendre efficacement des actions humanitaires tant par mesure de prévention que pour la gestion des conflits.
Dans le cas où l'environnement d'un État membre est sérieusement dégradé, des mesures appropriées sont prises pour le réhabiliter.
La CEDEAO reconnaît, encourage et appuie le rôle des femmes dans ses initiatives de prévention, de gestion, de règlement des conflits, de maintien de la paix et de la sécurité. » et l'article 41 de préciser : « … *Les unités de l'ECOMOG doivent être bien équipées pour entreprendre des actions humanitaires dans leurs zones d'opération sous l'autorité du Représentant Spécial du Secrétaire Exécutif.*
L'ECOMOG apporte son assistance à toutes les actions humanitaires des agences nationales, régionales et internationales, notamment en ce qui concerne les questions de Sécurité. »

776 La commission a été instituée en remplacement du secrétariat exécutif par le protocole additionnel A/SP1/06/06 portant amendement du traité révisé de 1993 de la CEDEAO.

777 Article 18 paragraphe 1er du protocole additionnel A/SP1/06/06 portant amendement du traité révisé de 1993 de la CEDEAO.

être une personne intègre, de compétence avérée, ayant une vision globale des problèmes politiques économiques et d'intégration régionale. La Commission exerce ses pouvoirs en vue du bon fonctionnement et de l'intérêt général de la Communauté. À cet effet, elle fait au Conseil et à la Conférence, toutes les recommandations qu'elle juge utiles à la promotion et au développement de la Communauté. L'Acte additionnel portant régime des sanctions à l'encontre des États membres qui n'honorent pas leurs obligations vis-à-vis de la communauté précise en son article 16 que le président de la Commission peut mener des investigations pour constater le non-respect ou la non-application d'une obligation par un État membre. Si l'État membre concerné ne se conforme pas à ses obligations, il fait un rapport au moyen d'un mémorandum qu'il adresse au conseil des ministres.

En effet, la Commission est l'organe d'exécution des décisions adoptées par la conférence des chefs d'États et de gouvernements, et de l'application des règlements du Conseil des Ministres. À ce titre, le président de la commission tient le journal officiel de la communauté dans lequel il est tenu de publier les décisions prises par la conférence des chefs d'État et de gouvernement trente jours après leur signature par le président de la conférence[778]. La signature de la décision par le président de la conférence des chefs d'État et de gouvernement constitue la promulgation de l'acte. La décision n'est opposable aux États qu'à partir de sa publication au journal officiel sous-régional selon un délai franc. La publication de la décision au journal officiel de l'État ressort de la responsabilité des États et ne peut être invoquée comme fait exonératoire de sa responsabilité, lorsqu'il aurait omis de le faire. Le président de la commission est également l'organe d'exécution des décisions du Conseil de Médiation et de Sécurité. Nous noterons ainsi que la Commission (A) joue avec le Conseil de Médiation et de sécurité (B), un grand rôle dans la dissémination de la démocratie en Afrique de l'Ouest.

---

[778] Article 12 paragraphe 1er ibid. : « *Les actes additionnels, les règlements, les directives et les décisions sont publiés au journal officiel de la communauté dans les trente jours de leur signature. Ils sont également publiés par chaque État membre dans son journal officiel dans les mêmes délais* ».

A. Le rôle de la Commission dans la sous-régionalisation de la démocratie

La Commission de la CEDEAO, à travers son président, joue un rôle fondamental dans la dissémination de la démocratie au niveau sous-régional. En effet, conformément à l'article 45 du protocole relatif aux mécanismes de prévention, de gestion, de règlement des conflits, de maintien de la paix et de la sécurité, le président de la Commission est responsable de la coordination et de la mise en œuvre de toutes les décisions relatives à la sécurité sous-régionale. Son rôle consiste notamment à mettre en œuvre le protocole relatif au mécanisme de prévention, de gestion, de règlement des conflits, de maintien de la paix et de la sécurité. Il a aussi pour mission, d'émettre des recommandations visant à la mise en œuvre de l'Acte additionnel A/SA.13/02/12 portant régimes de sanctions à l'encontre des Etats qui n'honorent pas leurs obligations vis-à-vis de l'organisation. Et enfin, il doit exécuter les décisions de la Conférence des chefs d'État et de gouvernement, celles du Conseil de Médiation et de sécurité. Ce qui fait de lui, à la fois, celui qui applique les mesures de la diplomatie préventive de consolidation de la démocratie et d'imposition de celle-ci, lorsque l'organisation décide de procéder ainsi.

Lorsque la CEDEAO décide d'utiliser la force pour restaurer la démocratie, le président de la Commission veille à la bonne formation des unités civiles, militaires et paramilitaires de la FAC avant leur déploiement notamment en droit international humanitaire et en droit de l'homme. Il faut noter également que lorsque la CEDEAO décide du déploiement de la FAC, elle doit nommer un représentant spécial et un commandant des forces. Le premier est nommé par le Conseil de Médiation et de Sécurité sur recommandation du président de la Commission. Le second est quant à lui nommé par le Conseil de Médiation et de Sécurité sur recommandation du président de la Commission, mais après consultation de la Commission Défense et Sécurité. Le commandant en chef rend compte au représentant spécial, qui doit à son tour rendre compte directement au président de la Commission. D'une façon générale, le président de la Commission est le supérieur hiérarchique des missions de la FAC.

Il ressort que le rôle du président de la Commission dans la démocratisation des États est remarquable dans l'exécution des décisions de l'organisation et plus exactement de la conférence des chefs d'État et de gouvernements.

1. L'exécution des décisions

Le président de la Commission est responsable de la coordination et de la mise en œuvre de toutes les décisions de la CEDEAO notamment celles que la conférence des chefs d'États et de Gouvernements et le Conseil de Médiation et de Sécurité adoptent dans le cadre de la sécurité collective sous-régionale. De ce fait, si le Conseil de Médiation et de Sécurité décide de déployer une mission d'intervention des FAC, il donne mandat au président de la Commission de mettre sur pied la mission et de définir les termes de référence de celle-ci. Ainsi, ce dernier est responsable de l'exécution de toutes les décisions en matière de changement anticonstitutionnel de pouvoir. Pour faire de nouveau un comparatif, le président de la Commission de l'UE a un rôle particulier de veiller à l'application des règles du droit communautaire sous le contrôle de la Cour de Justice de l'Union européenne[779].

Toutefois, la procédure de la désignation des membres de la Commission de l'UE semble conférer une certaine indépendance de ses membres à l'égard du Conseil Européen. S'agissant de la CEDEAO, le mode de désignation et de révocation du président de la Commission a été trop simplifié, fragilisant celui-ci alors qu'il est nommé et révoqué par la conférence des chefs d'État et de gouvernement. S'il se montre très exigeant à l'égard des États, en brandissant le bâton contre les mauvais membres qui ne respectent pas leurs obligations, il n'est pas sûr qu'il finisse son mandat. Il est donc obligé de les ménager voire être lui aussi laxiste avec eux, dans le contrôle de leurs obligations.

Il n'est pas qu'un simple exécutant des décisions des autres institutions de l'organisation. Il peut lui aussi adopter des mesures dans le cadre de la sécurité collective sous-régionale. Ce qui lui donne implicitement des

---

[779] J.-L. CLERGEREI, A. GRUBER et P. RAMBAUD, *L'union européenne*, 10e éd. Dalloz, Paris 2014, p. 173, N° 209.

pouvoirs de décision contre le changement anticonstitutionnel de pouvoir.

2. *Les pouvoirs de décision du président de la Commission en matière de démocratie*

Le président de la Commission est habilité à prendre de son propre chef des mesures dans le cadre de la prévention, la gestion, le règlement des conflits, le maintien de la paix et de la sécurité. Ces mesures peuvent prendre la forme de missions d'enquête, de médiation, de facilitation, de négociation et de réconciliation des parties en conflit[780]. Il est le seul compétent pour nommer les membres du Conseil des Sages[781], ceux-ci peuvent participer à la gestion pacifique des crises.

Il supervise les activités politiques, administratives, opérationnelles et assure la logistique des missions de l'organisation. Il a également pour mission d'élaborer à l'attention du Conseil de Médiation et de Sécurité et des États membres, des rapports d'enquête et de médiation.

Il convoque, en consultation avec le président de la Conférence, toutes les réunions du Conseil de Médiation et de Sécurité, du Conseil des Sages et de la Commission de Défense et de Sécurité. C'est lui qui est chargé de mettre en œuvre toutes les décisions du Conseil de Médiation et de Sécurité[782]. C'est l'institution sur laquelle, le Conseil de Médiation et de Sécurité et la Commission Défense et de Sécurité peuvent s'appuyer dans le cadre de leur mission de sécurité collective.

Il peut également de sa propre initiative, prendre des mesures qui entrent dans le cadre de la sécurité collective sous-régionale, et indirectement dans la cadre de la démocratisation des États.

---

[780] Article 15 paragraphe 1er du mécanisme relatif à la prévention, la gestion, le règlement des conflits, le maintien de la sécurité.
[781] Le Conseil des Sages est l'organe de l'organisation, dans lequel il peut désigner des personnalités pour assurer des missions de médiations, de bons offices, et de facilitation. Nous y reviendrons dans la deuxième partie.
[782] Voir l'article 15 du protocole relatif aux mécanismes de prévention de gestion, de règlement des conflits, de maintien de la paix et de la sécurité.

En application de l'article 26 paragraphe (d) du Protocole relatif aux mécanismes de prévention, de gestion, de règlement des conflits, de maintien de la paix et de la sécurité, le président de la Commission peut, de son propre chef, prendre l'initiative de mettre en œuvre ce dispositif. Il est le seul qui puisse prendre de lui-même, l'initiative de mettre en œuvre cet impressionnant dispositif de la sécurité collective.

Par contre, ce mécanisme peut être mis en œuvre sur décision de la conférence des chefs d'État et de gouvernement ou du Conseil de Médiation et de Sécurité à la demande d'un État membre, de l'ONU ou de l'UA, comme nous l'avons déjà observé. Mais, c'est lui qui encore assure la mise en œuvre, lorsque l'un ou l'autre décide de l'application de ce mécanisme.

Le président de la Commission est donc la cheville ouvrière de l'application de ce mécanisme et ainsi que de l'Acte additionnel portant régime des sanctions à l'encontre des États qui n'honorent pas leurs obligations vis-à-vis de la CEDEAO.

Sur le plan financier, il appartient aussi à ce même président de la Commission de prévoir dans son budget annuel, les fonds destinés au financement des activités du mécanisme de sécurité collective.

Au regard de tout ce qui vient d'être dit, il ressort que le président de la Commission est le garant de la bonne application des mesures de démocratisation des États. Il peut adopter des mesures dans la limite de ses attributions statutaires et exécute toutes les décisions de l'organisation. Toutefois, le rôle important que le président de la Commission joue dans le fonctionnement de l'organisation nécessite un renforcement de son indépendance vis-à-vis de la conférence des chefs d'Etats.et de Gouvernements. Le président de la commission assure un rôle subsidiaire du Conseil de Médiation et de Sécurité.

B. Le rôle du Conseil de Médiation et de Sécurité dans la dissémination de la démocratie au niveau sous-régional

Il est composé de neuf (9) États membres dont sept (7) sont élus par la Conférence des chefs d'États et de Gouvernements pour un mandat de deux (2) ans renouvelables[783]. Cet organe est assisté par des commissions techniques : d'une part la Commission Défense et Sécurité, d'autre part le Conseil des Sages et enfin le Groupe de Contrôle de Cessez-le-feu devenu Force en Attente de la CEDEAO (FAC), le bras armé de l'organisation. Le Conseil de Médiation et de Sécurité reçoit des délégations de la Conférence des chefs d'État et de Gouvernement lui permettant de prendre des décisions. Ainsi, il assure un rôle subsidiaire de la Conférence des chefs d'État et de gouvernement. En matière de changement anticonstitutionnel de pouvoir, le Conseil de Médiation et de Sécurité peut proposer à la conférence des chefs d'États et de Gouvernements d'établir des sanctions prévues à l'article 45 du protocole additionnel sur la démocratie et la bonne gouvernance à l'encontre d'un État dans lequel l'ordre démocratique ou constitutionnel a été interrompu. Cette institution, qui semble approximativement un semblant de contre-pouvoir à la conférence des chefs d'États et de Gouvernements, a un fonctionnement très particulier.

1. Le fonctionnement du Conseil de Médiation et de Sécurité

C'est la deuxième institution de l'organisation, sur laquelle la CEDEAO agit contre le fléau des ruptures démocratiques et constitutionnelles. Elle est la seule institution communautaire en dehors de la conférence des chefs d'État et de Gouvernement qui peuvent sur initiative propre, décider de déclencher la mise en œuvre du protocole relatif aux mécanismes de prévention, de gestion, de règlement des conflits, de maintien de la paix et de la sécurité.

C'est l'institution la plus complexe de la CEDEAO dans la dissémination de la démocratie, de la bonne gouvernance et de la protection des droits de l'homme.

En effet, les travaux du Conseil de Médiation et de Sécurité se déroulent à trois niveaux : celui de la conférence des chefs d'État et de

783 Article 8 du protocole A/P1/12/99 relatif aux mécanismes de prévention, de gestion, de règlement des conflits, de maintien de la paix et de sécurité. www.ecowas.int consulté le 10 janvier 2016

Gouvernement, son instance suprême ; celui intermédiaire des ministres ; celui des ambassadeurs des États formant le Conseil et accrédités auprès de la CEDEAO. La réunion des chefs d'État et de Gouvernement des États membres élus au Conseil de Médiation et de Sécurité (9 États) ressemble à un mini-sommet de la Conférence des chefs d'États et de Gouvernements[784]. Ces membres se réunissent deux fois par an autour de son président. Ce dernier est également le président de la conférence des chefs d'États et de Gouvernements de la CEDEAO. C'est-à-dire que le président du pays élu à la tête de la conférence des chefs d'États et de gouvernements est automatiquement celui du Conseil de Médiation et de sécurité. Il peut se réunir en session ordinaire, mais aussi en session extraordinaire à la demande de son président ou à la demande de la majorité simple de ses membres[785]. La réunion au niveau des chefs d'États et de Gouvernements constitue le sommet de la hiérarchie de cet organe (à ne surtout pas confondre avec la conférence des chefs d'États et de Gouvernements de l'organisation). Les décisions au niveau ministériel doivent être approuvées par les chefs d'État de l'organe avant leur application.

Cependant, les ministres ne peuvent décider que s'ils reçoivent un mandat explicite de la Conférence des chefs d'État et de Gouvernements membres de l'institution. S'ils n'ont pas reçu un mandat spécifique de la Conférence des chefs d'États et de Gouvernements, ils doivent transmettre leur décision à celle-ci pour approbation. La décision ne serait applicable que lorsqu'elle obtient l'approbation au niveau de la conférence des chefs d'État.

Au deuxième niveau intermédiaire, on trouve les réunions qui rassemblent les ministres des affaires étrangères, les ministres de la défense et les ministres de l'intérieur et de la sécurité des États membres du Conseil de Médiation et de Sécurité. Celles-ci ont lieu trois fois par an. Cependant, les ministres peuvent se réunir de façon plus fréquente lorsque la situation sécuritaire dans la sous-région l'exige.[786]

---

[784] Il ne faut surtout pas confondre avec la conférence des chefs d'États et de Gouvernements de l'organisation.

[785] Article 12 du protocole A/P1/12/99 relatif au mécanisme de prévention, de gestion, de règlement des conflits, de maintien de la paix et de la sécurité.

[786] Article 13 ibid.

Au niveau le plus bas, on note la réunion des ambassadeurs des États membres du Conseil de Médiation et de Sécurité accrédités auprès de la CEDEAO. En effet, tous les États membres de la CEDEAO nomment des ambassadeurs qu'ils accréditent auprès du président de la Commission de la CEDEAO. C'est généralement les ambassadeurs des États membres accrédités auprès du Nigeria qui reçoivent également cette accréditation. Les ambassadeurs des États membres élus au Conseil de Médiation et de Sécurité se réunissent au plus bas niveau dans le cadre du fonctionnement de cette institution. Les recommandations et les rapports issus de leurs travaux sont transmis aux 9 États membres du Conseil par le président de la commission. Le Conseil ne peut pas décider des sanctions coercitives n'impliquant pas l'emploi de la force militaire. En revanche, il est compétent pour décider du déploiement de la FAC en cas de reversement ou de tentative de renversement d'un gouvernement démocratiquement élu.

2. *L'établissement des mesures coercitives forcées par le Conseil de Médiation et de Sécurité pour la restauration ou le rétablissement de la démocratie*

Le Conseil de Médiation et de Sécurité peut décider de mettre en œuvre le mécanisme sous-régional de sécurité collective. Ce qui lui donne implicitement le pouvoir de mettre en œuvre des sanctions forcées, en cas de renversement ou de tentative de renversement d'un gouvernement démocratiquement élu. Il peut également décider de la mise en œuvre de ce mécanisme en cas de violations graves et massives des droits de l'homme. Le Conseil de Médiation et de Sécurité est la seule institution statutairement compétente qui peut élargir le domaine d'application du mécanisme de sécurité collective sous-régionale[787]. En application de l'article 25 paragraphe (f) du protocole relatif aux mécanismes de prévention, de gestion, de règlement des conflits, de maintien de la paix et de la sécurité, il peut décider de prendre l'option d'une intervention militaire.

---

[787] Voir article 25 paragraphe (f) du mécanisme.

Par ailleurs, conformément aux dispositions de l'article 10 du même mécanisme, le Conseil de Médiation et de Sécurité peut prendre des décisions au nom de la Conférence des chefs d'État et de gouvernement sur des questions liées à la paix, à la sécurité de la sous-région et il assure la mise en œuvre de toutes les dispositions du protocole relatif aux mécanismes de prévention, de gestion, de règlement des conflits, de maintien de la paix et de la sécurité. C'est à travers les dispositions de cet article que le Conseil de Médiation et de Sécurité a reçu un mandat très étendu dans le cadre de la sécurité collective. À cet effet, il peut décider de façon autonome de toutes les questions relatives à la paix et à la sécurité. Il est compétent pour mettre en œuvre les politiques de prévention, de gestion, de règlement des conflits, de maintien de la paix et de sécurité. Il est surtout compétent pour autoriser toutes les formes d'intervention, et peut décider notamment du déploiement des missions politiques et militaires. Dans ce cadre, il approuve les mandats et les termes de référence de ces missions et peut réviser périodiquement ces mandats et les termes de référence en fonction de l'évolution de la situation dans l'État membre concerné[788].

Pour la mise sur pied des unités de la FAC, le Conseil de Médiation et de Sécurité peut donner mandat dans ce sens au président de la Commission.

Lorsque la CEDEAO décide d'envoyer des unités de la FAC en mission d'intervention militaire dans un État, elle doit nommer un représentant du président de la Commission et un commandant des unités de la FAC. La nomination de ces deux personnalités indispensables dans les missions de la FAC relève également de la compétence du Conseil de Médiation et de Sécurité.

Dans le cadre de la coopération et de la subsidiarité entre la CEDEAO, l'ONU et l'UA, il appartient également au Conseil de Médiation et de Sécurité d'adresser un rapport de situation à ces organisations lorsque la CEDEAO déploie la FAC en mission d'intervention militaire dans un État membre. La production et la transmission de ce rapport de situation à l'ONU ont un caractère impératif au regard du droit international général, notamment l'article 53 de la charte des Nations Unies. Au regard de ces constats, le Conseil de Médiation et de Sécurité

---

788 Voir article 10 ibid.

est légitimement fondé pour décider d'une intervention militaire des unités de la FAC lorsqu'un État membre enregistre un renversement ou une tentative de renversement d'un gouvernement démocratiquement élu[789].

À cet effet, les décisions finales du Conseil sont prises au niveau de la réunion des chefs d'État et de gouvernement, ainsi que nous l'avons fait remarquer un peu plus haut. En effet, les travaux au niveau des ambassadeurs sont sanctionnés par des rapports. Ces rapports sont transmis à tous les États membres du Conseil et aux États concernés. Ils sont soumis à l'examen, de la réunion des ministres du Conseil. Les rapports issus des travaux de la réunion des ministres du Conseil sont à leur tour soumis à la réunion des chefs d'État et de gouvernement du Conseil. La réunion des chefs d'États et de Gouvernements est la seule compétente pour décider au nom du Conseil. Ainsi, la décision du recours à une intervention militaire des unités de la FAC ne peut être adoptée que par la réunion des chefs d'État et de gouvernement du Conseil. Une telle initiative ne pouvait aboutir sans l'approbation des chefs d'État et de gouvernement.

Du point de vue du droit communautaire, le Conseil de Médiation et de Sécurité est légitimement compétent pour décider du déploiement de la FAC en cas de changement ou de tentative de changement anticonstitutionnel de pouvoir.

Le droit communautaire n'exige pas l'approbation de la conférence des chefs d'États et de Gouvernements pour rendre imposable aux États la décision du déploiement de la FAC. En revanche, il rappelle que la conférence des chefs d'États et de Gouvernements est la seule institution qui peut décider des sanctions coercitives n'impliquant pas l'emploi de la force armée en cas de changement anticonstitutionnel de pouvoir.

Le Conseil de Médiation et de Sécurité peut cependant proposer à la conférence des chefs d'États et de Gouvernements d'adopter des mesures coercitives n'impliquant pas l'emploi de la force prévue par l'article 45 du protocole additionnel sur la démocratie et la bonne

789 Voir les articles 25 et 26 combinés du protocole relatif aux mécanismes de prévention, de gestion, de règlement des conflits, de maintien de la paix et de la sécurité.

gouvernance. En exigeant que les décisions finales du Conseil ne puissent être adoptées que par la réunion des chefs d'États et de Gouvernements du Conseil, il se dégage que la décision de l'emploi des unités de la FAC dans un État membre relève exclusivement de la compétence des chefs d'États et de Gouvernements. Les chefs d'État sont constitutionnellement les chefs suprêmes des armées dans l'ordre interne des États[790].

Le déploiement des forces armées d'un État membre dans les missions externes ne peut être possible que lorsque la décision a été prise ou approuvée par le chef de l'État.

Les décisions du Conseil ne peuvent être adoptées que si les deux tiers de ses membres sont présents le jour de la délibération. Les deux tiers de ses membres présents ne peuvent décider valablement qu'à la majorité des deux tiers[791]. Les décisions qu'ils adoptent sont exécutées par le président de la Commission.

Au regard de tout ce qui suit, il se dégage de nos constats que le Conseil a un rôle déterminant, dans la consolidation de la démocratie en Afrique de l'Ouest. Il a un rôle important dans la prévention des changements anticonstitutionnels de pouvoir en Afrique de l'Ouest, et aussi un remarquable pouvoir dans sa gestion. Les institutions que nous venons d'étudier n'agissent pas seules dans la dissémination de la démocratie dans cette partie du continent. Elles s'appuient largement sur des organes complémentaires pour exécuter leurs décisions.

---

[790] Voir par exemple l'Article 52 de la Constitution du Burkina Faso du 2 juin 1991 modifiée : « *Le président du Faso est le chef suprême des forces armées nationales...* ». Article 47 de la Constitution de 2010 de la Guinée Conakry : *« Le président de la République est le chef des armées »*. Article 62 al. 1er de la constitution béninoise du 11 décembre 1990 modifiée : « *Le président de la République est le chef suprême des armées* ». Article 44 de la constitution du Mali du 25 février 1992 : *« Le président de la République est le Chef Suprême des armées »*. Article 63 al. 1er de la Constitution du Niger du 25 novembre 2011 : *« Le président de la République est le chef suprême des armées »*. Article 44 al.3 de la Constitution du Sénégal du 22 janvier 2001 modifiée : le président de la République est le chef suprême des armées. Article 68 de la Constitution ivoirienne de 2016 : *« Le président de la République est chef suprême des armées »*.

[791] Article 9 du protocole relatif au mécanisme de prévention, de gestion, de règlement des conflits, de maintien de la paix et de la sécurité

SECTION 2 : LES ORGANES COMPLEMENTAIRES

Au-delà des institutions citées dans la section précédente, l'organisation sous-régionale ouest-africaine a créé des organes politiques complémentaires. Certains de ces organes jouent un rôle important dans la sous-régionalisation de la démocratie. À cet effet, ils ont des attributions dans la prévention des changements anticonstitutionnels et d'autres dans sa gestion. L'objectif n'est pas de citer tous les organes politiques complémentaires de la CEDEAO, mais d'étudier ceux qui contribuent dans la consolidation de la démocratie.

Dans le cadre de la sous-régionalisation de la démocratie, de la bonne gouvernance et de la protection des droits et des libertés, la CEDEAO a mis en place des organes sur lesquels ses institutions peuvent s'appuyer pour exécuter leurs missions. Ces organes jouent un rôle subsidiaire aux institutions. Ils sont créés par le traité révisé de 1993, et par des protocoles en application de celui-ci. Ces organes assistent et appuient très largement le Conseil de Médiation et de Sécurité. Ainsi le Conseil de Médiation et de Sécurité peut s'appuyer d'une part, sur la Commission de Défense et de Sécurité, et d'autre part, sur le Conseil des Sages. Il peut s'appuyer également sur l'emblématique Groupe de Contrôle du Cessez-le-feu, ancien ECOMOG et actuelle FAC[792] que nous désignons ici comme le bras armé de la CEDEAO, dans la sous régionalisation de la démocratie.

En effet, la Commission de Défense et de Sécurité se compose des chefs d'État-major ou leur équivalent, des responsables des ministères de l'intérieur et de la sécurité et des experts des ministères des affaires étrangères de tous les États membres. Selon les matières inscrites à l'ordre du jour, ceux-ci peuvent être assistés par les chefs des services de l'immigration, des douanes, de lutte contre la drogue et les stupéfiants, de la sécurité des frontières et de la protection civile de chaque État membre. Cet organe a essentiellement deux rôles. D'une part, il examine les rapports produits par l'ECOWARN[793] (Ecowas Eaerly Warning and Response Network) et fait des recommandations au Conseil de Médiation et de Sécurité. D'autre part, il est chargé

[792] Article 17 du protocole cité.

[793] Voir infra, p.268.

d'étudier les aspects techniques et administratifs et détermine les besoins en logistique des missions de la FAC. Cet organe joue un grand rôle contre les changements anticonstitutionnels de pouvoir.

En effet, lorsque la CEDEAO décide d'envoyer une mission d'intervention militaire dans un État membre pour rétablir la démocratie, la Commission de Défense et de Sécurité doit assister le Conseil de Médiation et de Sécurité notamment dans la formulation de son mandat, l'élaboration des termes de référence, la nomination du commandant et dans la détermination de la composition des contingents de ces unités. Le rôle de cet organe est déterminant dans la mobilisation des contingents des unités de la FAC.

Quant au Conseil des Sages, il est composé d'éminentes personnalités provenant de divers horizons et désignées sur une liste tous les ans par le président de la Commission. Cette liste doit obtenir l'approbation de la conférence des chefs d'États et de Gouvernements du Conseil de Médiation et de Sécurité. Les personnalités désignées peuvent être politiques, traditionnelles ou religieuses. Elles peuvent recevoir le mandat d'user de bons offices, de médiateurs, de facilitateurs et d'arbitres, lorsqu'un État membre enregistre une crise politique ou sécuritaire.

Le Conseil de Médiation et de Sécurité et le président de la Commission peuvent en cas de besoin solliciter le concours de ces personnalités. Le président de la Commission peut même décider de recourir à l'ensemble des personnalités désignées sur cette liste lorsque les circonstances l'exigent. À cet effet, s'il juge utile de recourir à l'ensemble des personnalités désignées sur cette liste, ils constituent, et pour la circonstance, le Conseil des Sages. Ainsi, le président de la Commission doit déterminer leur composition et le mandat de la mission qu'ils sont appelés à accomplir. Ils doivent rendre compte directement au président de la Commission dont ils dépendent directement. Les membres du Conseil des Sages sont tenus à l'impartialité, la neutralité et l'objectivité dans l'accomplissement de leur mission.

Cependant, parmi tous les organes politiques complémentaires que participent à la démocratisation des États, l'ECOWARN (paragraphe 1) et l'ECOMOG (paragraphe 1) ont particulièrement attiré notre attention du fait des rôles particulièrement remarquables qu'ils jouent dans la prévention, la gestion et le règlement des crises d'une manière générale et en particulier contre les changements anticonstitutionnels de pouvoir.

Paragraphe 1 : Le système d'alerte précoce et réponse de la CEDEAO (ECOWARN)

Le Système d'Alerte Précoce et Réponse, très connu sous l'acronyme anglais ECOWARN (ECOWAS Early Warning and Response Network) est un organe politique complémentaire, crée par le chapitre IV du protocole A/P1/12/99 relatif aux mécanismes de prévention, de gestion, de règlement des conflits et de maintien de la paix et de la sécurité en application de l'article 58 du traité révisé de 1993 de la CEDEAO[794]. L'ECOWARN n'a toutefois pu être mis en place officiellement qu'en 2003.

En effet, l'ECOWARN joue un rôle préventif contre les changements anticonstitutionnels de pouvoir. Il a été institué dans le but de permettre l'observation et le suivi de la prévention des crises et de l'aide décisionnelle aux États membres. En d'autres termes, c'est l'organe de la CEDEAO en termes de prévention de toutes les formes de crises sécuritaires dans la sous-région. Au risque de faire une redondance, les changements anticonstitutionnels de pouvoir étant considérés par le droit communautaire comme des situations de crises pouvant aboutir à des conflits, ils entrent ainsi dans le cadre de la compétence de cet organe[795]. Le protocole A/P1/12/99 relatif au mécanisme de prévention, de gestion et de règlement des conflits, de maintien de la paix et de

---

[794] Cet organe a été institué dans un cadre juridique et institutionnel structuré, qui tire principalement des enseignements des interventions de l'organisation sous-régionale dans la région du fleuve Mano, dans les années 1990. Voir à ce propos, A. GNAGUENON, *Afrique de l'Ouest : faire la prévention des conflits la règle et non l'exception*, Publication de l'observatoire Boutros-Ghali du maintien de la paix, septembre 2008, notamment p.3. Document disponible www.observatoire-boutros-ghali.org consulté le 28/02/2019.

[795] L'article 25 (e) du protocole relatif aux mécanismes de prévention, de gestion, de règlement des conflits, de maintien de la paix et de la sécurité qui a créé l'ECOWARN précise que ce mécanisme peut être mis en œuvre en cas de renversement ou de tentative de renversement d'un gouvernement démocratique.

sécurité délimite les compétences de l'ECOWARN dans la prévention des renversements ou des tentatives de renversement d'un gouvernement démocratiquement élu[796]. Il est compétent pour prévenir la CEDEAO en cas de violations graves et massives des droits de l'homme ou de remise en cause de l'état de droit[797], à travers les informations qu'il traite et analyse sur les risques d'instabilité.

L'organisation et le fonctionnement de cet organe sont définis par le protocole qui le crée[798]. Il prévient les crises en collectant et en analysant les informations. Les analyses d'informations collectées sont transmises au Conseil de Médiation et de Sécurité et au président de la Conférence des chefs d'Etats et de Gouvernements, en application du protocole A/P1/12/99. L'ECOWARN est un modèle de prévention des crises en Afrique qui a été à l'avant-garde au niveau international lors de sa création (A). Toutefois, il demeure en l'état actuel, très lacunaire (B).

A. L'ECOWARN, un modèle de prévention des crises en Afrique

L'ECOWARN constitue une première expérience des organisations sous-régionales africaines dans la prévention des crises sous toutes ses formes notamment politiques et institutionnelles.

Ce modèle ouest-africain de prévention des crises s'appuie sur deux modes de fonctionnement. D'une part le centre d'observation et d'analyse de situation basé à Abuja au Nigeria, il est habilité à nouer des liens de coopération avec l'ONU, l'UA, les centres de recherches, et toutes autres organisations régionales, sous-régionales et internationales pertinentes[799].

---

[796] Article 25 (e) du protocole A/P1/12/99 relatif aux mécanismes de prévention, de gestion, de règlement des conflits, de maintien de la paix et de la sécurité.
[797] Ibid. (d).
[798] Voir le chapitre IV du protocole A/P1/12/99 relatif aux mécanismes de prévention de gestion, de règlement des conflits, de maintien de la paix et de la sécurité. www.ecowas.int consulté le 10 janvier 2016
[799] Article 23 (e) du protocole A/P1/12/99 relatif aux mécanismes de prévention de gestion, de règlement des conflits et de maintien de la paix et de la sécurité.

D'autre part, l'ECOWARN s'appuie sur quatre bureaux de zone répartis sur l'ensemble des États d'Afrique de l'Ouest. La zone 1 dispose d'un bureau basé à Banjul en Gambie, couvrant le Cap Vert, la Gambie, la Guinée-Bissau et le Sénégal. La zone 2 dont le bureau est basé à Ouagadougou au Burkina Faso couvre le Burkina Faso, la Côte d'Ivoire, le Mali et le Niger. Le bureau de l'ECOWARN à Monrovia, au Liberia, couvre la zone 3, soit ce pays, le Ghana, la Guinée. Et enfin, la zone 4 avec son bureau basé à Cotonou au Bénin couvre le Bénin, le Nigeria et le Togo[800]. Le premier bureau de cet organe a été mis en place en 2003 à Ouagadougou au Burkina Faso. Cette répartition de zones a été établie en prenant en compte la proximité géographique, la facilité de la communication et l'efficacité de l'ECOWARN. Cependant, en cas de nécessité, la conférence des chefs d'États et de Gouvernements peut décider de modifier la répartition de ces zones. Les bureaux de zones dépendent administrativement de la présidence de la Commission, en particulier son adjoint.

Les analystes, les experts civils et militaires travaillent en synergie au sein de cet organe politique. Le système d'alerte précoce est le seul organe de prévention des crises dans le continent africain qui travaille en collaboration avec la société civile.

En effet, en application de l'article 23 du protocole qui l'a créé, et de l'article 82 du traité révisé de 1993 de la CEDEAO[801], l'ECOWARN a noué des rapports de collaboration avec le Réseau Ouest-Africain pour l'Édification de la Paix (West Africa Network for peace) WANEP[802]. Le WANEP est un réseau d'organisations de la société civile rassemblant un peu plus de 500 organisations, évoluant dans le domaine de la paix en Afrique de l'Ouest. Le WANEP est donc un acteur principal dans la collecte et l'analyse des informations pour l'ECOWARN. Cependant, malgré la mise en place de cet organe aussi particulier qu'il est, les crises politiques et institutionnelles notamment les changements anticonstitutionnels de pouvoir se multiplient dans la

---

[800] Article 24 Ibid.

[801] Voir l'article 82 du traité révisé de 1993 de la CEDEAO sur les relations entre l'organisation et les associations socio-économiques de la région.

[802] Voir à ce propos, *Mettre en œuvre l'architecture de paix et de sécurité (III) : Afrique de l'Ouest*, Rapport Afrique Crisis group N° 234 du 14 avril 2016.p 7 www.crisisgroup.org consulté le 20 mai 2016.

sous-région. Ce qui démontre une faiblesse de cet organe dans leur prévention.

B. L'ECOWARN, un modèle lacunaire de prévention des crises

L'ECOWARN est un bon exemple de modèle de prévention des crises sur le continent africain. Toutefois, il demeure un modèle largement lacunaire. Dans son rapport annuel 2016, la CEDEAO reconnaît un fossé entre l'alerte et la réponse rapide.

En effet, les États membres ne semblent pas disposés à partager les informations avec les autres États de la sous-région. La souveraineté constitue un véritable obstacle pour la CEDEAO dans la mise en œuvre de son mécanisme de prévention des crises. Le représentant spécial du président de la Commission de la CEDEAO au Mali partage cet avis comme il nous l'a fait savoir lors d'un entretien[803].

Les États ne semblent pas honorer une fois de plus leurs engagements conventionnels contenus dans le traité révisé de 1993 d'une manière générale et en particulier l'article 24 paragraphe 4 du protocole relatif aux mécanismes de prévention, de gestion, de règlement des conflits, de maintien de la paix et de la sécurité.

En réalité, pour aller plus loin, les difficultés de l'ECOWARN semblent surtout liées à l'insuffisance des textes qui ont créé cet organe. Cet ambitieux et très sensible organe de par ses missions et ses attributions a été créé dans un vaste protocole. Un chapitre composé de deux articles au contenu dense, mais très vague, parfois imprécis. Autrement dit, les dispositions juridiques communautaires qui créent cet organe sont très laconiques. Cette insuffisance juridique est la première cause des difficultés d'application de cet organe.

---

[803] L'ambassadeur Aboudou Touré CHEAKA, le représentant spécial du président de la commission de la CEDEAO au Mali. Il nous a accordé un entretien le 8 novembre 2016 à Bamako au Mali. Au cours de celui-ci, il a expliqué que la souveraineté était un obstacle qui freine l'intégration des États de la CEDEAO. Elle constitue également un obstacle pour la CEDEAO dans ses actions contre les changements anticonstitutionnels de pouvoir.

D'autre part, il est aussi confronté à des difficultés de réponse en cas de menaces à la paix et à la sécurité. Le protocole instituant l'ECOWARN n'a pas prévu de moyens de réponse en cas de menace sur la paix et la sécurité. Elle se rabat sur les États qui ont la responsabilité première d'assurer et de maintenir la paix et la sécurité à l'intérieur de leurs frontières. Cette faiblesse apparaît lorsque la CEDEAO identifie la menace ou l'imminence d'un changement anticonstitutionnel de pouvoir dans un État membre. De nombreux analystes ont pu identifier un fossé entre l'alerte et la réponse face aux menaces à la paix et à la sécurité[804]. En réponse à ces difficultés, la CEDEAO a proposé en 2008 de redéfinir le cadre de ce système[805]. Elle entendait mettre en place au niveau national de chaque État membre, un conseil statutaire. Dans le souci de prévenir les changements anticonstitutionnels de pouvoir, les partis politiques et les acteurs de la paix, de la société civile doivent siéger dans ce conseil statutaire de crise. Ces nouvelles mesures sont nécessaires pour redéfinir le rôle de l'ECOWARN. Ainsi, pour être plus efficace dans son rôle, une réforme des textes communautaires, en singulier de ce protocole semble une nécessité absolue pour la CEDEAO.

S'agissant de la souveraineté sur laquelle les États s'appuient pour refuser de partager des informations avec l'ECOWARN, elle est contraire au droit communautaire et à la Convention de Vienne sur le droit des traités auxquels le droit de la CEDEAO renvoie. Cette convention précise que tout traité en vigueur lie les parties et doit être exécuté par elles de bonne foi[806].

En acceptant d'adhérer à un traité, l'État accepte de perdre une partie de son indépendance et de sa souveraineté en respectant son engagement conventionnel. En contrepartie de cette perte, l'État doit exiger l'application du traité, de bonne foi, par chacune des parties. Ainsi, ces prérogatives permettent à l'État de relativiser la perte de sa souveraineté et de son indépendance[807]. La réciprocité en droit

---

[804] Voir par exemple A. GNAGUENON, *Afrique de l'Ouest : faire la prévention des conflits la règle et non l'exception*, op. cit. p.19. L'auteur souligne que la réduction du décalage entre l'alerte et la réponse constitue un défi pour l'organisation.

[805] Voir ibid. p.4

[806] Art 26 de la Convention de Vienne sur le droit des traités du 23 mai 1969

[807] A. HAQUET, *Le concept de souveraineté en droit constitutionnel français,* PUF 2004, p. 208.

international est un principe universellement reconnu. Chaque partie dans un traité peut faire recours à ce principe pour contraindre une partie défaillante à respecter son engagement. Un État partie dans un traité ne pourrait pas non plus invoquer son droit interne pour refuser d'appliquer un traité, alors qu'en réalité, c'est ce que les États de la CEDEAO font.

Cependant, le droit communautaire de la CEDEAO ne fixe pas de clause de réciprocité. Les juges communautaires de la CEDEAO et les juges internes des États interprètent différemment ce droit. En tout état de cause, il est incontestable que les États ont solidairement contribué à affaiblir l'ECOWARN dans la mise en œuvre de ces objectifs.

Pour revenir à notre propos, en réalité, du fait des États, cet organe n'a jamais permis d'anticiper des crises dans la sous-région. Dans le rapport annuel de 2012 de la CEDEAO, il ressort que dans la période récente, l'Afrique de l'Ouest a enregistré des conflits et des troubles politiques et militaires dans huit États correspondant à 53 % des États membres de la CEDEAO[808]. Étonnant non, avec ce joli système de prévention des crises, la CEDEAO n'a pas pu anticiper ces crises. Les États qui ont été particulièrement affectés par ces récents conflits et les troubles politiques et militaires ont été le Mali, la Sierra Leone, la Côte d'Ivoire, la Guinée-Bissau, et le Liberia. Les troubles politiques et militaires que ces États ont enregistrés dans cette période récente sont causés ou ont tous abouti à des coups d'État.

La CEDEAO a également mis en place un organe militaire sur lequel elle peut s'appuyer pour imposer par la force la démocratie.

Paragraphe 2 : De l'ECOMOG ou brigade de cessez-le-feu, aux Forces en Attente de la CEDEAO (FAC) : le bras armé de l'organisation

Les Forces en Attente de la CEDEAO (FAC) constituent son bras armé dans la sous-régionalisation de la démocratie. Elle est constituée par des unités militaires, policières et civiles polyvalentes qui sont mises à la

[808]CEDEAO, Rapport annuel 2012 « *intégration et stabilité politique en Afrique de l'Ouest* », op. cit. p.98

disposition de l'organisation par les États membres. Elles sont stationnées dans leurs pays respectifs et prêtes à être mobilisées sur décision de la Conférence des chefs d'États et de Gouvernements ou du Conseil de Médiation et de Sécurité. La conférence des chefs d'États et de Gouvernements et le Conseil de Médiation et de Sécurité sont les seules institutions de la CEDEAO qui sont compétentes pour requérir le déploiement de la force des unités de la FAC dans un État membre.

La FAC est chargée principalement de l'observation et du suivi de la paix, du maintien et du rétablissement de la paix, l'action et l'appui aux actions humanitaires, l'application de sanctions y compris l'embargo, le déploiement préventif, les opérations de consolidation de la paix, de désarmement et de démobilisation, les activités de police notamment la lutte contre la fraude et le crime organisé. Elle peut être déployée aussi pour toutes autres opérations qui peuvent être ordonnées par le Conseil de Médiation et de Sécurité[809].

Cette force a été créée en 1990 à l'initiative du Nigeria, à l'occasion de la guerre civile du Liberia avec principalement des forces anglophones du fait que deux États francophones, le Burkina Faso et la Côte d'Ivoire ne voulaient pas d'une telle intervention. Le déploiement de l'ECOMOG avait ainsi reçu de sévères critiques au sein même de la CEDEAO.

Elle a été confrontée à des difficultés juridiques, c'est-à-dire les textes sur lesquels l'organisation pouvait fonder son intervention, des difficultés de mobilisation et principalement son financement.

Un tel « aventurisme » a cependant créé un précédent dont la CEDEAO s'est servie pour intervenir en 1997 en Sierra Leone, via à nouveau l'ECOMOG que l'on peut donc qualifier « d'organe de fait »[810].

C'est en réalité en 1999 que la formalisation de la mise en place de cet organe a été actée avec l'adoption du protocole relatif aux mécanismes

---

[809] Voi*r* article du 22 du protocole relatif au mécanisme de prévention, de gestion, de règlement des conflits, de maintien de la paix et de la sécurité.

[810] Nous utilisons l'expression d'organe de fait, car sa création ne résultait d'aucun protocole de la CEDEAO. Cette force avait été mobilisée uniquement par des décisions de la conférence des chefs d'États et de Gouvernements sur proposition du conseil des ministres.

de prévention, de gestion, de règlement des conflits, de maintien de la paix et de la sécurité[811].

En 2004, elle est devenue la Force en Attente de la CEDEAO (FAC), et fait partie des cinq brigades sous-régionales constitutives de la Force en Attente de l'Union Africaine. On aura noté que la mise en place de la FAC est partie d'un vide juridique (A) à une formalisation juridique (B).

A. Le vide juridique de la première intervention militaire contre le coup d'État

La question des changements de pouvoir est apparue pour la première fois dans le discours des chefs d'États et de Gouvernement de la CEDEAO lors de sa 19e session de la conférence tenue les 26 et 27 juillet 1996 à Abuja au Nigeria. Dans le communiqué final des travaux de cette conférence, la CEDEAO a consacré un paragraphe entier[812] aux changements de pouvoirs, pas démocratiques, intervenus dans certains États membres de la communauté.

C'est dans ce contexte de consolidation de la démocratie qu'a eu lieu en 1997 un coup d'État militaire en Sierra Leone. Six ans auparavant, une guerre civile avait éclaté dans ce pays qui s'était prolongé de nombreuses années. Le 16 janvier 1996, la situation s'améliore par un putsch, paradoxalement, qui dépose Valentine Strasser. Le vice-président Julius Maada BIO devient chef de l'État. Il organise dans la foulée des élections multipartites remportées par Ahmad Tejan KABBAH. Ce dernier signe un accord de paix, le 30 novembre de la même année avec son adversaire, Foday SANKOH, à la tête d'un groupe armé rebelle. C'est dans ce contexte que se produit le 25 mai 1997 un coup d'État conduit par un groupe de militaires avec à sa tête,

[811] La formalisation de la création de l'ECOMOG a été officialisée grâce à l'adoption du protocole A/P1/12/99 relatif aux mécanismes de prévention, de gestion, de règlement des conflits, de maintien de la paix et de la sécurité. Ce protocole consacre les articles 21 et 22 sur la composition et les missions de cette force régionale.

[812] Voir le paragraphe 18 du communiqué final de la 19e de la conférence des chefs d'États et de gouvernement qui s'est tenue du 26 au 27 juillet 1996 à Abuja au Nigeria www.ecowas.int consulté le 20 janvier 2016.

le capitaine Johnny Paul KOROMA qui réussit à renverser le président démocratiquement élu. La junte militaire conduite par Johnny Paul KOROMA s'installe au pouvoir malgré les condamnations et le rejet international de sa prise de pouvoir, dont ceux de la CEDEAO. Toutes les tentatives pacifiques de la CEDEAO, visant le rétablissement de l'ordre constitutionnel sont restés vaines, de quoi ulcérer certains États membres de l'organisation.

C'est dans ce contexte qu'a lieu le 18 juillet 1997 un Conseil des ministres de la CEDEAO. Lors de cette session du Conseil des ministres, les ministres des affaires étrangères ont adopté la décision A/Dec.7/8/97, portant l'envoi des troupes de l'ECOMOG pour rétablir dans ces fonctions le président démocratiquement élu, renversé par une partie de l'armée. Cette décision du Conseil des ministres est présentée à la Conférence des chefs d'États et de Gouvernements comme l'exige le droit communautaire. Lors du sommet extraordinaire de la Conférence des chefs d'États et de Gouvernements du 29 août 1997, les chefs d'États et de Gouvernements l'ont approuvé. Cette décision de la CEDEAO a eu une portée historique pour les observateurs politiques africains. Certains observateurs doutaient même de la mise en œuvre réelle et de l'efficacité de cette décision politique qui manquait de cadre juridique en réalité. C'est la première fois qu'une organisation internationale et surtout africaine décide d'utiliser la force dans un État membre pour rétablir la démocratie. Elle est aussi la première décision politique d'une organisation internationale qui décide d'utiliser la force dans un autre État membre, sans l'accord de ceux qui détiennent l'appareil gouvernemental de ce pays et du Conseil de sécurité de l'ONU. Les divergences au sein du Conseil de sécurité n'avaient pas permis à la CEDEAO d'obtenir la précieuse autorisation, permettant d'utiliser la force contre le coup d'État.

Dans la résolution 1132 du 8 octobre 1997, le Conseil de sécurité avait tout de même imposé des sanctions notamment un embargo sur les armes et sur les produits pétroliers, et avait demandé à la CEDEAO de contrôler cet embargo. Cette intervention va ainsi être défendue, car l'autorisation avait déjà été donnée dans la résolution S/RES/1132 du 8 octobre 1997[813] qui autorisait la CEDEAO à appliquer une mesure

---

813 Voir paragraphe de la résolution 1132. Résolution disponible sur le https://undocs.org/fr/S/RES/1132(1997) consulté le 09/02/2016

coercitive, la mise en œuvre de l'embargo[814]. D'autre part, la CEDEAO a allégué, et a défendu becs et ongles qu'il s'agissait d'une opération de maintien de la paix rentrant dans le cadre du règlement pacifique des différends et donc de l'article 52 de la Charte de l'ONU[815]. C'est vrai que si la CEDEAO agit en vertu de l'article 52, l'autorisation du Conseil de sécurité n'est plus nécessaire ; la seule obligation étant, dans ce cas, celle d'informer le Conseil de sécurité de toute action entreprise ou envisagée, comme stipulé à l'article 54 de la Charte et le protocole relatif aux mécanismes de prévention, de gestion, de règlement des conflits, de maintien de la paix et de la sécurité.

Cette intervention de l'ECOMOG en Sierra Leone ressemblerait donc plus à une intervention d'humanité qu'à une opération de maintien de la paix classique. Le Conseil de sécurité n'a pas pour autant condamné les activités militaires de l'ECOMOG dans ce pays[816]. Dans sa résolution 1162 du 17 avril 1998, le Conseil de sécurité a même salué le rôle important de la CEDEAO en Sierra Leone à l'appui du rétablissement de la paix et de la sécurité.

Si le but de la CEDEAO en déclenchant cette action militaire pouvait être légitimé, il n'en demeure pas moins que la méthode utilisée pour y aboutir était largement contestable. La décision de la conférence des chefs d'États et de Gouvernements n'avait aucun cadre juridique communautaire de référence. Grâce à la détermination de la CEDEAO, l'ECOMOG a réussi le 10 mars 1998, à chasser les soldats putschistes du pouvoir. Le président Ahmed Tejan KABBAH est rétabli dans ses fonctions.

Cette première expérience de l'organisation contre le coup d'État est couronnée d'un succès remarquable, de quoi ragaillardir la CEDEAO. À vrai dire, cette intervention militaire dans le but de rétablir l'ordre constitutionnel dans ce pays a soulevé des problématiques juridiques. La décision A/Dec7/8/97 du Conseil des Ministres, approuvée par la Conférence des chefs d'Etats et de Gouvernements apparaît comme la seule base légale de cette action militaire. L'usage de la force par la

[814] Voir à ce propos, A. P. LLOPIS, *La Sierra Leone ou le renouveau des opérations de la paix* op. cit.
[815] Ibid.
[816] Ibid.

CEDEAO pour rétablir l'ordre constitutionnel n'était pas prévu par le droit communautaire.

En effet, pour atteindre l'intégration économique sous-régionale que plaide la CEDEAO dans l'article 3 de son traité révisé de 1993, elle s'est fixé des principes fondamentaux. Ces principes fondamentaux s'articulent autour de la promotion et la consolidation d'un système démocratique de gouvernement dans chaque État membre comme prévu par la Déclaration de Principes Politiques adoptée le 16 juillet 1991 à Abuja au Nigeria, le respect, la promotion et la protection des droits de l'homme et des peuples conformément aux dispositions de la Charte Africaine des Droits de l'Homme et des Peuples, le maintien de la paix, de la sécurité et de la stabilité régionale par la promotion et le renforcement des relations de bon voisinage[817]. Le maintien de la paix et de la sécurité consacré comme principe fondamental dans l'article 4 de ce traité a été repris et expliqué dans l'article 58. Le but de la mise en place de ce cadre de sécurité sous-régionale visait à prévenir et à résoudre à temps les conflits inter et intra-étatiques[818].

L'objectif n'était pas de s'impliquer contre les coups d'État en utilisant les moyens coercitifs militaires. Certes, la CEDEAO avait adopté la Déclaration de Principes politiques et des normes communautaires relatives à la sécurité régionale, le traité de non-agression du 22 avril 1978, le protocole d'assistance mutuelle du 28 mai 1981. Mais en réalité, aucun de ces textes ne pouvait justifier l'intervention militaire de l'ECOMOG en Sierra Leone contre le coup d'État. Toutefois, il est possible de trouver un fondement légal de cette intervention militaire en Sierra Leone dans la jurisprudence de la Cour International de Justice (CIJ)[819]. L'organisation avait adopté contre la Sierra Leone des sanctions coercitives n'impliquant pas l'emploi de la force qui n'avaient pas permis de rétablir l'ordre constitutionnel. Ces sanctions

---

[817] Voi*r* article 4 du traité révisé de 1993 de la CEDEAO.

[818] Voir article 58 ibid.

[819] Cour International de Justice, Avis consultatif du 11 avril 1949, *Aff* : réparation des dommages subis aux services des Nations Unies. La CIJ a jugé : « *Alors qu'un État possède, dans leur totalité, les droits et devoirs internationaux reconnus par le droit international. Les droits et devoirs d'une entité telle que l'organisation doivent dépendre des buts et des fonctions de celle-ci, énoncés ou impliqués par son acte constitutif et développés dans la pratique.* », p.10. Document disponible sur https://www.icj-cij.org/files/case-related/4/004-19490411-ADV-01-00-FR.pdf

n'étaient pas discutables au regard des principes énoncés dans son traité révisé.

Aucune disposition dans le droit communautaire primaire n'autorisait en fait la CEDEAO à utiliser les mesures coercitives militaires pour rétablir l'ordre constitutionnel dans un État. Le processus de mise en place des mécanismes sous-régionaux de sécurité collective n'était pas achevé. Ce vide juridique a été comblé grâce à l'adoption de textes communautaires importants, adoptés dans le cadre de l'article 58 du traité révisé de 1993, d'une part ; le protocole A/P1/12/99 relatif aux mécanismes de prévention, de gestion, de règlement des conflits, de maintien de la paix et de la sécurité, et d'autre part l'acte additionnel A/SA.13/02/12 portant régimes des sanctions à l'encontre des Etats membres qui n'honorent pas leurs obligations vis-à-vis de la CEDEAO adopté les 16 et 17 février 2012 à Abuja au Nigeria. Ces deux textes autorisent explicitement l'organisation à utiliser la force contre le changement anticonstitutionnel de pouvoir. Bien que le droit de la CEDEAO le prévoit clairement, il reste encore à poser la sempiternelle question, ci-après : une organisation internationale peut-elle imposer par la force la démocratie dans un autre État ? On notera que la mise en place d'un cadre juridique permettant d'utiliser la force pour imposer par la force, la démocratie dans un État membre a été complexe.

B. Le champ d'application de la mise en place d'un cadre juridique de l'utilisation de la force

Le protocole additionnel sur la démocratie et la bonne gouvernance, l'instrument juridique communautaire pertinent de la CEDEAO pour la consolidation de la démocratie, de la bonne gouvernance et de la protection des droits de l'homme et des libertés n'autorise pas le recours à la force contre le changement anticonstitutionnel de pouvoir. Ce texte n'autorise pas et n'interdit pas non plus à la CEDEAO d'utiliser la force en cas rupture de l'ordre démocratique et de violations massives des droits de l'homme.

En regardant le protocole relatif aux mécanismes de prévention, de gestion, de règlement des conflits, de maintien de la paix, auquel ce texte se rattache directement, et de la sécurité et l'Acte additionnel

A/SA.13/02/12/, on notera qu'ils autorisent l'organisation à utiliser la force contre la tentative de coup d'Etat ou le changement anticonstitutionnel de pouvoir, et aussi, les violations graves et massives des droits de l'homme ou la remise en cause de l'Etat de droit

Le protocole relatif aux mécanismes de prévention, de gestion, de règlement des conflits, de maintien de la paix et de la sécurité dispose en son article 22 que la FAC a pour missions entre autres l'application des sanctions y compris l'embargo[820], le déploiement préventif[821] ou toutes autres opérations qui peuvent être ordonnées par le Conseil de Médiation et de Sécurité[822]. Cette disposition permet à la CEDEAO d'utiliser la force pour faire appliquer les sanctions qu'elle adopte dans le cadre de l'article 45 du protocole additionnel sur la démocratie et la bonne gouvernance. Lorsque la CEDEAO adopte des sanctions contre un État en application de l'article 45 du protocole additionnel sur la démocratie et la bonne gouvernance, elle est légitimement fondée à utiliser la FAC pour appliquer ces sanctions, conformément aux dispositions de l'article 6 (XV) de l'Acte additionnel portant régimes des sanctions à l'égard des États membres qui n'honorent pas leurs obligations vis-à-vis de la CEDEAO.

Cette démarche est critiquable du point de vue du droit international général. En effet, la Charte des Nations Unies interdit le recours aux menaces ou l'emploi de la force dans les relations internationales[823], comme nous le verrons dans la deuxième partie.

La CEDEAO peut aussi fonder son action sur le paragraphe (e) des dispositions de l'article 22 du mécanisme de sécurité régionale qui l'autorise à déployer des unités de l'ECOMOG à titre préventif. Ce déploiement vise à prévenir les crises sécuritaires ou un conflit armé. La CEDEAO peut également élargir son droit de décider de recourir à la force pour toutes opérations que le Conseil de Médiation et de Sécurité pourra ordonner. En application des dispositions du paragraphe (h) de l'article 22 du mécanisme de prévention, de gestion, de règlement des conflits, de maintien de la paix et de la sécurité, le

---

[820] Article 22 paragraphe (d) du protocole relatif au mécanisme de prévention, de gestion, de règlement des conflits, de maintien de la paix et de la sécurité.

[821] Ibid. paragraphe (e)

[822] Ibid. paragraphe (h)

[823] Voir l'article 33 de la Charte des Nations-Unies.

Conseil de Médiation et de Sécurité peut décider d'ordonner le recours aux unités de la FAC en cas de tentative ou de changement anticonstitutionnel de pouvoir dans un État membre.

Cependant, il faut préciser qu'aucun recours et aucun déploiement des unités de la FAC ne peut avoir lieu sans l'autorisation du Conseil de Sécurité de l'ONU conformément aux dispositions de l'article 53 de la Charte des Nations Unies. Toutefois, en cas de blocage du conseil de sécurité, l'article 52 de la Charte autorise la CEDEAO à utiliser la force contre le coup d'État. L'organisation a en revanche l'obligation d'informer le Conseil de sécurité, de toute action militaire qu'elle aurait entreprise en ce sens.

De façon plus précise, l'article 25 paragraphe (e) du protocole relatif aux mécanismes de prévention, de gestion, de règlement des conflits, de maintien de la paix et de la sécurité autorise la CEDEAO à utiliser les unités de la FAC en cas de renversement ou de tentative de renversement d'un gouvernement démocratiquement élu.

Le recours à la force pour imposer la démocratie, prouve qu'on n'est pas sorti de l'ornière de la prévention des crises, qu'il y a un décalage entre le discours des États au niveau sous-régional et leurs pratiques au niveau interne. Comment comprendre qu'une organisation de coopération et d'intégration, créée sur la base d'un volontarisme des États, puisse être incapable de faire respecter les obligations et les engagements de ceux-ci avec des moyens pacifiques, voire coercitifs, en arrive à recourir à la force contre eux, simplement parce qu'ils n'ont pas respecté leurs engagements et leurs obligations ? N'est-ce pas une infantilisation des États ?

Au-delà des institutions et des organes que nous venons d'étudier, il ressort de nos constats que les juges communautaires et les juges constitutionnels des États membres, bien que n'ayant pas reçu de véritables moyens leur permettant de participer cet objectif commun, s'efforcent tant bien que mal de contribuer à la construction de ce projet sous-régional.

CHAPITRE II

L'APPORT DES INSTITUTIONS JURIDICTIONNELLES : VERS LA MISE EN PLACE D'UN DROIT CONSTITUTIONNEL COMMUN POUR L'AFRIQUE DE L'OUEST

Le droit constitutionnel s'entend comme la branche du droit qui regroupe les règles relatives à l'organisation et à la forme de l'État, aux pouvoirs publics et au respect de la Constitution[824]. Dans un État démocratique, les règles de fonctionnement des institutions, la protection des droits de l'homme et la dévolution des pouvoirs sont fixées dans la constitution. La constitution apparaît comme une garantie pour la consolidation de la démocratie, de la bonne gouvernance et de la protection des droits de l'homme et des libertés[825].

---

[824] R. CABRILLAC, *Dictionnaire du vocabulaire juridique*, 5e éd. LexisNexis 2014, p.194.

[825] En effet, les États d'Afrique de l'Ouest ont construit des modèles d'État démocratique à travers l'établissement de constitutions écrites. Ces constitutions écrites proclament et garantissent les droits fondamentaux, la séparation des pouvoirs, les modes de désignation des gouvernants, la prééminence du droit, la dévolution des pouvoirs, etc. Les principes démocratiques proclamés et garantis par les constitutions nécessitaient l'institution d'un juge indépendant doté de pouvoirs spécifiques pour garantir leur respect et assurer la continuité de l'État et ces institutions. Pour assurer l'effectivité des principes démocratiques proclamés par la constitution, le constituant a institué *« une instance dont la mission spécifique consiste à préserver les valeurs proclamées par la constitution et à garantir le bon fonctionnement des institutions : le juge constitutionnel »* fait remarquer Guillaume TUSSEAU, *Le pouvoir des juges constitutionnels* in Michel TOPER et Dominique CHANGNOLLAUD, *Traité international de droit constitutionnel* Tome 3, éd. Dalloz 2012, p.170. Le rôle des juges constitutionnels est fondamental dans un État démocratique. S'agissant des jeunes démocraties ou des États en transition démocratique, notamment les États d'Afrique de l'Ouest, le rôle des juges constitutionnels s'avère particulièrement important dans la consolidation de la démocratie et de l'État de droit. Ils sont les seuls à pouvoir arrêter le pouvoir sans violence et à faire respecter l'ordre démocratique et constitutionnel ; à travers ses pouvoirs très élargis et l'efficacité de ses moyens pour assurer le respect de l'État de droit, la continuité de l'ordre démocratique et des institutions de l'État, les juridictions constitutionnelles internes contribuent à la

Des hautes juridictions instituées à cet effet veillent au grain en rendant des décisions relatives à l'interprétation et l'application des règles constitutionnelles. Le droit constitutionnel relève de ce fait du droit interne des États. Toutefois, ainsi que nous l'avons relevé pour le droit électoral, il n'a pas pu échapper au phénomène de mondialisation, du fait de l'action des organisations internationalisation, en particulier des juridictions internationales, dans ce domaine. On note une internationalisation du droit constitutionnel du fait de l'intervention des organisations internationales dans ces domaines, et plus en avant, des décisions des juridictions internationales, mais aussi des juges internes.

La mise en place d'un droit constitutionnel commun pour l'ensemble des États constituerait ainsi un pas important dans la sous-régionalisation de la démocratie et de la protection des droits de l'homme et des libertés. Les hautes juridictions, les juges constitutionnels internes des États et de la CJC contribuent à travers leurs jurisprudences, à la réalisation de l'idéal de démocratisation des États de cette partie du continent.

Autrement dit, les juges constitutionnels internes (section 1) et ceux de la CJC (section 2) n'entendent pas rester en marge de la réalisation du projet de consolidation de la démocratie en Afrique de l'Ouest. Leurs efforts contribuent à la construction d'un droit constitutionnel commun pour l'Afrique de l'Ouest.

SECTION 1 : L'APPORT DES JUGES CONSTITUTIONNELS INTERNES

Il convient de rappeler qu'aucun État membre de la CEDEAO n'a procédé à une réforme constitutionnelle pour supprimer les dispositions de sa Constitution en contradiction avec les normes du droit communautaire. Or il semble que la conformité de certains textes du droit communautaire aux constitutions de certains États pose problème. À titre indicatif, le protocole additionnel sur la démocratie et la bonne gouvernance pose la laïcité comme un principe commun de convergence constitutionnelle. La constitution togolaise de 1992 modifiée ne fait aucune référence à la laïcité. Celle du Sénégal de

construction d'un droit constitutionnel commun pour l'ensemble des États d'Afrique de l'Ouest.

2001 modifiée consacre la liberté religieuse et l'indépendance des groupements religieux vis-à-vis de la tutelle de l'État. Elle ne fait aucune référence à la laïcité et donc aux exigences de la CEDEAO. Et c'est là que le juge constitutionnel joue un rôle important dans réalisation du projet de la CEDEAO.

En effet, le droit constitutionnel a été longtemps perçu par les observateurs et les analystes juridiques comme l'étude de la manière dont le pouvoir s'acquiert, s'exerce et se transmet. Cette définition réductrice du droit constitutionnel ne tient pas compte de l'évolution de la notion comme nous l'avons fort indiqué un peu plus haut. L'universalisme des droits de l'homme, des libertés, de la démocratie et la bonne gouvernance qui s'est traduit par leur constitutionnalisation et la garantie de ces droits et principes par un juge constitutionnel ont contribué à donner naissance à un droit constitutionnel nouveau. La garantie des droits de l'homme et des libertés ainsi que des principes démocratiques par des organes juridictionnels indépendants de tous les pouvoirs, a contribué à conférer un rôle important à ces organes juridictionnels dans la construction du droit constitutionnel nouveau. Ces organes se sont progressivement attribué un rôle considérable dans la construction de ce droit constitutionnel nouveau à tel point que ni le constituant ni le législateur ne peuvent ignorer cette place du juge constitutionnel dans son avènement.

Ce rôle des juges constitutionnels est rendu possible grâce aux pouvoirs que le constituant confère à ceux-ci. Il répond au souci d'une stabilisation politique et institutionnelle, de la continuité de l'État et de ses institutions. Les juridictions constitutionnelles sont quasiment les seules institutions juridictionnelles dans un État démocratique, qui sont réellement indépendantes et dont les décisions s'imposent à tous les pouvoirs.

Les décisions de ces institutions sont sans appel et ne peuvent faire l'objet d'aucun recours gracieux du Président de la République qui seul dispose du droit de grâce en matière de juridiction ordinaire, en matière pénale. C'est aussi les seules institutions qui peuvent se prononcer contre la volonté du peuple souverain. Une loi votée par plusieurs centaines de parlementaires, représentants des millions de personnes, peut être invalidée par la volonté d'une dizaine de juges voire moins[826]. Comme on peut le remarquer, les pouvoirs conférés aux juges constitutionnels par les constituants sont assez conséquents. Il faut quand même rappeler que les juges constitutionnels tiennent cette

[826] L'une des missions principales des juges constitutionnels internes consiste à exercer un contrôle de constitutionnalité des lois et des règlements intérieurs des assemblées comme l'exigent l'ensemble des constitutions des États francophones. Ce contrôle peut être a priori (constitution malienne du 25 février 1992) ou a posteriori par voie d'exception (Constitution nigérienne de 2010, constitution ivoirienne de 2016). *Voir articles 132, constituions nigérienne et 135, Constitution Ivoirienne de 2016.* La constitution du Niger de 2011 indique dans l'article 131 que le juge constitutionnel doit se prononcer sur la conformité des lois avant leur promulgation et les règlements intérieurs des Assemblées avant leur mise en application. La constitution du Mali du 25 février 1992 précise que le juge constitutionnel exerce un contrôle de constitutionnalité sur les lois et les règlements intérieurs des Assemblées avant leur mise en application. Le contrôle qu'effectuent les juges constitutionnels de ces États est a priori. En effet, l'article 86 de la Constitution malienne du 25 février 1992 explique que la Cour Constitutionnelle exerce obligatoirement un contrôle de « *constitutionnalité* » sur les lois organiques avant leur promulgation et les règlements intérieurs des Assemblées (Assemblée Nationale, Haut Conseil des collectivités, Conseil Économique social et culturel). En revanche, le contrôle de constitutionnalité sur les lois ordinaires est facultatif. Ainsi, en application de cet attribut, le juge constitutionnel malien a intégré les normes du droit communautaire dans le bloc de constitutionnalité pour être compétent dans l'exercice du contrôle de conformité des lois internes au droit communautaire. L'arrêt du 13 octobre 2016 est l'exemple type de cette interprétation. Le juge constitutionnel malien a interprété la constitution en procédant à l'intégration des normes du droit communautaire dans le bloc de constitutionnalité pour se déclarer compétente à exercer un contrôle sur la loi à une norme du droit communautaire alors même que le constituant ne l'a pas expressément prévu. En revanche, la constitution ivoirienne de 2016 est plus explicite et élargit les textes de référence du juge constitutionnel, lorsqu'il est appelé à exercer un contrôle sur un texte. Cette constitution prévoit dans son article 126 alinéa 3 : « *Le Conseil constitutionnel est juge de la conformité de la loi au bloc de constitutionnalité* ». En effet, le bloc de constitutionnalité s'entend par l'ensemble des textes juridiques internes et internationaux au regard desquels le juge constitutionnel exerce le contrôle sur les lois et les règlements des Assemblées. La doctrine utilise l'expression « *le bloc de constitutionnalité* » pour désigner l'ensemble de ces textes. *Voir,* Dominique Rousseau, *Droit du contentieux constitutionnel, 7e édition Montchrestien 2006.p .101.* Le bloc de constitutionnalité comprend la constitution elle-même et les textes internationaux que le constituant a choisi d'intégrer dans le bloc. Très généralement, les textes internationaux que les constituants décident d'intégrer dans le bloc de constitutionnalité sont des textes relatifs à la protection des droits de l'homme et des libertés et des textes relatifs au respect des principes démocratiques et de bonne gouvernance.

légitimité de la volonté du peuple souverain. Toutefois, il peut y avoir un piège. Le premier piège consisterait à assujettir le juge constitutionnel au pouvoir. Le second piège réside dans le « gouvernement des juges ». Les juges comme les politiques doivent constamment prêter attention à ne pas aller au-delà de l'équilibre des pouvoirs qui leur sont conférés. Les juges constitutionnels sont investis de pouvoirs très élargis. Leur rôle ne se limite plus aux missions traditionnelles consistant à trancher les litiges et les conflits de compétences entre les pouvoirs publics et à exercer le contrôle de constitutionnalité.

Les juges constitutionnels africains ont un rôle de plus en plus important dans le jeu politique. De ce fait, on assiste malheureusement à une politisation de la juridiction constitutionnelle.

En fait, les juges constitutionnels des États d'Afrique de l'Ouest sont appelés à se prononcer sur la régularité des élections (présidentielles, législatives et référendaires). Les candidats et les partis politiques se livrent des batailles juridiques devant les juges constitutionnels lors des élections. Alors que dans le souci de garantir la continuité des institutions de l'État, les décisions des juges constitutionnels ne peuvent faire l'objet d'aucun recours juridictionnel ou extrajuridictionnel. Ils ne peuvent pas non plus revenir sur leur décision dans le cadre d'une reformation ou d'une révision par de nouveaux éléments.

Les juges constitutionnels africains tirent principalement leur légitimité de leurs compétences techniques dont ils se sont eux-mêmes dotés. Or, leur mode de désignation commence à poser problème. Ils sont de façon générale nommés ou désignés par des autorités qui tirent principalement leur légitimité de leurs élections au suffrage universel direct ou indirect. Le mode de désignation des juges constitutionnels apparaît en Afrique de l'Ouest, de plus en plus problématique pour leur indépendance : cela influence les décisions qu'ils rendent. Dans les États francophones, tirant principalement leur système démocratique du modèle français, la moitié des juges constitutionnels est nommée par le Président de la République et le Président de l'Assemblée Nationale. Dans ces modèles démocratiques, le Président de la République et les députés sont élus au suffrage universel direct. Le jeu de la « *majorité mécanique* » très répandu dans ce modèle confère automatiquement la majorité des députés au président de la République élu. Il n'est donc pas exclu que ces deux personnalités issues de la même majorité politique voire du même parti politique, s'entendent sur le choix des juges constitutionnels à nommer. Ils ne pourront nommer comme juges constitutionnels que les personnalités qui peuvent leur rester fidèles. Ainsi en Afrique de l'Ouest, lorsque les juges constitutionnels rendent des décisions sur des questions politiques, ils sont fréquemment confrontés à des critiques sur leur impartialité et leur neutralité.

À vrai dire, en théorie, ils sont entourés de garanties d'indépendance rigoureusement établies par le constituant. Pour assurer le respect de l'État de droit et de la démocratie, les constituants ont opté pour attribuer des pouvoirs très élargis et des moyens plus efficaces aux juges constitutionnels. Ils ont ainsi une liberté totale pour interpréter la constitution. Cette liberté de référence à divers textes et principes nationaux et internationaux a contribué à l'intégration des normes du droit international dans le bloc de constitutionnalité de plusieurs États. Ainsi, malgré les critiques auxquelles ils peuvent être confrontés, leur rôle dans la consolidation de la démocratie et de l'État de droit est incontestable.

Nous verrons ainsi, à travers des exemples concrets, comment les juges constitutionnels internes participent à la construction d'un droit constitutionnel commun pour l'Afrique (paragraphe 1). Nous verrons également que le juge de la CJC est un grand artisan dans la réalisation du projet démocratique de la CEDEAO (paragraphe 2).

Paragraphe 1 : La référence des juges constitutionnels internes aux normes du droit de la CEDEAO

La constitution d'un État n'est pas un texte parfait. De façon volontaire, ce texte peut énoncer de façon très vague des principes ou une règle. C'est cela même la vocation de ce texte, à pouvoir faire face à toutes les situations.

Ce caractère, par contre, peut poser des problèmes en ce qui concerne son interprétation. Les juges constitutionnels sont parfois contraints de recourir à toute une gymnastique juridique, autrement dit, d'une ingéniosité extraordinaire, non pas sans critique, pour trancher des questions.

À cet effet, des juges constitutionnels d'États de la CEDEAO ont utilisé une ingéniosité pour interpréter la constitution de leurs pays, les conduisant à faire référence directement aux règles de droit de la CEDEAO, en procédant explicitement ou implicitement à l'intégration de celles-ci dans le bloc de constitutionnalité de leur État.

Le juge constitutionnel du Togo, à l'instar de celui du Mali et du Bénin, ont été de bons ingénieurs juridiques. Le cas du Togo, premier du genre, a beaucoup attiré notre attention. Ainsi, il convient de faire une analyse de la saisine des juges constitutionnels internes par le protocole additionnel sur la démocratie et la bonne gouvernance (A) avant d'expliquer s'ils ont eu raison de se référer au droit communautaire dans cette jurisprudence (B).

A. Les juges constitutionnels internes saisis par le droit communautaire

La constitution togolaise de 1992 modifiée et celle du Mali de 1992, précisent en des termes identiques que la Cour Constitutionnelle est juge de la constitutionnalité des lois, elle garantit les droits de l'homme et les libertés[827]. Ce contrôle du juge constitutionnel togolais peut être a priori ou a posteriori.

Il est a priori pour les règlements intérieurs de l'Assemblée Nationale, du Sénat, du Haut Conseil de l'Audiovisuel et de la Communication, du Conseil Economique et Social avant leur mise en application et les traités ou accords internationaux avant leur ratification[828]. Il peut s'effectuer par voie d'exception à l'occasion d'un procès[829]. En ce qui concerne le cas du Mali, le contrôle de constitutionnalité est exclusivement a priori[830].

---

[827] Voir les articles 99 et 104 al. 3 de la Constitution togolaise de 1992 modifiée, l'article 85 de la constitution de 1992 du Mali

[828] Article 104

[829] Ibid.

[830] Article 86 de la Constitution

Dans leur mission de contrôle de constitutionnalité, et de respect des droits de l'homme, les juges constitutionnels maliens et togolais ont franchi un pas décisif vers la mise en place d'un droit constitutionnel commun pour l'Afrique de l'Ouest. Les juges constitutionnels de ces deux États ont visé directement dans des décisions, le protocole additionnel sur la démocratie et la bonne gouvernance.

La Cour Constitutionnelle du Togo l'a visé pour censurer partiellement des dispositions d'une loi électorale adoptée par l'Assemblée Nationale. Quant au juge constitutionnel malien, il a été saisi le 23 septembre 2016 par les partis politiques de l'opposition qui contestaient la validité de la loi électorale N° 16-49, contraire aux dispositions de l'article 116 de la constitution, aux termes duquel : « *Les traités et accords internationaux régulièrement ratifiés ou approuvés, ont dès leur publication, une autorité supérieure à celle des lois sous réserve pour chaque traité ou accord de son application par l'autre partie* » et singulièrement à l'article 2 du protocole additionnel sur la démocratie et la bonne gouvernance de la CEDEAO.

Dans son arrêt N° 2016-12/CC rendu le 13 octobre 2016, le juge Constitutionnel malien a intégré explicitement le protocole additionnel sur la démocratie et la bonne gouvernance dans le bloc de constitutionnalité du Mali[831] comme nous l'avons fort remarqué.

En effet, il existe une relation entre les constitutions internes des États membres et les normes du droit communautaire. Les rapports qui existent entre les normes du droit interne et les normes du droit communautaire doivent être recherchés par les juges constitutionnels internes. Nous observerons que les juges communautaires doivent également rechercher ces rapports. Voyons à présent, le contexte dans lequel le juge constitutionnel togolais a été saisi, avant de noter les rapports qui existent entre le droit interne togolais et la norme du droit communautaire selon lui.

Contexte de la saisine du constitutionnel togolais

L'Assemblée Nationale togolaise a voté lors d'une session extraordinaire du 31 mars 2009, une nouvelle loi modifiant la loi

---

[831] Voir arrêt du 13 octobre 2016 de la Cour Constitutionnelle du Mali p.8 paragraphe 10.

N° 2007-012 du 12 juin 2007 portant code électoral. Cette modification a été rendue possible grâce au vote des seuls députés du parti au pouvoir, le Rassemblement du Peuple Togolais (RPT)[832]. Elle accordait une légitimité juridique aux mandats des membres de la Commission Electorale Nationale Indépendante (CENI), organisatrice des élections législatives du 14 octobre 2007, et dont le mandat avait expiré depuis le 28 novembre 2007[833]. Lors de cette session extraordinaire, l'Assemblée Nationale togolaise a procédé à la modification de l'article 32 de la loi électorale citée ci-dessus. Cependant, cette modification de l'article 32 du code électoral n'était pas prévue dans l'ordre du jour initial de la convocation de l'Assemblée Nationale en session extraordinaire comme l'exige l'article 55 al. 8 de la Constitution togolaise de 1992 modifiée. Les partis politiques de l'opposition ont ainsi contesté devant le juge constitutionnel le caractère rétroactif de la nouvelle réformant le code électoral sur le mandat des membres de la CENI et la violation de l'article 55 al.8 de la Constitution de 1992 modifiée. Dans sa décision du 9 avril 2009, le juge constitutionnel togolais a censuré partiellement ces réformes législatives opérées par l'Assemblée Nationale. C'est dans ce contexte de crise politique que l'Assemblée Nationale a adopté de nouveau le 29 juin 2009, une nouvelle réforme de la loi électorale. Cette réforme était plus conséquente que celle opérée en mars 2009 censurée partiellement par le juge constitutionnel.

Le 29 juin 2009, les députés du principal parti politique de l'opposition l'Union des Forces du Changement (UFC) ont saisi de nouveau la Cour Constitutionnelle aux fins d'un contrôle de constitutionnalité portant sur sept dispositions du nouveau code électoral notamment les articles : 15, 28, 49, 50, 70, 81 al.3 et 98. Ce qui nous a particulièrement intéressé dans cette étude, c'est la référence du juge constitutionnel togolais au

---

[832] S. BOLLE, *Le Code électoral saisi par la Cour Constitutionnelle* www.la-constitution-en-afrique.org article du 15 juillet 2009 consulté le 23 mars 2017.

[833] L'article 21 al.1er de la loi N° 2007-012 du 14 juin 2007 portant code électoral prévoyait *« La CENI est permanente. Toutefois, la fonction des membres de la CENI prend fin quarante-cinq jours (45) après la proclamation des résultats définitifs du scrutin pour lequel elle est installée »*. En revanche la nouvelle réforme à cette loi qui était contestée par les partis politiques de l'opposition disposait en son article 21 nouveau : *« La CENI est permanente. Le mandat des membres de la CENI est renouvelable. Les membres de la CENI restent en fonction jusqu'à la mise en place d'une nouvelle CENI »*.

protocole additionnel sur la démocratie et la bonne gouvernance de la CEDEAO pour exercer son contrôle de constitutionnalité de l'article 98 du nouveau code électoral. En effet, les requérants contestaient la conformité de cette disposition au protocole additionnel A/SP1/12/01 de la CEDEAO sur la démocratie et la bonne gouvernance. Ils se fondaient sur la constitution togolaise de 1992 modifiée et sur des instruments juridiques internationaux dont la constitution togolaise de 1992 modifiée fait référence dans son préambule[834], pour contester la conformité de la validité des réformes du code électoral. C'est à cet effet que les requérants contestaient la conformité de l'article 98 du code électoral au protocole additionnel de la CEDEAO sur la démocratie et la bonne gouvernance. Il est particulièrement important de relever que la constitution togolaise ne fait pas référence à ce protocole ni dans le préambule ni dans les dispositions constitutionnelles. Ce qui n'a pas empêché le juge constitutionnel dans sa décision N°C-003/09 du 09 juillet 2009, à se fonder explicitement sur le protocole additionnel A/SP1/12/01 sur la démocratie et la bonne gouvernance pour exercer son contrôle de constitutionnalité sur l'article 98 de la loi électorale du 9 juin 2009.

B. Le fondement du juge constitutionnel togolais au protocole additionnel sur la démocratie et la bonne gouvernance

Selon la Constitution togolaise de 1992 modifiée, la Cour Constitutionnelle est la plus haute juridiction du pays en matière constitutionnelle. Elle est le juge du contrôle de constitutionnalité des lois[835]. Elle garantit les droits fondamentaux de la personne humaine et

---

[834] La Constitution togolaise de 1992 modifiée fait référence dans son paragraphe 4 du préambule à la Déclaration Universelle des droits de l'homme et ses deux pactes internationaux de 1966, la Charte des Nations de 1945 la Charte africaine des droits de l'homme et des peuples adoptée en 1981.

[835] Le contrôle de conformité des lois est un exercice démocratique qui a pour avantage, d'éviter que les représentants du peuple, c'est-à-dire les parlementaires ne prennent de mesures qui vont à l'encontre de la constitution. Ce qui constitue une garantie fondamentale pour le peuple contre les dérives et l'arbitraire de ces représentants, c'est-à-dire les parlementaires. Le juge constitutionnel constitue une limite aux excès et à la liberté législative du parlementaire. Ainsi, l'apport du juge constitutionnel dans la construction du droit constitutionnel, semble de plus en plus

les libertés publiques. C'est l'organe régulateur du fonctionnement des institutions et de l'activité des pouvoirs publics[836]. Il ressort de ces constats que la Cour Constitutionnelle togolaise est juge du contrôle de constitutionnalité des lois comme expliqué un peu plus haut.

De façon plus simple à expliquer, le contrôle de constitutionnalité consiste à vérifier la conformité d'une loi ou d'un règlement intérieur d'Assemblée à la Constitution. Il se distingue du contrôle de conventionalité qui consiste à vérifier la conformité d'une loi à une norme internationale. Le contrôle de conventionalité échappe complètement au juge constitutionnel togolais au regard des dispositions constitutionnelles. Il n'existe aucune disposition constitutionnelle au Togo autorisant le juge constitutionnel à se référer à une norme du droit communautaire pour exercer son contrôle de constitutionnalité sur une loi. Or, c'est que le juge constitutionnel a fait dans la décision du 9 juillet 2009. Toutefois, la Constitution togolaise réaffirme dans l'avant-dernier paragraphe de son préambule, l'engagement du Togo à œuvrer à la réalisation de l'intégration sous-régionale et régionale. La référence du juge constitutionnel togolais au droit communautaire dans cette décision peut implicitement être une

---

considérable et déterminant. Ce rôle est apparu tellement considérable que le juge constitutionnel français par exemple, n'hésite pas souvent à se substituer au constituant. Il utilise souvent les lois comme textes de base et de référence, pour exercer des contrôles sur d'autres lois. Il justifie cette ingérence dans le domaine du constituant en consacrant des « *principes, dispositions ou règles à valeur constitutionnelle* », « *objectifs de valeur constitutionnelle* », « *exigence constitutionnelle* ». Voir Dominique ROUSSEAU, *Droit du contentieux constitutionnel,* 7e édition Montchrestien 2006.p .111. C'est ainsi que dans sa décision du 25 juillet 1979, le Conseil Constitutionnel français a qualifié la continuité du service public de l'État comme « *principe constitutionnel* », sans même avoir une référence dans la constitution voir *Ibid.* Plus récemment, le juge constitutionnel français a qualifié de « *principe constitutionnel* » dans sa décision C.C. 2004-492 D.C., du 2 mars 2004, J.O. du 10 mars 2004, p.4637, la publicité des débats judiciaires en matière pénale, *Voir ibid.* Le conseil constitutionnel français a ainsi construit une jurisprudence, en se fondant sur des principes, en l'absence même de dispositions constitutionnelles précises, pour exercer des contrôles. Cette interférence du conseil constitutionnel français dans les pouvoirs du constituant, a permis de combler des lacunes du texte constitutionnel. En revanche, elle n'est pas exempte de critiques. Elle a le mérite de contribuer à la construction d'un droit constitutionnel nouveau et de renforcer la garantie de la protection des droits de l'homme et des libertés en limitant la liberté du législateur.

[836] Article 99 de la Constitution togolaise de 1992 modifiée.

œuvre dans la réalisation d'une intégration sous-régionale. Avec un certain courage, le juge constitutionnel s'est prévalu du droit communautaire pour rendre sa décision du 9 juillet 2009. La référence à la Déclaration Universelle des Droits de l'Homme du 10 décembre 1948 et ces deux pactes internationaux, à la Charte Africaine des Droits de l'Homme et des peuples dans la même décision, peut se justifier, par le fait que, ces normes ont été citées explicitement par le constituant dans le préambule de la constitution de 1992 modifiée. Le juge constitutionnel togolais a suivi à travers cette décision la même logique que la jurisprudence constitutionnelle française.

En effet, dans la jurisprudence constitutionnelle française, le juge constitutionnel s'est référé au préambule de la Constitution française de 1958, rappelant son attachement aux droits de l'homme et aux principes de la souveraineté nationale tels qu'ils ont été définis par la déclaration de 1789, confirmée et complétée par le préambule de la Constitution de 1946 [837]. La référence du juge constitutionnel français au préambule de la Constitution, aux principes qu'ils énoncent, nous permet de déduire que le juge constitutionnel togolais était légitimement fondé à se référer à cette norme du droit communautaire pour exercer son contrôle de constitutionnalité. Cette décision du juge constitutionnel togolais intervient dans un contrôle similaire, que celle du juge constitutionnel français. La décision N° 2004-505 DC du juge constitutionnel français a ainsi permis une révolution importante du droit constitutionnel français. De même que la décision 2004 du Conseil Constitutionnel français, la décision du 9 juillet 2009 du juge constitutionnel togolais a révolutionné également le droit constitutionnel de ce pays de façon générale et le droit constitutionnel ouest-africain. La démarche est à la fois courageuse et critiquable.

Nous savons que la constitution n'est jamais un texte parfait et ne résiste pas parfois aux phénomènes sociaux, politiques et économiques. Elle est parfois confrontée à des lacunes sur la clarté de la volonté du constituant. C'est pourquoi les constituants prennent soin de permettre

[837] L. FAVOREU et L. PHILIP, *Les grandes décisions du Conseil constitutionnel français*, 16 éd. Dalloz 2011. pp.31 et s. Voir également commentaire de la décision n° 2004-505 DC du 19 novembre 2004 disponible en pdf sur le lien https://www.conseilconstitutionnel.fr/sites/default/files/as/root/bank_mm/decisions/2004505dc/ccc_2004505dc.pdf consulté le 09/12/2017.

aux juges constitutionnels d'étendre leur interprétation de la constitution. Cette interprétation peut intervenir à l'occasion d'une procédure contentieuse ou d'un simple avis. À cet effet, les arrêts des juges constitutionnels sont unanimement sacrés par les constituants de tous les États francophones de la CEDEAO, ils s'imposent à tous (gouvernants et gouvernés) et ne sont susceptibles d'aucun recours juridictionnel ou extrajuridique[838]. Ce pouvoir d'interprétation de la constitution par les juges constitutionnels et le caractère obligatoire de ses décisions permettent d'assurer une stabilité politique et juridique de l'État et de ses institutions d'une part. Et d'autre part, ils permettent d'aboutir à la construction d'un droit constitutionnel nouveau dans chaque État. Lorsque la jurisprudence constitutionnelle d'un État membre touche les textes du droit communautaire, elle contribue à la construction d'un droit constitutionnel pour l'ensemble de la communauté.

Ces jurisprudences peuvent bien évidemment avoir une influence directe ou indirecte sur les juges constitutionnels d'autres États de la région et sur les législateurs internes et régionaux, qui ne pourront plus les ignorer dans la formation du droit.

Ainsi, qu'il nous soit permis de suivre volontiers Dominique Rousseau, lorsqu'il observe que la constitution seule n'aurait peut-être pas permis au juge constitutionnel français d'exercer pleinement son contrôle de constitutionnalité[839]. La constitution togolaise n'aurait pas permis au juge constitutionnel togolais d'exercer pleinement son contrôle de constitutionnalité sur cette loi électorale.

Cette décision a été la première étape, et d'ailleurs, un pas décisif des juges constitutionnels internes des États de l'Afrique de l'Ouest, dans la construction d'un droit constitutionnel commun pour l'ensemble des États membres de la CEDEAO. Le juge constitutionnel togolais n'agit pas en solitaire dans la construction d'un droit constitutionnel nouveau pour l'ensemble des États de la sous-région. On aurait noté que le juge constitutionnel malien, comme observé déjà, et celui du Bénin se sont

---

[838] Voir par exemple l'article 106 de la Constitution togolaise de 1992 modifiée.

[839] D. ROUSSEAU, *Droit du contentieux constitutionnel*, 7e éd. Montchrestien 2006.p.104.

également prononcés sur la place du droit communautaire dans le droit interne des États, lors du contrôle de constitutionnalité.

Paragraphe 2 : Le juge constitutionnel malien saisi par le droit communautaire à l'occasion d'un contrôle de constitutionnalité

Le juge constitutionnel malien est garant des droits fondamentaux et des libertés publiques comme le précise la constitution de février 1992[840]. Il est le régulateur du fonctionnement des institutions et de l'activité des pouvoirs publics[841]. Pour remplir ses attributions, il exerce un contrôle de constitutionnalité sur les lois et les règlements des Assemblées (Assemblée nationale, Haut Conseil des Collectivités territoriales et le Conseil Economique et Social) et veille à la régularité des élections présidentielles, législatives et référendaires. Il détient plusieurs textes internes et internationaux de base et de référence, pour exercer son contrôle, conformément à la constitution.

En effet, la constitution malienne du 25 février 1992 réaffirme la soumission du Mali à la Déclaration universelle des droits de l'homme du 10 décembre 1948 et à la Charte africaine des droits de l'homme et des peuples du 27 juin 1981, dans l'avant-dernier paragraphe du préambule. Le législateur malien a l'obligation de respecter ces textes internationaux. Le juge constitutionnel peut se fonder sur l'un de ces textes internationaux pour exercer son contrôle de constitutionnalité[842].

---

[840] Article 85 de la constitution malienne du 25 février 1992.

[841] Ibid.

[842] En effet, la constitution du Mali à l'instar de tous les États membres exige un contrôle de constitutionnalité sur les traités avant leur entrée en vigueur. En théorie le juge constitutionnel doit vérifier la conformité du traité à la constitution avant son approbation ou sa ratification. Lorsqu'il y a un ou des passages du traité ou de la convention contraires à la constitution deux solutions s'imposent : soit la renégociation de la convention pourvu que cela n'enlève pas au traité l'entièreté de sa substance ou de son objet, soit réviser la constitution pour la rendre conforme à la convention. En France, la Constitution de la Vème république a été révisée à plusieurs reprises pour la rendre conforme à des engagements internationaux. En effet, le 9 avril 1992, le Conseil Constitutionnel français a estimé qu'il y avait des clauses du traité de Maastricht contraires à la constitution notamment sur les conditions d'exercice de la souveraineté. Voir à ce propos M. — A. COHENDET, *droit constitutionnel* 4e éd.

En revanche, le constituant malien de 1992 n'a intégré aucune norme du droit communautaire dans le bloc de constitutionnalité.

Cette absence peut avoir une explication, mais pas suffisante pour expliquer cette absence, la constitution n'a jamais été modifiée depuis son adoption en 1992[843].

Alors le changement de doctrine de la CEDEAO a commencé en 1993, suite à la révision de son traité.

Les contradictions entre les constitutions et le droit communautaire posent un problème quant à l'obligation des États à respecter leurs engagements communautaires, l'harmonisation des législations internes au droit communautaire.

Montchrestien Lextenso 2008. p. 44 ; contraignant ainsi le gouvernement français a procédé à une réforme constitutionnelle pour rendre conforme la constitution à cet engagement international. Si le Mali et aucun État membre de la CEDEAO n'ont jamais opté pour cette solution, la pratique est courante en France. La constitution française a été révisée à plusieurs reprises pour la rendre conforme à des traités communautaires. Cependant, lorsqu'une incompatibilité apparaît entre une loi et une convention, la règle voudrait que la norme du droit interne s'efface au profit de la norme du droit international. C'est le principe de la hiérarchie des normes qui l'impose. Ce principe est repris par la constitution du Mali de 1992 et celles de certains États membres de la CEDEAO notamment les États d'expression francophone en ces termes : « les traités ou accords internationaux régulièrement approuvés ou ratifiés ont une autorité supérieure à celle des lois sous réserve de son application régulière par l'une ou l'autre ». C'est un principe tiré de la constitution française.

[843] Tous les textes du droit communautaire sur lesquels porte nos travaux et notre propos, notamment les textes relatifs à la régionalisation de la démocratie, de la gouvernance et de la protection des droits de l'homme, ont été adoptés postérieurement à la constitution malienne de 1992. D'un autre côté, le juge constitutionnel doit exercer un contrôle obligatoire sur une catégorie de normes du droit international avant leur ratification. Les normes du droit international relatives aux organisations internationales, celles qui engagent les finances de l'État, celles qui sont relatives à l'État des personnes, ou qui comportent cession, échange ou adjonction de territoire ne peuvent être approuvées ou ratifiées qu'avec une loi. Cette loi de ratification doit faire l'objet d'un contrôle du juge constitutionnel. En revanche, les normes du droit international d'échange, d'adjonction de territoire ne peuvent entrer en vigueur qu'après avoir été approuvées par le peuple lors d'un référendum. Voir Article 115 de la constitution du Mali du 25 février 1992. En dehors de ces normes, les autres engagements internationaux ne sont pas soumis à l'obligation de ratification par une loi et peuvent donc échapper au contrôle du juge constitutionnel malien.

Toutefois, avec une certaine ingéniosité, le juge constitutionnel malien a pu mettre en évidence la particularité des normes du droit communautaire.

A. La particularité des normes du droit communautaire selon le juge constitutionnel malien

Conformément à la constitution malienne, les normes internationales régulièrement ratifiées ou approuvées ont une autorité supérieure à celle des lois dans l'ordre juridique interne. Le législateur est tenu de respecter les engagements internationaux lorsqu'il adopte une loi. Si le législateur ne respecte pas cette hiérarchie, il peut censurer cette loi. Cependant, le constituant pose une conditionnalité pour admettre la limitation de la liberté et de la souveraineté du législateur, il s'agit de la réciprocité. Pour avoir cette force obligatoire sur le législateur, le constituant exige la conditionnalité de la réciprocité dans l'application de la norme internationale. Aux termes des dispositions de l'article 116 de la constitution malienne du 25 février 1992 : « *Les traités ou accords régulièrement ratifiés ou approuvés ont dès leur publication, une autorité supérieure à celle des lois, sous réserve pour chaque traité ou accord de son application par l'autre partie* ». De cette disposition se dégagent deux situations juridiques qu'il faut fondamentalement distinguer. Les rapports entre la constitution et la norme du droit international d'une part et d'autre part les rapports entre la norme du droit international et la loi. Le contrôle de la conformité de la norme du droit international à la constitution ressort de la compétence du juge constitutionnel. Celui de la conformité de la norme internationale à la loi relève de la compétence des juges ordinaires. La constitution de 1992 n'accorde pas au juge constitutionnel la compétence pour exercer un contrôle de conformité d'une norme internationale à la loi. Le juge constitutionnel peut toutefois intégrer la norme internationale dans le bloc de constitutionnalité, ce qui lui permettra d'exercer un contrôle sur une loi en se référant à cette norme. L'intégration de la norme internationale dans le bloc de constitutionnalité fait échapper à la compétence du juge ordinaire, le contrôle de conformité de la loi à celle-ci.

La jurisprudence constitutionnelle malienne est quantitativement très pauvre sur le contrôle de constitutionnalité. À l'inverse, elle est très riche en contentieux électoral, ces trois dernières décennies ont vu une augmentation remarquable de la jurisprudence constitutionnelle malienne en matière électorale. Il est important de rappeler au passage que le juge constitutionnel malien ne peut pas s'autosaisir. Il s'agit d'analyser cette question au regard du droit français dont le juge constitutionnel malien s'inspire largement.

En effet, le Conseil constitutionnel français a établi une différence entre un contrôle de constitutionnalité d'un traité à la constitution et un contrôle d'une loi à un traité qui doit s'appeler contrôle de conformité[844]. La distinction n'est pas que terminologique. Les organes de contrôle se distinguent également. La plus grande distinction réside surtout dans les effets de ces contrôles. Nous observons avec le professeur Dominique Rousseau que le contrôle de constitutionnalité a un caractère absolu et définitif[845]. Il fait obstacle à l'entrée en vigueur de la norme internationale, ce qui ressort explicitement des dispositions de l'article 116 de la constitution du Mali de 1992, s'agissant des normes du droit international. La norme internationale ne pourra entrer en vigueur que lorsque le juge constitutionnel l'aura déclarée conforme à la constitution[846]. C'est donc une conditionnalité fondamentale de l'entrée en vigueur de la norme internationale dans l'ordonnancement juridique nationale du Mali. Si le juge constitutionnel malien estime que la norme internationale comporte des clauses contraires à la constitution, celle-ci ne pourra entrer en vigueur que lorsque cette incompatibilité aura disparu. L'incompatibilité peut disparaître de deux manières, la révision de la constitution, et la renégociation de la norme internationale.

Le contrôle de conformité d'une loi au traité, quant à lui, relève de la compétence des juges ordinaires maliens. Ce contrôle a un caractère relatif[847] c'est-à-dire que la norme internationale ne disparaît pas définitivement de l'ordonnancement juridique. Elle est privée d'effet sur le cas dont il est question. Du coup, ce contrôle est a posteriori et

---

[844] D. ROUSSEAU, *Droit du contentieux constitutionnel,* op. cit., p .115.
[845] Ibid.
[846] Ibid.
[847] Ibid.

n'intervient que lorsqu'un plaideur invoque l'incompatibilité entre les dispositions d'une loi et les clauses d'un traité qu'on veut appliquer. Si le juge ordinaire décèle cette absence de conformité de la loi à la norme internationale, il suspend les effets de la loi sur le cas d'espèce. La loi continue cependant d'exister et pourra s'appliquer à d'autres situations. Ces contrôles ont été érigés par la jurisprudence du Conseil constitutionnel français depuis sa décision du 15 janvier 1975, dans laquelle il s'était déclaré incompétent pour exercer un contrôle de conformité de la loi au traité[848].

La clause expresse ou présumée de réciprocité dans l'application des engagements internationaux comme stipulé dans l'article 116 de la constitution malienne de 1992 ne semble pas s'imposer à toutes les normes.

En effet, le droit des traités internationaux régit par la Convention de Vienne sur le droit des traités de 1969 exclut certains engagements internationaux de la clause de réciprocité. Ainsi, même si le constituant a exigé la réciprocité dans le respect des engagements internationaux, ceux portant sur la protection de la personne humaine contenus dans les traités à caractère humanitaire s'imposent à toutes les parties.

Ces engagements ont un caractère obligatoire, c'est-à-dire impératif. La volonté du constituant est totalement mise de côté dans l'application de ces normes internationales.

Ces engagements ne sont pas considérés comme un contrat par lequel chaque partie contractante a des droits et des obligations, mais comme un *« traité-loi »* comme le fait remarquer à juste titre le professeur Dominique Rousseau[849].

Ces *« traité-lois »* ont une force obligatoire et absolue sur les États qui sont tenus de respecter et de protéger les droits de l'homme. Au demeurant dans sa décision du 13 octobre 2016, le juge constitutionnel malien n'a pas hésité à franchir un pas important et inédit, en établissant formellement une distinction entre les normes du droit international

---

[848] C.C 74-54 D.C., 15 janvier 1975, R.p. 19. C.C., 29 décembre 1989, R. p. 110 ; C.C. 91-293 D.C., 23 juillet 1991, R. p. 77 ; C.C. 91-298 D.C., 24 juillet 1991, R. p. 82. Voir à ce propos ibid. p. 115.

[849] Ibid.

classique, c'est-à-dire les normes du droit international général et les normes du droit communautaire c'est-à-dire le droit communautaire de la CEDEAO. Cette distinction l'a conduit à intégrer sans hésiter les normes du droit communautaire dans le bloc de constitutionnalité sans même avoir fait une référence dans la constitution[850].

---

[850] La distinction opérée par le juge constitutionnel malien entre les traités « classiques » (les traités classiques semblent être les traités internationaux) et les traités communautaires est très contestable. En effet, la Convention de Vienne du 23 mai 1969 sur le droit des traités n'établit aucune distinction entre les traités dits classiques et ceux dits communautaires. L'article 1er de cette Convention est sans ambiguïté : *« La présente Convention s'applique aux traités entre États »*. La Convention de Vienne sur le droit des traités rajoute dans l'article 2 paragraphe 1 a) : « *L'expression traité s'entend d'un accord international conclu par écrit entre États et régi par le droit international, qu'il soit consigné dans un instrument unique ou dans deux ou plusieurs instruments connexes, et quelle que soit sa dénomination particulière* ». Seuls sont exclus du champ d'application de la Convention de Vienne sur le droit des traités « *les accords internationaux conclus entre des États et d'autres sujets du droit international ou entre ces autres sujets du droit international, ni aux accords internationaux qui ont été conclus par écrit...* », rappelle ladite convention dans son article 3. Dès lors, il apparaît clairement que la Convention de Vienne de 1969 sur le droit des traités n'établit pas de distinction entre les traités quelle que soit leur dénomination. Tous les traités conclus entre les États conformément à cette Convention ont une force obligatoire sur les États au regard du droit international et doivent être appliqués de bonne foi. La force obligatoire des traités sur les États est consacrée par l'article 26 de la Convention de Vienne sur le droit des traités en ces termes : « *pacta sunt servanda* ». En d'autres termes « tout traité en vigueur lie les parties et doit être exécuté par elles de bonne foi ». Le Mali a adhéré à cette convention le 23 août 1998. La constitution du Mali du 25 février 1992 n'établit pas une distinction entre les traités « classiques » et les traités dits communautaires comme l'a opérée la Cour Constitutionnelle dans son arrêt N° 2016-12/CC du 13 octobre 2016. En revanche, elle établit une distinction entre les traités qui doivent faire obligatoirement l'objet d'une ratification par une loi et ceux qui ne sont pas soumis à cette exigence. Au regard de ces constats, on ne saurait soustraire le caractère de réciprocité d'un accord ou d'un traité que le Mali a ratifié ou approuvé conformément à sa constitution et soumis au régime juridique de la convention de Vienne sur le droit des traités du 23 mai 1969. Le juge constitutionnel malien a intégré explicitement les traités, les protocoles et les conventions communautaires dans le bloc de constitutionnalité du Mali en ces termes, « *qu'ainsi, ces derniers ont-ils vocation à faire bloc de constitutionnalité avec les textes de l'ordonnancement juridique interne* ». En procédant ainsi, le juge constitutionnel malien a suivi la démarche du juge constitutionnel français depuis sa décision N° 2004-496 DC du 10 juin 2004 sur la loi pour la confiance dans l'économie numérique ». Voir l'arrêt N° 2016-12/CC du 13 octobre 2016, p.9 au journal officiel N° 24 du 14 octobre 2016.

B. L'intégration des normes du droit communautaire dans le bloc de constitutionnalité autour du cas malien.

Dans la pratique, les normes du droit international sont censées être exclues du bloc de constitutionnalité[851] à l'exception de celles citées en référence dans le préambule de la constitution. Le constituant peut cependant décider autrement en intégrant de façon explicite certaines normes du droit international dans le bloc de constitutionnalité comme l'a fait la cour constitutionnelle malienne. À cet effet, il a intégré la Déclaration universelle des droits de l'homme du 10 décembre 1948 et la Charte africaine des droits de l'homme et des peuples du 27 juin 1981 dans le bloc de constitutionnalité, ainsi que nous l'avons déjà observé. Si une loi est contraire à un traité, on peut en déduire qu'elle est contraire à l'article 116 de la constitution de 1992 qui précise que les traités ou accords régulièrement ratifiés ou approuvés ont, dès leur publication, une autorité supérieure à celle des lois, sous réserve pour chaque traité ou accord de son application par l'autre partie. Ce raisonnement est conforté par une analyse du professeur Dominique Rousseau qui souligne pertinemment qu'une loi, qui serait contraire à un engagement international, serait par la même occasion contraire aux

---

[851] La constitution malienne de 1992 n'a pas intégré explicitement les normes du droit communautaire dans le bloc de constitutionnalité. Dominique ROUSSEAU et Georges VEDEL avaient estimé que les normes du droit communautaire européen devaient être intégrées dans la charte constitutionnelle française au même titre que la déclaration des droits de l'homme et du citoyen de 1789 et le préambule de la constitution de 1946, en se fondant sur une définition proposée par le doyen Georges VEDEL. Voir à ce propos, Dominique ROUSSEAU, *Droit du contentieux constitutionnel,* op. cit.. p .115. En effet, Georges VEDEL a défini la constitution comme un ensemble de dispositions quel que soit leur objet, adoptées par le pouvoir constituant. Voir à ce propos Georges VEDEL *« Schengen et Maastricht »* R.F.D.A 1992, p. 173 *in ibid.* En définissant ainsi la constitution, il a jugé qu'il fallait intégrer ces normes du droit communautaire européen dans le bloc de constitutionnalité français. Plus récemment dans sa décision du 10 juin 2004, le Conseil Constitutionnel a posé une jurisprudence qui va dans le même sens en déclarant que le respect des normes du droit communautaire européen était « *une exigence constitutionnelle* ». Voir *Ibid.* Par une telle qualification des normes du droit communautaire d'exigence constitutionnelle, le juge constitutionnel français s'arroge le droit d'exercer un contrôle de constitutionnalité sur les normes communautaires. Ce qui place d'office ces normes du droit communautaire au même niveau que la constitution française dans la hiérarchie des normes. Le juge constitutionnel malien a suivi ce raisonnement du juge constitutionnel français, mais en d'autres termes.

dispositions de l'article 55 de la constitution française[852]. Selon le constitutionnaliste français, cela devait conduire le Conseil constitutionnel français à sanctionner les violations de l'article 55 par le législateur et en se fondant sur l'examen prévu à l'article 61 de la constitution de 1958. Le contrôle a posteriori n'étant pas prévu par la constitution malienne de 1992, le juge constitutionnel doit recourir à ce procédé lors de son contrôle a priori, seul autorisé par la constitution. Le constituant malien de février 1992 s'est largement inspiré de la constitution française de la Vème République, dont certaines dispositions sont presque reprises, à la virgule près. C'est le cas des dispositions de l'article 55 de la constitution française de 1958 et de celles de l'article 116 de la constitution malienne. Le Conseil constitutionnel français semble accéder à ce raisonnement dans sa jurisprudence, en l'occurrence dans sa célèbre décision sur le droit d'entrée et de séjour des étrangers sur le territoire français.

Dans celle-ci, le Conseil constitutionnel français a jugé que l'État français a le droit de définir les conditions dans lesquelles les étrangers peuvent être admis sur son sol en admettant des réserves. Dans sa politique d'admission des étrangers sur son sol, le Conseil constitutionnel a jugé que l'État français avait l'obligation de respecter ses engagements internationaux et les principes de valeurs constitutionnelles consacrés par la jurisprudence du Conseil constitutionnel[853]. Dans cette jurisprudence, le Conseil Constitutionnel français rappelle au législateur l'obligation du respect des engagements internationaux et confirme également par la même occasion que lorsqu'une loi est contraire à un engagement international, elle est présumée d'office contraire à la constitution.

Par ce procédé, le juge constitutionnel français a progressivement construit une jurisprudence portant intégration des normes du droit communautaire européen dans le bloc de constitutionnalité, aboutissant à l'abandon de sa célèbre jurisprudence de 1975 sur l'IVG. Ainsi, les

---

[852] D. ROUSSEAU, *Droit du contentieux constitutionnel,* op. cit., p .115. Le constituant malien de 1992 reprend presque par des termes identiques, les dispositions de l'article 55 de la constitution française de 1958.

[853] C.C. 92-307 D.C., 25 février 1992, R. p. 48 cité par É. CANAL-FORGUES et P. RAMBAUD, *Droit international public*, 3e éd. Flammarion 2016, p.72.

décisions du 18 décembre 1997 sur la directive n° 92-25 du 25 mars 1997 concernant la distribution en gros de médicaments à usage humain, et celle du 20 mai 1998 sur le droit de vote et d'éligibilité des citoyens européens aux élections municipales ont abouti à l'effondrement de celle de 1975. L'intégration des normes du droit communautaire de la CEDEAO dans le bloc de constitutionnalité malien n'est plus sujet à discussion depuis le célèbre arrêt N° 2016-12/CC du 13 octobre 2016 de la Cour constitutionnelle.

Toutefois, ces deux décisions du juge constitutionnel malien et togolais ne constituent pas des jurisprudences constitutionnelles isolées, comme nous l'avons déjà souligné.

Dans sa décision DCC 10-049 du 5 avril 2010, relative au contrôle de constitutionnalité de la loi d'abrogation de la Liste Electorale, Permanente Informatisée (LEPI) et le Recensement Electoral National Approfondi (RENA), le juge constitutionnel béninois a fait également référence au protocole additionnel sur la démocratie et la bonne gouvernance de la CEDEAO, en jugeant que le vote de cette loi était contraire aux exigences de fiabilité et de transparence des listes électorales[854] consacrées aux dispositions des articles 4 et 5 de ce même protocole[855]. Dans cette jurisprudence, le juge constitutionnel béninois est arrivé à la conclusion que ne pas censurer la loi soumise à son contrôle serait autoriser le législateur à violer le protocole additionnel sur la démocratie et la bonne gouvernance de la CEDEAO[856] et implicitement l'article 147 de la Constitution du 11 décembre 1990 modifiée[857] alors que, conclut-il, cette disposition consacre le primat de la norme internationale sur la norme nationale du Bénin.

---

[854] H. AKEREKORO, *La Cour Constitutionnel et le bloc de constitutionnalité au Bénin*, p.17 www.afrilex-bordeaux4.fr consulté le 28/11/2018.

[855] La Cour Constitutionnelle du Bénin avait été saisie par le Président de la République, des membres du parlement béninois, des partis politiques pour qu'elle exerce un contrôle de constitutionnalité sur la loi électorale du 18 mars 2010 portant abrogation de la loi électorale 2010-12.

[856] Voir paragraphe (C) de la décision DDC 10-040 du 5 avril 2010.

[857] Cette disposition précise : « *Les traités ou accords régulièrement ratifiés ont, dès leur publication, une autorité supérieure à celle des lois sous réserve pour chaque accord ou traité, de son application par l'autre partie.* »

En construisant des jurisprudences sur des questions constitutionnelles à l'échelle communautaire, en particulier de contrôle de constitutionnalité des lois électorales, les juges constitutionnels internes des États membres participent à la construction d'un droit constitutionnel commun pour l'Afrique de l'Ouest. Ils sont appuyés dans cette démarche par les juges de la CJC. Bien qu'ils ne procèdent pas de la même interprétation des normes du droit communautaire, les juges de la CJC, à l'instar des juges constitutionnels internes des États, relèvent le caractère obligatoire, plus concrètement, le primat des normes du droit communautaire sur le droit interne des États.

Section 2 : L'apport des juges de la Cour Commune de Justice de la CEDEAO

Dans la dynamique d'une intégration sous-régionale de la démocratie, de la bonne gouvernance et de la protection des droits de l'homme et des libertés dans les États de l'Afrique de l'Ouest, la CEDEAO a institué une Cour de justice de la communauté[858]. Elle a été instituée en 1991 par le protocole A/P/17/91 relatif à la Cour de Justice de la Communauté. Ce protocole a été amendé par le protocole additionnel A/SP.1/01/05 du 19 janvier 2005. Puis par le protocole additionnel A/SP.2/06/06 portant amendement de l'article 3, paragraphes 1, 2 et 4, de l'article 4, paragraphes 1, 3 et 7 et de l'article 7, paragraphe 3 du Protocole relatif à la Cour de Justice de la Communauté. Il est toutefois regrettable qu'à la date du 23 novembre 2015, aucun État n'avait ratifié ce texte[859], alors que les dispositions de l'article 2 de l'Acte additionnel portant régimes de sanctions à l'encontre des États membres qui n'honorent pas leurs obligations vis-à-vis de la communauté les y obligent. Elle comprend sept (7) juges ressortissants des États membres

[858] La Cour est composée de cinq juges indépendants nommés pour un mandat de quatre ans non renouvelables. Ce nombre est passé de sept à cinq en 2018. Ils ne sont toutefois pas les représentants de leurs gouvernements ou des gouvernements des autres États membres de la CEDEAO. http://prod.courtecowas.org/judges-2009-2014/ consulté le 20/04/2019

[859] Voir annexe rapport annuel 2015 de la CEDEAO, p.18 et 29 www.ecowas.int consulté le 19/02/2019

(deux juges ne peuvent être d'un même État)[860] nommés pour un mandat de 5 ans renouvelables une seule fois, à condition d'être âgé de moins soixante-cinq ans (65) à la fin du premier mandat[861].

En effet, la Cour de Justice de la CEDEAO est une juridiction au sens strict. Une juridiction se définit comme l'organe dont la fonction est de mettre fin à un différend par une décision de justice obligatoire résultant de l'application du droit[862].

Aux termes des dispositions de l'article 9 du protocole additionnel A/SP.1/01/05, portant amendement du préambule, des articles 1er, 2,9,22, et 30 du protocole A/P1/7/91 relatif à la CJ, ainsi que l'article 4 paragraphe 1er de la version anglaise dudit protocole, elle a trois fonctions : la première est consultative, la seconde contentieuse, et la troisième est arbitrale[863].

S'agissant de sa fonction contentieuse, les acteurs pouvant saisir la Cour sont énumérés dans l'article 10 du protocole instituant la Cour,

- Elle peut être saisie pour manquement aux obligations des États membres, par les États membres et le président de la commission de l'organisation ;
- Les États membres, le président de la commission et le Conseil des Ministres peuvent saisir la Cour pour des recours en appréciation de la légalité d'une action par rapport aux textes juridiques du droit communautaire ;
- Le recours en appréciation de la légalité des actes du droit communautaire est réservé à toutes les personnes physiques et morales de la communauté ;

---

860 Article 3 paragraphe 2 du protocole A/P.1/7/91 relatif à la Cour de Justice de la Communauté.

861 Article 4 paragraphe 1 ibid.

862 C. SANTUILI, *Droit du contentieux international*, 2e éd. LGDJ Lextenso éd. 2015, p.18

863 La fonction arbitrale de la Cour est transitoire en entendant la mise en place d'un tribunal arbitral prévu par l'article 16 du traité révisé, comme le précise le paragraphe 5 de cette disposition. Cette transition semble se diriger vers une pérennisation, puisque depuis la révision de ce traité en 1993, la CEDEAO n'a toujours pas réussi à mettre en place ce tribunal arbitral.

- Le recours pour violation des droits de l'homme est ouvert à toutes les personnes physiques et morales, à condition de ne pas être porté devant une autre instance juridique internationale ;
- Les agents de la CEDEAO peuvent saisir le juge de la Communauté dans les litiges pouvant les opposer à l'organisation. Ainsi, le juge communautaire apparaît à la fois comme un juge administratif et juge du travail.
- L'interprétation du traité, des protocoles et des règlements, ce recours sont ouverts aux juridictions nationales des États membres et aux États membres.

Concernant la procédure consultative, la Cour peut être saisie par la Conférence, le Conseil, le président de la Commission, les États membres, et toute autre institution de la Communauté.

L'officier de gendarmerie sénégalaise Thiaca THIAW souligne qu'à la lecture du protocole portant création de la Cour et amendée, on a l'impression qu'il pèche en excès en voulant s'arroger des compétences très générales et très vagues[864]. Ce qui ferait dire au professeur Alioune SALL que les dispositions de l'article 9 et 10 du protocole viennent à la fois éclairer et élargir la compétence de la Cour, encore que véritables « boîtes de pandore », elles soulèvent de nouvelles et redoutables questions[865]. En réalité, le professeur sénégalais fustige avec pertinence le caractère évasif du protocole instituant la Cour, ainsi amendé, en ce qui concerne ses compétences.

En effet, la Cour de Justice de la CEDEAO est la gardienne des droits de l'homme et des libertés fondamentales des citoyens de l'ensemble des États membres de la communauté. Elle est également l'organe juridictionnel du contrôle de la légalité des actes de la communauté. Elle est la seule et unique institution indépendante à l'égard des États membres et des institutions de la communauté. Les décisions de la CJC sont appelées des arrêts. Ces arrêts sont obligatoires et exécutoires à l'égard de tous les États membres, de toutes les institutions et de toutes les personnes physiques ou morales de la communauté. Les juges sont

[864] T. TIAW, *La protection internationale des droits de l'homme dans les situations de crises en Afrique : Le droit à l'épreuve des faits*, L'Harmattan 2014, p.292.
[865] A. SALL, *Les mutations de l'intégration des États de l'Afrique de l'Ouest : une approche institutionnelle*, op. cit., pp.163 et S.

désignés par les États membres, mais, dès leur désignation, ils sont indépendants à l'égard de leurs États respectifs. Nous avons remarqué, comme nous l'avons dit, son opérationnalisation est très difficile. La Cour n'a pas de police communautaire pour exiger l'application de ses arrêts.

L'application des arrêts de la Cour dépend fondamentalement d'un volontarisme des États membres. La difficulté est beaucoup plus grande lorsqu'elle rend un arrêt contre un État au profit d'un citoyen[866].

Le protocole de 1991 instituant la Cour de Justice de la CEDEAO et ses amendements avaient pourtant nourri beaucoup d'espoir. Il apportait une innovation importante dans la sous-régionalisation de la protection des droits de l'homme. Mais cet espoir a pris du plomb dans l'aile.

En effet, à l'inverse de la Cour Européenne des Droits de l'Homme (CEDH) qui semble largement inspirer la CJC, l'épuisement des voies de recours internes par le requérant ne constitue pas un obstacle à la recevabilité des requêtes qui lui sont adressées.

Le requérant peut même décider de saisir la CJC, sans exercer aucun recours interne. Cette innovation constituait une première en Afrique.

Les États membres ont accepté de limiter leur souveraineté juridique au profit d'une intégration sous-régionale de protection des droits de l'homme et des libertés. Malgré les difficultés d'inexécution de ses arrêts, les juges de la CJC ont le courage d'élaborer une jurisprudence par laquelle ils exercent un contrôle de conventionalité supranationale des États, sur les normes du droit interne des États (paragraphe 1). Les juges communautaires s'imposent à travers leurs jurisprudences comme de véritables juges constitutionnels supranationaux (paragraphe 2).

[866] Le 13 juillet 2015, la Cour de Justice de la CEDEAO saisie par les anciens partis politiques de la majorité présidentielle lors du dernier mandat de Blaise Compaoré avait déclaré que la loi n° 005-2015/CNT du 07 avril 2015 portant code électoral était une violation du droit libre de participation aux élections et avait ordonné à l'État du Burkina Faso de lever tous les obstacles à une participation aux élections suite à cette modification. Le Burkina avait déclaré prendre acte de l'arrêt de la Cour, mais ne l'a jamais respecté.

Paragraphe 1 : Le juge communautaire, un juge supranational du contrôle de conventionalité et de constitutionnalité ?

De manière générale, la CJC est le mécanisme juridictionnel du contrôle de l'application du droit communautaire, du contrôle de légalité des actes du droit communautaire dérivé et veille au respect des droits de l'homme et des libertés. Pour ce faire, elle veille à l'application du droit communautaire, notamment le renforcement de l'État de droit et du respect des droits de l'homme, la consolidation de la démocratie et de la bonne gouvernance.

Dans cette étude, nous nous intéresserons d'une part aux instruments juridiques sous-régionaux de consolidation de la démocratie, la bonne gouvernance et la protection des droits de l'homme, plus particulièrement ceux de sous-régionalisation de la démocratie et d'autre part, aux instruments juridiques communautaires de prévention des changements anticonstitutionnels de pouvoir.

En effet, les rapports entre le droit communautaire et les constitutions nationales sont sans doute les plus complexes à présenter du fait de la puissance intégratrice du droit communautaire dont les mécanismes touchent volontairement le cœur de l'ordre juridique national[867].

Cette observation touche toutes les communautés d'État dont l'intégration constitue l'objectif principal. Le droit communautaire de la CEDEAO n'échappe pas à cette complexité.

Deux arrêts de la Cour de justice de la CEDEAO ont particulièrement attiré notre attention : l'arrêt N° ECW/CCJ/JUD/06/10 du 18 novembre 2010, *Aff.* M. Hissène HABRÉ contre la République du Sénégal et l'arrêt N° ECW/CCJ/JUG/16/15 du 13 juillet 2015, *Aff.* Congrès pour la Démocratie et le Procès (CDP) contre l'État du Burkina Faso.

Nous illustrerons notre propos avec ces deux célèbres arrêts de la jurisprudence communautaire, qui ont nettement ouvert la porte à un contrôle supranational des normes du droit interne des États. Ils ont retenu notre attention du fait qu'ils ont tous été rendus dans des procédures relatives à des réformes législatives et constitutionnelles.

---

[867] G. DRAGO, *Contentieux constitutionnel français,* 3e édition, PUF 2011, p.506.

A. La jurisprudence *Aff.* Hissène HABRÉ contre l'État du Sénégal

Le Juge de la Communauté s'autorise un contrôle de conventionalité supranationale des normes du droit interne des États aux normes du droit communautaire. Il convient d'expliquer le contexte de cet arrêt de la Cour de Justice de la Communauté avant de procéder à une analyse de fond de cet arrêt au regard du droit interne sénégalais et du droit communautaire.

1. Les faits

En 1982, Hissène HABRÉ renverse par un coup d'État militaire le gouvernement de Goukoni OUEDDEI au pouvoir depuis 1979. Suite à une tentative ratée en 1989, Idriss Deby ITNO, réussie le 1er décembre 1990, avec l'appui de la France, à déposer Hissène HABRÉ. Ce dernier obtient l'exil politique au Sénégal après un court séjour à Yaoundé au Cameroun. L'Association des Ressortissants tchadiens et l'Association des Victimes des Crimes et Répressions Politiques au Tchad (CAVCRP), ont entamé une longue procédure juridictionnelle contre M. HABRÉ, notamment en Belgique et au Sénégal pour des crimes contre l'humanité commis entre 1989 et 1990 lorsqu'il était chef de l'État du Tchad. C'est ainsi que l'Union Africaine s'est saisie alors de cette affaire. Du fait que M. HABRÉ était un ancien chef d'État, certains États africains exigeaient qu'il soit jugé par des juridictions africaines.

Lors de sa session ordinaire des 1er et 2 juillet 2006, la conférence des chefs d'États et de Gouvernements de l'UA donne mandat à l'État du Sénégal de juger M. HABRÉ, au nom de l'Afrique par une juridiction compétente avec bien évidemment les garanties d'un procès juste[868].

---

[868] Le 22 août 2012, l'UA et le Sénégal ont signé un accord permettant au Sénégal de créer une chambre africaine extraordinaire au sein des juridictions sénégalaises pour juger Hissène HABRÉ Voir Benjamin ROGER *« Procès Hissène Habré : Accord historique entre l'UA et le Sénégal pour la création d'un tribunal spécial »* www.jeuneafrique.com article du 23 août 2012.

Les relations entre les États africains et les juridictions internationales notamment la Cour Pénale Internationale (CPI) sont devenues de plus en plus complexes[869].

La résolution de la section IV approuvée par le XIIIe Congrès international de Droit pénal, tenu du 1er au 7 octobre 1984 au Caire, invite les États à adopter dans leur ordre juridique interne, le principe de l'universalisme des juridictions pénales pour les crimes les plus graves afin d'éviter que ces infractions restent impunies[870]. À cet effet, le code d'instruction pénale belge autorise les juridictions pénales à poursuivre les crimes extranationaux.

Ce mandat donné au Sénégal peut s'analyser comme un rejet de l'universalisme des juridictions belges. Il convient ici de rappeler que les faits reprochés à M. HABRÉ échappaient à la compétence de la Cour Pénale internationale[871]. En revanche, la justice belge s'était intéressée à cette affaire, au nom de sa compétence universelle. C'est ainsi que le 20 septembre 2005, elle a décerné un mandat d'arrêt international contre M. HABRÉ. Ce mandat d'arrêt intervenait, pour donner suite à un dépôt de plainte, en fin d'année 2000 de la CAVCRP. Rappelons que la justice sénégalaise s'était déclarée incompétente pour exécuter ce mandat d'arrêt international belge. Le mandat d'arrêt international décerné par la justice belge contre M. HABRÉ a précipité la décision de l'UA donnant mandat au Sénégal de le poursuivre et de le juger au nom de l'Afrique.

En effet, le mandat de l'UA intervient après de longues et nombreuses procédures au cours desquelles la justice sénégalaise avait refusé de juger M. HABRÉ, notamment dans l'arrêt du 20 mars 2001 de la Cour de Cassation[872]. Dans cet arrêt, la Cour de Cassation sénégalaise a jugé

---

[869] Lire à ce propos, I. DANGNOSSI, *La Cour Pénale Internationale à l'épreuve de la répression en Afrique, des préjugés aux réalités*, L'Harmattan 2015.

[870] *cf.* I. B. CORDERO, *Compétence universelle, rapport général*, Revue internationale de droit pénal, 2008/1-2, Vol.79, p.13-53 disponible sur https://www.cairn.info/revue-internationale-de-droit-penal-2008-1-page-13.htm#

[871] Le traité de Rome instituant la Cour Pénale internationale a été signé en 2002. Ainsi, la Cour Pénale Internationale ne peut connaître que des crimes entrant dans sa compétence qui ont été commis après cette date.

[872] Voir Arrêt n° 14 du 20-3-2001 pénal, de la Cour de Cassation du Sénégal, *Aff.* Souleymane GUENGUENG ET AUTRES Contre Hissène HABRÉ, disponible sur

qu'aucun texte de procédure pénale ne reconnaissait une compétence universelle aux juridictions sénégalaises[873]. Auparavant, la chambre d'accusation sénégalaise s'était elle aussi prononcée contre l'instruction, en jugeant que la législation sénégalaise ne reconnaissait pas les faits de crimes contre l'humanité reprochés à M. HABRÉ. En conséquence, en vertu du principe de légalité des délits, des crimes et des peines, les juridictions sénégalaises étaient matériellement incompétentes pour juger l'ancien chef d'État tchadien. Dans l'incapacité matérielle juridique et juridictionnelle de poursuivre et de juger M. HABRÉ, dans le but d'honorer le mandat donné par l'UA, le Sénégal a décidé de faire des réformes législatives et constitutionnelles afin de permettre à ces juridictions internes de poursuivre et de juger M. HABRÉ[874]. Les avocats de ce dernier ont ainsi saisi les juges de la CJC pour violation à son égard du principe de non-rétroactivité de la loi pénale, des principes d'égalité devant la justice et du droit à un procès équitable. Pour une bonne compréhension de cet arrêt, il convient d'analyser le fondement des textes de référence du juge communautaire de la CEDEAO.

2. *La décision du juge communautaire*

Le juge de la CJC dispose d'une série de textes du droit communautaire et du droit international auxquels il peut se référer pour rendre une décision, lorsqu'il est saisi pour des faits de violation des droits de l'homme. La CJC tire sa légitimité de ces références aux dispositions du protocole additionnel A/SP1/12/01 sur la démocratie et la bonne gouvernance. En effet, ce texte précise dans son article 2 paragraphe (h) : « *Les droits contenus dans la charte africaine des droits de l'homme et des peuples et les instruments internationaux sont garantis dans chacun des États membres de la CEDEAO…* ». Au regard de cette disposition, les juges de la Cour de Justice de la communauté peuvent

---

https://www.hrw.org/legacy/french/themes/habre-cour_de_cass.html, consulté le 20/10/2018.

[873] Ibid.

[874] Les nouvelles réformes constitutionnelles et législatives devraient permettre matériellement, en tout cas du point de vue du droit interne sénégalais, à la justice de poursuivre et de juger Hissène HABRÉ.

se référer à toutes les normes communautaires de protection des droits de l'homme et aux textes internationaux de protection des droits de l'homme auxquels chaque État membre a adhéré. Cette disposition a élargi les textes de référence du juge communautaire en matière de protection des droits de l'homme. Il dispose de moyens juridiques particulièrement conséquents sur lesquels il peut se référer pour rendre une décision, et aussi, de compétences très conséquentes.

Dans sa requête du 1er octobre 2008, M. HABRÉ a cité une liste de normes du droit international et communautaire de protections des droits de l'homme auxquelles l'État sénégalais a adhéré et que la réforme constitutionnelle et législative que l'État sénégalais a effectuée violait. Dans son arrêt, les juges communautaires ont jugé « *l'existence d'indices concordants de probabilité, de nature à porter atteinte aux droits de l'homme de Monsieur Hissène Habré, sur la base des réformes constitutionnelles et législatives opérées par l'État du Sénégal* »[875]. En conséquence, les juges communautaires ont ordonné à l'État du Sénégal de respecter son engagement international, en particulier le principe absolu de la non-rétroactivité de la loi pénale[876]. À ce propos, on note avec le juriste français Stéphane BOLLE que le juge communautaire de la CEDEAO juge que les constituants des États membres ne pouvaient pas tout faire[877].

Cet arrêt a eu un retentissement historique pour le droit constitutionnel sénégalais et pour la sous-régionalisation de la démocratie et la protection des droits de l'homme en Afrique de l'Ouest dans le sens de la mise en place d'un droit constitutionnel commun.

En effet, le Juge de la CJC a clairement exercé un contrôle de conventionalité sur la loi interne du Sénégal dans cet arrêt. En jugeant que la réforme constitutionnelle opérée par le Sénégal n'était pas conforme à ses engagements internationaux, il a implicitement exercé un contrôle de conformité de la loi constitutionnelle sénégalaise avec ses engagements internationaux. Alors que le juge constitutionnel sénégalais refuse catégoriquement un tel contrôle, avançant la

---

[875] Arrêt du 18 novembre 2010, de la Cour de Justice Communautaire, *Aff.* Hissène HABRÉ c/l'État du Sénégal paragraphe 60.
[876] Voir ibid.
[877] Ibid.

souveraineté du peuple. Il a ainsi posé une limite à la souveraineté constitutionnelle de l'État du Sénégal en indiquant que ce dernier avait la liberté et l'autonomie de procéder à des réformes constitutionnelles. Mais que cette liberté ne l'autorise pas à transgresser ses engagements communautaires. Cette jurisprudence demeure constante jusqu'à son effondrement par une nouvelle jurisprudence qui la modifierait ou la contredirait. Ainsi, ni le constituant sénégalais ni les constituants des autres États membres de l'organisation ne peuvent ignorer cette jurisprudence lorsqu'ils procèdent à des réformes constitutionnelles. Le juge communautaire comblait un vide sur ce sujet pour l'État du Sénégal alors que le juge constitutionnel sénégalais refuse de limiter la souveraineté du constituant.

À l'instar du Sénégal, certains juges s'interdisent d'exercer un contrôle sur la loi constitutionnelle. Le juge constitutionnel sénégalais se situe dans une trajectoire identique à celle du juge constitutionnel français. En revanche, certains juges constitutionnels tels que ceux du Mali ont franchi le pas, en exerçant un contrôle de constitutionnalité sur les lois constitutionnelles. Le juge constitutionnel malien peut donc limiter la liberté du constituant.

Le juge constitutionnel sénégalais se déclare incompétent pour limiter la liberté du constituant. Quant au juge communautaire, il s'est nettement comporté dans cet arrêt comme un juge supra-constitutionnel, en limitant la liberté du constituant sénégalais. Et plus en avant, en allant sur un domaine dans lequel le juge constitutionnel de ce pays dit ne pas être compétent.

Dans la même trajectoire, les juges de la CJC vont de nouveau élaborer une autre jurisprudence, qui va les conduire « par induction », à exercer un contrôle sur le code électoral du Burkina Faso.

B. La jurisprudence *Aff.* CDP et autres contre l'État du Burkina Faso

Il a également exercé un contrôle similaire sur la loi électorale du Burkina au regard de son arrêt du 13 juillet 2015.

1. Les faits

Le 21 mai 2015, un groupe de partis politiques et de citoyens burkinabés ont saisi la CJC, en contestation de la loi N° 005-2015/CNT du 7 avril 2015 portant modification de la loi N° 014-2001/AN du 3 juillet 2001 portant loi électorale du Burkina Faso. Cette loi fut promulguée le 9 avril 2015 par décret N° 2015-427/PRES-TRANS et publiée au journal officiel spécial N° 01 du Burkina Faso[878]. L'article 135 al. 4 de cette nouvelle loi électorale déclare inéligible « ... *toutes les personnes ayant soutenu un changement anticonstitutionnel qui porte atteinte au principe de l'alternance démocratique, notamment au principe de la limitation du nombre de mandats présidentiels ayant conduit à une insurrection ou toute forme de soulèvement* »[879].

En effet, de violentes manifestations ont éclaté au Burkina Faso les 30 et 31 octobre 2014, en contestation d'une réforme constitutionnelle visant à permettre à Blaise Comparé de briguer un nouveau mandat présidentiel. Ces violentes manifestations ont abouti à un changement anticonstitutionnel de pouvoir. Les autorités de transition mises en place avec le soutien de la communauté internationale et la CEDEAO en particulier pour organiser de nouvelles élections ont procédé à des réformes constitutionnelles et législatives. La constitution et le code électoral ont été modifiés substantiellement.

Cependant, ces réformes particulièrement celles opérées sur le code électoral, avaient un parfum discriminatoire et exclusif notamment en leur article 135 al. 4. C'est dans ce contexte qu'un recours a été porté devant la CJC par des partis politiques et des citoyens burkinabés.

Dans son rendu dans cette affaire, le juge de la communauté a expressément exercé un contrôle de conventionalité sur la loi électorale du Burkina Faso. Il s'est nettement comporté dans ce rendu comme un juge supra-constitutionnel et supranational.

---

[878] Code électoral et textes d'application www.ceni.bf consulté le 17/01/2017

[879] Ibid.

2. *Analyse de l'arrêt de la Cour*

La CJC pose comme principe fondamental, rappelé à plusieurs reprises, son refus catégorique de s'instituer en juge du contrôle de légalité des normes internes des États[880]. Toutefois, elle juge être compétente, dès lors que l'interprétation ou l'application d'un texte national a pour objet ou pour effet de priver des citoyens de droits tirés d'instruments internationaux auxquels l'État est partie[881].

En effet, la nécessité de la protection des droits de l'homme a conduit la Cour à déroger au principe du refus de contrôler la légalité des normes du droit interne des États.

Dans l'arrêt du 13 juillet 2015 sur lequel porte notre réflexion, la cour reprend presque en des termes identiques l'argumentation avec laquelle elle avait ordonné à l'État du Sénégal dans l'arrêt du 18 novembre 2010 de rendre conformes ses réformes constitutionnelles et législatives à ses engagements internationaux. Elle a ainsi rappelé que l'autonomie constitutionnelle et politique des États membres ne les autorise pas, lorsqu'ils procèdent à des réformes, à méconnaître les engagements internationaux qu'ils ont souscrits. Les juges de la CJC ont rappelé également de nouveau qu'ils ne sauraient se substituer aux juges internes dans l'application et l'interprétation des lois internes des États.

De manière générale, il ressort que les juges de la communauté consacrent avec raison le primat des normes du droit communautaire sur les normes du droit interne des États[882]. Nous notons avec Michel VIRALLY que tout ordre juridique s'affirme supérieur à ses sujets, ou bien il ne l'est pas[883]. De ce fait, le droit international est inconcevable autrement que supérieur aux États, et à ses sujets[884]. Nier la supériorité de ce droit à ces sujets revient à nier son existence[885]. En d'autres

---

[880] Voir l'arrêt N° ECW/CCJ/JUG/16/15 du 13 juillet 2015 paragraphe 29 www.courtecowas.org ; consulté le 17/03/2017 paragraphe 24.
[881] Ibid. paragraphe 27

[882] M. VIRALLY, Sur *un pont aux ânes : les rapports entre le droit international et droits internes*, Mélange ROLIN, Paris, Pedone, 1964., respectivement pp. 488 et 497
[883] Ibid.
[884] Ibid.
[885] Ibid.,

termes, le droit international a pour raison de poser et d'imposer le respect de règles uniformes.[886]. Il ressort donc de notre étude de la répartition des pouvoirs que le juge communautaire veille aux principes et que le juge constitutionnel « national » veille à leur bonne mise en musique via les lois. Et en cas de désaccord, c'est le juge communautaire qui gagne en principe. Dans la réalité, son pouvoir dépend du bon vouloir des États membres.

Dès lors qu'un engagement international est contracté, les juges communautaires ont conclu que le législateur et le constituant sont tenus de le respecter. En procédant ainsi, ils ont incontestablement exercé un contrôle supranational de conformité sur la loi électorale du Burkina Faso. Ils fondent la légitimité de ce contrôle sur la nécessité de la protection des droits de l'homme. Les normes du droit international de protection des droits de l'homme sont ainsi consacrées par le juge communautaire en normes impératives.

Cette démarche de la CJC, avec toutes les critiques dont elle peut faire l'objet, vise surtout à renforcer la protection des droits de l'homme au sein de la communauté. Elle a motivé sa décision avec les dispositions des articles 1 g) et i) et l'article 2 paragraphe 3 du protocole additionnel A/SP1/12/01 sur la démocratie et la bonne gouvernance. Pour faire du droit comparé, les juges communautaires de la CEDEAO ont adopté la même démarche que celle d'autres organes juridictionnels

---

[886] D. CARREAU, *Droit international*, 10e éd., Pedone 2009, p.57. Il explique que le droit international tire sa supériorité sur le droit interne grâce au contrôle d'uniformité que les juges internes exercent sur la norme internationale avant son entrée en vigueur. Dans le cadre européen, la question du primat du droit européen sur le droit interne des États membres de l'UE ne souffre d'aucune ambiguïté. En effet, depuis la célèbre jurisprudence de la Cour de Justice de la Communauté Européenne (CJCE) du 15 juillet 1964 dans l'affaire Costa (Flaminio) contre ENEL (Ente Nazionale per l'Energia Elettrica), le droit de l'UE emporte immédiateté et uniformité sur le droit interne de l'ensemble des États de la communauté. La primauté du droit de l'UE sur le droit interne des États y compris la constitution a été consolidée par la déclaration N°17 annexée au traité de Lisbonne. Dans le cadre de la CEDEAO, le droit communautaire exige des États membres une harmonisation des législations internes au droit communautaire. En revanche, il ne pose pas expressément le primat du droit communautaire sur le droit interne des États. Cependant, les engagements des États de l'article 5 du traité révisé posent implicitement le primat du droit communautaire sur le droit interne des États.

internationaux qu'elle a d'ailleurs citée et rappelée dans son rendu du 13 juillet 2015.

En effet, dans l'observation générale des 25 et 27 août 1996 du Comité des droits de l'homme des Nations Unies, organe de contrôle du pacte international relatif aux droits civils et politiques, adoptée au paragraphe 4 de l'article 40, avait jugé, « *l'application effective du droit et de la possibilité de se porter candidat à une charge élective aux personnes ayant le droit de voter un libre choix de candidats. Toute restriction au droit de se porter candidat doit porter sur des critères objectifs et raisonnables. Les personnes qui à tous égards seraient éligibles ne devraient pas se voir privées de la possibilité d'être élues par des conditions déraisonnables ou discriminatoires. Nul ne devrait subir de discrimination ni être désavantagé en aucune façon pour être porté candidat* »[887]. Le Comité a conclu à l'obligation du respect des droits contenus dans l'article 40 paragraphe 4 du pacte international relatif aux droits civils et politiques.

Plus récemment dans son arrêt du 6 janvier 2011, *Aff.* Paksas contre Lituanie, cité par le juge de la CJC dans la même décision, la Cour Européenne des Droits de l'Homme (CEDH), «*juge compréhensible qu'un État considère qu'une violation grave de la constitution ou un manquement au serment constitutionnel revêtent un caractère particulièrement sérieux et appellent une réponse rigoureuse lorsque son auteur est détenteur d'un mandat public (...). Cela ne suffit toutefois pas pour convaincre la Cour que l'inéligibilité définitive et irréversible qui frappe le requérant en vertu d'une disposition générale répond de manière proportionnée aux nécessités de la défense de l'ordre démocratique* »[888]. La CEDH réaffirmait ainsi sa position sur la liberté d'expression, d'opinion du peuple sur le choix du corps législatif. Elle consolidait une jurisprudence du 22 septembre 2004 (paragraphe 104 et suivants), *Aff.* Aziz contre Chypre. La CJC a fait appel à toutes ces jurisprudences, pour donner son rendu dans cette affaire emblématique. La CJC s'inspire largement de la CEDH pour rendre ses décisions. Mais en réalité, comme nous le verrons, elle n'a pas le même courage que cette dernière.

---

[887] Voir l'arrêt N° ECW/CCJ/JUG/16/15 du 13 juillet 2015 paragraphe 29 www.courtecowas.org, consulté le 17/03/2017, paragraphe 35

[888] Ibid.

Les trois organes juridictionnels que nous avons cités dans le cadre de notre analyse ont des missions identiques : la protection des droits de l'homme, à des niveaux géographiques différents. Le comité des droits de l'homme assure une fonction contentieuse lorsqu'il agit dans le cadre des allégations de violations des droits de l'homme contenues dans le pacte international relatif aux droits civils et politiques[889].

La CJC de la CEDEAO est une juridiction communautaire, compétente pour connaître des cas de violations des droits de l'homme dans les États membres de la CEDEAO ; mais rien que ça. La CEDH est une juridiction de protection des droits de l'homme du Conseil de l'Europe et du Comité des Droits de l'Homme de l'ONU, un organe juridictionnel international de protection des droits de l'homme.

En jugeant que la loi électorale du Burkina était contraire aux normes du droit communautaire, le juge communautaire a incontestablement franchi le pas, en exerçant ni moins ni plus, qu'un contrôle de conventionalité supranational.Si les États respectaient leurs engagements, une norme du droit interne déclarée contraire aux normes du droit communautaire par la CJC[890] n'a plus vocation à exister dans

---

[889] C. SANTULLI, *Droit du contentieux international*, 2e éd. LGDL Lextenso éditions 2015, p.18.

[890] Les arrêts rendus par la Cour Commune de justice sont exclus d'appels. Cependant, ils peuvent faire l'objet d'un pourvoi en révision. Ils ont un caractère obligatoire sur les États et les personnes physiques et morales. Les décisions de la Cour ont l'autorité de la chose jugée. Il était important de rappeler ce caractère même si pour certains, cette question ne devrait pas se poser pour une décision de justice qui est censée revêtir ce caractère *erga omnes*. Le traité révisé de 1993 rappelle dans son article 15 paragraphe 4, la force obligatoire des décisions de la Cour : « *Les arrêts de la Cour de Justice ont force obligatoire à l'égard des États membres, des Institutions de la Communauté, et des personnes physiques et morales* ». Elle est reprise par l'article 62 du règlement intérieur de la Cour de Justice. Les décisions rendues par la Cour Commune de Justice sont sans appel et exécutoires rappelle le traité révisé de 1993 en son article 76 paragraphe 2. Cependant, malgré ces dispositions communautaires sur le caractère des arrêts de la Cour Communautaire de Justice, les juges communautaires ont dû poser une jurisprudence en consolidant le caractère de l'absence d'appel de ces décisions pour lever toute ambiguïté. Les États refusent d'exécuter les décisions de la Cour en se fondant sur le respect de leurs constitutions. De l'aveu même du président de la Cour de justice de la CEDEAO, Jérôme Traoré, « *sur l'ensemble des États membres de la CEDEAO, seul le Togo applique rigoureusement toutes les décisions* » de la Cour de justice de la communauté. *Cf. Pour le respect des décisions de la Cour de Justice de la Communauté par les*

le droit positif de l'État membre concerné. Mais nous verrons qu'il va encore plus loin, en se comportant comme un vrai juge constitutionnel supranational aux États.Il s'agit de voir maintenant dans quelle mesure le juge de la CJC, joue son rôle de juge constitutionnel supranational.

Paragraphe 2 : La CJC, une juridiction constitutionnelle supranationale ?

Le juge de la CJC présente les caractéristiques d'un juge constitutionnel supranational. En effet, la constitution détermine l'organisation et le fonctionnement des pouvoirs et proclame les droits et les libertés dont la protection est assurée par un juge constitutionnel. L'une des missions principales du juge constitutionnel interne est de veiller au respect et à la protection des droits de l'homme et des libertés proclamés dans le ou les textes constitutionnels. Le juge de la CJC a pour rôle principal de veiller et de garantir le respect des droits de l'homme et des libertés, et d'exercer un contrôle de légalité sur les actes du droit communautaire. Ses pouvoirs lui confèrent incontestablement les caractéristiques d'un juge constitutionnel supranational. En revanche, cette analyse ne peut trouver son fondement que dans la conception matérielle de la Constitution. Elle peut être aussi élargie à la conception formelle de la constitution, notamment celle du célèbre juriste autrichien Hans KELSEN. Le protocole additionnel sur la démocratie et la bonne gouvernance revêt en réalité la forme d'une convention, mais possédant la substance d'une constitution[891].

De ce fait, le juge de la CJC s'apparenterait véritablement à un juge constitutionnel supranational en raison des matières sur lesquelles il rend la plus grande partie de ses décisions, notamment sur la protection des droits fondamentaux et le contrôle de conformité des lois internes des États aux normes du droit communautaire. Étant compétent pour connaître des questions qui sont de nature constitutionnelle, la protection des droits fondamentaux, le contrôle de conformité des lois

---

institutions et les États membres, article du 21/05/2017 www.ecowas.int consulté le 2/06/2017.

[891] W. LIU, *Les méthodes d'interprétation dynamique de la Convention européenne des droits de l'homme utilisées par la Cour européenne des droits de l'homme*, p.113 cité par C. SANTULLI, *Droit du contentieux international*, op. cit., p.105.

internes des États au droit communautaire fait de lui implicitement un juge constitutionnel supranational.

À l'inverse de la CEDH en droit comparé, l'une des particularités des juges d'Abuja réside dans leur compétence à veiller et à garantir le respect des droits fondamentaux et le bon fonctionnement des institutions et des pouvoirs publics.

Les juges d'Abuja apparaîtraient ainsi comme des juges supra constitutionnels. La Cour opère ainsi un contrôle constitutionnel supranational sur les lois internes des États dans le cadre de la protection des droits de l'homme et des libertés. Comme nous l'avons déjà vu dans l'arrêt N° ECW/CCJ/JUD/06/10 du 18 novembre 2010, *Aff.,* Hissène HABRÉ contre République du Sénégal et très récemment dans l'arrêt N° ECW/CCJ/JUG/16/15, *Aff.,* CDP et autres contre l'État du Burkina.

Et c'est de là qu'il existe une grosse difficulté pour les juges. Il s'agit d'une vraie difficulté d'application de leurs décisions. La Cour rend des décisions sur des questions spécifiques qui relèvent de l'ordre interne des États, de la compétence exclusive des juridictions spéciales, plus particulièrement des juges constitutionnels. Bien que le droit communautaire n'exige pas l'épuisement des voies de recours internes comme condition de recevabilité des requêtes, les juges de la CJC sont très largement saisis après l'échec devant les juges constitutionnels internes des États. Très généralement, les requérants les saisissent lorsqu'ils épuisent les voies de recours internes. Ce qui semble également conférer aux juges d'Abuja le caractère de juge constitutionnel supranational.

Pour refaire du droit comparé, à l'inverse des juges de la CEDH, qui eux, peuvent exercer un contrôle sur les juridictions constitutionnelles des États, en tout cas depuis son arrêt du 23 juin 1993 *Aff.,* Ruiz Mateo contre l'État d'Espagne, dans lequel les juges de Strasbourg avaient jugé que la procédure suivie devant le tribunal constitutionnel espagnol était contraire à l'article 6 paragraphe 1 de la CEDH[892], les juges de la Cour de Justice de la Communauté de la CEDEAO n'ont pas encore eu

---

[892] G. TUSSEAU, *Le pouvoir des juges constitutionnels in* M. TOPER et D. CHAGNOLLAUD, *Traité international de droit constitutionnel* Tome 3, éd., Dalloz 2012, p.236.

le courage d'exercer un contrôle direct sur le juge Constitutionnel d'un État membre.

Cependant, à la lumière de l'arrêt N° ECW/CCJ/JUD/09/11 du 7 octobre 2011 de la Cour de justice de la CEDEAO *Aff.*, des députés démissionnaires de l'Assemblée Nationale togolaise, les juges d'Abuja ont franchi un premier pas symbolique, en procédant à un contrôle implicite sur la Cour Constitutionnelle togolaise, en désavouant l'arrêt que celle-ci avait rendu précédemment dans cette affaire.

La portée de cette décision de la CJC sur la jurisprudence communautaire, mais surtout, la jurisprudence constitutionnelle interne nécessite un examen approfondi. Ainsi, nous verrons que le juge de la CJC est un juge constitutionnel supranational au regard de sa jurisprudence (A). Toutefois, il faut tempérer ce propos, nous observerons à cet effet que cette supra-constitutionnalité de la Cour de Justice de la communauté est particulièrement altérée (B).

A. La supra-constitutionnalité de la Cour de justice de la CEDEAO

Il convient ainsi de faire un bref rappel des faits de la jurisprudence sur laquelle nous focaliserons notre propos pour comprendre le contexte politique et juridique de la saisine du juge communautaire, avant de faire une analyse approfondie de cette décision qui conduit à dire que le juge communautaire se comporte comme un juge supra constitutionnel.

1. Rappel des faits

Lors des élections législatives togolaises du 14 octobre 2007, l'Union des Forces du Changement (UFC) conduit par Gilchrist OLYMPIO, principal parti politique de l'opposition, a obtenu 27 sièges de députés à l'Assemblée Nationale[893]. Cependant, une dissidence est née au sein de cette formation politique. Elle est survenue lorsqu'une partie des membres de l'UFC ont décidé de rejoindre la majorité présidentielle. Ces députés dissidents formèrent un nouveau groupe parlementaire à l'Assemblée Nationale. En octobre 2010, vingt (20) députés des 27 de l'UFC démissionnent de l'UFC et de son groupe parlementaire. Ces députés démissionnaires créent un nouveau parti politique, l'Alliance Nationale pour le Changement (ANC) et un nouveau groupe parlementaire à l'Assemblée Nationale, portant le même nom. En novembre 2010, la Cour Constitutionnelle togolaise est saisie par le président de l'Assemblée Nationale pour constater la vacance de neuf (9) sièges de députés. Le président de l'Assemblée Nationale fournit à l'appui de sa saisine, une lettre de démission de leurs fonctions des (9) députés par les soins du nouveau président du groupe parlementaire UFC. Ces députés ont reconnu avoir démissionné de l'UFC, mais contestaient leur démission de l'Assemblée Nationale. C'est donc l'authenticité de cette lettre de démission adressée par le président de l'Assemblée Nationale à la Cour Constitutionnelle qui était au cœur de cette procédure.

2. La multiplication de la saisine du juge constitutionnel togolais

L'affaire des « *vrai-faux* »[894] députés démissionnaires de l'Assemblée Nationale du Togo a donné lieu à une succession de procédures devant le juge constitutionnel togolais et devant des instances juridictionnelles ordinaires du Togo, et devant les instances juridictionnelles et extrajuridictionnelles internationales auxquelles le Togo est partie. Le président de l'Assemblée Nationale togolaise saisit la Cour Constitutionnelle togolaise le 17 novembre 2010 aux fins de constatation de la vacance de 9 sièges de députés. Le 18 novembre 2010, la Cour Constitutionnelle adresse une lettre au président de l'Assemblée Nationale dans laquelle elle indique les irrégularités

[893] L'Assemblée Nationale du Togo comprenait 81 députés en 2010. À la suite de nouvelles réformes opérées en 2012, ce nombre a été porté à 91.

[894] Pour reprendre une formule de S. BOLLE, La Cour de Justice de la CEDEAO, une Cour (supra)

qu'elle constate sur la lettre de démission des (9) députés. Le président de l'Assemblée Nationale ne donne aucune suite à cette lettre.

Malgré l'absence de réponse du président de l'Assemblée Nationale, la Cour Constitutionnelle procède à l'examen de la requête, portant le N° 040-G et rend la décision n° E-018/10 le 22 novembre 2010, dans laquelle, elle constate les vacances des (9) sièges de députés concernés et procède à leur remplacement conformément aux dispositions du code électoral togolais. Le 9 juin 2011, le président de l'ANC, député contestant sa démission, a saisi la Cour Constitutionnelle par la lettre N° 246/ANC/PN-SG demandant à la Cour de prendre les dispositions utiles en vue de rétablir les députés de l'ANC dans leurs fonctions conformément à la décision « *confidentielle* » de la 133e session du Comité des droits de l'homme de l'Union Interparlementaire (UIP), tenue du 15 au 19 avril 2011 à Panama[895]. Dans sa décision N° E002/2011 du 22 juin 2011, le juge constitutionnel togolais a rejeté ce recours en se fondant sur l'article 104[896] et 106[897] de la Constitution de 1992 modifiée. La référence du juge constitutionnel togolais à l'article 104 de la constitution togolaise de 1992 modifiée était discutable. En effet, la saisine du juge constitutionnel togolais est ouverte exclusivement à certaines autorités, dont le Président de la République, le Premier ministre, le Président de l'Assemblée Nationale et 1/5 des députés, ne concerne que les procédures relatives au contrôle de constitutionnalité des lois et des règlements des assemblées. En l'espèce, la saisine du président de l'ANC n'est pas une procédure de contrôle de constitutionnalité, mais plutôt une procédure exceptionnelle sur laquelle le constituant a été silencieux.

En l'absence de référence permettant d'avancer à ce sujet dans la constitution de 1992 modifiée, le juge constitutionnel a adopté cette

---

[895] Voir le paragraphe 1 de la N°E-002/2011 du 22 juin 2011 de la Cour Constitutionnelle du Togo.

[896] En matière de contrôle de constitutionnalité des lois, la Constitution togolaise stipule en son article 104 : « *Les lois peuvent avant leur promulgation, lui être déférées par le président de la République, le Premier ministre, le président de l'Assemblée nationale ou un cinquième (1/5) des membres de l'Assemblée Nationale* »

[897] La Constitution togolaise de 1992 modifiée dispose en son article 106 : « *Les décisions de la Cour constitutionnelle ne sont susceptibles d'aucun recours. Elles s'imposent aux pouvoirs publics et à toutes les autorités civiles, militaires et juridictionnelles* ».

démarche critiquable. En revanche, la référence à l'article 106 était justifiée. Les décisions de la Cour Constitutionnelle s'imposent à tous les pouvoirs et à toutes les autorités togolaises.

Le recours à cette disposition inclut celle de l'article 99 de la même Constitution. Le juge constitutionnel togolais est l'organe régulateur du fonctionnement des institutions et de l'activité des pouvoirs publics. Ainsi, le respect des décisions de la Cour Constitutionnelle s'impose à elle-même en premier lieu. Dans l'incapacité d'obtenir l'annulation de la décision du juge constitutionnel pour reprendre leurs sièges, les *« vrais-faux »* députés démissionnaires ont saisi la CJC. Dans son arrêt rendu dans cette affaire, la CJC s'est référée au règlement intérieur de l'Assemblée Nationale togolaise, en ses dispositions de l'article 6[898]. Elle explique qu'au regard de cette disposition, rien n'empêche un député de présenter sa démission par lettre adressée au Président de l'Assemblée Nationale. Se référant à cet article, la CJC a ainsi émis un doute sur l'authenticité de la lettre de démission des députés démissionnaires[899]. En outre, elle a fait appel à l'article 6 du règlement intérieur de l'Assemblée Nationale pour invalider cette lettre. Pour apprécier la validité de la lettre de démission contestée, la CJC s'est fondée sur des textes du droit interne de l'État togolais pour désavouer implicitement la décision rendue par les juges constitutionnels. En procédant ainsi, n'est-ce pas une consécration de sa supra-constitutionnalité ? Pas si loin, mais elle n'a pas tort.

Les exemples de jurisprudences que nous venons d'étudier ne constituent pas des cas isolés consacrant le juge de la CJC, un juge supra-constitutionnel.

Nous citons également l'affaire Mamadou TANDJA contre Salou DJIBO et l'État du Niger. En fait, on observe que les juges de la CJC rendent des décisions sur des matières qui relèvent de la compétence des juges constitutionnels internes.

En 2010, dans *l'Aff.* Mamadou Tandja contre Salou DJIBO et l'État du Niger, le juge de la CJC a jugé obligatoire le respect des droits d'un

[898] Paragraphe 58 et s. de l'arrêt N° ECW/CCJ/JUD/09/11 du 7 octobre 2011.
[899] Paragraphe 60 ibid.

ancien président, même chassé du pouvoir par un coup d'État, alors que la CEDEAO rejette et condamne toute prise de pouvoir par la force.

Ainsi, au regard de tout ce qui précède, nous observons avec le juriste français Stéphane BOLLE que la CJC rend des arrêts sur des questions constitutionnelles et précipite une forme de communautarisation du droit constitutionnel de chacun des États membres[900].

En dépit des critiques qu'on peut lui adresser, le juge de la CJC s'efforce de protéger les droits de l'homme et des libertés dans l'ensemble des États de la communauté, parfois, en se comportant indirectement comme un juge constitutionnel supranational aux États. Il évite soigneusement de l'affirmer, pour ne pas frustrer les États, et compromettre davantage l'application des décisions. En s'engageant dans un instrument juridique international, l'État accepte volontairement de limiter sa souveraineté en s'obligeant par ces instruments internationaux envers d'autres États[901]. Cette volonté de limiter sa souveraineté à travers son engagement international devait obliger les États membres de la CEDEAO à respecter et à exécuter les décisions de la CJC. Ce principe a pour corollaire de mettre le droit communautaire au-dessus du droit interne des États. Il tend à créer un droit constitutionnel supranational aux États[902] et par ricochet, faire du juge communautaire appliquant le droit communautaire un juge supraconstitutionnel ou juge constitutionnel supranational. Et pourtant, on aurait noté que la CJC se heurte à une vive résistance des États dans l'application de ses décisions, alors même que celle-ci fait beaucoup d'efforts pour ménager les États.

En effet, les questions constitutionnelles ont longtemps été réservées à la sphère de la souveraineté exclusive des États. Le droit international contemporain s'immisce progressivement dans ces domaines régaliens des États. Cette immixtion du droit international dans ces domaines doit être exprimée explicitement dans des instruments juridiques. Le protocole relatif aux mécanismes de prévention, de gestion, de règlement des conflits de maintien et de la sécurité, le protocole additionnel A/SP1/12/01 sur la démocratie et la bonne gouvernance et

---

900 S. BOLLE, *La Cour de Justice de la CEDEAO, une Cour (supra) constitutionnelle* ? op. cit.

901 G. PHILIPE et S. GUY, *Droit public*, 15e édition Sirey 2006, p.16.

902 Ibid.

le protocole A/P.1/7/91 portant création de la CJC amendé, constituent les textes qui légitiment l'immixtion de la CEDEAO dans ces domaines réservés à la sphère de la souveraineté des Etats. En rendant des décisions sur des questions constitutionnelles, les décisions de la CJC courent davantage le risque de rester inexécutée. Elle s'érige en juge supra-constitutionnel avec le risque de l'inexécution de sa décision. Son autolimitation et son manque de courage qu'on aurait relevé ont pour but de donner un peu de chance afin que ses décisions soient exécutées par l'État concerné.

Dans son arrêt historique du 7 octobre 2011 que nous avons cité, dans lequel la CJC a constaté que le juge constitutionnel togolais n'avait pas dit le droit, en rendant la décision N°E-018/2010 du 22 novembre 2010, que l'Etat togolais a violé le droit fondamental des députés *« vrai-faux »* démissionnaires, à être entendu tel que prévu par les articles 19 de la Déclaration Universelle des droits de l'homme et 7 de la Charte africaine des droits de l'homme et des peuples auxquels le protocole A/SP1/12/01 renvoie. En conséquence, il a condamné l'État togolais à réparer la violation des droits de l'homme des députés *« vrai-faux »* démissionnaires et à verser à chacun d'eux, une compensation financière, totalement insignifiante, d'un montant de trois millions de francs CFA, sans avoir été capable d'ordonner à l'État du Togo la réhabilitation des *« vrai-faux »* députés démissionnaires.

Mais dans la célèbre décision ECW/CCJ/JUD/05/10 du 8 novembre 2010 rendue dans l'affaire Mamadou TANDJA contre Salou et l'État du Niger, on a l'impression qu'il commence à s'agacer de certaines violations de droits de l'homme. Raison pour laquelle, il a tenté de rappeler aux États dans des termes moins vexatoires, le primat du droit communautaire sur le droit interne des États.

En effet, Mamadou TANDJA est élu président de la République du Niger le 24 novembre 1999 pour un mandat de cinq ans. Il est réélu le 4 décembre 2004 pour son dernier mandat autorisé par la constitution de 1999 du Niger[903]. En juin 2009, il engage une réforme constitutionnelle, lui permettant de se maintenir au pouvoir trois années supplémentaires. Cette tentative de réforme constitutionnelle aboutit à une crise politico-institutionnelle. C'est dans ce contexte que le

---

[903] Voir Article 36 de la constitution de 1999 modifiée

18 février 2010, un groupe de militaires conduit par le général Salou DJIBO renverse par la force le gouvernement de Mamadou TANDJA. Les militaires placent l'ancien président en résidence surveillée. Ce dernier et ses conseils saisissent le 14 juillet 2010 la CJC aux fins qu'elle constate des violations de droits de l'homme à son égard pour l'avoir arrêté le 18 février 2010 et maintenu en détention depuis cette date sans jugement ni inculpation[904]. Dans un long réquisitoire, les conseils du requérant et ceux de la défense se livrent une procédure complexe. Dans sa décision, la CJC a rappelé avec fermeté, que les droits d'un ancien président doivent être respectés fut-il chassé du pouvoir par la force[905]. L'ancien président avait dissous certaines institutions, notamment la Cour constitutionnelle, provoquant une crise institutionnelle. Pour la Cour, l'absence de celles-ci ne saurait justifier l'absence de procédure juridique contre le requérant. En d'autres termes, un État ne peut pas invoquer son droit interne ou le dysfonctionnement de ses institutions pour justifier le non-respect d'une obligation internationale. En conséquence, elle a ordonné à l'État du Niger de libérer Mamadou TANDJA, tout en réaffirmant le caractère obligatoire de ses décisions.

Au regard de ces jurisprudences, qu'il nous soit permis de paraphraser Stéphane BOLLE : « *En Afrique de l'Ouest, tout gouvernant, tout droit constitutionnel sera justiciable de la question suivante : êtes-vous CEDEAO-compatible* ? ». Ces décisions donnent à espérer sur l'avenir de la protection des droits de l'homme sur cette partie du continent, mais il faut tempérer le propos, qui consiste à dire que la CJC est une Cour supranationale.

B. Une supra-constitutionnalité altérée

Les décisions des juges d'Abuja dans des affaires qui touchent le droit constitutionnel des États soulèvent un conflit de droit et de juridictions. Nous l'avons fort constaté un peu plus haut que les constitutions des

[904] Voir, Paragraphe 2 de la décision ECW/CCJ/JUD/05/10 du 8 novembre 2010. www.courtecowas.org consulté le 17/03/2017

[905] www.la-constitution-en-afrique.org consulté le 20/03/201.

États consacrent le primat des traités sur les lois internes dans la hiérarchie des normes[906]. Par contre, on aurait observé qu'elles sont silencieuses sur la hiérarchie entre la norme internationale et la constitution. Dans le silence du droit interne, la pratique interne des États semble consacrer le primat de la constitution sur la norme internationale. La question paraît plus complexe lorsqu'elle touche des questions relevant de la compétence exclusive du juge constitutionnel. Les juges constitutionnels de ces États ont reçu du constituant des attributions sur des questions constitutionnelles qui peuvent se regrouper en trois catégories : une compétence relative au contrôle de constitutionnalité (a priori et a posteriori), une compétence relative à la régulation des pouvoirs publics, la régularité des élections, les conflits d'attributions entre les institutions, etc., et la garantie de la protection des droits de l'homme. Chaque attribution est soumise à une procédure spéciale. Au regard de ces attributions, ainsi que la procédure spéciale selon la matière contentieuse ou extra-contentieuse des juridictions constitutionnelles, le conflit entre la norme internationale et la norme constitutionnelle constitue la plus grande difficulté d'exécution des décisions de la CJC lorsque les questions relèvent exclusivement des attributs du juge constitutionnel. Les constitutions de l'ensemble des trois États étudiés ont un point commun sur les caractères des décisions des juges constitutionnels.

Elles s'imposent à tous les pouvoirs politiques, civils et militaires, et ne peuvent faire l'objet d'aucun recours, ni en appel ni en révision. C'est donc un principe constitutionnel, la force obligatoire et contraignante des décisions des juges constitutionnels. Alors que la force obligatoire et contraignante des décisions CJC sur les États est conventionnelle. Et aussi le juge constitutionnel ne peut pas s'autosaisir. L'interdiction de l'auto-saisine du juge constitutionnel est une exigence constitutionnelle dans ces États. L'équation est difficile à résoudre pour les États. Comment respecter son engagement conventionnel sans pour autant violer sa propre constitution ?

---

[906] Article 171 de la Constitution du Niger de 2011 ; article 140 de la Constitution du Togo de 1992 modifiée ; article 91 de la constitution du Sénégal de 2001 modifiée « Les traités et accords régulièrement ratifiés ont, dès leur publication, une autorité supérieure à celle des lois, sous réserve pour chaque accord ou traité de son application par l'autre partie ».

La solution qui s'offre à l'État, c'est de demander l'avis du juge constitutionnel pour lui permettre de se prononcer. La difficulté qui peut naître de cet avis réside dans son caractère contraignant et la force de celui-ci vis-à-vis des pouvoirs publics. En règle générale, les avis du juge constitutionnel ne constituent pas des arrêts. Ils ont des caractères et une force relative à l'inverse des décisions qui ont une force obligatoire et absolue. Le conflit entre la norme internationale et la constitution n'est pas clos. En attendant qu'une solution définitive soit dégagée par les juges constitutionnels, les décisions des juges d'Abuja touchant des questions constitutionnelles continuent de rester inexécutées au grand dam de ceux-ci.

Cependant, la CEDEAO dispose d'un cadre juridique de mesures coercitives, lui permettant d'exiger l'exécution des décisions rendues par les juges de la CJC. Ces mesures coercitives de l'exécution forcée des décisions des juges de la CJC semblent toutefois obsolètes.

L'incapacité des juges communautaires et de la CEDEAO elle-même, à exiger le respect des décisions rendues par la Cour, a conduit l'organisation à procéder à des réformes sur le protocole instituant cette Cour[907], qui se sont révélées elles aussi insuffisantes.

---

[907] La réforme de 2005 permet à la CEDEAO, la possibilité d'une exécution forcée des décisions rendues par les juges communautaires. Le protocole additionnel A/SP.1/01/05 portant amendement du préambule, des articles 1er, 2, 9, 22 et 30 du protocole A/P1/7/91 relatif à la Cour de Justice de la Communauté, ainsi que le paragraphe 1 de la version anglaise prévoient la possibilité d'une exécution forcée des décisions de la Cour de Justice Communautaire. Cette réforme a introduit dans son article 6, une nouvelle disposition qui devient l'article 24 du protocole de la Cour de Justice. Ce nouvel article 24 du protocole a introduit les voies d'exécution des arrêts de la Cour de justice y compris l'exécution forcée : « *Les arrêts de la Cour qui comportent à la charge des personnes ou des États, une obligation pécuniaire, constituent un titre exécutoire. L'exécution forcée, qui sera soumise par le Greffier du tribunal de l'État membre concerné, est régie par les règles de procédure civile en vigueur dans ledit État membre. La formule exécutoire est apposée, sans autre contrôle que celui de la vérification de l'authenticité du titre par l'autorité que le gouvernement, que chacun des États membres désignera à cet effet. Les États membres désigneront l'autorité nationale compétente pour recevoir ou exécuter la décision de la Cour et notifieront cette désignation à la Cour. L'exécution forcée ne peut être suspendue qu'en vertu d'une décision de la Cour de Justice de la*

Le protocole instituant la Cour de justice de la communauté tel qu'amendé en 2005 semble privilégier l'exécution pécuniaire sur les autres formes d'exécutions forcées[908]. Elle renvoie la procédure d'exécution forcée à la procédure civile interne des États, curieux quand même. En d'autres termes, l'exécution forcée des arrêts de la CJC est régie par le droit civil interne des États.

C'est là l'origine du conflit entre le droit interne et la norme communautaire. Alors que la procédure civile ne régit que les décisions rendues par les juridictions de droit commun dans l'ordre interne des États, elle ne peut pas s'appliquer à des décisions des juridictions constitutionnelles.

Dans le cadre européen, nous faisons un comparatif ; l'UE a opté pour une exécution forcée des arrêts de la Cour Communautaire pour s'assurer de leur respect. En effet, lorsque la Cour de justice européenne constate qu'un État n'a pas exécuté un arrêt, elle peut le condamner à payer une astreinte ou un montant forfaitaire. On trouve également une solution posée par le droit international qui offre des solutions alternatives communautaires et internationales à la CEDEAO pour obtenir l'exécution des arrêts de la CJC. Les solutions alternatives d'exécution forcée des arrêts de la Cour peuvent se situer à deux niveaux : le cadre communautaire et le cadre international.

La force obligatoire des arrêts de la Cour à l'égard des États membres est consacrée par l'article 15 paragraphe 4 du traité révisé de 1993[909]. Il résulte de l'article 5 du même traité révisé, l'engagement des États membres à honorer leurs obligations en respectant les décisions et les règlements de la Communauté. L'article 20 du protocole instituant la Cour de Justice de la CEDEAO précise également que les États membres et les institutions de la Communauté sont tenus de prendre toutes les mesures nécessaires de nature à assurer l'exécution des décisions de la Cour. Aux termes de l'article 77 du traité révisé, il existe

---

Communauté » ; Article 6 du protocole additionnel A/SP.1/01/05 portant amendement du préambule, des articles 1er,2,9,22, et 30 du protocole A/P1/7/91 relatif à la Cour de Justice de la Communauté, ainsi que de l'article 4 paragraphe 1 de la version anglaise.

[908] Ibid. paragraphe 1.

[909] Article 15 paragraphe 4 du traité révisé : « *Les arrêts de la Cour de justice ont force obligatoire à l'égard des États membres, des Instituions de la Communauté et des personnes physiques et morales* ».

une série de sanctions contre un État membre qui ne respecte pas son engagement communautaire. La série de mesures coercitives énumérées par le traité révisé de 1993 peut être regroupée en deux blocs : les sanctions financières[910] et les sanctions politiques[911]. Ces sanctions ne peuvent être adoptées que par la conférence des chefs d'États et de Gouvernements. En application de ces dispositions, l'organisation a adopté l'acte additionnel A/SA.13/02/12 portant regime des sanctions à l'encontre des Etats qui n'honorent pas leurs obligations vis-à-vis de la CEDEAO. Ce texte fixe le régime de sanctions à l'encontre des États qui ne respectent pas leurs obligations communautaires. Les sanctions sont politiques, juridiques et économiques, voire militaires, sur certaines questions. La conférence des chefs d'États et de Gouvernements n'a jamais sanctionné un État membre, parce qu'il n'a pas exécuté une décision de la Cour.

Le traité révisé de 1993 et l'Acte additionnel A/SA.13/02/12 permettent aux Etats de pouvoir apporter des circonstances indépendantes de la volonté de l'Etat justifiant la raison pour laquelle ils n'ont pas pu exécuter la décision de la Cour. Ces circonstances doivent être énumérées dans un rapport circonstancié établi par un organe indépendant et présenté au président de la Commission de la CEDEAO[912]. L'admission de ces circonstances indépendantes est à l'appréciation de la conférence des chefs d'États et de Gouvernements.

La CEDEAO dispose également des moyens juridiques internationaux qui lui permettent d'obtenir une exécution forcée des arrêts de la CJC. Sur le plan international, l'inexécution des arrêts de la Cour par un État membre est soumise au régime juridique de la responsabilité pour fait international illicite.

Trois conséquences découlent du régime juridique de la responsabilité internationale des États : l'obligation de la cessation de l'illicite,

---

[910] Article 77 paragraphe 2 : « *Les sanctions peuvent comprendre, i) la suspension de l'octroi de tout nouveau prêt ou de toute nouvelle assistance par la communauté ; ii) la suspension de décaissement pour tous les prêts, pour tous projets ou programmes d'assistance communautaires en cours* » ;

[911] Ibid. « iii) *Le rejet de la présentation de candidature aux postes statutaires et professionnels, iv) la suspension du droit de vote, et v) la suspension de la participation aux activités de la communauté* ».

[912] Ibid. paragraphe 3

l'obligation de réparer et l'obligation de non-répétition du fait illicite[913]. L'obligation de réparer apparaît comme la sanction ordinaire de la violation du droit[914] dans les relations internationales. L'obligation de réparation semble prioritaire pour les États dans la mise en œuvre de la responsabilité internationale des États.

Pour Pierre-Marie DUPUY et YANN KERBAT, la responsabilité internationale échappe totalement au juge international[915]. La responsabilité internationale des États membres échappe complètement à la CJC, à la différence du droit interne des États. Très généralement dans la pratique des États, elle intervient dans le cadre extra-contentieux[916]. Dans le cadre de la CEDEAO, la responsabilité internationale pour l'inexécution d'une décision de la Cour échappe largement au juge communautaire. Le droit communautaire renvoie cette responsabilité internationale dans le cadre extra-contentieux. Les sanctions que les États de la CEDEAO peuvent prendre à l'encontre d'un État membre pour l'inexécution de son obligation relative à l'inexécution d'une décision de la Cour sont mal définies aussi bien dans leur contenu que dans leur modalité de mise en œuvre. La prohibition du recours à la force par le droit international a pour conséquence l'absence d'un organe d'exécution forcée dans la mise en œuvre des sanctions en droit international.

L'inexécution des décisions de la CJC par les États entrave considérablement non seulement la sous-régionalisation de la démocratie en Afrique de l'Ouest, mais aussi et surtout la protection des droits de l'homme et des libertés. Alors que la Cour de Justice de la CEDEAO avait suscité beaucoup d'admiration lors de l'amendement en 2005 du protocole l'instituant, grâce à ces innovations sur la protection des droits de l'homme. L'espoir et l'admiration de la CJC ont ainsi pris de l'eau. Il faut noter également une autolimitation de la Cour de la justice de la Communauté[917] qui ne semble pas plaider en sa faveur. En effet, dans son arrêt N° ECW/CCJ/JUD/06/12 du 13 mars

---

[913] P. M. DUPUY et Y. KERBAT, *Droit international public* op. cit., p.506.
[914] Ibid.
[915] Ibid.
[916] Ibid. p.507.
[917] Voir à ce propos, le commentaire de S. BOLLE, « *Quand la Cour de justice de la CEDEAO s'autolimite* » www.la-constitution-en-farique.org consulté le 20/04/2016.

2012, la CJC a refusé d'ordonner la réintégration des députés « *vrais-faux* » démissionnaires du Togo comme nous l'avons observé. Cela constituerait selon la CJC, une injonction à la Cour Constitutionnelle[918], puisque cette analyse semble déduire le primat du droit interne sur le droit communautaire. Ainsi, la CJC semble refuser de s'ériger en juge constitutionnel supranational. Il ressort de nos constats que la CJC s'est autolimitée[919] à plusieurs reprises, alors qu'elle a eu de bonnes occasions pour rendre des décisions sur des questions constitutionnelles qui lui auraient permis de s'affirmer et de s'imposer en véritable juge supra-constitutionnel aux États. Mais il a toujours manqué les occasions qui lui ont été offertes, certainement pour se donner un minimum de chances que sa décision soit exécutée. La Cour s'inspire de la CEDH, mais elle manque le courage de cette dernière qui s'est imposée au fil de sa jurisprudence, en juge supranational capable de censurer le juge constitutionnel interne.

CONCLUSION DE LA PREMIERE PARTIE

Au regard de ce tout qui précède, il ressort que la CEDEAO est un modèle d'intégration, notamment de la démocratie, de la bonne gouvernance et de la protection des droits de l'homme et des libertés en Afrique dont les autres communautés économiques sous- régionales s'inspirent largement[920]. Cet engagement s'est traduit par la mise en place de normes juridiques standards supranationales auxquelles les politiques et les législations internes des États membres doivent être conformes. Elle a réussi à limiter considérablement la souveraineté des États membres, en s'ingérant légitimement dans la gestion des affaires relevant initialement de la compétence exclusive de ceux-ci. Toutefois, ce mérite ne doit pas éclipser les lacunes et les faiblesses de

---

918 Ibid.

919 Voir à ce propos, le commentaire de S. BOLLE, *Quand la Cour de Justice de la CEDEAO s'autolimite*, 8 avril 2012, www.la-constitution-en-farique.org consulté le 20/04/2016.

920 La SADEC (Communauté de Développement d'Afrique Australe) par exemple s'inspire largement de la CEDEAO en s'impliquant contre les changements anticonstitutionnels de gouvernement depuis celui de mars 2009 à Madagascar.

l'intégration de la démocratie, de la bonne gouvernance et de la protection des droits de l'homme et des libertés en Afrique de l'Ouest.

En effet, d'une part, les normes du droit communautaire sur la démocratie, singulièrement celles qui concernent la prévention des changements anticonstitutionnels de pouvoir sont particulièrement lacunaires. Le droit communautaire de la CEDEAO est un droit conventionnel particulièrement « mou »[921]. Autrement dit, le droit de la CEDEAO relève du « *soft law* », simplement parce qu'il repose largement sur le volontarisme des États.

D'autre part, l'organisation a créé trop d'institutions et d'organes politiques complémentaires qui agissent dans la sous-régionalisation de la démocratie. Trois situations se dégagent de cette pléthore d'institutions et d'organes. Premièrement, il existe une concentration des pouvoirs de l'organisation aux mains de la Conférence des chefs d'États et de Gouvernements. En second, on a vu que la Commission est réduite à un simple organe chargé de l'exécution des tâches administratives quotidiennes de l'organisation. On demande à la Commission à travers son président de faire tout, alors qu'on ne lui a pas donné les moyens juridiques[922] de la politique communautaire de ses attributions. Autrement dit, le président de la Commission n'a pas été doté des moyens juridiques à la hauteur de ses attributions. Le poids des chefs d'États et de Gouvernements à la fois dans l'élaboration et la mise en œuvre des normes du droit communautaire originaire et dérivé semble conduire à la fragilisation de cette organisation. Ce poids aboutit à la fragilisation des normes du droit communautaire face à des facteurs sociaux, politiques et économiques non négligeables. Pour faire du comparatif, l'une des forces de la Commission de l'UE, réside particulièrement dans ses pouvoirs et son autonomie qui la rapprochent d'un exécutif national[923]. En effet, le traité de Lisbonne autorise à la

[921] Le droit mou ou soft Law, est un « *texte prenant la forme d'une règle de droit, mais qui se contente de prescrire un comportement sans le rendre expressément obligatoire* ». Voir à ce propos, R. CABRILLAC (dir.), *Dictionnaire du vocabulaire juridique 2012*, op. cit. p.452

[922] À titre illustratif, l'article 47 du protocole relatif aux mécanismes de prévention, de gestion, de règlement des conflits, de maintien de la paix et de la sécurité, stipule que le président de la Commission est responsable de la coordination et de la mise en œuvre de toutes les décisions relatives à la sécurité régionale.

[923] Voir J. P. JACQUE, *Droit institutionnel de l'UE*, 8e éd. Dalloz 2015, p.377.

Commission de l'UE, le pouvoir d'exécution des normes du droit communautaire[924]. À cet effet, elle peut déclencher une action en manquement d'un État membre en saisissant la Cour[925], ce qui n'est pas le cas de la CEDEAO.

Troisièmement, on note un déséquilibre important entre les institutions communautaires. En effet, les institutions communautaires se caractérisent par un déséquilibre marqué par l'absence de contre-pouvoir face à la Conférence des chefs d'États et de Gouvernements. Comme à l'intérieur des États, on note une omniprésence et une omnipotence de la Conférence des chefs d'États et de Gouvernements dans l'appareil institutionnel sous-régional. Le parlement communautaire, institué par le traité révisé de 1993, et l'Acte additionnel A/SA.1/12/16, portant renforcement des prérogatives de celui-ci, qui pouvait jouer ce rôle de contre-pouvoir de la Conférence des chefs d'Etats et de Gouvernements, peine à se faire une véritable place au sein des institutions communautaires. Pour refaire un comparatif, le parlement de l'UE est à la fois une institution co-législatrice avec le Conseil Européen (l'équivalent de la Conférence des chefs d'États et de Gouvernements de la CEDEAO), et constitue aussi un véritable contre-pouvoir face à la Commission, au Conseil Européen et au Conseil de l'Union Européenne (équivalent du Conseil des ministres de la CEDEAO).

Il exerce également un contrôle sur ces institutions[926]. Dans le cadre de la CEDEAO, la Conférence des chefs d'États et de Gouvernements n'a aucun contre-pouvoir. Elle n'est soumise à aucun contrôle à l'exception de ses actes qui peuvent être contestés devant la Cour de Justice de la Communauté.

La conférence des chefs d'États et de Gouvernements met tout en œuvre pour empêcher que le parlement devienne une vraie institution parlementaire dans une démocratie, en remplissant un rôle de législateur et de contrôle de l'exécutif.

---

[924] Ibid.

[925] Ibid., p.400

[926] J.-L. CLERGEREI, A. GRUBER et P. RAMBAUD, *L'Union Européenne*, 10e éd. Dalloz, Paris 2014, pp.145, N°182 et 147, N°184.

On aurait même noté que c'est étonnamment la conférence des chefs d'États et de Gouvernements qui exerce un contrôle absolu sur le parlementaire, alors que celui-ci représente les populations de la communauté, à l'inverse des chefs d'État qui représentent les États. Et aussi, on note un manque de volonté des États dans la réalisation effective de l'intégration communautaire.

En effet, il existe un fossé entre le discours des États au niveau sous-régional et leur volonté à l'interne. Les chefs d'État tiennent un discours très volontariste et de fermeté au niveau sous-régional, mais ils manquent de volonté dans l'exécution de leurs engagements. Cela se caractérise par un laxisme et un manque de fermeté de l'organisation à l'égard des États membres. Les normes de la CEDEAO contre les changements anticonstitutionnels de pouvoir risquent d'être réduites à des « vœux pieux en l'absence de mécanismes répressifs »[927] adéquats. Il faut, en premier lieu, doter la Commission de véritables moyens juridiques permettant d'assurer son indépendance à l'égard de la conférence des chefs d'États et de Gouvernements, afin qu'elle devienne un véritable pouvoir exécutif communautaire, lui permettant également d'exiger aux États le respect de leurs engagements et de leurs obligations communautaires. Comme l'observe à juste titre Matthieu FAU-NOUGARET, il y a un comportement schizophrénique de la part des États qui collectivement ont adopté des textes, mais qu'ils ne veulent pas assumer individuellement[928]. On peut dès lors se demander, qu'elle est la réelle volonté de ces jeunes États de transférer à des organisations supranationales un des éléments fondamentaux de leur souveraineté politique[929]. On a l'impression qu'en Afrique, plus qu'ailleurs, de beaux textes exhaustifs sont élaborés et adoptés, mais dans la pratique, ils s'avèrent être des « coquilles vides » ou d'application laborieuse[930].

---

927 R. BEN ACHOUR, *Rapport introductif* in R. BEN ACHOUR (dir.), *les changements anticonstitutionnels de gouvernement approches de droit constitutionnel et de droit international*, op. cit., p.18.

928 M. FAU-NOUGARET, *Les organisations régionales africaines face aux changements de pouvoir anticonstitutionnels*, in M. FAU-NOUGARET, (dir), *La concurrence des organisations internationales régionales en Afrique*, op. cit. p.433.

929 Ibid.

930 T. TIAW, *La protection internationale des droits de l'homme dans les situations de crises en Afrique : Le droit à l'épreuve des faits*, op. cit., p.294.

En définitive, la CEDEAO est un véritable laboratoire juridique communautaire en Afrique. Elle a mis en place des mécanismes juridiques d'intégration économique qui suscitent intérêt et admiration. Depuis une décennie, elle élabore un droit sous-régionalisant la constitution et un droit électoral supranational, en adoptant des mécanismes juridiques (des textes juridiques, des actes politiques à caractère juridique, des décisions de justice) sous-régionalisant la démocratie et le respect des droits de l'homme en Afrique de l'Ouest. De façon volontariste et assez novatrice, elle communautarise le droit électoral en Afrique de l'Ouest.

Toutefois, les ambitions exprimées par les États dans le droit communautaire, sont limitées par leur volonté interne comme indiqué. La CEDEAO semble manquer de moyens pour imposer aux États leurs obligations conventionnelles communautaires, ce qui continue à fragiliser la CEDEAO.

DEUXIÈME PARTIE

LA GESTION DES CHANGEMENTS ANTICONSTITUTIONNELS DE POUVOIR EN AFRIQUE DE L'OUEST

La CEDEAO s'est progressivement dotée d'une certaine capacité d'action contre les changements anticonstitutionnels et qui lui confère des pouv oirs proches de ceux d'un État[931].

Elle sanctionne les changements anticonstitutionnels de pouvoir avec des moyens pacifiques et des moyens coercitifs non forcés et parfois des moyens coercitifs forcés. Toutefois, il convient de relever que la réaction de la CEDEAO et les moyens utilisés contre ce fléau sont fortement liés à l'environnement politique de l'organisation communautaire.

Depuis la révision en 1993 de son traité, et des aventures parfois incertaines contre les changements anticonstitutionnels de pouvoir notamment en 1997 en Sierra Leone dont les résultats sont largement critiquables, au fil des crises en Afrique de l'Ouest, la CEDEAO est devenue un acteur incontournable dans cette partie du continent dans les activités de maintien de la paix et de la stabilité en intervenant dans les différents politiques et les coups d'État[932].

Ainsi, l'organisation s'est dotée de moyens pacifiques (Titre 1) et des moyens coercitifs à la fois non forcés et forcés contre les changements anticonstitutionnels de pouvoir (Titre 2).

---

[931] X. LATOUR, *L'Union Européenne face aux coups d'État*, *in* C. BOUTIN et Fr ROUVILLOIS (dir.), *Le coup d'État, recours à la force ou dernier mot du politique ?* Acte du colloque organisé par le Centre d'Études Normand sur la théorie et la régulation de l'État, 2-3 décembre 2004. Office d'Édition Impression Librairie (O.E.I.L.) Paris 2007 p.316.

[932] *Guide de la CEDEAO pour la médiation*, février 2018, p.33, document disponible surwww.ecowas.int consulté le 19/02/2019

TITRE I

LES MOYENS PACIFIQUES DE GESTION DES CHANGEMENTS ANTICONSTITUTIONNELS DE POUVOIR

L'enjeu du recours de la CEDEAO aux moyens pacifiques dans la gestion du changement anticonstitutionnel de pouvoir ne semble pas viser singulièrement l'application des règles du droit communautaire, mais permettre le retour rapide à l'ordre constitutionnel (le rétablissement ou la restauration de l'ordre constitutionnel). Le droit communautaire originaire de la CEDEAO a prévu un mécanisme permettant à l'organisation d'agir avec des moyens pacifiques contre ce fléau.

En effet, le droit communautaire originaire prévoit dans le protocole additionnel sur la démocratie et la bonne gouvernance et l'Acte additionnel portant régimes de sanctions à l'encontre des États membres qui n'honorent pas leurs obligations vis-à-vis de la communauté, des moyens avec lesquels l'organisation communautaire de l'Afrique de l'Ouest agit contre le changement anticonstitutionnel de pouvoir. Il existe à cet effet une mesure de suspension de l'État concerné de toutes les instances de l'organisation, le refus de soutenir les candidatures présentées par l'État concerné à des postes électifs des organisations internationales, le refus de tenir les réunions de l'organisation dans l'État membre concerné. Le droit communautaire privilégie une gradation des sanctions[933]. De façon générale, conformément à l'Acte additionnel A/SA//13/02/12 portant régime des sanctions à l'encontre des États membres qui n'honorent pas leurs obligations vis-à-vis de la CEDEAO, les États encourent des sanctions politiques et judiciaires. Les dispositions de l'article 6 de ce texte détaillent les sanctions prévues pour le non-respect des obligations des États. Les dispositions de cet article reprennent en intégralité les sanctions prévues dans l'article 45 du protocole additionnel sur la démocratie et la bonne gouvernance. Il complète cette liste avec des

[933] Article 45 paragraphe 2 du protocole additionnel sur la démocratie et la bonne gouvernance.

sanctions nouvelles, notamment le rappel des ambassadeurs auprès de l'État en rupture avec la démocratie, le gel des avoirs financiers, les restrictions de la libre circulation des dirigeants, leurs familles et leurs partisans, etc. Elle rappelle dans le paragraphe XIV de cette disposition, la condamnation et la non-reconnaissance des gouvernements issus des changements anticonstitutionnels de pouvoir. La mise en place et l'exécution de ces sanctions. À l'inverse, les sanctions coercitives et forcées relèvent exclusivement de la compétence de la CEDEAO. Le droit communautaire et le droit international n'exigent pas la nécessité d'une autorisation du Conseil de sécurité de l'ONU. Et c'est d'ailleurs à ce stade que l'organisation communautaire semble véritablement, maitresse de la gestion du changement anticonstitutionnel de pouvoir. Toutefois, parallèlement à ces sanctions, la CEDEAO mène une médiation dans la gestion du coup d'État (chapitre 1), sans d'ailleurs que les résultats soient toujours conformes au droit (chapitre 2).

CHAPITRE I

LE RECOURS A LA MEDIATION CONTRE LE CHANGEMENT ANTICONSTITUTIONNEL DE POUVOIR

La médiation a investi tous les champs de la vie sociale, de la sphère la plus intime (médiation familiale) à tous les secteurs de la vie publique, tant nationale qu'internationale[934].

Elle peut être définie comme toute action entreprise par un acteur qui, n'étant pas directement impliqué dans la crise, est désigné afin de réduire ou de mettre un terme aux obstacles entravant la négociation et faciliter ainsi la conclusion de la crise elle-même[935]. La médiation se rapproche de la conciliation.

Toutefois, à l'inverse de la médiation, la conciliation, elle, vise principalement à faciliter des négociations entre les parties dans une crise, ou la reprise de celle-ci, si elle avait été interrompue.

La CEDEAO place la médiation et la diplomatie préventive au cœur de son architecture de paix et de sécurité dans la sous-région[936], et de ce fait, des coups d'État. Forte de son expérience dans la médiation et la diplomatie préventive, elle a mis en place en 2015, une Division de Facilitation de la Médiation. Cette structure a pour mission d'exploiter l'expertise de la médiation et de dialogue, gérer et diffuser des connaissances et renforcer les capacités des parties concernées[937]. La CEDEAO tente de structurer sa médiation dans les crises à travers cet organe.

---

[934] M. GUILLAUME-HOFNUNG, *Le rôle de la volonté dans la médiation, in, Le rôle de la volonté dans les actes juridiques, études à la mémoire du professeur Alfred RIEG*, Bruylant Bruxelles 2000, p.429

[935] C. TENENBAUM, *La médiation des organisations intergouvernementales*, in Guillaume DEVIN *Faire la Paix, La part des institutions internationales*, Presses de Sciences Po, 2009, p.104.

[936] *Guide de la CEDEAO pour la médiation*, février 2018, p.35, document disponible surwww.ecowas.int consulté le 19/02/2019

[937] Ibid.,

À cet effet, elle a élaboré en février 2018 un guide pour la médiation. Dans ce document, elle explique que la médiation implique l'intervention d'intermédiaires crédibles et compétents, qui assistent les parties, à parvenir à un règlement négocié sur des questions fondamentales, grâce à la persuasion, le contrôle de l'information, la suggestion d'alternatives et parfois en exerçant une certaine influence[938].

Elle explique également dans ce document que la proposition de désigner un médiateur dans une crise peut venir d'elle-même, ce qu'elle qualifie de médiateur potentiel, des parties elles-mêmes, ou d'une tierce partie[939].

La charte des Nations-Unies encourage les États et les organisations régionales à résoudre les crises au niveau local et régional avant de les soumettre à l'autorité du Conseil de sécurité[940].

À l'inverse des médiations classiques dans la gestion d'un différend entre deux ou plusieurs États[941], la médiation dans la gestion du coup d'État résulte généralement d'une décision unilatérale de la CEDEAO. La CEDEAO est l'actrice principale de la médiation contre le changement anticonstitutionnel de pouvoir en Afrique de l'Ouest.

L'Agenda pour la paix de 1992 de l'ancien secrétaire général de l'ONU, BOUTROS-BOUTROS GHALI, rappelait déjà que les accords et les organismes régionaux peuvent rendre de grands services s'ils agissent de manière compatible avec les buts et principes de la Charte et si leurs relations avec l'ONU, en particulier le Conseil de Sécurité, sont conformes aux dispositions du chapitre VIII [942] de la Charte des Nations-Unies.

La recrudescence du nombre des coups d'État en Afrique de l'Ouest s'est accompagnée d'un dynamisme remarquable de la CEDEAO contre ce fait. Depuis la révision en 1993 de son traité et l'adoption des

---

938 Ibid., p.32

939 Ibid., p.33

940 C. TENENBAUM, *La médiation des organisations intergouvernementales*, in G. DEVIN, *Faire la Paix, La part des institutions internationales*, Presses de Sciences Po, 2009, p.106.

941 Ibid.

942 Ibid. p109.

instruments juridiques pertinents subséquents contre les coups d'État, elle associe à la pratique des traditionnelles sanctions prévues par son droit, une médiation.

La médiation est un mode alternatif de la CEDEAO de gestion du coup d'État et non un mode substitutif des autres moyens. Certains observateurs donnent une priorité à ce moyen dans la prévention et la gestion des crises[943].

La CEDEAO utilise ce moyen de façon alternative à l'utilisation des moyens coercitifs militaires (l'usage de la force), mais parallèlement aux sanctions coercitives qui n'impliquent pas l'usage de la force.

Des personnalités diverses peuvent conduire la médiation de la CEDEAO (diplomates, personnalités issues de la société civile, des religieux, inscrits sur la liste du Conseil des sages) conformément au protocole relatif aux mécanismes de prévention, de gestion, de règlement des conflits, de maintien de la paix et de la sécurité. Ces personnalités peuvent accomplir des missions de médiations au nom et au compte de la CEDEAO.

Cependant, il faut distinguer la médiation des autres modes pacifiques de règlement des crises auxquels elle se rapproche plus ou moins : la négociation[944], les bons offices[945], la facilitation, l'arbitrage[946], la conciliation[947], l'enquête[948].

Il est difficile d'établir nettement une distinction entre la médiation et les bons offices. Mais celui qui offre ses bons offices dans une crise ne

---

[943] B. BOUTROS —GHALI, dans son Agenda pour la paix, New York, Nations Unies, 1992, accordait une place prioritaire à la médiation dans la gestion des conflits, in MBALLA EYENGA Cécile, *La médiation internationale dans les conflits internes en Afrique*, Thèse de doctorat en Relations Internationales, option Diplomatie, Université de Yaoundé II Cameroun, juillet 2000. p.7.

[944] La négociation à l'inverse de la médiation, n'exige pas la présence d'une tierce personne entre les parties. Dans la négociation, les protagonistes peuvent discuter directement sans intermédiaire. *Voir Ibid.*p.42.

[945]Voir Ibid. pp.42 et s.

[946] L'arbitrage consiste à soumettre d'un commun accord des parties, un litige à un organe indépendant dont elles s'engagent d'office à respecter la sentence.

[947] La Conciliation associe les techniques de l'enquête et la médiation. *cf. Ibid.*

[948] L'enquête vise à déterminer les causes et les circonstances ayant abouti à la crise.

participe pas aux négociations de façon directe. Il ne formule pas non plus à l'inverse du médiateur des propositions de sortie de crise[949].

La CEDEAO prévoit dans le protocole relatif aux mécanismes de prévention, de gestion, de règlement des conflits, de maintien de la sécurité, les bons offices, la médiation, la facilitation et l'arbitrage comme moyens de prévention et de gestion des crises[950].

Nous rappelons que ces moyens ont en commun des modes alternatifs de règlement des crises. Il est usuel de distinguer quatre sortes de médiations. Il s'agit de la médiation créatrice, visant à susciter de nouveaux liens entre des personnes et des groupes, la médiation rénovatrice, visant à réactiver les liens distendus, la médiation préventive destinée à éviter l'éclatement d'une crise et enfin, la médiation curative dont l'intention est d'aider les protagonistes dans une crise à trouver la solution[951].

La CEDEAO privilégie la médiation dans la gestion du coup d'État[952]. À l'inverse de la conciliation et de la facilitation, la médiation n'exige pas forcément le rapprochement des parties. La CEDEAO choisit très généralement une approche combinée, la médiation préventive et la médiation curative contre le coup d'État.

À titre illustratif, elle a fait recours à la médiation préventive dans la gestion de la crise politique et institutionnelle du Niger de 2009 et à la médiation curative contre le coup d'État au Mali de mars 2012 et du Burkina Faso de septembre 2015.

Dans la gestion du coup d'État, le médiateur de la CEDEAO reçoit un mandat de l'organisation qui nous apparaît comme trop vaste et

---

949 C. TENENBAUM, *La médiation des organisations intergouvernementales*, *op. cit.*. , pp.42 et s.

950 Article 20 paragraphe 1er du protocole relatif au mécanisme de prévention, de gestion des conflits, de maintien de la paix et de la sécurité.

951 J. F. SIX, *Le temps des médiations*, Le Seuil, 1990, pp. 164 et s. cité par M. GUILLAUME-HOFNUNG, *Le rôle de la volonté dans la médiation, in Le rôle de la volonté dans les actes juridiques, études à la mémoire du professeur Alfred RIEG*, Bruylant Bruxelles 2000, p.436.

952 Ce moyen de prévention et de gestion des crises utilisé par la CEDEAO se justifie, car il ne nécessite pas un rapprochement des parties. Il nous paraît donc approprié pour la gestion du coup d'État.

ambitieux. À cet égard, le médiateur peut prendre des initiatives volontaires et complémentaires qu'il juge nécessaires, indispensables et inhérentes à la réussite de sa mission de médiation[953] dans la gestion du changement anticonstitutionnel de pouvoir.

Elle fait appel à des personnalités pour assurer la médiation contre les changements anticonstitutionnels de pouvoir. Ces personnalités peuvent être indépendantes des États et neutres ou même dépendantes d'un État, tel qu'un président d'un État membre, pour assurer la liaison entre la CEDEAO et les protagonistes de la crise. Généralement, elle nomme un chef d'État ou un ancien chef d'État, bénéficiant d'un consensus de l'ensemble des protagonistes.

L'action de cette personnalité se résume à des actes diplomatiques tels que les bons offices, la médiation, la conciliation, etc. L'objectif est de trouver un règlement pacifique au coup d'État tout en respectant au mieux les règles du droit communautaire et les règles constitutionnelles internes de l'État concerné.

Rappelons que pour désigner un médiateur contre un coup d'État, à l'inverse de la médiation dans les crises ordinaires, la CEDEAO ne demande pas l'avis des protagonistes sur le choix de la personnalité pouvant assurer la médiation.

Toutefois, pour l'objectivité de la médiation, elle doit tenir compte de certains critères dans son choix : l'impartialité et l'absence de conflit d'intérêts, dans le but de maximiser les chances de la signature d'un accord de sortie de crise.

Depuis la mise en place du protocole relatif aux mécanismes de prévention, de gestion, de règlement des conflits, de maintien de la paix et de la sécurité, la CEDEAO a institué le Conseil des Sages[954], l'organe de médiation de l'organisation. Le Conseil des Sages est l'organe d'appui aux institutions de l'organisation communautaire chargé de mener des missions de médiations dans les crises.

---

[953] Y. ROBINEAU, *Le médiateur du cinéma*, Mélanges Braibant, *l'État de droit*, pp. 164 et s. *in Le rôle de la volonté dans la médiation* in *Le rôle de la volonté dans les actes juridiques*, Études à la mémoire du professeur Alfred RIEG, Bruylant Bruxelles 2000,

[954] Article 17 paragraphe (b) du protocole relatif au mécanisme de prévention, de gestion, de règlement des conflits, de maintien de la paix et de la sécurité.

À cet effet, le président de la Commission de la CEDEAO dresse tous les ans, une liste d'éminentes personnalités pouvant jouer le rôle de médiateur, de conciliateur et d'arbitre au nom de la CEDEAO dans les crises politiques et sécuritaires[955]. Le droit communautaire exige des membres du Conseil des Sages, la neutralité, l'impartialité et l'objectivité dans la mission à accomplir. Le Conseil des Sages est donc l'organe de la CEDEAO, chargé des médiations dans la gestion d'un changement anticonstitutionnel de pouvoir. Ainsi, il ressort de ces constats que la médiation constitue pour la CEDEAO un moyen de gestion et de règlement du coup d'État. Elle constitue également un moyen de prévention de celui-ci.

Alors que le coup d'État met aux affaires des autorités de fait ayant principalement comme objectif la survie de leur pouvoir. La conduite d'une médiation ne semble pas une mince affaire dans ce contexte. Et d'autre part, alors que la CEDEAO établit des sanctions contre le coup d'État, parallèlement elle désigne une médiation pour trouver une issue à la crise par des moyens pacifiques. Cette approche de l'organisation pose d'énormes défis aux missions de médiation de l'organisation (section 1) conduisant parfois à une impasse de celle-ci. L'impasse des médiations et les difficultés à faire respecter ses décisions conduisent parfois l'organisation, à recourir curieusement à des accords de coopération avec d'autres organisations internationales sous-régionales dans la gestion du coup d'État (section 2).

SECTION I : LE DEFI DES MEDIATIONS DANS LA GESTION DU CHANGEMENT ANTICONSTITUTIONNEL DE POUVOIR

La médiation internationale est un mode de résolution des litiges se caractérisant par l'interposition d'un tiers dans un conflit opposant deux ou plusieurs parties, dont l'une au moins est un État et dont les relations sont suffisamment conflictuelles pour que tout contact et, a fortiori, toute négociation directe, soit impossible[956]. Tout comme les missions

---

[955] Article 20 ibid.

[956] A. AYISSI et C. MAIA, *La gestion des crises constitutionnelles en Afrique : Mandat et défis de la médiation internationale, op. cit.*, p.181.

de bons offices, en effet, le médiateur a essentiellement pour rôle d'établir le dialogue entre les différentes parties dans un conflit ou dans une crise, ou de le rétablir lorsqu'il est rompu, dans le but de faciliter l'organisation d'une négociation[957]. Le recours à ce mode de gestion du changement anticonstitutionnel de pouvoir semble une nécessité pour la CEDEAO. Cependant, le droit communautaire n'exige pas forcément le recours à ce moyen lors de la gestion du changement anticonstitutionnel de pouvoir. La médiation constitue un moyen facultatif pour la CEDEAO dans la gestion de cette crise.

Toutefois, il convient de rappeler, le choix d'un médiateur dans la gestion d'un changement anticonstitutionnel de pouvoir impose des exigences. D'une part, l'impartialité et d'autre part, l'absence de conflit d'intérêts doivent être des qualités à rechercher dans le choix du médiateur. À défaut d'une inscription dans le droit communautaire originaire à l'image de l'UA[958], l'objet et les effets de la médiation doivent être expliqués dans un acte du droit communautaire dérivé, la décision de la conférence des chefs d'État et de gouvernement, seule institution compétente pour prendre des décisions contre le coup d'État, et ayant décidé de recourir à ce moyen.

Nous avons relevé l'existence d'un fossé important entre d'une part, l'objet et les effets des médiations, et d'autre part, les objectifs de l'organisation. Celui-ci aboutit parfois à des contradictions importantes entre les accords issus de la médiation dans la gestion du changement anticonstitutionnel et le droit communautaire et interne de l'État concerné. Il semble donc un impératif pour l'organisation de mieux encadrer dans le droit communautaire originaire, ce moyen de prévention et de gestion du changement anticonstitutionnel de pouvoir qui s'est progressivement imposé comme un moyen incontournable. C'est grâce à une médiation qu'elle avait permis de rétablir l'ordre constitutionnel au Mali lors de la gestion du coup d'État militaire de

[957] Ibid. p.182.

[958] L'OUA a adopté lors de sa première session de la conférence des chefs et de gouvernement, tenue en juillet 1964 au Caire en Égypte, le protocole de médiation, de conciliation et d'arbitrage. *cf.* C. TENENBAUM, *La médiation des organisations intergouvernementales*, in *Faire la Paix, La part des institutions internationales*, Presses de Sciences Po, 2009, p.115. Toutes fois, il convient de rappeler ce texte n'a jamais fonctionné.

mars 2012. C'est aussi grâce à une médiation qu'elle avait obtenu le retrait de Yahya JAMMEH lors de la gestion de la crise postélectorale de 2016 en Gambie.

D'une manière générale, chacune des crises politiques et constitutionnelles a donné naissance à un mécanisme de médiation (facilitateur, médiateur)[959] de l'organisation communautaire. Ces médiations permettent à la CEDEAO de suivre l'évolution de la crise politique et constitutionnelle dans l'État concerné, de cerner les causes et de proposer aux acteurs internes, des solutions permettant la restauration de la légalité constitutionnelle et la légitimité des gouvernants[960].

La tierce partie conduisant la médiation de la CEDEAO peut être un président[961] ou un ancien président d'un État membre de l'organisation communautaire[962] ainsi que nous l'avons indiqué. Cependant le recours à ce moyen de règlement des crises politiques et constitutionnelles semble avoir un fondement juridique communautaire contestable.

Toutefois, il faut noter que la médiation internationale dans la gestion des crises tire principalement ses racines de la coutume internationale et codifiée par les conventions de La Haye du 29 juillet 1899 et du 18 octobre 1907[963]. Plus concrètement, elle trouve son fondement juridique dans les dispositions de l'article 33 de la Charte des Nations-Unies du 26 juin 1945[964]. Cette disposition de la Charte de l'ONU privilégie le recours à des modes pacifiques de règlement des crises, en prohibant le recours à la force. À cet effet, la technique de la médiation a été rappelée et consacrée à plusieurs reprises par des résolutions de l'Assemblée générale de l'ONU, en particulier la déclaration de Manille

---

[959] A. AYISSI et C. MAIA, *La gestion des crises constitutionnelles en Afrique : Mandats et défis de la médiation internationale,* op. cit., p.174.
[960] Ibid.
[961] Blaise Compaoré a dirigé la médiation du coup d'État et de la crise constitutionnelle du Mali de 2012.
[962] Abdul Salami ABUBAKAR a conduit la médiation de la CEDEAO dans la crise constitutionnelle de 2009 et 2010 du Niger.
[963] A. AYISSI et C. MAIA, *La gestion des crises constitutionnelles en Afrique : Mandat et défis de la médiation internationale,* op. cit., p.182.
[964] Ibid.

relative au règlement des différends du 15 novembre 1982[965] et la déclaration sur la prévention et l'élimination des différends et des situations qui peuvent menacer la paix et la sécurité internationale, ainsi que sur le rôle de l'ONU en ce domaine du 5 décembre 1988[966]. C'est dans cette logique que l'Assemblée générale de l'ONU a adopté le 17 juin 2011 sans vote, nous le précisons bien, sa première résolution consacrée à la médiation internationale dans la gestion des crises. Ainsi, dans le paragraphe 5 de sa résolution intitulée *« Renforcement du rôle de la médiation dans le règlement pacifique des différends et dans la prévention et le règlement des conflits »*[967], l'Assemblée générale encourage les États à optimiser la technique de la médiation à tous les échelons, en faisant recours aux capacités de médiation des Nations Unies ainsi qu'à celle des organisations régionales et sous-régionales, le cas échéant, et à promouvoir la médiation dans leurs relations bilatérales et multilatérales[968].

La CEDEAO étant une organisation subsidiaire de l'ONU en matière de sécurité collective, consacrée par le droit communautaire et la Charte de l'ONU, comme nous l'avons d'ailleurs rappelé un peu plus haut dans la première partie de cette étude, la technique de la médiation communautaire contre le coup d'État trouve implicitement un fondement juridique dans ces textes onusiens. Elle trouve également un fondement juridique communautaire dans le protocole relatif aux mécanismes de prévention, de gestion, de règlement des conflits, de maintien de la paix et de la sécurité. Le droit communautaire autorise à l'article 15 du protocole le président de la Commission à prendre des mesures pouvant prendre la forme de missions d'enquête, de médiation, de facilitation, de négociation, et de réconciliation des parties.

Il peut envoyer sur le terrain, sur la base de son évaluation de la situation, des missions d'enquête et de médiation[969]. En application des dispositions de l'article 20 du même texte, il pourra choisir les médiateurs dans la liste formant le Conseil des Sages. Ainsi, le recours

---

[965] ONU, Assemblée générale, A/RES/37/10. Voir aussi ibid.

[966] Ibidem

[967] ONU, Assemblé générale, A/65/L79, in ibid.

[968] ONU, Assemblé générale, A/65/L79, in ibid.

[969] Article 15 paragraphe 2 (e) du protocole relatif aux mécanismes de prévention, de gestion, de règlement des conflits, de maintien de la paix et de la sécurité.

à la médiation contre le coup d'État trouve implicitement son fondement juridique dans ses divers textes normatifs communautaires et onusiens. Toutefois, ce moyen fréquemment utilisé par la CEDEAO dans la gestion des changements anticonstitutionnels de pouvoir nous paraît inefficace[970]. On remarque que cette médiation a permis, dans bien des cas, de contenir la violence, tout en travaillant pour un retour pacifique et consensuel à l'ordre constitutionnel, en réalité, elle peine à agir efficacement de manière préventive[971]. La fragilité de cette médiation réside très singulièrement dans la gestion des crises pour la prévention des changements anticonstitutionnels de pouvoir.

À cet effet, la médiation de la CEDEAO dans gestion de la crise politique et institutionnelle nigérienne de 2009-2010, conduit par le général Abdul Salami ABUBAKAR[972], ancien chef d'État du Nigeria n'a pas permis de prévenir le coup d'État militaire du 10 février 2010.

Le principe de la non-ingérence dans les affaires intérieures des États contribue à la complexification et l'affaiblissement des missions de médiations contre le changement anticonstitutionnel de pouvoir. Bien que ce principe soit particulièrement atténué par le droit international contemporain et le droit communautaire en théorie, et aussi par les constitutions des États membres comme nous le verrons au cours de cette étude ; dans la pratique, elle limite les efforts et les actions de l'organisation contre les changements anticonstitutionnels de pouvoir.

Il convient de souligner que les résultats des médiations de l'organisation communautaire contre le changement anticonstitutionnel paraissent incontestablement mitigés[973]. Et aussi, la médiation aboutit à

---

[970] A. AYISSI et C. MAIA, *La gestion des crises constitutionnelles en Afrique : Mandat et défis de la médiation internationale,* op. cit., p.197.

[971] Ibid.

[972] En réaction contre la crise politique et institutionnelle du Niger de 2009, par le Communiqué N°084/2009 du 2 septembre 2002, la CEDEAO nomme l'ancien chef d'État nigérian, le général Abdul Salami ABUBAKAR, médiateur dans la crise nigérienne. Voir A. MAIGA, *La crédibilité de la Communauté Economique des États d'Afrique de l'Ouest (CEDEAO) dans sa quête de la paix et de la sécurité*, op. cit., p. 270.

[973]A. AYISSI et C. MAIA, *La gestion des crises constitutionnelles en Afrique : Mandat et défis de la médiation internationale,* op.cit., p.174.

la signature d'accords politiques (paragraphe 1) dont la nature et les effets juridiques restent à définir (paragraphe 2).

Paragraphe 1 : Les accords politiques de règlement du changement anticonstitutionnel de pouvoir

Il est difficile de donner une définition claire et précise des accords politiques issus d'une mission de médiation dans la gestion d'une crise politique et constitutionnelle notamment d'un changement anticonstitutionnel de pouvoir.

Cependant, Atangana AMOUGOU a tenté un exercice aussi périlleux que complexe, consistant à définir cette notion politique qui fait irruption dans le domaine juridique, constitutionnel particulièrement, en parlant d'accords de paix dans un contexte de protection et de retour à une stabilité sociale, à la suite d'une crise[974].

Atangana AMOUGOU tente de présenter les accords politiques comme une convention entre protagonistes dans une crise interne, dans le but de trouver une solution[975].

Leurs élaborations interviennent en période de crise susceptible de produire ou ayant conduit à un blocage politique et institutionnel. Ainsi, ces accords interviennent toujours dans un contexte exceptionnel[976]. Le coup d'État pouvant mettre en péril la paix et la sécurité d'un État, nécessite un règlement pacifique, alternativement au recours à la force légitime prévu par le droit communautaire et dont les conséquences sont difficilement maitrisables.

---

[974] P. MAMBO *Les rapports entre les constitutions et les accords politiques dans les États africains : réflexion sur la légalité constitutionnelle en période de crise*, article de la revue McGill Law volume 57, numéro 4, June, 2012, p. 921-952, p.924 www.erudit.org, consulté le 11/10/2017

[975] Ibid.

[976] Ibid.

A. La nécessité d'un règlement pacifique

Comme le martèle pertinemment le professeur Jean du Bois de GAUDUSSON, pour être résolus, les conflits appellent de nouvelles approches, de nouvelles techniques et méthodes de médiation dosant avec subtilité et selon des proportions variables d'une part la négociation politique sous toutes ses formes avec toutes les forces politiques, armées et civiles, en présence le plus souvent de tiers (personnalités, organisations internationales, régionales ou spécialisées) qui vont jouer le rôle de facilitateurs, médiateurs ou forces de pression ; et d'autre part, le recours au droit et l'utilisation de l'argument, parfois même de l'arme du droit constitutionnel[977]. Dans bien des cas, les modes alternatifs de règlements des crises sont souvent les seuls à pouvoir être utilisés[978].

Ainsi, les négociations aboutissent à des accords politiques à haut contenu juridique prévoyant un ordre constitutionnel, se combinant souvent avec l'ancien partiellement maintenu, et destiné à ramener la paix ou à tout le moins à engager la sortie de crise.[979] Ce mode de recours au droit est aussi fait en dehors de tout conflit de ce type pour permettre la reconstruction d'un État en crise, voire le maintien de son existence ou l'établissement de la démocratie constitutionnelle.[980].

Les organisations internationales font régulièrement recours aux accords politiques pour résoudre des crises. La CEDEAO ne procède pas autrement. Elle facilite dès qu'elle le peut des accords politiques pour résoudre des crises politiques et constitutionnelles et aussi les changements anticonstitutionnels de pouvoir.

Cependant, il faut noter que le droit communautaire de la CEDEAO ne prévoit pas le recours aux accords politiques dans la gestion du changement anticonstitutionnel de pouvoir sans l'interdire autant.

---

[977] J. Du Bois de GAUDUSSON, *L'argument constitutionnel dans les médiations*, in J.-P VETTOVAGLIA (prés), J D. B. DE GAUDUSSON, C. DESOUCHES, J. MAILA, H. SADA et A. SALIFOU, *Médiation et facilitation dans l'espace francophone : théorie et pratique*, op. cit., p.691

[978] Ibid., p.691

[979] Ibid.

[980] Ibid.

On peut cependant rattacher ce mode gestion du changement anticonstitutionnel de pouvoir aux dispositions de l'article 58 du traité révisé du protocole relatif aux mécanismes de prévention, de gestion, de règlement des conflits, de maintien de la paix et de la sécurité.

À cet effet, lors de la gestion du coup d'État du 20 mai 1997 en Sierra Leone, la première expérience de l'organisation communautaire contre le coup d'État, une rencontre fut organisée entre les ministres des affaires étrangères du groupe des cinq de la CEDEAO et la junte militaire au pouvoir. Cette rencontre, tenue du 22 au 23 octobre 1997 à Conakry en Guinée, aboutit le 23 octobre 1997 à la signature d'un accord entre les parties. À l'inverse de deux précédentes réunions tenues les 17 et 18 juillet et les 29 et 30 juillet 1997 qui n'avaient absolument rien donné, lors de cette réunion, le groupe des cinq mis en place par la CEDEAO obtient la signature d'un accord politique entre les protagonistes. Dans cet accord politique, la junte militaire s'était engagée à rétablir le pouvoir du président démocratiquement élu Ahmed Tejan KABBAH, chassé du pouvoir. La signature de cet accord ne fut rendue possible que grâce aux régimes de sanctions de l'ONU, de la CEDEAO et de l'OUA imposées sur le pays : ce qui conforte notre propos selon lequel la médiation est un moyen alternatif aux moyens coercitifs dans le règlement des crises et des modes utilisés simultanément avec des sanctions non forcées.

Ainsi le comité du groupe des cinq de la CEDEAO et la junte militaire signent un accord de paix le 23 octobre 1997. Deux points ont particulièrement attiré notre attention dans cet accord politique. Ceux-ci prévoyaient le rétablissement du gouvernement légitime du président Ahmed Tejan KABBAH[981] et la coopération de la junte avec l'ECOMOG (*Economic Community of West Africa States Cease-fire Monitoring Group*) pour une application pacifique des sanctions instaurées[982].

Cet accord a été l'instrument juridique de référence de la CEDEAO lors de la gestion de ce coup d'État. Le communiqué final et l'accord

[981] Voir le Paragraphe 7 a) du communiqué publié à l'issue de la réunion entre les ministres des affaires étrangères du comité des cinq de la CEDEAO sur la situation en Sierra Leone et la délégation représentant le major Johnny Paul KOROMA.
[982] Paragraphe 7b) ibid.

politique conclu entre les parties ont été transmis au Conseil de Sécurité par le représentant du Nigeria à l'ONU[983].

Toutefois, ce coup d'État et celui du 22 mars 2012 au Mali démontrent une certaine limite de l'organisation communautaire contre ce fléau. Dans les deux cas, les sanctions imposées par la conférence des chefs d'États et de Gouvernements et la menace de l'emploi de la force légitime n'ont pas permis d'obtenir les résultats escomptés.

Dès lors, la CEDEAO a été contrainte d'entamer une médiation avec les militaires qui avaient pris le pouvoir par la force. Au Mali, le 6 avril 2012, la médiation dans la gestion du coup d'État obtient la signature d'un accord-cadre[984] avec le Comité National de Redressement de la Démocratie et de Restauration de l'État de Droit (CNRDRE).

Il faut bien distinguer dans ces deux exemples deux situations traitées distinctement par le droit international. La Sierra Leone est un État et un sujet de droit international. De son côté, la junte est une autorité de fait lorsqu'elle agit comme gouvernement de cet État, elle est sujet du droit international. En revanche, lorsqu'elle n'agit pas dans le cadre de l'un ou l'autre cas, elle ne pourrait pas être considérée comme un sujet du droit international. Dans ce cas, la règle prévue par la Convention de Vienne sur le droit des traités ne peut pas s'appliquer. La Convention de Vienne exclut certaines entités de son champ d'application.

À vrai dire, les accords politiques n'entrent pas dans le cadre des instruments juridiques internationaux, au sens de la Convention de Vienne sur le droit des traités. À première vue, les accords politiques présentent les caractéristiques d'un acte du droit international. La négociation est suivie d'une signature d'une part, et d'autre part de la présence d'acteurs du droit international.

Alors qu'ils ne sont en rien des actes du droit international. Ils constituent en revanche des accords que chacune des parties doit respecter de bonne foi. Cependant, les accords politiques manquent de régime juridique dans le droit international et dans le droit

[983] Voir S/1997/824 du 8 octobre 1997.
[984] L'accord-cadre de mise en œuvre de l'engagement solennel du 1er avril 2012.

communautaire de la CEDEAO, compromettant gravement leur application correcte par les parties.

Si dans le droit international général les tentatives de codification des accords politiques par le Conseil de Sécurité et l'Assemblée générale de l'ONU permettent de conférer un embryon de régime juridique, les accords politiques ne semblent pas assortis d'un réel régime juridique. Pour aboutir à des accords politiques, les médiations usent parfois de techniques qui les conduisent à s'éloigner du droit.

En réalité, les médiations de la CEDEAO dans la gestion d'un coup d'État sont parfois insaisissables et difficiles à cerner. Ces difficultés conduisent les médiations dans une impasse totale.

B. L'impasse des médiations dans la gestion du changement anticonstitutionnel de pouvoir

Les missions de médiations de la CEDEAO contre le changement anticonstitutionnel de pouvoir tombent parfois dans une impasse totale. Nous illustrerons nos propos à travers la médiation de la CEDEAO de 2009 au Niger. Malgré les efforts du médiateur désigné, cette médiation n'avait pas permis de résoudre la crise pour prévenir le coup d'État de l'hiver 2010.

En effet, comme d'habitude, les contours de la médiation de la CEDEAO conduite par l'ancien président nigérian le général Abdul Salami ABUBABKAR dans la crise politico-institutionnelle du Niger, n'étaient pas bien définis. La médiation de la CEDEAO a tenté des pourparlers inter-nigériens en vue d'une sortie de crise. Elle a proposé aux différentes parties, opposition politique et majorité présidentielle, des discussions autour des thématiques qui étaient axées sur la limitation du nombre de mandats présidentiels, l'organisation de nouvelles élections législatives, une nouvelle Cour Constitutionnelle, une nouvelle Commission Electorale Indépendante (CEI), la constitution d'un gouvernement de transition[985]. Malgré ces propositions claires et précises, elle n'est pas parvenue à une solution acceptable par les différents camps en présence. Alors que les partis politiques de l'opposition et les organisations de la société civile réunis autour du CFDR[986] et du FUSAD[987] remettaient fermement en cause le passage en force du Président de la République, les partis politiques de la majorité présidentielle refusaient de revenir sur le processus de réforme de la constitution, à l'origine de la crise et du processus électoral[988]. Les différentes sessions de discussion organisées par la médiation de la CEDEAO n'ont pu rien donner. Elles ont même révélé un grand fossé entre les partis politiques de la majorité présidentielle et ceux de l'opposition politique. Alors que l'opposition politique relevait une situation de crise politique et institutionnelle, la majorité soutenait le contraire[989].

1. L'échec de la médiation de la CEDEAO contre le coup d'État au Niger de l'hiver 2010

C'est dans un imbroglio que la médiation de la CEDEAO a soumis aux différentes parties, un document de sortie de crise. C'est-à-dire un projet d'accord politique, axé principalement sur une transition démocratique qui serait dirigée par Mamadou Tandja comme à l'accoutumée. Le processus de transition proposé par la médiation se déclinait autour de plusieurs points à savoir : le maintien de Mamadou Tandja à la tête de l'État, la nomination d'un Premier ministre issu des rangs de l'opposition, la composition d'un gouvernement d'union nationale regroupant les différents acteurs politiques et de la société civile présents aux négociations. Ce gouvernement devait avoir la

---

[985] A. AYISSI et C. MAIA, *La gestion des crises constitutionnelles en Afrique : Mandat et défis de la médiation internationale,* op. cit., p. 19.
[986] Coordination des Forces pour la défense de la Démocratie et de la République, regroupant partis politiques de l'opposition, organisations de la société civile et sept centrales syndicales du Niger.
[987] Front Uni pour la Sauvegarde des Acquis Démocratiques.
[988] A. AYISSI et C. MAIA, *La gestion des crises constitutionnelles en Afrique : Mandat et défis de la médiation internationale,* op. cit., p. 19.
[989] Ibid.

charge d'organiser de nouvelles élections, la composition d'une nouvelle Cour Constitutionnelle par consensus, la composition d'une nouvelle commission électorale indépendante, la composition d'organes consultatifs transitoires comme le Conseil National de la Communication, la convocation d'une conférence constitutionnelle chargée d'élaborer une nouvelle loi fondamentale qui sera soumise à un référendum. L'accord politique de sortie de crise a pour ambition de constituer la loi fondamentale pendant la période de transition. Ce point constitue une remise en cause problématique de l'État de droit et une suspension implicite de la Constitution. La mise en œuvre de cet accord politique devrait être supervisée par la CEDEAO, l'UA, les Nations-Unies et la communauté internationale[990]. Ces propositions sont très rapidement rejetées par les partis politiques de la majorité, du fait qu'elles sont considérées trop favorables aux exigences de l'opposition politique. Ce qui a conduit directement la médiation vers une impasse totale, provoquant d'ailleurs l'ire du général nigérian Abdul Salami ABUBAKAR, le médiateur dans la crise. Lors d'un point de presse de la médiation de la CEDEAO à l'issue des travaux, Abdul Salami ABUBAKAR n'avait pas manqué de souligner sa lassitude face à l'impasse de la sortie de crise[991]. La médiation de la CEDEAO n'a pas réellement permis de faire bouger les lignes vers une sortie de crise. Elle a même semblé conduire à la radicalisation des parties notamment, de la délégation gouvernementale. C'est dans une impuissance totale que la CEDEAO assiste au coup d'État de février 2010, mettant regrettablement fin à tout espoir de sortie pacifique de la crise. Il a tout de même le mérite de mettre en évidence les faiblesses des mécanismes conventionnels de la CEDEAO, de prévention, de gestion et de règlement des changements anticonstitutionnels de pouvoir.

La junte militaire réunie au sein du Conseil Supérieur de la Restauration de la Démocratie (CSRD) s'est engagée dans un processus de transition démocratique. Elle s'est engagée à céder le pouvoir à un gouvernement civil démocratiquement élu aux termes de nouvelles élections présidentielle et législative. Une nouvelle constitution, approuvée par le peuple lors d'un référendum, est promulguée par le président du CSRD. Cette constitution tire principalement des leçons du coup d'État de février 2010. Elle renforce davantage l'indépendance de la Cour

---

990 Ibid. p.19 et 20.

991 Point de presse donné par la médiation de la CEDEAO

Constitutionnelle et limite de manière significative les prérogatives du Président de la République singulièrement en matière de révision de la constitution. De façon paradoxale, ce coup d'État semble incontestablement permis, nous le verrons en détail, de renforcer la démocratie et l'État de droit au Niger. On aura également noté que les sanctions imposées au Niger n'avaient pas permis de prévenir le coup d'État.

2. L'établissement de sanctions contre le Niger

Dès octobre 2009, en application du droit communautaire, la CEDEAO a suspendu le Niger de toutes les instances de l'organisation. Rappelons que le maintien de Mamadou Tandja à la tête du Niger au-delà de son mandat initial tombait sous les interdictions de l'article 1er du protocole additionnel sur la démocratie et la bonne gouvernance[992].

Par contre, la CEDEAO n'a curieusement pas établi de nouvelles sanctions réelles lorsque le coup d'État de février 2010 a réussi[993], démontrant ainsi une gestion de sélective de ce fléau que nous verrons dans nos prochains développements.

L'organisation n'a pas jugé nécessaire de convoquer comme à l'accoutumée une session extraordinaire de la conférence des chefs d'États et de Gouvernements lorsque le coup d'État a réussi. C'est par un simple communiqué laconique et lapidaire portant le N° 022/2010 du 18 février 2010 qu'elle a condamné et a rejeté le coup d'État en ces termes : « La CEDEAO conformément à son protocole sur la démocratie et la bonne gouvernance, rejette tout changement de pouvoir par des moyens anticonstitutionnels ou la violence. De la même façon, la CEDEAO avait condamné le changement de constitution et la tenue du référendum d'août 2009 par le président Tandja ».[994]

---

992 Voir le paragraphe (b) et (c)

993 A. MAIGA, *La crédibilité de la Communauté Economique des États d'Afrique de l'Ouest dans sa quête de la paix et de la sécurité*, thèse de doctorat en science politique, Université Jean Moulin Lyon 3, septembre 2011.p. 271.

994 Ibid.

Elle a tout de même continué à jouer un rôle central de médiateur dans cette crise. Elle n'a pas conclu d'accord politique avec les nouvelles autorités de fait du Niger. Ce qui nous conduit à soutenir l'idée selon laquelle l'organisation procède à une gestion sélective de ce fléau, sur laquelle nous reviendrons dans nos travaux. Cependant, force est de constater que la CEDEAO privilégie la conclusion d'accords politiques avec les autorités de fait lors de la gestion des changements anticonstitutionnels de pouvoir. Alors que la nature et les effets juridiques des accords politiques visant le rétablissement de l'ordre constitutionnel sont à définir.

Paragraphe 2 : Les accords politiques, actes juridiques ou politiques ?

Ce n'est pas la notion d'accord politique en elle-même ou les circonstances de son élaboration qui nous intéressent particulièrement, mais plutôt son irruption dans le domaine du droit, en particulier du droit constitutionnel.

En effet, les accords politiques de règlement des changements anticonstitutionnels de pouvoir sont incontestablement des actes politiques qui visent principalement à résoudre des questions relevant purement du domaine constitutionnel. Jean du Bois DE GAUDUSSON estime dans ce contexte que les accords politiques ayant pour finalité une sortie de crise, échappent au contrôle du droit et à l'analyse juridique. Cette analyse largement critiquable. Elle tend à imposer une immunité juridique totale aux accords politiques, alors qu'ils visent à résoudre des questions qui relèvent principalement du domaine constitutionnel.

Dès lors qu'ils font irruption dans le domaine constitutionnel, remettant parfois en cause des dispositions constitutionnelles en vigueur, une analyse juridique de ces textes s'impose. Cette analyse aura pour but de rechercher sa nature juridique (A) et de déterminer ses rapports avec les droits (B).

A. Nature juridique des accords politiques

Le professeur Jean du Bois de GAUDUSSON observe que les médiations font intervenir ce que l'on peut appeler l'argument constitutionnel, utilisé à l'appui des efforts et interventions pour apporter des solutions aux crises[995]. À cet effet, il établit avec raison des liens étroits et dialectiques entre constitution et crise[996].

En effet, à l'origine, la notion d'accord politique issue d'une médiation fait irruption dans le domaine du droit constitutionnel en bouleversant l'ordre juridique interne et les institutions de l'État concerné. Ces accords interviennent très largement en période de crise politique et constitutionnelle c'est-à-dire dans une période exceptionnelle.

L'irruption de cette notion politique dans le domaine juridique exige que l'on recherche sa nature, sa valeur et son régime juridique. Il faut d'emblée expliquer que ces arrangements politiques ont une nature, une valeur juridique controversée. Certains auteurs tels que Pierre AVRIL considère les accords politiques comme des conventions constitutionnelles. Alors que le juriste togolais Adama KPODAR et le professeur centrafricain, Jean-François AKANDJI-KOMBE contestent cette thèse[997].

En effet, les auteurs qui se sont intéressés à cette question semblent soigneusement éviter l'utilisation d'expressions pouvant conduire au rattachement de ce texte à une source du droit[998].

Jean-François AKANDJI-KOMBE et le professeur Joël AIVO soutiennent tous les deux que les accords politiques sont des instruments juridiques dotés d'une valeur obligatoire au sens strict[999].

---

[995] J. Du Bois de GAUDUSSON, *L'argument constitutionnel dans les médiations*, in J.-P VETTOVAGLIA (prés), J D. B. DE GAUDUSSON, C. DESOUCHES, J. MAILA, H. SADA et A. SALIFOU, *Médiation et facilitation dans l'espace francophone : théorie et pratique*, vol. II BRULLANT 2010, p.690

[996] Ibid.

[997] Voir à ce propos, J. F. AKANDJI-KOMBE, *Contrôle de constitutionnalité et actes politiques de règlement des crises institutionnelles* », op. cit., p.4

[998] Ibid.

[999] Ibid.

Toutefois, pour déterminer la nature des accords politiques, Jean-François AKANDJI-KOMBE tente de séparer la forme du fond de ces textes controversés. Il en déduit avec raison qu'un texte peut produire des effets normatifs dans l'ordre juridique sans pour autant être un acte juridique[1000]. Il poursuit en soulignant que les accords politiques sont des actes juridiques[1001].

Il fonde son raisonnement sur une définition universellement admise des actes juridiques selon laquelle est acte juridique toute manifestation de volonté destinée à produire des effets de droit[1002]. Même si le raisonnement, à première vue, paraissait critiquable, en se référant sur cette définition universellement admise d'un acte juridique, l'on ne peut que donner raison à cette opinion de Jean-François AKANDJII-KOMBE. Cependant, cette remarque doit être nuancée.

Les accords politiques sont des actes politiques qui produisent des effets de droit, c'est l'objet recherché, mais ils ne sont pas des actes du droit. Les accords politiques dans la prévention ou la gestion d'un changement anticonstitutionnel de pouvoir tendent implicitement à suspendre, à abroger et à remettre en cause partiellement ou même totalement la constitution de l'État concerné. Les médiateurs deviennent de facto des constituants originaires ou dérivés, puisque leur mission peut aboutir à des textes qui changent l'ordre constitutionnel en vigueur sans procéder véritablement à une révision constitutionnelle conformément aux exigences de celle-ci.

Alors que la constitution est la base de l'ordre juridique, le fondement de l'État et le principe où s'exprime juridiquement l'équilibre des forces à un moment donné[1003]. Le respect de l'État de droit impose celui de la constitution. Le juge constitutionnel est garant du respect de l'État de droit. Le triomphe des accords politiques sur la constitution consolide l'idée des constitutions ouest-africaines à l'épreuve de ceux-ci. Elles ne résistent pas aux réalités du terrain politique. La CEDEAO semble incapable de se servir des normes constitutionnelles (internes et

1000 Ibid. p.5
1001 Ibid. p.6
1002 Ibid.
1003 A. KPODAR, *Bilan sur un demi-siècle du constitutionnalisme en Afrique noire francophone*, op. cit., p.3

communautaires) comme « assises juridiques au pouvoir politique[1004] ». Au regard de ces constats, l'organisation creuse un fossé entre le droit et la pratique. D'où des inquiétudes sur l'avenir des règles du droit constitutionnel en Afrique de l'Ouest.

L'Afrique est en réalité le continent des incertitudes et des espoirs perpétuellement déçus[1005].

L'espoir suscité par la sous-régionalisation de la démocratie, le respect des droits de l'homme et de l'État de droit a cédé la place à des inquiétudes.

L'espoir et l'enthousiasme de la mise en place des normes et mécanismes de sous-régionalisation de la démocratie ont pris du plomb dans l'aile en quelques années de pratique.

Le constitutionnalisme africain de façon générale et celui de l'Afrique de l'Ouest de façon singulière, à l'inverse de celui des États occidentaux visant à concrétiser l'État de droit dans sa plénitude, est apparu au fil des années comme un instrument contre l'État de droit[1006].

La CEDEAO contribue malheureusement à cette perversion du constitutionnalisme ouest-africain en prévenant et en gérant les coups d'État, avec ces accords qui posent problème.

Les accords politiques dans la gestion d'un changement anticonstitutionnel de pouvoir visent très généralement à réadapter les institutions et leur fonctionnement aux intérêts des forces en présence[1007], les auteurs du coup d'État et leurs complices.

[1004] Ibid., p.7

[1005] M. KAMTO, *Pouvoir et droit en Afrique noire : Essai sur les fondements du constitutionnalisme dans les États d'Afrique noire francophone,* LGDJ, Paris 1987, p. 492. Voir aussi à ce propos, Adama KPODAR, *bilan sur un demi-siècle du constitutionnalisme en Afrique noire francophone*, op. cit., p.16.

[1006] Adama KPODAR, *bilan sur un demi-siècle du constitutionnalisme en Afrique noire francophone*, op. cit., p.16

[1007] Ibid., p.18.

1. La lettre ou l'esprit de la constitution, est-ce possible pour une médiation de tenir les deux bouts de la chaîne ?

Adama KPODAR souligne pertinemment qu'en Afrique, la constitution est malade par son inapplication, soit par l'instrumentalisation résultant de son application[1008]. Très généralement dans les accords politiques de gestion de coup d'État, la lettre du texte constitutionnel est respectée, alors qu'en même temps, l'esprit du constituant est renié, parfois vulgairement.

Dans l'accord-cadre de mise en œuvre de l'engagement du 1er avril 2012 lors de la gestion du coup d'État du Mali de mars 2012, sur lequel nous reviendrons. L'esprit de la constitution de février 1992, en son article 36, a été respecté en mettant le Président de l'Assemblée Nationale à la tête d'une transition. Mais l'esprit du constituant sur la lettre de l'article 36 de la constitution a été complètement renié. La forme de cette disposition a été respectée à la lettre, alors que le fond a été substantiellement violé. Les accords politiques semblent malencontreusement aboutir à l'adoption d'une nouvelle constitution par des organes n'ayant pas la qualité et les compétences constitutionnelles. La médiation se comporte parfois en constituant originaire en mettant
en place des accords politiques pour régir des questions constitutionnelles. Ainsi, comme on peut le constater, les accords politiques tentent vainement d'usurper la nature juridique de la constitution. Ils parviennent tout de même à usurper cette nature, s'agissant de leurs effets. Leur irruption dans le domaine de la constitution ne permet pas de leur conférer une nature constitutionnelle. Les accords politiques nécessitent une différenciation.

2. La différenciation des accords politiques

De prime abord, il faut obligatoirement faire une distinction entre les accords politiques. Il faut citer ceux qui visent à résoudre une crise

[1008] Ibid., p.8

politique pour prévenir un changement anticonstitutionnel de pouvoir, les accords politiques de Lomé du 20 août 2008 sur le Togo par exemple. Il s'agit ensuite de ceux issus de la gestion d'un changement anticonstitutionnel de pouvoir, l'accord-cadre de mise en œuvre de l'engagement du 1er avril 2012 dans la gestion du coup d'État de mars 2012 au Mali, à titre d'exemple. Les premiers sont incontestablement le fruit de la rencontre de plusieurs volontés, acteurs politiques internes, État et une tierce partie qui est la CEDEO, garante de la bonne exécution. Ils sont destinés sans équivoque à produire des effets de droit[1009]. Alors que les seconds résultent d'une volonté unilatérale des auteurs du coup d'État, sous l'œil de la médiation de la CEDEAO.

La thèse défendue par Jean-François AKANDJI-KOMBE est soutenable globalement pour les accords politiques visant à résoudre une crise politique et sécuritaire de façon générale. En revanche, s'agissant des accords politiques dans la gestion d'un changement anticonstitutionnel de pouvoir, elle est inopérante.

En ce qui concerne les accords politiques visant à prévenir les coups d'État, résultant de la volonté de plusieurs acteurs, dès lors qu'ils visent à produire des effets d'une constitution, on peut en déduire qu'ils constituent des « constitutions de circonstances ».

Alors que la constitution, adoptée ou révisée selon une procédure spéciale prévue par elle, est destinée à produire des effets juridiques dans un temps indéterminé, l'accord politique dans la gestion d'un changement anticonstitutionnel de pouvoir a vocation à régir des situations exceptionnelles dans un temps limité, la période de la transition. En d'autres termes, l'accord politique est un acte régissant des questions constitutionnelles de façon transitoire.

Dès le retour à une normalité politique et constitutionnelle, l'accord politique, soit intègre la constitution par la technique d'une réforme constitutionnelle parfois spéciale dérogeant à la normale, ou cesse automatiquement de produire des effets juridiques.

1009 J. F. AKANDJI-KOMBE, *Contrôle de constitutionnalité et actes politiques de règlement des crises institutionnelles*, op. cit., p.4

Autrement dit, l'accord intègre la constitution à l'aide d'une technique spéciale de réforme constitutionnelle prévue par l'accord dérogeant à celle prévue par la constitution, prenant en compte les exigences de celui-ci.

Il peut aussi intégrer l'ordonnancement juridique par l'adoption de mesures législatives prévues par celui-ci. La dernière technique d'intégration des accords politiques dans le droit consiste à adopter des mesures législatives et réglementaires comme prévues par celui-ci.

À l'inverse, dans l'extrême, lorsque la situation exceptionnelle cesse, l'accord politique devient sans effet. La règle de droit a vocation à durer dans le temps jusqu'à son abrogation. En définitive, la thèse soutenant que les accords politiques constituent des actes juridiques doit être tempérée.

Toutefois, de même que les effets, la structuration des accords politiques sont juridiques. Les accords politiques dans la gestion du coup d'État présentent la même typologie et ont les mêmes effets juridiques que les accords dans la gestion d'une crise politique et sécuritaire.

3. La valeur juridique des accords politiques

Du point de vue du droit international, un accord international est conclu entre deux ou plusieurs États et régi par le droit international, notamment la Convention de Vienne du 23 mai 1969 sur le droit des Traités. Autrement dit, c'est un accord de volonté entre deux ou plusieurs sujets du droit international et destiné à produire les effets que les auteurs en attendent[1010] conformément à cette Convention. Il peut être consigné dans un instrument unique ou dans deux ou plusieurs instruments connexes et peut prendre diverses dénominations[1011].

[1010] R. CABRILLAC, *Dictionnaire du vocabulaire juridique* 5e éd. Lexis Nexis 2014, p. 495.

[1011] Article 2 1. a°) de la Convention de Vienne sur le droit des traités

Il ressort de ce constat qu'un tel accord ne s'applique qu'entre les États[1012] et/ou entre les États et les organisations internationales ou encore entre organisations internationales.

Les accords politiques entre la CEDEAO et les autorités de fait issues d'un coup d'État ne liaient qu'un sujet de droit international (la CEDEAO) et une entité n'ayant pas le « *Traety making power* », autrement dit, une autorité n'ayant pas la capacité de conclure des Traités.

Cette règle vaut également pour les accords conclus entre le gouvernement sierra-léonais et les groupes armés sous l'égide de la CEDEAO lors de la gestion du coup d'État de mai 1997.

La Côte d'Ivoire, l'OUA, l'ONU étaient garantes de la bonne exécution de ces accords. Et aussi pour l'accord-cadre de l'engagement solennel du 1er avril 2012 au Mali.

Le régime juridique du droit des traités de la Convention de Vienne du 23 mai 1969 est inopérant sur les accords politiques. Toutefois, l'élaboration et l'adoption des accords politiques (négociation suivie d'une signature) portent à croire que les accords politiques sont de nature, des actes juridiques du droit international.

Alors qu'ils se distinguent nettement des actes juridiques du droit international, les auteurs et leurs effets qu'ils produisent.

Cependant, ils peuvent se situer dans le cadre du chapitre VI de la Charte des Nations Unies en son article 33 paragraphe 1er[1013]. Le chapitre VI de la charte des Nations Unies privilégie les accords politiques dans le règlement des crises.

La Charte des Nations-Unies ne définit toutefois pas le droit applicable aux accords politiques. Dans le cadre de la CEDEAO, on peut rechercher un fondement à ces accords.

[1012] Article 1er ibid.

[1013] Article 33 paragraphe 1er « Les parties à tout différend dont la prolongation est susceptible de menacer le maintien de la paix et de la sécurité internationales doivent en rechercher la solution, avant tout, par voie de négociation, d'enquête, de médiation, de conciliation, d'arbitrage, de règlement judiciaire, de recours aux organismes ou accords régionaux, ou par d'autres moyens pacifiques de leur choix »

4. La CEDEAO et les accords politiques

Le traité révisé de 1993 de la CEDEAO autorise l'organisation à entreprendre des actions visant à rétablir la paix et la sécurité[1014]. En application de ces dispositions, l'ONU et la CEDEAO doivent privilégier les accords politiques dans la gestion des crises[1015]. La gestion des changements anticonstitutionnels de pouvoirs est sous-jacente de la paix et de la sécurité. Les dispositions de l'article 58 du traité révisé de 1993 de la CEDEAO constituent un fondement du recours à cette méthode dans la gestion du coup d'État.

Le rattachement des textes communautaires de consolidation de la démocratie, de prévention et de gestion des changements anticonstitutionnels de pouvoir à ceux relatifs à la sécurité collective régionale conforte notre analyse[1016]. Toutefois, ils n'ont pas de base juridique explicite dans le droit communautaire.

[1014] Article 58 paragraphe g) et f) du traité révisé de la CEDEAO.

[1015] Dans le but de rétablir la paix et la sécurité en Sierra Leone, le président Ahmed Tejan KABBAH, signait le 23 avril 1996 à Yamoussoukro en Côte d'Ivoire, des accords de paix avec le RUF (Revolutionnary United front) principal groupe armé du pays. En effet, au début de l'année 1991, les groupes armés du RUF dirigés par Fodé SANKOH très proche de Charles Taylor menaient des incursions armées dans plusieurs villages à l'Est du pays. L'incapacité de l'armée sierra-léonaise à repousser ces attaques armées aboutit à la fragilisation des forces armées. Elle aboutit également à de vives tensions au sein de cette fragile armée. Ces tensions ont permis au capitaine Valentine Strasser de prendre le pouvoir lors du coup d'État du 29 avril 1992. Le capitaine Valentine Strasser ordonne l'exécution de plusieurs militaires soupçonnés de tentative de coup d'État militaire. Ces exécutions sommaires de militaires contribuent à fragiliser davantage les forces armées sierra-léonaises. Les tensions et la fragilité des forces armées ont permis aux groupes armés rebelles du RUF de prendre le contrôle de plusieurs grandes villes du pays. La fragilité des forces armées et les tensions au sein de l'armée ont conduit à une nouvelle tentative de coup d'État militaire le 8 septembre 1996. C'est dans ce contexte qu'un nouvel accord est signé le 30 novembre 1996 à Abidjan en Côte d'Ivoire entre le gouvernement d'Ahmed Tejan KABBAH et les groupes armés rebelles sous l'égide de Félix HOUPHOUËT-BOIGNY.

[1016] Le protocole additionnel sur la démocratie et la bonne gouvernance se rattache directement au protocole relatif aux mécanismes de prévention, de gestion des conflits et de règlement des crises. Ce mécanisme a été adopté en application de l'article 58 du traité révisé de 1993 de la CEDEAO.

La jurisprudence internationale dénie également une valeur juridique aux accords politiques. Nous illustrerons notre propos avec le cas de l'accord politique dans la gestion du coup d'État en Sierra Leone, la jurisprudence du tribunal international pour la Sierra Leone (TSL).

B. La juridicité internationale des accords politiques

La jurisprudence de la Cour Internationale de Justice (CIJ) dénie catégoriquement une valeur juridique aux accords politiques, éloignant ainsi systématiquement l'application du régime juridique des accords internationaux.

1. Illustratif à la lumière de l'exemple du TSL :

Le président Ahmed Tejan KABBAH signait le 23 avril 1996 des accords de paix avec le Revolutionnary Army Front (RUF), principal groupe armé du pays. La fragilité des forces armées et les tensions au sein de l'armée ont conduit à une nouvelle tentative de coup d'État militaire le 8 septembre 1996. C'est dans ce contexte qu'un nouvel accord est signé le 30 novembre 1996 à Abidjan en Côte d'Ivoire entre le gouvernement d'Ahmed Tejan KEBBAH et les groupes armés rebelles sous l'égide de Félix Houphouët-Boigny. L'accord du 30 novembre 1996 fut le cadre juridique de référence pour toutes les organisations internationales dans la gestion de cette crise.

C'est dans ce contexte de fragilité militaire, institutionnelle et politique dans ce pays que le capitaine Johnny Paul KOROMA, à la tête d'un groupe de soldats et de combattants armés, renverse le 27 mai 1997, le président démocratiquement élu Ahmed Tejan KABBAH. Ainsi, la Sierra Leone enregistrait son troisième coup d'État militaire en l'espace de cinq ans.

La CEDEAO s'était remarquablement impliquée dans la gestion de cette crise, comme indiqué plus haut. Elle a utilisé des moyens pacifiques, des moyens coercitifs non forcés et des moyens coercitifs forcés. Il s'agit ici de voir la juridicité des accords politiques signés lors de la gestion de cette crise.

En effet, l'accord du 30 novembre 1996 désignait la Côte d'Ivoire, l'ONU, l'OUA et l'Organisation du Commonwealth comme garants de son exécution. Comme on peut le constater, bien que la CEDEAO ait modifié son traité en 1993, en mettant la sécurité au centre de ses objectifs, elle n'avait pas réussi à s'imposer à ce stade dans la gestion de cette crise.

Le 7 juillet 1999 fut signé à Lomé au Togo entre les acteurs de la longue crise politique et sécuritaire sierra-léonaise ayant abouti au coup d'État du printemps 1997, un accord de paix. Cet accord, à l'image des multiples accords politiques destinés à résoudre des crises politiques et sécuritaires, accordait dans son article 9 une amnistie générale et absolue à toutes les parties prenantes du conflit, notamment le célèbre défunt chef rebelle du Front Révolutionnaire Uni (RUF), Fodé SANKOH[1017]. Rappelons que cet accord précédait un accord signé le 30 novembre 1998 entre les parties et qui prévoyait déjà sans équivoque, une amnistie totale des auteurs des crimes et délits commis

---

[1017] Article 9 des accords de paix de Lomé *« 1 — Afin d'apporter une paix durable en Sierra Leone, le gouvernement prendra les mesures légales appropriées pour accorder un pardon libre et absolu au Caporal Foday SANKOH. 2— Après signature du présent accord, le gouvernement de Sierra Leone accordera également un pardon libre et absolu, et la grâce de tous les combattants et collaborateurs, pour tous les méfaits subordonnés à la poursuite de leurs objectifs jusqu'à la signature du présent accord. 3— Pour consolider la paix et promouvoir la cause de la réconciliation nationale, le gouvernement de Sierra Leone s'assurera qu'aucune action officielle ou juridique ne sera engagée à l'encontre de membres du RUF/SL (Revolutionary United Front) ou ex-CDF (Civil Defence Forces), pour les faits commis dans le but d'atteindre leurs objectifs, en tant que membres de ces organisations, depuis mars 1991, et jusqu'à la signature du présent accord. En outre, les mesures législatives et autres qui seront nécessaires pour garantir l'immunité des anciens combattants, exilés et autres personnes actuellement hors du pays pour des raisons relatives au conflit armé seront adoptées pour leur assurer le plein exercice de leurs droits civiques et politiques, en vue de leur réintégration dans le cadre légal. » Voir* Michael ADUNEGA, *Le Tribunal spécial pour la Sierra Leone et ses effets sur l'accord d'amnistie de Lomé*, CAIRN info, Mouvement 2008/1 (53), p.196, La découverte « Mouvement », p.125-130. ISS 1291-6412 ISBN 9782707154514. Mars-mai 2008, https://www.cairn.info/revue-mouvements-2008-1-page-125.htm consulté le 31/10/2018

lors de cette crise, au grand dam des victimes. Toutefois, l'article 10 des statuts du Tribunal Spécial pour la Sierra Leone (TSSL)[1018], tribunal institué par un accord international entre l'ONU et ce pays à la demande du dernier, pour juger les crimes commis lors de cette crise, a dénié toute reconnaissance de cette amnistie aux auteurs des infractions. La requête d'un auteur présumé d'infractions, poursuivi par ce tribunal, invoqua cette amnistie totale.

Le TSSL a jugé sans détour que l'accord signé entre l'ONU et les autorités sierra-léonaises ne remplissait pas les critères d'un traité international au sens du droit. Dans sa décision, le TSSL relève d'une part, que l'ONU et les États parties (sujets du droit international) signataires de l'accord, n'étaient qu'une simple caution morale. Et d'autre part, le RUF de Fodé SANKOH n'avait pas le « *Treaty making power* » conformément au droit international.

Ainsi, au regard de ce qui précède, les accords politiques ne sont pas des normes du droit au sens strict du terme. Ils traitent des questions purement juridiques touchant les institutions et le fonctionnement de l'État. Ils relèguent même la Constitution au second plan, tout en s'emparant de la première place, dans la hiérarchie des normes.

Lorsque l'accord politique triomphe sur la constitution, il prend la place de celle-ci et s'érige comme la norme fondamentale du pays. L'accord politique bouleverse non seulement l'ordre juridique interne, mais aussi, l'ordre institutionnel. Il crée même parfois de nouveaux organes ou de nouvelles institutions.

Du fait de la difficulté à trouver leur nature juridique, les accords politiques visant à prévenir ou à résoudre une crise politique et institutionnelle et/ou un coup d'État, manque un véritable cadre juridique garantissant leur application.

La CEDEAO n'est pas véritablement une partie dans les accords politiques de gestion du changement anticonstitutionnel de pouvoir. Elle constitue une simple caution garantissant l'exécution correcte de

[1018] Le TSSL fut créé par la résolution 1315 du 14 août 2000 du Conseil de Sécurité des Nations-Unies, à la demande des autorités sierra-léonaises.

l'accord, éloignant ceux-ci la nature juridique d'un acte du droit international. Cependant, pour permettre l'exécution des sanctions établies contre le changement anticonstitutionnel de pouvoir, l'organisation communautaire a parfois recours alternativement ou simultanément aux moyens pacifiques, aux accords de coopération sous-régionaux avec d'autres organisations d'intégration de la région.

SECTION 2 : LE RECOURS AUX ACCORDS DE COOPERATION AVEC D'AUTRES ORGANISATIONS SOUS-REGIONALES, COMME MOYEN ALTERNATIF AU RECOURS A LA FORCE

Le recours aux accords de coopération avec d'autres organisations communautaires sous-régionales est un mode alternatif à l'utilisation de la force contre le changement anticonstitutionnel de pouvoir. La CEDEAO l'utilise simultanément avec la médiation dans la gestion de ce fléau.

Ce moyen de règlement vise principalement à permettre la mise en œuvre des sanctions non forcées, en particulier les sanctions économiques imposées par l'organisation contre l'État membre concerné et ses autorités de fait.

En effet, conformément au chapitre XX du traité révisé de 1993 de la CEDEAO, dans le cadre de la réalisation de ses objectifs, l'organisation peut conclure des accords de coopération avec d'autres organisations internationales. Ces accords de coopération conclus par le président de la commission doivent être soumis à l'approbation du Conseil.

C'est dans ce cadre que la CEDEAO a conclu un accord de coopération avec l'Organisation Internationale de la Francophonie (OIF) en 1999.

Dans le cadre de la réalisation de ses objectifs d'intégration communautaire, en application des dispositions de l'article 79 du traité révisé de 1993, la CEDEAO peut conclure des accords de coopérations avec d'autres communautés régionales ou sous-régionales ou extrarégionales. C'est dans ce cadre qu'elle a conclu des accords de coopération avec l'Union Economique et Monétaire Ouest-Africaine (UEMOA). Alors que le traité révisé de la CEDEAO précise dans les dispositions de l'article 2 paragraphe 1er que les États membres conviennent qu'elle sera à terme, la seule communauté économique de la sous-région aux fins de l'intégration économique et de la réalisation des objectifs de la Communauté Economique africaine. En d'autres termes, l'UEMOA et la CEDEAO constituent d'une certaine manière des organisations sous-régionales ayant pour but l'intégration économique des États de l'Afrique de l'Ouest. Ce partenariat n'est-il pas une contradiction ? La réponse semble affirmative.

Ces accords de coopération avec d'autres organisations permettent à la CEDEAO de ne pas agir en solitaire contre les changements anticonstitutionnels.

En effet, nous avons expliqué dans notre première partie la subsidiarité entre la CEDEAO, l'UA et l'ONU dans la gestion des crises politiques et sécuritaires, en particulier les changements anticonstitutionnels de pouvoir. Les accords de coopération et la subsidiarité entre la CEDEAO et ces organisations sont consacrés dans le droit communautaire originaire, singulièrement dans le protocole relatif aux mécanismes de prévention, de gestion, de règlement des conflits, de maintien de la paix et de la sécurité.

Et d'autre part, en application de l'article 83 du traité révisé de 1993, la CEDEAO peut conclure des accords de coopération avec d'autres organisations internationales. C'est dans ce cadre que se situe le protocole d'accord de coopération avec l'Organisation Internationale de la Francophonie (OIF), conclu à Paris le 20 février 1999. C'est dans ce cadre que se situe également la coopération entre l'UEMOA, l'UE et l'OIF en appui aux efforts de la CEDEAO dans la gestion des changements anticonstitutionnels de pouvoir. Parfois, elle reçoit l'appui d'États tiers en particulier les grandes puissances internationales. Les contributions de ces organisations internationales et de ces États sont déterminantes dans la gestion du changement anticonstitutionnel de pouvoir. Cependant, la coopération entre l'organisation sous-régionale et d'autres organisations internationales singulièrement sous-régionales dans la gestion de ce fléau soulève des questions juridiques quant à sa légalité au regard du droit communautaire. Les dispositions de l'article 79 du traité révisé de 1993 parlent des objectifs d'intégration régionale. On peut implicitement insérer la prévention et la gestion des changements anticonstitutionnels de pouvoir dans le cadre de l'intégration sous-régionale. Rappelons que le maintien de la paix et de la sécurité vise à permettre une intégration. Par ailleurs, les accords de coopération sous-régionale sont incontestablement un appui pour la CEDEAO dans la gestion des coups d'État, alternativement à l'utilisation de la force. Nous expliquerons notre propos à travers la coopération entre l'organisation et l'UEMOA dans la gestion du coup d'État du 22 mars 2012 au Mali (paragraphe 1). Cependant, l'organisation est parfois confrontée à une difficulté d'approche dans la gestion du changement anticonstitutionnel de pouvoir, en particulier l'approche de solutions à envisager : « *rétablissement* » ou « *restauration* » de l'ordre constitutionnel (Paragraphe 2).

Paragraphe 1 : L'appui de la coopération entre la CEDEAO et l'UEMOA dans la gestion du changement anticonstitutionnel de pouvoir

En application des dispositions de l'article 79 du traité révisé de 1993, la CEDEAO a signé le 5 mai 2004 à Abuja au Nigeria, un accord de coopération et de partenariat avec l'Union Economique et Monétaire Ouest-Africaine (UEMOA), la deuxième organisation communautaire ouest-africaine, à laquelle 8 États de la CEDEAO sont membres, en vue de renforcer et d'harmoniser le processus d'intégration[1019].

Parallèlement à la médiation de la CEDEAO dans la gestion du coup d'État du Mali de mars 2012, elle avait établi des sanctions coercitives non forcées, dont certaines ont nécessité l'appui des accords de coopération avec l'UEMOA dans leur exécution.

La gestion du coup d'État de mars 2012 au Mali a servi de laboratoire d'expérimentation des accords de coopération entre l'organisation et l'UEMOA signés en 2004. L'appui de l'UEMOA a-t-il été déterminant dans la gestion du coup d'État du 22 mars 2012 au Mali ?

[1019] *La CEDEAO et l'UEMOA impulsent une nouvelle dynamique de coopération interinstitutionnelle dans la région,* communiqué du 8/06/2018 www.ecowas.int consulté le 10/10/2010.

A. Un exemple de bonnes pratiques entre la CEDEAO et l'UEMOA via l'expérience du coup d'État du 22 mars 2012 au Mali ?

Il convient de faire un aperçu sur ce coup d'État dans ce pays, pourtant considéré par les observateurs jusqu'à cette date comme l'un des États membres de la CEDEAO qui semblait avoir réussi son processus de transition démocratique, avant d'expliquer la réaction et les moyens utilisés par la CEDEAO lors de sa gestion.

Nous mettrons un accent particulier sur le recours à la coopération avec l'UEMOA.

1. Un coup d'État dans un pays bénéficiant d'une relative culture démocratique

« Ils ont fait un coup d'État contre le président Amadou Toumani TOURE et ont mis à bas la démocratie malienne »[1020], fulminent sans détour deux observateurs de la politique africaine.

D'autres observateurs ont également classé ce coup d'État parmi les plus « *foireux* »[1021] de l'histoire de la politique africaine.

En effet, Amadou Toumani TOURE, élu démocratiquement président du Mali en 2002, est réélu[1022] le 29 avril 2007 pour un deuxième et dernier mandat conformément à l'article 30 de la constitution[1023] malienne de 1992. Son deuxième mandat est marqué par des attaques à

[1020] M.GROGA-BADA, C. BOISBOUVIER, B. AHMED « *Coup d'État au Mali : le jour où ATT a été renversé* » article du 30 mars 2016, www.jeuneafrique.com consulté le 26/01/2017.

[1021] P. CHERRUAU et M. BO NI TEIGA « *Les 10 coups d'État les foireux* » article du 4/2/2013 www.slateafrique.com consulté le 26/01/2017.

[1022] Voir arrêt N°07-175/CC-EP du 12 mai 2007 de la Cour Constitutionnelle du Mali, portant proclamation des résultats définitifs de l'élection du Président de la République.

[1023] Article 30 de la Constitution malienne : « *Le président de la République est élu pour cinq ans au suffrage universel direct et au scrutin majoritaire à deux tours. Il n'est rééligible qu'une seule fois* ».

répétition des groupes armés[1024] et des kidnappings[1025] de ressortissants de pays européens au nord du pays. C'est ainsi qu'un groupe armé composé des combattants du Mouvement National de l'Azawad (MNLA)[1026] attaque le 17 janvier 2012, la garnison militaire de Ménaka au nord du pays.

Les groupes armés du MNLA ont multiplié les attaques sur l'ensemble des trois régions du nord du pays (Tombouctou, Gao et Kidal). Les forces armées maliennes, incapables de repousser les attaques des groupes armés, s'effondrent en quelques semaines[1027].

Le capitaine Amadou Aya SANOGO, à la tête du Comité National pour le Redressement de la Démocratie et la Restauration de l'État de Droit

---

[1024] L'Alliance du 23 mai, un groupe armé conduit par Ibrahim Ag BAHANGA a multiplié des attaques contre les forces armées maliennes dans la région de Kidal.

[1025] Dans la nuit du 23 au 24 novembre 2011, deux ressortissants français ont été enlevés dans leur hôtel à Hombori dans le centre du Mali. Voir J. P. REMI « *Question autour de l'enlèvement de deux géologues français au Mali* » www.lemonde.fr article du 25/11/2011.

[1026] Le Mouvement national de Libération de l'Azawad (MNLA) est un groupe politico-militaire qui a été créé en octobre 2011. Ils réclament l'indépendance des trois régions du nord du Mali dont Tombouctou, Kidal et Gao et une partie de la région de Mopti.

[1027] Le 17 janvier 2012, des groupes armes constitués au sein du MNLA (Mouvement National de Libération de l'Azawad) s'emparent de la garnison militaire de Ménaka au nord du Mali en chassant l'armée malienne de cette localité. Aidé par des groupes armés terroristes du MUJAO (Mouvement pour l'Unicité et le Jihad en Afrique de l'Ouest), AQMI (Al-Qaeda pour le Maghreb Islamique), Ansar Dine et plusieurs groupuscules armés terroristes, le MNLA s'emparent successivement des trois grandes villes du nord du Mali (Gao, Tombouctou et Kidal). Face à l'incapacité de l'armée malienne à arrêter la progression des groupes armés vers le centre du pays, les épouses des militaires des garnisons militaires[1027] de Bamako et de Kati ont organisé le 3 février 2012 des manifestations à Bamako et à Kati pour réclamer plus de moyens pour leurs époux, pour combattre les groupes armés. Les épouses des militaires manifestaient leur exaspération contre les tueries de leurs époux et de leurs enfants au nord et par le manque de moyens matériels octroyés à l'armée (phrase légèrement réécrite). Dans le souci d'apaiser les tensions, elles ont été reçues le 3 février 2012 par le président ATT (Amadou Toumani Touré) au palais présidentiel. Malgré cette audience, les manifestations se sont multipliées. La contestation gagne toutes les grandes villes du pays. C'est dans ce contexte que le 21 mars 2012, une mutinerie a éclaté dans la garnison militaire de Kati à une quinzaine de kilomètres de Bamako lors d'une visite du ministre de la défense et du chef d'État-major général des armées envoyés par le gouvernement pour apaiser les tensions.

(CNRDE) prend donc le pouvoir[1028] et annonce à la télévision et à la radio publiques malienne, la suspension de la constitution et la dissolution de toutes les institutions démocratiques de l'État.

2. Entre droit nominal et droit réel, le Mali était-il aussi avancé que les experts le pensaient ?

Fund For Peace (FFP), une organisation non gouvernementale américaine, a mis en place un index permettant de classer les États les plus fragiles du monde. Le FFP développe et publie depuis 2005, un index de fragilité des États qui, avec les années, a progressivement évolué[1029]. Selon Julien SERRE[1030], ce classement a le défaut d'être parfois difficile à qualifier, mais l'avantage d'offrir un éventail large de facteurs pour l'analyse[1031]. Le FFP établit un classement d'États fragiles via des critères sociaux, économiques, politiques et militaires, mais aussi sur les services publics, les droits de l'homme, l'État de droit, l'appareil sécuritaire, les conflits entre élites et les interventions extérieures.

C'est étonnant que le Mali ne figurât pas sur la liste des États en haute alerte ou en très haute alerte malgré le contexte de fragilité politique et sécuritaire que ce pays enregistre depuis la fin de l'année 2011 et le début l'année 2012. Mais il a l'avantage de pouvoir établir une notation pour l'ensemble des États, d'où son originalité et notre intérêt pour cet index.

En tout cas, ce cas semble avoir pris de court, tous les observateurs de la politique africaine en général et malienne en particulier. Les principales organisations internationales, l'ONU, l'UA et la CEDEAO se sont pleinement investies dans sa gestion.

[1028] M.GROBA-BADA, C. BOISBOUVIER, B. AHMED « *coup d'État au Mali : le jour où ATT a été renversé* » op. cit.

[1029] J. SERRE, *Les États fragiles, éd. Groupe Studyrama* 2016, p.21.

[1030] J. SERRE est enseignant à Science po et est conseiller hors classe de la Mission multidimensionnelle intégrée des Nations Unies au Mali (MUNISMA)

[1031] J. SERRE, *Les États fragiles,* op. cit., p. 21.

3. La réaction de l'ONU, de l'UA et de la CEDEAO

Le coup d'État est immédiatement rejeté et condamné par les principales organisations internationales auxquelles le Mali est membre, l'ONU, l'UA[1032], la CEDEAO, mais aussi par des États tiers : la France, les USA, le Maroc, la Mauritanie,[1033] etc. Curieusement, et parallèlement à la CEDEAO, le Niger, État membre de l'organisation, condamne le coup d'État dans une déclaration distincte. L'ONU, à travers le Conseil de Sécurité et la CEDEAO, a exigé le rétablissement immédiat de l'ordre constitutionnel.

La CEDEAO, dans son communiqué final de la session extraordinaire de la conférence des chefs d'État et de gouvernement tenue le 27 mars 2012, condamnait sans équivoque[1034] le coup d'État et exigeait le « rétablissement »[1035] effectif de l'ordre constitutionnel[1036]. Dans sa déclaration du 22 mars 2012, le président de la Commission de la CEDEAO et premier fonctionnaire statutaire de l'organisation Kadré Desiré OUEDRAOGO condamne le coup d'État au Mali. Le 23 mars 2012, soit le lendemain du coup d'État, la CEDEAO envoie au Mali, une mission conjointe avec l'UA et l'ONU. Conformément à l'article 8 nouveau du protocole additionnel A/SP1/06/06 portant amendement du traité révisé de 1993 de la CEDEAO, la conférence des chefs d'Etats et de Gouvernements s'est réunie en session extraordinaire le 27 mars 2012 à Abidjan en Côte d'Ivoire. En application de son protocole additionnel sur la démocratie et la bonne gouvernance, la Conférence des chefs d'États et de Gouvernements adopte lors de cette session extraordinaire consacrée principalement à la situation au Mali, des sanctions économiques et des sanctions coercitives non militaires et militaires contre l'État malien et les membres du CNRDRE. Dans son communiqué final, la conférence des chefs d'État et de Gouvernements

[1032] Il faut rappeler que ce coup d'État intervient pour l'UA, un mois après l'entrée en vigueur le 15 février 2012 de la Charte Africaine sur la Démocratie, les Élections et la Gouvernance (CADEG). C'était le premier coup d'État militaire sur lequel l'UA devait répondre en appliquant ce texte.

[1033] M. GROGA-BADA, C. BOISBOUVIER, B. AHMED, « *Coup d'État au Mali : le jour où ATT a été renversé* », op. cit

[1034] Voir le paragraphe 8 du communiqué final

[1035] Nous reviendrons sur ce concept.

[1036] Paragraphe 8 du communiqué final

réaffirmait l'inviolabilité du protocole additionnel sur la démocratie et la bonne gouvernance et rappelait la « tolérance zéro en ce qui concerne l'accession ou le maintien au pouvoir par des voies anticonstitutionnelles »[1037]. Elle a condamné sans équivoque le renversement du gouvernement démocratiquement élu du président Amadou Toumani Touré et a dénié catégoriquement toute forme de légitimité au CNRDRE[1038]. Elle a également exigé le « rétablissement » immédiat de l'ordre constitutionnel[1039]. La conférence des chefs d'États et de Gouvernements a par ailleurs rappelé au CNRDE, sa responsabilité, en ce qui concerne la sécurité du président ATT[1040].

À travers cette question de la responsabilité du CNRDRE quant à la sécurité du président ATT, la Conférence des chefs d'États et de Gouvernements a suivi la logique d'une jurisprudence de la CJC.

En effet, dans l'arrêt Mamadou TANDJA contre le général Salou DJIBO et l'État du Niger, la CJC a rappelé les droits de l'ancien président Mamadou TANDJA chassé du pouvoir par la force, comme déjà observé.

La Conférence des chefs d'État et de Gouvernement et la CJC rappelaient ainsi les droits et les libertés d'un ancien président fût-il chassé du pouvoir par la force[1041].

La Conférence des chefs d'État a également déploré l'impact du coup d'État sur les avancées difficilement obtenues par l'organisation, au cours des dernières décennies sur la stabilité, l'enracinement de la démocratie et de l'État de droit[1042] dans la sous-région d'Afrique de l'Ouest.

[1037] Voir paragraphe 7 du communiqué final du sommet extraordinaire de la conférence des chefs d'États et de Gouvernements de la CEDEAO du 27 mars 2012 à Abidjan.

[1038] Paragraphe 8

[1039] Ibid.

[1040] Paragraphe 9

[1041] S. BOLLE, *Cour de Justice de la CEDEAO, une Cour (supra) constitutionnelle* ? op. cit.

[1042] Paragraphe 10 du communiqué final du sommet extraordinaire de la conférence des chefs d'États et de Gouvernements de la CEDEAO du 27 mars 2012 à Abidjan.

En application de l'article 1er du paragraphe (e) du protocole additionnel sur la démocratie et la bonne gouvernance, qui mentionne dans les principes de convergence constitutionnelle que « *l'armée est apolitique et soumise à l'autorité politique régulièrement établie ; tout militaire en activité ne peut prétendre à un mandat politique électif* » et de l'article 45 paragraphe 2 al.3 du même protocole, la Conférence a suspendu le Mali de toutes les instances de décision de la CEDEAO avec effet immédiat, jusqu'au « rétablissement de l'ordre constitutionnel »[1043].

On a également observé qu'elle a fait référence à la CADEG dans la décision de suspension du Mali. Cette référence à la CADEG réaffirme qu'elle ne constitue pas une organisation concurrente de l'UA dans la gestion de ce fléau. La CEDEAO est une organisation subsidiaire de l'UA dans la gestion des changements anticonstitutionnels de pouvoir en Afrique de l'Ouest.

L'UA était représentée lors de ce sommet extraordinaire de la Conférence des chefs d'États et de Gouvernements par le Commissaire chargé de la paix et de la sécurité. Quant à l'ONU, elle était représentée par le Représentant spécial du secrétaire général des Nations Unies pour l'Afrique de l'Ouest.

La présence de ces organisations internationales extrarégionales démontre la bonne collaboration et la subsidiarité entre elles dans la gestion du coup d'État[1044]. La présence de l'UA et de l'ONU lors de ce sommet extraordinaire de la Conférence des chefs d'États et de Gouvernements consacré sur la situation politique et sécuritaire du Mali trouve implicitement son fondement dans le protocole relatif aux mécanismes de prévention, de gestion, de règlement des conflits, de maintien et de la sécurité[1045].

[1043] Paragraphe 11.

[1044] L'article 26 du protocole relatif aux mécanismes de prévention, de gestion, de règlement des conflits, de maintien de la paix et de la sécurité attribue à l'ONU et à l'UA, le pouvoir de demander la mise en œuvre de ce protocole notamment en cas de changement anticonstitutionnel de pouvoir.

[1045] L'article 26 du protocole relatif aux mécanismes de prévention, de gestion, de règlement des conflits, de maintien de la paix et de la sécurité attribue à l'ONU et à

La complexité de la situation politique et sécuritaire au Mali a également conduit la CEDEAO a invité à ce sommet, dans des conditions juridiques douteuses, des États voisins du Mali, à savoir la Mauritanie et l'Algérie qui ne sont pas membres de l'organisation. Il faut rappeler que cette session extraordinaire avait été convoqué à la demande du président de la Conférence des chefs d'Etats et de Gouvernements, le président ivoirien Alassane Dramane OUATTARA[1046] conformément à l'article 8 nouveau du protocole additionnel A/SP1/06/06 portant amendement du traité révisé de 1993 de la CEDEAO. La présence de ces deux États et de l'UEMOA semble avoir été faite dans un vide juridique total. Le droit communautaire a créé une Conférence des chefs d'États et de Gouvernements comme l'institution suprême de l'organisation. Elle est composée de l'ensemble des chefs d'État et/ou de gouvernement des États membres de l'organisation[1047]. La conférence se réunit en session ordinaire deux fois par an, mais peut se réunir en session extraordinaire à l'initiative de son président ou à la demande d'un État membre sous réserve de l'approbation de la majorité simple des États membres[1048] ainsi que nous l'avons expliqué.

Le droit communautaire est silencieux sur la présence ou la représentation d'un État qui n'est pas membre de l'organisation ou d'une autre organisation internationale lors des sessions de la conférence des chefs d'États et de Gouvernements de l'organisation. Même si ces États extracommunautaires ou ces organisations internationales ne votent pas lors de l'adoption des décisions, leur présence peut avoir une influence.

S'agissant des autres décisions, la conférence a également demandé au CNRDRE de prendre toutes les mesures immédiates en vue de permettre le rétablissement rapide de l'ordre constitutionnel

l'UA, le pouvoir de demander la mise en œuvre de ce protocole notamment en cas de changement anticonstitutionnel de pouvoir.

[1046] Communiqué final du sommet extraordinaire de la conférence des chefs d'État de la CEDEAO sur le Mali du 27 mars 2012 à Abidjan, p1.

[1047] Voir article 7 paragraphe 1er du traité révisé de 1993 de la CEDEAO.

[1048] Article 8 nouveau du paragraphe 1er du protocole additionnel A/SP1/06/06 portant amendement du traité révisé de 1993 de la CEDEAO.

conformément aux exigences du droit communautaire[1049]. Elle a également décidé d'envoyer au Mali un ultimatum de 48 h pour permettre un retour rapide à l'ordre constitutionnel[1050], via une délégation de haut niveau composée du président ivoirien, président de la Conférence des chefs d'État et de Gouvernement de la CEDEAO Alassane Dramane Ouattara, du Bénin Thomas Yayi BONI, du Liberia Ellen Johnson SIRLEAF, du Burkina Faso Blaise Compaoré, du Niger Mohamadou ISSOUFOU et du Nigeria Goodluck E. JONATHAN.

Et aussi, d'une délégation de chefs d'État-major des armées composée de celui du Bénin, du Burkina Faso, de la Côte d'Ivoire, du Niger, du Nigeria, du Sénégal et du Togo, pour convaincre d'une part les militaires de rétablir l'ordre constitutionnel. Et d'autre part, d'expliquer aux militaires les sanctions auxquelles ils s'exposent s'ils ne respectent pas les décisions de la CEDEAO[1051].

Elle a invité l'ensemble des États membres de la CEDEAO à imposer des sanctions d'interdiction de voyage, d'embargo diplomatique et financier aux membres du CNRDRE et leurs proches, cela avec effet immédiat. Elle a également demandé à ses partenaires de suspendre les aides pour le Mali.

Dans le même temps, la conférence a autorisé la montée en puissance de la FAC pour pallier toute éventualité, en cas de non-respect de ces décisions par le CNRDRE. Le palier entre les sanctions non forcées et la menace semble franchi.

En application du protocole relatif aux mécanismes de prévention, de gestion, de règlement des conflits, de maintien de la paix et de la sécurité, la conférence a demandé au président de la Commission de transmettre ces décisions à l'ONU et au Conseil de paix de l'UA pour action appropriée.

[1049] Paragraphe 13 du communiqué final de la session extraordinaire de la conférence des chefs d'États et de Gouvernements.

[1050] On peut remarquer que la CEDEAO a utilisé deux concepts différents : « la restauration de la démocratie » et le « rétablissement de l'ordre constitutionnel » alors qu'ils sont nettement différents l'un et l'autre. Ne témoigne-t-il pas des tergiversions de l'organisation ?

[1051] *Ibid.*, paragraphe 15

Cependant, le dénouement du coup d'État militaire du Mali viendra d'une médiation initiée par la conférence des chefs d'États et de Gouvernements. En effet, lors de cette session extraordinaire de la conférence, les chefs d'États et de Gouvernements ont décidé de nommer Blaise Compaoré, président du Burkina Faso, médiateur dans la crise malienne. Il reçoit comme mission d'engager un dialogue fructueux avec toutes les parties prenantes dans la crise malienne, en vue d'obtenir la restauration de la paix dans ce pays tout en prenant en compte les efforts en cours.

Ainsi, comme on peut le constater, le dynamisme de la CEDEAO dans la gestion du coup d'État militaire du 22 mars 2012 au Mali a été particulièrement remarquable. Les efforts de la CEDEAO ont permis le retour à l'ordre constitutionnel, à la suite de la signature le 6 avril 2012, d'un accord-cadre entre le CNRDRE et la CEDEAO.

Cependant, si l'accord-cadre conclu entre le CNRDRE et la CEDEAO a permis incontestablement le retour rapide à l'ordre constitutionnel, force est de constater qu'il soulève des interrogations dans le fond quant à sa conformité au droit.

En effet, la légitimité de fond de l'accord-cadre est contestable d'une part au regard du droit interne malien et d'autre part au regard du droit communautaire. Nous y reviendrons très largement sur la question du conflit entre les accords politiques et les droits dans un autre paragraphe. Voyons maintenant l'appui improvisé et très déterminant de l'UEMOA dans la gestion de ce coup d'État.

B. L'appui improvisé de la coopération avec l'UEMOA dans la gestion du coup d'État du Mali

La mise en œuvre des sanctions économiques imposées au Mali et le CNRDRE ont nécessité l'apport de l'accord de coopération entre la CEDEAO et l'UEMOA, dans un cadre juridique contestable.

1. Le cadre théorique et juridique des relations entre l'UEMOA et la CEDEAO

Le Mali est à la fois l'un des huit (8) États membres l'UEMOA[1052] et de la CEDEAO. L'accord signé le 5 mai 2004 à Abuja au Nigeria entre CEDEAO et l'UEMOA vise principalement une meilleure coordination et une harmonisation des actions de développement entre ces deux organisations économiques sous-régionales de l'Afrique de l'Ouest, dans le but de renforcer une intégration des États. C'est dans ce cadre que les présidents de ces deux institutions ont signé le 4 juin 2018 à Abuja au Nigeria, un mémorandum d'entente sur la prévention des crises et des conflits en Afrique de l'Ouest, visant à appuyer le mécanisme de veille et d'alerte précoce de l'UEMOA et à renforcer le système d'alerte précoce et de réponse de la CEDEAO (ECOWARN).

En effet, la CEDEAO et l'UEMOA se rencontrent de façon régulière dans le cadre de la mise en œuvre de cet accord de coopération. Ce document a été du pain béni pour la CEDEAO dans la gestion de ce coup d'État. Parallèlement à la médiation communautaire et alternativement à l'usage de la force, la CEDEAO fait souvent recours à cette coopération avec l'UEMOA, alors que l'UEMOA n'est pas reconnue par l'UA comme une organisation d'intégration régionale conformément au moratoire adopté à Banjul en 2006[1053].

Et d'autre part, la question de la sécurité collective échappait à la compétence de l'UEMOA, au moment du coup d'État au Mali. Toutefois, l'UEMOA s'est saisie de la question de la sécurité collective en Afrique de l'Ouest en adoptant à Dakar le 24 octobre 2013, l'Acte additionnel n° 04/2013/CCEG/UEMOA instituant sa politique

---

[1052] L'UEMOA est organisation économique communautaire de l'Afrique de l'Ouest qui a été créée le 10 janvier 1994 à Dakar. Elle regroupe 8 pays ayant une monnaie commune : le franc CFA. Les États membres de l'UEMOA sont : le Mali, le Togo, le Bénin, la Guinée-Bissau, le Sénégal, le Niger, la Côte d'Ivoire et le Burkina Faso. Voir http://www.uemoa.int,; consulté le 27/01/2017. L'ensemble de ces 8 Etats ont en commun la BCEAO (Banque Centrale des Etats de l'Afrique de l'Ouest).

[1053] M. FAU-NOUGARET, *Introduction générale*, in M. FAU-NOUGARET (dir.), *L'architecture de paix et de sécurité en Afrique bilan et perspectives,* actes de colloques de Bordeaux et Ouagadougou des 30 novembre 2012 et 24-25 octobre 2013, L'Harmattan 2014, p. 16

commune dans le domaine de la paix et de sécurité[1054]. L'arrivée de l'UEMOA dans ce domaine dans la sous-région ne risque-t-elle pas d'entrée en concurrence avec la CEDEAO ? Il est difficile de répondre à cette interrogation puisque l'UEMOA n'a pas encore utilisé cet instrument.

Lorsqu'un Etat membre de la CEDEAO enregistre un changement anticonstitutionnel de pouvoir, en application de l'article 45 du protocole additionnel sur la démocratie et la bonne gouvernance et de l'Acte additionnel A/SA.13/02/2012 portant régime des sanctions à l'encontre des Etats membres qui n'honorent pas leurs obligations vis-à-vis de la CEDEAO, elle peut imposer des sanctions notamment économiques à l'Etat membre concerné. La mise en œuvre des sanctions économiques nécessite parfois la collaboration de l'UEMOA, seule organisation monétaire et financière de la sous-région. C'est ainsi que dans le cadre de la gestion du coup d'État au Mali du 22 mars 2012, le sommet extraordinaire de la conférence des chefs d'États et de Gouvernements a imposé un embargo financier au CNRDRE et leurs collaborateurs[1055]. C'est à ce niveau que l'appui de l'UEMOA a été particulièrement déterminant pour la CEDEAO.

2. *Le rôle de l'UEMOA dans l'application des sanctions économiques*

La mise en œuvre des sanctions économiques et financières nécessitait la coopération de l'UEMOA à travers son institution monétaire, la Banque Centrale des États de l'Afrique de l'Ouest (BCEAO)[1056]. En effet, le président de la commission de l'UEMOA a pris part à la session extraordinaire de la conférence des chefs d'États et de Gouvernements tenue le 27 mars 2012 à Abidjan en Côte d'Ivoire[1057] dans des conditions juridiques douteuses, nous l'avons relevé. La présence de

[1054] Ibid.

[1055] Voir paragraphe 17 du communiqué final de la conférence extraordinaire des chefs d'États et de Gouvernements du 27 mars 2012.

[1056] La BECEAO est l'institution financière de l'UEMOA, Voir à ce propos, http://www.bceao.int consulté le 27/01/2017.

[1057] Voir paragraphe 4 du communiqué final de la session extraordinaire de la conférence des chefs d'États et de Gouvernements du 27 mars 2012.

l'UEMOA, une organisation internationale sous-régionale, lors de cette session de la conférence des chefs d'États et de Gouvernements de la CEDEAO manquait de fondement juridique.

Dans le cadre de sa coopération avec l'UEMOA dans la mise en œuvre des sanctions économiques et financières contre le CNRDRE et l'État du Mali, le Conseil des ministres de l'UEMOA a tenu le 31 mars 2012 à Abidjan en Côte d'Ivoire, une session extraordinaire. Lors de cette session, le Conseil des ministres de l'UEMOA a pris acte des sanctions économiques et financières de la CEDEAO à l'encontre des responsables du CNRDRE et leurs collaborateurs. C'est ainsi que l'UEMOA a demandé à la BCEAO, une institution spécialisée et autonome de l'UEMOA[1058], de suspendre tous les mouvements de fonds sur les comptes ouverts dans ses livres au nom du trésor public malien[1059]. Dans le même temps, l'UEMOA a autorisé la BECEAO à continuer à effectuer des opérations avec des établissements de crédit du Mali n'impliquant pas le trésor public[1060]. Tous les projets de l'UEMOA en cours dans ce pays ont été suspendus et les concours financiers en sa faveur ont été gelés par l'UEMOA. Enfin, l'autorisation de levée de fonds sur le marché financier régional de l'UEMOA au nom de l'État malien a été suspendue[1061]. Au regard de ces mesures, la BECEAO semble même avoir élargi les sanctions imposées par la CEDEAO à travers sa coopération avec l'UEMOA. Alors que les sanctions financières imposées par la BECEAO au-delà de celles de la CEDEAO peuvent être considérées comme arbitraires. Cette première expérience de coopération entre la CEDEAO et l'UEMOA a été concluante. Elle a mis en évidence la subsidiarité entre ces deux organisations communautaires ouest-africaines. Elle a été rendue possible d'une part par le fait que le président de la Côte d'Ivoire Alassane Dramane OUATTARA était le président de la conférence des chefs d'État et de Gouvernement de la CEDEAO. D'autre part, son

---

[1058] Voir article 41 du traité modifié de l'UEMOA. La BECEAO est l'institution d'émission commune à l'ensemble des 8 États membres de l'UEMOA (Côte d'Ivoire, Sénégal, Mali, Bénin, Togo, Niger, Burkina Faso et Guinée-Bissau). Voir www.beceao.int consulté le 26/09/2018.

[1059] Communiqué de presse de la session extraordinaire du conseil des ministres de l'UEMOA in BCEAO note d'information 1er trimestre 2012 p.7 http://www.bceao.int consulté le 2701/2017.

[1060] Ibid.

[1061] Ibid.

ministre de l'économie et des finances Charles Koffi DIBY, présidait alors le Conseil des ministres de l'UEMOA. Toutefois, l'UEMOA est sortie nettement de son rôle à travers ces sanctions financières et monétaires dictées par la CEDEAO. L'UEMOA s'est comportée comme une organisation subsidiaire de la CEDEAO pouvant recevoir des ordres de celle-ci. Alors que la question des coups d'État échappait juridiquement à sa compétence.

Le communiqué final du sommet extraordinaire de la conférence des chefs d'États et de Gouvernements de la CEDEAO du 27 mars 2012 imposant des sanctions contre le CNRDRE et l'État malien n'a pas fait une demande à l'UEMOA dans ce sens. Il a simplement salué la décision de l'Union Européenne suspendant l'aide au développement au gouvernement malien et a invité les autres partenaires économiques du Mali qui ne l'avaient pas fait à prendre des mesures similaires[1062]. Cette dernière sanction sort également du cadre juridique de la CEDEAO.

Le droit communautaire offre une importante liste de sanctions à la CEDEAO qu'elle peut imposer aux États en cas de violation de leurs obligations. C'est étonnant que l'organisation, en agissant pour établir la légalité, sorte elle-même de la légalité en imposant des sanctions qui relèvent de l'arbitraire. Cela démontre à la fois un aveu d'impuissance et une faiblesse des moyens de l'organisation. Nous aurons observé également que dans la gestion du coup d'État, la CEDEAO adopte une double approche de solution, le « rétablissement » ou la « restauration » de l'ordre constitutionnel, ce qui ne facilite pas son action.

Paragraphe 2 : Les concepts de « rétablissement » ou de « restauration » de l'ordre constitutionnel

Le droit communautaire de la CEDEAO ne donne aucune définition aux concepts de « rétablissement », et de « restauration » de l'ordre

[1062] Voir paragraphe 17 communiqué final du sommet extraordinaire de la conférence des chefs d'États et de gouvernement de la CEDEAO du 27 mars 2012 dans http://www.ecowas.int/; consulté le 27/01/17.

constitutionnel. En revanche, il définit les changements anticonstitutionnels de pouvoir comme étant toutes les situations de pouvoir obtenues ou maintenues par des voies ou moyens contraires à la constitution[1063], nous l'avons déjà dit.

Dans l'Acte additionnel A/SA.13/02/12 portant régime des sanctions à l'encontre des Etats membres qui n'honorent pas leurs obligations vis-à-vis de la CEDEAO, celle-ci se borne à expliquer qu'elle peut imposer la restauration de l'ordre constitutionnel par l'utilisation de la force légitime[1064]. Alors que le vocabulaire de l'organisation n'est pas clair dans ses actions. Tantôt elle réclame le « rétablissement », tantôt « le retour » à l'ordre constitutionnel alors que ces deux concepts ont des significations distinctes.

L'interprétation de ces deux concepts constitue une source d'obstacles et de difficultés pour l'organisation. En effet, le concept de « rétablissement de l'ordre constitutionnel » est évocateur de trois situations. Premièrement, il peut signifier le retour au pouvoir des autorités légitimes déchues par le coup d'État. Deuxièmement, il peut être également évoqué un processus démocratique aboutissant à l'organisation d'élections libres et démocratiques conformément aux standards établis par le droit communautaire et le droit interne de l'État concerné. Troisièmement, il peut signifier l'installation de nouvelles légitimités constitutionnelles en lieu et place de celles déchues.

S'agissant du concept de « restauration de l'ordre constitutionnel », l'action de rétablir ce qui existait et qui a été supprimé par le coup d'État, elle est évoquée dans deux situations. La première se produit lors d'un processus démocratique aboutissant à l'organisation d'élections libres et démocratiques conformément aux exigences du droit communautaire et au droit interne de l'État concerné. La seconde se situe lors de l'installation de nouvelles autorités légitimes constitutionnelles en lieu et place de celles déchues. La notion de

---

1063 Voir A. AYISSI et C. MAIA, La gestion des crises constitutionnelles en Afrique : Mandat et défis de la médiation internationale, op. cit., p.173.

1064 Article 6 xv de l'acte additionnel A/SA.13/02/12 portant régime des sanctions à l'encontre des Etats membres qui n'honorent pas leurs obligations vis-à-vis de la CEDEAO.

« restauration de l'ordre constitutionnel », à l'inverse du « rétablissement de l'ordre constitutionnel », exclut le retour aux affaires des légitimités constitutionnelles déchues.

Si le droit communautaire ne définit pas explicitement le concept de *« rétablissement »* ou de *« restauration »* de l'ordre constitutionnel, la CEDEAO semble choisir une approche combinée. Elle choisit l'installation de nouvelles autorités constitutionnelles légitimes pour mettre en œuvre un processus de transition démocratique aboutissant à la tenue d'élections démocratiques libres et transparentes conformément aux exigences du droit communautaire et du droit interne de l'État concerné.

Cette approche permet d'aboutir à des solutions durables acceptées par toutes les parties. En revanche, cette approche est critiquable, dans le sens où elle constitue une reconnaissance implicite des autorités de fait, dès lors que les légitimités constitutionnelles déchues ne sont pas rétablies dans leurs fonctions. La substitution de ces autorités par d'autres autorités légitimes constitue un désaveu de celles déchues et la reconnaissance implicite des nouvelles.

Au regard de tous les textes du droit communautaire, on peut dire sans hésiter que la protection des gouvernements démocratiquement élus contre le coup d'État ne constitue qu'une simple pétition de principe, susceptible de s'écrouler face à des facteurs politiques et sécuritaires non négligeables[1065]. Si l'engagement des États membres de l'organisation en faveur de règles juridiques supranationales ne souffre pas d'ambiguïté, il n'en est pas pour autant du respect des actes du droit communautaire dérivé[1066] voire du droit communautaire originaire. La portée des actes du droit communautaire (originaire et dérivé) est relativement limitée[1067] par rapport aux ambitions des textes du droit communautaire originaire.

[1065] J. K. MPIANA, *L'Union Africaine face à la gestion des changements anticonstitutionnels de gouvernement,* op. cit., P.129.

[1066] A. H. DIOMPY, *Le paradoxe de l'internationalisation du droit constitutionnel en Afrique. Réflexions sur les interactions normatives, institutionnelles et politiques dans l'espace CEDEAO.* Op. cit., p. 183.

[1067] Ibid.

Il convient de noter maintenant qu'en choisissant l'un ou l'autre concept, l'organisation communautaire opère nettement une distinction entre les changements anticonstitutionnels de pouvoir. Pour dire en d'autres termes que la CEDEAO gère ce fait de façon sélective. Nous allons illustrer notre propos avec des exemples, dont la gestion par la CEDEAO a été largement discriminatoire.

A. La gestion sélective du coup d'État ?

La réaction des organisations internationales face aux changements anticonstitutionnels de pouvoir est sélective[1068]. L'organisation communautaire de l'Afrique de l'Ouest ne fait pas exception à ce constat. Les organisations internationales doivent faire face à des situations et à des contextes très divers, ce qui les oblige à une grande souplesse afin de leur permettre de s'adapter aux révolutions souvent imprévisibles[1069].

En effet, Palouki MASSANI[1070] a eu le courage d'ouvrir le débat sur un sujet qui semble encore tabou chez les juristes. Le juriste n'a pas vocation à donner une légitimité à un fait contraire au droit. Le politiste peut avoir cette prétention. Le seul déterminant de la qualification d'un fait par le juriste doit être sa conformité avec la règle de droit préétablie. Sous l'angle de la légitimité juridique, le coup d'État doit être d'emblée rejeté par le juriste. Mais, en réalité, cette condamnation de principe ne doit pas faire perdre de vue le but et les motivations de certains coups d'État. Cette appréciation semble guider les actions de la CEDEAO contre ce fléau.

À cet effet, son dynamisme contre ce fléau paraît paradoxal face à son silence suite aux coups d'État militaires de 1999 et 2010 au Niger[1071] et

[1068] P. TAVERNIER, *Les organisations internationales et les changements anticonstitutionnels, in les changements anticonstitutionnels de gouvernement, approche de droit constitutionnel et de droit international* op. cit., p.29

[1069] Ibid., p.35

[1070] P. MASSINA, *Le coup d'État, entre déshonneur et bienveillance*, op. cit.

[1071] Le 9 avril 1999, le général Ibrahim Barré MAINASSARA qui avait pris le pouvoir par la force en janvier 1996 en chassant du pouvoir le président démocratiquement élu du Niger Mahamane Ousmane a été assassiné par un groupe de militaires conduit par

son implication dans le changement anticonstitutionnel de pouvoir de 2003 au Liberia. Au regard de ces constats, la CEDEAO semble établir nettement une distinction entre les changements anticonstitutionnels.

Certains juristes africains trouvent des justifications à certains coups d'État. À ce propos, Palouki MASSINA établit une distinction entre les coups d'État classiques et les coups d'État à effet démocratique[1072].

Selon ce dernier, le coup d'État démocratique, contrairement au coup d'État classique, a pour but d'établir ou de rétablir la démocratie[1073]. Il dira à cet effet que, avec raison d'ailleurs, que bien que dans son principe, le coup d'État soit condamnable, l'honnête intellectuelle pousse à reconnaître que certains coups d'État, très peu nombreux, il est vrai, ont permis de rétablir la démocratie un moment mise entre parenthèses dans les pays où ils ont été perpétrés ; ils ont permis la restauration des libertés et l'exercice d'un pouvoir démocratique ou, en tout cas, un pouvoir bien meilleur que celui renversé. [1074]

Le premier coup d'État à effet démocratique en Afrique a eu lieu au Mali le 26 mars 1991[1075] lorsque le lieutenant-colonel Amadou Toumani TOURE à la tête d'un groupe de militaires renversa le général Moussa TRAORE, et faisait adopter en février une constitution par référendum, instaurant la démocratie dans ce pays. En Europe, c'est dans des conditions similaires qu'ont eu lieu les coups d'État de 1960 en Turquie et de 1974 au Portugal[1076].

La restauration de la démocratie et le respect des droits de l'homme constituent les seuls mobiles du coup d'État à effet démocratique. Ainsi, le coup d'État de 1997 en Sierra Leone et de février 2005 au Togo ou encore du 22 mars 2012 au Mali, du 15 septembre 2015 au Burkina Faso sont loin d'être des coups d'État à effet démocratiques.

---

le général Daouda Malam WANKE lors d'un coup d'État militaire. La CEDEAO a été silencieuse face à ce coup d'État militaire alors qu'elle a montré une grande fermeté face au coup d'État militaire de 1997 en Sierra Leone.

1072 P. MASSINA, *Le coup d'État, entre déshonneur et bienveillance* op. Cit.

1073 Ibid., p.19

1074 Ibid., op. cit., p.4 et 5

1075 Ibid., p.20

1076 Ibid., p.28

La fermeté[1077] et l'intransigeance de la CEDEAO contre ces coups d'État se justifient aisément. Son manque de fermeté contre les coups d'État à effet démocratique est légitime, mais juridiquement pose problème. Son silence traduit dans des cas, une reconnaissance implicite du changement anticonstitutionnel. Palouki MASSINA qualifie les coups d'État à effet démocratique, comme à la fois « salvateur » et « générateur de constitutionnalisme ». Nous aurons pourtant observé que Palouki MASSINA n'est pas isolé sur ce propos.

En effet, nombreux sont les juristes africains qui légitiment le coup d'État ayant permis de restaurer ou d'établir la démocratie[1078]. Le juriste sénégalais, Ismaël Madior FALL qualifie de « salvateur » ou « générateur de constitutionnalisme »[1079] ces coups d'État. Le juriste togolais Adama KOPDAR observe que ces incursions militaires sont considérées par une partie de la doctrine comme salutaires ou salvatrices, parce qu'elles sont au service de la démocratie[1080].

D'autres auteurs légitiment également les changements de pouvoir opérés à la suite d'une révolution en les distinguant de ceux opérés avec l'usage de la force. Maurice AGULHON, titulaire de la chaire d'histoire de la France contemporaine au collège de France est l'un des tenants de cette thèse. Il dira à cet effet que la révolution est censée venir de la base de la pyramide sociale du peuple, un coup d'État est au contraire l'émanation d'un groupe caché, organisé, puissant ; mais (au niveau de la conception et des cadres d'exécution) restreint en nombre[1081].

Selon lui, du point de vue démocratique (pouvoir du peuple), la révolution est bonne, alors que le coup d'État est pour le moins suspect[1082]. Le cas de révolution populaire le plus remarquable en

---

1077 Il faut relativiser la fermeté de la CEDEAO face au coup d'État du 15 septembre 2015.
1078 Voir P.MASSINA, *Le coup d'État entre déshonneur et bienveillance* www.afrilex.u-bordeaux4fr consulté le 31 janvier 2017
1079 I. M. FALLA, *La construction des régimes politiques en Afrique : succès et insuccès,* www.arfilex-bordeaux4;fr janvier 2014, p.14.
1080 A. KOPDAR, *Réflexion sur un demi-siècle de constitutionnalisme en Afrique noire francophone,* op. cit. p.13.
1081 M. AGULHON, *Coup d'État et République*, Presses de Sciences Po 1997 page 9.
1082 Ibid.

Afrique de l'Ouest est celui intervenu au Burkina Faso en octobre 2014 puis en septembre 2015. La première, opérée pour rejeter le maintien du président Blaise COMPAORE au pouvoir au-delà de la limite constitutionnelle initiale du nombre de mandats présidentiels, aboutira à un changement anticonstitutionnel de pouvoir. La seconde, une résistance populaire contre un coup d'État militaire commis par un groupe de militaires conduit par le général Gilbert DIENDERE.

Il ne s'agit pas pour autant de soutenir les changements anticonstitutionnels de pouvoir opérés par une révolution populaire, mais il faut reconnaître qu'elle constitue parfois le seul moyen pour un peuple de renverser un régime, imposant sa légitimité par la force. La désobéissance civile et la résistance à l'oppression, consacrées par les constitutions des États démocratiques, constituent des justifications de ce coup d'État.

L'ensemble de ces changements anticonstitutionnels de pouvoir ont en revanche, un point commun : l'absence de conformité à la constitution. Alors qu'en vrai, l'histoire juridique des coups d'État montre que ce fléau n'est devenu illégal qu'après la Révolution française de 1789 qui a abouti à l'adoption le 26 août 1789 de la Déclaration des droits de l'homme et du citoyen.

La Déclaration des droits de l'homme et du citoyen stipule que le principe de la souveraineté réside essentiellement dans la nation et rappelle que nul corps et nul individu ne peut exercer d'autorité qui n'en émane pas expressément[1083]. Le principe de la souveraineté du peuple est consacré par les constituants français de l'après-révolution et repris presque dans les mêmes termes par les constituants des États africains francophones. En fait, les États de l'Afrique noire francophone sont issus d'un processus de décolonisation [française][1084]. L'accession à l'indépendance n'a été qu'une étape dans la genèse de leurs

[1083] Voir Article 3 de la Déclaration des droits de l'homme et du citoyen du 26 août 1789.

[1084] NIANG, *Le contrôle juridictionnel du processus électoral en Afrique noire francophone : les exemples du Sénégal et du Bénin*, Thèse de doctorat en droit cotutelle entre l'Université de Bordeaux et l'Université Gaston Berger, soutenue à Bordeaux le 6 avril 2018, p.23.

structures[1085]. L'influence de l'ancienne métropole a été déterminante dans l'organisation politique, juridique et institutionnelle de ces pays[1086].

Maurice AGULHON établit également une distinction entre un coup d'État et un putsch. Selon lui, le coup d'État est l'œuvre d'un groupe de personnes dans le système institutionnel ou bénéficiant de la complicité des personnes qui sont dans les institutions sur place, alors que le putsch s'opère par un groupe de personne à partir de l'extérieur sans la complicité des personnes qui sont dans le système institutionnel en place. Ces institutions sont au contraire violentées par les putschistes[1087]. À partir de cette conception, le putsch paraît difficile, voire quasi impossible à réaliser.

Il est d'autant plus improbable qu'un groupe de personnes armées et organisées parviennent à renverser un pouvoir démocratiquement élu dans un pays sans le bénéfice de la complicité de personnes dans l'appareil institutionnel de cet État. Les deux notions sont utilisées de manière synonyme lorsqu'un pouvoir est renversé par un groupe de militaires. Il est donc difficile d'en établir une distinction. Certains constituants semblent toutefois établir une distinction entre un coup d'État et un putsch[1088].

S'agissant de la révolution, il faut en distinguer de deux sortes : la révolution populaire et la révolution proprement dite. La première peut être définie comme le fait qu'une partie du peuple se soulève par des manifestations parfois violentes contre un gouvernement[1089]. La seconde quant à elle vise à renverser un ordre juridique existant et à le remplacer par un nouvel ordre[1090]. Elle présuppose la suspension du fonctionnement normal du droit pour instaurer un nouvel ordre[1091].

[1085] Ibid.
[1086] Ibid.
[1087] M. AGULHON, *Coup d'État et République* op. cit., p. 9.
[1088] Article 121 al.3 de la Constitution du Mali du 25 février 1992 qui dit : « *tout coup d'État ou putsch…* »
[1089] Voir à ce propos, P. MASSINA, *Le coup d'État entre déshonneur et bienveillance*, op. cit., p. 3, 7
[1090] Ibid.
[1091] Ibid.

En effet, si le coup d'État présuppose la violation du droit, en particulier de la constitution, on ne peut pas nier que certains sont bénéfiques pour la démocratie[1092], en particulier dans les États africains. Autrement dit, certains coups d'État correspondent au désir de changement souhaité par le peuple et par la communauté internationale. De ce fait, le coup d'État intervenu à la suite d'une révolution correspond le plus à cette observation. Mais ne constitue pas la seule forme qui correspond à ce propos. Toutefois, une partie de la doctrine soutient avec raison qu'il n'appartient nullement (au juriste… de) déterminer parmi (les) coups d'État qu'il observe, ceux qui seraient « bons » et ceux qui seraient plutôt « mauvais »[1093].

En tout cas, l'on observe que la gestion des changements anticonstitutionnels de pouvoir par la CEDEAO semble se traduire par une distinction entre ceux-ci.

L'intransigeance de la CEDEAO contre le coup d'État de 2005 au Togo[1094], ses tergiversations contre celui de la Guinée Conakry de 2008

[1092] J. D'ASPREMONT, *La licéité des coups d'État en droit international*, in Société française pour le droit international, *L'État de droit en droit international*, Colloque de Bruxelles, Paris, éd. Pédone, 2009, p.141.

[1093] Ibid., p.142

[1094] Le Togo est l'un des plus petits États d'Afrique de l'Ouest. Il couvre une superficie de 56 785 km^2. Il est limité au nord par le Burkina Faso, à l'Est par le Bénin, à l'Ouest par le Ghana. Il est ouvert au sud au reste du monde par l'océan indien. La politique de cet État d'Afrique de l'Ouest est très riche par des évènements aussi étonnants que surprenants. Il a été le premier et le seul État francophone d'Afrique de l'Ouest à obtenir le 30 août 1956, une autonomie face à la puissance coloniale. Le 26 avril 1960, le Togo accède à son indépendance. Le Togo a été le premier État d'Afrique de l'Ouest qui enregistre un coup d'État militaire. En effet, le 13 janvier 1963, un groupe de militaires conduits par le sergent Gnassingbé Eyadema renverse le gouvernement du premier président du Togo indépendant. Le 16 janvier 1963, les militaires portent au pouvoir, Nicolas Grunitzky. Le 13 janvier 1967, Nicolas Grunitzky est aussi renversé par un autre groupe de militaires conduits par le sergent Gnassingbé Eyadema qui prend le pouvoir. Le 5 février 2005, il meurt au pouvoir d'une mort naturelle. Sa mort a mis fin à 38 ans de pouvoir. La vacance constitutionnelle de pouvoir que sa mort à ouverte aboutit à un coup d'État. Comme on peut ainsi le constater, l'histoire politique de ce pays est une succession de coups d'État. Dans notre étude, nous nous intéresserons à la rupture de l'ordre démocratique et constitutionnel de 2005 consécutive à la mort de Gnassingbé Eyadema. Il est important de rappeler que le Togo a ratifié le protocole A/P1/12/99 de la CEDEAO relatif aux mécanismes de prévention, de gestion des conflits, de maintien de la paix et de la sécurité le 23 février et son silence assourdissant contre celui du Niger de l'hiver 2010 illustrent parfaitement une gestion sélective de ceux-ci.

1. Le coup d'État au Togo

En Afrique, après la mort d'un président en exercice, la tentation de prendre le pouvoir au mépris des règles constitutionnelles est très grande. La Guinée Conakry n'a jamais réussi une alternance constitutionnelle lors d'une vacance de pouvoir, suite au décès du président.

De son indépendance à nos jours, la Guinée Conakry a enregistré deux vacances de pouvoir consécutives au décès du Président de la République. Ces vacances de pouvoir ont toutes abouti à des coups d'État. Le Togo se retrouve en pareil cas en 2005 lorsque son président décède en fonction.

Dans les faits, en 2005, une vacance de pouvoir provoquée par la mort du président aboutit à une interruption brutale de l'ordre démocratique et constitutionnel.

Les périodes électorales[1095] et les périodes de vacance de pouvoir sont des périodes particulières, de fragilités politiques et institutionnelles dans les États africains. Ces périodes sont propices à des changements

---

2004. Il a ratifié le 20 février 2008 le protocole additionnel A/SP1/12/01 sur la démocratie et la bonne gouvernance. Si la rupture de l'ordre constitutionnel de février 2005 a eu lieu après l'entrée en vigueur pour le Togo, du protocole relatif aux mécanismes de gestion, de règlement des conflits, de maintien de la paix et de la sécurité ; elle a eu lieu en revanche avant la ratification du protocole additionnel sur la démocratie et la bonne gouvernance.

[1095] Ce constat est partagé par S. Faye. Lors d'une conférence qu'il a animée dans le cadre d'un colloque organisé en 2014 à l'Université de Dakar au Sénégal, il a fait remarquer que l'Afrique de l'Ouest était marquée par des épisodes de conflits et des crises politiques qui sont facilités par le processus électoral. Le manque de consensus lors de l'adoption des textes qui régissent les élections et la crise de légitimité des administrations électorales constituent les causes fondamentales de ces crises politiques qui aboutissent parfois à des conflits. Ceux-ci conduisent parfois à des changements anticonstitutionnels de pouvoir. Voir le texte de la conférence *« élections et instabilité politique en Afrique de l'Ouest »*, www.classaiques.uqac.ca consulté le 25/01/2017

anticonstitutionnels. Les interruptions de l'ordre démocratique et constitutionnel enregistrées pendant ces périodes sont nombreuses. La période de vacance de pouvoir est d'ailleurs la plus vulnérable face à ce fléau. Peu d'États africains réussissent à préserver l'ordre constitutionnel dans cette phase exceptionnelle de la démocratie d'un État.

Pour mémoire, la constitution togolaise prévoyait qu'en cas de vacance de la présidence de la République par décès, démission ou empêchement définitif, la fonction présidentielle est exercée provisoirement par le Président de l'Assemblée nationale[1096]. Il appartient au gouvernement de saisir la Cour Constitutionnelle pour constater cette vacance de pouvoir. Lorsque c'est le cas, celle-ci constate la vacance du pouvoir et déclenche la procédure de mise en œuvre de l'article 65 de la constitution togolaise. Le collège électoral doit être convoqué par le gouvernement dans les 60 jours suivant la vacance de pouvoir pour l'élection d'un nouveau président. La constitution togolaise de 1992 modifiée n'est pas assez précise sur la durée maximale de la période de l'intérim avec un seul article de deux phrases réparties en deux alinéas.

En 2005, après la mort du président, l'armée annonce avoir pris le pouvoir, cela en violation des dispositions de l'article 65 de la constitution. Elle empêche le président de l'Assemblée Nationale d'assurer l'intérim conformément à la constitution.

2. Le président de l'Assemblée Nationale empêché d'assurer l'intérim

Le 5 février 2005, le Premier ministre Koffi ASSAMA annonce à la télévision nationale togolaise, la mort du président Gnassingbé EYADEMA. Dans le même communiqué, il annonce la fermeture des frontières du pays. La fermeture des frontières a pour conséquence l'impossibilité du vol d'Air France à bord duquel le président de l'Assemblée Nationale avait pris place à Paris pour rentrer au Togo, d'atterrir à l'aéroport de Lomé. Le président de l'Assemblée Nationale

[1096] Article 65 al.1 de la Constitution de la IVe République du Togo modifiée

rentrait d'un séjour à Bruxelles en Belgique. L'avion est détourné de Lomé pour atterrir à Cotonou au Bénin[1097]. Quelques heures après l'annonce de ce communiqué, les députés sont convoqués en session extraordinaire pour le lendemain. Dans cette impasse, les chefs de l'armée tous originaires de la même région géographique que le président défunt se réunissent en urgence. À l'issue de cette réunion ceux-ci annoncent que l'armée ayant pour devoir de garantir la sécurité dans le pays, elle a décidé de confier le pouvoir à Faure GNASSINGBE fils du président défunt et ministre dans le gouvernement. Dans le souci de trouver une légitimité juridique à ce changement opéré au mépris des règles constitutionnelles togolaises, lors de cette session extraordinaire tenue le dimanche 6 février 2005 à la « va-vite »[1098], les députés procèdent à des modifications de la constitution et de la loi électorale.

3. Des tentatives vaines pour légitimer le pouvoir obtenu en violation du droit

Lors de sa session extraordinaire tenue le 6 février 2005, les députés togolais ont procédé à la modification de la loi électorale et à une révision de la constitution. Ainsi, l'article 152 du code électoral a été amendé pour permettre à un député qui avait transmis son siège à son suppléant pour des raisons d'incompatibilités de fonctions, de le retrouver lorsque cette incompatibilité cessait. Faure GNASSINGBE qui avait transmis son siège de député à son suppléant en raison de ses fonctions ministérielles a pu retrouver son siège en démissionnant de ses fonctions de ministre des mines, des télécommunications et des transports. En outre, les députés ont procédé lors de cette session extraordinaire, à la révision de la constitution. L'article 65 de la constitution a été modifié pour permettre au Président de l'Assemblée Nationale en cas d'empêchement définitif ou en cas de décès du Président de la République d'assurer les fonctions de Président de la

---

[1097] F. SOUDAN et J. P. MOREAUX, *De père en fils, les dernières heures de Gnassingbé Eyadema*, article du 14 février 2005 www.jeuneafrique.com consulté le 18/01/2017

[1098] Le parlement togolais a procédé à ces réformes constitutionnelles et législatives sans véritable débat parlementaire et démocratique.

République jusqu'à la fin du mandat débuté. L'amendement de la loi électorale a permis à Faure Gnassingbé, fils de Gnassingbé EYADEMA de reprendre son siège de député à l'Assemblée Nationale. Le président de l'Assemblée Nationale empêché de rentrer au Togo pour assurer l'intérim a été destitué de son poste, en son absence, par les députés lors de cette session extraordinaire. C'est dans ce contexte que les députés ont élu Faure GNASSINGBE comme Président de l'Assemblée Nationale et de facto Président de la République. Il faut préciser que selon les nouvelles modifications constitutionnelles, il n'était plus question d'assurer un intérim pour organiser des nouvelles élections présidentielles dans les 60 jours qui suivent la constatation de la vacance, mais plutôt d'assurer les fonctions de Président de la République jusqu'à la fin du mandat débuté par son père. Curieusement, la Cour Constitutionnelle entérine ce coup d'État. Faure GNASSIGBE prête serment devant elle, lors d'une audience solennelle. Il est investi Président de la République par la Cour Constitutionnelle au cours de cette même audience solennelle. Cette modification constitutionnelle a permis à Faure GNASSINGBE de prendre le pouvoir après la mort de son père.

Toutefois, ce coup d'État doit être distingué du coup d'État constitutionnel. En effet, le coup d'État classique est celui mené afin de renverser l'ordre constitutionnel existant, le coup d'État constitutionnel est celui mené par un des organes de l'ordre constitutionnel existant (l'exécutif) afin de modifier ce dernier[1099]. Cette perversion du droit constitutionnel ne constitue pas en soi un changement anticonstitutionnel de pouvoir. En revanche, elle constitue un facteur d'instabilité politique et institutionnelle pouvant conduire au coup d'État. Depuis l'adoption de l'Acte additionnel A/SA.13/02/12, la CEDEAO explique laconiquement dans l'article 12 de ce texte, qu'elle ne reconnaît pas les autorités en exercice qui tentent de se maintenir et d'empêcher une alternance politique au pouvoir en modifiant la constitution.

Ceci dit, revenons, à ces fameuses modifications constitutionnelles du Togo de 2005 qui ont eu lieu lors d'une période de vacance de pouvoir.

[1099] M.FAU-NOUGARET, *Les manipulations constitutionnelles et coups d'État constitutionnel en Afrique francophone,* communication du 30 octobre 2015 à Ouagadougou, p.2, www.afrilex.u-bordeaux4.fr consulté le 24/01/2017

Alors que, selon la constitution togolaise de 1992 modifiée, l'initiative de la révision constitutionnelle appartient concurremment au Président de la République et aux députés. Lorsqu'elle émane des députés, elle doit atteindre un quorum du 1/5 e des députés composant l'Assemblée Nationale. Le projet de révision peut être adopté par 4/5 e des députés composant l'Assemblée Nationale. Si ce quorum est atteint, le projet ou la proposition de révision est considéré comme définitivement adopté. À l'inverse, lorsque le projet ou la proposition de révision n'obtient pas ce quorum, il doit être soumis au peuple par référendum. Dans ce dernier cas, pour pouvoir être soumis au peuple par référendum, le projet ou la proposition de révision doit obtenir le vote des 2/3 e des députés composant l'Assemblée Nationale. À défaut de réunir ce quorum, le projet ou la proposition ne peut être soumis au peuple par référendum. Cependant, le constituant togolais est resté muet sur le sort du projet ou de la proposition de la révision, lorsqu'il n'atteint pas ces quorums notamment la possibilité d'un réexamen ou d'une relecture des députés. Dans le silence de la constitution, a priori, le projet ou la proposition de révision de la constitution doit être abandonné.

La révision de la constitution de 2005 et les modifications de la loi électorale ont été rendues possibles grâce à l'appui de l'armée. Le caractère inconstitutionnel de ce changement n'était plus contestable. Face à ce changement inconstitutionnel de pouvoir, la CEDEAO a multiplié des initiatives et a accompli des actions ayant abouti à une normalité constitutionnelle.

4. *L'intransigeance de la CEDEAO face à ce coup d'État*

Ce coup d'État avec le soutien de l'armée[1100] est très rapidement condamné et rejeté par la CEDEAO. Le dynamisme de l'organisation a permis d'obtenir la restauration de l'ordre constitutionnel. En effet, face à la mobilisation des Togolais dans les rues, des partis politiques et surtout l'intransigeance de la CEDEAO, Faure GNASSINGBE a été contraint à renoncer le 25 février 2005 au pouvoir en annonçant sa

[1100] Pour reprendre une formule de J. F. AIVO, Le *Président de la République en Afrique noire francophone*, L'Harmattan 2007

démission. Il est remplacé par le premier vice-président de l'Assemblée Nationale Bonfoh ABBAS, le Président de l'Assemblée Nationale ayant été empêché de rentrer dans le pays. C'est la seule fois que la CEDEAO obtient « la restauration » de l'ordre constitutionnel grâce aux régimes de sanctions qu'elle a établis et sans entamer une difficile médiation[1101]. Dans tous les autres cas, elle est entrée dans des difficiles médiations avec les groupes de militaires, auteurs du coup de force contre les institutions. Les militaires négocient la restauration ou le rétablissement de l'ordre constitutionnel par des garanties.

En dépit des fondements juridiques contestables des sanctions de la CEDEAO sur le Togo, elles ont été efficaces, et ont produit les effets escomptés. À vrai dire, ce n'est pas l'efficacité des sanctions établies contre cet État qui a permis d'obtenir ce résultat, mais le volontarisme de l'État togolais, qui semble le meilleur élève de cette organisation. C'est l'État qui exécute le plus les sanctions imposées par la CEDEAO contre lui.

Il ressort de nos constats que les réactions de la CEDEAO contre les coups d'État de 1997 en Sierra Leone et de 2005 au Togo n'ont pas été les mêmes, que celles contre les coups d'État du Niger de 1999 et de 2010. La CEDEAO établit nettement une distinction entre les coups d'État pour déterminer les actions et les sanctions à entreprendre.

Pour reprendre une formule du professeur Philippe LAGRANGE et de Patricia BUIRETTE, « à problèmes sensiblement similaires, les réponses peuvent se révéler fort différentes, en fonction de considérations peu compatibles avec les idéaux proclamés… »[1102]. La CEDEAO fait ce que ces auteurs appellent avec raison une politique de « deux poids deux mesures » ou « double standard »[1103] dans la gestion des changements anticonstitutionnels de pouvoir. La gestion du coup d'État de 2008 en Guinée Conakry a même donné lieu à une fracture au sein de l'organisation.

[1101] Le Président de l'Assemblée Nationale, qui devrait assurer l'intérim du pouvoir conformément à la constitution en a été empêché. Il est remplacé par son premier vice-président.

[1102] P. BUIRETTE et P. LAGRANGE, *Le droit international humanitaire,* La découverte 2008, p.98.

[1103] Ibid., p.98.

B. La CEDEAO et sa gestion des coups d'État à répétition

La gestion sélective des coups d'État aboutit à une difficile gestion de ce fait pour l'organisation. Le coup d'État de 2008 en Guinée Conakry a démontré qu'en opérant une distinction entre les coups d'État, la CEDEAO court un risque.

Elle a tenté dans des conditions difficiles au sein même de l'organisation de trouver une solution contre ce coup d'État de 2008.

1. Le coup d'État de la Guinée Conakry de 2008

Dans les faits, le président Lassana CONTE au pouvoir depuis 1984 après son coup d'État intervenu suite à la mort de Sékou Touré, meurt le 22 décembre 2008. Le 23 décembre 2008, un groupe de militaires conduits par le capitaine Moussa Dadis CAMARA annoncent la suspension de la constitution, des institutions de l'État, de la vie politique et syndicale et la création d'un comité militaire[1104]. Dominique Bangoura rappelle que le capitaine Moussa Dadis CAMARA, porte-parole des militaires ayant pris le pouvoir, et autoproclamé président déclarait lors d'un de ses premiers entretiens : « Lassana CONTE m'inspire le respect.

Alors qu'il était mal en point, il m'a invité à partager son repas une semaine avant sa mort. Après avoir formulé des prières qu'il se relève de sa maladie, je lui ai dit : "Si vous connaissez l'humiliation de votre vivant, Dieu n'existe pas". Je le pense vraiment. Voilà pourquoi j'ai attendu sa disparition pour prendre un pouvoir qui était à ma portée depuis plusieurs années »[1105].

Tout est dans cette déclaration de Dadis CAMARA. C'est un coup d'État minutieusement préparé qui n'attendait que la mort du président

---

[1104] D. BANGOURA, *Le coup d'État de décembre 2008 et la transition controversée en Guinée*, Dans les champs de Mars, 2015/3 (N°28) p.18 à 33 disponible sur www.cairn.info/revue-les-champs-de-mars-irsem-2015-3-page-18.htm consulté le 07/03/2019.

[1105] Ibid.

pour être exécuté. Cette affirmation laisse croire que ce coup d'État avait été préparé depuis une longue date. La population guinéenne ne semblait pas aussi surprise de cette irruption de l'armée dans l'arène politique.

Ce coup d'État s'inscrit clairement dans un militarisme à usage politique interne, en d'autres termes, une action coercitive menée par des officiers des forces armées contre le pouvoir civil et dans ce cas, il s'agit d'un pouvoir civil laissé vacant et ses représentants[1106].

2. *Les réactions contre ce coup d'État*

Dans cette crise, la CEDEAO a utilisé trois outils différents : le recours à un Groupe International de Contact sur la Guinée (GIC-G) ; des missions de bons offices de différents chefs d'État en exercice de la sous-région ayant reçu délégation de représenter la CEDEAO et des sanctions.

En effet, la CEDEAO nomme Blaise COMPAORE comme médiateur et convoque une session extraordinaire pour le 17 octobre 2009 à Abuja au Nigeria. Lors de cette session, elle condamne le coup d'État et établit des sanctions en prononçant la suspension de la Guinée Conakry de toutes ses instances. Pour la première fois, on notera une grosse fracture au sein même de la CEDEAO, ce qu'elle tente de dissiper en faisant croire que tout va bien, alors que la réalité en était toute autre.

D'un côté, le Sénégal a choisi de soutenir la junte, en soulignant que ce n'était pas un coup d'État classique. Le président sénégalais Abdoulaye WADE affirmait à cet effet lors de la session extraordinaire de la Conférence des chefs d'État et de gouvernement que le Président de la République décédé (à Conakry) aucune personnalité n'ayant assuré l'intérim, contre qui ce coup d'État a-t-il été opéré ?[1107]

1106 Ibid.

1107 Voir La CEDEAO suspens la Guinée, article du 01/01/2009 www.rfi.fr consulté le 07/03/2019.

Le Nigeria, vraisemblablement effaré, a estimé regrettable cette position du Sénégal. À cet effet, Ojo MADUEKWE, ministre des affaires étrangères de ce pays dira que l'ère où l'on faisait la distinction entre un bon coup d'État et un mauvais coup d'État était révolue[1108]. La CEDEAO tente de minimiser, en niant l'existence d'une fracture entre ses membres, mais reconnaît un débat sur la question de la Guinée Conakry[1109].

L'UE établissait également le 28 octobre 2009 un embargo sur les armes et une interdiction de visa pour empêcher l'entrée des membres du CNDD (Conseil National pour la Démocratie et le Développement)[1110] dans son espace. L'UA, lors de sa réunion du Conseil de paix et de sécurité tenue le 29 octobre 2009, a demandé à sa Commission de prendre toutes les mesures nécessaires pour la mise en œuvre des sanctions ciblées, notamment le refus d'accorder des visas, des restrictions sur les voyages et le gel des avoirs à l'encontre du président du CNDD ainsi que les membres du gouvernement ou de tout autre individu civil ou militaire dont les activités ont pour objet de maintenir le statu quo anticonstitutionnel en Guinée [1111].

Cette fracture a fait que l'organisation a commencé à perdre la main dans la gestion de ce coup d'État. Elle donna naissance à un Groupe International de Contact sur la Guinée (GIC-G), présidé conjointement par l'UA et la CEDEAO[1112]. Ces deux organisations étaient assistées par le représentant spécial du Secrétaire général de l'ONU pour l'Afrique de l'Ouest. Il se dégage de ce constat, une gestion tripartite de ce coup d'État à l'inverse des précédents. L'action du GIC-G s'accompagnait de la médiation de la CEDEAO assurée par Blaise Compaoré. Les chefs d'État du Sénégal et du Liberia ont été également sollicités pour des missions de bons offices[1113].

1108 D. BANGOURA, *Le coup d'État de décembre 2008 et la transition controversée en Guinée*, cit. op.

1109 Ibid.

1110 Conseil National de la Démocratie et du Développement

1111 D. BANGOURA, *Le coup d'État de décembre 2008 et la transition controversée en Guinée*, cit. op.

1112 A. AYISSI et C. MAIA, *La gestion des crises constitutionnelles en Afrique : Mandat et défis de la médiation internationale ;* annuaire français de relations internationales, vol XIII 2012, p.194.

1113 Ibid.

On remarque une approche multiple et variée dans sa gestion. D'une part une mission de médiation et d'autre part, une mission de bons offices assurées par la CEDEAO.

Cette synergie d'actions a permis d'obtenir entre le capitaine Moussa Dadis CAMARA et le général Sekouba KONATE, la signature de la déclaration conjointe de Ouagadougou du 5 janvier 2010 sous les auspices de la médiation de la CEDEAO dans le cadre d'un accord politique[1114]. Alors que le premier était en convalescence à Ouagadougou après avoir été victime d'une agression à l'arme par son propre garde de corps. Cet accord de référence pour la transition désignait le général Sekouba KONATE, président de la transition par intérim. Il instituait un Conseil National de Transition (CNT) et proposait la formation d'un gouvernement d'union nationale en vue d'organiser des élections présidentielles auxquelles aucun membre du gouvernement de transition, de la junte militaire du CNT et des forces de défense et de sécurité ne pouvait se porter candidat. Il a permis l'organisation des élections présidentielles de 2010, premières élections véritablement démocratiques de ce pays remportées par Alpha CONDÉ. Prenant acte de la tenue de ces élections, la CEDEAO a levé les sanctions qu'elle avait imposées au pays suite au coup d'État de 2008[1115]. À l'inverse de celui-ci, on a observé une hésitation de l'organisation contre le coup d'État au Niger de l'hiver 2010.

3. Les hésitations de la CEDEAO dans la gestion du coup d'État de 2010 au Niger

Le 18 février 2010, un groupe de militaires nigériens conduit par le commandant Salou DJIBO, destitua le président Tandja mettant ainsi fin à la Ve République et à la crise politique qui avait secoué le pays durant de longs mois[1116]. Même si le coup d'État, le quatrième dans l'histoire de ce pays, fut dénoncé par l'UA, les institutions

---

[1114] Ibid., p.194.

[1115] Ibid.

[1116] G. EMMANUEL, *Niger : un État à forte teneur en uranium,* Hérodote, 2011/3, n°142, p. 223. Disponible sur file:///C:/Users/user/Downloads/HER_142_0206.pdf consulté le 28/05/2017.

internationales et les chancelleries occidentales, cette condamnation relevait plus du principe tant il apparaissait comme la seule issue possible à la crise politique qui était dans une impasse totale.[1117] Les faits de ce coup d'État se déroulent en plusieurs étapes, qu'il convient d'expliquer pour comprendre le sens de ce propos.

Premièrement, la modification de la constitution pour proroger son mandat

Mamadou TANDJA est élu Président de la République du Niger en décembre 1999. Il est réélu le 4 décembre 2004 pour un deuxième et dernier mandat aux termes des dispositions de l'article 36 de la Constitution nigérienne de 1999[1118]. En 2009, il initie un projet de réforme de l'article 36 de la Constitution pour se maintenir au pouvoir au-delà des deux mandats autorisés initialement.

Pour contester juridiquement la régularité du projet de révision de la Constitution, un groupe de 23 députés (sur les 113 que compte l'Assemblée nationale du Niger) saisit la Cour Constitutionnelle pour avis. Celle-ci est interpellée sur l'interprétation des articles 1er, 5, 6, 36, 37, 39, 49 et 136 de la constitution nigérienne du 9 août 1999. Pour rappel, les articles 1er, 5 et 6 disposent que la souveraineté est exercée par le peuple nigérien. Quant aux articles 36 et 37, ils portent sur le mode d'élection, le mandat du Président de la République et la vacance de pouvoir en cas d'empêchement du Président de la République. L'article 39, quant à lui, est relatif au serment que le Président de la République prête avant son entrée en fonction. L'article 49 explique à son tour, le fondement et les conditions de la tenue d'un référendum et la limitation de la révision constitutionnelle. Enfin, l'article 136 posait clairement les limitations temporelles et matérielles de la révision constitutionnelle.

Cette saisine était conforme aux dispositions de l'article 114 de la constitution du 9 août 1999 qui stipulait que la Cour Constitutionnelle émet des avis sur l'interprétation de la Constitution lorsqu'elle est saisie

---

[1117] Ibid.

[1118] Article 36 al.1er *« le président de la République est élu au suffrage universel libre, direct, égal et secret. Il n'est rééligible une seule fois ».*

par le Président de la République, le Président de l'Assemblée Nationale ou un cinquième 1/5 des députés.

Dans son avis N° 02/CC du 25 mai 2009, le juge constitutionnel nigérien a réaffirmé la souveraineté du peuple en expliquant qu'aucun individu ou groupe de personnes encadré ou non par des partis politiques, des syndicats ou des associations ne peuvent s'identifier au peuple dans le cadre de l'exercice de la souveraineté. Il ajouta que le maintien en fonction du Président la République au-delà du terme de son mandat n'est pas conforme à la constitution, chose assez rare en Afrique.

La Cour Constitutionnelle a rappelé également dans le même avis, que le Président de la République ne pouvait pas engager ou poursuivre le projet de révision, sans violer le serment de l'article 39 de la constitution du 9 août 1999 qu'il avait prêté lors de son entrée en fonction.

Les motivations de l'opportunité de la révision de la constitution n'avaient pas un caractère légitime selon le juge constitutionnel nigérien.

Par l'expression « opportunité » utilisée à l'article 49 de la constitution, il faut entendre toute question que le Président de la République juge utile de soumettre à l'appréciation directe du peuple à l'exception de celles emportant modification de la Constitution. La Cour Constitutionnelle a donc écarté l'article 49 comme fondement juridique du projet de révision constitutionnelle. Toutefois, cet avis ne pouvait revêtir en aucun cas la forme d'un arrêt. En effet, les arrêts de la Cour Constitutionnelle du Niger ne sont susceptibles d'aucun recours juridique ou extrajuridique. Ils lient tous les pouvoirs publics et toutes les autorités administratives, civiles, militaires et juridictionnelles.
Dans la jurisprudence constitutionnelle nigérienne, le juge constitutionnel était resté vague et imprécis sur le caractère et la force d'un avis de la Cour Constitutionnelle.

Cette lacune n'a pas été corrigée par le Constituant de novembre 2010 après le coup d'État. L'article 133 de celle-ci reprend textuellement les mêmes dispositions de l'article 114 de l'ancienne. Il a seulement élargi les organes de saisine de la Cour Constitutionnelle, au Premier ministre, pour avis.

Deuxièmement, la dissolution de l'Assemblée Nationale

En dépit de l'avis défavorable du 29 mai 2009 de la Cour Constitutionnelle nigérienne sur l'organisation d'un référendum constitutionnel portant prorogation de son mandat présidentiel, Mamadou TANDJA dissout l'Assemblée nationale[1119]. En effet, via un communiqué du 26 mai 2009 le secrétariat général du gouvernement a annoncé que le Président de la République a pris, le même jour, un décret portant dissolution de l'Assemblée Nationale. Le Président de la République agissait ainsi en application de l'article 48 al. 1er de la Constitution d'août 1999 qui précisait que le Président de la République peut, après consultation du Premier ministre et du président de l'Assemblée Nationale, prononcer la dissolution de l'Assemblée Nationale. Après cette dissolution, le président Mamadou TANDJA a activé les pouvoirs exceptionnels prévus à l'article 56 de la Constitution. La mise en œuvre de cet article nécessitait toutefois la réunion du conseil de la république. Le conseil de la république était composé du président de la République, du Premier ministre, du président des associations de chefs traditionnels, du président de la commission des droits de l'homme, du chef de l'opposition et des présidents de toutes les autres institutions constitutionnellement établies.

La dissolution de l'Assemblée Nationale et le rejet du projet de révision par une bonne partie de la classe politique, en particulier de l'opposition rendait impossible la présence du Président de l'Assemblée Nationale et du chef de l'opposition à cette réunion du conseil de la République. Ce qui rendait juridiquement impossible la tenue du conseil.

Par décret N° 2009-178 du 5 juin 2009, le président convoque le collège électoral en vue d'un référendum constitutionnel. Un groupe de partis politiques composé de l'Alliance Nigérienne pour la Démocratie et le Progrès (ANDP-Zaman Lahiya), le Parti Nigérien pour l'Autogestion (PNA-Al'Oumma't), le Parti Nigérien pour la Démocratie et le

---

[1119] Par le décret n° 2009/150/PRN en date du 26 mai 2009.

Socialisme (PNDS-Tarayya) et l'Union des Socialistes Nigériens (UDSNT le bâtisseur) a saisi le 8 juin 2009 la Cour Constitutionnelle aux fins d'annulation de ce décret du 5 juin 2009 pour excès de pouvoir du président de la République. La requête a été jugée recevable par le juge constitutionnel. Cependant, l'objet et les organes de cette saisine soulèvent des interrogations. En effet, la Constitution d'août 1999 encadrait les organes, les modes de saisine et les compétences de la Cour Constitutionnelle. Le juge constitutionnel peut exercer un contrôle de constitutionnalité sur les lois organiques avant leur promulgation et sur les règlements de l'Assemblée Nationale avant leur mise en application[1120]. Le juge constitutionnel nigérien était également juge du contentieux électoral. Il était compétent pour contrôler la régularité des élections présidentielles, législatives et locales et devait proclamer les résultats définitifs. Sur le contrôle de constitutionnalité des lois, la Cour ne pouvait être saisie que par le Président de la République, le président de l'Assemblée Nationale et 1/10 des députés de l'Assemblée nationale. Alors que la requête des partis politiques semble viser le contrôle de conformité du décret N° 2009-178/PRM/MI/SP/D du Président de la République à la Constitution[1121] notamment à son titre XII *« De la*

[1120] Article 109 et 112 de la Constitution du Niger d'août 1999.

[1121] Le juge administratif est le juge compétent pour exercer le contrôle sur les actes administratifs. Ce contrôle s'étend aux actes réglementaires et individuels des pouvoirs publics. Le critère fondamental de détermination de la compétence du juge administratif pour exercer un contrôle est le service public. En d'autres termes, la notion de service public doit être le principal fondement de la compétence du juge administratif. Ainsi, le juge administratif est le juge du contrôle de l'administration. Toutefois, le juge administratif peut s'appuyer sur l'exercice de la puissance publique pour déterminer sa compétence dans le contrôle des actes administratifs. Cependant, lorsqu'il prend ce principe pour justifier sa compétence, le juge administratif doit élargir ce critère. Car l'exercice de la puissance publique ne peut être le seul critère de détermination de la compétence du juge administratif. Le service public peut être invoqué dans une affaire sans que cela ne tombe pas sous la compétence du juge administratif. C'est le cas notamment de la gestion privée d'un service public. Le juge judiciaire est en principe le juge compétent pour ce contentieux. La présence d'un service public dans un contentieux contractuel ou extracontractuel de ces personnes privées ne suffit pas pour déterminer la compétence du juge administratif. L'arrêt N°04/CC/ME du 12 juillet 2009 de la Cour Constitutionnelle du Niger annulant le décret N°2009-178/PRN/MI/SP/D du 5 juin 2009 du Président de la République relatif à la convocation du collège électoral en vue d'un référendum a posé une jurisprudence administrative et constitutionnelle historique dans le droit positif de ce pays. En effet, un décret peut être défini comme un acte réglementaire (qui s'applique à un nombre indéterminé de personnes) ou individuel (qui ne concerne qu'une seule

Révision ». Ni les requérants, ni le juge constitutionnel ne le disent explicitement, mais à y voir de près cette procédure ne pouvait avoir que ce fondement. Un groupe de partis politiques n'est pas également compétent pour exercer un recours devant la Cour Constitutionnelle pour qu'elle exerce un contrôle de constitutionnalité. Sur la qualité des requérants, la Cour s'est appuyée sur une ordonnance de 20 décembre 1999 pour justifier la qualité des requérants à saisir la Cour. Elle a fondé son argumentation sur l'article 2 al. 1 de l'ordonnance N° 99-59 du 20 décembre 1999 portant charte des partis politiques. Cette disposition précisait : « *Les partis politiques sont des associations à but non lucratif, qui conformément à la constitution, regroupent des citoyens nigériens autour d'un projet et d'un programme politique en vue de concourir à l'expression du suffrage universel et de participer à la vie politique par des moyens démocratiques et pacifiques* ». Il est surprenant qu'un juge constitutionnel fonde sa compétence sur une ordonnance qui, de surcroît, ne dit pas explicitement l'argumentation qu'il soutient[1122].

Dans son arrêt du 12 juin 2009, la Cour s'était défendue avec une disposition du code électoral pour se déclarer compétente[1123]. Le juge

---

ou plusieurs personnes) qui a été pris par le Président de la République ou le Premier ministre agissant dans le cadre de leurs fonctions respectivement attribuées par la constitution. Dans la pratique, les actes administratifs édictés par ces deux autorités politiques se traduisent par des décrets qui constituent évidemment des actes administratifs unilatéraux. Le contentieux des actes de ces plus hautes personnalités politiques dans une démocratie a soulevé des difficultés d'ordre juridique. En France le contrôle de ces actes a largement été mis en place en France par la jurisprudence et codifié par la suite dans le code de justice administrative[1121]. Le contrôle des actes de ces deux autorités relève donc de la justice administrative c'est-à-dire les tribunaux administratifs et le Conseil d'État. Ce contrôle a longtemps échappé au juge constitutionnel. Cependant, la compétence du juge constitutionnel en matière électorale a été élargie par la jurisprudence constitutionnelle sur le contrôle des actes réglementaires. Cette compétence se fonde autant sur la matière que sur la qualité des auteurs de ces actes.

1122 Certaines failles de cette procédure ont été constatées par le constituant de 2010, notamment la compétence du juge constitutionnel en matière électorale. Le constituant de 2010 a élargi expressément et sans ambiguïté la compétence du juge constitutionnel en matière électorale.

1123 Il s'agit de l'exception de compétence du juge constitutionnel pour exercer un contrôle sur les actes réglementaires en matière électorale. Le contrôle des actes réglementaires échappait au juge constitutionnel en raison de leur nature et des matières qu'ils régissent. Cependant, le juge constitutionnel du Niger a réussi à élargir

sa compétence sur le contrôle des actes réglementaires en matière électorale. L'arrêt N°04/CC/ME du 12 juillet 2009 de la Cour Constitutionnelle du Niger par lequel le juge constitutionnel nigérien a annulé le décret N°2009-178/PRN/MI/SP/D du Président de la République portant convocation du collège électoral en vue de l'adoption d'une nouvelle constitution consacre désormais la compétence du juge constitutionnel de ce pays sur ces actes réglementaires. Le juge constitutionnel a justifié sa compétence sur l'article 104 de la loi électorale du Niger conférant la compétence du juge constitutionnel pour exercer un contrôle sur les actes réglementaires pour excès de pouvoir en matière électorale sans conditionnalité de l'exercice ou de l'épuisement des voies de recours administratives préalables. La justification du fondement de la compétence du juge constitutionnel nigérien semble légère. Il pouvait appuyer sa compétence sur l'article 103 de la constitution du Niger de 1999 modifié. En effet, celui-ci confère au juge constitutionnel la compétence du contrôle de la régularité, la transparence et la sincérité du référendum, des élections présidentielles, législatives et locales. Dans sa décision du 25 juillet 2000, le juge constitutionnel français s'est déclaré pour la première fois compétent en matière juridictionnelle pour exercer un contrôle sur les actes préparatoires d'un référendum. Il a justifié sa compétence par le fait que *« l'irrecevabilité qui serait opposée au recours risquerait de compromettre gravement l'efficacité de son contrôle des opérations référendaires, vicierait le déroulement général de vote à intervenir ou porterait atteinte au fonctionnement normal des pouvoirs publics »* *cf.* Dans un autre recours enregistré le 13 mars 2001 par le Conseil Constitutionnel français sur un acte règlementaire préparatoire d'une élection, les requérants ont permis au juge constitutionnel français de réaffirmer sa compétence qu'il a exprimée dans sa décision du 9 juillet 2000 pour exercer un contrôle sur les actes réglementaires préparatoires d'une élection. La compétence du juge constitutionnel français pour exercer un contrôle sur les actes réglementaires n'était que consultative en vertu de l'article 46 de l'ordonnance organique du 7 novembre 1958. En revanche, l'alinéa 1er du III de l'article 3 de la loi organique N°62-1292 du 6 novembre 1962 relative à l'élection présidentielle (cette loi a été modifiée par la loi N°2001-100 du février 2001) disposait que le Conseil Constitutionnel veille à la régularité des opérations et examine les réclamations dans les mêmes conditions que celles fixées pour les opérations de référendum par les articles 46,48,49,50 de l'ordonnance N°58-1067 du 7 novembre 1958 portant loi organique sur le conseil constitutionnel. *Cf.* Les cahiers du conseil constitutionnel N°9, commentaire de la décision du 11 du 14 mars 2001. www.conseil-constitutionnel.fr
consulté le 28 février 2017. A la lumière de ces constats, le juge constitutionnel nigérien pouvait absolument fonder la justification de sa compétence sur l'article 103 de la constitution de 1999 plutôt que sur la loi électorale qui stipule : « *Elle interprète les dispositions de la Constitution. Elle contrôle la régularité, la transparence et la sincérité du résultat des élections présidentielles, législatives et locales. Elle est juge du contentieux électoral et proclame les résultats définitifs des élections* » *Voir.* Article 103 la.2 de la Constitution de 1999 modifiée. Le décret du Président de la République portant convocation du collège électoral,

constitutionnel a ainsi annulé le décret N° 2009-178/PRN/MI/SP/D du 5 juin 2009 portant convocation du collège électoral dans son arrêt N° 04/CC/ME du 12 juin 2009.

Dans cet arrêt, le juge constitutionnel souligne : « Le Président de la République n'a pas, de par la constitution, compétence pour convoquer le corps électoral en vue du scrutin d'un référendum ayant pour objet et pour effet de réaliser une révision intégrale de la Constitution du 9 août 1999 en méconnaissance de la procédure exclusive du titre XII de ladite Constitution ; le décret n° 2009-178/PRN/MI/SP/D portant convocation du corps électoral vise à consacrer un véritable détournement de la procédure, car il impose une procédure à peine déguisée de remise en cause d'une Constitution qu'il a, du fait de son serment, l'obligation absolue de respecter et de faire respecter. Cela apparaît clairement à travers la volonté du Président de la République de rattacher de manière abusive la révision de la Constitution à l'article 49 dont les termes sans équivoque n'offrent pas cette possibilité[1124] ».

La crise politique et institutionnelle s'amplifie donc par cette décision. Si l'avis N° 02/CC du 25 mai 2009 de la Cour était dénué du caractère et de la force d'un arrêt comme le voulait le constituant d'août 1999, l'arrêt N° 04/CC/ME du 12 juin 2009 avait une force obligatoire et s'imposait à tous les pouvoirs publics, civils et militaires.

Troisièmement, la dissolution de la Cour Constitutionnelle

Suite à l'annulation de ce décret, le Président de la République, s'enfermant dans une logique de fuite en avant, dissout la Cour Constitutionnelle[1125]. Or, l'article 105 de la constitution d'août 1999 précisait que les membres de la Cour Constitutionnelle sont

---

faisant l'objet de cette procédure constitutionnelle, a donc été pris avec un excès de pouvoir selon les requérants.

[1124] E. M. KANE, *Lecture et relecture du coup d'État du 18 février 2010 du Niger*. p.5 cit. op.

[1125] Il dissout le 12 juin 2009 la Cour Constitutionnelle en abrogeant les décrets N°2004-297/PRN/MJ du 30 septembre 2004, N°2006-295/PRN/MJ//MCRI du 05 octobre 2008 et N° 2008-346/PRN/MJ du 02 octobre 2008 portant nomination des membres de la Cour Constitutionnelle.

inamovibles pendant la durée de leur mandat[1126]. Dans l'impossibilité juridique de dissoudre la Cour Constitutionnelle, Mamadou TANDJA avait au préalable curieusement suspendu dans un vide juridique, les articles de la constitution qui l'empêchaient de procéder à cette dissolution[1127]. Autrement dit, il a procédé à une suspension partielle de la Constitution, dans un vide juridique total.

Par cet avis d'abord, puis cet arrêt ensuite, la Cour Constitutionnelle du Niger a témoigné d'un vrai courage politique et juridique. Elle a réaffirmé son indépendance vis-à-vis du pouvoir politique quitte à apparaître comme un organe politique. Il s'est approprié les vrais pouvoirs d'un arbitre, face à des situations parfois impensées par le constituant. Il a usé vainement de tous ses pouvoirs pour désamorcer la crise, et permettre le bon fonctionnement de la démocratie, et des institutions du pays.

Le chef de l'État nigérien poursuit sa logique en s'arrogeant le 26 juin 2009, les pleins pouvoirs. Le 13 juin 2009, la Commission Electorale Nationale Indépendante (CENI) refuse d'organiser le référendum et les élections législatives. Malgré cette impasse politico-juridique, le référendum a lieu le 4 août 2009. Les partis politiques de l'opposition boycottent ces élections tenues le 20 octobre 2009.

4. Une impasse politique à l'origine du coup d'État du 18 février 2010

Cette impasse politique et institutionnelle a abouti le 18 février 2010 à un coup d'État militaire, lorsqu'un groupe de militaires conduit par le

---

[1126] Du point de vue de la constitution, le président Mamadou TANDJA ne pouvait pas dissoudre la Cour Constitutionnelle. Pour prévenir des interprétations, le constituant de novembre 2011 a mis un verrou sur la dissolution de la Cour Constitutionnelle. Après avoir affirmé que les membres de la Cour Constitutionnelle sont inamovibles[1126], la constitution de novembre 2011 rappelle qu'en aucun cas la Cour Constitutionnelle ne pourrait être dissoute.

[1127] Pour prévenir un tel scénario, le constituant de 2011 rajoute qu'aucune disposition de la Constitution relative à la Cour Constitutionnelle ne pouvait être suspendue[1127]. Cette nouvelle constitution a renforcé les garanties et les l'indépendance de la Cour Constitutionnelle.

chef d'escadron Salou DJIBO, chasse du pouvoir le président démocratiquement élu du Niger, Mamadou TANDJA.

En effet, le 18 février 2010, un groupe de militaires conduits par le chef d'escadron Salou DJIBO s'empare du pouvoir par la force, en chassant du pouvoir le président démocratiquement élu du Niger, Mamadou TANDJA. Ce coup d'État a illustré la faiblesse des mécanismes conventionnels communautaires de prévention des changements anticonstitutionnels de pouvoir.

Sa gestion par la communauté internationale (hors CEDEAO)

La France condamne le coup d'État militaire. De leur côté, les USA et l'Espagne estiment que Mamadou TANDJA a pu déclencher le coup d'État militaire. L'UE établit des sanctions notamment économiques contre le Niger. Il se dégage de ce constat, une diversité de réactions entre les acteurs impliqués dans la gestion des changements anticonstitutionnels.

De son côté, l'UA, par la voix de son président de la Commission, le Gabonais Jean Ping condamne la prise de pouvoir par la force au Niger et réclame le retour à l'ordre constitutionnel. La CEDEAO adopte une position qui pose problème.

La gestion par la CEDEAO de la période comprise entre mai 2009 et le coup d'État de février 2010

Pour mémoire, rappelons qu'au moment du coup d'État, le Niger a ratifié le 8 décembre 2005, le protocole additionnel sur la démocratie et la bonne gouvernance. En revanche, il n'avait pas ratifié le protocole A/P1/12/99 relatif aux mécanismes de prévention, de gestion, de règlement des conflits, de maintien de la paix et de la sécurité. Toutefois, ce protocole était provisoirement entré en vigueur pour tous les États membres en raison de cette clause conventionnelle contenue dans ledit protocole.

Cette crise politique et institutionnelle a conduit à l'établissement de sanctions de la CEDEAO[1128] et de l'UA contre le Niger dans un premier

[1128] Voir sanctions adoptées en octobre 2009 contre le Niger.

temps[1129]. Dans un deuxième temps, l'organisation amorce un processus de médiation dont les contours étaient totalement flous et qui n'aboutit à aucune solution de sortie de crise, évitant ce coup d'État[1130]. Lorsque le coup d'État intervient, l'Organisation exprime « sa profonde préoccupation » dans un communiqué laconique, N° 022/2010 du 18 février 2010. Elle a toute de même condamné le coup d'État[1131]. Sa réaction face à ce coup d'État semblait traduire une reconnaissance implicite de celui-ci. Si elle réagit ainsi, c'est parce qu'elle opère une distinction implicite entre le coup d'État classique et le coup d'État à effet démocratique, ainsi que nous l'avons démontré un peu plus haut dans nos développements. La lecture selon laquelle c'est de méchants militaires qui prendraient le pouvoir à de gentils démocrates en établissant une vilaine dictature en lieu et place d'un bon régime parlementaire[1132] n'a tout simplement pas fonctionné dans le cas précis du coup d'État de 2010 au Niger. Elle a tout de même donné lieu à une tentative de règlement de la CEDEAO, mais en réalité, dans la prévention.

L'envoi d'un médiateur par la CEDEAO, l'ancien président du Nigeria Abdul Salami ABUBAKAR, n'a pas permis de résoudre la crise pour prévenir le coup d'État. L'absence de réaction de l'organisation communautaire contre ce coup d'État aurait pu entacher sa crédibilité[1133]. Ce qui semble l'avoir conduit à faire des communiqués, le rejetant du bout des lèvres, sans jamais établir des sanctions comme elle l'a fait dans le passé.

On a observé également que malgré son opposition à ce fléau, elle est impuissante face à la répétition des coups d'État en Guinée-Bissau. La

---

[1129] E. M. KANE, *Lecture et relecture du coup d'État du 18 février 2010 du Niger*. Cit. op. pp.5 et 6.

[1130] Ibid.p.6

[1131] A. MAIGA, *La crédibilité de la Communauté Economique des États d'Afrique de l'Ouest dans sa quête de la paix et de la sécurité*, thèse de doctorat en science politique, Université Lyon 3, septembre 2011 ? p.271.

[1132] E. GRÉGOIRE et J. P. O. DE SARDAN, « *Niger : Le pire a été évité, mais demain ?* », article IRD de 1996, p1. www.politique-afrique.com consulté le 26/06/2018

[1133] E. M. KANE, *Lecture et relecture du coup d'État du 18 février 2010 du Niger*. Op. cit., P 18 et 19..

CEDEAO ne semble plus avoir de recettes pour rétablir durablement un pouvoir démocratique dans ce pays.

5. La difficile gestion des coups d'État à répétition en Guinée-Bissau : Focus sur le « coup » perpétré le 12 avril 2012

La Guinée-Bissau est l'État membre de la CEDEAO le plus affecté particulièrement par la « fièvre des coups d'État ». Ce pays enregistre parfois à des intervalles très restreints, des coups d'État. Le bilan de l'implication de l'organisation contre ce fléau dans ce pays est en effet très contrasté. Si son action est particulièrement appréciée dans la gestion des multiples changements anticonstitutionnels de pouvoir intervenus dans ce pays[1134], il n'en demeure pas moins que son action n'est pas incritiquable. Elle est incapable de tirer des leçons de ces multiples crises politiques, institutionnelles et constitutionnelles, pour aboutir à une solution durable dans ce pays.

Les différentes actions de l'organisation ont consisté en des missions de médiations et de bons offices pour résoudre les multiples crises politiques et constitutionnelles de ce pays. En revanche, ces missions de médiations et de bons offices n'ont permis de résoudre que ponctuellement les crises politiques et institutionnelles. Ainsi, le droit communautaire et les institutions de la communauté semblent montrer très nettement leurs faiblesses contre les crises politiques et institutionnelles. Les solutions proposées par la CEDEAO sont différentes de celles proposées aux États qui ont déjà enregistré des coups d'État militaires. Les solutions proposées par l'organisation ont consisté en la mise en place d'autorités plus ou moins légitimes, en remplacement de celles démocratiquement élues et chassées du pouvoir par la force. Les autorités intérimaires mises en place reçoivent pour mission l'organisation d'élections démocratiques en vue de la restauration de l'ordre constitutionnel. L'apport de la CEDEAO dans la

[1134] Les actions de la CEDEAO dans la gestion des crises politiques sont très appréciées par les acteurs internes de ce pays. Voir à ce propos, Dr Gilles OLAKOUNLE YABI, *Le rôle de la CEDEAO dans la gestion des crises politiques et des conflits. Cas de la Guinée et de la Guinée-Bissau*, p.33. Friedrich-Ebert-Stiftung septembre 2010.

gestion des changements anticonstitutionnels de pouvoir en Guinée-Bissau est incontestable, mais il est teinté d'insuffisances.

En effet, il y a une certaine cristallisation de ce phénomène en Guinée-Bissau. Depuis l'instauration du pluralisme politique en 1994 dans ce pays, aucun président démocratiquement élu n'a réussi à terminer son mandat présidentiel[1135]. Tous les présidents démocratiquement élus dans ce pays ont tous étonnement été renversés par un coup d'État militaire. Parmi tous les coups d'État enregistrés dans ce pays, celui de 2012 a retenu notre attention. Ce n'est pas pour être ironique à l'égard de ce pays, mais ce coup d'État était digne d'un film de fiction.

Il est intervenu à deux semaines de la tenue du deuxième tour de l'élection du Président de la République prévue pour le 29 avril 2012[1136]. Il s'agit d'un nouvel épisode de coup d'État pour ce pays « l'enfant malade de la CEDEAO », après celui du 2 mars 2009 au cours duquel, le président Joao Bernardo VIEIRA a été assassiné. Ce coup d'État de 2009 était lui aussi digne d'un film hollywoodien. Celui de 2012 intervenait alors que la CEDEAO était déjà largement occupée par la situation sécuritaire multidimensionnelle du Mali, face à laquelle elle n'arrivait pas à trouver la recette magique, pour un dénouement durable. Ce coup d'État mettait fin au processus électoral enclenché en vue de rétablir la légalité constitutionnelle après le coup d'État de mars 2009. Il va ouvrir une nouvelle ère, pas du tout glorieuse pour la CEDEAO, dans la gestion de ce fait.

6. La concurrence entre la CEDEAO et la Communauté des Pays de Langue Portugaise (CPLP) : le désaveu de la CEDEAO par l'ONU ?

La CEDEAO œuvre inlassablement dans la prévention et la gestion des coups d'État dans ce pays. Réunie en session extraordinaire le 26 avril 2012 à Abidjan en Côte d'Ivoire, elle a condamné ce coup d'État[1137] en

[1135] J. K. MPIANA, *L'Union Africaine face à la gestion des changements anticonstitutionnels de gouvernement,* op. cit., P.115.
[1136] Ibid., P.127.
[1137] Voir communiqué final conférence extraordinaire de la conférence des chefs d'États et de Gouvernements du 26 avril 2012, paragraphe 26, document disponible http://www.ecowas.int/wp-content/uploads/2015/02/2012-Extr-April.pdf

réaffirmant son principe fondamental de « tolérance zéro » pour la prise ou le maintien du pouvoir par des moyens non constitutionnels ainsi que le rôle apolitique des militaires dans une démocratie tels que consacrés par le Protocole additionnel sur la Démocratie et la Bonne Gouvernance[1138]. Lors de cette même session, elle a réaffirmé qu'elle ne reconnaîtra aucune transition anticonstitutionnelle[1139]. Elle a aussi demandé la libération immédiate et sans condition du Premier ministre déchu et détenu par la junte, la restauration immédiate de l'ordre constitutionnel. Elle s'est montrée particulièrement ferme et intransigeante contre ce coup d'État, preuve de sa latitude.

Lors de la même Conférence, elle a exhorté toutes les parties prenantes à s'en remettre à la médiation de la CEDEAO visant à s'accorder sur les modalités d'une transition consensuelle vers la tenue d'élections dans un délai de douze (12) mois en tenant compte de l'engagement écrit pris par le commandement militaire le 16 avril 2012 d'accepter le retour à l'ordre constitutionnel ,selon les modalités à définir avec l'assistance de la CEDEAO[1140].

Pour parfaire le tout, les Chefs d'État et de Gouvernement ont instruit à la Commission de déployer, avec effet immédiat, un contingent de la Force en Attente de la CEDEAO (FAC) en Guinée-Bissau pour entre autres, faciliter le retrait de la Mission d'Assistance Technique et Militaire de l'Angola en Guinée-Bissau (MISSANG), d'assister à la sécurisation du processus de transition et d'anticiper sur la mise en œuvre effective de la feuille de route du programme de réforme du secteur de défense et de sécurité ; dans cette perspective, la Conférence a approuvé le mandat de la FAC en Guinée-Bissau[1141].

Elle a donné un ultimatum de trois jours à la junte si elle n'accepte pas ses demandes, elle imposerait avec effet immédiat, des sanctions ciblées sur les militaires, sans exclure des sanctions diplomatiques, économiques et financières sur la Guinée-Bissau. Elle a également réaffirmé son engagement pour une collaboration étroite entre elles, l'U.A, l'ONU et les autres partenaires dans les efforts collectifs de maintien de la paix et de la sécurité dans la sous-région, et en appelle à

[1138] Ibid. paragraphe 25.
[1139] Ibid., paragraphe 27.
[1140] Ibid., paragraphe 27.
[1141] Ibid., paragraphe 30

un renforcement de cette coopération basée sur le principe cardinal de subsidiarité[1142].

Cette fermeté et cette intransigeance n'auront pas tenu longtemps. Lors de sa 41e session ordinaire de sa conférence des chefs d'État et de gouvernement, tenue les 28 et 29 juin 2012 à Yamoussoukro en Côte d'Ivoire, elle fait une impressionnante volte-face en reconnaissant explicitement les organes de transition mise en place en Guinée-Bissau[1143] et a demandé qu'ils soient reconnus et soutenus par la communauté internationale[1144].

Ce changement radical de doctrine, de ton, de position, pour faire simple, contrastait avec celui de la CPLP qui avait, lors de la réunion du Conseil des ministres (CPLP) du 19 juin 2012 tenue à Maputo au Mozambique, adopté une déclaration réaffirmant la reconnaissance exclusive des autorités démocratiquement élues, déchues par la force[1145].

Pour la première fois, depuis son engagement dans la sécurité collective, en particulier contre le coup d'État, la CEDEAO se fait copieusement désavouer par l'ONU, au profit de la micro-organisation internationale, la CLP. Sa position a été catégoriquement rejetée par le Conseil de sécurité de l'ONU qui a exigé le retour aux affaires des autorités constitutionnelles déchues[1146]. En effet, dans sa résolution 2048 (2012) du 18 mai 2012, le Conseil de sécurité impose des sanctions aux personnes qui cherchaient à empêcher le retour à l'ordre constitutionnel, en particulier celles qui avaient joué un rôle de premier plan dans le coup d'État du 12 avril 2012, une interdiction de voyage[1147].

1142 Ibid., paragraphe 33

1143 J.K. MPIANA, *L'Union Africaine face à la gestion des changements anticonstitutionnels de gouvernement,* op. cit., P.127

1144 Ibid.

1145 Ibid.

1146 Paragraphe 1 de la résolution 2048 (2012) du 18 mai 2012. Voir également www.rfi.fr *Guinée Bissau : l'ONU sanctionne le coup d'état du 12 avril et exige le retour à l'ordre constitutionnel*, article du 19/05/2012.

1147 Paragraphe 4 de la résolution 2048 (2012) du 18 mai 2012. Voir également à ce propos, *Répertoire de la pratique du conseil de sécurité (2012-2013), 9. La situation en Guinée-Bissau,* p.60-61.

Dans cette résolution rédigée par le Portugal et curieusement le Togo[1148], État membre de la CEDEAO qui déniait sa position, le Conseil de sécurité désavoue totalement pour la première fois l'organisation ouest-africaine dans la gestion d'un coup d'État. Elle a exigé à la CEDEAO de travailler avec la CPLP alors que de graves divergences étaient apparues entre ces deux organisations africaines[1149]. La CPLP rappelait lors de sa réunion du 19 juin 2012 que le rétablissement de l'ordre constitutionnel signifiait le rétablissement de ceux-ci dans leurs fonctions[1150]. La multiplication d'acteurs internationaux dans la gestion des changements anticonstitutionnels de pouvoir, sans convergence d'objectifs et parfois du fait d'un désaccord persistant, rend difficile la recherche d'une solution durable et acceptée par tous. Si la subsidiarité entre la CEDEAO, l'UA et l'ONU ne souffre d'aucune ambiguïté, et que les deux derniers s'appuient traditionnellement sur le premier dans la gestion des changements anticonstitutionnels de pouvoir conformément à la Charte de l'UA, des Nations Unies, du Traité révisé de 1993 de la CEDEAO, du protocole relatif aux mécanismes de prévention de gestion de règlement des conflits, de maintien de la paix et de la sécurité, il n'en demeure pas moins que d'autres acteurs internationaux concurrents entrent parfois en scène.

Le constat qui se dégage de cette divergence d'objectifs et de cette concurrence des organisations internationales repose sur l'interprétation du concept de « rétablissement ou de restauration de l'ordre constitutionnel ».

Ainsi, il ressort que la CEDEAO manque parfois de fermeté contre certains coups d'État. Elle tente parfois des médiations difficiles qui aboutissent parfois à des accords politiques conflictuels avec le droit communautaire et les constitutions. L'accord-cadre conclu par exemple entre le CNRDRE et la CEDEAO et le « projet d'accord politique de sortie de crise » proposé par la médiation de l'organisation aux parties lors de la gestion du coup d'État de 2015 du Burkina Faso posent un

---

1148 Voir à ce propos, *Répertoire de la pratique du conseil de sécurité (2012-2013), 9. La situation en Guinée-Bissau.*

1149 Paragraphe 2 de la résolution 2048 (2012) du 18 mai 2012

1150 Voir à ce propos, *Rapport du secrétaire général sur le rétablissement de l'ordre constitutionnel en Guinée-Bissau, odc off CS NU, 2012, S/201/704 aux paragraphe 14 et 16.*

problème de conflit avec le droit communautaire et les constitutions de ces États. Il s'agit maintenant de voir les rapports entre ces arrangements politiques et les droits.

CHAPITRE 2

LES RAPPORTS ENTRE ACCORDS POLITIQUES ET DROIT

Très généralement, les accords politiques visant à aboutir au « rétablissement » ou à « la restauration » de l'ordre constitutionnel entrent frontalement en conflit avec les droits[1151] ainsi que nous le verrons dans les cas malien et burkinabé. Alors que nous avons expliqué un peu plus qu'ils ne sont pas des actes juridiques. Nous étudierons également comment ces accords entrent aussi en conflit avec le droit communautaire de la CEDEAO.

La conciliation entre les accords politiques visant à résoudre les changements anticonstitutionnels de pouvoir et la loi fondamentale, qu'il s'agisse des droits internes des États ou du droit communautaire de la CEDEAO, sont impossibles. Nous verrons que les accords politiques entrent en conflit avec le droit (section 1) avant de constater que leur place dans le droit interne reste à définir (section2).

SECTION 1 : LE CONFLIT ENTRE DROIT INTERNE ET ACCORDS POLITIQUES

Nous parlons de rapports conflictuels lorsqu'un accord politique de règlement d'un changement anticonstitutionnel de pouvoir contient des dispositions qui contredisent la règle de droit. En effet, la règle de droit se définit comme l'ensemble des règles de conduite qui régissent les rapports des hommes dans la société et dont le respect est assuré par l'autorité publique[1152]. La règle de droit est édictée selon une procédure et par des règles constitutionnellement établies. Quant à l'accord

---

[1151] P. MAMBO, *Les rapports entre les constitutions et les accords politiques dans les États africains : réflexion sur la légalité constitutionnelle en période de crise*, article de la revue McGill Law volume 57, numéro 4, June, 2012, p. 921-952, p.928 www.erudit.org
consulté le 29 mai 2017.

[1152] R. CABRILLAC (dir.), *Dictionnaire du vocabulaire juridique* 2012, LexisNexis 2011, p.185.

politique, son élaboration et son adoption ne sont soumises à aucune exigence d'autorités habilitées et de procédure préétablies. Il naît entre la CEDEAO et des autorités de fait établies. La violation de la règle de droit est sanctionnée par une autorité habilitée. L'accord politique de gestion et de règlement du changement anticonstitutionnel de pouvoir manque de réelles sanctions de sa violation.

L'étude des accords politiques visant le « rétablissement » ou la « restauration » de l'ordre constitutionnel représentent, pour le juriste, un exercice de haute voltige tant ses fondations sont fragiles et ses conséquences questionnables.

Ils tentent de respecter le cadre constitutionnel des États. Dans le même temps, certaines de ses dispositions sont parfois très largement en contradiction avec la constitution. Le but même de la signature des accords politiques, c'est de permettre le respect du droit communautaire de façon générale et de la constitution de l'État concerné, en singulier. D'un côté, les accords politiques tentent d'exiger le respect du droit communautaire et de la constitution en ce qui concerne la dévolution du pouvoir[1153]. De l'autre côté, ils exigent que les acteurs se réfèrent aux dispositions concernant la mise en place d'organes et d'institutions, et l'adoption des mesures législatives et réglementaires d'accompagnement de la transition[1154]. Ainsi, dans cet exercice périlleux, les constats sont que les accords politiques supplantent la constitution (paragraphe1), alors qu'ils ont des rapports conflictuels avec le droit international sur lequel ils tirent leur fondement (paragraphe2).

Paragraphe 1 : La supplantation de la constitution par les accords politiques

Traiter de la juridicité constitutionnelle des accords politiques notamment ses rapports avec la constitution, c'est une entreprise osée,

[1153] Voir par exemple l'accord-cadre de mise en œuvre de l'engagement du 1er avril 2012, sur le respect de l'article 36 de la constitution malienne en cas de vacances de pouvoir.
[1154] Voi*r* Ibid.

voire illusoire en raison de la contradiction, à tout le moins, de l'opposition qui caractérise les concepts : le juridique et le politique[1155]. De plus un tel débat dans un contexte de crise constitutionnelle et politique, n'est pas aisé[1156]. Comme l'observe Jean-François AKANDJI-KOMBE, « de même qu'ils défient le droit, les accords politiques défient l'ordre constitutionnel. C'est d'ailleurs souvent en rapport direct avec cet ordre et contre lui que ces actes sont établis. C'est dire que dans les faits, ces instruments sont construits pour être des concurrents de la loi fondamentale, voire des substituts à celle-ci, ne souffrant par conséquent aucun contrôle »[1157]. Riccardo MONACO observera même qu'ils possèdent la substance de la constitution[1158]. Difficile à admettre dans une démocratie, puisqu'ils remettent en cause la souveraineté du peuple.

La CEDEAO conclut des accords avec des autorités de fait alors même que ceux-ci sont en désaccord partiel ou total avec les droits. Les accords politiques de la CEDEAO visant à rétablir l'ordre constitutionnel suite à un coup d'État peuvent contenir des dispositions en contradiction partielle ou totale avec la Constitution. Les accords politiques qui surviennent à la suite d'un coup d'État ont le mérite d'assurer la survie de l'État de droit, de la démocratie notamment de la constitution. Il faut souligner que les médiateurs sont pris dans une double contrainte : assurer le plus possible le respect des textes de référence et parvenir à un accord politique acceptable par les différentes parties en présence.

Ainsi, l'accord-cadre de mise en œuvre de l'engagement solennel du 1er avril 2012 entre le CNDRE et la CEDEAO a permis

---

[1155] I. E. MANZAN, *Les accords politiques dans la résolution des conflits armés internes en Afrique*, thèse de doctorat en droit public, Université de Rochelle et Université de Cocody-Abidjan (cot.), soutenue le 17 décembre 2011.p. 251.
[1156] Ibid.
[1157] J. — F. AKANDJI-KOMBE, *Contrôle de constitutionnalité et actes politiques de règlement des crises institutionnelles*, contribution au colloque international de Bamako des 26 et 27 avril 2012, organisé par la Cour Constitutionnelle du Mali et ayant pour objet « *Le rôle des juridictions constitutionnelles dans la consolidation de l'État de droit* », p.10
[1158] R. MONACO, *Le caractère constitutionnel des actes institutifs d'organisations internationales* in Mélanges offerts à Charles ROUSSEAU, *La communauté internationale*, Paris Pédone 1974, p.152.

incontestablement la survie de la constitution malienne de 1992, suspendue par la junte militaire, aux premières heures du coup d'État de mars 2012. Cependant, ce texte contenait des dispositions contradictoires avec la constitution de février 1992 et supplantait délibérément celle-ci dans quelques-unes de ses dispositions (A). Ce constat est identique à l'accord pour une sortie de crise proposé par la médiation de la CEDEAO, lors de la gestion du coup d'État de septembre 2015 au Burkina Faso. Ceux-ci supplantaient également la constitution de ce pays (B).

A. La supplantation de la constitution autour du cas malien de 2012

La constitution, d'une manière générale, désigne l'ensemble des règles suprêmes dans un État, fonde l'autorité étatique, organise ses institutions, lui donne ses pouvoirs et impose des limites au pouvoir, en garantissant les droits et les libertés[1159].

La constitution peut être définie également comme l'ensemble des règles suprêmes dans un État, fondant l'autorité étatique, organisant ses institutions, lui donnant ses pouvoirs et imposant des limites au pouvoir, en garantissant les droits et les libertés[1160]**.** Quant à la convention de la constitution, le dictionnaire constitutionnel la définit comme « une révision politique de la constitution ou à tout le moins une interprétation plus ou moins laxiste qui s'impose grâce à l'accord des acteurs politiques comme une norme obligatoire tant que le consensus persiste ou qu'une révision juridique expresse ne s'y est pas substituée »[1161].

Pierre AVRIL les définit simplement comme la catégorie de règles insolites et mystérieuses[1162]. Bien que cette notion soit difficile à

[1159] G. CORNU, *Vocabulaire juridique*, 12e éd. PUF 2017. P.251.
[1160] Ibid., P.251.
[1161] O. DUHAMEL et Y. MENY, *Dictionnaire constitutionnel*, Paris, PUF, 1992, p.232, cité par I. E. MANZAN, *Les accords politiques dans la résolution des conflits armés internes en Afrique*, op. cit., p. 256.
[1162] P. AVRIL, *Les conventions de la constitution*, Paris, PUF, coll. Léviathan, 1997, p.105.

définir, elle se distingue nettement de l'accord politique. Les accords politiques, dans la gestion d'une crise politique, entrent frontalement en conflit avec le droit[1163]. Ceux visant à aboutir au « rétablissement » ou à « la restauration » de l'ordre constitutionnel ne font pas exception. Ils sont d'ailleurs les plus souvent en conflit avec le droit, puisqu'ils interviennent dans le domaine constitutionnel.

Le constat cité ci-dessus du doyen Jean-François AKANDJI-KOMBE est très révélateur des rapports conflictuels entre les accords politiques et la constitution. Dans ce conflit, ces arrangements politiques réussissent à supplanter la constitution. Les accords politiques dans la gestion d'un changement anticonstitutionnel de pouvoir régissent des questions qui sont déjà très souvent déjà tranchées par la constitution. La constitution est confrontée parfois à des facteurs socio-politiques qui finissent par prendre le dessus sur elle.

En fait, les accords politiques neutralisent[1164] les dispositions constitutionnelles qui les contredisent. C'est là qu'une analyse juridique approfondie de ces engagements s'impose impérieusement aux constitutionnalistes.

Les arrangements politiques contre un changement anticonstitutionnel de pouvoir remettent fondamentalement en cause l'État de droit et la démocratie. Et aussi le respect des droits de l'homme dès lors qu'ils imposent parfois l'adoption de lois d'impunité à savoir l'amnistie.

Le but premier d'un accord politique est d'en finir avec le conflit. Le second est de faire en sorte que la solution soit la moins mauvaise possible. Le troisième, et seulement en troisième position, réside dans le fait qu'il respecte le droit international et les droits internes. De ce fait, il existe un décalage important entre le but et les moyens utilisés par la CEDEAO pour les atteindre. Il convient de faire un rappel des

---

[1163] P. MAMBO, *Les rapports entre les constitutions et les accords politiques dans les États africains : réflexion sur la légalité constitutionnelle en période de crise*, article de la revue McGill Law volume 57, numéro 4, June, 2012, p. 921-952, p.928 www.erudit.org
consulté le 29 mai 2017.

[1164] J.-F. AKANDJI-KOMBE, *Contrôle de constitutionnalité et actes politiques de règlement des crises institutionnelles* op. cit., p.11.

faits de notre exemple d'étude avant d'expliquer le sens de notre propos.

1. Rappel des faits et contexte

Comme nous l'avons vu plus haut, le Mali était confronté en 2012 à une crise multidimensionnelle caractérisée par l'occupation d'une partie du pays, le Nord, par des groupes armés rebelles et/ou terroristes, mais aussi par un coup d'État militaire.

Dans les jours qui ont suivi ce coup d'État, la conférence des chefs d'État de la CEDEAO décide « d'envoyer au Mali dans un délai de 48 h, une délégation de haut niveau pour permettre un retour rapide à l'ordre constitutionnel au Mali. La délégation conduite par S.E Alassane Dramane Ouattara président en exercice de la CEDEAO sera composée du président du Bénin Thomas Yayi Boni, président en exercice de l'Union Africaine, du président du Burkina Faso S.E Blaise Compaoré, de la présidente du Liberia S.E Ellen Johnson-Sirleaf, du président du Niger S.E Mahamadou Issoufi, et du président de la République fédérale du Nigeria S.E Goodluck Ebele Jonathan »[1165]. Cette délégation de haut niveau a été contrainte de renoncer à se rendre au Mali en raison de manifestations à Bamako contre la médiation, laissant la main à la médiation dirigée par Blaise COMPAORE.

Dans le cadre de la mise en œuvre de son mandat de médiateur dans la crise malienne, le président du Burkina Faso Blaise COMPAORE a envoyé une délégation de médiateurs conduite par son ministre des affaires étrangères, Djibril BASSOLE. La médiation entame des négociations ayant pour but d'obtenir le retour rapide à l'ordre constitutionnel. La légitimité de la médiation menée par le ministre des affaires étrangères du Burkina Faso doit être analysée au regard du droit communautaire dérivé. Dans la forme, cette médiation tire son fondement du communiqué final du sommet extraordinaire de la conférence des chefs d'États et de Gouvernements de la CEDEAO

[1165] Paragraphe 14 Ibid.

tenue le 27 mars 2012 à Abidjan en Côte d'Ivoire. Dans le fond, il faut analyser son fondement au regard des missions confiées au médiateur lors de cette conférence, soit le président du Burkina Faso. La conférence avait décidé de nommer Blaise Compaoré, président du Faso comme médiateur dans la crise malienne avec pour mission avec toutes les parties prenantes d'engager un dialogue fructueux visant à la restauration de la paix dans ce pays tout en tenant compte des efforts en cours dans ce sens[1166]. Le président du Burkina Faso avait donc reçu mission d'engager un dialogue entre toutes les parties en vue d'aboutir à un accord de paix.

Il ne semble pas avoir reçu un mandat pour négocier le rétablissement de l'ordre constitutionnel au nom de la CEDEAO. C'est comme si cela s'était produit de façon opportuniste. Si la médiation de Blaise Compaoré pour le retour rapide de l'ordre constitutionnel est politiquement justifiée, force est de constater que sur le plan juridique, elle était discutable.

Elle ne s'appuyait pas sur une règle du droit communautaire dérivé. Cette irrégularité de forme peut également entacher la légalité de fond des accords trouvés par la médiation de Blaise Compaoré.

2. *L'application de l'accord-cadre au Mali*

Nous partons du postulat que tout ce qui est conforme au droit communautaire doit être considéré comme conforme au droit interne du Mali. L'État malien a l'obligation d'harmoniser son droit interne au droit communautaire et de respecter les décisions des institutions et des organes de l'organisation.

Il s'est engagé à adopter les mesures facilitant la mise en œuvre du droit communautaire. Le Mali, en effet, et tous les États membres ont

[1166] Voir paragraphe 21 du communiqué final de la session extraordinaire de la conférence des chefs d'État et de gouvernement tenu le 27 mars 2012 à Abidjan en Côte d'Ivoire.

l'obligation de respecter le droit communautaire. Ils se sont engagés à harmoniser leurs législations internes au droit communautaire et à respecter les décisions de la CEDEAO.

Selon la convention de Vienne sur le droit des traités, un État ne peut pas invoquer son droit interne pour justifier l'inexécution d'un engagement international.

En revanche, une action de la CEDEAO qui n'est pas conforme au droit communautaire ne peut légitimement pas être conforme au droit interne de l'État concerné.

L'accord politique trouvé entre l'organisation et le CNRDRE posait de sérieux problèmes au regard de la constitution.

En effet, l'accord-cadre de mise en œuvre de l'engagement solennel du 1er avril 2012 affirme dans le paragraphe 1er de son préambule que le retour à la normalité constitutionnelle passe par le respect des dispositions de la constitution du 25 février 1992, dont l'article 36 organise l'intérim du Président de la République en cas de vacance ou d'empêchement.

Dans le même temps, l'accord-cadre vide complètement cette disposition constitutionnelle de son contenu en accordant « les pleins pouvoirs[1167] » au Premier ministre et en déterminant les rôles des organes de la transition au mépris d'un texte consacré par la volonté populaire exprimée lors du référendum de 1992.

Il nous faut citer également l'article 4 de l'accord-cadre de mise en œuvre de l'engagement solennel du 1er avril 2012 qui tente de respecter le droit communautaire et la constitution malienne de février 1992.

Le paradoxe réside dans le fait que ce même article ampute complètement le Président de la République par intérim de la quasi-totalité de ses compétences constitutionnelles.

[1167] Expression utilisée dans l'accord-cadre de mise en œuvre de l'engagement solennel du 1er avril 2012, pour démontrer les pouvoirs très élargis accordés au Premier ministre.

Il confie curieusement à ce dernier une seule mission : l'organisation d'élections présidentielles dans les délais constitutionnels de 40 jours.

Dans la constitution malienne de 1992, en cas de vacance de pouvoir, le Président de l'Assemblée Nationale assure l'intérim des fonctions de Président de la République. À l'exception des dispositions des articles 38, 41[1168], 42[1169] et 50[1170] de la constitution, le Président de l'Assemblée Nationale assurant l'intérim du Président de la République conserve le droit d'appliquer toutes les dispositions constitutionnelles relevant de la compétence et des attributions du Président de la République.

L'accord-cadre de mise en œuvre de l'engagement solennel du 1er avril 2012 dépossède ainsi le Président de la République par intérim de la

---

[1168] *« Le Président de la République, sur proposition du Gouvernement, pendant la durée des sessions ou sur proposition de l'Assemblée Nationale, après avis de la Cour Constitutionnelle publié au Journal Officiel, peut soumettre au Référendum toute question d'intérêt national, tout projet de loi portant sur l'organisation des pouvoirs publics, comportant approbation d'un accord d'union ou tendant à autoriser la ratification d'un traité qui, sans être contraire à la Constitution, aurait des incidences sur le fonctionnement des Institutions.*
Lorsque le Référendum a conclu à l'adoption du projet, le Président de la République le promulgue dans les délais prévus à l'article 40. »
[1169] *« Le Président de la République peut, après consultation du Premier Ministre et du Président de l'Assemblée Nationale, prononcer la dissolution de l'Assemblée Nationale. Les élections générales ont lieu vingt-et-un jours au moins et quarante jours au plus après la dissolution. L'Assemblée Nationale ne peut être dissoute dans l'année qui suit ces élections. »*
[1170] *« Lorsque les Institutions de la République, l'indépendance de la Nation, l'intégrité du territoire national, l'exécution de ses engagements internationaux sont menacées d'une manière grave et immédiate et que le fonctionnement régulier des pouvoirs publics constitutionnels est interrompu, le Président de la République prend les mesures exceptionnelles exigées par ces circonstances, après consultation du Premier Ministre, des Présidents de l'Assemblée Nationale et du Haut Conseil des Collectivités ainsi que de la Cour Constitutionnelle. Il en informe la nation par un message. L'application de ces pouvoirs exceptionnels par le Président de la République ne doit en aucun cas compromettre la souveraineté nationale ni l'intégrité territoriale. Les pouvoirs exceptionnels doivent viser à assurer la continuité de l'État et le rétablissement dans les brefs délais du fonctionnement régulier des institutions conformément à la Constitution. L'Assemblée Nationale se réunit de plein droit et ne peut être dissoute pendant l'exercice des pouvoirs exceptionnels. »*

quasi-totalité de ses compétences au profit du premier ministre qui reçoit les « *pleins pouvoirs* »[1171]. Le fondement des pleins pouvoirs du Premier ministre a pour seule base juridique l'accord-cadre de mise en œuvre de l'engagement solennel du 1er avril 2012.

On pourrait citer un troisième exemple avec les missions des forces armées, notamment leur soumission au pouvoir politique. La constitution malienne explique les conditions démocratiques d'accession au pouvoir et interdit les coups d'État. En effet, la constitution malienne dispose en son article 121 al. 1er que le fondement de tout pouvoir en République du Mali réside dans la constitution. Elle rappelle dans le dernier alinéa du même article que tout coup d'État ou putsch est un crime imprescriptible contre le peuple malien. Dans l'article 26 de l'accord-cadre, il est demandé aux parlementaires l'adoption d'une loi d'amnistie générale au profit des membres du CNRDRE et leurs associés. Ce passage est une nouvelle illustration suffisante de la relation conflictuelle entre l'accord-cadre et la constitution malienne dans laquelle celle-ci ne prime pas.

La constitution malienne précise en son article 121 alinéa 1er que le fondement de tout pouvoir en République du Mali réside dans la constitution. Or, nous pourrions nous trouver ici dans une situation où trois textes inconciliables « cohabitent » suite au coup d'État du Mali de 2012 : premièrement la constitution malienne de 1992 ; deuxièmement les textes du droit communautaire contre les changements anticonstitutionnels de pouvoir, et troisièmement l'accord-cadre de mise en œuvre de l'engagement solennel du 1er avril 2012. En termes de hiérarchie des normes, il ne semble pas y avoir néanmoins de difficultés de cohabitation puisque l'accord-cadre s'est imposé aux droits interne et communautaire. On a assisté à un bouleversement de la pyramide juridique. Pour le dire autrement, on a assisté à un renversement du sens de la roue[1172].

[1171] Le concept de Premier ministre doté des « *pleins pouvoirs* » a été introduit dans le droit constitutionnel malien par l'accord-cadre de mise en œuvre de l'engagement solennel du 1er avril 2012.

[1172] M. DJEDRO, *Système politique ivoirien*, p.703 cité par P. MAMBO, *Les rapports entre les constitutions et les accords politiques dans les États africains : réflexion sur la légalité constitutionnelle en période de crise*, op. cit. p.928

On a également pu observer la négation ou la remise en cause du primat de l'ordonnancement juridique sur l'ordonnancement politique[1173]. L'accord-cadre avait bouleversé complètement l'ordre institutionnel interne du Mali, avec, comme nous l'avons vu, un Premier ministre doté des pleins pouvoirs[1174], mais aussi un gouvernement d'union nationale[1175] et l'établissement d'une période de transition.

L'accord-cadre de mise en œuvre de l'engagement du 1er avril 2012 supplante aussi le droit communautaire.

À cet effet, on remarque un couronnement des normes politiques et la dévalorisation de la constitution, alors même que les accords renferment généralement des dispositions inconstitutionnelles. L'internationalisation de la signature de l'accord politique favorise son primat sur la constitution[1176]. Ce constat est d'autant plus vrai que son élaboration et la signature de l'accord-cadre ont été faits sous l'égide de la CEDEAO, ce qui explique mieux, dès lors, sa suprématie aussi bien sur le droit interne que sur le droit communautaire.

D'une manière générale, cet accord a déstabilisé les institutions maliennes notamment le gouvernement et le Président de la République par intérim. Le fait de doter le Premier ministre des « *pleins pouvoirs* » au-dessus du Président de la République par intérim contrairement à la constitution malienne[1177] a créé un bicéphalisme au sommet de l'État malien. Il a instauré une concurrence entre le Premier ministre doté de « *pleins pouvoirs* » et le Président de la République par intérim. Le Premier ministre n'était plus un exécutant, mais le décideur.

[1173] P. MAMBO, *Les rapports entre les constitutions et les accords politiques dans les États africains : réflexion sur la légalité constitutionnelle en période de crise*, op. cit., p. 921-952, p.928

[1174] Article 6 paragraphe a) de l'accord-cadre de mise en œuvre de l'engagement solennel du 1er avril 2012.

[1175] Ibid. paragraphe b)

[1176] R. MONACO, *Le caractère constitutionnel des actes institutifs des organisations internationales*, in Mélanges offerts à Charles ROUSSEAU, *La communauté internationale*, Paris, A Pedone, 1974, p.154.

[1177] Voir article 25 de la constitution du Mali de 1992.

Les rapports entre le Premier ministre et le Président de la République par intérim sont passés du duo au duel, de la collaboration à la compétition[1178], aboutissant ainsi à une insoumission du chef du gouvernement au Président de la République par intérim. Cela a créé les conditions pour qu'une crise politique et institutionnelle éclate au sommet de l'État. Les militaires avaient là encore saisi l'occasion, pour contraindre le Premier ministre à la démission.

Il nous faut maintenant démontrer les contradictions entre l'accord de sortie de crise proposé par la médiation de la CEDEAO lors de la gestion du coup d'État de l'automne 2015 au Burkina Faso.

B. La supplantation de la constitution du Burkina de 1992 modifiée par le projet d'accord de sortie de crise

Dans un communiqué du 17 septembre 2015, le Groupe International de Soutien et d'Accompagnement de la Transition au Burkina Faso (GISAT-BF) a condamné le coup d'État militaire. Il a rejeté l'interruption du processus démocratique et exigé la libération des otages[1179]. Tout en réaffirmant son soutien aux autorités de la transition, le GISAT-BF a conclu son communiqué en mettant en garde les auteurs du coup d'État militaire : ces derniers seront tenus responsables de leurs actes et de toutes les conséquences de ce coup d'État militaire[1180].

Suite au coup d'État militaire du 16 septembre 2015, l'équipe de médiation de la CEDEAO conduite par le président de la conférence des chefs d'États et de Gouvernements, le président sénégalais Macky SALL a présenté un « *projet d'accord politique de sortie de crise* »[1181].

[1178] P. MAMBO, *Les rapports entre les constitutions et les accords politiques dans les États africains : réflexion sur la légalité constitutionnelle en période de crise*, op. cit., p. 921-952, p.940.

[1179] Voir communiqué de presse conjoint du Groupe International de Soutien et d'Accompagnement à la Transition au Burkina Faso (GISAT-BF), publié 18/09/2015 www.ecowas.int, consulté le 01/02/2018.

[1180] Ibid.

[1181] G. THIBAUT, *Au Burkina Faso, un « projet d'accord de sortie de crise »,* article du 20 septembre 2015 www.rfi.fr consulté le 24/01/2018.

C'est dans ce cadre qu'elle a présenté le 20 septembre 2015 ce document aux différents acteurs. Ce « *projet d'accord politique de sortie de crise* » s'articulait autour de douze points, notamment la restauration des institutions de la transition, l'acceptation de la transition et une loi d'amnistie sur les évènements consécutifs au coup d'État, etc. Il devait être présenté à une session extraordinaire de la conférence des chefs d'État et de gouvernement de l'organisation pour être imposable aux parties[1182]. Aussitôt présenté, il a divisé les Burkinabés[1183]. D'un côté, les partisans du coup d'État se réjouissaient du projet d'accord politique[1184]. De leur côté, les opposants ont quant à eux catégoriquement rejeté celui-ci. Le constitutionnaliste burkinabé Luc Marius IBRIGA considère que *« le projet d'accord politique de sortie de crise »* [1185] était en contradiction avec la constitution du Burkina Faso. Selon lui, certaines dispositions de ce projet, en plus d'être en contradiction avec la constitution, mettent le Burkina Faso sous tutelle. Il illustre ses propos en indiquant que ce texte demande au Conseil constitutionnel de rendre éligibles les personnes qu'il avait déclarées non éligibles alors que la constitution dit que les décisions de cette institution s'imposent à tous[1186].

Il s'offusque aussi lorsque ce projet de texte limite les prérogatives du Conseil National de Transition (CNT)[1187]. Luc Marius IBRIGA pose enfin des questions qui nous ont particulièrement intéressé : « Comment veut-on que la plus haute instance du Burkina Faso en matière juridictionnelle puisse se dédire et rendre éligibles des personnes qu'elle a déclarées inéligibles ? Comment peut-on dire qu'on restaure les institutions de la transition, mais qu'on limite les prérogatives du CNT, ce que ne fait pas la Constitution ? C'est une remise en cause »[1188].

[1182] Ibid.

[1183] Y. BOUDANI, *Burkina Faso, « le projet d'accord politique » divise le pays*, article du 21 septembre 2015 www.rfi.fr

[1184] Il s'agit notamment du CDP, le parti de l'ex-président Blaise Compaoré et du camp des putschistes, consulté le 8 février 2016.

[1185] L. M. IBRIGA interview accordée à Yaya BOUDANI, *Burkina Faso, « le projet d'accord politique » divise le pays*, article du 21 septembre 2015 www.rfi.fr consulté le 8 février 2016.

[1186] Ibid.

[1187] Ibid.

[1188] Ibid.

Le projet d'accord supplantait incontestablement la constitution de ce pays. Celle-ci devrait être reléguée au second plan au profit de cet accord. Le projet d'accord devrait redistribuer le rôle des organes de la transition. Il limitait les compétences de certaines institutions. Plus grave, il instituait l'impunité d'un groupe de personnes, les auteurs du coup d'État et leurs alliés. Or la constitution a vocation dans un État à régir sans concurrence avec un autre texte, le fonctionnement des institutions de l'État et à garantir les droits et les libertés de la personne.

1. Ce que disait la constitution du Burkina en cas de vacance de pouvoir.

Selon la constitution du Burkina Faso du 2 juin 1991 modifiée, si le Président de la République pour quelque cause que ce soit, est empêché d'exercer ses fonctions ou en cas de vacance de pouvoir de façon absolue ou définitive constatée par le Conseil constitutionnel, les fonctions de président sont assurées par le Président du Sénat[1189]. Le Conseil constitutionnel doit être saisi par le Premier ministre pour constater la vacance de pouvoir. Le président du sénat a 60 jours au moins et 90 jours au plus pour organiser de nouvelles élections présidentielles auxquelles il ne pourra pas lui-même se porter candidat. Toutefois, rappelons-le, le Burkina Faso était dans une situation « exceptionnelle » puisque le pays était dirigé par un gouvernement de transition mis en place de façon consensuelle après la révolution de l'automne 2014 qui avait abouti à la renonciation au pouvoir de Blaise Compaoré.

2. Des solutions doctrinales de la transition à la supplantation de celle-ci par le projet d'accord de sortie de crise

Le 17 novembre 2014, suite à la renonciation au pouvoir de Blaise COMPAORE, un collège composé des représentants de la société, des

[1189] Article 43 de la constitution du Burkina Faso du 2 juin 1991, modifié par la loi 033-2012/AN du 11 juin 2012 et promulgué par le décret 2012-616/PRES du 20 juillet 2012.

militaires a désigné Michel KAFANDO comme président pour assurer la transition[1190].

Lorsque ces autorités de transition ont été renversées par ce coup d'État, la CEDEAO a refusé d'imposer des sanctions contre le pays et le groupe de militaires, auteurs du coup d'État. Elle s'est contentée d'une médiation dont les conclusions ont été rejetées par une large partie de la population et des acteurs politiques du pays. Les accords politiques de gestion d'un coup d'État font généralement l'objet de contestations dans les rues. Ils sont aussi l'objet de théories doctrinales.

En effet, deux doctrines s'opposent sur la nature constitutionnelle des accords politiques[1191]. La première souligne que les accords politiques constituent des conventions de constitution ou des coutumes constitutionnelles. Quant à la seconde, elle rejette catégoriquement cette thèse[1192]. Parmi les auteurs de cette dernière doctrine, le juriste béninois Joël AIVO s'appuie sur la définition de la coutume constitutionnelle[1193] pour s'opposer à cette nature de coutume constitutionnelle.

Pour la première doctrine, Adama KOPDAR observe que le recours aux accords politiques dans la gestion des crises politiques traduit la perte de majesté de la constitution[1194]. Il ajoute avec raison que les accords

---

1190 France tv info avec AFP « *Burkina Faso : le diplomate Michel KAFANDO désigné président de transition* », www.francetvinfo.fr article du 17 novembre 2014, consulté le 14 mars 2016.

1191 J. F. AKANDJI-KOMBE, *Contrôle de constitutionnalité et actes politiques de règlement des crises institutionnelles*, op. cit., p.10

1192 Ibid.

1193 « *En droit constitutionnel, comme d'ailleurs dans les autres branches du droit, on parle de coutume lorsqu'une pratique a été répétée pendant une assez longue durée et assortie de l'opinio juris, c'est-à-dire du sentiment d'être obligé par une convention. Quant aux conventions de la coutume, elles sont définies, stricto sensu, comme une révision politique de la constitution ou tout le moins une interprétation plus ou moins laxiste qui s'impose grâce à l'accord des acteurs politiques comme une norme obligatoire tant que le consensus persiste ou qu'une révision juridique expresse ne s'y est pas substituée* » J. Aïvo, *La crise de la normativité de la Constitution en Afrique*, Revue du droit public, janvier 2012 n°1, p.141 et s. cité par ibid. p.12.

1194 A. KPODAR, *Un demi-siècle du constitutionnel en Afrique noire francophone*, op. cit., p.19

politiques viennent concurrencer la constitution dans le fonctionnement des institutions constitutionnelles, et ce, en contradiction avec la conception normative de la constitution[1195].

Jean-François AKANDJI-KOMBE soutient la possibilité de soumettre les accords politiques au contrôle de constitutionnalité du juge au même titre que tout acte juridique dans un État de droit[1196].

La démarche paraît logique dans le souci du respect de la démocratie et de l'État de droit, dès lors que l'on convient que les accords politiques sont indubitablement des actes juridiques[1197]. Toutefois, il reste à savoir si la démarche est d'une part réalisable et d'autre part, ce que serait l'attitude du juge constitutionnel face à ces textes controversés. L'exercice étant délicat et périlleux, nous convenons avec lui qu'il convient de rechercher dans un délai raisonnable, l'éradication pure et simple des accords politiques du paysage constitutionnel[1198] ouest-africain dans la gestion du changement anticonstitutionnel de pouvoir. Il convient à présent de rechercher les rapports de ces accords avec le droit international.

Paragraphe 2 : Les rapports entre accords politiques et droit international

Pour plus de clarté dans nos propos, notre analyse sera centrée sur des cas d'exemples concrets. L'accord politique de gestion des changements anticonstitutionnels de pouvoir nécessite une analyse sur sa nature juridique au regard du droit international de façon générale et du droit communautaire singulièrement. Est-il un traité au sens du droit international ? Est-il un engagement international au sens du droit interne ? Telles sont les interrogations que l'on peut se poser au-delà même de sa signature.

1195 Ibid.

1196 J. F. AKANDJI-KOMBE, *Contrôle de constitutionnalité et actes politiques de règlement des crises institutionnelles*, op, cit., p.10

p.14

1197 Ibid.

1198 Ibid. p.17.

A. Les incompatibilités entre accords politiques et droit international

Il est dangereux d'accorder le statut de sujet de droit international aux groupes armés dans la gestion d'un conflit interne. Cela aboutirait implicitement à une reconnaissance de leur légitimité et légaliserait leur condition[1199]. En outre, les groupes armés n'ont pas le « Treaty-making power » c'est-à-dire le droit de signer des traités internationaux. Les autorités de fait dans la gestion d'un changement anticonstitutionnel de pouvoir disposent d'une présomption de la faculté de pouvoir signer des accords internationaux. Dans la gestion d'une crise politique et sécuritaire, l'accord politique est difficile à « internationaliser », même en la présence de sujets de droit international. L'accord politique qui suit un coup d'État résulte d'une volonté unilatérale d'un acteur qui dispose, ex post, de la capacité à signer les traités. Il ne peut donc pas constituer un acte du droit international au sens strict du terme. Les autorités de fait, même investies d'une capacité à conclure des traités internationaux, n'engagent pas l'État en l'espèce. En revanche, l'inexécution de leurs engagements peut conduire à des sanctions ciblées contre ces autorités, mais aussi contre l'État concerné. Une telle situation constitue une exception au principe du droit, la nature de l'acte épouse forcément son auteur[1200]. En l'espèce, la nature de l'acte n'épouse pas son auteur.

1. Distinction accord politique et norme du droit international

La norme internationale résulte de la rencontre de deux ou plusieurs volontés des acteurs du droit international. Elle produit des effets sur l'ensemble des parties. L'accord politique dans la gestion du changement anticonstitutionnel de pouvoir résulte de la volonté unilatérale d'une seule partie.

Il ne semble pas aussi convenable de qualifier ces accords politiques, d'acte unilatéral proprement dit. L'acte unilatéral, de façon générale, résulte de la volonté unique d'une seule partie. Or, ce n'est pas le cas

---

[1199] Ibid., p.8
[1200] Ibid.

de l'accord politique dans la gestion du coup d'État qui résulte d'un accord de volonté des autorités de fait de l'État avec la CEDEAO. Il faut souligner ici que la CEDEAO n'est pas réellement partie dans cet accord. Elle n'est qu'une simple caution morale garantissant l'exécution correcte de l'acte unilatéral de volonté des autorités de fait de l'État concerné. Toutefois, sa présence suffit pour soustraire la nature d'acte unilatéral aux accords politiques et aussi la qualité des autorités de fait.

En effet, l'accord politique qui suit un coup d'État ne résulte pas de la volonté d'acteurs du droit international. Paradoxalement, il est régi par celui-ci. Paradoxalement encore, un coup d'État ne constitue pas une crise internationale au sens juridique du terme. Bien que la gestion du coup d'État fasse appel à plusieurs sujets du droit international, cela ne semble pas véritablement suffire pour internationaliser la crise.

Dès lors que la crise n'entre pas dans les critères d'internationalisation, on ne saurait invoquer une application du droit international aux accords politiques de gestion du coup d'État. D'un autre côté, les organes internes signataires des accords politiques qui suivent un coup d'État ne disposent pas de la capacité à signer des traités internationaux. En effet, toutes les constitutions[1201] des États membres de la CEDEAO contiennent des dispositions qui déterminent avec précision qui est habilité, en droit, à signer les traités internationaux[1202]. Toutefois, les solutions varient à plusieurs égards[1203]. Elles déterminent d'une part, les conditions de réception des engagements internationaux dans le droit interne, et d'autre part, les accords investis du « *self executing* »[1204] c'est-à-dire les accords d'application immédiate qui ne requièrent pas

[1201] European Commission for democracy through law (Venice Commission), CDL-STD (1993)006 Or.FR, Strasbourg 1993, p.3

[1202] À titre illustratif, la Constitution malienne de février 2012 précise en son article 114 que le Président de la République négocie et ratifie les traités. Il doit être informé de toutes négociations tendant à la conclusion d'un accord international non soumis à ratification. L'article 137 de la Constitution togolaise de 1992 modifiée précise que le Président de la République négocie et ratifie les traités et accords internationaux.

[1203] European Commission for democracy through law (Venise Commission), CDL-STD(1993)006 Or.FR, Strasbourg 1993, p.3

[1204] Les actes du droit communautaire dérivé sont par exemple, d'application immédiate.

une approbation du parlement. Il convient de rappeler une jurisprudence importante à ce propos.

2. *La jurisprudence du TSSL (Tribunal Spécial pour la Sierra Leone)*

L'accord politique signé à Lomé au Togo entre le gouvernement sierra-léonais, les groupes armés rebelles, l'ONU et des tiers, accordait une amnistie absolue et générale à tous les ex-combattants des groupes armés, ce qui a été dénoncé par le représentant spécial du secrétaire général des Nations-Unies au motif que l'amnistie générale et le pardon libre et sans condition ne pouvaient pas s'appliquer aux crimes de génocide, aux crimes contre l'humanité, aux crimes de guerre et aux violations graves du droit international humanitaire[1205].

Cet accord est entré frontalement en conflit avec les statuts du Tribunal Spécial pour la Sierra Leone, acte du droit international notamment sur les points susvisés. Les statuts du Tribunal Spécial pour la Sierra Leone, listaient dans ses articles 2 à 4, les crimes tombants dans la compétence dudit Tribunal et dont aucune amnistie ne saurait faire obstacle à la poursuite des présumés auteurs de ces crimes. L'accord politique de Lomé était ainsi donc en contradiction avec le droit international. Les juges de la chambre d'appel du TSSL ont fait primer le droit international sur l'accord de paix.

En effet, le droit international explique dans la Convention de Vienne de 1969 sur le droit des Traités : « *L'expression traité s'entend d'un accord international conclu par écrit entre États et régi par le droit international, qu'il soit consigné dans un instrument unique ou dans deux ou plusieurs instruments connexes, et quelle que soit sa dénomination particulière...* »[1206].

[1205] Voir M. ADUNEGA, *Le Tribunal spécial pour la Sierra Leone et ses effets sur l'accord d'amnistie de Lomé*, CAIRN info, Mouvement 2008/1 (53), p.196, La découverte « Mouvement », p.125-130. ISS 1291-6412 ISBN 9782707154514, mars-mai 2008.

[1206] Article 2 paragraphe 1 a) de la Convention de Vienne sur le droit des traités.

Cependant, la même Convention précise : « *Le fait que la présente Convention ne s'applique ni aux accords internationaux conclus entre des États et d'autres sujets du droit international ou entre ces autres sujets du droit international ni aux accords internationaux qui n'ont pas été conclus par écrit, ne porte pas atteinte à la nature juridique de ces accords, à l'application à ces accords de toutes règles énoncées dans la présente Convention auxquelles ils seraient soumis en vertu du droit international indépendamment de ladite Convention. Et à l'application de la Convention aux relations entre États régies par des accords internationaux auxquels sont également parties d'autres sujets du droit international* ». De manière générale, en droit international public, la détermination du régime juridique applicable à un accord s'apprécie en prenant en compte la qualité des parties signataires.

Les États et les organisations internationales sont les sujets du droit international public dont les engagements internationaux sont soumis au régime juridique du droit international public prévu par la Convention de Vienne sur le droit des traités. La CEDEAO est une organisation internationale au sens du droit international. Quant aux États membres, il n'y a point de doute sur leur qualité de sujet du droit international. La CEDEAO peut conclure des accords de coopération avec d'autres organisations internationales ou avec des États tiers conformément au traité révisé de 1993[1207].

Les accords politiques dans la gestion d'un changement anticonstitutionnel de pouvoir ne lient pas l'État membre concerné et la CEDEAO, mais celle-ci et les autorités de fait de ce pays comme le précisent d'ailleurs les accords dans le préambule de mise en œuvre de l'engagement solennel du 1er avril 2012 entre les parties signataires. Dans cet accord, le CNRDRE n'a pas agi au nom de l'État malien[1208]. Au regard de ces constats, les accords politiques dans la gestion du changement anticonstitutionnel de pouvoir ne constituent pas des actes du droit international. Ils ne sont donc pas soumis au régime juridique du droit international public. Toutefois, leur inexécution peut aboutir à l'établissement de sanctions contre l'État concerné. Alors qu'ils ont

---

1207 Article 83 et 84 du traité révisé de 1993 de la CEDEAO

1208 Voir à ce propos, l'accord-cadre de mise en œuvre de l'engagement solennel du 1er avril 2012.

également des rapports conflictuels avec le droit communautaire de la CEDEAO.

B. Les rapports conflictuels entre accords politiques et droit communautaire de la CEDEAO

Les accords politiques ont très généralement des rapports conflictuels avec le droit communautaire de la CEDEAO. L'organisation privilégie la médiation et la diplomatie préventive dans la gestion des crises. La signature de l'accord-cadre de mise en œuvre de l'engagement solennel du 1er avril 2012, sous l'égide de la médiation du président du Burkina Faso Blaise Comparé, soulève des interrogations sur sa légitimité juridique au regard du droit communautaire (originaire et dérivé).

Lors de sa session extraordinaire tenue à Abidjan en Côte d'Ivoire le 27 mars 2012, la conférence des chefs d'État et de gouvernement avait désigné Blaise Compaoré, médiateur de la CEDEAO dans la crise malienne.

Pour cela, il avait pour mission d'engager un dialogue fructueux avec toutes les parties prenantes dans la crise malienne aux fins de restaurer la paix dans ce pays. Son mandat se limitait juridiquement à engager un dialogue entre les parties en vue de la restauration de la paix. En tout cas, c'est le mandat qu'il avait reçu explicitement de la conférence des chefs d'États et de Gouvernements. En engageant l'organisation dans un accord politique avec les autorités de fait du Mali, la médiation du président Blaise Compaoré est allée au-delà de ses attributions.

En outre, lorsqu'un coup d'État a lieu dans un État membre, la CEDEAO ne devrait en application du droit communautaire que mettre en place des sanctions coercitives impliquant l'emploi de la force militaire conformément au protocole relatif aux mécanismes de prévention, de gestion, de règlement des conflits, de maintien de la paix et de la sécurité et l'Acte additionnel A/SA/13/02/12 portant régimes de sanctions à l'encontre des États membres qui n'honorent pas leurs engagements vis-à-vis de la CEDEAO, ou adopter des sanctions coercitives n'impliquant pas ceci en application de l'article 45 du protocole additionnel sur la démocratie et la bonne gouvernance et l'Acte additionnel A/SA/13/02/12 portant régime de sanctions à l'encontre des États membres qui n'honorent pas leurs engagements vis-à-vis de la CEDEAO. Le droit communautaire ne prévoit pas le recours aux accords politiques dans la gestion du changement anticonstitutionnel de pouvoir.

1. Un cadre juridique flou de l'accord politique de gestion du changement anticonstitutionnel de pouvoir

Du point de vue du droit communautaire, les accords politiques dans la gestion du changement anticonstitutionnel de pouvoir interviennent dans un cadre juridique très flou. Ils paraissent même contradictoires avec le droit communautaire en reniant les principes démocratiques et le respect des droits de l'homme et des libertés tels que prônés par l'organisation dans le droit communautaire. Lors des changements anticonstitutionnels de pouvoir, les médiations travaillent nécessairement en tenant compte des rapports de forces en présence. Par exemple, dans l'article 1er de l'accord-cadre de mise en œuvre de l'engagement solennel du 1er avril 2012, les deux parties ont convenu que le président démocratiquement élu démissionne officiellement de ces fonctions. Cette disposition semble une exigence des autorités de fait c'est-à-dire les militaires. À travers les accords politiques, la CEDEAO reconnaît implicitement les autorités de fait issues du coup d'État. À titre illustratif, l'organisation constate l'autorité de facto de la CNRDRE au Mali après le coup d'État de mars 2012, lors de la session extraordinaire de la conférence des chefs d'États et de Gouvernements, tenue le 26 avril 2012 à Abidjan en Côte d'Ivoire[1209]. Ce fait est d'autant plus surprenant, que la même organisation reniait toute légitimité au CNRDRE dans le communiqué final de la session extraordinaire de la conférence des chefs d'État et de gouvernement du 27 mars 2012. Il s'agit maintenant de voir un autre point concret où une décision d'un organe de la CEDEAO (en l'occurrence, une mission de médiation) a pu être en contradiction avec le droit communautaire de la sous-région.

[1209] Voir le paragraphe 9 du communiqué final de la session extraordinaire de la conférence des chefs d'État et de gouvernement du 26 avril 2012.

2. *L'imbroglio entre la médiation et la conférence des chefs d'États et de Gouvernements lors de la gestion du coup d'État au Mali*

Dans l'accord politique signé le 20 mai 2012 entre le gouvernement malien et l'équipe de médiation de la CEDEAO menée par Blaise COMPAORE, les deux parties ont convenu d'accorder le statut d'ancien chef d'État au capitaine Amadou Aya SANOGO, chef de file du groupe de militaires responsables du coup d'État du 22 mars 2012[1210].

Lors de sa session ordinaire de la conférence des chefs d'État et de gouvernement, tenue les 28 et 29 juin 2012 à Yamoussoukro en Côte d'Ivoire, les chefs d'État et de gouvernement ont catégoriquement rejeté cette décision des plus hautes autorités maliennes, adoptée en application d'un accord conclu entre le gouvernement malien et l'équipe de médiation de la CEDEAO[1211]. En dépit de cette décision de la CEDEAO, par la décision N° 035 du 22 octobre 2013, le cabinet du Président de la République du Mali accordait les avantages et privilèges d'anciens chef d'État au capitaine Amadou Aya SANOGO[1212]. Toutefois, reconnaissons à ces accords politiques, le mérite d'être des actes alternatifs, permettant le retour rapide à l'ordre constitutionnel.

3. *Le mérite du retour rapide à l'ordre constitutionnel*

L'implication de la CEDEAO contre le coup d'État militaire du 22 mars 2012 a incontestablement permis le retrait des militaires au pouvoir et le retour rapide à l'ordre constitutionnel dans ce pays. En deux semaines

---

[1210] *Mali : la période la transition fixée à un an*, article du 21 mai 2012, www.rfi.fr consulté le 07/03/2019

[1211] Voir à ce propos, le paragraphe 20 du communiqué final de la 41e session ordinaire de la conférence des chefs d'État et de gouvernement tenue les 28 et 29 juin 2012 à Yamoussoukro en Côte d'Ivoire.

[1212] Voir à ce propos, B. S. DIARRA, « *À propos du statut d'ancien président du général Sanogo : Les contre-vérités de M. Mamadou CAMARA, directeur de cabinet du président de la République* », article du 12 novembre 2013, www.maliweb.net
consulté le 08/03/2019

d'intenses médiations, la CEDEAO a obtenu le retrait des militaires du pouvoir. Elle a obtenu le retour à l'ordre constitutionnel à la faveur de la signature de cet accord politique très controversé. Si une bonne partie des sanctions que la session extraordinaire de la conférence des chefs d'État et de gouvernement, adoptées le 27 mars 2012 à Abidjan étaient juridiquement légitimes, force est de constater que d'autres étaient juridiquement contestables au regard du droit communautaire. En effet, au cours de cette session extraordinaire de la conférence, les chefs d'État et de gouvernement ont invité tous les États membres à imposer une interdiction de voyage ainsi qu'un embargo diplomatique et financier à l'ensemble des membres du CNRDRE et leurs proches collaborateurs.

Ils ont salué la décision de l'UE (Union Européenne) et des autres partenaires du Mali de suspendre l'aide au Mali. Ils ont, par la même occasion, demandé aux autres partenaires du Mali qui ne l'avaient pas encore fait, de prendre des mesures similaires à celles de l'UE. Ces dernières sanctions et ces appels aux sanctions relevaient en réalité de l'arbitraire, ainsi que nous l'avons fort bien évoqué un peu plus haut dans nos développements. Elles mettent en lumière la dépendance de la CEDEAO, dans la gestion des coups d'État, à d'autres organisations internationales et à des États tiers. Elles prouvent également l'impuissance de la CEDEAO contre les coups d'État. En effet, contre un coup d'État, la CEDEAO devrait se conformer juridiquement aux dispositions de l'article 45 du protocole additionnel sur la démocratie et la bonne gouvernance, les dispositions du protocole relatif aux mécanismes de prévention, de gestion, de règlement des conflits, de maintien de la paix et de la sécurité et celles de l'Acte additionnel A/SA/13/02/12 portant régimes de sanctions à l'encontre de membres qui n'honorent pas leurs engagements vis-à-vis de la CEDEAO. En dehors de ces textes, la mesure devient contestable au regard du droit communautaire et du droit interne de l'État membre concerné. Les juges communautaires veillent à la conformité des décisions des institutions et des organes de l'organisation, aux instruments juridiques communautaires. Encore faudrait-il qu'ils soient saisis pour le faire. L'auto-saisine n'étant pas prévue par le droit communautaire.
En supplantant la constitution, en passant pour des actes du droit international, les accords politiques doivent trouver une place dans le droit interne.

Section 2 : La place des accords politiques dans le droit interne des États

Le recours de la CEDEAO aux accords politiques dans la gestion du changement anticonstitutionnel de pouvoir exige que l'on fasse une analyse juridique rigoureuse et exigeante sur la place de ceux-ci dans le droit interne des États. Pour ce faire, nous examinerons ceux-ci à partir de l'exemple concret du coup d'État de mars 2012 au Mali, le dernier coup d'État en date d'aujourd'hui que l'organisation a réglé avec un accord politique (l'accord-cadre de mise en œuvre de l'engagement solennel du 1er avril 2012). C'est pourquoi nous nous référons de façon insistance à celui-ci dans nos développements.

Nous analyserons d'une part, la jurisprudence du juge constitutionnel malien, organe régulateur du fonctionnement des institutions et de l'activité des pouvoirs publics, organe chargé du contrôle de constitutionnalité des lois, et aussi, garant des droits fondamentaux et des libertés[1213]. Les juges constitutionnels semblent impuissants face aux accords politiques (paragraphe 1).

En l'état actuel des choses, la Cour Constitutionnelle malienne est la seule institution de ce degré au niveau national, compétente pour élaborer une jurisprudence sur ces arrangements politiques. Dans un deuxième temps, nous examinerons au regard de cette jurisprudence, l'attitude du législateur lorsqu'il légifère et contrôle l'activité du gouvernement (paragraphe2).

Paragraphe 1 : L'impuissance du juge constitutionnel face aux accords politiques ?

La jurisprudence se définit comme l'ensemble des solutions apportées par les décisions de justice dans l'application du droit, dans l'interprétation de la loi quand celle-ci n'est pas précise ou même la

---

[1213] Article 85 de la Constitution du Mali de 1992.

création du droit quand il s'agit de compléter la loi, suppléer une règle de droit lorsque celle-ci fait défaut[1214].

Quant à la constitution, dans un sens formel, elle est la proclamation de principes liés au fonctionnement des institutions et à la proclamation des libertés dans un document adopté et révisé dans des procédures solennelles[1215]. Nous l'avons fort bien souligné dans la première partie de nos travaux. Il ressort de cette définition, la spécificité et la particularité de l'adoption et de la révision de la constitution. On peut en déduire que la jurisprudence constitutionnelle comprend l'ensemble des solutions apportées par le juge constitutionnel dans l'application de la constitution, c'est-à-dire dans son interprétation lorsque celle-ci n'est pas bien précise ou même la création de règles constitutionnelles lorsqu'il s'agit de compléter la constitution ou la suppléer lorsque celle-ci fait défaut. La jurisprudence constitutionnelle fait corps avec la constitution en vertu de la force des décisions du juge constitutionnel. Nous avons expliqué également la place des accords politiques dans l'ordre juridique interne en ce qui concerne ses effets. Autrement dit, que les accords politiques produisaient des effets d'une constitution. À ce titre, nous expliquons que les accords politiques neutralisaient certaines dispositions de la constitution et s'érigeaient ainsi comme une norme constitutionnelle de circonstance.

Il importe donc de s'interroger sur le rôle des militaires dans la rédaction de ce texte qui s'impose à la constitution. Le coup d'État est l'œuvre des militaires. Dans la gestion de celui-ci, la médiation de la CEDEAO négocie directement avec les militaires. Ils négocient sur des questions politiques juridicisées relevant du domaine du droit constitutionnel et du droit pénal. Or, la technicité et la sacralisation de la constitution dépassent largement le bagage théorique du militaire ayant pris les armes contre les institutions de l'État. Lors des négociations des accords politiques, le respect de l'État de droit, les droits de l'homme ne sont jamais la priorité des militaires. Cela dit, voyons comment le juge constitutionnel malien s'est comporté face à l'accord politique de gestion du coup d'État du 22 mars 2012.

[1214] G. CORNU, *Vocabulaire juridique*, op. cit., pp.591 et ss.
[1215] A. KPODAR, *bilan sur un demi-siècle du constitutionnalisme en Afrique noire francophone*, op. cit., pp. 14 et s.

En effet, l'attitude du juge constitutionnel malien à l'égard de l'accord-cadre de mise en œuvre de l'engagement solennel du 1er avril 2012 est plus qu'étonnante. Dans son arrêt N° 2012/CC/VACANCE du 10 avril 2012 constatant la vacance de pouvoir, il s'est référé directement à cet accord politique signé entre les autorités de fait et la CEDEAO. D'une façon très pragmatique, au mépris du serment qu'il a fait en entrant en fonction[1216], en « oubliant » la constitution, comme si cet accord était un texte juridique supra législatif. Le juge constitutionnel a fondé son arrêt sur cet accord politique et ordonné sa notification au président du CNRDRE[1217] organe créé par cet accord politique. Il prend donc une décision sur un texte qui n'a pas de reconnaissance juridique validée par les législateurs maliens ou par la constitution et dont une partie du contenu va à l'encontre du texte constitutionnel du pays.

A. L'intégration de l'accord politique dans le bloc de constitutionnalité

En droit, on entend par bloc de constitutionnalité, l'ensemble des normes et des principes auxquels, les lois, les règlements des assemblées et les traités doivent être conformes avant leur mise en application et dont le juge constitutionnel est garant du respect. Autrement dit, c'est l'ensemble des normes et des principes sur lesquels le juge constitutionnel s'appuie pour exercer son contrôle de constitutionnalité[1218]. Le législateur est lié au respect du bloc de constitutionnalité défini par le juge constitutionnel. Il comprend la constitution elle-même (préambules et dispositions de la constitution), tout autre texte auquel le constituant a explicitement choisi de conférer

[1216] En application de l'article 93 de la Constitution malienne, les membres de la Cour Constitutionnelle prêtent serment au cours d'une cérémonie solennelle présidée par le Président de la République, devant la Cour suprême et l'Assemblée Nationale : *« Je jure de remplir consciencieusement les devoirs de ma charge, dans le strict respect des obligations de neutralité et de réserve, et de me conduire en digne et loyal magistrat »*.

[1217] Voir article 6 de l'arrêt N°2012/CC/VACANCE du 10 avril 2012 publié au journal officiel N°15 du 13 avril 2012, cinquante-troisièmes années. P. 583-585.

[1218] Voir à ce propos, B. CHANTEBOUT, *Droit constitutionnel*, op. cit., p.591.

une valeur constitutionnelle et les textes et principes auxquels le juge constitutionnel a aussi décidé de conférer une valeur constitutionnelle. Bernard CHANTEBOUT observe à cet effet avec raison que le juge constitutionnel est garant de la suprématie du bloc de constitutionnalité. Au regard de la décision du juge constitutionnel malien, l'accord-cadre de mise en œuvre solennelle de l'engagement du 1er avril 2012 ainsi que le CNDRE ont été intégrés dans le bloc de constitutionnalité du Mali. La référence directe du juge constitutionnel à cet accord politique dans son arrêt de constatation de la vacance de pouvoir et sa notification au président du CNDRE constituent son intégration dans le bloc de constitutionnalité malien.

Cette intégration dans le bloc de constitutionnalité du Mali a une portée historique pour le droit constitutionnel ouest-africain de façon générale et sur le droit constitutionnel malien de façon singulière. Les conséquences de cette intégration dans le droit interne malien sont considérables. D'une part, l'accord politique échappe au contrôle de constitutionnalité du juge constitutionnel et d'autre part, le juge constitutionnel lie le parlement malien au respect de ce texte dans l'exercice de son pouvoir législatif, limitant au passage sa liberté législative, et aussi, le pouvoir exécutif, dans l'exercice de son pouvoir réglementaire.

Toutefois, le juge constitutionnel n'a curieusement donné aucune motivation juridique à l'intégration de cet accord politique dans le bloc de constitutionnalité malien. Il n'explique pas non plus le fondement de la légitimité de la notification de sa décision au président du CNRDRE, organe n'ayant aucun fondement constitutionnel. En se référant directement à l'accord-cadre de mise en œuvre de l'engagement solennel du 1er avril 2012 pour rendre sa décision constatant la vacance de pouvoir, le juge constitutionnel malien a violé la constitution et son serment, en accordant une valeur supra-législative à un accord politique, qui comporte au demeurant des contradictions importantes avec la constitution en plusieurs dispositions. En effet, nous avons expliqué un peu haut que certaines dispositions des dispositions de cet accord étaient en contradiction totale avec la constitution malienne de 1992. En choisissant d'intégrer dans le bloc de constitutionnalité des dispositions violant la constitution, le juge constitutionnel a franchi un pas important dans la mise en place d'un droit constitutionnel sous-régional nouveau. Le juge constitutionnel malien pouvait constater la vacance de pouvoir, tout en se conformant aux exigences de la constitution. Il ressort de l'analyse de l'arrêt du 10 avril 2012 que le juge constitutionnel a tenté un exercice difficilement justifiable ou réalisable. Il a tenté à la fois de respecter la constitution et de conférer une valeur juridique à l'accord-cadre et au CNRDRE. Cet exercice surréaliste du juge était quasi impossible et irréalisable. Cela l'a conduit à la violation flagrante de la constitution qu'il avait l'obligation de respecter. Toutefois, on peut se demander si le juge constitutionnel avait d'autres choix au risque de bloquer le processus de retour à l'ordre constitutionnel. Son attitude traduit un contournement du pouvoir constituant.

B. Le contournement du pouvoir constituant

Le pouvoir constituant institué est généralement confié aux organes mis en place par la constitution pour exercer des fonctions permanentes dans la direction des affaires de l'État[1219]. À cet effet, au-delà de leurs fonctions législatives, les parlements auront pouvoir pour réviser la constitution si besoin est[1220], conformément aux prescriptions de celle-ci, dérogeant à la procédure référendaire trop lourde, parfois complexe et trop coûteuse en termes financiers.

La révision de la constitution obéit souvent à une procédure particulière qui lui confère une certaine solennité et garantit les droits de l'homme[1221]. Cependant, la constitution rigide déroge à cette exigence particulière. Elle exige le respect de la procédure prévue pour l'adoption des lois ordinaires.

Quant au juge constitutionnel, en vertu de ses compétences d'interprétation de la Constitution, il peut intégrer des grands principes, des lois dans le bloc de constitutionnalité, ceux relatifs à la protection des droits de l'homme et des libertés, en limitant la liberté législative

[1219] B. CHANTEBOUT, Droit constitutionnel 26e éd., op. cit. p.31.
[1220] Ibid.
[1221] Ibid.

du parlement sur ces questions. Lorsqu'il procède ainsi, il doit en effet justifier les motivations de son choix. L'attitude du juge constitutionnel malien consistant à intégrer explicitement cet accord politique dans le bloc de constitutionnalité pose un autre problème. D'une part, l'intégration de cet accord politique dans le bloc de constitutionnalité a contraint le législateur à se conformer à ses dispositions dans l'exercice de son pouvoir législatif. Elle a contraint les députés à adopter des mesures législatives totalement inconstitutionnelles prévues dans celui-ci, en adoptant une loi portant amnistie au profit des membres du CNRDRE et une autre portant prorogation des mandats des députés.

D'autre part, la mise en œuvre de l'accord-cadre de l'engagement solennel du 1er avril 2012 a abouti à la violation de la constitution et de l'arrêt N° 2012/CC/VACANCE du 10 avril 2012 par le président de la République par intérim[1222], conduisant celui-ci à violer son serment de l'article 37 : *« Je jure devant Dieu et le peuple malien de préserver en toute fidélité le régime républicain, de respecter et de faire respecter la constitution et la loi... »*.

Cette intégration dans le bloc de constitutionnalité a également contraint le Président de la République par intérim, à se soumettre aux exigences de ce texte politique en violation de la constitution en ses dispositions de l'article 29[1223] et de l'article 37[1224] de la Constitution.

1. *Les dispositions constitutionnelles applicables en cas de vacance de pouvoir*

La constitution malienne de 1992 rappelle dans son article 36 al.5 qu'en cas de vacance de pouvoir, il ne peut être fait application de l'article 38 de la constitution aux termes duquel « *Le président de la République nomme le Premier ministre. Il met fin à ses fonctions sur présentation par celui-ci de la démission du gouvernement. Sur proposition du*

[1222] L'article 29 de la Constitution malienne précise que le Président de la République est le gardien de la constitution

[1223] « *... Le président de la République est gardien de la constitution...* »

[1224] Dans son serment avant d'entrer en fonction, le Président de la République prête le serment suivant : *« le jure devant Dieu et le peuple malien... De respecter et de faire respecter la constitution... »*.

Premier ministre, il nomme les autres membres du gouvernement et met fin à leurs fonctions ». Dans son arrêt N° 2012/CC/VACANCE du 10 avril 2012 constatant la vacance de pouvoir et désignant le Président de l'Assemblée Nationale comme Président de la République par intérim, le juge constitutionnel avait ordonné au Président de la République par intérim de se conformer aux dispositions de l'article 38 al.5 de la constitution[1225]. Nonobstant cette disposition constitutionnelle et cette décision du juge constitutionnel, le Président de la République par intérim a aussi violé son serment en nommant par décret N° 193 du 17 avril 2012, Cheick Modibo Diarra comme Premier ministre comme l'exigeait cet accord politique. Par décrets successifs N° 194 du 24 avril 2012 et 461 du 20 août 2012, le Président de la République par intérim a nommé les autres membres du gouvernement alors que la constitution et l'arrêt du 10 avril 2012 de la Cour Constitutionnelle le lui interdisaient. C'est dans ce contexte qu'Oumar Mariko, député à l'Assemblée Nationale et président du parti politique SADI[1226] a saisi la Cour Constitutionnelle le 22 novembre 2012, d'une demande d'avis[1227].

2. *Le rendu du juge constitutionnel*

Le juge constitutionnel malien a déclaré avec raison et conformément à la constitution, irrecevable la demande d'avis du député Oumar MARIKO pour deux raisons. La première réside dans le défaut de qualité du saisissant. La seconde est liée au fait que le juge constitutionnel a jugé qu'aucune disposition constitutionnelle ou légale ne l'autorisait à donner un avis sur la légalité d'un acte réglementaire[1228]. En effet, selon la constitution[1229] et la jurisprudence

---

[1225] Voir l'article 4 de l'arrêt N°2012/CC/VACANCE du 10 avril 2012 publié au journal officiel N°15 du 13 avril 2012, cinquante-troisièmes années. P. 583-585

[1226] Solidarité Africaine pour la Démocratie et l'Indépendance, est un parti politique malien ayant une orientation de la gauche radicale.

[1227] Voir Journal officiel de la République du Mali du 21 décembre 2012, p.2039 et 2040.

[1228] Voir arrêt N°2012-002/CCM du 21 décembre 2012 au Journal officiel de la République du Mali du 21 décembre 2012, p. 2040.

[1229] Voir l'article 88 de la constitution malienne de 1992 qui détermine les autorités et les institutions pouvant saisir le juge constitutionnel : « le président de la République,

constitutionnelle[1230], un député malien n'a pas qualité pour saisir le juge constitutionnel. S'agissant du contrôle des actes réglementaires, il ressort en règle générale de la compétence du juge administratif[1231]. De ce fait, le contrôle des actes réglementaires échappe complètement à la compétence du juge constitutionnel.

Les décisions de la Cour Constitutionnelle s'imposent aux pouvoirs publics, à toutes les autorités administratives et juridictionnelles et à toutes les personnes physiques et morales[1232]. Le juge constitutionnel pouvait également rappeler le caractère contraignant de ses arrêts. Le défaut du demandeur autrement dit l'irrégularité de forme n'a pas permis au juge constitutionnel d'examiner le fond de la demande. En effet, la forme d'une saisine du juge constitutionnel tient le fond. Autrement dit, le juge constitutionnel doit s'assurer de la régularité de sa saisine avant de juger le fond de la requête.

En l'espèce, à l'inverse du juge constitutionnel malien, celui du Niger s'est déclaré compétent pour exercer un contrôle de constitutionnalité sur un acte réglementaire, en censurant un décret du Président de la République. Dans son arrêt N° 04/CC/ME du 12 juillet 2009 la Cour Constitutionnelle du Niger a censuré totalement le décret N° 2009-178/PRN/MI/SP/D du 5 juin 2009 du Président de la République, relatif à la convocation du collège électoral en vue d'un référendum.

L'attitude du juge constitutionnel malien qui a consisté à intégrer cet accord politique dans le bloc de constitutionnalité a été incontestablement une violation de la constitution. Toutefois, il convient de rappeler les limites du droit et du juge qui ne peuvent

---

le Premier ministre, le président de l'Assemblée nationale, un dixième des députés, le président du haut conseil des collectivités territoriales, un dixième des conseillers nationaux, le président de la Cour Suprême.

[1230] Voir les arrêts N°123 du 30 mars 2001, N°125 du 1er octobre 2001, N°126 du 02 octobre 2001 et l'avis N°001 du 20 mai 2011.

[1231] L'article 85 de la Constitution malienne de 1992 précise que la Cour Constitutionnelle est juge du contrôle de constitutionnalité des lois et qu'elle garantit les droits fondamentaux de la personne humaine et les libertés publiques. Elle est l'organe régulateur du fonctionnement des institutions et de l'activité des pouvoirs publics.

[1232] Article 94 al.1er de la constitution du Mali de février 1992.

résoudre tous les conflits lorsqu'ils surgissent dans des situations exceptionnelles de crise politique[1233].

L'intégration de ce texte dans le bloc de constitutionnalité, bien qu'il soit critiquable, a permis incontestablement la survie de la constitution et de la démocratie malienne dans la forme. Les accords politiques mettent également sous curatelle le législateur.

Paragraphe 2 : La mise sous curatelle ou l'impuissance du législateur face aux accords politiques ?

La curatelle, d'une manière générale, s'entend de l'insuffisance d'autonomie d'un sujet de droit, à s'autogérer. Lorsqu'un sujet de droit présente ce manque de faculté, il est mis alors sous la curatelle d'un autre sujet qui agit à sa place et en son nom. À première vue, l'expression peut sembler exagérée, mais elle mérite un examen et semble traduire l'attitude du législateur malien.

En effet, il paraît inconcevable dans le cadre de la théorie constitutionnelle qu'un accord politique puisse influencer la fonction législative même d'un point de vue procédural (et ceci) en dehors des prescriptions constitutionnelles.

L'exercice du pouvoir législatif est régi par des règles de procédures consacrées dans les règlements intérieurs des assemblées parlementaires.

Cette procédure, bien qu'elle ne soit pas standard, doit respecter certains principes directeurs de la démocratie, le respect des droits de tous les parlementaires, la diversité des opinions,[1234] etc. Le principe du

---

[1233] J. DU BOIS DE GAUDUSSON, *L'argument constitutionnel dans les médiations* in J. P. VETTOVAGLIA (prés.), J.D. B. DE GAUDUSSON, C. DESOUCHES, J. MAILA, H. SADA et A. SALIFOU, *Médiation et facilitation dans l'espace francophone : théorie et pratique*, Volume 1, Bruylant 2010, p.694.

[1234] Voir à ce propos, P. LAUNDY, *Les parlements dans le monde contemporain, mode d'élection fonctionnement structures*. Ed. Payot Lausanne 1989, p.89.

respect de l'expression de la diversité d'opinions doit être la pierre angulaire de l'action législative.

Cela a pour conséquence la séparation des pouvoirs exécutif, législatif et judiciaire et l'indépendance du législateur vis-à-vis des autres institutions de l'État. Le droit communautaire primaire de la CEDEAO consacre dans l'article 1er paragraphe (a) du protocole additionnel sur la démocratie et la bonne gouvernance, la séparation des pouvoirs (exécutif, législatif et judiciaire).

Il consacre également, la valorisation et la garantie de l'immunité parlementaire. Le droit communautaire primaire déclare aussi ces principes constitutionnels communs à tous les États membres de la CEDEAO. Il consacre dans le même texte, le strict respect des principes démocratiques, comme principes communs de convergence constitutionnels[1235].

La fonction principale du législateur consiste à élaborer des lois[1236]. Les procédures d'élaboration des lois doivent respecter certains principes généraux notamment un débat. Selon Philip LAUNDY, le mot parlement tire lui-même son origine du latin *« parliamentum »* et du français « parler »[1237]. Les lois sont adoptées par le parlement, à issue d'un débat politique important, parfois très tendu, mais respectant des principes généraux de la démocratie et de l'État de droit. Le projet ou la proposition de loi doit faire l'objet d'un débat parlementaire consistant à proposer et à adopter éventuellement des amendements. Ces principes généraux doivent être consacrés dans le règlement intérieur des assemblées, et le juge constitutionnel est garant de son respect lors de l'exercice des travaux parlementaires. Les pouvoirs exécutif et judiciaire ne doivent pas s'immiscer dans l'exercice du pouvoir législatif, en contraignant le législateur à légiférer dans un sens déterminé. Le pouvoir exécutif peut par contre faire des projets de loi qui sont soumis au législateur.

1235 Article 1er paragraphe (d) du protocole additionnel sur la démocratie et la bonne gouvernance.

1236 P. LAUNDY, *Les parlements dans le monde contemporain, mode d'élection fonctionnement structures*. Ed. Payot Lausanne 1989, p.94.

1237 Ibid., p.15.

Lors de l'examen du projet de loi, le législateur est indépendant et souverain. En élaborant des accords politiques, qui sont finalement imposés au législateur dans le but de respecter le principe formel de la procédure législative, la médiation qui suit un changement anticonstitutionnel de pouvoir s'immisce, à travers les accords politiques, dans le domaine du législateur, et ce, de façon assez intrusive. Les règlements intérieurs des assemblées parlementaires sont ainsi piétinés. Parfois, le juge constitutionnel, garant du respect de la constitution, des règlements intérieurs des assemblées est complice de cet empiètement sur le domaine du législatif. À travers cette décision, le juge constitutionnel malien a contraint le parlement à respecter l'accord politique dans l'exercice de son pouvoir législatif. Cet accord-cadre demandait à l'Assemblée Nationale du Mali d'adopter un certain nombre de mesures législatives d'accompagnement de la transition, dont certaines sont incontestablement en contradiction totale avec la constitution. L'accord demandait dans son article 7 au parlement d'adopter une loi d'amnistie générale au profit des membres du CNRDRE et associés, une loi portant indemnisation des victimes de guerre et du mouvement insurrectionnel du 22 mars 2012, une loi portant orientation et programmation militaire pour les besoins d'organisation et d'équipement de l'armée, une loi portant création d'un comité militaire de suivi de la réforme des forces de défense et de sécurité et surtout une très controversée loi portant prorogation du mandat des députés alors que la constitution précise en son article 61 qu'ils sont élus pour cinq ans au suffrage universel direct. On peut se demander si le juge constitutionnel avait le choix pour intégrer ou non l'accord-cadre de mise en œuvre de l'engagement solennel du 1er avril 2012 dans le bloc de constitutionnalité. Constatons en tout cas que son attitude a abouti à une entrave à la liberté du parlement.

A. L'imposition des accords politiques au législateur

L'imposition des accords politiques au législateur consiste à édicter des normes sur lesquelles, le législateur doit légiférer sans réel débat respectant le principe de la diversité d'opinions et la liberté législative.

1. *La matérialisation des dispositions de l'accord politique en mesures législatives*

Conformément aux dispositions de l'accord-cadre de mise en œuvre de l'engagement solennel du 1er avril 2012, l'Assemblée Nationale a adopté des mesures législatives dans ce sens. Pour le dire de façon plus simple, le parlement malien a adopté à la lettre près, les mesures édictées par l'accord politique. Il a adopté lors de sa séance du 28 juillet 2012 la loi N° 2012-024 du 12 juillet 2012 portant prorogation du mandat des députés de la législature 2007-2012. Cette loi controversée est la plus courte de l'histoire législative du Mali. Jamais dans l'histoire législative du Mali, le parlement n'avait adopté une loi, aux effets conséquents en un seul article et en une seule phrase qui prévoit : « *Le mandat des députés pour la législature 2007-2012 est prorogé jusqu'à la fin de la transition notamment par la mise en place de la nouvelle Assemblée Nationale élue* »[1238]. Il nous faut ici souligner que la légitimité de la prorogation des députés au-delà de leur mandat constitutionnel est inconstitutionnelle. L'article 121 al.1er de la constitution malienne précise que le fondement de tout pouvoir en République du Mali réside dans la constitution. De son côté, l'article 61 précise que les députés sont élus au suffrage universel direct, pour un mandat de cinq (5) ans. Et pourtant, on aurait noté qu'aucun député ne s'est prononcé contre lors du vote. Dans un avis consultatif très récent, notamment l'avis N° 2018-01/CCM du 12 septembre 2018 sur une demande du Premier ministre, le juge constitutionnel malien a fait un revirement spectaculaire de jurisprudence. Dans cet avis, il avait jugé avec raison que la prorogation du mandat des députés n'était prévue par aucune disposition constitutionnelle ou législative, refusant ainsi de proroger le mandat des députés de la législature 2014-2019. Cette jurisprudence anéantissait celle établie en 2012. Il est toutefois, revenu de façon spectaculaire sur cette jurisprudence en l'espace de quelques semaines, en autorisant le 10 octobre 2018 la prorogation du mandat des députés, en réponse à une demande d'avis du président de l'Assemblée Nationale.

[1238] Voir journal officiel de la république du Mali, cinquante-troisième année, N°28 du 13 juillet 2012, p.1086 www.SGG-mali.ml consulté le 01/02/2018

Dans une demande d'avis N° 026/P-AN du 10 octobre 2018, le Président de l'Assemblée Nationale a saisi la Cour Constitutionnelle pour avis sur la prorogation du mandat des députés. Dans son avis N° 2018-02/CCM du 12 octobre 2018, le juge constitutionnel a rappelé qu'il est l'organe régulateur du fonctionnement des institutions et de l'activité des pouvoirs publics conformément à l'article 85 de la Constitution. Toutefois, aucune disposition juridique (constitutionnelle ou législative) ne précise les personnes habilitées à saisir le juge constitutionnel dans cette matière. En l'absence de dispositions constitutionnelles ou législatives, le juge constitutionnel a précisé dans deux célèbres jurisprudences notamment, l'arrêt N° 00-120 du 27 juillet 2000 et l'arrêt N° 06-173 du 15 septembre 2006 que ce vide juridique ne saurait constituer un blocage du fonctionnement des institutions de la République. Ainsi, le juge constitutionnel s'est fondé avec raison sur ces deux jurisprudences pour déclarer recevable la demande du président de l'Assemblée Nationale. C'est donc très curieusement que le juge constitutionnel accède à la demande du président de l'Assemblée Nationale qui invoquait à l'appui de sa demande des situations exceptionnelles ne permettant pas l'application de l'article 167 de la constitution qui stipule que sauf cas de dissolution prévue et réglée par la constitution, les élections législatives ont lieu dans l'intervalle de soixante (60) jours qui précèdent l'expiration des pouvoirs de l'Assemblée Nationale.

Alors qu'aucune disposition légale (constitutionnelle ou législative) ne précise les situations exceptionnelles permettant de proroger le mandat des députés. Dans son avis N° 2018-02/CM du 12 octobre 2018, le juge constitutionnel malien a constaté un caractère de force majeure. Celui-ci se traduisait d'une part par une situation politique exceptionnelle qui entravait le respect scrupuleux des dispositions constitutionnelles et légales. D'autre part, le juge constitutionnel soulignait la nécessité d'assurer le fonctionnement régulier de l'Assemblée Nationale et ordonnait, de fait, la prorogation de la Vème législature jusqu'à la fin du premier semestre 2019. Il fonde sa décision sur l'article 85 de la Constitution alors que cette disposition ne précise aucun caractère de force majeure.

2. *L'adoption de mesures en contradiction avec la constitution*

La « soumission » du parlement malien ne s'est pas arrêtée à ce seul point. On pourrait dire que cette prolongation n'est pas si grave, dans une situation exceptionnelle. De façon beaucoup plus problématique, les députés ont adopté le 18 mai 2012, une loi portant amnistie en faveur des membres du CNRDRE et leurs associés conformément aux exigences de l'accord du 1er avril 2012[1239]. Or, la constitution précise en son article 121 al.3 que tout coup d'État ou putsch est un crime imprescriptible contre le peuple malien. Dès lors, une loi qui porte amnistie des auteurs d'un coup d'État est incontestablement contraire à la constitution notamment les dispositions de l'article susvisé.

B. Une soumission critiquable du législateur aux accords politiques

La séparation des pouvoirs exécutif, législatif et judiciaire consacrée par le droit communautaire et le droit interne des États, les constitutions, postule que le législateur, dans l'exercice de son pouvoir législateur ne reçoit l'ordre d'aucun pouvoir. Il doit se conformer uniquement aux principes généraux gouvernant son activité parlementaire. Il est inconcevable dans un État de droit que le législateur reçoive des instructions d'un organe ou d'une institution de l'État, qui puisse lui dicter les lois à adopter. Rien n'oblige donc le législateur à se conformer aux accords politiques dans l'exercice de son travail législatif. Toutefois, l'intervention du juge constitutionnel, consistant à intégrer les accords politiques dans le bloc de constitutionnalité, contraint le législateur à se conformer à ceux-ci dans l'adoption des mesures législatives. En tenant compte des rapports de force, ce dernier n'avait pas beaucoup d'options.

La légalité de l'implication de la CEDEAO contre le coup d'État militaire au Mali n'est pas contestable. Le Mali a ratifié le traité révisé

[1239] Ibid., N°.20 du 18 mai 2012 p.763

de 1993 de la CEDEAO ainsi que les textes pertinents contre les changements anticonstitutionnels de pouvoir, notamment le protocole relatif aux mécanismes de prévention, de gestion, de règlement des conflits, de maintien de la paix et de la sécurité, le protocole additionnel sur la démocratie et la bonne gouvernance et l'Acte additionnel portant régimes de sanctions à l'encontre des États membres qui n'honorent pas leur obligation vis-à-vis de la CEDEAO. Le Mali a ratifié le 23 mai 2000, le protocole relatif aux mécanismes de prévention, de gestion, de règlement des conflits, de maintien de la paix et de la sécurité. Il a ratifié le 30 avril 2003, le protocole additionnel sur la démocratie et la bonne gouvernance. Ainsi, en ratifiant ces textes, le Mali reconnaît explicitement la compétence de la CEDEAO à s'impliquer dans la désignation de ses gouvernants et plus en avant, en cas de changement anticonstitutionnel de pouvoir. En ratifiant ces normes du droit communautaire, il a renoncé explicitement à une partie de sa souveraineté au profit de l'organisation communautaire. L'objectif de cette renonciation est la réalisation d'une intégration communautaire. Rappelons que la constitution malienne du 25 février 1992 accorde une valeur supra-législative aux normes du droit international[1240]. En revanche, le juge constitutionnel malien à travers sa jurisprudence reconnaît une valeur constitutionnelle aux normes du droit communautaire[1241]. Ainsi, au regard de ces normes du droit communautaire, du droit interne et de la jurisprudence constitutionnelle du Mali, la légalité de l'implication de la CEDEAO contre les changements anticonstitutionnels de pouvoir au Mali n'est plus contestable. La CEDEAO est donc fondée en droit de s'impliquer dans la désignation des gouvernants du Mali.

1. Des accords politiques reniant l'État de droit et la démocratie

Les accords politiques de règlement d'un changement anticonstitutionnel de pouvoir renient parfois totalement les principes de l'État de droit et de la démocratie. Rappelons également qu'ils

[1240] L'article 116 de la Constitution malienne du 25 février 1992 stipule : « *Les traités et accords régulièrement ratifiés ou approuvés ont, dès lors publication, une autorité supérieure à celle des lois...* ».

[1241] Voir l'arrêt 2016-12/CC du 13 octobre 2016 publié au Journal Officiel du Mali, cinquante-septième année spécial N°24 du 14 octobre 2016.

limitent substantiellement les pouvoirs du législateur, représentant du peuple au parlement. Pour bien comprendre le sens de notre propos, il faut d'emblée comprendre que l'accord-cadre sort du cadre d'application des dispositions des articles 114, 115 et 116 de la Constitution qui traitent des accords et des traités internationaux. Si l'accord rentrait dans le cadre de l'une de ces trois dispositions constitutionnelles, la question de son primat sur la constitution pouvait légitimement se poser.

L'esprit de l'accord politique

L'esprit de cet accord avait pour objectif principal le retour ou le rétablissement de l'ordre constitutionnel. Il visait la mise en œuvre de l'article 36 de la constitution qui détermine et encadre les conditions d'ouverture et de mise en œuvre de la transition au Mali. D'emblée, les deux parties ont convenu dans l'article 1er la démission du Président de la République. Ce qui laisse présumer une exigence des autorités de fait et une contrainte sur le président démocratiquement élu.

Les incohérences de l'accord politique

L'article 2 de l'accord stipule que le CNRDRE déclenche le processus de mise en œuvre de l'article 36 de la constitution du 25 février 1992 selon lequel : « *En cas de vacances de la présidence de la république pour quelque cause que ce soit ou d'empêchement absolu définitif constaté par la Cour Constitutionnelle saisie par le président de l'Assemblée Nationale et le Premier ministre, les fonctions du président de la République sont exercées par le président de l'Assemblée Nationale* ». Les dispositions de cet article sont claires.

Seuls le Premier ministre et le Président de l'Assemblée Nation peuvent conjointement déclencher la mise en œuvre de cet article. Le rétablissement de la constitution du 25 février 1992 et de ses institutions exigeait implicitement la dissolution du CNRDRE qui n'avait aucun fondement juridique dans la constitution malienne. Or, l'accord-cadre dicte aux institutions de l'État, les tâches qu'elles sont appelées à jouer notamment au Président de l'Assemblée Nationale et au Premier ministre.

Plus grave, l'accord-cadre demande à la Cour Constitutionnelle de constater la vacance de la présidence[1242]. Le juge constitutionnel, institution indépendante par essence, doit rendre une décision qui satisfasse les deux parties signataires de l'accord, sans qu'il ne lui soit laissé d'autres choix. Lors de la session extraordinaire de la conférence des chefs d'État et de gouvernement du 26 avril 2012, la CEDEAO a tenté de corriger cette incohérence de l'accord en décidant que le Premier ministre et le Président de la République par intérim assurent la transition sur une période de 12 mois dans la limite des pouvoirs qui leur sont conférés par la constitution[1243].

En d'autres termes, la conférence des chefs d'État et de gouvernement a recadré une nouvelle fois la médiation.

Voyons maintenant ce que dit la constitution malienne en ce qui concerne le contrôle de constitutionnalité des lois. Le contrôle de constitutionnalité des lois au Mali avant leur promulgation par le Président de la République est obligatoire pour toutes les lois.

Le contrôle de constitutionnalité des lois au Mali

Le juge constitutionnel malien doit statuer obligatoirement sur la constitutionnalité des lois avant leur promulgation[1244]. Il doit être saisi par le Premier ministre pour statuer sur la constitutionnalité des lois organiques[1245]. Pour statuer sur la constitutionnalité des autres catégories de lois en ces termes, il doit être saisi par le Président de la République, soit le Premier ministre, soit par le Président de l'Assemblée Nationale ou un dixième des députés, soit par le président du Haut Conseil des Collectivités ou un dixième des conseillers nationaux, soit par le président de la Cour Suprême[1246]. Le constat est aussi identique pour la loi portant prorogation du mandat des députés.

[1242] Voir article 3 al.2 de l'accord-cadre de mise en œuvre de l'engagement solennel du 1er avril 2012.

[1243] Voir paragraphe 11 du communiqué final de la session extraordinaire de la conférence des chefs d'État et de gouvernement du 26 avril 2012 à Abidjan en Côte d'Ivoire.

[1244] Article 86 de la Constitution malienne de 1992 ;

[1245] Voir l'article 88 de la Constitution du Mali du 25 février 1992

[1246] Ibid.

En effet, la constitution du 25 février 1992 dit que les députés sont élus pour cinq ans au suffrage universel direct[1247]. Le constituant n'ajoute ni plus ni moins au mandat des députés. La Cour constitutionnelle étant l'organe régulateur du fonctionnement des institutions et de l'activité des pouvoirs publics[1248], elle aurait dû être consultée pour avis avant l'adoption de la loi portant prorogation du mandat des députés, ce qui n'a pas été le cas. D'un autre côté, le manque de légitimité du législateur peut avoir de lourdes conséquences sur la légitimité des travaux et des actes parlementaires adoptés au-delà de leur mandat initial de 5 ans prévu par la constitution. Le juge constitutionnel n'étant jusque-là pas compétent pour exercer un contrôle a posteriori, ces lois ont ainsi échappé totalement à son contrôle.

Toutefois, la constitution malienne est totalement silencieuse pour les cas de démission du Président de la République. La constitution malienne n'est pas la seule de la sous-région à être silencieuse sur cette importante question. À qui le Président de la République doit-il remettre sa démission lorsque celui-ci décide volontairement de quitter ses fonctions avant la fin de son mandat.

2. *Le vide constitutionnel sur l'autorité pouvant recevoir la démission du Président de la République*

La démission doit être distinguée de la renonciation au pouvoir comme ce fut le cas en octobre 2014 au Burkina Faso. Lorsque le président de la République décide volontairement de renoncer à ses fonctions avant la fin de son mandat, on peut faire application des dispositions constitutionnelles relatives à la vacance absolue du pouvoir. Alors qu'en revanche, lorsqu'il décide de démissionner, le constituant devrait prévoir explicitement l'autorité pouvant recevoir cette démission. Les constituants des États africains ne semblent pas imaginer un tel scénario. La démission de fonctions, aussi prestigieuses que celles de Présidents de la République, est très peu plausible en Afrique. Le cas

1247 Article 61 Ibid.

1248 Article 85 al. 2 de la Constitution malienne de 1992.

malien de 2012 constitue une exception. Elle ne semble même pas volontaire. Tout semble laisser croire qu'elle a été imposée au président ATT. Dans le silence de la constitution malienne, le président ATT a remis sa démission à la médiation de la CEDEAO, qui l'a transmise à son tour au juge constitutionnel. Du moins, c'est ce qu'a dit la médiation de la CEDEAO. Quelle extraordinaire démarche entre la médiation de la CEDEAO et le juge constitutionnel malien, qui ont volontairement pris une liberté totale sur les règles constitutionnelles.

En effet, dans le souci de remettre en place le processus démocratique au Mali, Djibril BASSOLE, le ministre des affaires étrangères du Burkina Faso assurant la médiation de la CEDEAO, annonce le 8 avril 2012 avoir reçu la lettre de démission du Président Amadou Toumani TOURE[1249]. Il indique curieusement qu'il va saisir les autorités compétentes pour constater la vacance de pouvoir[1250]. Deux questions de droit se posent face à cette déclaration de la médiation de la CEDEAO. Disposait-elle de la compétence constitutionnelle pour recevoir la démission du président malien ? Était-elle légitime pour demander aux autorités compétentes de saisir la Cour Constitutionnelle afin de constater la vacance de pouvoir ? La réponse à ces interrogations est négative. Le droit malien est silencieux sur la question de l'autorité compétente pour recevoir la lettre de démission du Président de la République. En cas de vacance de pouvoir du Président de la République, le Premier ministre et le Président de l'Assemblée Nationale devraient conjointement saisir le juge constitutionnel. Cependant, la constitution malienne est silencieuse sur le cas d'une démission du Président de la République. En effet, le constituant malien de 1992 ne dit pas à quelle autorité le Président de la République peut présenter sa démission et par quelle voie, le Premier ministre et le Président de la République sont informés de cette démission. Si la démarche de la médiation visant le retour à l'ordre constitutionnel était légitime et encourageante, la méthode n'est pas exempte de critique.

[1249] AFP (Agence France Presse) cité par Jeune Afrique « *Amadou Toumani Touré a officiellement démissionné* », article du 8 avril 2012 www.jeuneafrique.com ; consulté le 17 mars 2016.
[1250] Ibid.

En application des dispositions constitutionnelles de l'article 36 de la constitution du Mali du 25 février 1992, il revenait au Premier ministre Mme Sidibé Mariam KAIDAMA CISSE et au Président de l'Assemblée Nationale Dioncounda TRAORE de saisir conjointement la Cour Constitutionnelle pour qu'elle constate la vacance du pouvoir. Il est pour le moins curieux que la démission du Président Amadou Toumani TOURE ait été annoncée par la médiation de la CEDEAO ainsi que la saisine des autorités compétentes pour constater la vacance du pouvoir. Cependant, lorsque la médiation échoue à trouver une solution pacifique au changement anticonstitutionnel de pouvoir, l'organisation peut recourir aux moyens coercitifs.

TITRE II

LES MOYENS COERCITIFS CONTRE LES CHANGEMENTS ANTICONSTITUTIONNELS DE POUVOIR

La coercition, en droit international, s'entend comme toutes mesures d'intervention ou de pression d'un État ou d'une organisation internationale, destinées à infléchir la volonté des gouvernants d'un autre État[1251]. Ces mesures peuvent être d'ordre économique, politique ou militaire.

Les moyens coercitifs sont considérés ici, comme l'ensemble des moyens non pacifiques permettant à la CEDEAO d'exercer une « contrainte » sur un État, pour faire respecter ses obligations et ses engagements communautaires. Ils peuvent être politiques et englobants (l'économie, la diplomatie, le droit…) ou militaires (blocus militaire, démonstration militaire, une intervention militaire proprement dite). Comme l'observent pertinent Philippe LAGRANGE et Patricia BUIRETTE, la Charte des Nations-Unies interdit le recours à la force et même la menace de l'emploi de la force contre l'intégrité territoriale et l'indépendance politique d'un État[1252]. Toutefois, comme le soulignent ces auteurs, il ne s'agit pas d'une prohibition générale. La Charte limite cette prohibition à des conditions précises[1253]. Elle autorise des États à recourir à la force notamment pour rétablir ou maintenir la paix[1254].

En effet, dans le cadre de la sous-région de l'Afrique de l'Ouest, la révision de 1993 du traité de la CEDEAO a fait entrer l'organisation dans une nouvelle dynamique de l'intégration économique. Elle s'empare ainsi des questions de sécurité collective régionale au-delà

[1251] G. de CORNU, *Vocabulaire juridique*, 10e éd. PUF, 2014. p.188.

[1252] P. BUIRETTE et P. LAGRANGE, *Le droit international humanitaire,* La découverte 2008, p.41.

[1253] Ibid.

[1254] *Ibid.*

même des accords de défense mutuelle. L'article 58 du traité révisé de 1993 constitue le fondement juridique de tous les textes du droit communautaire sur le maintien de la paix et de la sécurité. Le coup d'État, du fait qu'il est d'une gravité extrême et qu'il représente une menace grave contre la paix et la sécurité, entre dans le champ d'application des dispositions de l'article 58 du traité révisé de 1993.

C'est dans ce cadre que le protocole relatif aux mécanismes de prévention, de gestion des conflits, de maintien de la paix et de la sécurité est mis en place en 1999, en réponse à la menace contre la paix et la sécurité dans la sous-région. Ce texte autorise explicitement l'organisation à recourir aux moyens coercitifs contre le coup d'État. Le protocole additionnel sur la démocratie et la bonne gouvernance, adopté spécialement contre le coup d'État, n'autorise pas le recours aux moyens coercitifs militaires contre ce fléau. Il autorise de recourir aux moyens coercitifs non militaires. L'Acte additionnel portant régimes de sanctions à l'encontre des États membres qui n'honorent pas leurs obligations vis-à-vis de l'organisation choisit une approche combinée. Ce texte prévoit, d'une part, des moyens coercitifs militaires et d'autre part, des moyens coercitifs non militaires contre le coup d'État. La CEDEAO dispose donc d'une autonomie des moyens coercitifs non militaires contre le coup d'État. En revanche, depuis 1945, le recours aux moyens coercitifs militaires dans les relations internationales est encadré par les Nations-Unies. La CEDEAO fait recours à la menace et l'emploi de la force dans ses relations avec les États membres (Chapitre 1er), alors que ceux-ci échappent théoriquement à son droit communautaire. Toutefois, le droit international impose à l'organisation de rechercher la licéité de son action avant toute intervention militaire dans un État membre (Chapitre 2).

CHAPITRE I

LA MENACE ET L'EMPLOI DE LA FORCE CONTRE LE CHANGEMENT ANTICONSTITUTIONNEL DE POUVOIR

La menace peut être définie en droit international comme le fait pour un État ou une organisation internationale, d'exprimer explicitement un projet consistant à nuire à l'intégrité territoriale d'un autre État. Alors que l'emploi de la force consiste à utiliser une coercition contre un État. Rappelons que depuis l'entrée en vigueur, le 24 octobre 1945 de la Charte de l'ONU, la menace et l'emploi de la force ont été bannis de façon définitive dans les relations internationales[1255]. La paix et la sécurité étant la finalité principale exclusive de l'ONU, il était tout à fait nécessaire et légitime que les États renoncent explicitement dans un texte juridique international, à la menace et à l'emploi de la force dans leurs relations mutuelles.

L'article 2 de la Charte de l'ONU en son paragraphe 4 constitue l'essence de l'interdiction de la menace et de l'emploi de la force dans les relations internationales. Cette disposition précise : « … *les membres de l'organisation s'abstiennent, dans leurs relations internationales, de recourir à la menace ou à l'emploi de la force, soit contre l'intégrité territoriale ou l'indépendance politique de tout État, soit de toute autre manière incompatible avec les buts des Nations Unies…* ».

La Charte des Nations Unies interdit la menace du recours à la force d'une part, mais aussi, bien évidemment, le recours à la force, dans les relations internationales, que ce soit contre l'intégrité territoriale ou l'indépendance politique ou tout autre moyen incompatible avec les buts des Nations Unies[1256].

1255 U. LEANZA, *Le droit international : d'un droit pour les États à un droit pour les individus. Une vision de la théorie et de la pratique des relations internationales contemporaines* in Cours Euro-Mediterranéens Bancaja de droit international, volume IV 2000. P.128.
1256 Ibid. p.128

Toutefois, il semble que l'ultimatum et les menaces qui ne contredisent pas les finalités établies par la Charte des Nations Unies ne tombent pas dans le champ des prohibitions établies par la Charte.

Ces deux éléments constituent une ambiguïté de la charte des Nations Unies. En outre, le droit international fixe des exceptions à l'interdiction de la menace et de l'emploi de la force dans les relations internationales.

L'article 51 de la Charte de l'ONU limite l'interdiction de la menace et de l'emploi de la force dans les relations internationales en stipulant qu'aucune disposition de la présente Charte ne porte atteinte au droit naturel de légitime défense, individuelle ou collective, dans le cas où un État membre des Nations Unies est l'objet d'une agression armée, jusqu'à ce que le Conseil de sécurité ait pris les mesures nécessaires pour maintenir la paix et de la sécurité internationale.

La légitime défense aussi bien individuelle que collective, les mesures coercitives en application du droit adoptées par le Conseil de sécurité des Nations-Unies et celles autorisées par le Conseil de sécurité des Nations-Unies aux organisations régionales constituent les limites de l'interdiction de l'emploi de la force et de la menace dans les relations internationales. À ces deux limites, la charte des Nations Unies ajoute, les États dits *« ex ennemis »*[1257].

Notons que, pour légitimer la menace du recours à la force contre un État dans lequel l'ordre constitutionnel a été interrompu, la CEDEAO privilégie l'usage de la notion d'ultimatum dans son langage. L'interdiction de la menace et le recours à la force dans les relations internationales constituent un principe universel du droit international (section 1). Toutefois, observons que cette interdiction n'est pas absolue. Elle est également limitée par le droit international sous certaines conditions (section 2).

[1257] Ibid. p. 131

Section 1 : L'interdiction de la menace et l'emploi de la force dans les relations internationales

Conformément à la Charte des Nations Unies, les États doivent s'abstenir de recourir à la menace et d'employer la force contre l'intégrité territoriale ou l'indépendance politique de tout État, soit de toute autre manière incompatible avec les buts des Nations Unies[1258]. Le principe de l'interdiction du recours à la force a été consacré par la jurisprudence de la Cour Internationale de Justice dans l'affaire des activités militaires et paramilitaires des États-Unis au Nicaragua et contre celui-ci, et de celle des activités armées sur le territoire du Congo, RDC contre Ouganda.

La menace de la force contre un État dans le but de rétablir ou de restaurer l'ordre constitutionnel est une violation des règles du droit international. Elle tombe sous le coup des prohibitions fixées par l'article 2 paragraphe 4 de la charte des Nations Unies. Conformément à la charte des Nations-Unies de façon générale et du droit communautaire d'une manière singulière, la CEDEAO a l'obligation de respecter l'indépendance politique de tous ses États membres.

Lorsqu'il s'agit du recours à la force proprement dite, la CEDEAO peut, en application de l'article 53 de la charte des Nations Unies et conformément au protocole relatif aux mécanismes de prévention, de gestion, de règlement des conflits, de maintien de la paix et de la sécurité, demander l'autorisation au Conseil de sécurité pour intervenir militairement dans l'État concerné[1259]. En revanche, il n'existe pas de dispositions légales autorisant le Conseil de sécurité à donner un mandat à un État membre ou à une organisation régionale de recourir à la menace dans les relations internationales. Le Conseil de sécurité peut tout de même s'appuyer sur les organisations régionales, conformément à la Charte des Nations-Unies, pour faire appliquer ces mesures coercitives notamment militaires contre un État, lorsqu'il y a une menace contre la paix et la sécurité internationale. Et d'autre part, la charte des Nations Unies, exige aux États de régler leurs différends

[1258] Article 2 paragraphe 4 de la charte des Nations Unies.

[1259] Voir article 53 paragraphe 3 du protocole relatif aux mécanismes de prévention, de gestion, de règlement des conflits, de maintien de la paix et de la sécurité.

internationaux par des moyens pacifiques de telle manière que la paix et la sécurité internationales, ainsi que la justice ne soient pas mises en danger[1260]. Cependant, il faut tout de même préciser que la gestion d'un changement anticonstitutionnel de pouvoir ne constitue pas un différend au sens du droit international et soumis au régime juridique de l'article 2 paragraphe 3 de la charte des Nations-Unies. En revanche, on peut se poser la question de savoir si la menace militaire constitue un moyen pacifique de règlement d'un différend international au sens de la Charte des Nations Unies ? La réponse à cette question permet d'établir la légitimité juridique ou la violation du droit international, du recours à cette méthode, dans la gestion des différends internationaux. La menace de l'emploi de la force est à la croisée entre le règlement pacifique des différends et l'emploi de la force dans le règlement des différends internationaux. Une menace militaire ne peut être retenue comme un moyen pacifique de règlement d'un différend international, au sens du droit international conventionnel ou coutumier. De notre avis, il semble difficile pour les experts de sécurité internationale de mesurer la portée du drame humain qu'une opération militaire d'une organisation internationale contre un État pourrait provoquer.

Ce qu'il faut noter de façon générale, c'est que le droit international, la jurisprudence internationale aussi bien que le droit communautaire obligent les États et les organisations internationale et régionale à respecter la souveraineté politique des États dans leurs rapports mutuels (paragraphe 1*)*. Ils ont aussi l'obligation de respecter la souveraineté politique des autres États conformément au droit international, à la jurisprudence internationale et au droit communautaire (paragraphe2).

Paragraphe 1 : L'obligation de respecter la souveraineté politique des États

On entend par souveraineté, le caractère suprême d'un État qui n'est soumis à aucun autre État[1261] ; autrement dit, la puissance suprême et inconditionnée dans laquelle l'ordre juridique et politique international reconnaît un attribut essentiel de l'État.

[1260] Article 2 paragraphe 3 de la Charte des Nations Unies.

[1261] G. CORNU, *Vocabulaire juridique,* 12e éd. PUF 2018, p.585.

Chaque État a pour mission de faire respecter chez lui, la constitution et l'ordre public. Le droit international n'a pas à s'en préoccuper[1262].

La souveraineté est un principe fondamental du droit international, aussi ancien que la naissance de l'État lui-même[1263]. Il a été consacré par la Charte des Nations-Unies dans son article 2, paragraphe 1 qui précise que l'organisation est fondée sur le principe de l'égalité souveraine de tous ses États membres[1264]. Ce principe est repris par l'UA dans son Acte constitutif [1265] et dans d'autres textes régionaux[1266]. En effet, dans son acceptation propre, la souveraineté c'est le caractère suprême d'une puissance État[1267]. Il est clair qu'une puissance suprême ne peut pas appartenir sur le même territoire à deux États à la fois[1268]. L'idée même de puissance la plus haute exclut toute possibilité de partage de celle-ci[1269]. Concrètement, la souveraineté est entière ou elle cesse de se concevoir[1270]. Le constitutionnaliste Arnaud HAQUET observe avec raison qu'il n'existe pas de souveraineté partagée, fragmentée, diminuée, limitée, relative[1271]. La souveraineté a un caractère absolu. Toutefois, il convient de tempérer ce propos. Nous verrons au cours de nos développements que le droit international contemporain limite remarquablement la souveraineté des États dans certaines conditions bien précises.

1262 Jean-Gaspard Bluntschli, *Le droit international codifié*, Paris, Liberia Guillaumin et Cie, 1886, §474, pp.278 et s, cité par P. Tavernier, *Les organisations internationales et les changements anticonstitutionnels* in R. BEN ACHOUR (dir.*), Les changements anticonstitutionnels de gouvernement, approche de droit constitutionnel et de droit international*, op. cit., p.30

1263 P. DAILLIER et A. PELLET, *Droit international public*, L.G.D.J novembre 2002. p.423

1264 Ibid. p.424

1265 Voir notamment à ce propos, l'article 3 (b) « *défendre la souveraineté, l'intégrité territoriale et l'indépendance de ses États membres* », l'article 4 (f) « *le respect de la souveraineté et de l'intégrité territoriale des États membres* ».

1266 Voir à ce propos, l'article 4 (f) du protocole portant création du Conseil de Paix *« la non-ingérence d'un État membre dans les affaires intérieures d'un autre État membre »*

1267 A. HAQUET, *Le concept de souveraineté en droit constitutionnel français*, PUF 2004, p.55

1268 Ibid.

1269 Ibid.

1270 Ibid.

1271 Ibid.

En ce qui concerne la souveraineté politique, puisque c'est l'objet de ce développement, elle part du postulat que l'État exerce seul son autorité (législative, judiciaire et exécutif) sur l'ensemble de son territoire et des organes étatiques. Le principe de la souveraineté a deux conséquences comme le fait remarquer Jean-Claude ZARKA citant Julien LAFERRIÈRE : « Cette souveraineté en quoi consiste la puissance de l'État [...] a un double aspect : la souveraineté externe, c'est-à-dire l'absence de toute subordination vis-à-vis des gouvernements étrangers [...] et la souveraineté interne, consistant en ce que par rapport aux groupements ou aux individus établis sur son territoire, l'État possède une autorité libre qu'aucune autre puissance ne restreint ou conditionne »[1272]. De façon plus simple à expliquer, l'État n'a que des égaux sur le plan international. Il n'est soumis à aucune autorité internationale externe.

L'État ne peut donc pas être soumis à aucun ordre juridique sans son consentement. Ainsi, nous verrons que ce principe a été consacré par le droit international et par le droit de la CEDEAO (A). On remarquera que ce n'est plus un principe admis par le droit international de façon absolue (B).

A. La consécration de la souveraineté politique des États

La souveraineté politique des États conduit à ce qu'observe Monique CHEMILIER-GENDREAU, le respect des différents régimes politiques et cela permet d'accepter des dictatures implacables et des peuples cruellement asservis[1273]. Ce qui devrait conduire la CEDEAO a accepté les régimes politiques des États membres.

[1272] J. LAFERRIÈRE, *Manuel de droit constitutionnel*, Domas-Montchrestien, 1947 cité par J.-C. ZARKA, *Droit international public* 2e éd. Ellipses Éditions Maketing 2011, p.39.

[1273]M. CHEMILLIER GENDREAU, *Nations Unies et démocratie in* K. BANNELIER-CHRISTAKIS, Th. CHRUSTAKIS Th., M-P. LANFRANCHI, S. MALJEAN-DUBOIS, A-Th., NORODOM, (dir), *70 ans des Nations Unies : quel rôle dans le monde actuel ?* Journée d'étude en l'honneur du professeur Yves DAUDER, A. PEDONE, p.145

Les puissances étrangères ne peuvent pas dans la règle s'immiscer au nom du droit international, dans les questions constitutionnelles qui surgissent dans un État indépendant, ni y intervenir en cas de révolution politique[1274]. La souveraineté politique des États a été consacrée par la charte de l'ONU en son article 2 paragraphe 7. À cet effet, l'instauration d'un régime démocratique relève de la compétence des États[1275]. Traditionnellement, la souveraineté politique est affirmée en droit international avec un caractère absolu, la Charte de l'ONU et réaffirmée par l'UA.

Dans le cadre sous-régional de l'Afrique de l'Ouest, le protocole relatif aux mécanismes de prévention de gestion, de règlement des conflits, de maintien de la paix et de la sécurité consacre la souveraineté politique des États membres de la CEDEAO en son article 2 paragraphe (e) et (f). Toutefois, il faut relativiser le caractère absolu de la souveraineté politique. La notion de souveraineté en elle-même est polysémique[1276] et revêt une multitude de significations juridiques[1277].

La souveraineté politique est un principe indissociable de l'existence même de l'État. Il est la colonne vertébrale qui gouverne les relations entre les États. Il part du postulat que les États sont juridiquement égaux entre eux[1278]. Rappelant la déclaration d'Helsinki, Patrick DAILLIER et Alain PELLER font remarquer à juste titre que les États ont les mêmes droits et obligations internationaux[1279]. Il convient de préciser que la souveraineté politique tire ses origines principalement du droit international coutumier.

[1274]P. Tavernier *Les organisations internationales et les changements anticonstitutionnels* in R. BEN ACHOUR (dir.), *les changements anticonstitutionnels de gouvernement, approche de droit constitutionnel et de droit international*, op. cit., p.30

[1275] D. KOKOROKO, *Souveraineté étatique et principe de légitimité démocratique*. Revue québécoise de droit international, (2003) 16.1, p.39.

[1276] L. BAL, *Le mythe de la souveraineté en droit international : la souveraineté des États à l'épreuve des mutations de l'ordre juridique international*, Thèse de doctorat de droit international, Université de Strasbourg, soutenu le 3 février 2012, p.20.

[1277] Ibid., p.20.

[1278] P. DAILLIER et A. PELLET, *Droit international public*, L.G.D.J novembre 2002.p423
p.428.

[1279] Ibid. P.429

1. Un principe tirant ses origines du droit international coutumier

La non-intervention dans les affaires intérieures des États est le corollaire de la souveraineté politique des États. Elle a été consacrée par la résolution 2625 du 24 octobre 1974 du Conseil de sécurité des Nations-Unies. Dans cette résolution, l'ONU rappelle que l'intervention directe ou indirecte dans les affaires internes d'un autre État, pour quelque raison que ce soit, est interdite[1280]. Ce principe est également réaffirmé avec une grande précision dans le protocole portant création du Conseil de sécurité[1281].

Ce protocole réaffirme dans son article 4 paragraphe e, f et g, le respect de la souveraineté politique et de l'intégrité territoriale des États membres d'une part, et d'autre part, la non-ingérence d'États membres dans les affaires intérieures d'un autre État membre et enfin, la souveraineté et l'indépendance des États membres[1282]. Dans le cadre régional, l'UA a consacré la non-ingérence dans les affaires intérieures des États[1283].

Ainsi, le respect de la souveraineté politique est un principe universellement reconnu. En droit communautaire, la souveraineté politique des États de la CEDEAO est consacrée par le protocole relatif aux mécanismes de prévention, de gestion, de règlement des conflits, de maintien de la paix et de la sécurité via son article 2 qui souligne l'égalité des États souverains[1284], l'intégrité territoriale et l'indépendance politique des États membres[1285] comme principes de l'organisation sous-régionale.

[1280] Ibid.

[1281] S. F. SOBZE, *Le maintien de la paix et de la sécurité et le règlement des différends en Afrique subsaharienne : réflexion à partir des cas malien, sud-soudanais et centrafricain*, p.20 www.afrilex.u-bordeaux4.fr consulté le 06/11/2018

[1282] Ibid.

[1283] Voir à ce propos, l'article 4 (g) *« Non-ingérence d'un État membre dans les affaires intérieures d'un autre État membre »*.

[1284] La souveraineté politique est consacrée dans l'article 2 paragraphe (e) et (f) du protocole relatif aux mécanismes de prévention, de gestion, de règlement des conflits, de maintien de la paix et de la sécurité.

[1285] Article 2 paragraphe (f)

Chaque État membre de la CEDEAO est ainsi tenu au respect de la souveraineté politique des autres États. Autrement dit, les États sont tous égaux en droits et en obligations et sont les seuls à pouvoir décider de leurs affaires intérieures, principalement le mode de gouvernement et la désignation des gouvernants. Ainsi, les États exercent leur souveraineté politique sur l'ensemble de leur territoire. Le droit communautaire de la CEDEAO et le droit interne consacrent respectivement la souveraineté politique de tous les États membres de l'organisation. Il postule également que chaque État a une totale liberté législative et de l'action gouvernementale. L'État exerce aussi cette liberté sur son pouvoir judiciaire. Ainsi, la souveraineté politique des États a pour corollaire la non-ingérence dans les affaires intérieures des États.

2. La non-ingérence dans les affaires intérieures des États

L'ingérence s'entend comme l'immixtion sans titre dans la gestion des affaires d'autrui[1286]. Elle est prohibée en droit international via la charte des Nations Unies[1287] et par l'UA. C'est également le cas en droit communautaire de la CEDEAO, qui rappelle l'égalité des États souverains et l'indépendance politique des États. Elle trouve aussi son fondement dans la résolution 2625 du 24 octobre 1970 du Conseil de sécurité de l'ONU. Elle a été également prohibée par la jurisprudence de la Cour Internationale de Justice dans l'affaire des activités militaires et paramilitaires des USA au Nicaragua et l'affaire Ouganda contre RDC[1288].

La désignation des gouvernants relève incontestablement de la souveraineté politique et juridique des États. Dans sa jurisprudence, la

---

[1286] G. CORNU, *Vocabulaire juridique*, op. cit., P. 547.

[1287] Article 2 paragraphe 7 de la Charte des Nations Unies.

[1288] Voir à ce propos, Abdel Wahab BIAD, *Affaire des activités armées sur le territoire du Congo, République Démocratique du Congo contre Ouganda, arrêt du 19 décembre 2005*, bulletin du CREDHO N° 16 décembre 2006, disponible sur le lien http://www.credho.org/credho/travaux/biad162006.pdf

Cour Internationale de Justice est arrivée à la conclusion que la non-ingérence dans les affaires des États concerne à la fois les affaires intérieures et extérieures des États[1289].

Cependant, les États peuvent décider librement et volontairement de limiter leur souveraineté politique et juridique via des engagements internationaux ou communautaires.

Au regard de tout ce qui précède, il ressort que la CEDEAO a l'obligation de respecter la souveraineté politique de chaque État membre de l'organisation, en s'abstenant d'intervenir directement ou indirectement dans la gestion des affaires politiques des États.

Cependant, il convient de rappeler que la souveraineté politique des États, consacrée par le droit international et le droit communautaire, n'est pas absolue. Elle est assouplie par le droit international et singulièrement par le droit communautaire de la CEDEAO.

B. L'assouplissement de la souveraineté politique des États

Il a fallu dépasser la contradiction entre souveraineté et démocratie[1290] pour admettre l'implication des organisations internationales dans ce domaine. La charte des Nations-Unies a consacré le principe fondamental de la non-ingérence dans les affaires intérieures des États[1291]. Ce principe a été repris dans des résolutions notamment celle du 20 décembre 1965 de l'Assemblée Générale[1292].

[1289] Voir arrêt du 27 juin 1986 de la CIJ sur les activités militaires et paramilitaires, p.108 paragraphe 205.

[1290] M. CHEMILLIER GENDREAU, *Nations Unies et démocratie in* K. BANNELIER-CHRISTAKIS, Th. CHRUSTAKIS Th., M-P. LANFRANCHI, S. MALJEAN-DUBOIS, A-Th., NORODOM (dir), *70 ans des Nations Unies : quel rôle dans le monde actuel ?* Op. cit., p.145.

[1291] Voir l'article 2 paragraphe 1 de la Charte.

[1292] Résolution 2131 (XX) « *déclaration sur l'inadmissibilité de l'ingérence dans les affaires internes des États et la protection de leur indépendance et de leur souveraineté* ».

Dans le cadre régional africain, de l'OUA à l'UA[1293], l'organisation consacre également dans son Acte Constitutif, ce principe universel des relations internationales. Il a été repris et consacré par des décisions de l'organisation. Cependant, on observe une affirmation et une consécration de ce principe au niveau régional, allant même parfois, à l'encontre du droit international des droits de l'homme[1294].

Dans le même temps, on observe que l'autonomie constitutionnelle des États est de plus en plus encadrée et limitée par la légitimité démocratique[1295]. Nous parlerons ici des mesures communautaires restreignant la souveraineté politique des États. Nous reviendrons largement sur les nouveaux concepts universels limitatifs de la souveraineté des États.

L'obligation de respecter la souveraineté politique des États implique que la CEDEAO s'abstienne de s'impliquer dans la gestion des affaires intérieures des États.

Il ressort que ce principe a été progressivement assoupli en droit international. Dans le cadre régional, l'UA assouplit de manière significative la souveraineté politique des États. En effet, l'UA se donne le droit d'intervenir dans un État membre sur décision de la Conférence des chefs d'État et de Gouvernement, dans certaines circonstances graves, à savoir : les crimes de guerre, le génocide et les crimes contre l'humanité[1296], la condamnation et le rejet des changements anticonstitutionnels de gouvernement[1297]. Le droit communautaire de la CEDEAO assouplit également ce principe pour des raisons similaires.

[1293] Voir notamment l'article 4 (h) de l'Acte constitutif de l'UA.

[1294] Voir à ce propos, S. N TALL, *Gouvernance du secteur de la sécurité en Afrique de l'Ouest. Cas du Sénégal*, CEDAF, 2008, cité par T. TIAW, *La protection internationale des droits de l'homme dans les situations de crises en Afrique : Le droit à l'épreuve des faits*, L'Harmattan 2014, p.273.

[1295] R. BEN ACHOUR, *Rapport introductif* in R BEN ACHOUR (dir.), *Les changements anticonstitutionnels de gouvernement, approches de droit constitutionnel et de droit international*, op. cit., p.24.

[1296]Article 4 (h) de la Charte de l'UA

[1297] Article 4 (p) ibid.

1. Un principe assoupli par le droit communautaire

Au même titre que la liberté des individus est encadrée et limitée dans la sphère interne des États, pour la nécessité du respect de la liberté et des droits des autres, la souveraineté politique des États dans la sphère du droit international est limitée et encadrée par la nécessité de la coexistence des sujets du droit international[1298]. Le postulat selon lequel aucune limite n'est possible à la souveraineté politique de l'État n'est plus admis. La souveraineté est intangible,[1299] mais n'est plus absolue. La charte des Nations Unies montre l'exemple, pourrait-on dire, en affirmant d'une part, avec force, la souveraineté des États dans son article 2 paragraphe 1.

D'autre part, les dispositions de ce texte assouplissent considérablement cette souveraineté politique des États. Il en va de même du droit communautaire de la CEDEAO au nom de la nécessité de l'intégration et de la coopération sous-régionale.

Les États membres de la CEDEAO, lui ont donné mandat d'intervenir dans la désignation de leurs gouvernants en cas de manquements aux règles de droit international ou communautaire.

On l'a vu plus haut, les États membres de la CEDEAO ont adhéré à des instruments juridiques qui les obligent à respecter des engagements communautaires limitant la liberté législative et constitutionnelle et permettant à la CEDEAO d'intervenir en cas de violation de ceux-ci.

Les juges communautaires ont plusieurs fois rappelé aux États que leur souveraineté législative et constitutionnelle ne les autorisait pas pour autant au manquement à leurs engagements. En effet, ils sont arrivés à la conclusion que si donc le principe de l'autonomie constitutionnelle et politique des États implique sans conteste que ceux-ci aient la latitude de déterminer le régime et les institutions politiques de leur choix, et d'adopter les lois qu'ils veulent, cette liberté doit s'exercer en

---

[1298] P. DAILLIER et A. PELLET, *Droit international public*, L.G.D.J novembre 2002 *p* 424

[1299] A. HAQUET, *Le concept de souveraineté en droit constitutionnel français*, op. cit., p.55.

conformité avec les engagements que ces États ont souscrits en la matière[1300].

L'obligation du respect des engagements conventionnels communautaires, notamment, l'intégration économique, politique et juridique des États de la sous-région, exige des pouvoirs exécutifs, législatifs et judiciaires des États membres, de se conformer aux principes centraux fixés par le droit communautaire. Aussi, comme nous le verrons dans la section 2 de ce chapitre, les États s'imposent unilatéralement des clauses constitutionnelles limitatives de leur souveraineté au profit de la réalisation d'une intégration africaine. Ces clauses s'étendent sur l'ensemble des composantes de la souveraineté politique. Voyons à présent les textes communautaires restreignant la souveraineté politique des États.

2. *Les textes communautaires assouplissant la souveraineté politique des États*

La CEDEAO a mis en place un certain nombre de textes juridiques, assouplissant de manière significative la souveraineté politique des États. Le traité révisé de 1993 est le texte communautaire référentiel à ce sujet[1301].

Par la suite, l'organisation a adopté d'autres textes juridiques qui allaient dans le même sens, avec, au premier chef, le protocole relatif aux mécanismes de prévention, de gestion, de règlement des conflits, de maintien de la paix et de la sécurité, mais aussi le protocole additionnel sur la démocratie et la bonne gouvernance, l'Acte additionnel portant régime de sanctions à l'encontre des États membres qui n'honorent pas leurs obligations vis-à-vis de l'organisation ou encore l'emblématique protocole sur la lutte contre la corruption.

[1300] Jugement N° ECW/CCJ/JUG/16/15, *Aff.*, N° ECW/CCJ/APP/19/15 CE du juillet 2015 paragraphe 31.

[1301] Voir notamment l'article 5 du traité révisé de 1993.

S'agissant de ce dernier texte, il impose aux États l'adoption de mesures législatives et réglementaires permettant la prévention et la lutte contre la corruption. Il s'intéresse même au mode de recrutement des fonctionnaires publics des États membres et à l'acquisition des biens et service de l'État[1302]. Il s'intéresse également à la fiscalité notamment aux impôts des États[1303], à la déclaration de biens, de revenus et de dettes des agents publics ainsi que celles de leurs conjoints et enfants[1304] et sur les conflits d'intérêts[1305].

Ce texte exige aux États en des termes non précis d'adopter des mesures législatives pouvant engager la responsabilité pénale, civile et administrative des personnes morales[1306]. Les États se sont engagés dans ce protocole, à harmoniser leurs législations nationales dans le but de la réalisation des objectifs contenus dans le texte[1307]. Ce protocole assouplit tellement la souveraineté politique des États, qu'il prévoit dans les dispositions antérieures (nationales et internationales) des États, des dispositions contraires aux dispositions contenues dans le texte[1308].

Conformément aux objectifs originaires de l'organisation, soit ceux de 1975, mais aussi à ceux liés au nouveau contexte géopolitique, soit ceux du traité révisé de 1993, les États membres de la CEDEAO ont autorisé celle-ci à lui proposer un cadre juridique sous-régional de référence, auquel la politique intérieure de chaque État membre doit se conformer.

Autrement dit, conformément au droit communautaire, notamment à l'article 5 du traité révisé de 1993, les États membres ont l'obligation d'harmoniser leur politique et leur droit national. Le protocole additionnel sur la démocratie et la bonne gouvernance impose aux États, un modèle d'organisation des institutions étatiques, un modèle de gouvernance, un modèle de fonctionnement des institutions étatiques. Il exige des États d'adopter des mesures constitutionnelles et

[1302] Article 5 paragraphe (b) du protocole sur la lutte contre la corruption.
[1303] Ibid., paragraphe (f)
[1304] Ibid., paragraphe (g).
[1305] Ibid., paragraphe (j)
[1306] Article 11 paragraphe 1 du protocole sur la lutte contre la corruption.
[1307] Article 18 ibid.
[1308] Article 20 ibid.

législatives ne contredisant pas les principes imposés par le droit communautaire.

De même, le protocole portant création de la Cour de justice Communautaire restreint la souveraineté juridique des États membres, en permettant à cette juridiction de rendre des décisions qui s'imposent aux juridictions nationales. C'est-à-dire une juridiction supranationale dont les décisions sont immédiatement exécutoires dans l'ordre interne des États, sans mécanismes internes de réception.

Toutefois, cet assouplissement de la souveraineté politique est parfois mis de côté lors de la gestion des changements anticonstitutionnels de pouvoir. Ainsi que nous le démontrons avec l'exemple malien de 2012. En effet, l'ancien Premier ministre malien Django CISSOKO, qui était secrétaire général de la présidence lors du coup d'État, puis Premier ministre ayant finalisé le processus de transition vers de nouvelles élections démocratiques, nous a affirmé : « Il n'y a pas eu d'atteinte à la souveraineté de l'État malien lors de l'implication de la CEDEAO contre le coup d'État militaire du mars 2012. La CEDEAO a agi en tant qu'une organisation communautaire à laquelle appartient le Mali. Ce qui pour moi donne une légitimité à la CEDAEO, à s'impliquer contre ce coup d'État militaire »[1309]. Pourtant, cette analyse a été contestée par un grand nombre de Maliens. En effet, le sentiment d'une ingérence de la CEDEAO dans les affaires intérieures du Mali aboutit à des manifestations parfois violentes dans les rues de Bamako contre la CEDEAO. C'est ainsi que la délégation de haut niveau de la CEDEAO composé des chefs d'État de certains pays qui devaient se rendre au Mali, conformément au communiqué final de la session extraordinaire de la conférence des chefs d'État et de Gouvernement du 27 mars 2012, pour rencontrer la junte militaire, a été empêchée d'atterrir à l'aéroport de Bamako. Lorsque les avions de ces présidents devraient atterrir à l'aéroport, une foule de manifestants favorable au CNRDRE réussit à envahir la piste d'atterrissage de l'aéroport[1310].

[1309] Django CISSOKO ancien premier ministre du Mali, entretien réalisé le 17 novembre 2016 à Bamako.

[1310] « *Mali : La CEDEAO annule sa venue face à une manifestation pro-junte à l'aéroport de Bamako.* » Article du 29/03/2012 www.rfi.fr consulté le 27/01/2017.

Les chefs d'État ont été contraints d'annuler cette rencontre avec le CNRDRE. Les avions d'autres présidents composant la délégation ont été contraints de faire demi-tour en plein vol[1311]. Ces manifestations contre la CEDEAO démontrent les contestations d'une partie de la population qui estimait que l'organisation s'ingérait trop dans les affaires intérieures de l'État malien.

Il nous faut également noter les assouplissements unilatéraux sans cadre légal. En effet, nous avons expliqué un peu haut que les accords politiques dans la gestion des changements anticonstitutionnels de pouvoir supplantent les constitutions et les dispositions législatives internes des États.

Ces accords imposent une limitation à l'autonomie du législateur, notamment la mise sous curatelle de celui-ci, sans cadre légal explicite. Ainsi, au regard de ce qui précède, il ressort un assouplissement communautaire important de la souveraineté politique des États. Le respect de la souveraineté exige également l'obligation de respecter les territoires des États.

Paragraphe 2 : L'obligation de respecter les territoires des États

Le territoire est l'élément constitutif de l'État dont il forme l'assise géographique. Il détermine le champ d'exercice des compétences de l'État[1312]. Il représente l'étendue de la superficie terrestre, maritime et aérienne sur laquelle un État exerce sa souveraineté politique. Le respect du territoire est un principe universel consacré par le droit international. C'est un principe qui postule que l'État exerce son pouvoir de façon exclusive sur toute l'étendue de son territoire. Le principe de l'obligation du respect du territoire exige des autres sujets de droit international de s'abstenir de toute action pouvant constituer une violation du territoire (A). Toutefois, l'intangibilité des frontières des États est également assouplie (B).

[1311] Voir, « *Mali : La CEDEAO annule sa venue face à une manifestation pro-junte à l'aéroport de Bamako », *article du 29 mars 2012, www.rfi.fr consulté le 14/12/2018.
[1312] G. CORNU, *Vocabulaire juridique,* op. cit., p.1022.

A. L'intangibilité des frontières des États

Le respect des territoires des États a pour corollaire l'intangibilité des frontières des États. En effet, les territoires nationaux des États sont intangibles. Ce principe a été érigé par l'OUA, ancêtre de l'UA, qui consacre avec fermeté l'intangibilité des frontières héritées de la colonisation[1313]. Les États ont l'obligation de respecter les territoires nationaux dans leurs rapports mutuels. Le droit communautaire de la CEDEAO consacre dans le protocole relatif aux mécanismes de prévention, de gestion, de règlement des conflits, de maintien de la paix et de la sécurité, l'intégrité territoriale des États membres[1314].

Ainsi la CEDEAO et les États membres doivent s'abstenir de s'ingérer dans les affaires internes des autres États et de porter atteinte à leur intégrité territoriale. Le respect de l'intégrité territoriale permet de garantir aux États l'interdiction de la violation du territoire par les troupes armées d'un État tiers. Les États membres de la CEDEAO sont tenus de respecter ces principes dans leurs rapports mutuels.

1. L'inviolabilité du territoire étatique dans les relations internationales

L'État exerce sa souveraineté sur l'ensemble de son territoire national et celui-ci est donc inviolable et intangible[1315]. En effet, le territoire de l'État est traité par les règles du droit international comme une aire réservée d'exercice de ses pouvoirs par l'État territorial[1316].

Le droit international consacre l'inviolabilité du territoire étatique et prohibe l'exercice d'activités militaires illégales sur le territoire d'un

---

[1313] Article 4 (b)
[1314] Article 2 paragraphe (f).
[1315] R. RIVIER, *Droit international public*, 2e éd. PUF 2013, pp.261 et s.
[1316] Ibid., p.261

État. En d'autres termes, l'usage de la force armée dans le territoire d'un État tiers est prohibé par le droit international. Cette prohibition s'étend également aux organisations internationales qui doivent s'abstenir de toutes les actions tendant à l'exercice d'une activité militaire ou paramilitaire sur le territoire d'un autre État qui n'y consent pas. L'interdiction de la violation du territoire est un principe de limitation absolue du droit international. Ce principe ne trouve aucune atténuation du droit positif.

Toutefois, il faut tempérer ce propos. Dans certaines conditions limitatives du droit international, un État ou une organisation internationale peuvent être amenés à violer le territoire d'un État tiers. Ainsi que nous l'expliquerons un peu plus loin dans nos développements.

Mais observons ici lá règle que l'intervention militaire d'un État tiers ou d'une organisation internationale dans le territoire d'un État est totalement proscrite par le droit international. Le droit international consacre la souveraineté des États et privilégie le règlement non violent des différends entre les États.

2. L'obligation de régler pacifiquement les différends

Ce principe, conforté par la charte des Nations Unies et rappelé avec insistance dans des résolutions du Conseil de Sécurité notamment, 2625 du 24 octobre 1970 exige des États de régler leurs différends par des modes et procédés excluant le recours à la menace ou à la force. La Charte de l'UA le consacre en interdisant de recourir ou de menacer de recourir à l'usage de la force entre les États membres de l'Union[1317]. Raphaël Rivier fait remarquer à juste titre que cette prohibition ne peut se prévaloir de la réalisation d'office d'un droit propre qu'un État peut prétendre tirer du droit international[1318].

[1317] Article 4 (f) de la Charte.

[1318] À ce propos, on peut citer ici l'intervention américaine en Iran pour tenter de libérer le personnel diplomatique américain pris en otage par une foule de partisans de l'ayatollah KHOMEYNI ou l'intervention des forces spéciales israéliennes en

Un État tiers ne peut pas non plus intervenir dans le territoire d'un autre État dans le but de rassembler des preuves afin d'établir la responsabilité de celui-ci ou d'un autre État, pour violation de son obligation internationale[1319]. Il ne peut être fait recours, enfin, au prétexte d'une intervention humanitaire. Cette dernière forme est la plus rependue, invoquée pour s'affranchir du principe de l'interdiction de la violation du territoire des États.

En effet, l'interdiction de la violation du territoire est supérieure à la légitimité d'une intervention humanitaire au regard du droit positif international et de la jurisprudence de la Cour Internationale de Justice[1320]. Les États évoquent de plus en plus une nouvelle hypothèse pour faire fi de cette interdiction : « le droit d'ingérence démocratique ». La prohibition ne fonctionne plus cependant face à la légitime défense, un acte conventionnel de droit et une habilitation du Conseil de sécurité de l'ONU.

Dans la pratique, pour intervenir par la force dans un État au nom d'une protection humanitaire ou d'un droit d'ingérence humanitaire, les États ou les organisations internationales font recours au Conseil de sécurité de l'ONU pour trouver une légitimité à leur action militaire.

La prohibition du recours à la force dans le territoire d'un État en dehors de la légitime défense ou d'un mandat du conseil de sécurité de l'ONU, a pour conséquence, le respect de l'intégrité territoriale et la non-ingérence dans les affaires intérieures des États.

Cette prohibition est assouplie par le droit international, mais aussi de manière significative par le droit communautaire.

Ouganda en 1976 pour mettre fin à un détournement d'aéronef. Voir à ce propos aussi, Raphaël Rivier, *Droit international public*, op. cit., p.262.

[1319] Dragage du détroit de Corfou par le Royaume-Uni à la recherche de preuves de violation du droit international par l'État de l'Albanie. Voir à ce propos, Raphaël Rivier, *Droit international public*, 2e éd. PUF 2013, p.262

[1320] Voir à ce propos, Arrêt de la CIJ affaire activités militaires et paramilitaires 1986, p.109, paragraphe 209.

B. L'assouplissement de l'intangibilité des frontières

Le principe universel de l'intangibilité des frontières, repris de manière forte dans le droit de l'UA et de la CEDEAO, est assoupli progressivement par des mécanismes juridiques et la pratique des États. Faut-il le rappeler, au risque de se répéter, la CEDEAO est une organisation subsidiaire de l'UA en matière de sécurité collective. En effet, le système de sécurité collective de l'UA auquel est rattaché celui de la CEDEAO s'est inspiré fortement de celui centralisé des Nations-Unies[1321].

Le système de sécurité, même pas le principe de non-intervention dans les affaires relevant de la compétence nationale des États, n'empêche pas le Conseil de sécurité de faire usage de l'application des mesures coercitives prévues au chapitre VII de la Charte des Nations Unies[1322].

Dans le cadre communautaire de la CEDEAO, le protocole relatif aux mécanismes de prévention, de gestion, de règlement des conflits, de maintien de la paix et de la sécurité et l'Acte additionnel portant régimes de sanctions à l'encontre des États membres qui n'honorent pas leurs obligations vis-à-vis de la CEDEAO, autorise l'emploi de la force légitime dans les frontières d'un État membre dans le cadre de la sécurité collective ou simplement pour le rétablissement ou la restauration de la démocratie.

Pour le dire autrement, ces textes autorisent explicitement l'organisation à entreprendre des activités militaires dans les frontières d'un État membre lorsque celui-ci contrevient à ses obligations communautaires relatives à la paix et à la sécurité et aussi en cas de violations massives et graves des droits de l'homme et en cas de renversement ou de tentative de renversement d'un gouvernement démocratiquement élu. C'est un changement majeur de doctrine que l'organisation a opéré lors de la révision constitutionnelle de 1993, pour

---

[1321] S. F. SOBZE, *Le maintien de la paix et de la sécurité et le règlement des différends en Afrique subsaharienne. Réflexion à partir des cas malien, sud-soudanais et centrafricain*. Op. cit., p.21.

[1322] Ibid.

faire suite à la guerre civile au Liberia et à celle de la Sierra Leone qui se sont soldées par des coups d'État en 1990 et en 1997.

Ces textes assouplissent significativement le principe de l'inviolabilité des frontières des États. En effet, la CEDEAO a élaboré un mécanisme de sécurité collective permettant sous certaines conditions de déroger au principe de l'intangibilité des frontières. Ce dispositif est bâti autour de l'article 58 du traité révisé de 1993. Le droit d'intervention de la CEDEAO tire principalement sa force du protocole relatif au mécanisme de prévention, de gestion des conflits, de maintien de la paix et de la sécurité et l'Acte additionnel portant régimes de sanctions à l'encontre des États qui n'honorent pas leurs obligations vis-à-vis de la CEDEAO.

Ainsi, en application du protocole relatif aux mécanismes de prévention, de gestion des conflits, de maintien de la paix et de la sécurité, sur initiative de la conférence des chefs d'États et de Gouvernements, sur décision du Conseil de Médiation et de sécurité, à la demande d'un État membre, de l'UA ou de l'ONU, ou à l'initiative du président de la Commission, la CEDEAO peut intervenir militairement dans un État membre en cas de violations graves et massives des droits de l'homme ou de remise en cause de l'État de droit, en cas de renversement ou de tentative de renversement d'un gouvernement démocratiquement élu…[1323].

Ce protocole élargit de manière significative les conditions d'intervention de la CEDEAO. Toutefois, restant dans notre cas d'étude, nous avons fait le choix de limiter notre propos aux conditions relatives à la violation des droits de l'homme, de remise en cause de l'État de droit ou d'atteinte aux principes démocratiques. De même l'article 6 (xv) de l'acte additionnel portant régimes de sanctions à l'encontre des États membres qui n'honorent pas leurs obligations vis-à-vis de la CEDEAO, autorise l'imposition de la paix ou la restauration de l'ordre constitutionnel par l'utilisation de la force légitime.

L'enjeu de cette nouvelle architecture juridique visait à briser la rhétorique de l'intangibilité des frontières dans la gestion des

[1323] Articles 22, 25 et 26 combinés.

changements anticonstitutionnels de pouvoir. La volonté des États explicitement exprimée dans les instruments juridiques du droit communautaire assouplit incontestablement le principe de l'inviolabilité des frontières.

En revanche, cette ingérence se limite uniquement aux domaines couverts par la volonté de l'État, dans l'acte juridique. Les États membres de la CEDEAO autorisent l'organisation dans les instruments juridiques susmentionnés, à utiliser la force à l'intérieur de leurs frontières contre une tentative ou un changement anticonstitutionnel de pouvoir.

Cela dit, au regard de tout ce qui vient d'être dit dans cette section sur la souveraineté, il semble que l'interprétation du sacro-saint principe universel de la non-ingérence dans les affaires internes des Etats, constitue pour la CEDEAO un obstacle au règlement et à la gestion des changements anticonstitutionnels.

Toutefois, l'émergence de nouveaux concepts de droit international permet à l'organisation une interprétation extensive de l'assouplissement de la souveraineté lui permettant d'agir contre le changement anticonstitutionnel de pouvoir.

SECTION 2 : L'EMERGENCE DE NOUVEAUX CONCEPTS LIMITANT LA SOUVERAINETE DES ÉTATS

Les restrictions aux principes de l'interdiction du recours à la menace et à la force dans les relations internationales et du respect de la souveraineté des États (politique et territoriale) découlent principalement de la volonté des États. Cette volonté peut être exprimée dans un instrument juridique international dans lequel l'État s'engage à faire ou à ne pas faire quelque chose.

Toutefois, il faut noter l'émergence de nouveaux concepts dans les relations internationales, découlant principalement de la doctrine et de la pratique des États (paragraphe 1). La limitation de la souveraineté étatique peut aussi résulter d'une volonté unilatérale de l'État dans la constitution (paragraphe 2).

Paragraphe 1 : L'émergence de nouveaux concepts dans les relations internationales

Les droits de l'homme et le droit humanitaire limitent considérablement la souveraineté et la liberté des parties dans un conflit notamment lorsqu'elles font recours à la force légitime.

En effet, le Comité International de la Croix Rouge (CICR) définit le droit humanitaire comme l'ensemble des règles d'origine coutumière ou conventionnelle et destinées spécifiquement à régler les problèmes humanitaires qui peuvent découler directement ou indirectement d'un conflit armé qu'il soit interne ou international. Il limite pour des raisons humanitaires le droit et la liberté des parties dans un conflit à recourir à des méthodes ou des moyens de leur choix. Il protège les personnes et les biens qui peuvent être affectés par le conflit[1324]. La souveraineté ne serait-elle plus, dès lors, un principe qu'une partie dans un conflit peut invoquer pour prendre une liberté sur le choix des moyens et des méthodes à utiliser ?

Selon Caroline Fleuriot, le droit d'ingérence humanitaire ou « devoir d'ingérence humanitaire » est apparu à la suite de la guerre du Biafra en 1960[1325]. Il a été acté en droit international par le protocole additionnel I de 1977 aux Conventions de Genève de 1949 relatif à la protection des victimes des conflits armés internationaux. Ce texte précise en son article 70 paragraphes 1 et 2, que les offres de secours qui ont un

---

[1324] Voir diverses documentations du CICR et notamment les travaux de Jean Pictet. Cette définition a été citée par Hans Peter Gasser in Michel-Cyr DJIENA-WEMBOU et D. FALL *Droit international humanitaire, théorie générale et réalité africaine* éd. L'Harmattan 2000, p.32

[1325]C. FLEURIOT, « *Droit d'ingérence humanitaire, où en est-on?* » Le Monde Diplomatique, article de septembre 2008, p.24 disponible sur https://www.monde-diplomatique.fr/2008/09/FLEURIOT/16264 consulté le 09/03/2019 consulté le 09/03/2019.

caractère humanitaire impartial ne doivent pas être considérées comme une ingérence ou un acte hostiles[1326].

Elle postule que pour des raisons humanitaires, un sujet de droit international peut allègrement violer la souveraineté d'un État lors d'une crise sécuritaire, dans le but d'apporter une assistance humanitaire à des civils. Récemment, le concept a été étendu au droit d'ingérence démocratique. Ce nouveau concept autorise un sujet de droit international, à intervenir dans un autre État, dans un but purement démocratique.

Ce nouveau concept, né lors de la guerre du Biafra au Nigeria dans les années 1960, promu par Mario BETTATI au niveau du droit et au niveau politique par Bernard KOUCHNER, a connu très récemment un essor notamment lors de l'intervention militaire américaine en Irak de 2003 et celle de l'OTAN de 2011 en Libye. Bien qu'elle soit véritablement polysémique, ce concept constitue incontestablement une limitation de la souveraineté des États.

A. L'émergence de nouveaux concepts assouplissant la non-ingérence dans les affaires intérieures des États

L'ingérence : le mot faisait peur, il semblait synonyme de viol. Pourtant, rien n'est plus consenti, dans la mesure où l'intervention répond toujours à un appel au secours[1327]. L'inverse relève de la non-assistance de personne en danger[1328]. Elle est perçue par certains observateurs comme une brillante invention de la diplomatie[1329].

[1326] Ibid.

[1327] B. KOUCHNER, *A qui appartient le malheur des autres ? Imaginaire et inconscient*, n°1, 2005, p.29 cité par Noémie BLAISE, *La responsabilité de protéger : Les écueils d'une consécration juridique tant attendue*, revue juridique de droit international et comparé, 2011, n°4. p.578.

[1328] Ibid.

[1329] Noémie BLAISE, *La responsabilité de protéger : Les écueils d'une consécration juridique tant attendue*, revue juridique de droit international et comparé, 2011, n°4. p.578.

Nous avons observé un peu plus haut dans la précédente section que le principe de la non-ingérence dans les affaires intérieures des États est consacré par la charte des Nations Unies[1330].

La non-ingérence dans les affaires intérieures des États et l'interdiction du recours à la force dans les relations internationales sont d'abord et avant tout la reconnaissance de ce que, l'État a une compétence exclusive sur son territoire interne[1331].

Ainsi, les États ont l'obligation dans les relations internationales de s'abstenir d'intervenir dans les affaires internes des autres États.

Toutefois, les États et les organisations internationales doivent-ils rester indifférents face à des violations massives des droits de l'homme dans un État ou face à des atrocités et/ou des crimes commis par un gouvernement sur son peuple ? Une réponse négative reviendrait à qualifier une telle attitude de non-assistance à personne en danger.

En effet, comme l'observe avec raison le professeur Philippe LAGRANGE et Patricia BUIRETTE, les organisations internationales notamment humanitaires doivent observer la neutralité absolue et l'impartialité dans leur action[1332]. Ce qui leur interdit de s'ingérer dans la gestion des affaires intérieures d'un État[1333].

Cette obligation de la neutralité que la Croix-Rouge s'auto-impose lui a causé du tort lors de la guerre du Biafra[1334]. L'organisation, *Médecins sans frontières*, a marqué une rupture avec le principe de la neutralité dans l'action humanitaire lors de la guerre du Biafra[1335] donnant ainsi naissance à l'ingérence humanitaire. Cette rupture a consisté à recourir

[1330] Article 2.7 de la Charte des Nations Unies.
[1331] P. DAILLIER et A. PELLET, *Droit international public*, op. cit., p.435.
[1332] P. LAGRANGE, *Neutralité de l'action humanitaire et relativisme culturel*, in Mélanges en l'honneur de Patricia BUIRETTE, *Vers un nouvel ordre juridique humanitaire* LGDJ 2016, p.176. Voir également à ce propos, P. BUIRETTE et P. LAGRANGE, *Le droit international humanitaire*, La découverte 2008, p.13 à 19.
[1333] Ibid. p.177.
[1334] Ibid., p.178.
[1335] P. LAGRANGE, *Neutralité de l'action humanitaire et relativisme culturel*, in Mélanges en l'honneur de Patricia BUIRETTE, *Vers un nouvel ordre juridique humanitaire*, LGDJ 2016, p.178.

à la dénonciation, à l'information, la pratique d'intervention clandestine et le rapprochement d'initiatives privées et publiques[1336].

Le principe de l'obligation du respect de la souveraineté a ainsi été assoupli progressivement par la pratique des États et des organisations internationales dans les relations internationales grâce au devoir d'ingérence humanitaire ou très récemment le droit d'intervention démocratique.

L'universalisme des droits de l'homme et des principes de la démocratie, le droit d'ingérence humanitaire et le droit d'ingérence démocratique ont été progressivement intégrés dans les relations internationales, sur lesquels les organisations internationales telles que la CEDEAO, peuvent fonder la légitimité d'une intervention dans un État tiers, sans l'accord préalable des autorités.

Ils constituent les motifs sur lesquels se fondent les organisations internationales telles que la CEDEAO, pour intervenir dans un État membre, sans l'accord préalable des autorités. Pour les professeurs Patrick DAILLIER et Alain PELLET[1337], l'acte constitutif de l'Union Africaine a eu le courage, du moins sur le papier, de consacrer cette obligation comme un principe de l'organisation, le droit de l'Union d'intervenir dans un État membre sur décision de la conférence, dans certaines circonstances graves, à savoir : les crimes de guerre, le génocide et les crimes contre l'humanité[1338].

1. L'ingérence autorisée

La désignation des gouvernants des États a été pendant longtemps une question de souveraineté exclusive des États. L'universalisme des droits de l'homme, des principes et valeurs démocratiques ont permis

---

[1336] P. BUIRETTE et P. LAGRANGE, *Le droit international humanitaire*, La découverte 2008, p.72.

[1337] Ibid., p.449

[1338] Voir article 4.h) de la charte de l'Union Africaine.

de légitimer l'intervention des États tiers et des organisations internationales dans les États.

Le respect des droits de l'homme et des principes démocratiques, notions d'origine purement doctrinales, est consacré par les États et les organisations internationales dans les relations internationales comme des principes qui ne sont pas couverts par la doctrine du principe de la non-ingérence dans les affaires internes États.

La coopération et l'aide des États et des organisations internationales à l'endroit des États « faibles » ont été progressivement conditionnées par le respect des droits de l'homme et des principes démocratiques[1339]. Les États ont également fait allégeance à ces principes universellement connus, en s'engageant avec les organisations internationales à respecter ceux-ci.

En ratifiant le protocole additionnel de la CEDEAO sur la démocratie et la bonne gouvernance[1340], les États ont l'obligation de se conformer aux exigences démocratiques énoncées dans ce texte. Cependant, le non-respect de la démocratie ne semble pas suffisant pour justifier une atteinte légitime à la souveraineté.

En effet, la doctrine exige des violations massives et graves des droits de l'homme, des crimes contre l'humanité, des crimes de guerre, de génocide. L'accent ne semble pas mis sur la violation, mais sur les victimes[1341].

[1339] Voir à ce propos le discours de La Baule du président français, François MITTERRAND, lors de la 16e conférence des chefs d'État d'Afrique et de France, tenue le 20 juin 1990 à La Baule en France. La conditionnalité de l'aide au développement du gouvernement français aux États africains est assujettie au respect des valeurs démocratiques

[1340] Il convient de rappeler que le Mali a ratifié le protocole additionnel sur la démocratie et la bonne gouvernance le 30/04/2003.

[1341] Y. MENS, *Qu'est-ce qui justifie l'usage des armes ? Propos recueillis de R. Brody et F. Weissman*, Alternatives internationales, septembre 2008, p. 57 et C. STAHN « Responsability to protect : political rhetoric or emerging legal norm ? . 102, cité par Noémie BLAISE, *La responsabilité de protéger : Les écueils d'une consécration juridique tant attendue*, revue juridique de droit international et comparé, 2011, n°4. p.585.

2. *L'universalisme du respect des droits de l'homme*

Les droits de l'homme se définissent simplement comme l'ensemble des droits inhérents à la préservation de la dignité humaine et proclamés dans la sphère civile et politique, voire économique et sociale[1342]. L'internationalisation des garanties des droits de l'homme a entraîné dans son sillage une plus grande attention pour les principes de légitimité démocratique[1343].

L'universalisme des droits de l'homme et le développement du droit international humanitaire ont tempéré l'exclusivité de la souveraineté des États[1344]. L'individu est mis au-dessus du principe de la souveraineté et de la non-ingérence dans la gestion des affaires intérieures des États.

Certains États membres de la CEDEAO sont partis au-delà même d'une protection juridique des droits de l'homme en instituant des « tribunaux populaires »[1345] de droits de l'homme. La nécessité de la protection des droits l'homme a conduit par exemple le Mali à instituer un Espace d'Interpellation Démocratique (EID), qui se veut un cadre permettant de rendre la justice devant tout le monde à l'occasion d'une session de ce mécanisme alternatif de règlement des crises[1346].

Les violations massives des droits de l'homme ont conduit les États et les organisations internationales à apporter un assouplissement au principe de non-ingérence dans les affaires intérieures des États. Les

---

[1342] *Dictionnaire du vocabulaire juridique 2017, 8e éd.*, p.223.

[1343] R. BEN ACHOUR, *Rapport introductif* in R. BEN ACHOUR (dir.), *Les changements anticonstitutionnels de gouvernement, approches de droit constitutionnel et de droit international*, op. cit., p.18.

[1344] P. BUIRETTE et P. LAGRANGE, *Le droit international humanitaire,* La découverte 2008, p.83.

[1345] Il s'agit ici d'une instance non juridictionnelle instituée au Mali, qui a lieu tous les 10 décembre, au cours de laquelle des débats ont lieu sur des cas de violations des droits de l'homme. Le professeur Éloi DIARRA qualifie cette instance « de droits de l'homme sous l'arbre à palabre ».

[1346] Voir à ce propos, E. DIARRA, *L'espace d'interpellation démocratique ou les droits de l'homme sous l'arbre à palabre* in J.-F. AKANDJI-KOMBE (coord.) *L'homme dans la société, Mélanges en l'honneur du professeur Paul TAVERNIER*, Bruylant 2013, p.665-691.

États ont été particulièrement méfiants à l'égard de cet assouplissement. Le leadership canadien et de l'ONU, qui a porté ce message dans les relations internationales, a réussi à produire des effets[1347]. Le concept de responsabilité de protéger semble faire accepter l'idée d'une ingérence humanitaire[1348]. Les fondements du concept d'ingérence sont sociologiques et philosophiques[1349].

Dans le cadre sous-régional de l'Afrique de l'Ouest, la CEDEAO a mis en place un important dispositif juridique et institutionnel assouplissant remarquablement la souveraineté des États pour protéger les droits de l'homme. Les institutions et les organes complémentaires de l'organisation peuvent, en application du droit communautaire, adopter des mesures pouvant constituer un droit d'ingérence dans un État membre pour violations massives des droits de l'homme. Le traité révisé de la CEDEAO, le protocole portant mécanisme de prévention, de gestion, de règlement des conflits, de maintien de la paix et de la sécurité et son protocole additionnel sur la démocratie et la bonne gouvernance sont autant de normes juridiques communautaires assouplissant la souveraineté des États membres de l'organisation dans le but de protéger les droits de l'homme. Il faut aussi noter l'Acte additionnel portant régime de sanctions à l'encontre des États membres qui n'honorent pas leurs obligations vis-à-vis de l'organisation et le protocole du 6 juillet 1991 portant création de la CJC, amendés le 19 janvier 2005 lors de la 28e session de la conférence des chefs d'États et de Gouvernements. Toujours dans le cadre sous-régional, le droit de la CEDEAO notamment le protocole relatif aux mécanismes de prévention, de gestion, de règlement des conflits, de maintien de la paix et de la sécurité autorise explicitement le recours à la force dans un État membre en cas de violations graves et massives des droits de l'homme. Et aussi, comme dit un peu plus haut en d'autres termes, la CJC condamne régulièrement les États membres qui ne respectent pas les droits de l'homme.

1347 Voir à ce propos, T. TIAW, *La protection internationale des droits de l'homme dans les situations de crises en Afrique : Le droit à l'épreuve des faits*, L'Harmattan 2014, p.284.
1348 Ibid., p.274.
1349 Ibid., p.279.

Pour leur part, le devoir d'ingérence ou la responsabilité de protéger ou encore l'ingérence humanitaire sont des nouveaux concepts du droit international contemporain qui ont émergé dans les relations internationales et tirant principalement leur source de la protection universelle des droits de l'homme. Il nous a semblé que ces nouveaux concepts du droit international public ont été actés très récemment en droit international, notamment, la responsabilité de protéger après la guerre au Kosovo au cours de laquelle l'OTAN (Organisation du Traité de l'Atlantique Nord) est intervenue de façon militaire sans un mandat explicite du Conseil de sécurité de l'ONU. L'ancien secrétaire général de l'ONU Koffi ANNAN a beaucoup œuvré pour la reconnaissance universelle de ces concepts qui permettent de mettre fin aux violations des droits de l'homme[1350] et du droit international humanitaire.

C'est ainsi qu'en septembre 2005, lors du 60e sommet mondial de l'ONU, l'Assemblée Générale a adopté le principe de la responsabilité de protéger sous le titre : Devoir de protéger des populations contre le génocide, les crimes de guerre, le nettoyage ethnique et les crimes contre l'humanité. Ce principe a été entériné le 28 avril 2006 par le conseil de sécurité dans la résolution 1674 concernant la protection des civils en situation de conflit.

La très controversée intervention militaire de la coalition de l'OTAN en Libye qui débute le 19 mars 2011 sous l'impulsion de la France a été la première opération militaire internationale à être menée au nom de « la responsabilité de protéger ».

Ce principe semble évoluer aussi s'agissant du respect de la démocratie. En effet, le respect de la démocratie et les droits de l'homme sont des notions qui nous ont semblé intimement liées. L'une est inhérente à l'autre.

Ainsi, l'organisation communautaire peut en toute légitimité se fonder sur ces principes universels pour mener une action militaire contre un

---

[1350] Le 20 septembre 1999 le secrétaire général de l'ONU Kofi Annan avait plaidé pour une application de l'ingérence humanitaire « *de façon juste et cohérente à toutes les régions et à toutes les nations…* ». Voir également à ce propos, J .C ZARKA, *Droit international public* 2e éd. Ellipses Éditions Markéting 2011, p.45

coup d'État dans un État membre, lorsque des violations graves et massives des droits de l'homme sont commises.

Les normes et principes des droits de l'homme imposant un certain comportement aux États ont eu un impact considérable et continu sur l'assouplissement de la souveraineté des États[1351].

Il faut noter que l'apparition du concept de sécurité humaine dans le droit international contemporain modifie de façon significative le principe de la souveraineté.

On entend par sécurité humaine la sureté physique des gens, leur bien-être économique et social et la protection de leurs libertés et droits fondamentaux[1352]. Ce nouveau concept permet le déplacement du débat, de la sécurité territoriale de l'État, notamment l'existence même de l'État, vers la protection du bien-être des personnes, c'est-à-dire le développement humain. Il a favorisé une modification profonde de la notion de souveraineté. Notons également l'émergence du concept de devoir d'ingérence ou la responsabilité de protéger dans le droit international, assouplissant aussi l'interdiction du recours à la force dans les relations internationales.

B. L'émergence du concept de devoir d'ingérence ou la responsabilité de protéger

Le droit d'ingérence est un concept juridique des relations internationales qui demeure juridiquement encore mal défini[1353], au contenu imprécis, aux fondements incertains et à géométrie variable[1354].

1351 A. Peters, *Le droit d'ingérence et le devoir d'ingérence, vers une responsabilité de protéger*, revue de droit international et de droit comparé, Tome LXXIX-2002, Bruylant 2002, p.292.

1352 Plan d'action pour le XXe siècle du secrétaire général des Nations Unies, « Nous, les peuples », issu le 3 avril 2000, chap. IV, §§ 189-253. Voir également à ce propos, A. PETERS, *Le droit d'ingérence et le devoir d'ingérence, vers une responsabilité de protéger*, Revue de droit international et de droit comparé, Tome LXXIX-2002. p.293.

1353 T. TIAW, *La protection internationale des droits de l'homme dans les situations de crises en Afrique : Le droit à l'épreuve des faits*, op. cit., p.274.

1354 M. C. DJIENA-WEMBOU, *Le droit d'ingérence humanitaire : un droit aux fondements incertains, au contenu imprécis et à géométrie variable*, RADIC, N°4,

C'est un concept très récent des relations internationales[1355]. L'absence de définition du concept permet l'extension de son champ d'application. Elle peut revêtir plusieurs formes. Elle peut être armée ou non armée[1356].

De tous les concepts d'assouplissement de la souveraineté, l'expression intervention semble plus acceptable que les concepts d'ingérence ou de droit d'ingérence, qui renvoient à l'idée de se « mêler de ce qui ne nous regarde pas »[1357]. Il a progressivement évolué dans le temps, dans sa forme et dans sa mise en œuvre.

Les acteurs du droit international privilégient de nos jours le concept de responsabilité de protéger ou l'ingérence humanitaire. Toutefois, rappelons que cette notion juridique a été créée avec des fondements moraux.

1. Une notion juridique créée avec des fondements moraux

Dans sa mise en œuvre, l'ingérence humanitaire a soulevé des interrogations d'ordre politique et juridique, simplement parce qu'il s'oppose à la volonté de l'État concerné et constitue une ingérence dans les affaires intérieures de l'État[1358]. Ce constat a abouti à un changement des termes du débat[1359]. Cette notion repose essentiellement sur la protection de l'individu contre les violations graves et massives des droits de l'homme notamment en cas d'inaction de l'État, de son incapacité ou de l'inadaptation de sa réponse. La responsabilité de protection de la communauté internationale est subsidiaire à celle de

---

1992, pp.570-591. Voir aussi à ce propos, T. TIAW, *La protection internationale des droits de l'homme dans les situations de crises en Afrique : Le droit à l'épreuve des faits*, op. cit., p.274.

[1355] T. TIAW, *La protection internationale des droits de l'homme dans les situations de crises en Afrique : Le droit à l'épreuve des faits*, op. cit., p.276.

[1356] Ibid., p.279.

[1357] Ibid.

[1358] P. BUIRETTE et P. LAGRANGE, *Le droit international humanitaire,* La découverte 2008, p.82

[1359] Ibid., p.82

l'État concerné[1360]. Cette notion tente de faire croire que l'État reste toujours souverain et qu'il est interdit d'intervenir dans la gestion des affaires intérieures. En réalité, elle contraint l'État à agir, à défaut, la communauté internationale se voit l'obligation de violer légitimement sa souveraineté pour protéger ses populations.

Les expressions « droit d'ingérence », « devoir d'intervention », « intervention humanitaire » font écho à des idées anciennes, moralement défendables, dès lors que des violations graves des droits de l'homme se produisent, perçues comme légitimes, mais sans base juridique[1361]. On peut remonter aux écrits de Saint Augustin et Saint Thomas d'Aquin pour trouver des premières traces de ce concept[1362]. Bernard Kouchner et Mario Bettati sont les hérauts contemporains de cette notion du droit international[1363].

Le concept de devoir d'ingérence est né en 1987 à l'occasion d'une conférence du professeur Mario BETTATI et de Barnard KOUCHNER, sur le thème « Droit et morale humanitaires ».[1364] L'idée même d'ingérence humanitaire est née avant tout d'une pratique d'organisation humanitaire[1365]. Elle a été formalisée lors du colloque « droit et morale humanitaires » organisé en 1987 conjointement par le médecin Bernard KOUCHNER et le juriste Mario BETTATI[1366]. Mais en réalité, l'existence des acteurs de l'action humanitaire internationale et son développement doivent beaucoup à Henry Dunant et à la Croix-Rouge[1367].

[1360] Ibid., p.87.

[1361] M. MASSROURI, *La responsabilité de protéger » in droit pénal humanitaire*, série II, vol.5, Bruxelles, Bruylant, 2009, p. 219 cité par N. BLAISE, *La responsabilité de protéger : Les écueils d'une consécration juridique tant attendue*, op. cit., p.579

[1362] Ibid. p.579.

[1363] C. FLEURIT, Le Monde Diplomatique, *Droit d'ingérence humanitaire, où en est-on ?* op. cit., p.24

[1364] Ibid.

[1365] P. BUIRETTE et P. LAGRANGE, *Le droit international humanitaire,* La découverte 2008, p.72

[1366] Ibid.

[1367] P. LAGRANGE, *Neutralité de l'action humanitaire et relativisme culturel*, in Mélanges en l'honneur de Patricia BUIRETTE, *Vers un nouvel ordre juridique humanitaire*, LGDJ 2016, p.176. Voir également à ce propos, P. BUIRETTE et P. LAGRANGE, Le droit international humanitaire, La découverte 2008, p.13 à 19.

Le plaidoyer de Bernard KOUCHNER et de Mario BETTATI a influencé les plus hautes autorités françaises. L'ancien président français François MITTERRAND déclarait déjà avec raison en 1989 que l'obligation de non-ingérence s'arrête à l'endroit précis où naît le risque de non-assistance[1368].

L'ancien secrétaire général des Nations-Unies, le ghanéen Koffi ANNAN déclarait quant à lui, à propos des génocides au Rwanda et à Sebrenica que si l'action humanitaire constitue effectivement une atteinte inadmissible à la souveraineté, comment devons-nous réagir face à des situations comme celles dont nous avons été témoins au Rwanda ou à Sbrenica, devant des violations flagrantes, massives et systématiques des droits de l'homme, qui vont à l'encontre de tous les principes sur lesquels est fondée notre condition d'êtres humains ?[1369]

Progressivement, la notion a fait son chemin pour s'intégrer durablement dans le droit international contemporain. Il a été acté dans des textes juridiques internationaux à travers la résolution du 8 décembre 1988 (N° 43/131) relative à l'assistance humanitaire aux victimes des catastrophes naturelles et situations d'urgence du même ordre », et celle de 1990 (n° 45/100) autorisant l'établissement d'un couloir d'urgence[1370].

Le sous-développement, les conflits et les catastrophes naturelles permettent de justifier la présence des organisations internationales à vocation humanitaire dans un État[1371].

Les graves violations des droits de l'homme ne sont plus perçues comme un motif pouvant légitimer une violation de la souveraineté

[1368] E. SPIRY, *Intervention humanitaire et interventions d'humanité : la pratique française face au droit international, in.* M. MASSROURI, *La responsabilité de protéger, in droit pénal humanitaire*, op. cit.

[1369] K. ANNAN in Rapport de la CIISE (Commission Internationale de l'Intervention et de la Souveraineté des États) *La responsabilité de protéger*, Ottawa, Centre de recherche pour le développement international, 2001, pp. VII-VIII., cité par Ibid. p.581.

[1370] C. FLEURIT, *Droit d'ingérence humanitaire, où en est-on ? op.* cit.

[1371] P. LAGRANGE, *Neutralité de l'action humanitaire et relativisme culturel,* in Mélanges en l'honneur de Patricia BUIRETTE, *Vers un nouvel ordre juridique humanitaire* ? LGDJ 2016, p.175.

d'un État tiers, mais comme une forme d'irresponsabilité de celui qui décide de ne rien faire[1372]. Il convient maintenant d'aborder la notion de responsabilité de protéger en mettant en évidence deux concepts.

Selon ce concept, il incombe principalement à l'État concerné de protéger ses ressortissants. Cette responsabilité est dite primaire ou principale.

Lorsque l'État concerné est incapable de protéger ses ressortissants ou lorsque les violations graves et massives des droits de l'homme sont l'œuvre de l'État lui-même, il incombe à la communauté internationale d'intervenir pour protéger la population contre ces violations inacceptables. Cette responsabilité est dite subsidiaire ou résiduelle.

Cependant, la première responsabilité tient la seconde : elle ne peut être activée que lorsque la première est inactive. En conséquence, la mise en œuvre de la responsabilité résiduelle exige des conditions : une cause juste qui s'apprécie par la perte en vies humaines, l'emploi de la force doit être le dernier recours (il est employé lorsque tous les autres moyens auraient échoué), la proportionnalité des moyens militaires à utiliser, et une autorité appropriée[1373].

Voyons à présent la notion d'ingérence démocratique qui assouplit également l'interdiction du recours à la force, et les abus de cette notion extrêmement vague et imprécise.

2. Le droit d'ingérence démocratique et son instrumentalisation

Dominique TURPIN observe que la démocratie est comme la liberté, un de ces mots qui chantent plus qu'ils ne parlent et au nom desquels

[1372] R. GLAZIER, just *intervention in génocide : Extending the theoretical applications of just war theory* , p.20 M. in MASSROURI, *La responsabilité de protéger, in droit pénal humanitaire*, op. cit. p.580.

[1373] A. PETERS, *Le droit d'ingérence et le devoir d'ingérence, vers une responsabilité de protéger*, op. cit., p.306.

beaucoup de crimes ont été commis[1374]. Ce constat est très révélateur des dérives commises au nom de la démocratie et des droits de l'homme. Le droit d'ingérence démocratique est un concept nouveau du droit international contemporain. Il a émergé progressivement après l'effondrement du bloc soviétique et du Mur de Berlin. Il est incontestablement admis maintenant qu'une organisation internationale peut intervenir dans un État pour imposer la démocratie. Le droit de la CEDEAO impose d'ailleurs cette limitation de la souveraineté des États. On observe en fait une perversion de cette notion par les grandes puissances occidentales.

L'intervention militaire des USA en Irak de 2003 et celle de l'OTAN en Libye en 2011, même si ces beaux exemples sortent de notre cadre d'étude géographique, constituent inéluctablement de bels exemples illustratifs de ces dérives militaires et de ces violations de souveraineté des États au nom de la démocratie et des libertés. Ils permettent de mettre en évidence les perversités de cette notion aux mains des grandes puissances. Le droit d'ingérence démocratique est parfois une notion aux mains des grandes puissances, permettant de justifier une intervention militaire dans un État tiers.

Il n'a jamais existé une véritable démocratie, et il n'en existera jamais[1375] dans l'histoire humaine, simplement le parfait reste un concept relatif.

En revanche, il existe des principes et des valeurs démocratiques universellement connus, que chaque État a l'obligation de respecter et de faire respecter, cela conformément à ses engagements internationaux et aux exigences des standards internationaux consacrés par le droit international.

On assiste à une instrumentalisation de cette notion qui constitue un précieux instrument juridique permettant d'assurer le respect des droits et des libertés dans des États défaillants par les grandes puissances pour défendre leurs intérêts privés dans des tiers.

[1374] D. TURPIN, *Droit Constitutionnel*, PUF 2007 p.212

[1375] Ibid. p.216

Il nous faut maintenant placer la focale sur les situations dans lesquelles les États incluent de façon volontaire dans leur constitution des clauses limitatives de la souveraineté.

Paragraphe 2 : Les clauses constitutionnelles unilatérales restrictives de la souveraineté

Par clauses constitutionnelles limitatives de la souveraineté, il faut entendre l'ensemble des dispositions d'une constitution qui limitent la souveraineté de l'État. Ces clauses sont apparues dans les constitutions de plusieurs États du sud, après les indépendances. En Afrique, elles ont été insérées dans les constitutions grâce à l'influence du panafricanisme notamment après la création de l'Organisation de l'Unité Africaine[1376] ancêtre de l'UA. Elles se sont réellement développées avec l'émergence des organisations. Elles visent généralement à permettre une intégration régionale des États. Elles peuvent être partielles ou totales selon la volonté du constituant.

A. Les clauses constitutionnelles unilatérales d'abandon partiel de la souveraineté

Plusieurs États de la région d'Afrique de l'Ouest affirment explicitement dans leurs constitutions, la volonté d'abandonner totalement ou partiellement leur souveraineté au profit d'une intégration africaine. Si dans l'ordre international, le but de la limitation de la souveraineté vise à maintenir la paix et la sécurité, la protection des droits de l'homme et des libertés et aussi le droit humanitaire, certains États africains ont consacré de façon explicite dans leurs constitutions, un abandon total ou partiel de leur souveraineté au profit de l'unité africaine. L'unité africaine est le principal objectif de cette restriction unilatérale et constitutionnelle de la souveraineté.

[1376] L'OUA est la principale organisation régionale africaine créée le 25 mai 1963.

En effet, le Mali affirme dans sa constitution de février 1992[1377] qu'il est prêt à abandonner partiellement sa souveraineté en signant des accords visant à établir l'unité africaine. Dans sa nouvelle constitution adoptée en 2016, l'État ivoirien peut conclure des accords d'association ou d'intégration avec d'autres États africains comprenant un abandon partiel de sa souveraineté dans le but de réaliser l'unité africaine[1378].

Quant au Niger[1379] et au Burkina[1380], ils affirment dans leur constitution, qu'ils peuvent abandonner partiellement ou totalement leur souveraineté, en signant des accords avec d'autres États africains visant à établir une unité africaine. Ainsi, l'insertion de ces clauses dans les constitutions assouplit la souveraineté des États. Toutefois, ces assouplissements se limitent à une zone géographique précise, le plan régional et sous-régional africain. D'autres États membres de la CEDEAO ont fait le choix des clauses constitutionnelles d'abandon total de la souveraineté.

B. Les clauses constitutionnelles unilatérales d'abandon total de la souveraineté

Certains États membres de l'organisation ouest-africaine ont inséré dans leurs constitutions, des clauses consacrant la possibilité d'abandonner totalement la souveraineté au profit d'une intégration régionale ou sous-régionale. Les États se sont également engagés dans le droit communautaire de la CEDEAO à mettre en commun leur souveraineté dans le but d'une intégration effective de la régionale. La mise en commun de cette souveraineté suppose un abandon partiel ou total de la souveraineté.

[1377] Article 117 de la Constitution du Mali de février 1992 : « *La République du Mali peut conclure avec tout État africain des accords d'association ou de communauté comprenant abandon partiel de souveraineté en vue de réaliser l'unité africaine* ».

[1378] Article 124 de la constitution ivoirienne de 2016.

[1379] Article 172 al.1 de la Constitution de novembre 2011 : « *La République du Niger peut conclure avec tout État africain des accords d'association ou de communauté emportant abandon partiel ou total de souveraineté en vue de réaliser l'unité africaine* ».

[1380] Article 146 de la Constitution du Burkina de 1992 modifiée.

En effet, la constitution nigérienne inscrit dans son préambule : *« Réaffirmons notre attachement à l'unité africaine et nous engageons à tout mettre en œuvre pour réaliser l'intégration régionale et sous-régionale »*. Ce paragraphe du préambule précède les dispositions du titre XI consacrant sa volonté d'abandonner partiellement ou totalement sa souveraineté au profit de l'unité africaine dans les dispositions constitutionnelles.

La constitution nigérienne consacre à la fois l'abandon partiel et total de la souveraineté. Alors que ces États opposent une forte résistance au droit communautaire de la CEDEAO en mettant abusivement en avant leur souveraineté. Encore une consécration du décalage entre les discours des États et leurs actes.

De son côté, celle du Togo est totalement silencieuse sur le sujet créant ainsi un vide juridique. Paradoxalement, le Togo est le meilleur élève en matière de respect du droit communautaire notamment les arrêts de la Cour de Justice de la CEDEAO.

À titre illustratif, en 2005, lors du coup d'État après la mort du président Eyadema, pour la première fois de son histoire, les sanctions coercitives non militaires de la CEDEAO ont permis le rétablissement de l'ordre constitutionnel.

Le Togo s'est conformé aux exigences de la CEDEAO en rétablissant l'ordre constitutionnel sans que l'organisation sous-régionale ne rentre pas dans des difficiles négociations avec les autorités de fait[1381].

[1381] En réponse au coup d'État de 2005 au Togo, le président en exercice de la conférence des chefs d'États et de Gouvernements, le président nigérien Mamadou Tandja dépêche une mission d'information, composée de la ministre des affaires étrangères du Niger, du président du conseil des ministres de la CEDEAO et du président de la commission de la CEDEAO. Elle a eu lieu du 6 au 7 février 2005. À la suite de celle-ci, la conférence des chefs d'États et de Gouvernements a tenu en urgence une session extraordinaire, le 10 février 2005 à Niamey, sous la présidence du président nigérien Mamadou TANDJA.
Le caractère légal d'une telle intervention n'est pas évident. En effet, le Togo avait signé le protocole A/P1/12/99 relatif aux mécanismes de prévention, de gestion, de règlement des conflits, de maintien de la paix et de la sécurité. Ce texte ne prévoit que deux moyens contre le coup d'État et les tentatives de coup d'État : les moyens

Alors que les sanctions imposées sur l'État du Togo semblaient plus politiques que juridiques. En effet, ces sanctions manquaient de cadre juridique de base.

---

pacifiques, notamment la médiation et les bons offices et les moyens militaires notamment le recours à la force. Or, les sanctions imposées par la CEDEAO relevaient du protocole additionnel sur la démocratie et la bonne gouvernance que l'État togolais n'avait pas encore ratifié.
On rappelle ici que le protocole relatif aux mécanismes de prévention, de gestion, de règlement des conflits, de maintien de la paix et de la sécurité prévoit une entrée en vigueur provisoire avant son entrée en vigueur définitive une fois qu'il aura recueilli les 9 ratifications exigées. Il en va autrement du protocole additionnel sur la démocratie et la bonne gouvernance qui n'avait pas prévu une telle mesure provisoire. Autrement dit, au moment de l'intervention, ce protocole n'était d'ailleurs pas entré en vigueur pour l'ensemble des États de la CEDEAO, puisqu'il n'avait pas atteint les 9 ratifications obligatoires à son entrée en vigueur, comme l'exige son article 49.
Cependant, lors de cette session extraordinaire de la conférence des chefs d'États et de Gouvernements, la conférence a rappelé à l'ensemble de ses États membres, l'attachement de l'organisation aux principes annoncés dans le protocole additionnel sur la démocratie et la bonne gouvernance notamment le rejet de tout changement anticonstitutionnel de pouvoir. En vue de permettre le retour à l'ordre constitutionnel, la conférence des chefs d'État et de gouvernance a mis en place trois options. Premièrement, elle a réitéré sa condamnation face à ce changement anticonstitutionnel de pouvoir. Pour cela, la CEDEAO a exigé l'annulation des réformes opérées sur le code électoral et sur la constitution. En conséquence de l'annulation de ces réformes, Faure GNASSINGBE devait renoncer à son poste de Président de la République. Deuxièmement, la CEDEAO prévoit l'option consistant à limiter la transition à six mois, maximum. La mise en œuvre de cette option devait être garantie par la nomination d'un représentant de la CEDEAO auprès du gouvernement de transition. Ce représentant devait avoir pour mission de faciliter la mise en œuvre de la transition et veiller au respect du délai imparti. Le troisième scénario prévoyait la combinaison des deux premiers, c'est-à-dire la mise en place des sanctions prévues à l'article 45 du protocole sur la démocratie et la bonne gouvernance si le gouvernement inconstitutionnellement établi au pouvoir n'obtempérait pas avec la CEDEAO en appliquant soit l'une ou l'autre des premières options. Face à l'impossibilité d'obtenir la mise en œuvre de l'une des deux premières options établies par la conférence des chefs d'États et de Gouvernements, la CEDEAO a mis en place les sanctions conformément à l'article 45 du protocole additionnel sr la démocratie et la bonne gouvernance. Ainsi, le 19 février 2005, la CEDEAO a imposé des sanctions sur le Togo. Elle a suspendu le Togo de toutes les instances de l'organisation. Elle a aussi imposé une interdiction de voyage à tous les dirigeants du Togo. Enfin, tous les États membres de la CDEAO ont rappelé leurs ambassadeurs en poste au Togo.
Comme nous pouvons le constater, la gestion de ce changement anticonstitutionnel de pouvoir au Togo s'est déroulée dans un cadre juridique contestable. Cependant, l'État togolais a accepté de coopérer pleinement avec l'organisation. Il s'est volontairement soumis au respect de ces sanctions.

1. Un cadre juridique contestable des sanctions imposées au Togo

Lorsque le Togo a enregistré en février 2005 une rupture de l'ordre démocratique et constitutionnel, le protocole additionnel sur la démocratie et la bonne gouvernance n'était pas encore entré en vigueur, faute du nombre de signatures exigées. Le Togo a ratifié ce protocole le 20 février 2008. En revanche, le protocole relatif aux mécanismes de prévention de gestion, de règlement des conflits, de maintien de la paix et de la sécurité était provisoirement entré en vigueur pour ce pays.

Le traité révisé de 1993 de la CEDEAO précise que le traité et les protocoles n'entrent en vigueur qu'après leur ratification par neuf États membres conformément aux règles constitutionnelles de chaque État[1382]. Le consentement est la base et le fondement juridique de toutes les obligations en droit international[1383].

Toutefois, le formalisme est de plus en plus atténué par la pratique des États qui semblent admettre des accords en forme simplifiée. Cependant, ce formalisme simplifié ne doit pas altérer le consensualisme lorsque le traité l'affirme explicitement. Le consensualisme demeure la source des obligations du droit international. Les États membres de la CEDEAO ont prévu dans le protocole relatif aux mécanismes de prévention, de gestion, de règlement des conflits, de maintien de la paix et de la sécurité deux situations qu'il convient de préciser : l'attachement de l'organisation à l'égalité des États souverains, l'indépendance politique, son attachement à la promotion et la consolidation de la démocratie, et le respect des droits de l'homme et des libertés. La recherche de cet équilibre semble très difficile pour elle.

Cependant, dans le droit communautaire, les États d'Afrique de l'Ouest sont convenus dans le traité révisé de 1993, la mise en commun partielle et progressive de leurs souverainetés dans le cadre de l'intégration communautaire régionale et dans une volonté politique collective[1384].

[1382] Article 89 du traité révisé de 1993 de la CEDEAO

[1383] Article 16 de la Convention de Vienne sur le droit des traités.

[1384] Paragraphe 5 du préambule du traité révisé de la CEDEAO de 1993.

En dépit de la souveraineté théorique et « première » des États, le droit international rend licite sous certaines conditions, l'emploi de la menace et de la force dans les relations internationales.

CHAPITRE II

LA LICEITE DE LA MENACE ET DE L'EMPLOI DE LA FORCE CONTRE LE CHANGEMENT ANTICONSTITUTIONNEL DE POUVOIR

La licéité désigne la conformité d'un fait ou d'un acte au droit. En droit international, la licéité part du postulat de la conformité d'un acte ou d'un fait émanant d'un sujet de droit international à celui-ci. Cette licéité peut tirer son fondement soit d'une règle du droit international écrit ou coutumier. Ainsi le recours à la menace[1385] et l'emploi de la force dans les relations internationales peuvent trouver leurs fondements juridiques dans des règles conventionnelles écrites du droit international, mais aussi dans la pratique internationale des États. La CEDEAO peut en application du droit international et de son droit communautaire recourir à l'ultimatum et la force proprement dite contre le changement anticonstitutionnel de pouvoir (section 1). Conformément au chapitre VIII de la charte des Nations-Unies, l'organisation internationale se retire de la gestion de ce fléau dans cette sous-région au profit de la CEDEAO (section 2).

SECTION I : LE RECOURS AUX MOYENS COERCITIFS FORCES CONTRE LE CHANGEMENT ANTICONSTITUTIONNEL DE POUVOIR

Par moyens coercitifs forcés, il faut entendre l'ensemble des actes militaires accomplis en vue d'exécuter une sanction internationale contre un État. Ces actes peuvent être des démonstrations militaires ou l'imposition d'un embargo ou d'un blocus militaire comme prévu par la charte des Nations-Unies. La question que l'on peut se poser, la CEDEAO peut-elle aller au-delà du cadre d'emploi de la force prévu

[1385] La menace est perçue ici comme un ultimatum, l'acte par lequel un État ou une organisation internationale exige d'un autre État qu'il adopte en général dans un délai fixé, un comportement déterminé (conforme à ses engagements ou au droit) sous peine de sanctions notamment de mesures de contrainte qui peuvent aller jusqu'au recours à la force armée. Voir à ce propos, Gérard CORNU, *vocabulaire juridique*, 12e édition, PUF 2018. p.1049.

par l'ONU ? L'esprit du législateur communautaire semble favorable à l'utilisation de la violence proprement dite contre le coup d'État et cela au-delà même du cadre prévu par l'ONU.

La CEDEAO a mis en place un dispositif multiple et varié contre le coup d'État. Le droit communautaire prévoit des moyens coercitifs militaires contre ce fait. Ils peuvent se regrouper en deux catégories : d'une part, les moyens coercitifs militaires ne nécessitant pas l'usage de la force proprement dite : l'embargo militaire sur les armes, et des moyens coercitifs militaires nécessitant l'usage de la force proprement dite d'autre part.

En effet, depuis la révision de son traité en 1993, et l'adoption de normes juridiques dans le cadre de la sécurité collective sous-régionale, la CEDEAO s'autorise à utiliser la force contre le changement anticonstitutionnel de pouvoir (paragraphe 1). Cependant, bien que disposant de moyens coercitifs forcés et non forcés contre ce fléau, l'organisation est limitée dans la gestion du changement anticonstitutionnel (paragraphe 2).

Paragraphe 1 : L'emploi de la force contre le changement anticonstitutionnel de pouvoir

La notion de force est employée dans cette étude pour désigner l'ensemble des opérations militaires, notamment aériennes, navales ou terrestres, contre le changement anticonstitutionnel de pouvoir. Les États autorisent explicitement l'organisation sous-régionale[1386] à entreprendre des opérations militaires contre le fléau. Cependant, à l'inverse de la Charte des Nations-Unies[1387], le droit communautaire ne

---

[1386] Voir le protocole relatif aux mécanismes de prévention de gestion, de règlement des conflits, de maintien de la paix et de la sécurité, ainsi que l'Acte additionnel portant régimes de sanctions à l'encontre des États membres qui n'honorent pas leurs obligations vis-à-vis de la CEDEAO.

[1387] La Charte des Nations-Unies, esquisse en son article 42, les formes que peuvent prendre les actions militaires à entreprendre pour donner effet à ses décisions. Celles-ci peuvent comprendre de simples démonstrations militaires, des mesures de blocus et d'autres opérations exécutées par les forces aériennes, navales ou terrestres des États membres de l'organisation.

précise pas la nature des opérations militaires pouvant être utilisées pour donner effet à ses décisions.

La CEDEAO a expérimenté pour la première fois en 1997 le recours aux moyens coercitifs forcés, consistant en des opérations militaires proprement dites contre un coup d'État en Sierra Leone. Toutefois, l'emploi de la force contre ce coup d'État pour rétablir l'ordre constitutionnel était largement permissif (A). L'emploi de la force par l'organisation sous-régionale manquait de cadre juridique (B).

A. Le recours permissif à la force pour rétablir l'ordre constitutionnel en Sierra Leone en 1997

Nous avons rappelé un peu plus haut les faits de ce coup d'État. Nous avons également expliqué les réactions des organisations internationales pour son règlement. En effet, dès l'annonce de ce coup d'État, le Conseil de Sécurité de l'ONU et l'OUA ont multiplié les initiatives visant à rétablir l'ordre constitutionnel. Le 26 mai 1997, l'OUA, à travers son organe central du mécanisme pour la prévention, le contrôle et le règlement des conflits publie un communiqué, dans lequel l'organisation rejette fermement le coup d'État. Lors de la 33e session de la conférence des chefs d'État et de gouvernement de l'OUA tenue du 2 au 4 juin 1997 à Harare au Zimbabwe, l'organisation africaine met la CEDEAO en première ligne dans la gestion de ce coup d'État.

Elle demande explicitement à la CEDEAO (confirmant ainsi de nouveau la subsidiarité entre la CEDEAO et l'UA) d'aider le peuple sierra-léonais à rétablir l'ordre constitutionnel, tout en soulignant la nécessité de l'application de l'accord d'Abidjan signé entre le gouvernement et les groupes armés rebelles du RUF.

Le 26 juin 1997, la CEDEAO tient à Conakry en Guinée, une réunion extraordinaire du Conseil des ministres des affaires étrangères des États membres de l'organisation communautaire, au cours de laquelle ceux-ci donnent leur plein accord aux buts donnés par l'UA lors de sa décision de la 33e session ordinaire de la conférence des chefs d'État et de Gouvernement de l'OUA, tenue du 2 au 4 juin 1997 à Harare. Ils soulignent qu'aucun pays ne devait reconnaître le régime mis en place par le coup d'État du 25 mai 1997.

Ils mettent en évidence la nécessité d'œuvrer pour le rétablissement de l'ordre constitutionnel dans ce pays. Pour atteindre cet objectif, ils ont réclamé l'utilisation de trois moyens simultanément :

- Mener un dialogue avec la junte au pouvoir ;
- Instaurer un régime de sanctions diplomatiques (moyens coercitifs) y compris un embargo (moyen coercitif militaire n'impliquant pas l'emploi de la force) ;
- Recourir à la force (moyen coercitif militaire impliquant l'emploi de la force proprement dite), si le dialogue et les sanctions diplomatiques (les moyens n'impliquant pas l'emploi de la force proprement dite) restent infructueux ;

Le Conseil des ministres a en outre mis en place un comité de quatre États composés de la Côte d'Ivoire, de la Guinée Conakry, du Nigeria et du Ghana, pour suivre la situation en Sierra Leone. Ils ont invité par la même occasion, la communauté internationale, à appuyer l'initiative de la CEDEAO[1388].

Ces décisions sont approuvées par l'OUA et le Conseil de Sécurité de l'ONU. L'approbation de ces décisions par l'OUA et le Conseil de sécurité de l'ONU donne une base juridique aux actions de la CEDEAO dans la gestion de ce coup d'État.

Le comité des quatre approuve le 30 juillet 1997 les sanctions du Conseil des ministres. Ces décisions constituent l'unique cadre juridique du déploiement des forces de l'ECOMOG de la CEDEAO dans ce pays.

La CEDEOA n'a pas reçu un mandat explicite de l'ONU l'autorisant à recourir à la force pour rétablir l'ordre constitutionnel. Bien que le conseil de sécurité détienne le monopole du recours à la coercition militaire dans les relations internationales, le recours aux mesures coercitives ne peut être autorisé qu'en cas de menace contre la paix et la sécurité internationale comme l'exige la Charte des Nations-Unies.

[1388] Cet appel rappelle l'impuissance de la CEDEAO, face au coup d'État.

En application de la décision du conseil extraordinaire des ministres du 26 juin 1997, la CEDEAO a multiplié les rencontres avec la junte militaire. Les premières discussions entre le comité des quatre de la CEDEAO et les groupes armés des AFRC (Armed Forces Revolutionnary Concil) et du RUF (Revolutionnary United Front), tenues à Abidjan du 17 au 30 juillet 1997 ne donnent rien. Parallèlement, l'organisation communautaire poursuit des actions visant au retour à l'ordre constitutionnel. Lors de la conférence des chefs d'État et de gouvernement, tenue le 28 août 1997 à Abuja au Nigeria, les chefs d'État et de gouvernement vont plus loin en établissant des sanctions contre la junte. Le Liberia a rejoint le groupe des quatre de la CEDEAO dans la gestion du coup d'État. Le conseil de sécurité de l'ONU adopte le 8 octobre 1997 la résolution 1132. Cette résolution établit des mesures de sanctions contre l'État sierra-léonais, la junte, ses membres et les membres de leurs familles notamment un embargo sur les armes et les produits pétroliers[1389] et une interdiction de voyage des dirigeants du RUF et de la FARC[1390]. Le 23 octobre 1997, la CEDEAO conclut un accord avec la junte. Le non-respect de cet engagement conduit à l'utilisation des moyens coercitifs militaires, consistant, au recours de la force armée pour rétablir l'ordre constitutionnel.

Lors de sa réunion du 18 juillet 1997, le Conseil des ministres (affaires étrangères des États membres) a proposé à la conférence des chefs d'État et de gouvernement, le recours à l'ECOMOG[1391] contre le coup d'État en Sierra Leone. Lors de sa 20e session ordinaire de la Conférence des chefs d'États et de Gouvernements, tenue à Abuja au Nigeria, les 28 et 29 juillet 1997, l'organisation accorde son approbation à cette décision. L'ECOMOG reçoit un mandat : de veiller au respect du cessez-le-feu; de faire appliquer les sanctions et l'embargo et d'assurer la paix en Sierra Leone. Toutefois, il convient de noter que l'ECOMOG ne reçoit aucun mandat explicite d'utiliser la force contre le coup d'État. Dans la résolution 1132 du 8 octobre 1997, le Conseil de sécurité des Nations Unies approuve partiellement, semble-t-il, le recours à l'ECOMOG. En effet, le Conseil de sécurité ne donne pas explicitement un mandat à la CEDEAO de recourir à

1389 Voir le paragraphe 6 de la résolution S/RES/1132 (1997) du 8 octobre 1997

1390 Voir ibid., paragraphe 5

1391 Economic Community of West Africa States Cease-Fire Monitoring Group.

l'ECOMOG pour rétablir l'ordre constitutionnel. Le Conseil de sécurité s'était limité d'une part, à prendre note du communiqué final de la réunion des ministres des affaires étrangères de la CEDEAO, tenue le 26 juin 1997 à Conakry en Guinée (S/1997/499), d'autre part de la déclaration du comité des quatre ministres des affaires étrangères de la CEDEAO (S/1997/646) et enfin du communiqué final de la 20e session de la conférence des chefs d'États et de Gouvernements de la CEDEAO des 28 et 29 août 1997[1392]. Le Conseil de sécurité dit prendre note de ces différents actes du droit communautaire dérivé, notamment du communiqué final de la conférence des chefs d'État et de gouvernement. Il semble implicitement donner son accord au déploiement de l'ECOMOG. Mieux encore, le Conseil de sécurité annonce dans sa résolution, soutenir sans réserve, les efforts de la CEDEAO visant à régler la crise sierra-léonaise. Toutefois, le Conseil de sécurité encourage la CEDEAO dans la même résolution à continuer à œuvrer pour le rétablissement pacifique de l'ordre constitutionnel[1393].

En utilisant la force contre ce coup d'État en l'absence d'autorisation du Conseil de sécurité de l'ONU, la CEDEAO a pris une liberté sur le droit.

B. L'absence de cadre juridique du recours à la force : la prise de liberté de la CEDEAO sur le droit

Comme on peut le constater, le conseil de sécurité ne donnait pas explicitement un mandat permettant à l'ECOMOG d'utiliser la force pour rétablir l'ordre constitutionnel en Sierra Leone. Cependant, curieusement, la CEDEAO semble inverser les rôles.

En effet, il appartient en application de l'article 53 de la Charte des Nations Unies, au Conseil de Sécurité de donner mandat aux organisations régionales de recourir à la force légitime, de sa propre initiative ou à la demande de l'organisation régionale concernée.

[1392] Voir le paragraphe 3 de la résolution S/RES/1132 du 8 octobre 1997 du conseil de sécurité de l'ONU http://www.operationspaix.net/ consulté le 19 janvier 2017

[1393] Ibid.

Dans la gestion de cette crise politique et sécuritaire, la CEDEAO semble inverser la pyramide et violer implicitement les dispositions de l'article 53 de la Charte de l'ONU. Cette situation inédite crée une tension au sein de l'organisation onusienne. Toutefois, la mesure coercitive militaire de la CEDEAO trouve implicitement son fondement dans les dispositions de l'article 54 de la Charte de l'ONU[1394]. En effet, face aux attaques à répétition des groupes armés contre les contingents de l'ECOMOG, le Conseil des ministres des affaires étrangères du comité des cinq États de la CEDEAO, tenu le 19 décembre 1997 à Abuja au Nigeria, réaffirme le droit à l'autodéfense des contingents de la CEDEAO. Les multiples initiatives de la CEDEAO auprès du Conseil de Sécurité pour obtenir une autorisation permettant le recours à la force sont restées vaines. Lors d'une réunion du comité des cinq États de la CEDEAO et du Conseil de sécurité, le ministre des affaires étrangères du Nigeria s'adresse au conseil de façon insistante, sur la nécessité du recours à la force, afin de rétablir l'ordre constitutionnel en Sierra Leone. Le ministre des affaires étrangères du Nigeria fait remarquer que la mise en œuvre de l'accord de Conakry se trouvait dans une impasse totale. C'est dans ce contexte que les affrontements entre les groupes armés soutenant la junte au pouvoir et les contingents de l'ECOMOG ont gagné en intensité significative. Alors que les affrontements avaient repris et gagnaient en intensité, les membres du Conseil de Sécurité de l'ONU n'étaient toujours pas parvenus à voter un mandat explicite à l'ECOMOG lui permettant de recourir à des mesures coercitives militaires. Une division naît même au sein des États membres du Conseil de Sécurité. D'une part, un premier groupe d'États rejettent le recours de l'ECOMOG à la force pour rétablir l'ordre constitutionnel.

Parmi ces États, on peut citer la Suède, le Brésil, etc. Et d'autre part, un deuxième groupe d'États soutient le recours de l'ECOMOG à la force pour rétablir l'ordre constitutionnel. On pouvait noter dans ce groupe d'États, la Gambie, un État membre de la CEDEAO et le Kenya. Ces États justifiaient le recours de l'ECOMOG à la force par l'intransigeance de la junte au pouvoir. Cependant, ces divergences sont

---

[1394] Article 53 de la Charte des Nations Unies : « *Le conseil de sécurité doit, en tout temps, être tenu pleinement au courant de toute action entreprise ou envisagée, en vertu d'accords régionaux ou par des organismes régionaux, pour le maintien de la paix et de la sécurité internationales* ».

vite dissipées. En effet, le cours des évènements, marqué d'affrontements violents entre les groupes armés et les contingents de l'ECOMOG, contribuent très rapidement à dissiper cette divergence de points de vue. C'est dans ce conteste que les contingents de l'ECOMOG réussissent de façon spectaculaire, en mi-février 1997, à chasser la junte militaire du pouvoir. La CEDEAO prépare ensuite le retour de son exil forcé du président Ahmed Tejan KABBAH à Freetown, qui se déroule dans une atmosphère d'enthousiasme populaire.

Selon un rapport de 2015 du bureau sous-régional pour l'Afrique de l'Ouest de la Commission économique pour l'Afrique des Nations Unies, « l'œuvre accomplie par l'ECOMOG… en Sierra Leone peut être saluée (avec notamment le rétablissement de l'ordre constitutionnel et la restauration au pouvoir du président Ahmed Tejan KABBAH en Sierra Leone) »[1395].

Au regard de ce qui précède, il ressort que le recours de la CEDEAO aux mesures coercitives militaires contre le coup d'État de 1997 en Sierra Leone s'est déroulé dans des conditions juridiques totalement contestables.

Le recours à ce moyen coercitif de gestion des crises s'est déroulé dans un vide juridique total. Ni le droit communautaire ni le droit international général n'autorisaient de façon explicite le recours à la coercition militaire contre un coup d'État.

Elle s'autorise également en 1999 dans un protocole, le droit d'utiliser la force contre un coup d'État ou une tentative de coup d'État. Cette aventure militaire de la CEDEAO contre le coup d'État de mai 1997 en Sierra Leone a servi de laboratoire pour la CEDEAO. Elle a permis d'accélérer la mise en place d'un mécanisme juridique pour la paix et la sécurité régionale. Au-delà de ça, après cette aventure militaire,

---

[1395] Bureau sous-régional pour l'Afrique de l'Ouest de la commission économique pour l'Afrique des Nations Unies, Communauté Economique des États de l'Afrique de l'Ouest, *Une évaluation des progrès réalisés vers l'intégration régionale dans la région de la Communauté Economique des États de l'Afrique de l'Ouest depuis sa création*, ECA-WA/NREC/2015/03, texte original : français, mai 2015, p.110 disponible
https://www.uneca.org/sites/default/files/PublicationFiles/int_progr_ri_inception_ecowas_fre.pdf

l'organisation a institué dans un protocole, une force en attente[1396], capable d'être mobilisée chaque fois que de besoin, pour la paix et la sécurité sous-régionale. Cependant, après cette aventure militaire, l'organisation communautaire ouest-africaine a mis en place un cadre juridique sous-régional permettant de recourir à la force contre le changement anticonstitutionnel de pouvoir. Le protocole relatif aux mécanismes de prévention, de gestion, de règlement des conflits, de maintien de la paix et de la sécurité, adopté dans la droite ligne de l'article 58 du traité révisé de 1993, autorise explicitement, comme nous l'avons vu plus haut, l'emploi de la force contre ce fléau.

L'Acte additionnel portant régimes de sanctions à l'encontre des États membres qui n'honorent pas leurs obligations vis-à-vis de la communauté, autorise également l'utilisation des moyens coercitifs forcés contre le changement anticonstitutionnel de pouvoir. Il précise dans son article 6 paragraphe XV que la CEDEAO peut restaurer l'ordre constitutionnel en utilisant la force légitime. Elle peut aussi imposer un embargo sur les armes à destination de cet État. Cette mesure n'est pas en soi un recours à la force, mais dans sa mise en œuvre, elle peut nécessiter l'utilisation de la force[1397]. Toutefois, l'emploi de la force dans les relations internationales est encadré par le conseil de sécurité de l'ONU. D'une part, le recours à la force doit être autorisé par lui. Et d'autre part, lorsque le recours à la force n'exigeait pas un mandat du conseil de sécurité, celui-ci doit être pleinement informé de toute action militaire entreprise dans les relations internationales.

Cependant depuis l'aventure militaire de 1997 en Sierra Leone et la mise en place de moyens juridiques et institutionnels contre le changement anticonstitutionnel, la CEDEAO n'a pas encore fait recours à la force contre ce fléau. Toutefois, elle n'hésite pas à menacer de recourir à ce moyen lorsqu'un changement anticonstitutionnel intervient dans un État membre.

[1396] Le groupe de cessez-le-feu (l'ECOMOG) a été institué en 1999 dans le protocole relatif aux mécanismes de prévention, de gestion, de règlement des conflits, de maintien de la paix et de la sécurité dans son chapitre III à l'article 17 paragraphe C.

[1397] Article 6 paragraphe XII de l'Acte additionnel portant régimes de sanctions à l'encontre des États membres qui n'honorent pas leurs obligations vis-à-vis de la Communauté.

En 2010, suite au changement anticonstitutionnel de pouvoir consécutif à l'élection présidentielle en Côte d'Ivoire, elle a expressément menacé d'utiliser la force si Laurent GBAGBO ne quittait pas le pouvoir. Lors de la gestion du coup d'État de mars 2012 au Mali, la session extraordinaire de la conférence des chefs d'États et de Gouvernements, tenue le 27 mars 2012 à Abidjan en Côte d'Ivoire, n'avait pas exclu d'utiliser la force si les militaires ne quittaient pas le pouvoir de façon pacifique. Il faut remarquer également que la menace du recours à la force contre le coup d'État semble se faire aussi de façon sélective.

Paragraphe 2 : Les limites de la CEDEAO contre le changement anticonstitutionnel de pouvoir

La gestion du changement anticonstitutionnel de pouvoir de 2010 en Côte d'Ivoire[1398] illustre parfaitement notre propos. Ce changement anticonstitutionnel de pouvoir a mis en évidence les limites de l'organisation communautaire contre ce fléau. La mission de médiation communautaire composée des présidents du Bénin, du Cap-Vert et de la Sierra Leone a été incapable de trouver une voie de sortie pacifique à la crise[1399]. Laurent Gbagbo restait indifférent face aux sanctions et à

[1398] Une tentative de coup d'État de septembre 2002 échoue et plonge la Côte d'Ivoire dans une longue et désastreuse guerre civile qui dure environ une dizaine d'années. C'est dans ce contexte qu'ont lieu des élections présidentielles, le 31 octobre 2010 pour le premier tour et le 28 novembre 2010 pour le deuxième tour, opposant le président sortant Laurent Gbagbo à son rival Alassane Dramane Ouattara. Alors que chacun des camps réclamait la victoire, la Commission Electorale Indépendante (CEI) proclame des résultats certifiés par l'ONU conformément à un accord entre le pays et l'ONU, donnant Alassane Dramane Ouattara vainqueur avec 54,1 % contre 45,9 % des voix pour Laurent Gbagbo. C'est dans ce contexte que le Conseil Constitutionnel ivoirien annule les résultats proclamés par la CEI, et déclare réélu Laurent Gbagbo avec 51,5 % contre 48,6 % des voix pour Alassane Dramane Ouattara. Chacun des candidats prête serment et forme un gouvernement, mettant ainsi à la tête du pays, deux présidents et deux gouvernements, plongeant la Côte d'Ivoire dans un nouveau conflit alors qu'elle peinait déjà à cicatriser les violences de la guerre civile déclenchée en 2002. Voir sur ce sujet, A. MAIGA, *La Crédibilité de la Communauté Economique des États d'Afrique de l'Ouest dans sa quête de la paix et de la sécurité*, op., cit., p.275.

[1399] Lors de la session extraordinaire de la conférence des chefs d'État et de gouvernement du 24 décembre 2010, les chefs d'États et de Gouvernements appellent

la menace de l'utilisation de la force par la CEDEAO[1400]. L'organisation s'est même engagée à garantir sa sécurité s'il accepte de quitter pacifiquement le pouvoir. L'incapacité de la CEDEAO à trouver un règlement à ce changement anticonstitutionnel de pouvoir précipite la Côte d'Ivoire dans une nouvelle crise politique et sécuritaire entraînant un désastre humanitaire notamment des violations massives et graves des droits de l'homme,[1401] dont plusieurs morts[1402]. Le dénouement de cette crise viendra d'une intervention militaire des forces armées françaises, aboutissant le 11 avril 2011 à l'arrestation de Laurent Gbagbo[1403]. Ainsi, cette crise a mis au jour les faiblesses de l'organisation contre le changement anticonstitutionnel de pouvoir (A). On note même son instrumentalisation dans la gestion de ce fléau (B).

A. Les faiblesses de la CEDEAO contre le changement anticonstitutionnel de pouvoir

La CEDEAO est une organisation internationale au sens du droit international. Les compétences et les attributs de la CEDEAO sont

---

Laurent Gbagbo à quitter le pouvoir et mettent en place une mission de médiation pour trouver une sortie pacifique à la crise.

1400 Les chefs d'États et de Gouvernements, lors de la session extraordinaire du 24 décembre 2014, ont réitéré à Laurent Gbagbo de quitter le pouvoir, tout en l'assurant de garantir sa sécurité. Toutefois, dans le communiqué final N° 192/2010 du 10 décembre 2010, la conférence décide de prendre des mesures incluant l'usage de la force légitime pour faire respecter la volonté du peuple ivoirien. Voir A. MAIGA, *La Crédibilité de la Communauté Economique des États d'Afrique de l'Ouest dans sa quête de la paix et de la sécurité*, op., cit., p.276.

1401 Voir, United Nations News Service, « Côte d'Ivoire : UN Human Right, Council Strongly Condenms Post-Electoral Abuses, » 23 décembre 2020 ; UN, Office of High Commissioner for Human Rights (OHCHR), « Côte d'Ivoire, UN, Deeply Concerned, With Gross Human Rights Violations Which May Amont to Crimes Against Humanity » 31 décembre 2010 ; United Nations News Service, « UN Steeks to boost Peacekeeping Troops as Côte d'ivoire Crisis continues », 6 janvier 2011 *in* A. Maïga, *La Crédibilité de la Communauté Economique des États d'Afrique de l'Ouest dans sa quête de la paix et de la sécurité*, op. cit., p.276.

1402 Voir, Conseil des Droits de l'Homme de l'ONU, Rapport de la Commission d'Enquête Internationale Indépendante sur la Côte d'Ivoire, A/HRC/17/48 du 8 juin 2011, p.2, cité par A. MAIGA, *La Crédibilité de la Communauté Economique des États d'Afrique de l'Ouest dans sa quête de la paix et de la sécurité*, op. cit., p.277.

1403 Voir, *ibid.,* p.277.

déterminés au regard du droit international général. Toutefois, l'organisation peut montrer des faiblesses dans la mise en œuvre de ses attributions.

Ainsi, il convient de démontrer les faiblesses de la CEDEAO dans la gestion des changements anticonstitutionnels autour du cas de la Côte d'Ivoire de 2010.

1. Les Faiblesses de la CEDEAO contre le coup d'État autour du cas de la Côte d'Ivoire de 2010

Dans les faits, une tentative de coup d'État de septembre 2002 échoue et plonge la Côte d'Ivoire dans une longue et désastreuse guerre civile qui dure environ une dizaine d'années. C'est dans ce contexte qu'ont lieu des élections présidentielles le 31 octobre 2010 pour le premier tour et le 28 novembre 2010 pour le deuxième tour, opposant le président sortant Laurent Gbagbo à son rival Alassane Dramane OUATTRA. À la suite du scrutin, chacun des deux réclame la victoire. La Commission Electorale Indépendante (CEI) proclame des résultats certifiés par l'ONU conformément à un accord entre le pays et l'ONU, donnant Alassane Dramane Ouattara vainqueur avec 54,1 % contre 45,9 % des voix pour Laurent Gbagbo. C'est dans ce contexte que le Conseil Constitutionnel ivoirien annule les résultats proclamés par la CEI, et déclare réélu Laurent Gbagbo avec 51,5 % contre 48,6 % des voix pour Alassane Dramane Ouattara.

Les candidats prêtent serment et forment un gouvernement chacun, mettant ainsi à la tête du pays, deux présidents et deux gouvernements, et le plongent dans un nouveau conflit alors qu'elle peinait déjà à cicatriser les violences de la guerre civile déclenchée en 2002[1404].

Les réactions contre cette crise : Dans un premier temps, la CEDEAO ne semblait pas privilégier l'option de la force dans cet État, du fait qu'il cicatrisait à peine ses plaies de sa longue guerre civile, alors que

---

[1404] Voir sur ce sujet, A. MAIGA, *La Crédibilité de la Communauté Economique des États d'Afrique de l'Ouest dans sa quête de la paix et de la sécurité*, op., cit., p.275.

l'option des moyens pacifiques ne permettait pas de bouger les lignes. Toutefois, lors de la session extraordinaire de la conférence des chefs d'États et de Gouvernements du 24 décembre 2010, l'organisation n'a pas manqué de rappeler qu'en cas de nouveau rejet de son plan de sortie de crise, elle n'exclut pas « *to take other measures, including the use of legitimate force, to achieve the goals of ivorian people* »[1405].

La CEDEAO échoue à trouver une sortie crise. Tous les moyens utilisés par la CEDEAO, à savoir les moyens pacifiques, les moyens coercitifs non militaires, la menace d'utiliser les moyens coercitifs forcés n'ont pas pu produire les résultats escomptés. Le dénouement de cette crise viendra d'une opération militaire des forces françaises.

2. Les critiques à l'égard de la CEDEAO

La CEDEAO est constituée d'États indépendants dans le but d'atteindre un objectif commun conformément au traité révisé de 1993. Elle est un acteur du système international, mais à un niveau secondaire. À cet égard, nous voulons souligner que les États, acteurs primaires, cherchent à atteindre leurs propres fins, via, notamment la CEDEAO[1406]. C'est donc avec raison que Michel VIRALLY fait remarquer une double nature de l'organisation. En effet, il faut la considérer pour comprendre son fonctionnement et son action[1407]. D'une part, de l'extérieur, elle présente une certaine opacité qui dissimule les forces qui agitent en elle et influent sur son processus décisionnel[1408]. Et d'autre part, de l'intérieur, elle est transparente : ce sont les États membres qui sont sous la lumière et qui apparaissent comme les véritables acteurs, et elle ne constitue plus elle-même qu'un cadre où s'inscrit leur action[1409]. Alors les changements

[1405] CEDEAO, communiqué de la session extraordinaire de la conférence des chefs d'États et de gouvernement, N° 192/2010 du 24 décembre 2010 cité par A. MAIGA, *La crédibilité de la communauté économique des États d'Afrique de l'Ouest dans sa quête de la paix et de la sécurité* op. cit., p.276.

[1406] Ibid.

[1407] M. VIRALLY, *Le droit international en devenir, Essais écrits au fil des ans*, PUF 1990, p.366.

[1408] Ibid.

[1409] Ibid.

inconstitutionnels de pouvoir n'ont lieu qu'au sein des États « acteurs premiers » du système sous-régional. Mais, sauf exception, la CEDEAO ne peut pas être à l'origine d'une crise conduisant à un changement anticonstitutionnel de pouvoir ou être véritablement protagoniste.

Le droit communautaire de la CEDEAO ne donne pas une définition claire et précise aux changements anticonstitutionnels de pouvoir, mais il explique que toute accession au pouvoir doit se faire à travers des élections honnêtes et transparentes[1410]. À cet effet, pour accéder au pouvoir de façon constitutionnelle, elle exige des élections honnêtes et transparentes. Toutefois, la CEDEAO s'est retrouvée curieusement à l'origine de changements anticonstitutionnels de pouvoir.

3. « L'implication » de la CEDEAO dans certains coups d'État

Comme nous l'avons vu, la CEDEAO s'est formellement retrouvée à l'origine de changements anticonstitutionnels de pouvoir.

En effet, lors de la crise libérienne de 1990, le président libérien Samuel DOE a été arrêté lors d'affrontements entre l'armée et les groupes armés rebelles, dans les locaux abritant les bureaux de la mission de la CEDEAO à Monrovia au Liberia[1411]. Il est mort assassiné le 9 septembre 1990, quelques jours après son arrestation. On peut citer un autre cas qui se produit là encore au Liberia, en 2003 ; alors que ce

[1410] Art 1er paragraphe (b) du protocole additionnel A/SP1/12/01 sur la démocratie et la bonne gouvernance.

[1411] Toutefois, il faut nuancer ce propos. Pour plus de précision, Samuel Doe est arrivé dans les locaux de l'ECOMOG alors qu'il n'était pas attendu. L'ECOMOG n'avait pas mis en place des mesures particulières de sécurité pour sa venue. C'est dans l'impuissance totale que le général ghanéen Quainoo, commandant en chef des forces de l'ECOMOG, assista dans son bureau, à l'arrestation, à l'humiliation et à des actes de tortures sur Samuel Doe. L'ECOMOG se justifiera en expliquant qu'elle ne pouvait rien faire. Cette reconnaissance explicite de l'impuissance du bras armé de la CEDEAO contre le coup d'État a sonné le glas des capacités de l'organisation contre les changements anticonstitutionnels de pouvoir. Lire à ce propos, Mariam C. Diallo (coll.), *Liberia, horrible fin de Samuel Doe (#6)* article du 26 septembre 2013, www.jeuneafrique.com, consulté le 6/02/2019.

pays est ravagé par une violente et longue guerre civile, la CEDEAO a contraint le président Charles TAYLOR à quitter le pouvoir pour mettre fin à la guerre civile. Ces deux exemples permettent de conforter les critiques contre l'organisation régionale, dans la prévention et la gestion des changements anticonstitutionnels de pouvoir. Ils illustrent également une certaine opacité au sein de cette organisation, dans la prévention et la gestion des changements anticonstitutionnels de pouvoir. Il s'agit de voir maintenant en quoi l'action de la CEDEAO contre les coups d'État peut être affaiblie par l'instrumentalisation réalisée par les États membres.

B. Les risques d'instrumentalisation de la CEDEAO

Comme tout État membre d'une organisation internationale, ceux de la CEDEAO poursuivent à la fois des objectifs altruistes et communautaires, soit ceux proposés par les grands textes de la CEDEAO, mais aussi des objectifs qui leur sont propres. Dès lors, il convient ici de souligner quelques exemples de ce double discours.

1. Illustration de cette instrumentalisation

Le respect et la promotion de la démocratie et des droits de l'homme constituent les objectifs essentiels de l'ensemble de la communauté internationale. Toutefois, les moyens pour réaliser ces objectifs peuvent être une source de divergences.

En effet, lors de la crise libérienne ayant abouti au coup d'État militaire du 9 septembre 1990, la conférence des chefs d'État et de Gouvernement tenue en avril 1991 à Banjul en Gambie, avait mis en place une commission permanente de médiation, chargée de proposer des moyens permettant de sortir de cette crise. Cette commission de médiation était composée de la Gambie, du Ghana, du Nigeria, du Mali, du Togo et de la Côte d'Ivoire.

Contre toute attente, la Côte d'Ivoire et le Burkina Faso, soupçonnés d'un soutien au chef rebelle Charles TAYLOR, déclinent la proposition de l'organisation, au motif que les États désignés pour constituer la commission étaient hostiles aux groupes armés rebelles notamment du NPFL (National Patriotic Front of Liberia)[1412].

2. *Les divergences d'intérêt handicapant l'action de la CEDEAO*

Les divergences d'intérêts des États ont énormément handicapé le déploiement de l'ECOMOG (ancêtre de la FAC), la force de cessez-le-feu mise en place par la CEDEAO. Elles ont abouti à une tension politique et diplomatique entre les États francophones et les États anglophones de l'organisation. La Côte d'Ivoire a critiqué l'emprise des deux États anglophones de l'organisation, le Nigeria et le Ghana sur l'ECOMG[1413]. Quant au Burkina Faso, il a manifesté ouvertement son opposition au déploiement de cette force[1414]. Dans un passé plus récent, lors du coup d'État de 2017 en Gambie, une divergence était apparue entre les États de la CEDEAO sur les moyens à utiliser pour atteindre leur but, notamment le rétablissement de l'ordre démocratique et constitutionnel, après les élections présidentielles du 1er décembre 2016[1415]. Alors que le Sénégal envisageait le recours à la force, la Guinée Conakry s'est opposée à cette option. Le Sénégal s'était particulièrement investi pour le rétablissement de l'ordre démocratique et constitutionnel dans ce pays. Les autorités de Dakar entretenaient des rapports très compliqués avec l'ancien président Gambien Yahya JAMMEH. Présentée par le Sénégal, le Conseil de sécurité adopte le

---

1412 A. FOGUE TEDOM, *Enjeux géostratégiques et conflits politiques en Afrique Noire*, L'Harmattan 2008, P. 315.

1413 Ibid. P. 316

1414 Ibid.

1415 Le 1er décembre 2016, la Gambie a organisé des élections présidentielles à la fin desquelles la Commission Electorale Indépendante Gambienne déclare Adama BARROW, président. Dans une déclaration publique à la télévision nationale gambienne, le président sortant Yahya Jammeh a, le 2 décembre 2016, reconnu et accepté les résultats. Une semaine plus tard, dans une nouvelle déclaration, il rejette les résultats et refuse de quitter le pouvoir, ce qui provoque une crise politique et institutionnelle.

19 janvier 2017, la résolution 2337 demandant à Yahya JAMMEH de transférer le pouvoir à Adama Barrow vainqueur des élections présidentielles du 1er décembre 2016[1416].

Toutes les organisations internationales sont en réalité des acteurs hétéronomes[1417].

Si la coïncidence de la convergence des intérêts peut être atteinte, il n'en va pas de même concernant celle des moyens à utiliser.

L'organisation internationale est donc considérée par les États qui sont en mesure d'influencer son processus de décision dans le sens de leurs intérêts comme un instrument de leur politique étrangère[1418]. La CEDEAO ne fait pas exception à ce constat.

Les États utilisent la CEDEAO comme un instrument de leur politique étrangère. À travers leur influence sur le processus de décision de la CEDEAO, les États peuvent se faire une place sur la scène internationale et devenir des acteurs incontournables dans la politique étrangère de la sous-région.

La quête de cette influence peut donner lieu à des divergences voire une tension diplomatique au sein de l'organisation.

Ce qui peut incontestablement affaiblir l'organisation dans la gestion des changements anticonstitutionnels de pouvoir. Cependant, l'organisation reste incontestablement la principale actrice de la gestion du coup d'État en Afrique de l'Ouest.

1416 Voir, Centre d'actualité de l'ONU, *Gambie : le Conseil de sécurité demande à M. Jammeh de transférer le pouvoir au nouveau président Barrow* ; article du 19 janvier 2017 www.un.org

1417 M. VIRALLY, *Le droit international en devenir, Essai écrit au fil des ans*, PUF 1990, p.366.

1418 A. FOGUE TEDOM, *Enjeux géostratégiques et conflits politiques en Afrique Noire*, op. cit., p. 315.

Section 2 : La CEDEAO, actrice principale de la gestion des changements anticonstitutionnels de pouvoir en Afrique de l'Ouest

La CEDEAO est une organisation internationale jouant un véritable rôle dans la sous-régionalisation de la démocratie, de la gouvernance et de la protection des droits de l'homme en Afrique de l'Ouest.

En dépit de toutes les critiques que l'on peut formuler contre l'organisation, force est de reconnaître qu'elle constitue un centre d'action et de décision contre les changements anticonstitutionnels de pouvoir dans la sous-région ouest-africaine. Elle a une importante capacité d'action et d'initiative en matière de changement anticonstitutionnel de pouvoir entrant dans le cadre de ses finalités.

Le droit communautaire détermine et encadre l'action et le rôle de la CEDEAO, en ce qui concerne les changements anticonstitutionnels de pouvoir. Cet encadrement permet à l'organisation d'élargir sa capacité et ses actions en vue d'atteindre son objectif initial. Les changements anticonstitutionnels de pouvoir relèvent de façon théorique, du droit interne des États. L'implication de la CEDEAO conduit à une internationalisation de la crise.

En règle générale, lorsque la CEDEAO s'implique activement contre un changement anticonstitutionnel de pouvoir, l'ONU, l'UA se retirent, soutiennent et appuient les initiatives de la CEDEAO (paragraphe 1). Toutefois, ce retrait produit des conséquences qu'il convient de relever (paragraphe2).

Paragraphe 1 : Le retrait de l'ONU et de l'UA au profit de la CEDEAO

De façon générale, par retrait en droit international, il faut entendre la faculté donnée à un sujet de droit, de renoncer à un droit ou à l'exécution d'une obligation conventionnelle.

En effet, les États ont l'obligation d'appliquer les mesures de sanctions que le Conseil de Sécurité de l'ONU décide contre un État.

Pour ce faire, les États sont tenus d'user de toute leur influence, pour que les décisions notamment du Conseil de Sécurité, soient appliquées par les organisations internationales telles que la CEDEAO dont ils sont membres[1419]. Cette obligation résulte de l'article 48 paragraphe 2 de la charte des Nations Unies[1420].

Conformément à la subsidiarité entre l'organisation sous-régionale de l'Afrique de l'Ouest et l'ONU, la CEDEAO coopère pleinement avec elles dans la gestion du changement anticonstitutionnel qui interviendrait dans cette partie du continent (A). Cependant, l'ONU manque de cadre juridique explicite contre ce fléau (B).

A. La coopération entre l'ONU et la CEDEAO dans la gestion du changement anticonstitutionnel de pouvoir

En règle générale, l'intervention d'une organisation internationale ou de tout autre acteur international dans une crise interne entraîne son internationalisation. Cependant, l'internationalisation d'une crise politique et institutionnelle via l'intervention de la CEDEAO est critiquable. L'internationalisation d'une crise politique et institutionnelle donne la possibilité à une pluralité d'États, de prendre position face à cette crise, et d'influencer les décisions qui pourront être adoptées. Alors qu'en dehors de l'organisation, ils seraient restés à l'écart[1421]. Dans cette hypothèse d'internationalisation de la crise politique et institutionnelle, les intérêts des États entrent en jeu. Chaque État membre tente d'influencer les décisions de l'organisation en préservant ses intérêts. C'est le cas concret de l'ONU, plus singulièrement du conseil de sécurité. L'implication de la CEDEAO dans la gestion des changements anticonstitutionnels de pouvoir, conduit à supprimer ou à réduire l'intervention d'un tiers État en dehors

---

[1419] J. L. TEHINDRAZANARIVELO, *Les sanctions des Nations Unies et leurs effets secondaires*, PUF 2005, p.56

[1420] Article 48 paragraphe 2 « *Ces décisions sont exécutées par les membres des Nations Unies directement et grâce à leur action dans les organismes internationaux appropriés dont ils font partie.* »

[1421] M. VIRALLY, *Le droit international en devenir, Essais écrits au fil des ans*, op. cit., p.363

de l'organisation. Ce qui semble atténuer l'internationalisation de cette crise.

Il faut distinguer les organisations qui ont une envergure universelle et les organisations régionales. Il souligne qu'il faut faire une distinction fondamentale entre les organisations internationales universelles (l'ONU par exemple) et les organisations internationales partielles, c'est-à-dire régionales[1422].

Lorsque l'ONU intervient par exemple dans une crise, son intervention ouvre la voie à des interventions multiples. En revanche, lorsque la CEDEAO intervient dans une crise, notamment dans la gestion d'un changement anticonstitutionnel de pouvoir, elle ferme la porte à des interventions venant de toutes les parties du monde. En s'impliquant activement dans la gestion des changements anticonstitutionnels de pouvoir, la CEDEAO réduit et supprime la possibilité de l'intervention d'un tiers État favorisant la subsidiarité. L'intervention de la CEDEAO dans la gestion d'un changement anticonstitutionnel de pouvoir contraint les États, à renoncer au jeu d'intérêts, en intervenant en dehors de l'organisation.

1. La personnalité juridique de la CEDEAO permettant d'engager sa responsabilité

En application des dispositions de l'article 88 de son traité révisé de 1993, l'organisation possède la personnalité juridique internationale. Ce qui lui permet de conclure des contrats et de signer des accords avec des États et d'autres organisations internationales. La CEDEAO est une organisation indépendante de l'ONU et de l'UA. Ce qui implique qu'elle ne reçoit pas d'ordre d'autres organisations internationales.

Les États membres sont tenus d'appliquer les décisions du Conseil de Sécurité, prononcées à l'encontre d'un État membre de la CEDEAO, notamment en cas d'interruption de l'ordre constitutionnel. L'indépendance de la CEDEAO à l'égard de l'ONU ne saurait être un obstacle à l'application correcte de l'article 48 paragraphe 2 de la charte

1422 Ibid.

des Nations Unies évoqué plus haut. Les dispositions de ce texte visent à empêcher les États de s'abstenir d'appliquer les décisions du Conseil de Sécurité par une organisation internationale, invoquant son indépendance à l'égard de l'ONU[1423]. Bien que la CEDEAO soit une organisation internationale indépendante de l'ONU, ses États membres ont l'obligation d'appliquer les décisions du Conseil de sécurité, prises à l'encontre d'un État membre de la CEDEAO. La CEDEAO constitue un important appui pour l'ONU dans l'exécution de ses décisions.

2. L'appui de la CEDEAO dans l'exécution des décisions coercitives non forcées de l'ONU

Dans la pratique, le Conseil de Sécurité s'adresse directement à des organisations internationales pour appliquer ses mesures de sanctions. L'application des sanctions du Conseil de Sécurité par les organisations internationales produit parfois des effets plus efficaces. Ainsi, lorsqu'un coup d'État a lieu dans un État membre de la CEDEAO, il est fréquent que le Conseil de Sécurité s'adresse directement à la CEDEAO, demandant son implication dans sa gestion. En règle générale, il s'agit plutôt d'une invitation que d'une obligation d'agir[1424]. La formule de l'invitation du Conseil de Sécurité aux organisations régionales plutôt que la formule de l'obligation permet de rappeler et de garantir l'indépendance de ces organisations, et de faciliter l'application des décisions. La formule « *obligatoire* » peut conduire à des obstacles juridiques d'application des décisions de l'ONU. Lors de la crise politique et institutionnelle de 2017 en Gambie, le Sénégal a joué un rôle important afin que le Conseil de sécurité demande « à l'ancien président Yahya Jammeh, de mener un processus de transition pacifique et ordonnée, et de transférer le pouvoir au Président Adama Barrow, au plus tard le 19 janvier 2017, conformément à la Constitution gambienne… »[1425]. Dans le paragraphe 3 de la résolution 2337 du

[1423] J. L. TEHINDRAZANARIVELO, *Les sanctions des Nations Unies et leurs effets secondaires*, op. cit., p.56.

[1424] Ibid., p.56

[1425] Paragraphe 7 de la Résolution 2337 (2017), adoptée par le Conseil de sécurité à sa séance, le 19 janvier 2017.

19 janvier 2019, le Conseil de sécurité de l'ONU a demandé « aux pays de la région et à l'organisation régionale de coopérer avec le président Barrow dans ses efforts en vue de procéder au transfert des pouvoirs ». L'expression « demandé » semble révélatrice de ce constat.La CEDEAO constitue également une organisation internationale d'appui de l'exécution des décisions coercitives de l'ONU.

3. L'appui de la CEDEAO dans l'exécution des décisions coercitives forcées de l'ONU

Pour rétablir l'ordre constitutionnel dans un État membre, la CEDEAO ne pourra recourir à des mesures coercitives militaires sans obtenir au préalable l'autorisation du Conseil de Sécurité, du fait des dispositions du chapitre VIII de la charte des Nations Unies comme nous l'avons vu. Cette collaboration de l'ONU avec les organisations internationales et régionales peut se heurter à la volonté des États membres de cette organisation.

L'application des sanctions coercitives non militaires ou coercitives militaires par les organisations internationales et régionales dépend fondamentalement de la volonté des États membres de l'organisation de les mettre en œuvre, acceptant de les appliquer. Indépendamment des organisations internationales et régionales, les États ont une obligation d'appliquer les sanctions du Conseil de Sécurité[1426].

Toutefois, la CEDEAO apporte une exception à ce principe, en insérant dans le droit communautaire originaire, notamment dans son protocole A/P1/12/99 relatif aux mécanismes de prévention, de gestion, de règlement des conflits, de maintien de la paix et de la sécurité, une disposition permettant à l'ONU et à l'UA, de demander la mise en œuvre dudit texte[1427].

[1426] Article 48 paragraphe 2 de la Charte des Nations Unies.
[1427] Article 26 (e) du protocole A/P1/12/99 relatif aux mécanismes de prévention, de gestion, de règlement des conflits, de maintien de la paix et de la sécurité *« le mécanisme est mis en œuvre... à la demande de l'UA ou de l'ONU. »*

Dans la pratique, lorsqu'un changement anticonstitutionnel de gouvernement a lieu dans un État, l'initiative des sanctions semble réservée exclusivement à la conférence des chefs d'États et de Gouvernements et au Conseil de paix et de médiation.

Le Conseil de Sécurité de l'ONU et l'UA peuvent également prendre des décisions, en invitant la CEDEAO à veiller à l'application des sanctions. Cependant, à l'inverse de l'UA et de la CEDEAO, l'ONU manque de cadre juridique explicite contre les changements anticonstitutionnels de pouvoir.

B. La recherche du cadre juridique international contre le changement anticonstitutionnel

Nous expliquerons ce cadre à travers le droit international d'une part et d'autre part à travers le cadre régional africain avant d'expliquer la complémentarité entre la CEDEAO et l'UA dans la gestion de ce fléau.

1. L'absence de cadre juridique de l'ONU contre le coup d'État

À l'inverse de l'UA au niveau régional et de la CEDEAO au niveau sous-régional, l'ONU n'a pas mis en place un cadre juridique international explicite contre les changements anticonstitutionnels de gouvernement. La coopération entre l'ONU et la CEDEAO dans la gestion du coup d'État comble un vide juridique au niveau de la sous-région d'Afrique de l'Ouest.

On peut d'une part trouver plusieurs résolutions du Conseil de sécurité, ainsi que de l'Assemblée Générale contre les coups d'État. Ces résolutions s'appuient sur une interprétation extensive de la notion de menace contre la paix. Et d'autre part, l'implication de l'UA et de la CEDEAO contre les changements anticonstitutionnels de pouvoir, ayant pour but le maintien de la paix et de la sécurité, poursuit le but fondamental de l'ONU[1428]. L'ONU, en application du Chapitre VIII de

---

[1428] Voir article 1 paragraphe 1er de la Charte des Nations-Unies.

la Charte, peut se retirer de la gestion d'une crise sécuritaire au profit de la CEDEAO. Voyons à présent le cadre de l'UA contre le changement anticonstitutionnel.

2. *L'UA face aux changements anticonstitutionnels de gouvernements.*

À l'inverse de l'ONU, la question des changements anticonstitutionnels de gouvernement a été, depuis longtemps au cœur des préoccupations de l'UA. La répétition des coups d'État dans ce continent a contraint l'organisation régionale à faire de la lutte contre ce fléau une préoccupation majeure. Lorsqu'en mai 1997 en Sierra Leone, le coup d'État a ouvert, non seulement une dynamique de la CEDEAO, mais il a aussi surtout marqué celle de l'OUA actuelle UA contre les changements anticonstitutionnels de gouvernements. Avant ce coup d'État, on trouve plusieurs décisions des organes de l'UA contre les changements anticonstitutionnels de pouvoirs. Mais les décisions de ces organes n'avaient qu'une portée relative[1429].

En effet, l'UA adopte lors de la 35e session de la conférence des chefs d'État et de Gouvernements tenue à Alger, deux importantes décisions contre les changements anticonstitutionnels de gouvernements. Elle rappelle de façon explicite dans ces deux décisions, celle d'Harare de 1997 contre les changements anticonstitutionnels de pouvoir. Concrètement, cela visait les coups d'État au Niger du 9 avril 1999, des Comores du 30 avril 1999 et la Guinée-Bissau du 7 mai 1999[1430]. En effet, les termes de l'UA contre ces coups d'État ont été révélateurs de l'ampleur de la menace. Les chefs d'États et de Gouvernements décident que les États membres dont les gouvernements ont accédé au pouvoir par des moyens anticonstitutionnels après le Sommet de Harare

[1429] Voir la Résolution sur la Gambie, n° ACHPR/Res.13 (XVI) 94, adoptée lors de la 16e session ordinaire de Banjul, 24 octobre — 3 novembre 1994. Voir CADHP, Résolution sur les régimes militaires, 16e session ordinaire de Banjul, 24 octobre — 3 novembre 1994.

[1430] M. FAU-NOUGARET, *Les organisations régionales africaines et les changements anticonstitutionnels de pouvoir,* in M. FAU-NOUGARET (dir) op. cit., p.413.

devraient restaurer la légalité constitutionnelle avant le prochain Sommet, faute de quoi l'OUA prendra des sanctions à l'encontre de ces gouvernements jusqu'à ce que la démocratie soit rétablie[1431]. C'était la première fois que la conférence des chefs d'États et de Gouvernements de l'OUA exigeait le rétablissement de l'ordre constitutionnel et démocratique sous peine de sanctions.

La conférence des chefs d'États et de Gouvernements venait d'acter le respect de l'ordre démocratique et constitutionnel comme la seule et unique condition pour accéder ou se maintenir au pouvoir. De manière formelle, elle qualifie le coup d'État d'anticonstitutionnel et antidémocratique.

Lors de sa 36e session ordinaire de la conférence des chefs d'États et de Gouvernements, tenue à Lomé au Togo en été 2000, elle adopte « La Déclaration sur le cadre pour une réaction de l'OUA face aux changements anticonstitutionnels de gouvernements [1432]». Dans celle-ci, la conférence identifie quatre situations constitutives de changements anticonstitutionnels de pouvoir, reprises dans la CADEG[1433].

Lors de l'adoption de la charte de l'UA, la lutte contre le fléau des changements anticonstitutionnels de pouvoir a été placée dans les objectifs de l'organisation africaine[1434]. Cependant, la Charte Africaine de la Démocratie, des Élections et la Gouvernance (CADEG) est l'instrument juridique le plus pertinent de l'UA contre les changements anticonstitutionnels de pouvoir. Cette charte, adoptée lors de la 8e session ordinaire de la conférence des chefs d'États et de Gouvernements de l'UA, tenue le 30 janvier 2007 à Addis-Abeba en Éthiopie, mais aussi, les modes d'accession et de maintien au pouvoir en Afrique, et détermine l'action de l'UA contre les changements anticonstitutionnels de pouvoir.

1431 Déclaration n° AHG/Dec.141 et 142 (XXXV), 12 – 14 juillet 1999

1432 Doc. AHG/Decl. 5 (XXXVI)), 12 juillet 2000

1433 Charte Africaine de la Démocratie, des Élections et la Gouvernance

1434 Voir notamment l'article 4 (m) *« Respect des principes démocratiques, des droits de l'homme, de l'état de droit et de la bonne gouvernance »*, et aussi l'article 30 de la charte de l'Union Africaine

Cette charte reprend de façon identique les quatre définitions retenues dans la déclaration de Lomé et rajoute courageusement une 5e définition, au sujet de tout amendement ou toute révision des Constitutions ou des instruments juridiques qui portent atteinte aux principes de l'alternance démocratique[1435].

Le lien entre les changements anticonstitutionnels de pouvoirs et les conflits sur le continent africain sont tellement étroits[1436] que l'UA et la CEDEAO font de la lutte contre ce fléau, un moyen de prévenir et de maintenir la paix et la sécurité. C'est pourquoi les textes de l'UA ou de la CEDEAO instituant les mécanismes institutionnels[1437] et juridiques sur la paix et la sécurité, s'articulent autour de la prévention et de la gestion ce fléau.

Ainsi, à l'inverse de l'ONU, ne définissant pas de façon explicite les changements anticonstitutionnels de gouvernement et indépendamment de la CEDEAO, l'UA peut adopter des sanctions contre un État africain, lorsque l'ordre constitutionnel est interrompu. À cet effet, on pourrait se demander si ces deux organisations sont complémentaires ou subsidiaires, ou s'il existe une concurrence entre elles contre ce fléau.

3. *Complémentarité, concurrence ou subsidiarité entre UA et CEDEAO*

Ces deux organisations, régionale et sous-régionale ne constituent cependant pas des organisations concurrentes dans la gestion de ce fléau. Elles sont plutôt complémentaires. Dans la pratique, lorsque la conférence des chefs d'États et de Gouvernements de la CEDEAO met en place des sanctions contre un État dans lequel l'ordre constitutionnel

---

1435 Article 23 paragraphe 5 de la CADEG

1436 J. K. MPIANA, *L'UA face à la gestion des changements anticonstitutionnels de gouvernement*, op. cit.. , p.102.

1437 Voir la Charte de l'UA ; le traité révisé de la CDEAO ; le protocole de l'UA adopté le 9 juillet 2002 relatif au conseil de paix et de sécurité de l'UA entré en vigueur le 26 décembre 2003 instituant le CPS, voir le mécanisme de gestion, de règlement des conflits, de maintien de la paix et de la sécurité.

a été interrompu, elle rappelle la décision pertinente de l'UA si celle-ci s'est déjà prononcée[1438]. Les sanctions de la conférence des chefs d'États et de Gouvernements de la CEDEAO contre un coup d'État doivent être transmises au président de la commission de l'UA et au Conseil de paix et de sécurité[1439]. Le droit communautaire de la CEDEAO consacre explicitement cette subsidiarité. Le retrait de l'ONU et de l'UA au profit de la CEDEAO a des conséquences qu'il convient de voir à présent.

Paragraphe 2 : Les conséquences du retrait de l'ONU et de l'UA

Le retrait de l'ONU et de l'UA au profit de la CEDEAO dans la gestion des changements anticonstitutionnels de pouvoir a pour conséquence principale de réduire le temps d'action contre le coup d'État (en raison de la complexité du fonctionnement du Conseil de Sécurité, l'adoption d'une résolution peut s'étaler sur une longue période) et d'éviter les risques d'une diplomatie multilatérale. L'action de l'ONU se heurte souvent à une lenteur excessive lors de l'adoption des décisions, notamment les résolutions du Conseil de Sécurité. En effet, les résolutions du Conseil de Sécurité en particulier sont adoptées à l'issue de grands débats, de longues négociations parfois dans les couloirs et d'un vote avec notamment le risque d'un blocage du droit de veto d'un État membre permanent. Les débats et les résolutions mettent les États sous des pressions inouïes. Chaque État utilise les moyens de pression possibles pour peser dans la décision à adopter ou défendre ses intérêts. La publicité des débats au sein de ces organisations accentue la pression sur les États. Cependant, l'adoption des décisions de la CEDEAO échappe à ce formalisme publicitaire des débats et surtout à un droit de veto. En matière de changement anticonstitutionnel de pouvoir, les décisions de la conférence des chefs d'États et de Gouvernements sont adoptées par consensus ou à la majorité des États présents. Les actions de la CEDEAO dans la gestion des changements anticonstitutionnels de

[1438] Voir par exemple le communiqué final du 27 mars 2012 de la session extraordinaire de la conférence des chefs d'État et de gouvernement de la CEDEAO
[1439] Ibid. paragraphe 23.

pouvoir échappent aux obstacles du fonctionnement du Conseil de Sécurité de l'ONU.

Toutefois, la question des changements anticonstitutionnels de pouvoir est une préoccupation de l'ensemble de ces organisations internationales. En dépit du retrait de l'ONU et de l'UA, la CEDEAO n'a pas une grande capacité d'action contre le coup d'État.

A. Les limites de la capacité d'action de la CEDEAO

La CEDEAO est une organisation internationale au sens du droit international. Ainsi, comme toutes les organisations internationales, la CEDEAO a une capacité d'initiative voire même d'action très faible.

1. La CEDEAO, un sujet du droit international public

L'État et les organisations internationales demeurent les seuls sujets du droit international public. Cependant, l'État est le seul et l'unique sujet originaire de cette branche du droit[1440].

Quant aux organisations internationales telles que la CEDEAO, elles sont reléguées comme sujet dérivé du droit international public. Les organisations internationales ont été créées par la volonté des États.

À cet effet, elles n'ont de force que grâce à la volonté des États qui ont décidé d'abandonner une partie de leur souveraineté au profit de cette organisation.

Ainsi, la volonté des États confère aux organisations internationales des compétences par lesquelles elles peuvent agir. Ces compétences peuvent être explicites ou implicites.

[1440] J. C. ZARKA, *Droit international public* 2e éd. Ellipses Éditions Maketing 2011, p.31

2. *Les compétences d'une organisation internationale*

Les compétences d'une organisation internationale se définissent de façon générale comme les pouvoirs, c'est-à-dire les moyens d'action, reconnus aux organisations internationales pour leur permettre de remplir leurs fonctions et d'atteindre les buts qui leur sont assignés[1441]. Le traité révisé de 1993 de la CEDEAO, le protocole relatif aux mécanismes de prévention, de gestion, de règlement des conflits, de maintien de la paix et de la sécurité et son protocole additionnel sur la démocratie et la bonne gouvernance et l'Acte additionnel portant régimes de sanctions à l'encontre des États membres qui n'honorent pas leurs obligations vis-à-vis de la communauté, attribuent à l'organisation des compétences en matière de sécurité collective notamment en matière de changements anticonstitutionnels de pouvoir.

Cette compétence en matière de sécurité collective s'étend de la prévention, à la gestion et le règlement des crises pouvant aboutir à une situation d'instabilité politique ou institutionnelle ou conflictuelle dans un État membre. De façon générale, la CEDEAO exerce sa compétence en matière de changement anticonstitutionnel de pouvoir à travers ces textes susmentionnés. L'immixtion de la CEDEAO dans ce domaine relève des compétences explicites de l'organisation.

Cependant, la Cour Internationale de Justice admet dans sa jurisprudence, des compétences implicites aux organisations internationales[1442]. Au regard de de la jurisprudence de la CIJ, la CEDEAO peut ainsi, en toute légitimité, s'emparer des compétences qui ne sont pas expressément énumérées par le droit communautaire, dans le but d'aboutir à une stabilité politique et sécuritaire dans la région. Les médiations et la signature d'accords entre la CEDEAO et les groupes de militaires auteurs de coups d'État peuvent entrer dans le cadre de ces compétences implicites.

[1441] D. RUZIE et G. TEBOUL, *Droit international public* 23e édition Dalloz 2015, p.191.

[1442] Voir CIJ, avis consultatif dans l'affaire du sud-ouest africain, 11950 et CIJ, l'avis consultatif de 1949 dans l'affaire Bernadotte et de 1954, dans l'arrêt rendu du jugement de TANU.

En effet, le droit communautaire n'attribue pas à la CEDEAO la compétence de signer des accords avec les auteurs de coups d'État. Lorsqu'un changement anticonstitutionnel de pouvoir intervient dans un État membre, le droit communautaire attribue de façon explicite à la CEDEAO la compétence de prendre à l'égard de cet État, des mesures coercitives n'impliquant pas l'usage de la force et/ou des mesures coercitives impliquant l'usage de la force armée pour permettre le retour de l'ordre constitutionnel.

En revanche, il n'interdit pas à la CEDEAO d'entamer des médiations ou des missions de bons offices et de signer des accords avec les auteurs des coups d'État.

Ainsi, l'accord-cadre signé le 6 avril 2012 à Kati au Mali entre la CEDEAO et le CNRDRE, permettant le retour à l'ordre constitutionnel dans ce pays, peut être légitimé du point de vue du droit communautaire et du droit international général par la compétence implicite attribuée aux organisations internationales par la jurisprudence de la Cour Internationale de Justice, qui se réfère de façon expresse au droit communautaire, l'accord-cadre semble difficile à trouver une légitimité juridique.

Cependant, la compétence implicite de la CEDEAO a des limites. En faisant recours à sa compétence implicite contre les changements anticonstitutionnels de pouvoir, la CEDEAO peut engager sa responsabilité internationale pour fait international illicite.

B. La responsabilité internationale de la CEDEAO

La question de la responsabilité de l'État pour fait internationalement illicite est d'une importance première dans les relations entre États[1443]. Ces auteurs notent toutefois que cette question est devenue le serpent de mer de l'Assemblée Générale de l'ONU[1444].

[1443] A.-T. NORODOM et P. LAGRANGE, op. cit., p.292.
[1444] Ibid.

La responsabilité internationale est l'obligation qui incombe à un sujet de droit international, de réparer le dommage causé à un autre sujet de droit international, suite à un acte ou à un fait international contraire au droit. Ce fait peut résulter du manquement d'une règle de droit ou du défaut d'exécution d'une obligation conventionnelle. Les organisations internationales ont une compétence explicite jadis précisée dans son acte fondateur. Ces compétences doivent être attribuées de façon claire et précise dans les instruments juridiques créant l'organisation.

On l'a vu plus haut la CIJ attribue aux organisations internationales des compétences implicites, c'est-à-dire, celles qui ne sont pas explicitement précisées dans les textes juridiques de l'organisation, mais dont l'atteinte des buts de l'organisation nécessite qu'elle s'empare de ces domaines. Cependant, la compétence implicite attribuée par la jurisprudence de la CIJ aux organisations internationales est limitée. En effet, la CEDEAO peut adopter des mesures contre un coup d'État, en fondant sa décision sur sa compétence implicite. En revanche, la mise en œuvre de mesures coercitives impliquant l'usage de la force peut engager la responsabilité de la CEDEAO pour fait internationalement illicite. L'emploi de la force contre le coup d'État en violation du droit international notamment de la Charte de l'ONU, peut constituer un fait internationalement illicite et engager la responsabilité internationale de la CEDEAO. Auparavant, l'obligation de consentement de l'État passait par son adhésion au protocole relatif aux mécanismes de prévention, de gestion, de règlement des conflits, de maintien de la paix et de la sécurité. Cependant, depuis l'adoption et l'entrée en vigueur de l'Acte additionnel portant régimes de sanctions à l'encontre des États membres qui n'honorent pas leurs obligations vis-à-vis de la CEDEAO, l'adhésion de l'État au protocole relatif aux mécanismes de prévention, de gestion, de règlement des conflits, de maintien de la paix et de la sécurité, pour permettre le recours à la force contre un coup d'État, n'est plus une exigence. Ce texte autorise dans son article 6 paragraphe XV, l'imposition de l'ordre constitutionnel par la force légitime.

Le droit communautaire exige un mandat du Conseil de Sécurité de l'ONU comme impératif préalable à l'emploi de la force contre le coup d'État. Les faits internationalement illicites pouvant être attribués à une organisation internationale telle que la CEDEAO lorsqu'elle ne se conforme pas au droit international.

Ce qu'il faut noter, le fait internationalement illicite doit constituer une violation d'une obligation du droit international notamment la violation d'une règle de droit positif ou d'une règle impérative de droit communément appelé « *jus cogens* ». Le fait internationalement illicite d'une organisation internationale a une particularité par rapport à celui d'un État. Il découle de la violation d'une règle de droit de cette organisation. S'agissant de la CEDEAO, en matière d'emploi de la force contre un coup d'État, elle ne pourra agir qu'avec la collaboration d'un autre État membre. En effet, nous l'avons précisé plus haut que la FAC est constituée par les unités militaires, paramilitaires et civiles des États membres mises à la disposition de la CEDEAO par les États. Ainsi, pour pouvoir faire usage de la FAC dans un État, la CEDEAO doit bénéficier de la collaboration de deux États membres ayant accepté de mettre leurs forces à la disposition de la CEDEAO, conformément aux obligations conventionnelles des États. Cette collaboration entre la CEDEAO et le/ou les États membres concernés consiste, en une aide ou une assistance aboutissant au fait internationalement illicite. Deux conditions cumulatives sont nécessaires pour que la responsabilité de l'organisation internationale soit engagée du fait de cette collaboration[1445]. Premièrement, l'organisation internationale offrant son aide ou son assistance doit l'avoir fait en connaissance des circonstances du fait internationalement illicite. Deuxièmement, si le fait internationalement illicite commis par l'organisation internationale l'a été par voie d'aide ou d'assistance[1446].

Cependant, lorsque le fait internationalement illicite est atténué par des circonstances excluant son illicéité, la responsabilité de l'organisation internationale ne peut plus être engagée. De toute évidence, le consentement de l'État doit être exprimé clairement dans un instrument juridique international. Les États membres de la CEDEAO ayant signé et ratifié le protocole relatif aux mécanismes de prévention, de gestion, de règlement des conflits, de maintien de la paix et de la sécurité et son protocole additionnel sur la démocratie et la bonne gouvernance, et l'Acte additionnel portant régime de sanctions à l'encontre des États membres qui n'honorent pas leurs obligations vis-à-vis de l'organisation acceptent expressément que la CEDEAO puisse

[1445] D. RUZIE et G. TEBOUL, *Droit international public* 23e édition Dalloz 2015, p.211 et 212.
[1446] Ibid. p.212

s'impliquer par les moyens coercitifs impliquant l'emploi de la force contre les changements anticonstitutionnels de pouvoir pouvant intervenir dans les États.

Aussi, en l'absence de ce consentement, l'action coercitive n'impliquant pas l'emploi de la force qui ne nécessite pas d'ailleurs un mandat de l'ONU peut tomber dans une illicéité internationale. Cependant, lorsque la CEDEAO a recours aux moyens coercitifs impliquant l'usage de la force pour rétablir l'ordre constitutionnel dans un État, la FAC a l'obligation de se conformer au mandat de la CEDEAO obtenu avec l'approbation du Conseil de sécurité de l'ONU.

Lors de l'emploi de la force, si la FAC sort du cadre de son mandat, elle est susceptible d'engager la responsabilité de la CEDEAO pour fait internationalement illicite. En revanche, lorsque la FAC a agi en légitime défense, si les conditions de cette légitime défense sont réunies, le fait devient une mesure licite. La responsabilité de la CEDEAO ne peut pas être engagée dans ce cas pour fait internationalement illicite.

CONCLUSION DE LA DEUXIEME PARTIE

Au regard des résultats de l'engagement de la CEDEAO contre les changements anticonstitutionnels de pouvoir, nous pouvons affirmer que son bilan paraît très mitigé. L'efficacité de la réaction des organisations internationales face au changement anticonstitutionnel de pouvoir dépend des rapports de force, comme dans toute situation internationale[1447].

Les mécanismes de la CEDEAO se sont révélés à l'instar de ceux de l'UA, inefficaces à mettre fin définitivement aux changements anticonstitutionnels en Afrique de l'Ouest. Les missions de médiation de la CEDEAO s'éloignent parfois du droit dans leur gestion. L'organisation semble contribuer à l'obsolescence du droit

[1447] P. TAVERNIER, « Les organisations internationales et les changements anticonstitutionnels », in R. BEN ACHOUR (dir.), *les changements anticonstitutionnels de gouvernement, approches de droit constitutionnel et de droit international* op. cit., p.35.

communautaire contre ce fléau. Le droit communautaire est partiellement mou et souffre d'une obsolescence lors de la gestion du phénomène.

Au risque de se faire contredire par le célèbre professeur français Jean du Bois de GAUDUSSON[1448], la CEDEAO doit songer à éradiquer formellement dans son droit, les accords politiques dans la gestion des coups d'État, en préconisant d'une part, une fermeté à l'égard des États sur le respect de leurs obligations conventionnelles, et d'autre part en privilégiant d'autres modes alternatifs de gestion de ce fléau, qui soient plus respectueux de la démocratie, du respect des droits de l'homme et de la souveraineté du peuple. Ils n'ont pas de fondement juridique précis et leur efficacité contre ce fait est très incertaine. Ils constituent une atteinte à la souveraineté du peuple et une négation du droit qui voit s'imposer un acte (politique à caractère juridique) unilatéral d'un groupe de personnes ayant comme seule légitimité, la force des armes. Ils constituent également une remise en cause de l'État de droit et de la démocratie, une atteinte aux droits de l'homme alors même que l'objectif de la CEDEAO contre ce fait, vise à préserver ceux-ci. Cependant, cette ingéniosité de la CEDEAO fait d'elle un laboratoire du constitutionnalisme africain.

La CEDEAO doit songer en revanche à renforcer les sanctions coercitives non forcées contre le changement anticonstitutionnel de pouvoir, en mettant en place des moyens plus efficaces permettant à l'organisation d'obtenir des États membres, le respect de leurs obligations et de leurs engagements.

Cependant, il faut reconnaître que l'organisation ne détient pas seule le monopole de la gestion des changements anticonstitutionnels. Elle peut prendre des initiatives dont elle n'est pas la seule à détenir le contrôle ou que le contrôle lui échappe complètement, notamment l'emploi de la force légitime pour rétablir la démocratie.

[1448] Voir à ce propos, J. D. B. De GAUDUSSON, « L'argument constitutionnel dans les médiations », in J.-P VETTOVAGLIA (prés), J D. B. DE GAUDUSSON, C. DESOUCHES, J. MAILA, H. SADA et A. SALIFOU op. cit., p.690-695

Toutefois, force est de constater que depuis la mise en place des mécanismes juridiques de sous régionalisation de la démocratie, elle agit contre tous les changements anticonstitutionnels de pouvoir de façon ferme, parfois pondérée ou même avec réticence[1449]. Les sanctions politiques et juridiques du droit communautaire ne peuvent pas produire véritablement les effets dissuasifs escomptés. En effet, la multiplication des changements anticonstitutionnels de pouvoir dans la sous-région illustre les limites réelles de la CEDEAO dans sa prévention. Le manque de clarté des dispositions du droit communautaire contribue fortement à l'affaiblir contre ce fait.
Si la CEDEAO peut désormais se saisir et parfois même régler des changements anticonstitutionnels de pouvoir, elle ne nous semble pas apte à prévenir efficacement ce fléau qui s'accroît dans des proportions inquiétantes dans la sous-région.

Les maigres résultats de son action imposent une réflexion sur l'avenir politique de cette organisation communautaire. Les multiples interventions de l'organisation contre ce fléau n'ont forcément pas été synonymes d'efficacité. La CEDEAO doit songer à renforcer ses mécanismes de sanctions contre les États qui ne respectent pas leurs obligations et leurs engagements communautaires, et adopter une attitude de fermeté contre les États.

Cependant, l'approche choisie par la CEDEAO a contribué à son affaiblissement contre ce phénomène. En optant pour la médiation dans sa gestion, n'est-elle pas une reconnaissance implicite des autorités de fait ? La pratique montre que celles-ci n'ont jamais accepté le retour au pouvoir des autorités légitimes constitutionnelles déchues. Ce qui la contraint à choisir l'option du « retour à l'ordre constitutionnel » au détriment du « rétablissement ou de la restauration de l'ordre constitutionnel », banalisant ainsi les coups d'État. La répétition de ce fléau traduit la difficulté de l'organisation à soustraire les États membres de la communauté du processus cyclique des changements anticonstitutionnels de pouvoir.

[1449] J. K. MPIANA, « L'Union Africaine face à la gestion des changements anticonstitutionnels de *gouvernement »,* op. cit., P.138

CONCLUSION GENERALE

La démocratie, la violence, la force, les droits de l'homme, la sécurité sont les grandes notions que nous avons abordées dans cette étude.

La démocratie et l'État de droit ont été les plus grands absents des objectifs de l'UA, principale organisation internationale africaine et de la CEDEAO. Toutefois, elles se sont rattrapées après la vague de démocratisation des années 1990.

En effet, indifférentes des régimes politiques des États, elles vont se saisir des questions de la dévolution du pouvoir en imposant la démocratie, le respect des droits de l'homme et la bonne gouvernance, comme préalables à la paix, la stabilité et le développement. Autrement dit, ces organisations internationales se saisissent des changements anticonstitutionnels de pouvoir, simplement parce qu'ils constituent une menace et une atteinte à la paix et la sécurité. Nous avons expliqué au cours de nos développements, les interactions entre démocratie et développement, paix et sécurité.

À cet effet, en ce qui concerne la CEDEAO, dans le cadre de la stabilité politique et institutionnelle de ses États membres, elle impose des règles supranationales aux États, déterminant l'organisation et le fonctionnement des institutions internes des États, le respect des droits de l'homme et surtout la dévolution du pouvoir. Pour le dire autrement, au fil de son existence, elle s'est progressivement dotée de moyens contre les changements anticonstitutionnels de pouvoir, se rapprochant de ceux d'un État. Toutefois, s'il nous était permis d'établir un bilan de l'engagement de la CEDEAO, nous pouvons dire sans hésitation qu'il paraît largement mitigé.

En effet, il existe une incohérence dans l'action de l'organisation. Elle intervient souvent de manière très rapide et même intransigeante, et ferme contre certains coups d'État, alors qu'elle se montre parfois très pacifiste, voire laxiste, à offrir une réponse à d'autres. On observe aussi une incohérence entre le droit de la CEDEAO et sa pratique. On remarque cette incohérence à la fois dans la prévention et dans la gestion. Elle gère ce fléau avec des accords politiques dont la juridicité reste à déterminer. Ces accords politiques contredisent à la fois le droit interne de l'État concerné et le droit de la CEDEAO.

Il nous faut aussi relever les insuffisances du droit de la CEDEAO. En effet, ce droit est mollement rédigé. Elle doit songer à rédiger son droit avec rigueur et fermeté. Et aussi renoncer à la complaisance à l'égard des États membres en mettant en place des mécanismes rigoureux de contrôle des engagements des États. Autrement dit, un mécanisme de contrôle totalement indépendant des États et des institutions communautaires, capable de sanctionner les États qui ne respectent pas leurs engagements et leurs obligations et surveiller l'application stricte de ces sanctions. Sans cela, elle n'existerait que sur papier, du fait du manque de volonté interne des États.

En ce qui concerne l'usage de la force pour faire respecter la démocratie, il convient de noter que depuis la fin de la Seconde Guerre mondiale, c'est le Conseil de sécurité des Nations-Unies qui, par la Charte des Nations-Unies, est le garant de la paix et du respect de la sécurité internationale[1450]. Cependant, son chapitre VIII lui permet de déléguer ses prérogatives aux organisations régionales, voire sous-régionales. Dans le cas de l'Afrique, c'est l'Organisation de l'Union Africaine (OUA) qui a donc été sa « courroie de transmission », puis l'UA lorsque celle-ci a évolué au début du 21e siècle[1451]. Le chapitre VIII autorise à descendre encore plus bas dans cette délégation de pouvoir. L'OUA, puis l'UA ne se sont pas privés de faire confiance à la CEDEAO[1452] à travers divers mandats visant à résoudre les conflits, les coups d'État en particulier. Nous avons étudié ainsi le cadre normatif de la CEADEAO contre le changement anticonstitutionnel de

---

[1450] Article 1er de la Charte.

[1451] Voir Acte constitutif de l'U.A du 11 juillet 2000 disponible sur http://www.achpr.org/files/instruments/au-constitutive-act/au_african_union_act_2000_fra.pd consulté le 20/01/2019.

[1452] La CEDEAO est la première organisation sous-régionale à se servir de ce mécanisme, en envoyant le 24 août 1990 l'ECOMOG au Liberia à la demande du président Samuel DOE alors que ce pays faisait face à une rébellion armée dirigée par Charles TAYLOR. Malgré les dissensions internes, des difficultés d'ordres matérielles, financières, etc. l'organisation a pu déployer un contingent composé majoritairement et dirigé principalement par des soldats de pays anglophones de la CEDEAO notamment le Nigeria et le Ghana. Voir à ce propos, http://www.operationspaix.net/20-historique-ecomog-liberia.html consulté le 20/02/2019.

pouvoir. À cet effet, nous avons expliqué son cadre normatif du recours à la force prévu par le droit international qui lui permet d'agir contre ce fléau avec des moyens coercitifs forcés. Nous avons pu voir que, du fait de la complexité du fonctionnement du Conseil de sécurité de l'ONU, le recours direct à la force pour rétablir la démocratie échappe totalement à la CEDEAO. Et aussi, qu'elle pourrait engager sa responsabilité en utilisant la force dans un État membre.

Il a été également question d'une double influence. Comment la CEDEAO influe-t-elle sur ses États membres en matière d'action politique, mais aussi en matière de droit communautaire ? Le revers de la question a également été abordé. Comment les États membres participent-ils à cette communautarisation des solutions ? Le développement a permis d'aborder de nombreuses pistes qui donnent à espérer et qui font de la CEDEAO un laboratoire pour d'autres organisations internationales notamment sous-régionales économiques africaines. En revanche, d'autres éléments nous ont rendus plus sévères. On peut citer ici des éléments intrinsèques aux organisations internationales (le message volontariste des États et leurs pratiques beaucoup plus égoïstes ou opportunistes). On doit aussi souligner trois particularités qui différencient plus la CEDEAO de l'Union Européenne par exemple : le manque de contre-pouvoir à la conférence des chefs d'États et de Gouvernements, le peu de pouvoir de la Commission et la trop faible application des décisions notamment celles du juge communautaire, etc.

Dans la deuxième partie, nous avons mis l'accent sur deux grandes situations anormales qui traduisent son incapacité à résoudre certains changements anticonstitutionnels. La première situation résulte du cas où le Conseil de sécurité n'intervient pas en cas de blocage alors que la situation pourrait l'exiger. Nous avons constaté ces situations particulièrement en Sierra Leone. Nous avons également pointé du doigt ce qui se passe en cas d'échec de la CEDEAO à intervenir militairement pour restaurer ou rétablir l'ordre constitutionnel (et nous avons cité ici le cas de la France en Côte d'Ivoire en 2010).

La seconde situation anormale se produit lors des maintiens au pouvoir au-delà de la durée initiale du mandat. En effet, des présidents peuvent vouloir se maintenir au-delà de la durée initiale de leur mandat. En tant que tel, cela ne met pas en danger la sécurité et la paix dans la sous-région. Cependant, une telle attitude, par la négation de l'alternance politique au pouvoir, place le pays dans une situation qui peut être explosive à plus ou moins long terme. Si l'ONU n'a pas prévu dans ses textes de moyens permettant d'intervenir, l'OUA puis l'UA à l'inverse de la CEDEAO, ont fait preuve d'audace en insérant des clauses à ce sujet dans la CADEG, qualifiant cette situation de changement anticonstitutionnel. À cet effet, l'UA peut imposer des sanctions contre un État lorsqu'une situation pareille se produit. La CEDEAO, à l'inverse est dans le tâtonnement comme on peut le remarquer dans les dispositions de l'article 12 de l'Acte additionnel portant régime de sanctions à l'encontre des États membres qui n'honorent pas leurs obligations vis-à-vis de la communauté.

La conclusion est le lieu de la synthèse, mais aussi le moment où l'on offre des perspectives. Dès lors, cette étude propose ici des pistes fécondes de poursuite de la recherche. On aurait pu se pencher davantage sur les rapprochements et les dissonances apportées par le G5 Sahel[1453] par rapport aux objectifs sécuritaires de la CEDEAO et l'adoption par l'UEMOA en 2012 d'un mécanisme de sécurité collective communautaire. En intervenant ainsi, par le G5 Sahel, la France ne court-elle pas le risque de porter la politique d'hier et de couper l'herbe sous le pied à la CEDEAO d'une part ? Et d'autre part, l'arrivée de l'UEMOA dans le domaine de la sécurité collective ne présage-t-elle pas d'une gestion bicéphale de la question dans les États qui sont à la fois membres des deux organisations ? Cette arrivée ne va-t-elle pas produire une concurrence dans la gestion de ce fléau dans cette sous-région ? Il semble difficile de répondre aujourd'hui à ces interrogations au risque de se lancer dans une spéculation. Toutefois des pistes alternatives, peut-être plus politiques, et moins militaires auraient pu être portées par la CEDEAO ou des coopérations renforcées au sein même de cette organisation.

En termes d'enjeux nationaux, la situation en Guinée-Bissau aurait pu être étudiée plus amplement. Ce pays apparaît comme « l'homme

[1453] Le G5 Sahel est une organisation sous-régionale de l'Afrique regroupant, comme son nom l'indique, 5 États du sahel notamment le Burkina Faso, Le Mali, Le Niger, la Mauritanie et le Tchad. Elle a été créée en février 2014 par les chefs d'État de ces cinq pays autour de la France. C'est un cadre de politique de développement et de sécurité sous -régionale.

malade de la sous-région » en matière d'instabilité politique et institutionnelle. Quelle action la CEDEAO pourrait-elle porter pour éviter que ce pays ne poursuive pas sa tendance vers une banalisation des coups d'État ?

Il n'a pas été fait assez référence au géant de la CEDEAO qu'est le Nigeria. Il a pourtant un rôle stratégique à jouer à la fois en interne, en revitalisant sa démocratie (le spectacle offert par deux vieillards richissimes se présentant aux élections présidentielles du 28 février 2019, dont un « putschiste » repenti, ne plaide pas en sa faveur[1454]) et en luttant de façon plus « démocratique » contre Boko Haram. Alors que ce pays a été le premier à porter le message de la démocratie au niveau sous-régional. Il est aussi le plus grand fournisseur des contingents de la FAC.

La question de la temporalité de l'intervention de la CEDEAO constitue un autre enjeu important. Comment intervenir au mieux avant les crises (la prévention) ? La CEDEAO a confié ce rôle à l'ECOWARN. Toutefois, on note qu'elle se situe là dans un impensé du droit international, ou, pour le dire autrement, dans un domaine quasi nouveau du droit international. La seule référence qui vienne immédiatement à l'esprit à ce sujet est le rappel du droit d'intervention préemptive dont les États-Unis se sont prévalus en intervenant en Irak en 2003 au risque de dérives comme nous l'avons vu au cours de nos développements. La CEDEAO avec son « early warning alert » développe un outil intéressant, mais qui ne dispose pas d'un mécanisme d'intervention permettant d'éviter des coups d'État.

Concernant la situation qui prévaut pendant la crise, il y a encore des progrès à faire. La forme intergouvernementale de la CEDEAO et le mode de décision ne rendent pas très optimiste. Enfin, comme tous les organismes internationaux, la CEDEAO a du mal à gérer la situation post-crise. Une fois que la situation délicate est « traitée », l'organisation sous-régionale se concentre sur d'autres difficultés sans déployer assez de moyens pour consolider la paix ou stabiliser davantage la démocratie et les institutions comme ce fût le cas au Burkina Faso en 2014. Il manque d'esprit de suite à tel point que

[1454] Muhammadu BUHARI auteur du coup d'État du 27 août 1985 et d'Atiku ABUBAKAR.

certaines situations laissent à penser que « après la crise égale avant la crise ».

Enfin, qu'il nous soit permis d'avancer un dernier élément, plus engagé. La situation sécuritaire qui prévaut au sein de la CEDEAO ne doit pas renforcer la militarisation des esprits. Le droit constitutionnel et le droit international présupposent la supériorité du droit sur la force. La CEDEAO doit se préoccuper davantage de la sécurité humaine. Ce concept en desserrant le carcan « tout sécuritaire » permet de penser un droit à la sécurité qui ne soit pas seulement celui de la liberté de déplacement, mais qui met en avant d'autres droits, ceux de deuxième, troisième et quatrième génération. Ce n'est qu'en mariant ces deux approches sécuritaires que l'on évitera, sur le long terme, le recours encore trop fréquent aux coups d'État et aux guerres civiles qui obèrent l'avenir des États membres de la CEDEAO.

<u>ANNEXES</u>

CARTES DE LA CEDEAO ET DE L'UEMOA

1 : <u>CEDEAO</u>

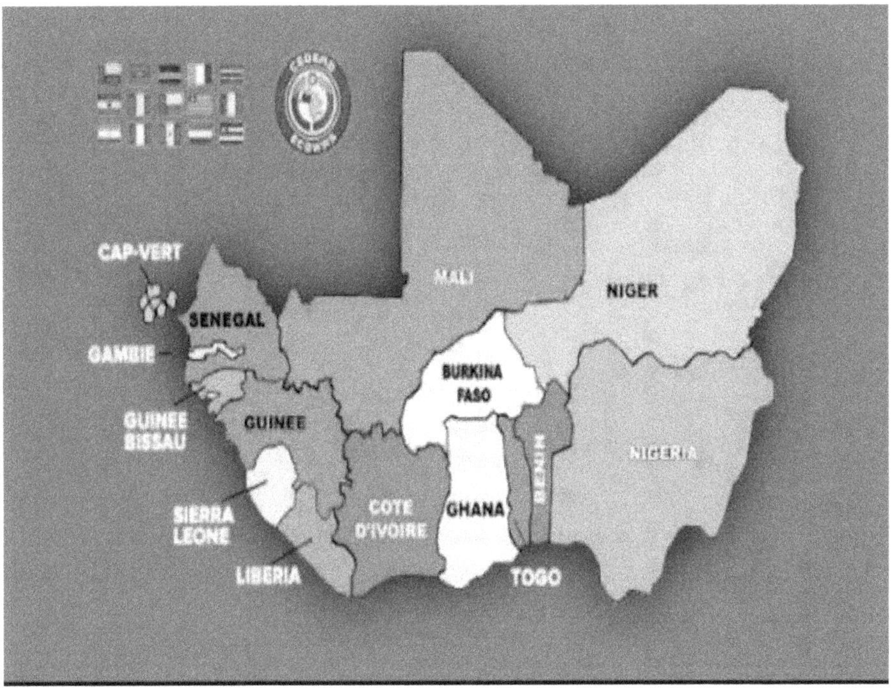

2 : UEMOA

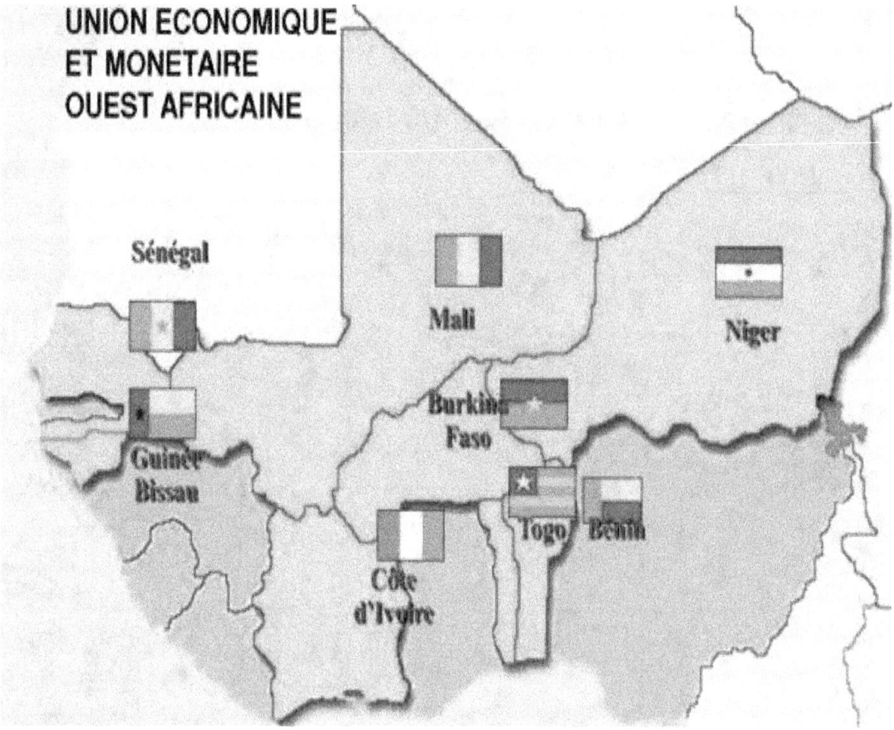

Source 1 : « *les zones frontalières de l'UEMOA peuvent être un véritable pôle de développement* » article du 04/07/2018 www.intellivoire.net consulté le 17/03/2019.

Source 2 : Cheikh Sidya, Mauritanie « *La demande marocaine d'intégration à la CEDEAO bien accueillie* », article du 25/02/2017, www.le360afrique.com consulté le 17/03/2019.

TABLEAU RECAPITULATIF DES COUPS D'ÉTAT ET DES TENTATIVES[1455] DE COUPS D'ÉTAT DANS LES ÉTATS MEMBRES DE LA CEDEAO DEPUIS LES INDEPENDANCES.

États	Années	Évènements	Réactions de la CEDEAO
Burkina Faso	2015	Le général Gilbert DIENDERE, à la tête d'un groupe de militaires renverse Michel KAFANDO, président de la transition. Le coup d'État militaire est mis en échec grâce à la mobilisation de la population dans les rues avec le soutien d'une grande partie de l'armée.	Le Conseil de sécurité de l'ONU et l'UA ont condamné fermement le coup d'État. L'UA impose des sanctions. La CEDEAO ne le condamne pas explicitement, mais s'implique activement dans sa gestion à travers une médiation. En effet, elle s'est particulièrement impliquée dans la gestion et le règlement de ce coup d'État. Elle a désigné le président sénégalais Macky SALL pour diriger un groupe de contact dans le cadre d'une médiation.
	2014	En octobre 2014, Blaise COMPAORE est renversé par une révolution populaire. L'armée prend le pouvoir puis elle le cède à un gouvernement civil de transition sous la pression des manifestations de la rue et de l'implication de la CEDEAO.	Lors du sommet du 6 novembre 2014, la CEDEAO refuse de sanctionner le Burkina Faso. Elle invite ses partenaires à faire de même.
	1987	Le 15 octobre, Thomas SANKARA est mort assassiné lors d'un coup	Indifférence de la CEDEAO

[1455] Dans ce tableau, nous parlons de tentative, les coups d'État qui ont connu un début d'exécution, mais n'ayant pas réussi. Les tentatives qui ont été déjouées par les autorités avant un début d'exécution ont été volontairement exclues de ce tableau. Cependant, pour ce qui concerne la Guinée Bissau, nous avons fait le choix que des coups d'état ayant réussi. Car dans ce pays, la liste des tentatives est très longue. La note suivante de bas de page explique la raison.

		d'État conduit par Blaise COMPAORE.	
	1983	Le 4 août, trois mois après son limogeage du poste de Premier ministre, le capitaine Thomas SANKARA, renverse Jean-Baptiste OUEDRAOGO.	Indifférence de la CEDEAO
	1982	Le médecin colonel Jean-Batiste OUEDRAOGO renverse Saye ZERBO	Indifférence de la CEDEAO
	1980	Le 25 novembre 1980, Saye ZERBO renverse Sangoulé LAMIZANA	Indifférence de la CEDEAO
	1966	Le 4 janvier 1966, Maurice YAMEOGO est renversé par Aboubacar Sangoulé LAMIZANA, à la suite d'une révolte populaire contre son pouvoir.	La CEDEAO n'était pas créée
Bénin	1972	Mathieu KEREKOU renverse Justin AHOMADEGBE	La CEDEAO n'était pas créée
	1969	Emile Derlin ZINZOU propulsé à la tête du pays par les militaires après le coup d'État du 17 décembre 1967 est lui aussi renversé par un coup d'État.	La CEDEAO n'était pas créée
	1967	Le 17 décembre, Christophe SOGLO est renversé par un groupe de militaires qui porte Emile Derlin ZINZOU au pouvoir.	La CEDEAO n'était pas créée
	1965	Le 22 décembre, le colonel Christophe SOGLO renverse de nouveau Sourou Migan APITHY qu'il avait lui-même placé à la tête du pays après un coup d'État.	La CEDEAO n'était pas créée
	1963	Le 28 octobre, le colonel Christophe SOGLO renverse Hubert MAGA. Il cède volontairement le pouvoir à	La CEDEAO n'était pas créée

		Sourou Migan APITHY en janvier 1964.	
Cap Vert	Néant	Néant	Néant
Côte d'Ivoire	2010	Laurent GBAGBO au pouvoir perd les élections présidentielles, mais refuse de céder le pouvoir à son opposant Alassane Dramane OUATTARA déclaré vainqueur des élections par l'ONUCI et la Commission Electorale Ivoirienne (CEI). Il est chassé du pouvoir par les soldats français appuyant les soldats ivoiriens et les milices fidèles à Alassane Dramane OUATTARA.	La CEDEAO impose des sanctions et menace d'utiliser la force. Mais elle échoue à résoudre la crise avec des moyens non forcés. Elle a été également incapable à intervenir militairement malgré des menaces. L'armée française intervient par la force pour chasser Laurent GBAGBO du pouvoir.
	2002	Une tentative de coup d'État contre Laurent GBAGBO échoue. Elle aboutit à une longue guerre civile.	La CEDEAO désigne le président togolais EYEDEMA pour diriger une médiation. Elle déploie des forces de l'ECOMOG qui travaillent en collaboration avec celles de l'ONU et les forces de l'opération LICORNE de la France.
	1999	Le général Robert GUEI renverse Henri Konan BEDIE ;	Indifférence de la CEDEAO
Gambie	2016	Yahya JAMMEH perd les élections présidentielles. Il reconnaît sa défaite et fait volte-face quelques jours après, en rejetant les résultats. Sous la menace de la CEDEAO de recourir à la force, il accepte de quitter le pouvoir grâce à une ultime médiation de la CEDEAO conduite par la Guinée Conakry.	La CEDEAO demande à Jammeh de reconnaître les résultats de l'élection et de transmettre le pouvoir pacifiquement. Elle n'a toutefois pas décidé de sanctions. Elle désigne Muhammadu BUHARI le président du Nigeria comme médiateur. Elle demande, et obtient du Conseil de sécurité de l'ONU, l'utilisation de la force pour rétablir l'ordre

			constitutionnel. Toutefois, une ultime médiation d'Alpha Condé président de la Guinée, opposé au recours à la force a permis un règlement pacifique.
	2014	Un groupe de militaires attaque le palais présidentiel. Le coup d'État est mis en échec. Plusieurs militaires et des civils sont arrêtés.	Indifférence de la CEDEAO
	1994	Le capitaine Yahya JAMMEH renverse Dawda JAWARA.	Indifférence de la CEDEAO
Ghana	1981	Le 31 décembre, Jerry RWALINGS qui avait cédé le pouvoir à un gouvernement civil démocratiquement élu, conduit à nouveau un coup d'État, en reversant Hilla LIMAN.	Indifférence de la CEDEAO
	1979	Le 4 juin, Jerry RWALINGS renverse Féderick William KWASI AKUFFO.	Indifférence de la CEDEAO
	1978	Ignatius Kutu ACHEAMPONG est renversé lui aussi par Féderick William KWASO AKUFFO.	Indifférence de la CEDEAO
	1970	Ignatius Kutu ACHEAMPONG renverse Edward AKUFU-ADDO.	La CEDEAO n'était pas créée
	1966	Nkwamé NKRUMAH ayant conduit le pays à son indépendance, est renversé par Joseph Arthur ANKRAH.	La CEDEAO n'était pas créée
	2012	Raimundo PEREIRA, président de l'Assemblée Nationale, assurant l'intérim de président de la République conformément à la constitution après la mort des suites d'une maladie, du président Malam BACAI SANHA, est renversé le	La CEDEAO condamne le coup d'État. Toutefois, elle fait une volte-face en reconnaissant les autorités de fait et demande à ses partenaires à faire de même. Le Conseil de sécurité de

Guinée-Bissau[1456]		12 avril entre les deux tours de l'élection présidentielle par Mamadou Turé KURUMA.	l'ONU et la CPLP rejettent cette reconnaissance.
	2010	Le Premier ministre Carlos GOMEZ JUNIOR est arrêté par un groupe de militaires.	Le président assure que tout est sous contrôle. Un changement anticonstitutionnel vraisemblablement coopté par lui.
	2009	Joa Bernardo VEIRA de retour d'exil est élu démocratiquement Président de la République en 2005. En mars 2009, il est assassiné par des hommes en arme.	L'UA condamne l'assassinat du président. La CEDEAO et la CPLP entament distinctement des démarches pour le retour à la normalité constitutionnelle. Mais elles n'ont pas de divergence d'approche. Le président de l'Assemblée nationale assure l'intérim et organise de nouvelles élections présidentielles qui ont eu lieu en juillet 2009.
	2003	Le 14 septembre, Verissimo Correia SEABA dépose Kumba YALA.	L'ONU, la CPLP et la CEDEAO ne semblent pas surprises du coup d'État. Elles ne le condamnent pas expressément, mais demandent que la période de transition soit la plus courte possible. La CEDEAO et la CPLP entament conjointement des actions pour le retour à la normalité constitutionnelle.
	1999	À la suite d'une rébellion, Ansumane MANE renverse Joao Bernardo VIEIRA.	La CEDEAO condamne le coup d'État. Cependant, curieusement, les forces de l'ECOMOG qu'elle avait déployé avant le coup d'État conformément à la résolution 1233 (1999) du Conseil de sécurité sont retirées malgré les appels

1456 Ce pays connaît une instabilité politique et institutionnelle chronique. Nous ne parlons de ce pays dans ce tableau que des coups d'État réussis. Elles sont nombreuses les tentatives de coups d'État dans ce pays.

			des autorités intérimaires et de l'ONU à maintenir cette force.
	1980	Luis CABRAL est déposé par Joao Bernardo VIEIRA dit NONO.	Indifférence de la CEDEAO
Guinée Conakry	2008	Moussa Dadis CAMARA prend le pouvoir après la mort de Lassana CONDÉ en violation de la Constitution guinéenne.	L'UA établit des sanctions. Une divergence apparaît au sein de la CEDEAO notamment entre le Nigeria et le Sénégal. Elle ne sanctionne pas le coup d'État, mais entame une médiation qui aboutit à l'organisation d'élections.
	1984	Le 3 avril, Lassana CONDÉ prend le pouvoir après la mort de Sekou TOURE en empêchant Louis Lassana BEAVOGUI à assurer l'intérim conformément à la Constitution.	Indifférence de la CEDEAO
Liberia	2003	Charles TAYLOR est contraint par la CEDEAO à quitter le pouvoir.	La CEDEAO déploie des forces de la paix après le départ de Taylor. (Voir à ce propos l'observateur du 3 août 2003).
	1990	Principe JOHNSON renverse Samuel DOE	Ce coup d'État se déroule dans les locaux de l'ECOMOG devant les soldats de la CEDEAO. On observe une indifférence totale de l'Organisation.
	1982	Le 2 avril 1982, Samuel DOE dépossède du pouvoir, William TOLBERT.	Indifférence de la CEDEAO
Mali	2012	Le capitaine Amadou Aya SANOGO profite d'une banale mutinerie pour renverser Amadou Toumani TOURE (ATT).	La CEDEAO établit des sanctions et menace d'utiliser la force. Parallèlement, elle entame une médiation qui aboutit à un accord avec les putschistes. Le capitaine Amadou Aya SANOGO accepte de quitter le pouvoir en rétablissant l'ordre

			constitutionnel grâce à l'accord-cadre signé le 6 avril 2012 avec la médiation de la CEDEAO.
	1991	Le 26 mars 1991, le lieutenant-colonel Amadou Toumani TOURE (ATT) renverse Moussa TRAORE.	Indifférence de la CEDEAO
	1968	En novembre 1968, Modibo KEITA au pouvoir depuis l'indépendance du pays est renversé par Moussa TRAORE.	CEDEAO n'était pas créée
Le Niger	2010	Salou DJIBO renverse Mamadou TANDJA	La CEDEAO n'établit pas de sanctions. Elle semble même complaisante avec les auteurs du coup d'État.
	1999	Daouda Malam WANKE dépossède Ibrahim Baré MAINASSARA du pouvoir.	Indifférence de la CEDEAO
	1996	Ibrahim Baré MAINASSARA renverse Mahamane OUSMANE.	Indifférence de la CEDEAO
	1974	Seyni KOUNTCHE renverse Hamani DIORI.	La CEDEAO n'était pas créée
Nigeria	1993	Sani ABACHA dépose Ernest SHONEKAN.	Indifférence de la CEDEAO
	1985	Ibrahim BABAGINDA renverse Muhammadu BUHARI.	Indifférence de la CEDEAO
	1983	Muhammadu BUHARI renverse Shehu SHAGARI	Indifférence de la CEDEAO
	1976	Olusegun OBASANJO renverse Mohamed MURTALA	Indifférence de la CEDEAO
	1975	Mohamed MURTALA renverse Yakubu GOWON	Indifférence de la CEDEAO

	1966	Johnson AGUIVI-ORONSI est déchu du pouvoir par un groupe de militaire conduit par Yakubu GOWON.	La CEDEAO n'était pas créée
	1966	Nnamdi AZIKIWE est renversé par Johnson AGUIYI-ORONSI.	La CEDEAO n'était pas créée
Sénégal	Néant	Néant	Néant
Sierre Leone	1997	Johnny KOROMA renverse Ahmed Tejan KABBAH.	La CEDEAO utilise la force pour la première fois contre un coup d'État. L'ECOMOG rétablit par la force, Ahmed Tejan KABBAH dans ses fonctions.
	1996	Julius Maada BIO fait un coup d'État contre Valentin STRASSER	Indifférence de la CEDEAO
	1992	Joseph Saidu MOMH est renversé par un groupe de militaires conduit par Valentin STRASSER.	Indifférence de la CEDEAO
Togo	2005	Faure EYEDEMA empêche avec le soutien de l'armée, Fambaré Ouattara NATCHABA Président de l'Assemblée Nationale de prendre le pouvoir conformément à la Constitution après la mort de Gnassingbé Eyadema. Il est contraint de quitter le pouvoir grâce à l'implication de la CEDEAO.	La CEDEAO impose des sanctions et obtient le retrait du pouvoir de Faure Eyadema.
	1963	Le 13 janvier 1963, Sylvanus OLYMPIO est renversé par un coup d'État conduit par Gnassingbé EYADEMA.	CEDEAO n'était pas créée.

<u>Quelques extraits de textes de la CEDEAO concernant notre travail</u>

Traité fondateur de 1975

Article 2. OBJECTIFS DE LA COMMUNAUTÉ

1. Le but de la Communauté est de promouvoir la coopération et le développement dans tous les domaines de l'activité économique, particulièrement dans les domaines de l'industrie, des transports, des télécommunications, de l'énergie, de l'agriculture, des ressources naturelles, du commerce, des questions monétaires et financières et dans le domaine des affaires sociales et culturelles avec pour objectif d'élever le niveau de vie de ses peuples, d'accroître et de maintenir la stabilité économique, de renforcer les relations entre ses membres et de contribuer au progrès et au développement du continent africain.

2. Aux fins énoncées au paragraphe précédent et conformément aux dispositions particulières du présent Traité, l'action de la Communauté portera par étapes, sur :

(a) l'élimination entre les États membres des droits de douane et toutes autres taxes d'effet équivalent à l'importation et à l'exportation des marchandises ;

(b) l'abolition des restrictions quantitatives et administratives au commerce entre les États membres ;

(c) l'établissement d'un tarif douanier commun et d'une politique commerciale

Commune à l'égard des pays tiers ;

(d) la suppression, entre les États membres, des obstacles à la libre circulation des personnes, des services et des capitaux ;

(e) l'harmonisation des politiques agricoles et la promotion des projets communautaires des États membres notamment dans les domaines de la commercialisation, de la recherche et dans celui des entreprises agro-industrielles ;

(/) la réalisation de programmes concernant le développement commun en matière de transports, de communications, d'énergie et d'autres équipements d'infrastructure ainsi que l'élaboration d'une politique commune dans ces domaines ;

(g) l'harmonisation des politiques économiques et industrielles des États membres et la suppression des disparités du niveau de développement des États membres ;

(h) l'harmonisation nécessaire au bon fonctionnement de la Communauté des politiques monétaires des États membres ;
(i) la création d'un Fonds de Coopération, de Compensation et de développement ;
(j) toutes autres activités visant à atteindre les objectifs communautaires que les États membres peuvent entreprendre en commun à tout moment.

Traité révisé de 1993

Article 4 : PRINCIPES FONDAMENTAUX

LES HAUTES PARTIES CONTRACTANTES, dans la poursuite des objectifs énoncés à l'Article 3 du présent Traité affirment et déclarent solennellement leur adhésion aux principes fondamentaux suivants :

(a) égalité et interdépendance des États membres ;
(b) solidarité et autosuffisance collectives ;
(c) coopération inter-États, harmonisation des politiques et intégration des programmes ;
(d) non-agression entre les États membres ;
(e) maintien de la paix, de la sécurité et de la stabilité régionales par la promotion et le renforcement des relations de bon voisinage ;
(f) règlement pacifique des différends entre les États membres, coopération active entre pays voisins et promotion d'un environnement pacifique comme préalable au développement économique ;
(g) respect, promotion et protection des droits de l'homme et des peuples conformément aux dispositions de la Charte Africaine des Droits de l'Homme et des Peuples ;
(h) transparence, justice économique et sociale et participation populaire au développement ;
(i) reconnaissance et respect des régies et principes juridiques de la Communauté ;
(j) promotion et consolidation d'un système démocratique de gouvernement dans chaque État Membre tel que prévu par la Déclaration de Principes Politiques adoptée le 6 juillet 1991 à Abuja ;
(k) répartition juste et équitable des coûts et des avantages de la coopération et de l'intégration économiques.

ARTICLE 58 : SÉCURITÉ RÉGIONALE

1. Les États membres s'engagent à œuvrer à la préservation et au renforcement des relations propices au maintien de la paix, de la stabilité et de la sécurité dans la Région.
2. À ces fins, les États membres s'engagent à coopérer avec la Communauté en vue de créer et de renforcer les mécanismes appropriés pour assurer la prévention et la résolution à temps des conflits inter et intra-États en mettant particulièrement l'accent sur la nécessité :
(a) d'entreprendre des consultations périodiques et régulières entre les autorités administratives nationales chargées des frontières ;
(b) de mettre en place des commissions conjointes locales ou nationales chargées d'examiner les problèmes affectant les relations entre les États voisins ;
(c) d'encourager les échanges et la coopération entre les communautés et les régions administratives ;
(d) d'organiser des rencontres entre les ministères sectoriels appropriés sur différents aspects des relations inter-États ;
(e) de recourir, en cas de besoin, à des procédures de conciliation, de médiation et autres modes de règlement pacifique des différends ;
(f) de mettre en place un Observatoire régional de paix et de sécurité et le cas échéant des Forces de Maintien de la paix ;
(g) de fournir, si nécessaire et à leur demande, une assistance aux États membres en vue d'observer le processus des élections démocratiques.
3.· Les autres dispositions régissant la coopération politique, la paix et la stabilité régionales sont définies dans les Protocoles y afférents.

Protocole relatif au mécanisme de prévention, de gestion, de règlement des conflits, de maintien de la paix et de la sécurité.

Article 2 : Principes

Les États membres, réaffirment leur attachement aux principes contenus dans les Chartes de
L'Organisation des Nations Unies (ONU) et de l'Organisation de l'Unité Africaine (OUA), dans la Déclaration Universelle des Droits de l'Homme, ainsi que dans la Charte Africaine des
Droits de l'Homme et des Peuples, notamment les principes fondamentaux suivants :

(a) le développement économique et social et la sécurité des peuples et des États sont
Intimement liés ;
(b) la promotion et le renforcement de la libre circulation des personnes, le droit de
Résidence et d'établissement, qui contribuent au renforcement des liens de bon voisinage ;
(c) la promotion et la consolidation d'un gouvernement et d'institutions démocratiques dans chaque État membre ;
(d) la protection des droits humains fondamentaux, des libertés et des règles du droit international humanitaire ;
(e) l'égalité des États souverains ;
(f) l'intégrité territoriale et l'indépendance politique des États membres.

Article 22 : Missions de l'"ECOMOG

L'"ECOMOG est chargé entre autres, des opérations suivantes :
(a) mission d'observation et de suivi de la paix ;
(b) maintien et rétablissement de la paix ;
(c) action et appui aux actions humanitaires ;
(d) application de sanctions y compris l'embargo ;
(e) déploiement préventif ;
(f) opérations de consolidation de la paix, de désarmement et de démobilisation ;
(g) activités de police, notamment, la lutte contre la fraude et le crime organisé ;
(h) toutes autres opérations qui peuvent être ordonnées par le Conseil de Médiation et de
Sécurité.

Article 25 : Conditions de mise en œuvre

Le Mécanisme est mis en œuvre dans l'une des conditions ci-après :
(a) En cas d'agression ou de conflit armé intervenu dans un État membre, ou de menace d'un tel conflit ;
(b) En cas de conflit entre deux ou plusieurs États membres ;
(c) En cas de conflit interne qui ;

(i) menace de déclencher un désastre humanitaire ;

(ii) constitue une menace grave à la paix et à la sécurité dans la sous-région ;
(d) En cas de violations graves et massives des droits de l'homme ou de remise en cause de l'État de droit ;
(e) En cas de renversement ou de tentative de renversement d'un Gouvernement démocratiquement élu ;
(f) Toute autre situation que détermine le Conseil de Médiation et de Sécurité.

Article 26 : Pouvoir d'initiative

Le Mécanisme est mis en œuvre :
(a) Sur décision de la Conférence ;
(b) Sur décision du Conseil de Médiation et de Sécurité ;
(c) À la demande d'un État membre ;
(d) À l'initiative du Secrétaire Exécutif[1457] ;
(e) À la demande de l'OUA ou des Nations Unies.

Protocole A/SP1/12/01 sur la démocratie et la bonne gouvernance additionnel au protocole relatif au mécanisme de prévention de gestion, de règlement des conflits, de maintien de la paix et de la sécurité.

Article 1er

Les principes ci-après sont déclarés principes constitutionnels communs à tous les États membres de la CEDEAO :
a) — La séparation des pouvoirs exécutif, législatif et judiciaire
- La valorisation, le renforcement des Parlements et la garantie de l'immunité parlementaire ;
- l'indépendance de la justice : le juge est indépendant dans la conduite de son dossier et le prononcé de ses décisions ;
- la liberté des barreaux est garantie ; l'Avocat bénéficie de l'immunité de plaidoirie sans préjudice de sa responsabilité pénale ou disciplinaire en cas d'infraction d'audience ou d'infractions de droit commun ;

[1457] Actuel président de la Commission

b) Toute accession au pouvoir doit se faire à travers des élections libres, honnêtes, et transparentes.
c) Tout changement anticonstitutionnel est interdit de même que tout mode non démocratique d'accession ou de maintien au pouvoir.
d) La participation populaire aux prises de décision, le strict respect des principes démocratiques, et la décentralisation du pouvoir à tous les niveaux de gouvernement.
e) L'armée est apolitique et soumise à l'autorité politique régulièrement établie ; tout militaire en activité ne peut prétendre à un mandat politique électif.
f) L'État est laïc et demeure entièrement neutre dans le domaine de la religion ; chaque citoyen a le droit de pratiquer librement et dans le cadre des lois en vigueur, la religion de son choix en n'importe quel endroit du territoire national. La même laïcité s'impose à tous les démembrements de l'État, mais elle ne doit pas priver l'État du droit de réglementer, dans le respect des Droits de la Personne, les diverses religions sur le territoire national ni d'intervenir en cas de troubles à l'ordre public ayant pour source une activité religieuse.
g) L'État et toutes ses institutions sont nationaux. En conséquence, aucune de leurs décisions et actions ne doit avoir pour fondement ou pour but une discrimination ethnique, religieuse, raciale ou régionale.
h) Les droits contenus dans la Charte Africaine des Droits de l'Homme et des peuples et les instruments internationaux sont garantis dans chacun des États membres de la CEDEAO ; tout individu ou toute organisation a la faculté de se faire assurer cette garantie par les juridictions de droit commun ou par une juridiction spéciale ou par toute Institution nationale créée dans le cadre d'un Instrument international des Droits de la Personne.
En cas d'absence de juridiction spéciale, le présent Protocole additionnel donne compétence aux organes judiciaires de droit civil ou commun.
i) Les partis politiques se créent et exercent librement leurs activités dans le cadre des lois en vigueur.
Leurs formations et activités ne doivent avoir pour fondement aucune considération raciale, ethnique, religieuse, ou régionale. Ils participent librement et sans entrave ni discrimination à tout processus électoral.
La liberté d'opposition est garantie.
Chaque État peut mettre en place un système de financement des partis politiques, sur des critères déterminés par la loi.

j) La liberté d'association, de réunion et de manifestation pacifique est également garantie.
k) La liberté de presse est garantie.
l) Tout ancien Chef d'État bénéficie d'un statut spécial incluant la liberté de circulation. Il bénéficie d'une pension et d'avantages matériels convenant à son statut d'ancien Chef d'État.

Article 2

1. Aucune réforme substantielle de la loi électorale ne doit intervenir dans les six (6) mois précédant les élections, sans le consentement d'une large majorité des acteurs politiques.
2. Les élections à tous les niveaux doivent avoir lieu aux dates ou périodes fixées par la Constitution ou les lois électorales.
3. Les États membres prendront les mesures appropriées pour que les femmes aient, comme les hommes, le droit de voter et d'être élues lors des élections, de participer à la formulation et à la mise en œuvre des politiques gouvernementales et d'occuper et de remplir des fonctions publiques à tous les niveaux de l'État.

Article : 45

1. En cas de rupture de la Démocratie par quelque procédé que ce soit et en cas de violation massive des Droits de la Personne dans un État membre, la CEDEAO peut prononcer à l'encontre de l'État concerné des sanctions.
2. Lesdites sanctions à prendre par la Conférence des Chefs d'État et de Gouvernement peuvent aller par graduation :
- Refus de soutenir les candidatures présentées par l'État membre concerné à des postes électifs dans les organisations internationales ;
- Refus de tenir toute réunion de la CEDEAO dans l'État membre concerné,
- Suspension de l'État membre concerné dans toutes les Instances de la CEDEAO ; pendant la suspension, l'État sanctionné continue d'être tenu au paiement des cotisations de la période de suspension.
3. Pendant ladite période, la CEDEAO continuera de suivre, d'encourager et de soutenir tout effort mené par l'État membre suspendu aux fins de retour à la vie institutionnelle démocratique normale.

4. Sur proposition du Conseil de Médiation et de Sécurité, il peut être décidé à un moment approprié de procéder comme il est dit à l'Article 45 du Protocole.

Acte additionnel A/SA. /13/02/12 portant régime des sanctions à l'encontre des États membres qui n'honorent pas leurs obligations vis-à-vis de la CEDEAO

Article 1er : Définition

Constituent des obligations pour les États membres, l'application et le respect des actes de la conférence et du Conseil des Ministres que sont le Traité de la CEDEAO, les Conventions, les protocoles et actes additionnels, les règlements, les décisions et les directives de la communauté, ainsi que les décisions de la Cour de Justice de la Communauté.

Article : Obligations des États membres

1. Les obligations contenues dans les actes visés à l'article 1er du présent Acte additionnel sont reparties en deux catégories. Ce sont celles qui visent la création au sein des États membres et à l'échelle régionale, d'une atmosphère de paix véritable et durable, dénuée de toute menace ou atteinte à l'ordre constitutionnel et celles qui visent le renforcement et l'accélération du processus d'intégration.
2. Constituent notamment des obligations pour les États membres :
   i) La ratification des protocoles et conventions de la CEDEAO ;
   ii) L'application des actes obligatoires visés à l'article 1er du présent Acte additionnel ;
   iii) L'application diligente des textes qui adoptent les politiques, les projets et les programmes d'intégration de la communauté ;
   iv) La protection et le respect des droits de l'homme, de l'État de droit, de la démocratie et de l'ordre constitutionnel ;
   v) L'interdiction d'adopter des mesures et des attitudes contraires à la gouvernance démocratique et au respect de l'État de droit ou susceptibles de constituer soit une

menace grave à la paix et à la sécurité régionale soit des violations graves et massives des droits de l'homme ou de déclencher un désastre humanitaire ;

vi) L'acquittement des obligations financières en générales et particulièrement l'application des textes sur le prélèvement communautaire ;

vii) Le démantèlement des barrières tarifaires et non tarifaires qui constituent des obstacles à la libre circulation des personnes, des biens, au droit de résidence et d'établissement ;

viii) L'interdiction d'adoption et de mise en œuvre de toutes mesures susceptibles de ralentir ou de compromettre le renforcement, l'accélération du processus d'intégration régionale ;

3. Les décisions de la Cour de Justice de la Communauté ont force obligatoire à l'égard des États membres.

Article 5 : Sanctions judiciaires

La cour peut prononcer des décisions sanctionnant les États membres pour les manquements à leurs obligations qui découlent du traité, des conventions et protocoles, des règlements, des décisions et des directives de la CEDEAO.

Article 6 : Sanctions politiques

Les sanctions politiques applicables à l'encontre des États membres qui n'honorent pas leurs obligations vis-à-vis de la communauté peuvent comprendre :

(i) La suspension de l'octroi de tout nouveau prêt ou de toute nouvelle assistance par la communauté ;

(ii) La suspension de décaissement pour tous les prêts, pour tous les projets ou les programmes d'assistance communautaires en cours

(iii) Le rejet de la présentation de la candidature aux postes statutaires et professionnels ;

(iv) La suspension du droit de vote ;

(v) La suspension de la participation aux activités de la communauté.

(vi) Le refus de soutenir les candidatures présentées par l'État membre concerné à des postes électifs dans les organisations internationales ;

(vii) Le refus de tenir toute réunion de la CEDEAO dans l'État membre concerné ;

(viii) La suspension de l'État membre concerné de toutes les instances de la CEDEAO ; pendant la suspension, l'État sanctionné continue d'être tenu au paiement des cotisations de la période de suspension ;

(ix) L'interdiction de voyage pour les dirigeants, les membres de leurs familles et leurs partisans, nonobstant les dispositions particulières sur la libre circulation des personnes.

(x) Le gel des avoirs financiers ;

(xi) Le rappel par les autres États membres de leurs ambassadeurs auprès de l'État en rupture de la démocratie ;

(xii) L'embargo sur les armes à destination de l'État concerné ;

(xiii) L'interdiction de briguer la magistrature suprême.

(xiv) La condamnation et la non-reconnaissance des gouvernements issus de changements anticonstitutionnels ;

(xv) L'imposition de la paix ou la restauration de l'ordre constitutionnel par l'utilisation de la force légitime.

BIBLIOGRAPHIE

I. LES OUVRAGES

AGULHON Maurice, *Coup d'État et République,* Presses de Sciences Po. 1997. 104 pages.

AKANDJI-KOMBE Jean-François (coord.) *L'homme dans la société, Mélanges en l'honneur du professeur Paul TAVERNIER*, Bruylant 2013, 1624 pages.

AIVO Joel Fréderic, Le *président de la république en Afrique noire francophone*, L'Harmattan 2007, 644 pages

BADIE Bertrand, *Un monde sans souveraineté, les États entre ruse et responsabilité*, Fayard 2004, 304 pages

BELLINA Séverine, MAGRO Hervé et DE VILLEMEUR Violaine (dir) *La gouvernance démocratique. Un nouveau paradigme pour le développement* ? Karthala 2008, 597 pages.

BERTHO LAVENIR Catherine, *La démocratie et les médias au XXe siècle*, Armand Colin 2000, 284 pages.

BRAUD Philippe, *La démocratie*, Seuil 2003, 256 pages.

BRAUD Philippe, *Science politique* 1, *La démocratie*, Seuil 1997. 235 pages

BUIRETTE Patricia et LAGRANGE Philippe, *Le droit international humanitaire*, La Découverte 2008,122 pages.

CHAPUS René, *Droit du contentieux administratif,* 12e édition Montchrestien 2006. 1489 pages.

CANAL-FORGUES Éric et RAMBAUD Patrick, *Droit international public* 3e éd. Flammarion 2016, 502 pages.

CARREAU Dominique, *Droit international,* 10e éd., Pedone 2009. 633 pages.

CLERGERIE Jean-Louis, GRUBER Anne et RAMBAUD Patrick, *L'Union européenne*, 9e éd., Dalloz 2012, 1007 pages.

COULIBALY Siaka, *Coups d'État, Légitimité et démocratie en Afrique*, L'Harmattan 2013, 155 pages.

CLERGEREI Jean-Louis GRUBER Annie RAMBAUD Patrick, *L'Union Européenne*, 9e édition, Dalloz 2012, 905 pages.

CLERGEREI Jean-Louis GRUBER Annie RAMBAUD Patrick, *L'Union Européenne*, 10e édition, Dalloz 2014, 1072 pages.

DAILLIER Patrick et PELLET Alain, *Droit international public*, L.G.D.J novembre 2002, 1722 pages.

DALOZ Jean-Pascal et QUANTIN Patrick, *Les transitions démocratiques africaines*, Karthala 1997, 313 pages.

DANGNOSI Issaka, *La Cour Pénale Internationale à l'épreuve de la répression en Afrique, des préjugés aux réalités*, L'Harmattan 2015, 208 pages

DE BELLAING Louis Moreau, *Le pouvoir, légitimation IV*, L'Harmattan 2009. 314 pages

DE GROVE-VALDEYRON Nathalie et SAID Hamdouni, *Les institutions internationales et communautaires*, Ellipses Marketing 2003.

DELMAS-MARTY Mireille, *Critique de l'intégration normative*, PUF 2004, 328 pages.

DEVIN Guillaume et SMOUTS Marie-Claude, *Les organisations internationales*, Armand Colin 2011, 253 pages.

DEVIN Guillaume (dir.) *Faire la paix, La part des institutions internationales,* Presses de Sciences Po. 2009, 221 pages.

DIOP El Hadji Omar, *Partis politiques et processus de transition démocratique en Afrique noire*, publibook 2006, 755 pages

DIOP Momar-Coumba, *Le Sénégal contemporain*, Karthala 2002. 652 pages

DJENA WEMBOU Michel-Cyr et FALL Daouda. *Droit international humanitaire, théorie générale et réalité africaine*, L'Harmattan 2000, 432 pages

DUHAMEL Olivier, *Les démocraties, régimes, histoire, exigences,* Seuil 1993, 372 p.

DUHAMEL Olivier, *Les démocraties,* Seuil 1995. 314 pages.

DUPUY Pierre-Marie et KERBRAT Yann, *Droit international public* 12e éd., Dalloz 2014, 991 pages.

ESMEIN A., *Précis Éléments de l'histoire du droit français de 1789 à 1814, Révolution, Consulat et Empire,* Librairie de la Société du Recueil J — B. SIREY et Du Journal du Palais, ancienne Maison L. LAROSE et FORCEL 1908, 332 p.

ELSTER Jon, Arnaud LE PILLOUER, *A quoi servent les élections*, PUF 2013, 102 pages.

FOGUE TODEM Alain, *Enjeux géostratégiques et conflits politiques en Afrique* noire, L'harmattan 2008, 418 pages

GUYOMAR Mattias, SEILLER Bertrand, *Contentieux administratif* 3e éd., Dalloz 2014. 582pages.

HAQUET Arnaud, *Le concept de souveraineté en droit constitutionnel français*, PUF 2004, 333 pages.

HOBBES Thomas, *Le Léviathan*, Gallimard 2000, 999 pages

HOBBES, **Thomas** *Le Léviathan*, éd. Folio 2000, p. 290

HOFNUNG Thomas, *La crise en Côte d'Ivoire, dix clés pour comprendre*, La découverte 2005, 140 pages

HOLEINDRE Jean-Vincent et BENOIT Richard, *La démocratie histoire, théories, pratiques*, éd. Sciences humaines 2010, 351 pages

LAUVAUX Philippe, *Les grandes démocraties contemporaines,* 3e éd., Dalloz 2004, 1060 pages.

LAUNDY Philip, *Les parlements dans le monde contemporain, mode d'élection fonctionnement structures*, Ed. Payot Lausanne 1989. 219 pages.

LESCUVER Georges, *Histoire des idées politiques,* 14e éd., Dalloz 2001, 688 pages.

LLORENS Jorge Cardona (dir), *Cours Euro-Mediterranéens Bancaja de droit international* Volume IV 2000, Tirant Lo Blanch 2000, 670 pages.

NDIAYE Papa Samba, *Les organisations internationales africaines et le maintien de la paix : l'exemple de la CEDEAO,* éditions L'Harmattan 2014, 331 pages

PHILIPE George et GUY Siat, *Droit public*, 15e édition Sirey 2006, 586 pages

PRELOT Marcel et LESCUYER Georges, *Histoire des idées politiques,* Dalloz-Sirey 1997, 702 pages.

PHILIPPE Georges et GUY Siat, *Droit public*, 15e édition Sirey 2006, 534 pages.

REG Alfred, *Le rôle de la volonté dans les actes juridiques, études à la mémoire du professeur,* Bruylant Bruxelles 2000, 935 pages

RUZIE David et TEBOUL Gérard, *Droit international public* 23e éd., Dalloz 2015, 354 pages.

RIVIER Raphaël, *Droit international public*, 2e éd. PUF 2013, 701 pages.

SANANKOUA Bintou, *Les États-nations face à l'intégration régionale en Afrique de l'Ouest, le cas du Mali,* Karthala 2007, 227 pages

SALL Alioune *Les mutations de l'intégration des États en Afrique de l'Ouest*, L'harmattan 2006, 288 pages.

SALL Alioune, *Les relations extérieures de la CEDEAO,* L'Harmattan 2016, 248 pages.

SERRE Julien, *Les États fragiles*, studyama 2016, 263 pages.

SY Seydou Madani, *Les régimes politiques sénégalais de l'indépendance à l'alternance politique de 1960-2008*, Kharthala et CRESPOS 2009, 372 pages.

TALL Saidou Nourou, *Les organisations internationales africaines*, 539 pages, L'Harmattan 2015, 550 pages.

TEHINDRAZANARIVELO Djacoba Liva, *Les sanctions secondaires des Nations Unies et leurs effets secondaires,* PUF 2005, 523 pages.

TOUVET Laurent et YVES-Marie, *Droit des élections*, Economica 2007. 595 pages.

TROPEZ Michel, CHAGNOLLAUD Dominique, *Traité international de droit constitutionnel*, Tome 3, Dalloz 2012. 824 pages.

VIRALLY Michel, *Le droit international en devenir, essai écrit au fil des ans*, PUF 1990, 504 pages.

VETTOVAGLI Jean-Pierre (prés.) GAUDUSON Jean Du Bois, BOURGI Albert, DESSOUCHE Christophe EL HACEM Ould Leball, MAILA Joseph, SADA Hugo, ANDRE Salifou, *Médiation et facilitation dans l'espace francophone : théorie et pratique*, Vol. I, Bruylant 2010, 914 pages.

Jean-Pierre VETTOVAGLIA (prés), Jean Du Bois DE GAUDUSSON, Christine DESOUCHES, Joseph MAILA, Hugo SADA et André SALIFOU, *Démocratie et élections dans l'espace francophone*, vol. II BRUYLANT 2010, 935 pages

YUSUF Abdulqawi A. (dir.), *L'Union Africaine, cadre institutionnel,* éd. Pedone 2013, 491 p.

ZARKA Jean-Claude, *Droit international public*, 2e éd., Ellipses 2011, 191 pages.

II. Ouvrages spécialisés de droit constitutionnel

AVRIL Pierre, Les Conventions de la Constitution, Presses Universitaires de France, collection Léviathan, 1997, 202 p.

CARCASSONE Guy et GUILLAUME Marc, *La constitution*, 12e éd. Seuil 2014, 480 pages.

CHANTEBOUT Bernard, *Droit constitutionnel*, 32e éd., Sirey mise à jour en août 2015, 656 pages.

CHANTEBOUT Bernard, *Droit constitutionnel*, 26e éd., Sirey 2009, 646 pages

COHENDET Marie-Anne, *Droit constitutionnel*, 4e éd Montchrestien Lextenso 2008. 535 pages.

DRAGO Guillaume, *Contentieux constitutionnel français*, 3e éd. PUF 2011. 683 pages.

FAVOREU Louis et PHILIP Loïc, *Les grandes décisions du Conseil constitutionnel français* ; 16e éd. Dalloz 2011, 591 pages.

GEORGES Phillipe et SIAT Guy, *Droit constitutionnel* 15e éd., Sirey 2006, 540 pages.

GICQUEL Jean, GICQUEL Jean-Éric, *Droit constitutionnel et institutions politiques,* 31e LGDJ Lextenso 2017, 926 pages.

GICQUEL Jean, GICQUEL Jean-Éric, *Droit constitutionnel et institutions politiques,* 23e MONCHRESTIEN 2009, 792 pages.

HAURIOU Maurice, *Précis de droit constitutionnel,* Paris, Sirey, 1929, 2e éd, 759 p.

JACQUE Jean Paul, *Droit institutionnel de l'UE*, 8e éd. Dalloz 2015, 816 pages.

KAMTO Maurice, *Pouvoir et droit en Afrique noire, Essai sur les fondements du constitutionnalisme dans les États d'Afrique noire francophone*, Paris LGDJ, 1987, 545 p.

PASCAL Jean, *Les Constitutions de la France*, Tome2, LGDJ Lextenso éd., 2016, 178 pages.

PIERRE — CAPS Stéphane, *Droits constitutionnels étrangers*, PUF 2010, 248 pages.

ROUSSEAU Dominique, *Droit du contentieux constitutionnel*, 7e éd., Montchrestien 2006. 536 pages.

SANTULLI Carlos, *Droit du contentieux international*, 2e éd., LGDJ éd. 2015, 626 pages.

TURPIN Dominique, *Droit Constitutionnel*, PUF 2007, 846 pages

III. LES THÈSES ET LES MÉMOIRES

ADAMOU Bachirou Amadou, *Le constitutionnalisme à l'épreuve de l'intégration dans l'espace CEDEAO : contribution à l'étude de la protection des droits fondamentaux depuis « l'ouverture démocratique » en Afrique de l'Ouest.* Thèse de doctorat en sciences juridiques, soutenue le 21 septembre 2018, Université de Toulon, 559 pages.

BAL Lider, *Le mythe de la souveraineté en droit international : la souveraineté des États à l'épreuve des mutations de l'ordre juridique international.* », Thèse de doctorat de droit international, Université de Strasbourg, soutenu le 3 février 2012, 702 pages.

BARBAKOUA Pihame, *La constitution à l'épreuve des accords politiques dans le nouveau constitutionnalisme africain, mémoire de DEA en droit public fondamental, Université de Lomé 2008* disponible sur *www.memoireoneline.com* consulté le 0/12/2018

BITIE Abdoul Kader., *L'approche contemporaine de la prévention des conflits en Afrique*, Thèse de doctorat en Droit public, Université de Bordeaux mai 2016, 662 pages.

CASTOR Catherine, *Le principe démocratique dans le droit de l'Union Européenne*, thèse de doctorat droit, Université Panthéon-Assas, Paris II, 2009, 524 pages.

CHAUZAL Gregory, *Les règles de l'exception : La régulation (du) politique au Mali et au Niger*, Thèse de doctorat en science politique, Université de Bordeaux, juin 2011, 587 pages.

DEFLINNE Thomas, *L'utilisation des décisions de la Cour Européenne des droits de l'homme par le Conseil Constitutionnel français*, thèse, Rouen 2008, 399 pages

DIOMPY Abraham Hervé, Le *paradoxe de l'internationalisation du droit constitutionnel en Afrique. Réflexions sur les interactions normatives, institutionnelles et politiques dans l'espace CEDEAO.* Thèse en Droit public Bordeaux 2017, 1010 pages.

DOUMBIA Fousseyni, *L'alternance démocratique au sommet de l'État au Mali et au Sénégal depuis l'indépendance*, Thèse Rouen 2015, 431 pages.

MAIGA Abdoulaye, *La crédibilité de la CEDEAO dans sa quête de la paix et de la sécurité*, thèse de doctorat de science politique soutenue le 27 septembre 2007 à l'université Jean Moulin Lyon 3, 433 pages.

MANZAN Innocent Ehueni, *Les accords politiques dans la gestion des conflits armés internes en Afrique,* Thèse de doctorat en droit public, Université d'Orléans et Université de Cocody-Abidjan, soutenue le 7 décembre 2011, 719 pages.

MBALLA Eyanga Cécile, *La médiation internationale dans les conflits internes en Afrique*, Thèse de doctorat en Relations internationales option : Diplomatie, Université de Yaoundé II Cameroun 2000, 319 pages.

NIMAGA Madou, *L'abstentionnisme électoral depuis l'avènement du multipartisme en 1992*, Mémoire de DEA en science politique Université Cheick Anta DIOP de Dakar, 2006 disponible sur https://www.memoireonline.com/08/11/4714/m_Labstentionnisme-electoral-au-mali-depuis-lavenement-du-multipartisme-en-199230.html

NIANG Yaya, *Le contrôle juridictionnel du processus électoral en Afrique noire francophone : les exemples du Sénégal et du Bénin*, Thèse de doctorat en droit cotutelle entre l'Université de Bordeaux et l'Université Gaston Berger, soutenue à Bordeaux le 6 avril 2018, 525 pages

OUEDRAOGO Seni Mahamadou, *La lutte contre la fraude à la constitution en Afrique noire francophone*, thèse de doctorat en droit public, soutenue le 16 mai 2011 à l'Université Montesquieu Bordeaux IV, 449 pages.

THIERAUD Sale, *Le droit international et la pratique de l'ingérence armée démocratique depuis 1945,* thèse, Nancy II 2009, 440 pages.

IV. LES ARTICLES

ADUNEGA Michael, *Le Tribunal spécial pour la Sierra Leone et ses effets sur l'accord d'amnistie de Lomé*, Cairn info, Mouvement 2008/1 (53), p.196, La découverte « Mouvement », p.125-130. ISSN 1291-6412 ISBN 9782707154514. Mars-mai 2008, https://www.cairn.info/revue-mouvements-2008-1-page-125.htm

AKACHA Nadia, *Crise électorale et changement anticonstitutionnel de gouvernement* in R. BEN ACHOUR (dir.), *Les changements anticonstitutionnels de gouvernement, approche de droit constitutionnel et de droit international*, Les cahiers de l'Institut Louis-Favoreux N° 3, R. Ben Achour (dir.), Colloque international organisé les 4 et 5 avril 2013 à Tunis, Presses universitaires d'Aix-Marseille, PUAM, 2014, p.93-97.

AKANDJI-KOMBE Jean-François, *Contrôle de constitutionnalité et actes politiques de règlement des crises institutionnelles,* contribution au colloque international de Bamako des 26 et 27 avril 2016, organisé par la Cour constitutionnelle du Mali sur « *Le rôle des juridictions constitutionnelles dans la consolidation de l'État de droit* ».

AYISSI Anatole et MAIA Catherine, *La gestion des crises constitutionnelles en Afrique : mandat et défis de la médiation internationale*. Annuaire français de relations internationales, vol XIII-2012.

BANGOURA Dominique, *Le coup d'État de décembre 2008 et la transition controversée en Guinée*, Dans les champs de Mars, 2015/3, (N° 28) p.18 à 33 disponible sur www.cairn.info/revue-les-champs-de-mars-irsem-2015-3-page-18.htm consulté le 07/03/2019.

BEN ACHOUR Rafâa, *Le droit international de la démocratie*, in *Cour Euro-Méditeeranéens Bancaja de droit international*, volume IV, 2000, éd. Tirant Lo Blanch, p.525-550.

BEN ACHOUR Rafâa, *Rapport introductif* in R. BEN ACHOUR (dir.), *Les changements anticonstitutionnels de gouvernement, approche de droit constitutionnel et de droit international*, Les cahiers de l'Institut Louis-Favoreux N° 3, Colloque international organisé les 4 et 5 avril 2013 à Tunis, Presses universitaires d'Aix-Marseille, PUAM, 2014, P.11-25.

BEN SALEM Hatem, *Rapport de synthèse* in R. BEN ACHOUR (dir.), Les *changements anticonstitutionnels de gouvernement, approche de droit constitutionnel et de droit international*, Les cahiers de l'Institut Louis-Favoreu N° 3, Colloque international organisé les 4 et 5 avril 2013 à Tunis, Presses universitaires d'Aix-Marseille, PUAM, 2014, p.165-167.

BERGER Marie-Sophia, *La contribution du conseil de sécurité à la prévention et à la gestion des changements anticonstitutionnels,* in R. Ben Achour (dir.), *Les changements anticonstitutionnels de gouvernement, approche de droit constitutionnel et de droit international*, Les cahiers de l'Institut Louis-Favoreu N° 3, Colloque international organisé les 4 et 5 avril 2013 à Tunis, Presses universitaires d'Aix-Marseille, PUAM, 2014, p.37-44.

BIAD AbdelWahab, *Affaire des activités armées sur le territoire du Congo, République Démocratique du Congo contre Ouganda, arrêt du 19 décembre 2005*, bulletin du CREDHO N° 16 décembre 2006, p.113-118 disponible sur le lien http://www.credho.org/credho/travaux/biad162006.pdf

BOURMAUD Daniel et QUANTIN Patrick, *Le modèle et ses doubles : les conférences nationales en Afrique noire (1990-1991), in* **Yves MENY** (dir), « *Les politiques du mimétisme institutionnel. La greffe et le rejet* », Paris, L'Harmattan 1993, 286 p.

BOUTIN Christophe et ROUVILLOIS Fréderic, *Préface* in *Le coup d'État, recours à la force ou dernier du politique ?* Christophe Bautin et Frédéric Rouvillois (dir), Actes de colloque organisé par le centre d'Études Normand sur la théorie et la régulation de l'État 2-3 décembre 2004 (O.E.I.L.), Paris, 2007, p.7 -11.

CAPORAL Stéphane, in Christophe Bautin et Frédéric Rouvillois (dir), *Le coup d'État, recours à la force ou dernier mot du politique ?*

Acte du colloque organisé par le Centre d'Études Normand sur la théorie et la régulation de l'État, 2-3 décembre 2004. Office d'Édition Impression Librairie (O.E.I.L.) Paris 2007, p.261-272.

CHEMILLIER-GENDREAU Monique, *Nations Unies et démocratie*, in BANNELIER-CHRISTTAKIS Karine, CHRISTAKIS Théodore, LANFRANCHI Marie-Pierre, MALJEAN-DUBOIS Sandrine, NORODOM Anne-Thida, (dir.), *70 ans des Nations-Unies : Quel rôle dans le monde actuel* ? Journée d'étude en l'honneur du professeur Yves Daudet, Paris Pedone 2014, p.143-147.

CHEMILLIER-GENDREAU Monique, *Ingérence, charité et droit international,* Le Monde diplomatique, janvier 1993, p.4-5, disponible sur https://www.monde-diplomatique.fr/1993/01/CHEMILLIER_GENDREAU/44984 consulté le 20/12/2018.

CORDERO Issa Blanco, *Compétence universelle, rapport général*, Revue internationale de droit pénal, 2008/1-2, Vol.79, p.13-53 disponible sur https://www.cairn.info/revue-internationale-de-droit-penal-2008-1-page-13.htm#

CONAC Gérard, *Démocratie et élections* in Jean-Pierre VETTOVAGLIA (prés), Jean Du Bois DE GAUDUSSON, Christine DESOUCHES, Joseph MAILA, Hugo SADA et André SALIFOU, *Démocratie et élections dans l'espace francophone*, vol. II BRUYLANT 2010, p.11-30

D'ASPREMONT Jean, *La licéité des coups d'État en droit international*, p.123-142. In Colloque de Bruxelles, *L'État de droit en droit international*, Pedone 2009,

De GAUDUSSON Jean Du Bois, *L'argument constitutionnel dans les médiations,* in J.-P VETTOVAGLIA (prés), J D. B. DE GAUDUSSON, C. DESOUCHES, J. MAILA, H. SADA et A. SALIFOU, *Médiation et facilitation dans l'espace francophone*, vol. II BRUYLANT 2010, p.690-695.

DE LA MARDIERE Christophe, *La légitimation du coup d'Etat, in* Christophe BOUTIN et Frederic ROUVILLOIS (dir.), *Le coup d'Etat : recours à la force ou dernier mot du politique*, Colloque organisé par le Centre d'études normand sur la théorie et la régulation de l'Etat, 2-3 décembre 2004, Ed. François-Xavier de Guibert, 2007, p.297-303.

DIARRA Eloi, *Le Mali* in TAVERNIER Paul (dir.), *Recueil juridique des droits de l'homme en Afrique*, Tome II 2000-2004, éd. Bruylant 2006, 298-301 pages.

DIARRA Eloi, *Histoire constitutionnelle du Mali*, in *Revue juridique et politique des États francophones*, 2010, volume 64, p.229-458.

DIARRA Eloi, *L'espace d'interpellation démocratique ou les droits de l'homme sous l'arbre à palabre* in Jean-François AKANDJI-KOMBE (coord.*) L'homme dans la société, Mélanges en l'honneur du professeur Paul TAVERNIER*, Bruylant 2013, p. -65— 91.

DIARRA Eloi, *La liberté religieuse au Mali*, in *Du Droit interne au droit international, le facteur religieux et l'exigence des droits de l'homme,* Mélanges en l'honneur de Raymond GOY, Presses universitaires de Rouen 1998, p.161-178.

EMMANUEL Grégoire, *Niger : un État à forte teneur en uranium,* Hérodote, 2011/3, n° 142, p.206-225. Disponible sur file:///C:/Users/user/Downloads/HER_142_0206.pdf consulté le 28/05/2017.

FALL Alioune, *Éditorial N° 3*, septembre 2001, http://afrilex.u-bordeaux4.fr/no-2-editorial.html consulté le 20/03/2017

FALL Alioune, *Le processus de démocratisation en Afrique francophone : le juge de l'élection dans l'espace ? (Essai de prospective)* in Jean-Pierre VETTOVAGLIA (prés), Jean Du Bois DE GAUDUSSON, Christine DESOUCHES, Joseph MAILA, Hugo SADA et André SALIFOU, *Démocratie et élections dans l'espace francophone*, vol. II BRUYLANT 2010, p.553-573.

FALL Ismaël Madior, *La révision de la constitution au Sénégal*, www.afrilex-bordeaux4.fr 46 pages, consulté le 28/03/2016

FALL Ismaël Madior, *Quelques réserves sur l'élection du président de la république au suffrage universel, Les tabous du constitutionnalisme en Afrique francophone,* Ed. De Boeck supérieur 2012. 156 pages.

FAU-NOUGARET Matthieu, *Les organisations régionales africaines et les changements de pouvoir anticonstitutionnel in* Matthieu FAU-NOUGARET (dir.) *La concurrence des organisations régionales africaines,* L'Harmattan, Paris 2012, colloque de Bordeaux 28-29 septembre 2009, 409-434pages

FAU-NOUGARET Matthieu, *les manipulations constitutionnelles et coup d'État constitutionnel en Afrique francophone*, communication du 30 octobre 2015 à Ouagadougou 17 pages. www.afrilex.u-bordeaux4.fr consulté le 10/01/2017

FAU-NOUGARET Matthieu, *Introduction générale,* in *L'architecture de paix et de sécurité en Afrique bilan et perspectives,* Matthieu FAU-NOUGARET et Luc Marius IBRAGA (dir) actes de colloques de Bordeaux et Ouagadougou des 30 novembre 2012 et 24-25 octobre 2013, L'Harmattan 2014, p. 11-20

FAYE Saliou, *élections et instabilité politique en Afrique de l'Ouest*, texte d'une conférence à l'Université de Dakar en 2014 disponible http://classiques.uqac.ca/contemporains/Faye_Saliou/elections_instabilites_Afrique_ouest/elections_texte.html consulté 20/06/2017

FLEURIOT Catherine, « *Droit d'ingérence humanitaire, où en est-on ?* »
Le Monde Diplomatique, article de septembre 2008, disponible sur https://www.monde-diplomatique.fr/2008/09/FLEURIOT/16264 consulté le 09/03/2019 consulté le 09/03/2019.

GAZIBO Mamadou, *L'instabilité politique en Afrique et ses déterminants » in Introduction à la politique africaine*, pp.117-137, Presses de l'Université de Montréal, 2010, www.books.openedition.org, consulté le 14/01/2019.

GHERARI Habib, *Le respect de l'État de droit comme élément de la « bonne gouvernance » en droit international économique* in Colloque de Bruxelles, *L'État de droit en droit international*, Pedone 2009, p.153-176.

GAUDUSSON J. Du Bois De, « Les élections à l'épreuve de l'Afrique » *in* Les cahiers du Conseil Constitutionnel N° 13, « *Dossier : La sincérité du scrutin* », janvier 2003 https://www.conseil-constitutionnel.fr/nouveaux-cahiers-du-conseil-constitutionnel/les-elections-a-l-epreuve-de-l-afrique consulté le 17/10/2019.

GRÉGOIRE Emmanuel et DE SARDAN OLIVIER Jean-Pierre, *Niger : le pire a été évité, mais demain ?* Article de 1996, 5 pages.

GUELDICH Hajer, *L'ingérence démocratique : peut-on imposer la légitimité démocratique par la force ?* in Les *changements anticonstitutionnels de gouvernement, approche de droit constitutionnel et de droit international*, Les cahiers de l'Institut Louis-Favoreu N° 3, R. Ben Achour (dir.), Colloque international organisé les 4 et 5 avril 2013 à Tunis, Presses universitaires d'Aix-Marseille, PUAM, 2014, p.115-124.

GUEYE Babacar, *La démocratie en Afrique : succès et résistance, in La démocratie en Afrique*, Revue Pouvoirs, N° 129, avril 2009, 22 p.

Hilaire AKEREKORO Hilaire, *La Cour Constitutionnelle et le Bloc de constitutionnalité au Bénin*, 44 pages www.afrilex.u-bordeaux4.fr

HUGON Philippe, *Les conflits armés en Afrique : apports, mythes et limites de l'analyse économique*, *Revue Tiers Monde*, 2003/4, n° 176, p. 829-855, disponible sur https://www.cairn.info/revue-tiers-monde-2004-3-page-487.htm consulté le 20/02/2019.
KANE Elimane Mamadou, *Lecture et relecture du coup d'État du 18 février 210 au Niger*, 22 pages, www.afrilex.u-bordeau4.fr, consulté le 02/04/2016

KONADJI Jean-Jacques, *Être jeune en Afrique*. Géopolitique d'un tsunami, article du 3 mai 2015, 5 pages. https://www.diploweb.com/Etre-jeune-en-Afrique-Geopolitique.html dernière consultation le 20/05/2016

KONADJI Jean Jacques, *Quel rôle la Force en Attente de la CEDEAO peut-elle jouer* ? article du 23 juin 2013, http://www.operationspaix.net/83-dossier-du-rop-quel-role-la-force-en-attente-de-la-cedeao-peut-elle-jouer-au-mali-.htm consulté le 23/02/209
Consulté le 20/04/2017

KOKOROKO Dodzi, *Souveraineté étatique et principe de légitimité démocratique*. Revue québécoise de droit international (2003) 16.1, pp.37-59.

KOKOROKO Dodzi, *Eléments communs des codes nationaux de l'observation électorale et mise en perspective avec les codes de l'UA et la déclaration de l'UNEDAD du 7 juillet 2005* in J.-P VETTOVAGLIA (prés), J D. B. DE GAUDUSSON, C. DESOUCHES, J. MAILA, H. SADA et A. SALIFOU, *Démocratie et élections dans l'espace francophone*, vol. II BRUYLANT 2010, p.574-584.

KOKOROKO Dozdi, « Les élections disputées : réussites et échecs », *in* Revue Pouvoirs N° 129, *La démocratie en Afrique*,

KOPDAR Adama, *Un demi-siècle du constitutionnalisme en Afrique de l'Ouest francophone*, 33 pages. www.afrilex.u-bordeau4.fr, consulté le 02/04/2016

KRIDIS Noura, *La CEDEAO et les changements anticonstitutionnels*, in Les *changements anticonstitutionnels de gouvernement, approche de droit constitutionnel et de droit international*, Les cahiers de l'Institut Louis-Favoreu N° 3, R. Ben Achour (dir.), Colloque international organisé les 4 et 5 avril 2013 à Tunis, Presses universitaires d'Aix-Marseille, PUAM, 2014, p.53-60.

LAGRANGE Philippe, *Neutralité de l'action humanitaire et relativisme culture*, in Mélanges en l'honneur de Patricia BUIRETTE, *Vers un nouvel ordre juridique humanitaire* ? LGDJ 2016, p. 175-182.

LATOUR Xavier, *L'Union Européenne face aux coups d'État*, *in* Christophe Bautin et Frédéric Rouvillois (dir), *Le coup d'État, recours à la force ou dernier mot du politique ?* Acte du colloque organisé par le Centre d'Études Normand sur la théorie et la régulation de l'État, 2-3 décembre 2004. Office d'Édition Impression Librairie (O.E.I.L.) Paris 2007, p.305-322

LLOPIS Ana Peyrot, *La Sierra Leone ou le renouveau des opérations de la paix*, article de février 2001, http://www.ridi.org/adi/200102a2.htm#_ftn4 consulté le 14/02/2019.

LOADA Augustin, *La limitation du nombre de mandats présidentiels en Afrique francophone*, N° 03/2003, 36 pages www.afrilex.u-bordeau4.fr

MARCHESIN Philippe, *Démocratie et Développement*, Revue Tiers Monde Tome 45 ; n° 179, 2004, pages 487-687, N° 719**.**

MARCHESIN Philippe, *Démocratie et développement*, Revue Tiers Monde, 2004/3, n° 179, p.487-513 disponible sur https://www.cairn.info/revue-tiers-monde-2004-3-page-487.htm consulté le 20/01/2019.

MASSANI Palouki, *Coup d'État entre déshonneur et bienveillance, article de septembre 2016,* 34 pages, www.afrilex-bordeau4.fr consulté le 02/03/2016 ;

MONACO Riccardo, *Le caractère constitutionnel des actes institutifs d'organisations internationales*, in Mélanges offerts à Charles ROUSSEAU*, La communauté internationale,* Paris Ped. 1974, p. 152-172.

MPIANA Joseph Kazadi, *L'UA face à la gestion des changements anticonstitutionnels de gouvernements*, revue québécoise de droit international 25.2 (2012), pages 102-141.

NDULO Muna, *L'interdiction des changements anticonstitutionnels de gouvernement, in* YUSUF Abdulqawi A. (dir.), *L'Union Africaine, cadre institutionnel,* éd. Pedone 2013, p. 223-242.

NORODOM Anne-Thida et LAGRANGE Philippe, *Travaux de la Commission du Droit international (soixante-huitième session et de la sixième commission),* in annuaire français de droit international 2016, CNRS éd. Paris 2017, p.265-302

NZINZI Pierre, *La démocratie en Afrique : l'ascendant platonicien,* Dans politique africaine 2000/1 (N° 77), p.72-82 www.cairn.info

OVONO Alexis Essono, *Armée et démocratie en Afrique, une relation ambivalente à normaliser* Dans Afrique Contemporaine 2012/2, (n° 242), p.120-121, https://www.cairn.info/revue-afrique-contemporaine-2012-2-page-120.htm dernière consultation, le 10/03/2019.

'ATERNE Mambo, *Les rapports entre les constitutions et les accords olitiques dans les États africains : réflexion sur la légalité onstitutionnelle en période de crise*, article de la revue McGill Law olume 57, numéro 4, June, 2012, p. 921-952

ROUSSEAU Dominique, *Une théorie juridique des changements anticonstitutionnels de gouvernement est-elle possible* ? in R. BEN ACHOUR (dir.), Les *changements anticonstitutionnels de gouvernement, approche de droit constitutionnel et de droit nternational*, Les cahiers de l'Institut Louis-Favoreu N° 3, R. Ben Achour (dir.), Colloque international organisé les 4 et 5 avril 2013 à Tunis, Presses universitaires d'Aix-Marseille, PUAM, 2014, p.63-65.

ROUX André, Les changements anticonstitutionnels de régime dans l'histoire constitutionnelle française, in R. BEN ACHOUR (dir.), *Les changements anticonstitutionnels de gouvernement, approche de droit constitutionnel et de droit international*, Les cahiers de l'Institut Louis-Favoreu N° 3, (dir. R. Ben Achour), colloque international organisé les 4 et 5 avril 2013 à Tunis, Presses universitaires d'Aix-Marseille, puam, 2014, pp.77-90.

SOBZE Serge François, *Le maintien de la paix et de la sécurité et le règlement des différends en Afrique subsaharienne : réflexion à partir des cas malien, sud-soudanais et centrafricain*, www.afrilex-bordeaux4.fr 36 pages.

TAMBOURA Hammadoun, SY Amadou, DIARRA Herman, *Les causes de l'émigration en Afrique*, www.info241.com

TAVERNIER Paul, *Les organisations internationales et les changements anticonstitutionnels* in R. BEN ACHOUR (dir.), *Les changements anticonstitutionnels de gouvernement, approche de droit constitutionnel et de droit international*, Les cahiers de l'Institut Louis-Favoreu N° 3, RAFFAA Ben Achour (dir.), Colloque international organisé les 4 et 5 avril 2013 à Tunis, Presses Universitaires d'Aix-Marseille, PUAM, 2014, p.29-36.

TENENBAUM Charles, *La médiation des organisations intergouvernementales*, in *Faire la Paix, La part des institutions internationales*, Presse de Sciences Po, 2009, p.101-131.

TIGROUDJA Hélène, *La Charte africaine de la démocratie, des élections et de la gouvernance* in YUSUF Abdulqawi A. (dir.) *l'Union Africaine, cadre institutionnel,* éd. Pedone 2013YUSUF Abdulqawi A. (dir.) *l'Union Africaine, cadre institutionnel,* éd. Pedone 2013, p. 243-255.

V. LES ACTES DE COLLOQUES

Le processus électoral permanence et évolutions, actes du colloque réuni au sénat le 22 novembre 2005. Studyrama 2006, 239 pages

Le coup d'État, recours à la force ou dernier mot du politique ? Actes du colloque organisé par le Centre d'Études Normand sur la théorie et la régulation de l'État, 2-3 décembre 2004. Office d'Édition Impression Librairie (O.E.I.L.) Paris 2007, 419 pages.

La nécessité en droit international, Paris, Pedone 2007, 382 pages, colloque de Grenoble

Le Chapitre VII de la charte des Nations Unies et les nouveaux aspects de la sécurité collective, colloque de Rennes, Pedone 1995, 324 pages.

Pouvoirs anciens, pouvoirs modernes dans l'Afrique d'aujourd'hui, Bernard Salvaing (dir), colloque de l'université de Nantes, PUF 2015, 241 pages.

Pouvoirs anciens, pouvoirs modernes dans l'Afrique d'aujourd'hui, SALVAING Bernard (dir.), BAXA Aurélie, THIBAUT Simonet, acte de colloque, 242 pages, Presses Universitaires de Renne 2015.

VI. LES REVUES ET LES MÉLANGES

Revue de droit international et droit comparé, Bruylant Bruxelles 2011, Tome LXXXVIII-2011. 664 pages.

Revue de droit international et droit comparé, Bruylant Bruxelles 2002, Tome LXXIX-2002, 435 pages.

Revue internationale de droit pénal, 2008/1-2, Vol.79, p.13-53 disponible sur https://www.cairn.info/revue-internationale-de-droit-penal-2008-1-page-13.htm#

Les Cahiers de l'Institut Louis-Favoreu, Les changements anticonstitutionnels de gouvernement, approche de droit constitutionnel et de droit international, N° 3 PUAM 2014, 170 pages.

Mélanges Raymond Goy, *Du droit interne au Droit international, le facteur religieux et l'exigence des droits de l'homme*, Publications Université de Rouen 1998, 484 pages.

Tavernier Paul (dir.) Recueil juridique des droits de l'homme en Afrique Tome II 2000 – 2004, Bruylant 2005, 2117 pages.

Mélange en l'honneur de Patricia BUIRETTE, *Vers un nouvel ordre juridique humanitaire* ? LGDJ 2016, 468 pages

Mélanges offerts à Charles ROUSSEAU, *La communauté Internationale*, Paris Pédone, 1974, 346 p.

Cours Euro-Méditerranéens Bancaja de droit international, Volume IV, 2000, Tirant Lo Blanch 2001, 670, pages.

Journée d'Etudes en l'honneur du professeur Yves Daudet, *Les 70 ans des Nations-Unies : quel rôle dans le monde actuel*, Paris Pédone 2014, 258 p.

II. LES DICTIONNAIRES

ALCAUD David, BOUVET Laurent, CONTAMIN Jean-Gabriel, CRETTIEZ Xavier, MOREL Stéphanie, ROUYERR Muriel, *Dictionnaire de sciences politiques*, 2e édition Sirey 2010, 250 pages

CORNU Gérard, *Vocabulaire juridique*, 12e éd., PUF 2017, 1103 pages

CHAGNOLLAUD Dominique (dir.), DRAGO Guillaume, *Dictionnaire des droits fondamentaux, éd. Dalloz 2010.751 pages.*

DELANNOY Sylvia (coord.) **et HUISSOUD Jean-Marc, GAUCHON Pascal** (dir.) *Dictionnaire de géopolitique et de géoéconomie*, PUF 2011. 564 pages.

***Dictionnaire du vocabulaire juridique 2017*,** LexisNexis, 2016, 568 pages

Dictionnaire de géopolitique et de géoéconomie, PUF 2011, 312

LAKEHAL Mokhtar, *Dictionnaire de science politique* 3e éd., L'Harmattan 2007, 447 pages

Le Petit Larousse *Illustré 2015*

Lexique de science politique, 4e éd., Dalloz 2017, 661 pages.

***Lexique des termes juridiques*,** 21e éd., Dalloz 2017, 993 pages.

BERNARD Guillaume, DE DESCHODT Jean-Pierre et VERPEUX Michel (dir.), *Dictionnaire de la politique et de l'administration*, PUF 2011, 312 pages**.**

SALMON Jean (dir.), *Dictionnaire de droit international public*, Bruxelles, Bruylant, 2001, XLI-1198 pages

SMOUTS Marie-Claude, BATTISTE Dario, VENNESSON Pascal, *dictionnaire des relations internationales*, Dalloz 2012, 3e éd., 584 pages.

III. RAPPORTS, COMMUNIQUÉS, DÉCISIONS ET DÉCLARATIONS, LES COMMENTAIRES

Les rapports

GNAGUENON Amandine, *Afrique de l'Ouest : faire la prévention des conflits la règle et non l'exception*, Publication de l'observatoire Boutros-Ghali du maintien de la paix, septembre 2008, Document disponible sur www.observatoire-boutros-ghali.org consulté le 28/02/2019.

Guide de la CEDEAO pour la médiation, février 2018, p.35, document disponible surwww.ecowas.int consulté le 19/02/2019.

Rapport du groupe des Sages de l'UA, International peace institute, *Les conflits et la violence politique résultant des élections en Afrique. Consolider le rôle de l'Union Africaine dans la prévention, la gestion et le règlement des conflits*, décembre 2012, document disponible sur. www.peaceau.org

Jürg Schneider, *République de Gambie*, Rapport sur les pays, extrait de la documentation de l'Afrique de l'Ouest de novembre 2000 destiné à la ROE, document disponible sur https://www.osar.ch/assets/herkunftslaender/afrika/gambia/gambie-rapport-sur-les-pays.pdf

OCDE-CAD, *Les lignes directrices du CAD. Prévenir les conflits violents : quels moyens d'action ?* 2001, 296 pages disponible sur https://www.oecd-ilibrary.org/fr/development/prevenir-les-conflits-violents-quels-moyens-d-action_9789264294783-fr

Rapport annuel 2015 de la CEDEAO, www.ecowas.int consulté le 19/02/2019

Rapport annuel 2012 de la CEDEAO, *Intégration et stabilité politique en Afrique de l'Ouest*, Abuja décembre 2012, 151 pages disponible sur www.afdb.org consulté le 20 juin 2016.

Rapport annuel 2015 de la CEDEAO, annexe, 37 pages.

Rapport annuel 2016 de la CEDEAO.

Rapport des missions d'observation du 29 novembre 2015 au Burkina Faso.

Rapport Afrique Crisis group N° 234, *Mettre en œuvre l'architecture de paix et de sécurité (III) : Afrique de l'Ouest.*

Centre d'Observation et de Suivi (COS) RÉSEAU D'ALERTE PRÉCOCE ET DE RÉPONSE (ECOWARN), Opérationnalisation du mécanisme national d'Alerte précoce et Réponse, Abuja 31 janvier 2016, 13 pages.

European Commission for democracy through Law (Venice Commission), CDL-STD (1993)006 Or.FR, Strasbourg 1993, 24 pages.

Pour une gouvernance légitime, document de capitalisation, une contribution au débat sur la gouvernance en Afrique, Addis-Abeba 24 – 26 novembre 2005, 56 pages.

Mission d'observations de la CEDEAO de l'élection présidentielle au Togo du 04 mars 2010, déclaration préliminaire, Lomé 05 mars 2010, 7 pages.

Gilles Olakounlé Yabi, *Le rôle de la CEDEAO dans la gestion des crises politiques et des conflits : Cas de la Guinée et de la Guinée-Bissau*, Rapport Frédéric-Ebert-Stiftung, 60 pages.

Bureau sous-régional pour l'Afrique de l'Ouest de la commission économique pour l'Afrique des Nations Unies, Communauté Economique des États de l'Afrique de l'Ouest, *Une évaluation des progrès réalisés vers l'intégration régionale dans la région de la Communauté Economique des États de l'Afrique de l'Ouest depuis sa création*, ECA-WA/NREC/2015/03, texte original : français, mai 2015, p.111 disponible https://www.uneca.org/sites/default/files/PublicationFiles/int_progr_ri_inception_ecowas_fre.pdf.

« Comprendre la violence électorale pour la prévenir », www.unowas.unmissions.org article du 6 décembre 2017, consulté le 14/01/2019.

IV. Les déclarations, les communiqués et les décisions de l'ONU, de l'UA et de la CEDEAO

Décisions, déclarations, communiqués de la CEDEAO

Déclaration préliminaire du 13/10/2015 missions d'observations en Guinée Conakry.

Déclaration préliminaire du 04/03/2010 missions d'observations électorales au Togo.

Décision A/DEC.11/10/98, le 31 octobre 1998 de la CEDEAO

Communiqué N° 022/2010 du 18 février 2010 du président de la Commission de la CEDEAO

Communiqué du Mini-sommet d'urgence des chefs d'État et de gouvernement de la CEDEAO sur la situation au Mali, tenue à Abidjan, Côte d'Ivoire, le 29 mars 2012.

Communiqué du président de la Commission de la CEDEAO du 12 avril 2012 relative au coup d'État en Guinée-Bissau.

Communiqué final du sommet extraordinaire de la conférence des chefs d'État et de gouvernement de la CEDEAO tenue le 27 mars 2012 à Abidjan, Côte d'Ivoire, en réaction au coup d'État intervenu au Mali le 22 mars 2012.

<u>Les déclarations, les communiqués et les décisions de l'OUA et de l'UA</u>

AHG/Decl. 1 (XXVI), 26e session ordinaire de la conférence des chefs d'État et de gouvernement de l'OUA, Addis-Abeba, 11 juillet 1990.

AHG/Decl. (XXIX), adoptée lors de la 29e Session ordinaire de la Conférence des Chefs d'État et de gouvernement, tenue du 28 au 30 juin 1993 au Caire en Égypte, de la Déclaration solennelle relative à la Conférence sur la sécurité, la stabilité, le développement et la coopération en Afrique (CSSDCA),

Déclaration AHG DEC.142 (XXV) sur le cadre pour une réaction de l'OUA face aux changements anticonstitutionnels de gouvernements adoptée par l'OUA en juillet 1999 à Alger

AHG/Decl. 4 (XXXVI) adoptée lors du Sommet de Lomé (Togo) du 11 juillet 2000, Le Protocole relatif à la création du CPS, Le Règlement intérieur de la Conférence,

AHG/Décl. 1 (XXXVI), Déclaration sur le cadre pour une réaction de l'OUA face aux changements anticonstitutionnels de gouvernement, Lomé, 10-12 juillet 2000.

Déclaration sur la création au sein de l'OUA d'un Mécanisme pour la prévention, la gestion et le règlement des conflits.

La déclaration sur la création au sein de l'OUA d'un Mécanisme pour la prévention, la gestion et le règlement des conflits AHG/Decl. (XXIX), adoptée lors de la 29e Session ordinaire de la Conférence des Chefs d'État et de gouvernement

La déclaration solennelle relative à la Conférence sur la Sécurité, la Stabilité, le Développement et la Coopération en Afrique (CSSDCA).

Les Commentaires de décisions

Les Cahiers du Conseil constitutionnel n° 4, Commentaire de la décision n° 97-393 DC du 18 décembre 1997, 9 pages.

Les Cahiers du Conseil constitutionnel n° 5, Commentaire de la décision n° 98-400 DC du 20 mai 1998, 4 pages.

Les Cahiers du Conseil constitutionnel n° 18, Commentaire de la décision n° 2004-505 DC du 19 novembre 2004

VIII. TEXTES ET ACTES JURIDIQUES

Les textes internationaux

Déclaration des droits de l'homme et du citoyen du 26 août 1789.

Convention de Vienne du 23 mai 1969 sur le droit des traités.

La Charte des Nations-Unies.

Résolutions du Conseil de sécurité de l'ONU

RES/2625 (XXV) 24, OCTOBRE 1970 de l'Assemblée Générale de l'ONU

Résolution 1315 du 14 août 2000 du Conseil de Sécurité des Nations-Unies

Résolution 2048 (2012) du 18 mai 2012 du Conseil de sécurité de l'ONU.

Les textes régionaux de l'UA

Acte constitutif de l'U.A

Charte Africaine de la Démocratie, des Élections et de la Gouvernance.

Charte africaine des droits de l'homme et des peuples

Protocole relatif à la création du conseil de paix de sécurité de l'Union Africaine

Le Protocole relatif à la création du CPS

Le Règlement intérieur de la Conférence

Le Règlement intérieur de la Conférence

Les textes sous-régionaux de l'Afrique de l'Ouest

Traité de la CEDEAO de 1975.

Protocole A/P1/5/79 relatif à la libre circulation des personnes, le droit de résidence et d'établissement.

Protocole A/SP3/5/81 d'Assistance Mutuelle en matière de Défense

Protocole Additionnel A/SP2/7/85 portant code de conduite pour l'application du protocole sur la libre circulation des personnes, le droit de résidence et d'établissement.

Protocole A/P1/7/91 sur la Cour de Justice de la Communauté.

Traité révisé de 1993 de la CEDEAO.

Le protocole A/P1/12/99 relatif aux mécanismes de prévention, de gestion, de règlement des conflits, de maintien de la paix et de la stabilité.

Le Protocole A/P1/12/00 signé à Bamako le 16 décembre 2000 portant amendement des Articles 12 et 13 du Protocole relatif au Mécanisme de Prévention, de Gestion, de Règlement des Conflits, de Maintien de la Paix et de la Sécurité.

Le Protocole A/P1/12/00 portant amendement des Articles 12 et 13 du Protocole relatif au Mécanisme de Prévention, de Gestion et de Règlement des Conflits, de Maintien de la Paix et de la Sécurité.

Protocole A/P1/12/01 portant amendement des articles 1er, 3, 6 et 21 du Traité Révisé de la CEDEAO

Le protocole A/SP1/12/01 sur la démocratie et la bonne gouvernance additionnel au protocole relatif aux mécanismes de prévention, de gestion, de règlement des conflits, de maintien de la paix et de la stabilité adopté le 21 décembre 2001.

Protocole sur la lutte contre la corruption de 2001.

Traité de l'UEMOA de 2003.

Protocole additionnel A/SP.1/01/05 portant amendement du Préambule, des articles 1er, 2, 9, 22 et 30 du Protocole A/P1/7/91 relatif à la Cour de Justice de la Communauté, ainsi que de l'article 4 paragraphe 1 de la version anglaise dudit Protocole.

Protocole additionnel A/SP1/06/06 portant amendement du traité révisé de 1993 de la CEDEAO.

Protocole additionnel A/SP.2/06/06 portant amendement de l'article 3, paragraphes 1, 2 et 4, de l'article 4, paragraphes 1, 3 et 7 et de l'article 7, paragraphe 3 du Protocole relatif à la Cour de Justice de la Communauté

Cadre de prévention des conflits de la CEDEAO, Ouagadougou 16 janvier 2008, 37 p.

Acte additionnel portant de régime de sanctions à l'encontre des États membres qui n'honorent pas leurs obligations vis-à-vis de la communauté.

Acte additionnel sur la légalité adopté en 2015.

Décision A/DEC.11/10/98, le 31 octobre 1998 de la CEDEAO

Décision S/1997/824 du 8 octobre 1997 de la CEDEAO

<u>Les textes nationaux des États</u>

Côte d'Ivoire

Constitution de la Côte d'Ivoire de 2016.

Bénin

Constitution du Bénin du 11 décembre1990 modifiée.

Burkina Faso

Constitution du Burkina Faso de juin 1991 modifiée la loi 002/97/ADP du 27 janvier 1997, 003-2000/AN du 11 avril 2000 ; — 001-2002/AN du 22 janvier 2002 ; — 015-2009/AN du 30 avril 2009 ; — 023-2012/AN du 18 mai 2012 ; — 033 - 2012/AN du 11 juin 2012.

Constitution du Burkina Faso de 2015.

Loi N° 005-2015/CNT du 7 avril 2015 portant code électoral du Burkina Faso.

Loi constitutionnelle N° 072-2015/CNT du Burkina Faso

Loi N° 014-2001/AN du 3 juillet 2001 portant code électoral au Burkina Faso

France

Constitution de 1958

Ghana

Constitution du Ghana de 1992

Guinée Conakry

Constitution de la Guinée Conakry de 1991 modifiée.

Mali

Constitution du Mali du 25 février 1992.

Loi 05-047/du 18 août 2005 portant charte des partis politiques au Mali

Loi N° 044 du 4 septembre 2006 du Mali

Loi N° 2012-024 du 12 juillet 2012 portant prorogation du mandat des députés de la législature 2007-2012 du Mali disponible au journal officiel de la République du Mali, cinquante-troisième année, N° 28 du 13 juillet 2012, p.1086 www.SGG-mali.ml consulté le 01/02/2018

Loi électorale N° 16/49/AN-RM du 9 septembre 2016 du Mali

Décret N° 193 du 17 avril 2012 du Premier ministre du Mali

Décret N° 194 du 24 avril 2012 du président de la République par intérim du Mali

Décret N° 461 du 20 août 2012, du président de la République par intérim du Mali

Décret N° 2016 — 0620/P-RM du 16 août 2016 du Mali

Journal officiel du Mali N° 15, cinquante-troisième année du 15 avril 2012, p. 561-600.

Journal officiel du Mali N° 51, cinquante-troisième année du 21 décembre 2012, p. 2001-2040.

Accord-cadre de mise en œuvre de l'engagement solennel du 1er avril 2012 signé entre le médiateur de la CEDEAO et le CNRDRE ; signé le 6 avril 2012, 5 pages.

Cap Vert

Constitution du cap Vert de 1980 modifiée.

Niger

Constitution du Niger 1999 modifiée.

Constitution du Niger de novembre 2011.

Décret N° 2009-178/PRN/MI/SP/D du 5 juin 2009 du président de la République du Niger

Sénégal

Constitution du Sénégal de 2001 modifiée.

Togo

La constitution du Togo de 1992 modifié par la loi N° 2002-029 du 31 décembre 2002

Loi N° 2007-012 du 14 juin 2007 portant code électoral au Togo.

V. LA JURISPRUDENCE

Nationales

Bénin

Décision DDC 10-049 du 5 avril 2005.

France

Décision du 25 juillet 1979, que le Conseil Constitutionnel français

Mali

Arrêt N° 00-120 du 27 juillet 2000 de la Cour Constitutionnelle du Mali.

Arrêt N° 123 du 30 mars 2001 de la Cour Constitutionnelle du Mali.

Décision N° 125 du 1er octobre 2001 de la Cour Constitutionnelle du Mali.

Arrêt N° 126 du 02 octobre 2001 de la Cour Constitutionnelle du Mali.

Arrêt N° 06-173 du 15 septembre 2006 de la Cour Constitutionnelle du Mali.

Arrêt N° 2016-12/CC du 13 octobre 2016, p.4 au journal officiel N° 24 du 14 octobre 2016 268 disponible sur www.gouv.ml consulté le 05/07/2017.

Arrêt N° 2012/CC/VACANCE du 10 avril 2012 de la Cour Constitutionnelle du Mali publié au journal officiel N° 15 du 13 avril 2012, cinquante troisièmes années. P. 583-585.

Avis N° 001 du 20 mai 2011 de la Cour Constitutionnelle du Mali.

Arrêt N° 2012-002/CCM du 21 décembre 2012 de la Cour constitutionnelle du Mali.

Avis N° 2018-01/CCM du 12 septembre 2018 de la Cour Constitutionnel du Mali.

Demande d'avis N° 026/P-AN du 10 octobre 2018, le président de l'Assemblée Nationale.

Avis N° 2018-02/CCM du 12 octobre 2018 de la Cour Constitutionnelle du Mali.

Niger

Avis N° 02/CC du 25 mai 2009, de la Cour constitutionnelle nigérienne

Arrêt N° 04/CC/ME du 12 juillet 2009 la Cour Constitutionnelle du Niger

Arrêt N° 04/CC/ME du 12 juillet 2009 la Cour Constitutionnelle du Niger

Togo

Décision N°C — 003/09 du 9 juillet 2009, de la Cour Constitutionnelle togolaise disponible sur *www.legitogo.gouv.tg* consulté le 1/1/17.

Cour de Justice de la CEDEAO

Arrêt N° ECW/CCJ/JUD/06/10 du 18 novembre 2010, affaire Hissein HABRÉ contre République du Sénégal.

Cour de justice de la CEDEAO, ECW/CCJ/JUD/05/10 du 8 novembre 2010 affaire Mamadou Tandja contre général Salou Diallo et État du Niger

ECW/CCJ/JUD/09/11 du 7 octobre 2011 affaire des députés démissionnaires contre État du Togo.

Cour de justice de la CEDEAO affaire N° ECW/CCJ/APP/19/15 Congrès pour la Démocratie et le progrès et autres contre l'État du Burkina Faso.

Cour internationale de Justice

Avis consultatif du 11 avril 1949, *Aff* : réparation des dommages subis au service des Nations Unies, disponible sur https://www.icj cij.org/files/case-related/4/004-19490411-ADV-01-00-FR.pdf http://www.un.org/french/documents/ga/res/25/fres25.shtml

Aff. des activités militaires et paramilitaires au Nicaragua et contre celui-ci (USA contre Nicaragua).

Aff. des activités armées au Congo, République Démocratique du Congo contre Ouganda.

VI. WEBOGRAPHIE

Sites journalistiques

www.agencecofi.com

www.rfi.fr

www.jeuneafrique.com

www.francetvinfo.fr

www.nigerdiaspora.net

www.seneweb.com

www.slateafrique.com

www.maliweb.net

www.reuters.fr

www.seneplus.com

www.bbc.com

www.icilome.com

www.afrik.com

Sites institutionnels

www.afdb.org

www.transparancy-france.org

www.legiburkina.bf

www.gouv.ne

www.unesco.org

www.eeni.org

www.parl.ecowas.int

www.ecowas.int

www.courconstitutionnelle.ml

www.legitogo.gouv.tg

www.un.org

www.conseil-constitutionnel.fr

www.cour-constitutionnelle-niger.org

www.courtecowas.org dernière consultation, le 17/03/2017

www.beceao.int dernière consultation, le 27/01/2017.

www.uemoa.int

www.ceni.bf consulté le 17/01/201

Autres Sites

www.diplomatie.gouv.fr

www.cairn.info

www.afrilex.u-bordeaux4.fr

www.classiques.uqac.ca

www.cerdradi.u-bordeaux.fr

www.crisisgroup.org

www.persee.fr

www.toupie.org

www.fidh.org

www.ridi.org

TABLE DES MATIÈRES

Structures éditoriales du groupe L'Harmattan

L'Harmattan Italie
Via degli Artisti, 15
10124 Torino
harmattan.italia@gmail.com

L'Harmattan Hongrie
Kossuth l. u. 14-16.
1053 Budapest
harmattan@harmattan.hu

L'Harmattan Sénégal
10 VDN en face Mermoz
BP 45034 Dakar-Fann
senharmattan@gmail.com

L'Harmattan Cameroun
TSINGA/FECAFOOT
BP 11486 Yaoundé
inkoukam@gmail.com

L'Harmattan Burkina Faso
Achille Somé – tengnule@hotmail.fr

L'Harmattan Guinée
Almamya, rue KA 028 OKB Agency
BP 3470 Conakry
harmattanguinee@yahoo.fr

L'Harmattan RDC
185, avenue Nyangwe
Commune de Lingwala – Kinshasa
matangilamusadila@yahoo.fr

L'Harmattan Congo
67, boulevard Denis-Sassou-N'Guesso
BP 2874 Brazzaville
harmattan.congo@yahoo.fr

L'Harmattan Mali
ACI 2000 - Immeuble Mgr Jean Marie Cisse
Bureau 10
BP 145 Bamako-Mali
mali@harmattan.fr

L'Harmattan Togo
Djidjole – Lomé
Maison Amela
face EPP BATOME
ddamela@aol.com

L'Harmattan Côte d'Ivoire
Résidence Karl – Cité des Arts
Abidjan-Cocody
03 BP 1588 Abidjan
espace_harmattan.ci@hotmail.fr

Nos librairies en France

Librairie internationale
16, rue des Écoles
75005 Paris
librairie.internationale@harmattan.fr
01 40 46 79 11
www.librairieharmattan.com

Librairie des savoirs
21, rue des Écoles
75005 Paris
librairie.sh@harmattan.fr
01 46 34 13 71
www.librairieharmattansh.com

Librairie Le Lucernaire
53, rue Notre-Dame-des-Champs
75006 Paris
librairie@lucernaire.fr
01 42 22 67 13

www.ingramcontent.com/pod-product-compliance
Lightning Source LLC
LaVergne TN
LVHW011218061026
849535LV00001BA/80
9782343229577